Literarische Gespräche im interkulturellen Kontext

AF272919

Waxmann Verlag GmbH
Steinfurter Straße 555, 48159 Münster
info@waxmann.com

Interkulturelle Bildungsforschung

herausgegeben von
Ingrid Gogolin
und Marianne Krüger-Potratz

Band 18

Waxmann 2011
Münster / New York / München / Berlin

Jeanette Hoffmann

Literarische Gespräche im interkulturellen Kontext

Eine qualitativ-empirische Studie zur Rezeption eines
zeitgeschichtlichen Jugendromans von Schülerinnen und
Schülern in Deutschland und in Polen

Waxmann 2011
Münster / New York / München / Berlin

Bibliografische Informationen der Deutschen Nationalbibliothek
Die Deutsche Nationalbibliothek verzeichnet diese Publikation
in der Deutschen Nationalbibliografie; detaillierte bibliografische
Daten sind im Internet über http://dnb.d-nb.de abrufbar.

Diese Arbeit wurde als Dissertation am Fachbereich
Erziehungswissenschaft und Psychologie der
Freien Universität Berlin angenommen.

Interkulturelle Bildungsforschung Bd. 18

ISSN 1432-8186
ISBN 978-3-8309-2540-8

© Waxmann Verlag GmbH, 2011
Postfach 8603, D-48046 Münster

www.waxmann.com
info@waxmann.com

Umschlaggestaltung: Pleßmann Design, Ascheberg
Satz: Stoddart Satz- und Layoutservice, Münster

Gedruckt auf chlorfrei gebleichtem und
alterungsbeständigem Papier DIN 6738

Printed in Germany

Vorwort

Jede wissenschaftliche Arbeit hat ihre eigene Geschichte, eine Geschichte voller Fragen und Ideen, Zweifel und Gewissheiten, Problemen und Lösungen, Rückschritten und neuen Erkenntnissen, denn Forschen und Schreiben sind mühevolle und nicht immer geradlinige Prozesse, mitunter sehr einsam und unabdingbar interaktiv zugleich. Und es gibt nicht nur *die eine* Geschichte. So lässt sich auch die Entstehungsgeschichte dieser Arbeit aus unterschiedlichen Perspektiven erzählen:

Aus biographischer Sicht: Ich habe – wie der Titel meiner Arbeit ja bereits verrät – literarische Gespräche im interkulturellen Kontext untersucht. Wie es dazu kam? In Münster habe ich nicht nur Deutsch auf Lehramt, sondern auch interkulturelle Pädagogik studiert und seitdem beides miteinander verknüpft. Indem ich z. B. nach meinem Studium nicht direkt ins Referendariat, sondern zunächst für ein Jahr in die interkulturelle Jugend- und Medienarbeit nach Polen gegangen bin. Dort machte ich immer wieder die Erfahrung, wie anders mit der gemeinsamen deutsch-polnischen Geschichte umgegangen wird. Dem Thema näherte ich mich weiter über das Lernen der polnischen Sprache, die Lektüre von Texten polnischer SchriftstellerInnen sowie durch viele Gespräche mit FreundInnen und KollegInnen. In dieser Zeit erschien der zeitgeschichtliche Jugendroman *Malka Mai* von Mirjam Pressler, der die Geschichte der Flucht einer jüdischen Familie 1943 von Polen nach Ungarn erzählt. Kurz darauf bot sich die Gelegenheit, bei Frau Prof. Dr. Petra Wieler im Fachbereich Erziehungswissenschaft und Psychologie der Freien Universität Berlin zu promovieren. So entstand schließlich die Idee, die Rezeption des Romans *Malka Mai* von Jugendlichen in Deutschland und in Polen zu erforschen.

Aus wissenschaftlicher Sicht: In den letzten Jahren sind zahlreiche Kinder- und Jugendbücher zu den Themen Nationalsozialismus und Holocaust erschienen. Viele sind von Zeitzeugen geschrieben, die von Erfahrungen aus ihrer eigenen Kindheit erzählen. Durch ihre literarische Form sind die Geschichten zeit- und raumübergreifend und damit zu einem Teil des kulturellen, also gesellschaftlichen Gedächtnisses geworden. Sie unterscheiden sich mitunter erheblich von den Geschichten, die von der Groß- bzw. Urgroßelterngeneration im Rahmen des kommunikativen Familiengedächtnisses erzählt – oder auch nicht erzählt – werden. Insgesamt sind die Erinnerungsperspektiven im europäischen Raum sehr heterogen. Innerhalb dieser heterogenen Erinnerungslandschaft werden literarische Formen individueller Lebensgeschichten zunehmend bedeutsam, damit auch nachfolgende Generationen ein differenziertes historisches Bewusstsein ausbilden können. Der pädagogische Anspruch an Literatur, einen Beitrag zur interkulturellen Verständigung zu leisten, bedurfte allerdings noch einer empirischen Fundierung. Diesem Forschungsdesiderat begegne ich mit der vorliegenden empirisch-qualitativen, interdisziplinär und international angelegten Studie.

Aus persönlicher Sicht: Genauso wie literarische Lernprozesse im schulischen Unterrichtsgespräch vorangetrieben werden, so sind auch wissenschaftliche Erkenntnisse ohne den kollegialen Austausch nicht denkbar. Deswegen möchte ich an dieser Stelle all denjenigen ganz herzlich danken, die mich in den nicht wenigen Jahren der

Entstehung meiner Arbeit auf unterschiedliche Art begleitet und immer wieder ermutigt und unterstützt haben. Für die kontinuierliche Begleitung meiner Studie durch Gespräche über Theorien und Methoden, durch gemeinsame Datensitzungen, durch das Redigieren einzelner Kapitel und nicht zuletzt durch Motivation, herausfordernde Fragen, Hartnäckigkeit und Geduld möchte ich danken: meiner Betreuerin Prof. Dr. Petra Wieler, meinem Zweitgutachter Prof. Dr. Sjaak Kroon, meinen Kolleginnen aus dem Arbeitsbereich Grundschulpädagogik: Prof. Dr. Natascha Naujok, Janina Petzold, Dr. Frauke Grittner, PD Dr. Matthea Wagener und Dr. Johanna Hochstetter – und nicht zuletzt meiner Familie, besonders meinem Mann Philipp Schlüter. Ein besonderer Dank gilt den Lehrerinnen und SchülerInnen, die sich engagiert mit dem Roman auseinandergesetzt und mich an ihren literarischen Lernprozessen haben so offen teilnehmen lassen.

Jeanette Hoffmann   Berlin, im Mai 2011

Inhalt

Einleitung

„Wir nehmen eine gewisse, unabdingbare Offenheit von Geschichten hin. Das ist es, was die Erzählung in kulturellen Aushandlungsprozessen so wertvoll macht. Du erzählst mir deine Version, ich dir meine, und nur selten müssen wir uns streiten, um die Differenz beizulegen. Wir nehmen konkurrierende Versionen einer Geschichte mit einem perspektivischen Vorbehalt hin, viel leichter als Argumente oder Belege." (Bruner 1998, 73)

Um die im Zitat aufscheinende Bedeutung von (literarischen) ‚Geschichten' in kulturellen Aushandlungsprozessen geht es in der vorliegenden Arbeit. Bereits in ihrem Titel – *Literarische Gespräche im interkulturellen Kontext* – werden die zwei für diese Studie zentralen Bezugspunkte sichtbar: die Literaturdidaktik und die interkulturelle Pädagogik. Wenngleich von der deutschsprachigen Literaturdidaktik auf theoretischer Ebene vereinzelt Bemühungen um eine transkulturelle Perspektive unternommen werden und von Seiten der Interkulturellen Pädagogik mitunter auf das Potential von Literatur zur gegenseitigen Verständigung hingewiesen wird, gibt es bislang – insbesondere im Bereich der empirischen Grundlagenforschung – nur wenige Berührungspunkte zwischen diesen beiden Disziplinen. Wenn sie sich aufeinander beziehen, geht es zumeist um die Möglichkeit der Aneignung von Selbst- und Fremdverstehen durch Literatur, darum, verschiedene Perspektiven übernehmen und aufeinander beziehen zu lernen sowie Empathiefähigkeit auszubilden. Dabei werden das Verstehen des „Gewordenseins" im Sinne einer historischen Annäherung aneinander, in der interkulturelle Differenzen oder Gemeinsamkeiten hinsichtlich ihrer Genese betrachtet werden können, sowie die Bedeutung von Narration im Lernprozess bislang nicht berücksichtigt. Ausgehend davon ist es das Anliegen dieser Arbeit, die Betrachtung literarischen und interkulturellen Lernens unter Einbezug der historischen Dimension miteinander zu verknüpfen und empirisch zu erforschen.

In gesellschaftspolitischer Hinsicht werden im Zuge aktueller und historischer Migrationsprozesse, einer fortschreitenden europäischen Integration im Anschluss an die Osterweiterung der Europäischen Union und einer europaweit zu beobachtenden Erinnerungskonjunktur an den Zweiten Weltkrieg die Verbindungslinien zwischen historischen und interkulturellen Herausforderungen deutlich. In diesem Zuge bieten sich für eine Untersuchung literarischer Gespräche im interkulturellen Kontext insbesondere Deutschland und Polen als Nachbarländer an, da diese durch den deutschen Überfall auf Polen im September 1939 und die anschließende Besatzung während des Zweiten Weltkriegs sowie den Holocaust vor allem an den polnischen Juden eine politisch brisante und immer noch aktuelle Geschichte miteinander verbindet.

Vor diesem fachdidaktischen und gesellschaftspolitischen Hintergrund ist die vorliegende Arbeit als eine *qualitativ-empirische Studie zur Rezeption eines zeitgeschichtlichen Jugendromans von Schülerinnen und Schülern in Deutschland und in Polen* – so der Untertitel – konzipiert. Als solche untersucht sie die Rezeption eines ausgewählten Romans von SchülerInnen sowie die unterrichtlichen Gespräche, in die diese eingebunden ist. Ziel der Untersuchung ist es, ausgehend von den Sinnangeboten des Textes Lernpotentiale in literarischen Gesprächen im interkulturellen (schulischen) Kontext zu rekonstruieren. Insgesamt wurden drei Lerngruppen der 9. und 10.

Jahrgangsstufe in den beiden Ländern ausgewählt. Der Roman *Malka Mai* von Mirjam Pressler (2001), der die Geschichte der Flucht einer jüdisch-polnischen Familie zur Zeit des Zweiten Weltkriegs von Polen nach Ungarn erzählt, dient als literarisches Angebot. Wie der Roman von SchülerInnen in Polen und in Deutschland vor dem jeweiligen Hintergrund privater und öffentlicher Erinnerungskulturen subjektiv rezipiert und im Unterrichtsgespräch interaktiv angeeignet wird, sind die zentralen Fragestellungen der Arbeit. Zur Beantwortung dieser sowohl die Perspektiven der Beteiligten als auch die Interaktionsstrukturen fokussierenden Fragen werden zum einen Leitfadeninterviews mit einzelnen SchülerInnen geführt und zum anderen der Unterricht teilnehmend beobachtet. Analysegrundlage der Studie bilden die transkribierten Interview- und Unterrichtsgespräche. Auf der Basis des ethnographischen Prinzips werden in einer komparativen Vorgehensweise *key incidents* (Kroon/Sturm 2002) aus dem Datenmaterial ausgewählt und aus gesprächsanalytischer Perspektive untersucht. Die Studie ist anzusiedeln zwischen interkultureller Gedächtnis- und literarischer Rezeptionsforschung. Um einen ersten Einblick in die Konzeption und den komplexen Aufbau der vorliegenden Untersuchung zu ermöglichen, werden die einzelnen Kapitel im Folgenden kurz vorgestellt.

Im ersten Kapitel werden die theoretischen Grundlagen der Studie erläutert und die in diesem Zusammenhang zentralen Begriffe eingeführt. Da im Zentrum der Untersuchung die kommunikative Aneignung eines *zeitgeschichtlichen* Jugendromans durch die Lektüre und das sie begleitende Gespräch im Literaturunterricht steht, nimmt die Theorie des ‚sozialen Gedächtnisses‘ (Halbwachs 1985) einen zentralen Stellenwert ein. Nach dieser wird Gedächtnis stets sozial hergestellt und lässt sich Assmann und Assman (1994) zufolge in zwei Gedächtnisrahmen ausdifferenzieren: ein ‚kommunikatives (Familien)gedächtnis‘ (Welzer 2005) und ein ‚kulturelles Gedächtnis‘ (Assmann 1992), wie es beispielsweise in der Schule tradiert wird. Dieser Studie liegt die Annahme zugrunde, dass die SchülerInnen die historische Geschichte des Romans sowohl auf der Folie des eigenen Familiengedächtnisses rezipieren als auch vor dem Hintergrund des im schulischen Unterricht verhandelten öffentlichen Gedächtnisses. Um vor diesem Hintergrund die Romanrezeption der Jugendlichen verstehen und analysieren zu können, wird im ersten Teil des Kapitels (Kap. 1.1) die Theorie des kommunikativen Gedächtnisses dargestellt. Aus individual- und sozialpsychologischer Perspektive werden die Funktion, die dialogische Genese, die familiale Praxis und die narrative Struktur des kommunikativen Gedächtnisses erläutert. Im Anschluss wird im zweiten Teil (Kap. 1.2) aus kulturwissenschaftlicher Perspektive die Theorie des kulturellen Gedächtnisses vorgestellt, um die Funktionsformen des schulischen Literaturunterrichts bei der Analyse der ‚Anschlusskommunikation‘ (Sutter 2002) zum Roman berücksichtigen zu können. Hierzu werden die Eigenschaften und Erinnerungsmodi des kulturellen Gedächtnisses am Beispiel des Literaturunterrichts aufgezeigt sowie die fachdidaktische Diskussion um dessen anthropologische Begründung nachgezeichnet. Aus diesen didaktischen Überlegungen wird die theoretische Verortung des literarischen Gesprächs als Möglichkeit der Verbindung von und der Auseinandersetzung mit kommunikativen und kulturellen Erinnerungspraxen abgeleitet.

Im zweiten Kapitel wird ein Einblick in den Forschungskontext gegeben, um mit der vorliegenden Arbeit sowohl daran anknüpfen als auch die dort aufscheinenden Desiderata bearbeiten zu können. Der komplexe Untersuchungsgegenstand – die subjektive und kommunikative Aneignung eines zeitgeschichtlichen Romans im interkulturellen schulischen Kontext – erfordert eine interdisziplinäre Aufarbeitung des internationalen Forschungsstands. Es werden Untersuchungen zum einen aus der interkulturellen Gedächtnis-, zum anderen Arbeiten aus der literarischen Rezeptionsforschung herangezogen. Bei den ausgewählten Studien aus der Gedächtnisforschung handelt es sich um kulturhistorische Diskussionen zu deutschen und polnischen Erinnerungskulturen, sozialwissenschaftliche Arbeiten zu Selbst- und Fremdbildern Jugendlicher in Deutschland und in Polen sowie um gesprächsanalytische Untersuchungen von deutsch-polnischen Bildungssituationen und kulturvergleichende Studien zur kommunikativen Tradierung von Geschichte in europäischer Perspektive. Innerhalb dieser Diskussionen sind Forschungsdesiderata zu verzeichnen, die sich insbesondere auf den Vergleich zwischen privaten und öffentlichen Tradierungspraxen beziehen sowie auf die Betrachtung narrativer Aneignungsprozesse historischer Sinnbildungen mithilfe von literarischen Geschichten. Aus der Rezeptionsforschung werden zunächst Studien vorgestellt, die sich aus kognitions- und entwicklungspsychologischer Perspektive mit dem individuellen Lektüreprozess einzelner RezipientInnen auseinandersetzen und die Bedeutung der literarischen Sozialisation für die Identitätsbildung aufzeigen. Anschließend werden Untersuchungen aus dem internationalen schulischen Kontext herangezogen, die aus interaktionistischer Perspektive kommunikative Prozesse literarischer Unterrichtsgespräche und die in ihnen liegenden Lernpotentiale betrachten. Diese doppelte Perspektive ist notwendig, da subjektive Rezeption und interaktive Anschlusskommunikation untrennbar miteinander verbunden sind. Bei diesen Forschungsansätzen liegen die Desiderata in der Wahrnehmung der gesellschaftlichen interkulturellen Herausforderung, der sowohl von der Auswahl der Literatur her als auch der Berücksichtigung der sprachlich-kulturellen Heterogenität der RezipientInnen Rechnung getragen werden muss. Außerdem bedürfen die verstärkt theoretisch und normativ geführten Diskussionen in der deutschsprachigen Literaturdidaktik (derzeit vor allem zu poetischen Kompetenzen) einer empirischen und ethnographischen Grundlegung. Die empirisch-qualitative Anlage dieser Arbeit mit ihrer Situierung im deutsch-polnischen schulischen Kontext und der Auswahl eines zeitgeschichtlichen Jugendromans sowie die gesprächanalytische Untersuchung literarischer Verstehensprozesse aus einer ethnographischen Perspektive stellen einen Beitrag dar, die Bedeutung von literarischen Gesprächen als Verbindung von kommunikativem und kulturellem Gedächtnis im interkulturellen Kontext auszudifferenzieren.

Ausgehend von den theoretischen Überlegungen zu literarischen Gesprächen als Möglichkeit der Verbindung von kommunikativem und kulturellem Gedächtnis sowie von den Erkenntnissen bisheriger Arbeiten aus der interkulturellen Gedächtnis- und der literarischen Rezeptionsforschung wurde die qualitative Anlage dieser empirischen Untersuchung konzipiert, die im dritten Kapitel vorgestellt wird. Deren interdisziplinäre Ausrichtung zwischen interkultureller Gedächtnis- und literarischer Rezeptionsforschung erfordert ein mehrperspektivisches methodisches und methodologisch reflektiertes Vorgehen, das aufgrund seiner Komplexität und dabei gleichzeitig zentralen Bedeutung im Forschungsprozess eingehend dargestellt und begründet wird (Kap. 3.1). Da die Aneignung eines literarischen Textes – nicht nur im Rahmen des schulischen Unterrichts – sowohl durch die individuelle Lektüre als auch durch das soziale Gespräch über den Text bestimmt ist, wurden zwei Verfahren der Datenerhebung gewählt. Zum einen wurden leitfadengestützte fokussierte Gruppen- und Einzelinterviews mit ausgewählten SchülerInnen geführt, die einen Einblick insbesondere in die subjektiven Sinnbildungsprozesse ermöglichen. Zum anderen wurden Unterrichtsstunden, die Aufschluss über interaktive Lernprozesse bieten, teilnehmend beobachtet und videographiert. Um sowohl inhaltliche als auch strukturelle Aspekte von Bedeutungskonstruktions- und Aushandlungsprozessen der SchülerInnen zu beleuchten, wurden die in Interviews und Unterrichtsgesprächen generierten Daten linguistisch transkribiert und ausgewählte *key incidents* vor dem Hintergrund des ethnographischen Prinzips gesprächsanalytisch ausgewertet. Die Darstellung der Auswertungen erfolgt in einem Zusammenspiel aus Gesprächssequenzen und deren Analysen.

Im Anschluss an die methodologische und methodische Grundlegung dieser Arbeit wird das im schulischen Kontext verortete Forschungsfeld vorgestellt (Kap. 3.2). Es wurden drei Lerngruppen (9. und 10. Jahrgang) in Deutschland und Polen mit SchülerInnen zwischen 14 und 17 Jahren ausgewählt. Diese Entscheidung liegt entwicklungspsychologisch darin begründet, dass die Identitätsbildung im Alter zwischen Pubertät und Adoleszenz eine zentrale Bedeutung einnimmt. Von der schulischen Sozialisation aus betrachtet wurde die Auswahl getroffen, weil in diesen Schuljahren die Zeit des Zweiten Weltkriegs verstärkt zum Thema insbesondere im standardsprachlichen Literatur- und im Geschichtsunterricht wird. Deutschland und Polen bieten sich bei dieser historischen Schwerpunktsetzung aufgrund ihrer eng miteinander verwobenen Geschichte und belasteten politischen Vergangenheit für eine Untersuchung literarischer Gespräche im interkulturellen Kontext an. Mit der Auswahl von Klassen aus beiden Ländern (mit jeweils aus Deutschland stammenden Deutsch- und aus Polen bzw. Deutschland stammenden Geschichts- und Geographielehrerinnen) wird eine in Ansätzen (kultur)vergleichende Perspektive auf die Unterrichtsgespräche über den zeitgeschichtlichen Roman ermöglicht, in der Gemeinsamkeiten und auch Unterschiede zwischen verschiedenen Erinnerungspraxen rekonstruiert werden können. Als literarische Grundlage wurde der 2001 erschienene und für den Deutschen Jugendliteraturpreis nominierte Jugendroman *Malka Mai* von Mirjam Pressler ausgewählt, der das ‚tertium comparationis' für die empirische Erforschung der literarischen Aneignungen bildet. Die lokale und temporale Situierung des Romans im von Deutschland besetzten Polen zur Zeit des Zweiten Weltkriegs sowie der thematische Schwerpunkt der Judenverfolgung ließen vermuten, dass die Lektüre in den jeweiligen Lerngruppen in Deutschland und Polen von historisch-politischer Bedeutung ist.

Bei einer ersten offenen Annäherung an das Datenmaterial zeigten sich sowohl in den Interviews als auch in den Unterrichtsgesprächen insbesondere zwei Aneignungsweisen des Romans: zum einen aus einem historischen, zum anderen aus einem anthropologischen Blickwinkel. Vor dem Hintergrund dieser Beobachtungen wurde die

Fragestellung dieser Arbeit ausdifferenziert (Kap. 3.3) und die Gliederung des empirischen Teils der Untersuchung konzipiert: So widmet sich ein Analysekapitel der *historisch-politischen Kontextualisierung des Romans* in kulturvergleichender Perspektive, das andere fokussiert die *literarisch-anthropologischen Gespräche über Malka Mai* innerhalb des deutschdidaktischen Kontexts, beide beziehen sich jeweils auf die Interview- und Unterrichtsgespräche. Die Gliederung dieser Kapitel sowie die Präzisierung der jeweils in ihnen verfolgten Fragestellungen sind bereits ein Ergebnis dieser Arbeit.

Um die Rezeptions- und Kommunikationsprozesse der SchülerInnen rekonstruieren zu können, widmet sich das vierte Kapitel dem Gesprächsgegenstand – dem literarischen Text. In einem ersten Schritt (Kap. 4.1) wird in einer literarästhetischen Analyse die Handlung des Romans nachgezeichnet: die Geschichte der Flucht einer polnisch-jüdischen Ärztin mit ihren zwei Töchtern im Herbst 1943 von Polen nach Ungarn, auf der die Mutter ihre siebenjährige Tochter nahe der Grenze zurücklässt. Des Weiteren werden die Protagonistinnen Hanna und Malka Mai vorgestellt sowie die perspektivisch gebrochene Erzählweise analysiert. Anhand der zentralen Themen und Motive des Romans, der Erfahrung der Flucht und der Entwicklung der Mutter-Tochter-Beziehung in ihrer wechselseitigen Durchdringung, werden die persönlichen und sozialen Identitätsentwicklungen der Hauptfiguren aufgezeigt. Die literarästhetische Analyse ist notwendig, um darauf aufbauend in einem zweiten Schritt (Kap. 4.2) die in den Interviews und Unterrichtsgesprächen beobachteten Sinnangebote und Rezeptionsanforderungen des Romans für die SchülerInnen am Text selbst aufzuzeigen. Diese beziehen sich zum einen auf die von den SchülerInnen selbstständig zu leistende – da im Roman nur aus den jeweiligen begrenzten Perspektiven der ProtagonistInnen dargestellte – historisch-politische Kontextualisierung der Geschichte. Zum anderen werden die SchülerInnen zur Auseinandersetzung mit anthropologischen Fragen aufgefordert, die die literarischen Darstellungen der Entscheidung der Mutter, ihr Kind zurückzulassen, der Identitätsentwicklung des siebenjährigen Mädchens allein auf der Flucht sowie der distanzierten Wiederbegegnung zwischen Mutter und Tochter am Ende des Romans aufwerfen.

Im fünften Kapitel werden auf empirischer Ebene die historischen Sinnbildungen der SchülerInnen in ihrer familialen und schulischen Sozialisation sowie in den historisch-politisch kontextualisierenden Unterrichtsgesprächen untersucht. Der erste Teil (Kap. 5.1) fokussiert *erzählte Geschichte(n) in Deutschland und in Polen* im Sinne sprachlich strukturierter und narrativ tradierter Erinnerungen, aus denen Jugendliche vornehmlich – neben anderen Quellen wie Bildern und Orten (vgl. Assmann 2003) – ihr historisches Bewusstsein bilden und ihre Vorstellungen über die Zeit des Zweiten Weltkriegs konstruieren. Dazu wurden die SchülerInnen in den Gruppeninterviews zu Beginn der jeweiligen Unterrichtseinheiten nach ihren bisherigen Kenntnissen und Vorstellungen über die deutsch-polnische Geschichte zur Zeit des Nationalsozialismus befragt. Aus dem Datenmaterial lassen sich induktiv vier narrative Präsentationsformen von Geschichte rekonstruieren, die Jugendlichen in ihrer Sozialisation in Form unterschiedlicher Geschichten angeboten werden und mithilfe derer sie ihr Geschichtsbewusstsein bilden: gehörte *Geschichten in der Familie*, rezipierte *Geschichten in der*

Literatur und den Medien, gelernte *Geschichten in der Schule* sowie erlebte *Geschichten ,auf der Straße'*. Auch wenn das Thema Zweiter Weltkrieg den SchülerInnen in Deutschland und Polen gleichermaßen präsent erscheint, so unterscheiden sich doch die erzählten Geschichten und deren Deutungen durch die SchülerInnen in allen vier Bereichen sowie im jeweiligen kulturellen Kontext grundlegend voneinander. Mit diesen vielfältigen Geschichten konfrontiert, sind die Jugendlichen herausgefordert, die verschiedenen (und zum Teil widersprüchlichen) Versionen aufeinander zu beziehen und in der Auseinandersetzung mit dieser Heterogenität und Multiperspektivität ihr historisches Bewusstsein zu bilden. Die Einbeziehung transkultureller Perspektiven, die eine weitere Anforderung darstellt, wird dabei vornehmlich durch literarische und mediale Geschichten ermöglicht. Der zweite Teil des Kapitels (Kap. 5.2) befasst sich mit der *historisch-politischen Kontextualisierung der Romanlektüre* in – den Literaturunterricht begleitenden – historisch fokussierten Unterrichtsgesprächen in Deutschland und in Polen. In einer komparativen Vorgehensweise werden in einem ersten Schritt inhaltliche und strukturelle Übereinstimmungen der historischen Kontextualisierung des Romans in beiden Unterrichtskulturen herausgearbeitet. Anhand dieser Gemeinsamkeiten, die in der *Klärung von Begriffen*, den *Bezügen zu literarischen Texten* sowie den *Bezügen zu persönlichen Geschichten und Erfahrungen* liegen, sind die kulturvergleichenden Analysen ausgewählter *key incidents* jeweils aus Deutschland und aus Polen gegliedert. Neben unterschiedlichen Herangehensweisen insbesondere auf der Ebene der *Unterrichtsformen*, der *Gesprächsstrukturierungen* und der *Auswahl der herangezogenen Texte* sind in den Unterrichtskulturen beider Länder didaktische Bemühungen erkennbar, verschiedene Präsentationsformen von Geschichten ergänzend miteinander zu verbinden. Hierbei nehmen literarische Vergegenwärtigungen von Vergangenheit eine zentrale – und transkulturell ausgerichtete – Stellung ein.

Während im fünften Kapitel *historisch-politische* Kontextualisierungen im Vordergrund stehen, beschäftigt sich das sechste Kapitel mit den *literarisch-anthropologischen* Gesprächen über den ausgewählten Jugendroman *Malka Mai*. Im ersten Teil (Kap. 6.1) werden in Analysen von *key incidents* aus den Interviewgesprächen mit den SchülerInnen über ihre *subjektive Rezeption* anhand von erinnerten ,Stolpersteilen' und ,Springpunkten' während des Leseprozesses die verschiedenen individuellen Aneignungen des Romans rekonstruiert. Im Anschluss daran werden die ihnen zugrunde liegenden allgemeinen Dimensionen literarischer Rezeption ausdifferenziert, die in den Spannungsfeldern zwischen *Fiktion und Realität*, *Handlungs- und Bewusstseinsebene*, *Inhalt und Sprache*, *Perspektiven der Mutter- und der Tochterfigur*, *Kinderbuch und Schullektüre*, *Vergangenheit und Gegenwart* sowie *Nähe und Distanz* liegen. Es wird deutlich, dass nur ein vermittelnder Umgang mit den jeweiligen Polen der Spannungsfelder Möglichkeiten für literarische Erfahrungen im Sinne einer aktiven Auseinandersetzung mit der in der fiktionalen Geschichte entworfenen Wirklichkeit vor dem Hintergrund bisheriger eigener historisch-anthropologischer Vorstellungen eröffnet. Innerhalb der RezipientInnengruppe dokumentieren sich dabei insbesondere Differenzen ausgehend von der geschlechtsspezifischen, der literarischen und der schulisch-kulturellen Sozialisation. Im zweiten Teil des Kapitels (Kap. 6.2) werden die *literarischen Anschlusskommunikationen im Unterricht* über den Roman vor dem Hintergrund der Frage untersucht, inwiefern sich literarisch-anthropologische Lernpotentiale in den literarischen Gesprächen rekonstruieren lassen. Hierbei werden *Interview- und Unterrichtsgespräche, argumentative und narrative Gesprächsstrukturierungen* sowie *Schüler-Schüler- und Lehrer-Schüler-Interaktionen* hinsichtlich der in den spezifischen Gesprächskontexten aufscheinenden Lernpotentiale miteinander verglichen. Insbesondere in den narrativen Gesprächssequenzen der literarischen Aushandlungsprozesse werden Möglichkeiten literarischen Lernens deutlich. Thematisch-inhaltliche Schwerpunkte des sowohl durch die Lehrerinnen als auch durch die SchülerInnen gestalteten Unterrichtsgeschehens bilden hierbei zwei Schlüsselszenen des Romans: die Entscheidung der Mutter, ihr Kind zurückzulassen sowie die Wiederbegegnung von Mutter und Tochter am Ende der Geschichte. Während die Jugendlichen in den Interviews diese Szenen vornehmlich aus der Perspektive des siebenjährigen Kindes deuten, werden sie in den Unterrichtsgesprächen darüber hinaus dazu herausgefordert, sich auf die (zweite Erzähl-)Perspektive der erwachsenen Frau und Mutter einzulassen.

Im abschließenden Kapitel (Kap. 7) werden die zentralen Erkenntnisse aus den verschiedenen Analysen zusammengeführt und zueinander in Bezug gesetzt. Anhand der Triangulation der unterschiedlichen theoretischen, disziplinären und methodischen Perspektiven auf den Untersuchungsgegenstand werden über die Erkenntnisse der Einzelanalysen hinaus differenziertere Einblicke in den *Zusammenhang* zwischen den Sinnangeboten und Rezeptionsanforderungen des literarischen Textes, der subjektiven Rezeption der SchülerInnen und der interaktiven Anschlusskommunikation im Unterrichtsgespräch ermöglicht. Im Zentrum der Ergebnisdiskussion steht die Bedeutung zeitgeschichtlicher Jugendliteratur am Beispiel des hier ausgewählten Romans, seiner Rezeption und kommunikativen Aneignung für die historisch-politische und literarisch-anthropologische Identitätsbildung von (jugendlichen) SchülerInnen. Abschließend werden aus den in dieser Arbeit gewonnenen Einsichten in einem Ausblick didaktische Überlegungen für den Umgang mit literarischen Texten als Verbindung von kommunikativem und kulturellem Gedächtnis im Unterrichtsgespräch formuliert.

1 Literarische Gespräche zwischen kommunikativem und kulturellem Gedächtnis

> „Das Gedächtnis entsteht nicht nur in, sondern vor allem zwischen den Menschen. Es ist nicht nur ein neuronales und psychisches, sondern auch und vor allem ein soziales Phänomen. Es entfaltet sich in Kommunikation und Gedächtnismedien, die solcher Kommunikation ihre Wiedererkennbarkeit und Kontinuität sichern. Was und wie erinnert wird, darüber entscheiden neben den technischen Möglichkeiten der Aufzeichnung und Speicherung auch die Relevanzrahmen, die in einer Gesellschaft gelten." (Assmann/Assmann 1994, 114)

Literarische Gespräche im Sinne von Gesprächen über Literatur werden in der vorliegenden Studie als Teil des sozialen Gedächtnisses an der Schnittstelle zwischen kommunikativem und kulturellem Gedächtnis gesehen. Wie sich das Wechselspiel zwischen diesen beiden Gedächtnisrahmen im Einzelnen darstellt, wie historische Sinnbildungsprozesse strukturiert werden und welche Bedeutung literarische Gespräche bei der Konstruktion von Vergangenheit haben können, soll im folgenden Kapitel auf theoretischer Basis erörtert werden.

Da die Arbeit im interkulturellen Kontext angesiedelt ist, sollen zunächst einige Gedanken zum Kulturbegriff vorangestellt werden. Diese beziehen sich auf neuere Standpunkte der Kultur- und Sozialanthropologie, die sich von einem statischen Kulturbegriff, der von einem festgefügten System von Werten, Normen und Deutungsmustern ausgeht, sowie von biologischen Vorstellungen der Vererbung von Kultur abwenden. Aleida und Jan Assmann bezeichnen Kultur als Gedächtnis (vgl. ebd. 1994, 116f.). Hierbei grenzen sie sich von einem vererbbaren Artgedächtnis ab und modellieren ein soziales Gedächtnis, das sich auf symbolische Handlungen stützt. Kultur in diesem Sinne ist durch soziale Interaktionen geprägt, in denen durch symbolische Handlungen Sinn erzeugt und eine kollektive Identität hergestellt wird. Diese symbolischen Handlungen fundieren ein soziales Gedächtnis, das in Interaktionen mit den nachfolgenden Generationen nicht nur weitergegeben, sondern immer wieder neu hergestellt wird. Diese Herstellungsprozesse verlaufen keineswegs reibungsfrei und somit kann man auch nicht von einer ‚homogenen Kultur‘, die ‚anderen Kulturen‘ gegenüber durch ein einheitliches Wert- und Normsystem abgrenzbar ist, sprechen. Vielmehr wird Kultur gerade in den Kontroversen und Aushandlungsprozessen deutlich, die wiederum als solche in das soziale Gedächtnis eingehen. Werner Schiffauer definiert

> „‚Kultur‘ als Diskursfeld, als eine Arena [...], in der die Beteiligten Normen, Werte und Überzeugungen weniger teilen, als daß sie sie ständig neu aushandeln, sich über sie auseinandersetzen und streiten" (1999, 18).

In der vorliegenden Arbeit werden Unterrichtsinteraktionen als Diskursfelder innerhalb von Kulturen betrachtet, in denen ein soziales Gedächtnis erzeugt wird. In diesen Diskursfeldern spielen Gespräche über Literatur oder durch Literatur initiierte Gespräche eine bedeutende Rolle, da sie ein Forum sind, in dem interaktiv (historischer) Sinn hergestellt und ausgehandelt wird. Dabei kann man nicht von einem kollektiven ‚polnischen‘ oder ‚deutschen‘ Gedächtnis ausgehen, da homogene, durch nationale Grenzen eingeteilte Gruppen nicht existieren. Abgesehen von sozialer, generationeller, geschlechtlicher, gesundheitlicher, materieller und religiöser Vielfalt sind Gesellschaften auch durch Migrationsbewegungen einem ständigen Wandel unterzogen und somit auch sprachlich, kulturell, ethnisch und national heterogen (vgl. Krüger-Potratz 2005, 152ff.).[1] Insofern wird im Folgenden vom sozialen Gedächtnis *in Polen* bzw. *in Deutschland* gesprochen, um der Heterogenität innerhalb der Gruppen Raum zu lassen.

In ihrer kulturhistorischen Ausdifferenzierung der Theorie des sozialen oder auch kollektiven Gedächtnisses von Maurice Halbwachs (1985)[2] unterscheiden Aleida und Jan Assmann zwei Gedächtnisrahmen: das kommunikative Gedächtnis, dass sich auf die spontane Alltagskommunikation bezieht und flüchtig ist, und das kulturelle Gedächtnis, worunter die geformten gesellschaftlichen Erinnerungstraditionen gefasst sind, die die Zeit überdauern. Dem Hinweis Harald Welzers (2005, 15) ist zuzustimmen, dass diese Trennung eine rein analytische ist – in der Praxis lassen sich die beiden Gedächtnisrahmen nicht immer eindeutig unterscheiden. Da literarische Gespräche Übergänge in beide Richtungen schaffen, ist zunächst eine genauere Bestimmung dieser Rahmen in ihrer jeweiligen (idealtypischen) Spezifik erforderlich, um anschließend literarische Gespräche in deren Spannungsfeld verorten zu können.

1.1 Kommunikatives Gedächtnis in der Familie

Ausgehend von dem Forschungsinteresse der vorliegenden Arbeit, die sich mit den SchülerInneninterviews auf der einen und den beobachteten Unterrichtsgesprächen auf der anderen Seite ihrem Forschungsgegenstand – der Rezeption eines zeitgeschichtlichen Jugendromans – sowohl aus einer individuumsbezogenen als auch einer gruppen- bzw. interaktionsbezogenen Perspektive nähert, wird in diesem Kapitel die Theorie des *kommunikativen Gedächtnisses* ebenso aus einer individualpsychologischen und einer sozialisations- bzw. kommunikationsorientierten Sicht dargestellt. Dabei muss bereits an dieser Stelle auf die gegenseitige Bedingtheit zwischen Persönlichem und Sozialem, zwischen Individuum und Gruppe im Erwerbsprozess und der Praxis des kommunikativen Gedächtnisses hingewiesen werden. Im Folgenden wird zunächst auf theoretischer Ebene das Konzept des kommunikativen *Gedächtnisses aus sozial- und individualpsychologischer Perspektive* hergeleitet (Kap. 1.1.1). Im An-

---

1   Diese Differenzlinien überschneiden sich in vielfältiger Weise und erzeugen so eine jeweis „unterschiedliche Verschiedenheit", die im Intersektionalitätsansatz der Interkulturellen Pädagogik als Normalfall und somit als Ausgangspunkt pädagogischen Handelns betrachtet wird (vgl. Krüger-Potratz 2005, 152ff.) Betrachtet man beispielsweise die Klassenporträts in Kap. 3.2.2 oder die Kurzbiographien einzelner interviewter SchülerInnen (Kap. 6.1.1), so wird die *Heterogenität* der Schülerschaft innerhalb von Klassen*gemeinschaften* in mehrfacher Hinsicht offensichtlich.

2   Im Folgenden wird der seltener verwendete Begriff des *sozialen* Gedächtnisses dem des *kollektiven* Gedächtnisses vorgezogen, da hierin sowohl die interaktive Konstituierung als auch die Vielschichtigkeit des Gedächtnisses stärker zum Ausdruck kommt. Zudem kann innerhalb des sozialen Gedächtnisses zwischen dem *individuellen* und dem *kollektiven* Gedächtnis differenziert werden.

schluss werden Erkenntnisse aus der empirischen Sozialforschung zur *Ontogenese* und zum gemeinsamen Erinnern im *Familienkontext* referiert (Kap. .1.1.2). Abschließend liegt der Fokus auf der *narrativen Strukturierung* von Erinnerungen und Erfahrungen und deren Bedeutung für die Identitätskonstruktion (Kap. 1.1.3)

1.1.1 Gedächtnis aus sozial- und individualpsychologischer Perspektive

Nach der kulturwissenschaftlichen (Assmann 1988) und sozialpsychologischen (Welzer 2005) *theoretischen Fundierung des kommunikativen Gedächtnisses* wird aus individualpsychologischer Perspektive ein *neurowissenschaftliches Gedächtnismodell* (Markowitsch/Welzer 2005) vorgestellt, in dem die zentrale Bedeutung des auto-biographischen Gedächtnisses für die individuelle Erinnerungspraxis evident wird.

1.1.1.1 Zur Theorie des kommunikativen Gedächtnisses

Das *kommunikative* Gedächtnis umfasst der gängigen Definition Jan Assmanns zu-folge „jene Spielarten des kollektiven Gedächtnisses [...], die ausschließlich auf Alltagskommunikation beruhen." (Assmann 1988, 10) Dementsprechend ist es durch Alltagsnähe, d.h. durch informelle Situationen und eine Ungeformtheit, wie sie sich beispielsweise in der konzeptionellen Mündlichkeit ausdrückt, gekennzeichnet;[3] es entsteht im sozialen Kontext und ist auf Gruppen bezogen. Menschen erzählen sich ihre individuellen Erlebnisse und Erfahrungen in Geschichten und stellen dabei einen gemeinsamen Erfahrungsraum her, in dem Gruppenidentität konstruiert wird (vgl. ebd., 10f.).

Da das kommunikative Gedächtnis als „lebendige Erinnerung" (Assmann/Assmann 1994, 120) an die Zeit seiner Träger gebunden ist, weist es nur drei Generationen (etwa eine Zeitspanne von 80 bis 100 Jahren) zurück. Deshalb wird es auch als „Kurzzeit-gedächtnis" (ebd., 119) bezeichnet. Der Zeithorizont wandert dementsprechend mit der Gegenwart mit. Stirbt eine Generation aus, so vergeht auch das in ihr (mit anderen) praktizierte kommunikative Gedächtnis.

Aus ihrer kulturhistorischen Perspektive legen Assmann und Assmann in ihren Arbeiten zum sozialen Gedächtnis den Fokus auf das *kulturelle* Gedächtnis. Das *kommunikative* Gedächtnis konzeptualisieren sie nur insofern, als es zur Abgrenzung

---

3   Jan Assmann betont, dass die Trennungslinie zwischen kommunikativen und kulturellen Gedächtnisrahmen nicht entlang von Mündlichkeit und Schriftlichkeit laufe – bereits in münd-lichen Kulturen gebe es ein kulturelles Gedächtnis in Form von ritualisierten Handlungspraxen. Vielmehr müsse nach Geformtheit und Ungeformtheit unterschieden werden (Assmann 1988, 14). Was den Bereich der sprachlichen Erinnerung (neben der an Bilder, Orte etc. gebundenen, vgl. Assmann 2003) anbetrifft, kann meines Erachtens in diesem Sinne zwischen (ungeformter) konzeptioneller Mündlichkeit und (geformter) konzeptioneller Schriftlichkeit (vgl. Koch/Oester-reicher 1994) unterschieden werden. Dementsprechend würden insbesondere die neuen medialen Kommunikationsformen wie bspw. SMS-, Chat- oder E-mail-Kommunikation trotz ihrer Schrift-lichkeit – wenn auch in unterschiedlichem Maße – der konzeptionellen Mündlichkeit und somit dem kommunikativen Gedächtnis zuzuordnen sein.

zum kulturellen notwendig ist. Demgegenüber ist der Sozialpsychologe Harald Welzer insbesondere an der kommunikativen Tradierung von Geschichte interessiert und hat das kommunikative Gedächtnis in seiner *Theorie der Erinnerung* (2005) ausdifferenziert. Dabei nimmt Welzer insbesondere die Verschränkung zwischen individuellem und kollektivem Gedächtnis in der kommunikativen Tradierung näher in den Blick.

In seiner theoretischen Konzipierung des kommunikativen Gedächtnisses führt Welzer Befunde der neurowissenschaftlichen Hirn- und Gedächtnisforschung mit Ergebnissen der psychologischen und kulturwissenschaftlichen Gedächtnisforschung zusammen. Er entwickelt ein Gedächtnismodell, in dem das autobiographische Gedächtnis, das zentral für die Identitätsentwicklung ist, alle anderen bewussten und unbewussten Gedächtnisformen integriert. Die Ausbildung dieses Gedächtnisses ist in soziale Austauschprozesse eingebettet. Es ist sowohl hinsichtlich seines Inhalts als auch seiner Form immer kommunikativ strukturiert und sozial geformt. Bevor dieses autobiographische Gedächtnis in Kap. 1.1.2.1 als zentrale Bezugsgröße des kommunikativen Gedächtnisses in seiner Relevanz für die vorliegende Studie eingehender vorgestellt wird, bedarf es einer neurowissenschaftlichen Grundlegung.

1.1.1.2 Ein neurowissenschaftliches Gedächtnismodell

Das individuelle Langzeitgedächtnis[4] lässt sich nach Markowitsch (2002) in zwei Bereiche einteilen, die wiederum in insgesamt fünf unterschiedliche Gedächtnisformationen zu gliedern sind (s. Abbildung 1): Zunächst steht dem bewussten Gedächtnis, das auch symbolische Formen annimmt, das unbewusste oder auch implizite Gedächtnis gegenüber. Zu den bewussten Formen zählen das *semantische* (Erinnern von Weltwissen) und das *episodische* (Erinnern von Ereignissen in Erzählungen) Gedächtnis. Zu den unbewussten sind das *prozedurale* Gedächtnis (Erinnern von erlernten Tätigkeiten, z.B. Klavierspielen, Autofahren) sowie das *‚priming'* (Erinnern in der Bewusstlosigkeit) zu rechnen. Zwischen den unbewussten und bewussten Formen ist das *perzeptuelle* Gedächtnis (Erinnern von Begriffen, z.B. Vokabeln, Namen) angesiedelt (vgl. Welzer 2005, 23ff.).

Die für die Beschreibung des kommunikativen Gedächtnisses zentralen und aufgrund ihrer sprachlichen Strukturierung in der vorliegenden Arbeit interessierenden bewussten Formen des Gedächtnisses stehen in einem engen Zusammenhang zueinander. Das sich aus dem Weltwissen zusammensetzende *semantische* Gedächtnis bietet dabei Anknüpfungspunkte für das einzelne Erlebnisse aus der Vergangenheit strukturierende *episodische* Gedächtnis:

> „Ohne die Möglichkeit, Erfahrungen in ein konventionelles, d.h. sozial geteiltes System von Regeln und Rahmen einbetten zu können, nähme ein Erlebnis keine Gestalt im Bewußtsein an und würde nicht zu einer Erfahrung, die bewußt erinnert wäre." (ebd., 25)

---

4   Ebenso wie das kollektive lässt sich das individuelle Gedächtnis in ein Kurzzeit- und ein Langzeitgedächtnis aufteilen. Allerdings handelt es sich dabei um andere Zeitspannen: Das *individuelle* Langzeitgedächtnis bezieht sich auf eine Zeitspanne von einigen Minuten, das *kollektive* Langzeitgedächtnis auf mehrere Jahre.

Auch die impliziten Gedächtnisformen sind bedeutsam für eine genauere Bestimmung des kommunikativen Gedächtnisses. Sie werden nicht symbolisch vermittelt, sondern vorreflexiv erlernt und entziehen sich somit reflexiven Zugangsweisen. Welzer weist in diesem Zusammenhang auf die Rolle des impliziten Gedächtnisses bei dem Erlernen von Stereotypen und Vorurteilen im Kleinkindalter hin.

> „Rassistische Einstellungen [...] basieren [...] nicht nur auf (falschen) Kognitionen, sondern können ein Ergebnis der ganz selbstverständlichen sozialen Praxis der Personen sein, mit denen das Kind aufwächst." (ebd., 29)

So erklärt er, dass trotz eines kognitiv antirassistischen Selbstverständnisses die alltägliche Handlungspraxis mitunter von rassistischen Empfindungen geprägt sein kann. In der kindlichen Entwicklung ist deshalb der Phase des Spracherwerbs eine besondere Bedeutung beizumessen:

> „Widerfahrnisse und Erlebnisse nehmen [...] erst mit dem Spracherwerb im Bewußtsein Gestalt an als Erfahrung und Erinnerung, werden also in symbolvermittelter Interaktion geformt und werden selbst in sozialer Kommunikation wieder mitteilbar. Soziale und individuelle Erinnerung sind in diesem Sinne genau so untrennbar voneinander wie Erinnern und Vergessen. Ein Erlebnis wird erst zur Erfahrung, wenn es reflektiert wird, und reflektieren bedeutet, der Erfahrung eine Form zu geben." (ebd., 30)

Betrachtet man vor dem Hintergrund der erkenntnisfördernden Bedeutung der sprachlichen Strukturierung von Erfahrungen literarische Gespräche – seien es die Vorlesegespräche in der Familie oder auch schulische Unterrichtsgespräche über Literatur – so wird die Bedeutung der sprachlichen Gestaltung von Leseerlebnissen im Gespräch evident. Erst durch sie werden Leseerlebnisse zur literarischen Erfahrung, indem sie kommunikativ reflektiert werden, also der Erfahrung eine (sprachliche) Form gegeben wird (vgl. Kap. 1.1.2).

Damit aber Leseerlebnisse zu Erfahrungen werden, bedarf es nicht nur eines episodischen Gedächtnisses, in dem sie eine sprachliche und narrative Form bekommen, sondern auch eines autobiographischen Gedächtnisses, das die Erlebnisse für das Individuum relevant werden lässt. Aus neurowissenschaftlicher Perspektive weist in diesem Zusammenhang Welzer unter Bezugnahme auf Antonio Damasio (1999) auf das Zusammenwirken von körperlichen und emotionalen Empfindungen bei der Ausbildung der Fähigkeit, Informationen selbstbezogen zu verarbeiten, hin:

> „Erst die Interaktion von überwachtem Körperzustand und erfahrungsbasierter Reaktionsbildung auf Reize erzeugt die Möglichkeit für die Entwicklung eines autobiographischen Selbst – ein Ich mit einer Vergangenheit und einer Zukunft, das auf der Basis eines physiopsychologischen Kern-Bewußtseins handelt, das ihm beständig übermittelt, was ihm guttut." (Welzer 2005, 143f.)

Ausgehend von Damasios Theorie der Bewusstseinsbildung durch das körperlich und emotional konstituierte autobiographische Selbst erweitert Welzer das neurowissenschaftliche Gedächtnismodell von Markowitsch (2002) um ein übergeordnetes autobiographisches Gedächtnis, das sich aus dem Zusammenspiel der fünf unterschiedlichen Gedächtnisformationen bildet und diese zentral zusammenhält (s. auch Markowitsch/Welzer 2005):

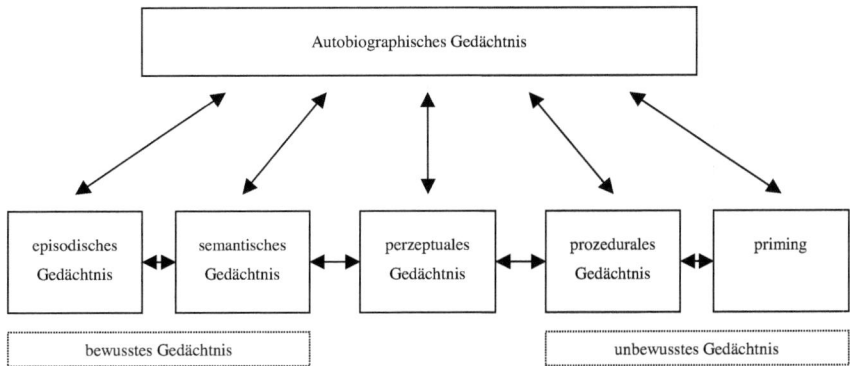

Abbildung 1:   Schema der Funktionssysteme des autobiographischen Gedächtnisses (Welzer 2005, 144, unterste Zeile integriert durch JH)

In dem Wechselspiel zwischen den einzelnen Gedächtnisfunktionen spielen Emotionen eine tragende Rolle. Erst die mit einer potentiellen Handlung verbundene emotionale Reaktion lässt uns eine Vorstellung davon bilden, ob eine Entscheidung gut oder schlecht für uns ist. Das Zusammenspiel von körperlichen Empfindungen und emotionalen Erfahrungen bei der Ausbildung eines autobiographischen Gedächtnisses steht darüber hinaus in enger Verbindung zur Ausbildung eines historischen Bewusstseins:

> „Da sie [die Emotionen, JH] im Kern das Selbst ausmachen, sind sie auch für das Vermögen unverzichtbar, die Vergangenheit zu interpretieren (und dabei das Unwichtige von Wichtigem zu trennen) und Orientierungen für die Zukunft zu entwickeln." (ebd., 145)

Somit sind (selbstbezogene) Erinnerungen nicht nur Erinnerungen an Ereignisse bzw. Erlebnisse, sondern immer auch Erinnerungen an die Erinnerung an solche (vgl. ebd., 149), d.h. Erinnerungen an Erfahrungen, die wiederum in der Zukunft liegende Geschehnisverläufe und eigene Handlungsmöglichkeiten antizipieren lassen und gegenwärtige Entscheidungen ermöglichen.

Das Wissen um die zentrale Stellung des autobiographischen Gedächtnisses, in dem die unterschiedlichen, in Wechselwirkung zueinander stehenden Gedächtnissysteme zusammenlaufen sowie um die Bedeutung von Körper und Emotionen für das Erinnern ist wichtig nicht nur für die theoretische Erklärung des Funktionierens des kommunikativen Gedächtnisses auf individualpsychologischer Ebene. Von hier aus lassen sich auch Schlussfolgerungen für literarische Unterrichtsgespräche formulieren: Sowohl eine Beziehung des literarischen Textes auf die eigene Lebensgeschichte als auch die Berücksichtigung von Emotionen während des Rezeptionsprozesses oder in der unterrichtlichen Anschlusskommunikation sind von zentraler Bedeutung dafür, mit fiktionalen Texten literarische Erfahrungen zu machen und diese erinnern zu können, um sie für eine zukünftige Deutung von Vergangenheit, Gegenwart und Zukunft heranziehen zu können.

1.1.2 Ontogenese und familiale Praxis des kommunikativen Gedächtnisses

Offen bleiben in den bisherigen an neurowissenschaftlichen Erkenntnissen orientierten Ausführungen die Fragen nach der sozialpsychologischen Formung des autobiographischen Gedächtnisses sowie nach dessen Erwerbsprozess. Der empirischen Erforschung unmittelbar zugänglich sind zudem lediglich die kommunikativen Praxen des Erinnerns – wie auch die literarische Rezeption nur im Rahmen von Anschlusskommunikationen sichtbar wird. Um anhand von sozialen Interaktionen die Entstehung des autobiographischen Gedächtnisses und hierbei insbesondere das in der vorliegenden – sprachliche Formen des Erinnerns fokussierenden – Arbeit interessierende Zusammenspiel von den bewussten, symbolisch vermittelten Formen des Gedächtnisses (des *episodischen*, auf Erinnerungen in Erzählungen bezogenen, und des *semantischen*, auf Wissen bezogenen Gedächtnisses) zu rekonstruieren, seien daher im Folgenden Untersuchungen zur interaktiven Aneignung und zur kommunikativen Praxis des Erinnerns im familialen Kontext vorgestellt.

Zum einen werden kognitionspsychologische Untersuchungen zum kindlichen Spracherwerb von Katherine Nelson (1989, 1996a) herangezogen, die die *Bildung des autobiographischen Gedächtnisses* in der familialen Interaktion beschreiben. Zum anderen werden konversationsanalytische und sozialpsychologische Untersuchungen zum Familiengedächtnis berücksichtigt (Keppler 1994, Welzer et al. 2002), die zeigen, inwiefern sich das autobiographische Gedächtnis Heranwachsender in der *familialen Kommunikation* weiterbildet, wie historische Vorstellungen in familialen (und durch Medien geprägten) Gesprächen erworben werden und welche Muster deren Aneignung zugrunde liegen.

1.1.2.1 Bildung des autobiographischen Gedächtnisses im ‚memory talk'

Die Ontogenese des Erinnerns steht in einem engen Zusammenhang mit dem Spracherwerb. Denn erst die symbolische Repräsentation vergangener Ereignisse und Erfahrungen in Form der Sprache lassen diese in der Erinnerung lebendig werden. Aus kognitionspsychologischer Perspektive zeigen Katherine Nelsons (1989, 1996a) empirische Studien zum primären Spracherwerb die grundlegende Bedeutung der narrativen und ko-konstruktiven Aneignungsweise von Sprache für die Entstehung des autobiographischen Gedächtnisses auf. Die von ihr gewonnenen narrationspsychologischen Erkenntnisse haben sowohl Eingang in die sozialpsychologische Gedächtnisforschung (Welzer 2005) als auch in die interaktive Rezeptionsforschung (Wieler 1997) gefunden. In der vorliegenden Studie laufen die Linien des Erinnerns, Sprechens und Erzählens in den literarischen Gesprächen über zeitgeschichtliche Jugendliteratur zusammen.

Kinder wachsen in eine Erzählkultur hinein, in der Vergangenheit in bestimmter Weise repräsentiert und narrativ strukturiert wird. Narrative Strukturen dienen dazu, mentale Repräsentationen routinisierter Handlungsmuster – sogenannte ‚scripts‘ – aufzubauen.

> „Die Konzeption des Script meint eine gewöhnlich implizite, als selbstverständlich betrachtete mentale Struktur, die Alltagswissen über ein wiederkehrendes, erwartetes Ereignis enthält, um ein Ziel herum organisiert ist und eine erwartete Folge von Handlungen, Rollen, die Menschen spielen, Objekten, die bei der betreffenden Aktivität als ‚Hilfsmittel‘ dienen, usw. bestimmt.“ (Nelson 1995, 170)

Das kindliche Erzählen ist Nelson zufolge eingebunden in das kommunikative Erinnern im ‚memory talk‘, dem Gespräch zwischen Eltern und Kindern über vergangene Erlebnisse. Mütter und Väter lassen ihre Kinder – bereits zu Beginn des Spracherwerbs – über vergangene Ereignisse sprechen und geben ihnen mit Fragen, Bestätigungen, Ergänzungen und eigenen Erzählungen ein Gerüst für ihre Geschichten. Kinder bringen in diese Gespräche mit den Erwachsenen bereits ihre eigenen Bemühungen um die Aneignung der Welt mit ein, so dass hier eine wechselseitige Ergänzung und Vorantreibung stattfindet (vgl. Nelson 1993, 222ff.).

Unter Hinzuziehung weiterer Studien zum prozessbegleitenden und rückblickenden Erinnern im Gespräch differenziert Nelson ‚memory talk‘ in Reden über die Vergangenheit, die Gegenwart und die Zukunft, bei dem die Erwachsenen Kindern ‚Narrationsrahmen‘ anbieten, mit denen Ereignisfolgen verständlich werden (vgl. ebd., 207ff.). Jede dieser Gesprächsformen hat ihre eigene Interaktionsstruktur. Die Gespräche über die Vergangenheit (Engel 1986) sind am stärksten durch ausgeprägte Narrationen gekennzeichnet. In Gesprächen über die Gegenwart (Tessler 1986) kann man eher von begleitenden Kommentaren sprechen, mit denen Eltern ihren Kindern die Wahrnehmung ihrer Erlebnisse strukturieren helfen. In Gesprächen über die Zukunft (Nelson 1989), die eher den allgemeinen Charakter eines ‚Scripts‘ haben, bieten die elterlichen Anteile einen gerüsthaften Rahmen für die Erzählungen des Kindes. Die Einbindung von Erlebnissen in Gespräche – ob antizipierend, begleitend oder retrospektiv – sind wichtig, damit diese narrativ strukturiert, somit als Erfahrung organisiert und erinnert werden können. Auf diese Weise können Kinder eigenaktiv in die Kultur des ‚memory talk‘ hineinwachsen und erhalten die Möglichkeit, ein historisches Bewusstsein ausbilden.

In der gemeinsamen Herstellung von Vergangenheit lernen Kinder, ihre Erinnerungen so zu erzählen, wie es in der jeweiligen Kultur praktiziert und geschätzt wird (vgl. ebd. 1995, 175, s. auch Welzer 2005, 101f.). Autobiographische Erinnerungen werden also von Anfang an interaktiv gebildet. Nelson spricht in diesem Zusammenhang von einem sozialen Prozess der „co-constructions of memories“ (1995, 180). Die hierbei entstehenden ‚Scripts‘ ermöglichen es dem Kind, in der Zukunft liegende Ereignisse in ihrem Verlauf und ihren Anforderung zu antizipieren und Handlungen anderer Menschen zu interpretieren. Nelson kommt abschließend zu der Annahme,

> „daß die entstehende Fähigkeit, über Erinnerungen zu sprechen, der Katalysator für die Begründung eines Gedächtnissystems sein könnte, das in seiner Form grundsätzlich narrativ ist. [...] Erstens könnte die Narration die Erinnerung als eine Geschichte organisieren, die als Ganzes ‚memorierbar‘ ist, im Gegensatz zu einer isolierten Erfahrung, die leicht vergessen wird. Zweitens kann die Narration dazu dienen, das Ereignis zu reaktivieren, und so

ein Grundprinzip für seine Aufrechterhaltung im Erinnerungssystem liefern aufgrund seines möglichen Werts bei Voraussagen über zukünftige Ereignisse. Somit könnte die Fähigkeit, Ereignisse zu erzählen, eine organisierte, kohärente ‚Chronik'-Form zu schaffen, der entscheidende Faktor bei der Entstehung des autobiographischen Gedächtnisses sein. [...] Am wichtigsten an dieser Entwicklung ist vielleicht das Bewußtsein des eigenen Selbst, das möglich wird, wenn die eigene Geschichte den Geschichten gegenübergestellt wird, die aus der Sicht eines anderen erzählt werden (Mead 1934)." (Nelson 1995, 188f.)

Nelsons Untersuchungen zufolge ist also für die Entwicklung des autobiographischen Gedächtnisses die im Spracherwerb zunehmende Fähigkeit, Geschichten zu erzählen und damit Erinnerungen narrativ zu strukturieren, von basaler Bedeutung (vgl. Kap. 1.1.3). Die grundlegende Funktion des autobiographischen Gedächtnisses verortet Nelson im sozialen Austausch, dem gemeinsamen Herstellen von Erinnerungen:

> „The claim here is that the initial functional significance of autobiographical memory is that of sharing memory with others, a function that facility with language makes possible. Memories become valued in their own right – not because they predict the future and guide present action, but because they are shareable with others and thus serve a social solidarity function. Using language to retain memories, stories and myths within the group is a universal human function, although one with variable culturally specific rules. [...] this social function of memory underlies all of our storytelling, history-making narrative activities and thus, ultimately, all of our accumulated knowledge systems. Sharing memories (and stories) in the preschool years is but a first step toward the augmentation of memory in human lives (sic) that language – and later permanent written records – make possible." (Nelson 1996b, 154)

Nelsons Untersuchungen zeigen auf, dass in der sozialen Praxis des ‚memory talk' bereits in der frühesten Kindheit Erinnerungen angeeignet und narrativ geformt werden und schließlich ein autobiographisches Gedächtnis gebildet wird. Dieser Prozess des gemeinsamen Herstellens erlebter Vergangenheiten ist immer in einen sozialen Kontext gebunden (vgl. Keppler 1994) und zieht sich durch das gesamte Leben (vgl. Tschuggnall 2004). Die Familie bildet hierbei den Ausgangs- und zentralen Bezugspunkt, worauf im folgenden Kapitel näher eingegangen wird. Nelsons Befunde lassen sich auch auf den Forschungsgegenstand der vorliegenden Studie übertragen: In literarischen Unterrichtsgesprächen können Jugendliche sich mit ihren historischen Vorstellungen einbringen und erlernen gleichzeitig eine Möglichkeit des Erinnerns, des Sprechens über vergangene Zeiten. Dabei stehen nicht unmittelbar selbsterlebte Erfahrungen, sondern literarisch gestaltete und in der Rezeption mittelbar erlebte Geschichten im Mittelpunkt der Gespräche.

1.1.2.2 Das Familiengedächtnis in seiner kommunikativen Praxis

Aus konversationsanalytischer Perspektive untersucht Angela Keppler in ihrer Studie *Tischgespräche* (1994) familiale Kommunikation beim gemeinsamen Essen oder bei anderen Gelegenheiten familiärer Zusammenkünfte wie Feierlichkeiten oder Dia-Abenden. Ein Kapitel hat sie dem Familiengedächtnis gewidmet. Anhand von Gesprächen bei Tisch zeigt sie auf, wie beiläufig Familiengeschichten erzählt werden als „Vergangenheitskonstruktionen ‚en passant'" (vgl. ebd., 169ff.). In struktureller

Hinsicht bilden sie oft keine geschlossenen Narrative – sie sind „nicht aus einem Stück" (ebd., 207). Inhaltlich können die Familiengeschichten durchaus widersprüchlich sein oder von den einzelnen Mitgliedern unterschiedlich erzählt werden – bei der Erstellung einer gemeinsamen Familiengeschichte störe dies jedoch nicht. Für den Zusammenhalt der Familie komme es dabei weniger auf die Kohäsion und Kohärenz der erzählten Geschichten an, als vielmehr auf die wiederholte Praxis des gemeinsamen Erzählens:

> „Soweit sie lebendige, d.h. identitätsstiftende Geschichte einer existierenden Familie ist, besteht sie aus diesen vielen individuellen Geschichten zusammen mit dem kollektiven, gesprächsförmigen Immer-wieder-Erzählen dieser und neuer Geschichten" (ebd., 207).

Sowohl Keppler in ihrer gesprächsanalytischen Untersuchung als auch Harald Welzer, Sabine Moller und Karoline Tschuggnall in ihrer sozialpsychologischen Studie zum *Nationalsozialismus und Holocaust im Familiengedächtnis* (2002) zeigen auf, dass die Praxis familialer Gespräche – im letzteren Fall über den Zweiten Weltkrieg – mitunter durch paradoxe Erzählsituationen geprägt ist. So fordern Familienmitglieder andere zum Erzählen auf, obwohl sie die Geschichten bereits kennen. Aber gerade weil die Familiengeschichten allen bekannt sind, macht es für die Familie Sinn, diese immer wieder zu erzählen. Denn es geht den einzelnen Mitgliedern nicht darum, etwas Neues über die Familie und ihre Geschichte zu erfahren, sondern darum, sich der Gruppe der Familie immer neu zu vergewissern (s. auch Keppler 1994, 206):

> „Denn die kommunikative Vergegenwärtigung von Vergangenem in der Familie ist kein bloßer Vorgang der Weitergabe von Erlebnissen und Ereignissen, sondern immer auch eine gemeinsame Praxis, die die Familie als eine Gruppe definiert, die eine besondere Geschichte hat, an der die einzelnen Mitglieder teilhaben und die sich nicht zu verändern scheint. Familien zelebrieren im ‚conversational remembering'[5], im gemeinsamen Sprechen über Vergangenes, ihre Geschichte als Interaktionsgemeinschaft, und dabei geht es um die Bestätigung der sozialen Identität der Wir-Gruppe." (Welzer 2005, 165)

Dieses Familiengedächtnis bildet einen kulturellen, sozialen und historischen Rahmen[6], der gewährleistet, dass sich alle Mitglieder in gleicher Weise an ihre gemeinsame Vergangenheit erinnern – wobei die einzelnen Geschichten durchaus unterschiedlich sein können. Welzer spricht hierbei von einem ‚geheimen Fiktionsvertrag', der dem Familiengedächtnis zugrunde liegt und eine gemeinsame Identität sichert (vgl. ebd., 165). Das Familiengedächtnis wird zwar in der familialen Kommunikation interaktiv hergestellt und hat somit kollektiven Charakter, es besteht aber aus verschiedenen Individualgedächtnissen (s. auch Welzer 2005, 170): „jedes individuelle Gedächtnis ist ein ‚Ausblickspunkt' auf das kollektive Gedächtnis; dieser Ausblickspunkt wechselt je nach der Stelle, die wir darin einnehmen" (Halbwachs 1974, 120). Insofern kann man von einer Verschränkung des kollektiven Familiengedächtnisses und seiner Individualgedächtnisse sprechen.

---

5   Diesen Begriff benutzt Welzer in Anlehnung an Middleton/Edwards (1990).
6   Mit dem Begriff des Rahmens beziehen sich Assmann (1992, 36) und Welzer (2005, 170) auf Goffman (1974) und Halbwachs (1985, 209).

Neben dem historischen Wissen aus der Schule und den Medien ermöglicht das Familiengedächtnis ein weiteres Bild von Vergangenheit, das persönlich gefärbt ist und in der Alltagskommunikation entsteht. Welzer betont die Emotionalität dieses Bildes, das im Gegensatz zu dem Wissen aus den anderen Bereichen eine Gewissheit darstelle (vgl. Welzer 2005, 172). Oft habe die Enkelgeneration Schwierigkeiten damit, ihre ‚guten' Großeltern aus den Familienerzählungen in den Zusammenhang einer ‚bösen' Vergangenheit aus den Geschichtsbüchern zu stellen. Diese Unvereinbarkeit von ‚Album' und ‚Lexikon', die in Deutschland „gleichsam nebeneinander im Wohnzimmerregal" stehen (Welzer et al. 2002, 10), führt zu Änderungen der Familiengeschichte im Laufe der Generationen. Im Prozess der Vergegenwärtigung von Vergangenem im Gespräch verändert sich die Vergangenheit für die Beteiligten, sie nimmt neue Formen an. Gleichzeitig ändern sich auch die Beteiligten selbst und ihre Erinnerungsgemeinschaft.

> „Wenn es zutrifft, daß Erinnerung immer das Ereignis plus die Erinnerung an seine Erinnerung ist, dann sind Kommunikationen [...] selbst Teil einer interaktiven Geschichte. In diesem Sinn besteht das kommunikative Gedächtnis immer in Formen der Verlebendigung von Vergangenem, das in diesem Prozeß nie bleibt, was es war." (Welzer 2005, 235)

Die fortlaufenden Änderungen sind konstitutiv für das kommunikative Gedächtnis in der Familie. Wenn Familien ihre Geschichten etwa von der Zeit des Nationalsozialismus und des Zweiten Weltkriegs erzählen, so zeigen Welzer et al. (2002) auf, sind diese meist nebulös, entbehren häufig Orts-, Zeit- und Personenangaben, enthalten zahlreiche Leerstellen und auch manche Widersprüche. Problematisch werde diese Inkohärenz allerdings nicht. Gerade das Unbestimmte mache den Reiz dieser Geschichten für die einzelnen Familienmitglieder aus, die im Gespräch den Versuch unternehmen, den Geschichten Sinn beizugeben. Diesen Prozess der Sinnbildung nennt der englische Sozialpsychologe Frederic C. Bartlett (1997) ‚effort of meaning' (vgl. Welzer 2005, 250). Dementsprechend sind Familiengeschichten zwischen Fiktion und Wirklichkeit angesiedelt, anders als historische Erzählungen in der Wissenschaft. Allerdings ist die ‚false memory' in der Familie bereits in der nachfolgenden Generation keine „falsche" Erinnerung mehr – sofern man aufgrund des konstruktiven Charakters des Erinnerns überhaupt von „falscher" Erinnerung sprechen kann –, da das Erinnerte nicht auf eigene Erlebnisse, sondern auf die kommunikative Vergegenwärtigung fremder Erlebnisse im Familiengespräch bezogen ist (vgl. ebd., 183f.).

Dass auch medial repräsentierte Geschichten insbesondere audiovisueller Medien eine bedeutende Rolle in der familialen Kommunikationspraxis spielen, haben Welzer et al. (2002) ausführlich in ihrer Untersuchung des Familiengedächtnisses anhand von Parallelen der erzählten Geschichten zu Inhalten und Erzählweisen von Nachkriegsfilmen aufgezeigt (vgl. ebd., 105ff., s. auch Keppler 1994, 211ff.). Das Einverleiben von Mediengeschichten in die eigene Familiengeschichte gehört zur Praxis der gemeinsamen Vergegenwärtigung von Vergangenheit in der Familie, wenn es auch meist von den Mitgliedern nicht markiert, oft auch nicht bewusst wahrgenommen wird. Literarisch und medial dargestellte Geschichten eignen sich deswegen so gut als Anregung für das Erzählen der eigenen Lebensgeschichte, weil sie häufig *menschliche*

Elementarerfahrungen (Dressel 1996) aufgreifen und diese bereits mit einer narrativen Struktur versehen (vgl. Kap. 1.2.2.1).

Aufgrund des in der vorliegenden Studie interessierenden Zusammenhangs von fiktionalen und alltäglichen Lebensgeschichten soll im folgenden Kapitel dieser narrative Modus der Organisation von Erfahrungen in seiner Bedeutung für historische Sinnbildungsprozesse im kommunikativen Gedächtnis näher betrachtet werden.

1.1.3 Narrative Konstruktion von Geschichten in kulturellen Rahmen

Ging es bislang um die kultur- und neurowissenschaftliche Erklärung des kommunikativen Gedächtnisses sowie um seine Bildung in sozialer Interaktion und seine Praxis in der Familie, so soll abschließend der Fokus auf seine Struktur und zwar vornehmlich auf die Strukturierungsprozesse und ihre Narrativität gelegt werden. Für die vorliegende Arbeit ist die Darstellung der narrativen Konstruktionsweise des kommunikativen Gedächtnisses von besonderer Bedeutung, da ihr eine zentrale Stellung sowohl bei der (fiktionalen und realen) Wirklichkeits- als auch bei der Identitätskonstruktion zukommt. Dazu werden nach kognitionspsychologischen Grundlagen (Bruner 1986) *Konstruktionsprinzipien des Erzählens und Merkmale von Geschichten* vorgestellt (Bruner 1998). Schließlich wird die Bedeutung *narrativer Sinnbildung für die Ausbildung einer Ich-Identität* aufgezeigt (Gergen 1998, Lucius-Hoene/Deppermann 2002, Welzer 2005).

1.1.3.1 Strukturelle und inhaltliche Merkmale des Erzählens

Der amerikanische Kognitionspsychologe Jerome Bruner unterscheidet zwei unterschiedliche Denkweisen: den ‚narrativen' und den ‚paradigmatischen' Modus:

> „There are two modes of cognitive functioning, two modes of thought, each providing distinctive ways of ordering experience, of constructing reality. The two (though complementary) are irreducible to one another. Efforts to reduce one mode to the other inevitably fail to capture the rich diversity of thought. Each of the ways of knowing, moreover, has operating principles of its own and its own criteria of well-formedness. They differ radically in their procedures for verification. A good story and a well-formed argument are different natural kinds. Both can be used as means for convincing another. Yet what they convince *of* is fundamentally different: The one verifies by eventual appeal to procedures for establishing formal and empirical proof. The other establishes not truth but verisimilitude." (ebd. 1986, 11)

Eben diese Wahrhaftigkeit des narrativen Modus des Denkens – im Gegensatz zur durch empirische Beweisführung begründeten Wahrheit des paradigmatischen Modus – ist es, die unterschiedliche Deutungen von Welt und Selbst in der Narration nebeneinander ko-existieren lässt als verschiedenartige Perspektiven, die durch ihre je eigene Kohärenz und Plausibilität überzeugen. Überträgt man diese komplementären und einander ergänzenden Formen des ‚paradigmatischen' und des ‚narrativen' Denkens auf den Gegenstandsbereich der Literatur, dann lässt sich mit Abraham und

Kepser konstatieren: „Literatur eröffnet uns – neben dem wissenschaftlichen Nachdenken – *eine zweite Dimension* der Erkenntnis unserer Welt und unseres Selbst." (ebd. 2005, 22). Dieser besondere Erkenntniswert macht das Erzählen (und Rezipieren) von Geschichten zu einer elementaren kulturellen Praxis, die bestimmten Konventionen in *struktureller* und *inhaltlicher* Hinsicht unterliegt: dem „Wie" der Darstellung und dem „Was" der Handlung und der erzählten Welt (vgl. Martinez/Scheffel 2003).

Unser Erzählen folgt *strukturellen* Organisationsprinzipien nach dem Muster, wie in unserer Kultur Geschichten zu erzählen sind: mit einem Anfang, einem Mittelteil und einem Schluss. Dabei läuft alles auf einen „springenden Punkt", einen *werthaltigen Endpunkt* (Gergen 1998, 172) hinaus. Dieser ist dafür verantwortlich, welche Ereignisse für die Geschichte ausgewählt und wie diese in eine Reihenfolge gebracht werden (vgl. ebd., 172ff.).

Vielfach wird darauf hingewiesen, dass nicht nur unsere Erzählungen diesen kulturellen Mustern folgen, sondern bereits unsere Wahrnehmungen durch sie geprägt sind (vgl. Goffman 1981, Gergen 1998, 192, Welzer 2005, 186f.). Mit Erzählungen teilen wir folglich nicht nur unsere Alltagserfahrungen mit, wir gestalten diese zuallererst durch sie (vgl. Bruner 1997, 72f.). Erzählungen stellen dabei kein bloßes lineares Nacheinander da, vielmehr werden in ihnen narrativ Zusammenhänge geknüpft. Bruner spricht von einer „Struktur festgelegter Zeit" (ebd. 1998, 52):

> „Was unserem Verständnis der Erzählungen zugrunde liegt, ist ein ‚mentales Modell' ihrer an Perspektiven und Relevanzsetzungen gebundenen Zeitlichkeit – einer Zeit, die nicht einfach vom Ticken einer Uhr markiert wird, sondern von dem für Menschen bedeutsamen Handeln, das in ihrer Spanne vollzogen wird." (ebd., 53f.)

Neben diesen *strukturellen* Merkmalen zeichnen sich Erzählungen insbesondere durch *inhaltliche* Besonderheiten aus. In Geschichten wird Gewöhnliches mit Ungewöhnlichem verknüpft. Sie konstituieren sich durch eine Abweichung vom Kanonischen (vgl. ebd. 60ff.) und einem Verletzen von Normen (vgl. ebd., 68ff.). Dadurch sind sie immer auch moralisch relevant. In ihnen können Normen aber nicht nur gebrochen (und dadurch erst aufgezeigt) werden. Durch die Narrativität können diese sich auch ändern, denn Erzählungen sind immer auf der Suche nach Gründen für Handlungen und bieten somit Erklärungsmöglichkeiten für Abweichungen vom Erwartbaren.

So einzigartig je einzelne Geschichten auch sein mögen, so stellen sie doch lediglich verschiedene Versionen von etwas Allgemeinem dar: „Das Besondere einer Erzählung wird dadurch erreicht, daß sie eine allgemeine Funktion erfüllt" (ebd., 55). Aus literaturwissenschaftlicher Sicht weisen Matias Martinez und Michael Scheffel in diesem Zusammenhang auf die Poetik Aristoteles' hin:

> „[...] sie [die Dichtung, JH] sei ‚etwas Philosophischeres und Ernsthafteres als Geschichtsschreibung', weil sie nicht, wie der Geschichtsschreiber, ‚das Besondere' (also diesen und jenen kontingenten historischen Einzelfall), sondern ‚mehr das Allgemeine' mitteile, indem ihre Geschichten ‚nach der Wahrscheinlichkeit' und ‚nach der Notwendigkeit' gebaut seien und damit allgemeine Prinzipien menschlichen Handelns zu erkennen erlaubten (Poetik, 1451b)." (Martinez/Scheffel 2003, 12)

An ihre RezipientInnen stellen Geschichten ganz eigene Herausforderungen. Bruner nennt diese Rezeptionsanforderungen einen Zwang zum hermeneutischen Verstehen.

Ihm zufolge kann man sich einer hermeneutischen Auslegung – dem Zusammen-bringen der Einzelheiten und des Gesamten – einer Geschichte nicht erwehren, weil man wissen will, warum, wie, von wem usw. diese erzählt wird (vgl. ebd. 1998, 56f.). Diese hermeneutischen Auslegungen sind prinzipiell vielfältige. Durch die Perspektivengebundenheit sowohl der Erzählungen als auch deren Rezeption sind Geschichten in sozialen Beziehungen stets verhandelbar; sie zeichnen sich durch eine „inhärente Aushandelbarkeit" (ebd., 73) aus. Das bedeutet, dass verschiedene und sich mitunter widersprechende Versionen von Geschichten aufgrund ihrer Perspektivität und Offenheit eher nebeneinander existieren und in ihrer je spezifischen Geltung belassen werden können als sich entgegenstehende logisch geführte Argumentationen. Die Funktion des (interaktiven) Erzählens und Rezipierens von Geschichten liegt folg-lich darin, gemeinsam narrativ Zusammenhänge zu knüpfen und die eigene Person in diese Zusammenhänge einzuordnen:

> „Was immer Historie auch sein mag, sie ist sicherlich *nicht* ‚ein verdammtes Ding nach dem anderen'. Und genauso verhält es sich mit der Kultur und mit unserer Erinnerung an die Vergangenheit. Wir bürden all dem Zusammenhang auf, machen es zur Geschichte, Historie. [...] Die Historie [...] ist voll von merkwürdigen Einzelheiten, die aufeinander folgen und möglicherweise sogar auseinander ‚folgen'. Wir schaffen eine Kontinuität und verorten uns dann selbst in diesem erfundenen Fluß. (ebd., 73ff.)

1.1.3.2 Narration und Identität

Auf den Zusammenhang von Erzählen und Identitätskonstruktion ist aus vielerlei Per-spektiven verwiesen worden: unter anderem aus sozialkonstruktionistischer (Gergen 1998), gesprächsanalytischer (Lucius-Hoene/Deppermann 2002), kognitionspsycho-logischer (Bruner 1997) und sozialpsychologischer (Welzer 2005) Sicht. Im Folgenden sollen die gemeinsamen Grundlinien dieser Ansätze skizziert werden, so dass die viel-fältige Bedeutung der Narration für die Identitätskonstruktion deutlich wird.

Wenn wir von unseren Erfahrungen in Form von Geschichten erzählen, so sagen wir damit auch immer etwas über uns selbst aus, entwerfen unsere Identität in einer narrativen Weise. Dabei ist die Einheit der Person in Form von *Kontinuität* und *Kohärenz* von besonderer Bedeutung:

> „*Kontinuität*' als Aspekt der Einheit einer Person fragt nach ihrer *temporalen Strukturie-rung* [...] Ohne eine Vorstellung meiner persönlichen Geschichte, ohne Biographiearbeit als Verständnis meines Gewordenseins kann ich auch mein gegenwärtiges Sein nicht begreifen. [...] Wie ich meine Vergangenheit interpretiere, entscheidet mit darüber, welche zukünftigen Handlungsoptionen und Ziele ich sehe und welches Vertrauen ich in meine zukünftige Handlungsfähigkeit habe. [...] „Der Begriff der ‚*Kohärenz*' thematisiert dagegen das Streben nach der Einheit der Person als Frage nach der inneren Stimmigkeit [...]." (Lucius-Hoene/Deppermann 2002, 48)

Bei gleichzeitiger Wahrung von Kontinuität und Kohärenz ermöglicht die Narration durch ihre Zeitlichkeit und ihre Handlungsbegründungen Veränderungen (vgl. Straub 1998, 117). Nur im narrativen Modus können Änderungen von Bewertungen eigener

Handlungen, von aktuellen Entscheidungen oder von Antizipationen zukünftiger Ereignisse ohne einen inneren Widerspruch und (sowohl für sich selbst als auch für Andere) verständlich dargestellt werden. Da Identitätskonstruktion insbesondere eine Herausforderung der „Kontinuität im Wandel" ist (vgl. Benrath 2005), ist die narrative Form folglich von essentieller Bedeutung für die lebenslange Identitätsarbeit. Geschichten spielen stets mit kulturellen Werten und Normen. Folglich nehmen wir beim Erzählen auch jeweils Stellung zu diesen Normen – ob wir uns bestätigend zuordnen oder kritisch abgrenzen (vgl. Lucius-Hoene/Deppermann 2002, 43). Somit ist narrative Identität immer auch moralische Identität im Sinne der „Auffassung des Selbst als ein achtbares und anerkanntes Individuum, gemessen an den Standards, die den eigenen sozialen Beziehungen innewohnen" (Gergen 1998, 195).

Der Erzähler bzw. die Erzählerin trägt die Verantwortung für die Handlungen und Erfahrungen des erzählten Lebens (vgl. Gergen 1998, 195). Die Einheit der Person ist jedoch nicht nur allein von ihrer eigenen narrativen Identitätskonstruktion abhängig. Da ‚Geschichten erzählen' immer ein interaktiver Akt ist (vgl. Merkel 2000, 93ff.), sind die Interaktionspartner ebenso daran beteiligt, was schließlich als Selbst-Narrativ Bestand hat: „Narrative Gültigkeit hängt folglich ganz erheblich von der Zustimmung anderer ab" (Gergen 1998, 196).

Nicht nur autobiographische Erzählungen tragen zu unserer narrativen Identitätsarbeit bei – auch historische Erzählungen prägen unser Selbstbild. Bei historischen Erzählungen stellen wir uns in einen Bezug zu kollektiven Erfahrungen, nehmen Teil an der Praxis der Tradierung von großen Wir-Erzählungen. Somit sind auch historische Erzählungen für die subjektive Identitätsbildung relevant, da sie das eigene Gewordensein in einen größeren Zusammenhang stellen.

> „Erzählte Geschichten, speziell die aus der Gegenwart formulierten historischen Erzählungen, artikulieren auf einzigartige Weise einen Kontinuität stiftenden und verbürgenden Zusammenhang. Dieser Zusammenhang wird in der Regel als sinn- und bedeutungsstrukturierte Einheit von Ereignissen, Widerfahrnissen und Handlungen wahrgenommen. Erzählte Geschichten sind in inhaltlich-qualitativer wie auch in formal-struktureller Sicht wichtige Konstituenten der Identität von Subjekten, insofern sich diese in den narrativ vergegenwärtigten Zeit-Zusammenhängen ‚situieren'. […] Im Falle der historischen Erzählung geht es dabei immer auch um identitätsrelevante Bezugskollektive, denen sich das erzählende Subjekt zugehörig fühlt, von denen es sich absetzt oder distanziert. Historische Sinnbildung gründet nicht zuletzt in den Identifikationen der Subjekte mit kollektiv bedeutsamen Erfahrungen und Erwartungen, Handlungs- und Lebensorientierungen." (Straub 1998, 128f.)

Angebote historischer Erzählungen erhalten wir, wie oben bereits ausführlich dargestellt, zuallererst in der familialen Kommunikation. Hier lernen wir in der Interaktion im ‚memory talk' (Nelson 1996a), die Geschichte der Familie und die in ihr strukturierten Erfahrungen für unsere eigene Position in der Familie zu nutzen. Dabei werden auch andere medial tradierte Erfahrungen in die Familiengeschichte aufgenommen. Die Forschergruppe um Welzer zeigt an mehreren Beispielen auf, welche filmischen Geschichten in die autobiographischen Erzählungen der Zeitzeugen aus dem Zweiten Weltkrieg eingeschrieben werden (Welzer et al. 2002, 105ff., Welzer 2005, 185ff.). Den Autoren zufolge dienen nicht nur historische Filme, sondern auch

Kindergeschichten (z.b. Max und Moritz, Karl May, Märchen) und Erzählungen aller Art (z.b. Odyssee) als Erzählmuster für biographische Geschichten. Meist bleiben sie implizit, manchmal werden sie explizit genannt. Der Fund dieser Geschichten in den mündlichen Erzählungen bleibt jedenfalls zufällig und verweist auf ein gemeinsames Geschichtenrepertoire von Erzähler und Zuhörer.

Über den sozialen Kontext der Familie hinaus versorgen uns auch andere Institutionen und Phänomene des gesellschaftlichen Lebens mit narrativen Erfahrungen, wie insbesondere die Schule und die Medien:

> „Schule und Ausbildungseinrichtungen [...] bieten uns narrative Schemata und Themen an, mit deren Hilfe wir unsere autobiographischen Erfahrungen reflektieren. [...] Vor allem die Medien versorgen uns mit Geschichten, in denen Krisen, Konflikte und Erlebnisse, alle möglichen und anrührenden Aspekte der menschlichen Situation und des Erfahrungshorizonts zur Befassung und Identifikation nahe gebracht werden. Dabei vermitteln sie uns nicht nur die Variationen interessierender Inhalte – das *Was* der Erzählung [...] – sondern auch mögliche Arten ihrer Darbietung, also das *Wie* von Form, Modus und rhetorischer Ausgestaltung [...]." (Lucius-Hoene/Deppermann 2002, 42)

Zusammenfassend lässt sich für den individualpsychologischen Aufbau, die soziale Ontogenese und familiale Praxis sowie die modale Struktur des kommunikativen Gedächtnisses Folgendes festhalten: Dem autobiographischen Gedächtnis kommt eine zentrale Funktion als übergeordnetes Gedächtnissystem von u.a. episodischem und semantischem Gedächtnis zu, in dem Körper und Emotionen eine bedeutende Rolle beim Prozess des Erinnerns spielen. Im ‚memory talk', dem interaktiven Gespräch über die Vergangenheit in der Familie, wird Erinnern mit Beginn des Spracherwerbs in engem Zusammenhang mit Erzählen angeeignet und im weiteren Leben gemeinsam praktiziert, wodurch eine identitätsstiftende Familiengeschichte erzeugt wird. Der narrative Modus des Erinnerns ermöglicht die Strukturierung individueller und kollektiver Erfahrung und deren Aushandlung bei gleichzeitiger Erhaltung der perspektivisch gebundenen Diversität.

Vor dem Hintergrund des im theoretischen Teil dieser Arbeit verfolgten Interesses der Verortung literarischer Gespräche *zwischen* kommunikativem und kulturellem Gedächtnis soll im folgenden Kapitel anhand der literaturdidaktischen Diskussion auf theoretischer Ebene aufgezeigt werden, in welchem Zusammenhang die bislang im Rahmen des *kommunikativen* Gedächtnisses in der Familie erarbeiteten historischen Sinnbildungsprozesse mit denen des *kulturellen* Gedächtnisses in der Schule – im Fall der vorliegenden Arbeit des Literaturunterrichts – stehen.

1.2 Kulturelles Gedächtnis im schulischen Literaturunterricht

Während in Familiengesprächen das kommunikative Gedächtnis einen zentralen Raum einnimmt, sind schulische Unterrichtsgespräche primär durch das kulturelle Gedächtnis bestimmt. Sie bedienen sich bei der historischen Sinnbildung weniger selbsterlebter Geschichten. Vielmehr greifen sie auf in Medien objektivierte Erfahrungen zurück. Medien wie beispielsweise die Literatur schaffen einen Übergang von den *Zeitinseln* des kommunikativen Gedächtnisses hin zu *Erinnerungsräumen* des kulturellen Gedächtnisses. Dieses ist durch Alltagsferne und seine kulturelle Geformtheit gekennzeichnet (Assmann 1988, 12). Wie dem kommunikativen, so ist auch dem kulturellen Gedächtnis eine identitätsstiftende Funktion inhärent, allerdings auf einer strukturell anderen Ebene. Im Folgenden wird zunächst die Theorie des *kulturellen Gedächtnisses entlang seiner Eigenschaften und Erinnerungsmodi* entfaltet und differenziert sowie anhand des Forschungsgegenstands der vorliegenden Arbeit illustriert (Kap. 1.2.1). Im Anschluss daran wird eine *anthropologische Begründung des Literaturunterrichts* aus der (deutsch-)didaktischen Diskussion nachgezeichnet (Kap. 1.2.2).

1.2.1 Eigenschaften und Erinnerungsmodi des kulturellen Gedächtnisses

Das kulturelle Gedächtnis weist unterschiedliche *Eigenschaften* auf (vgl. Assmann 1988) und funktioniert im Zusammenspiel zweier komplementärer *Modi der Erinnerung*: des *Funktionsgedächtnisses* und des *Speichergedächtnisses* (Assmann 2003). Diese Charakteristika und Modi werden im Folgenden aus kulturanthropologischer Perspektive theoretisch hergeleitet und für die Erforschung literarischer Unterrichtsgespräche fruchtbar gemacht.

1.2.1.1 Eigenschaften des kulturellen Gedächtnisses

Jan Assmann zufolge werden im kulturellen Gedächtnis die drei Bereiche Gedächtnis, Gesellschaft und Kultur miteinander verbunden. Dieser Verbindung geschuldet zeichnet sich das kulturelle Gedächtnis durch folgende Eigenschaften aus: *Identitätskonkretheit, Rekonstruktivität, Geformtheit, Organisiertheit, Verbindlichkeit* und *Reflexivität* (vgl. Assmann 1988, 13ff.). Diese Merkmale werden im Folgenden unter Bezugnahme auf den Gegenstand der vorliegenden Untersuchung, die Rezeption eines zeitgeschichtlichen Jugendromans in literarischen Unterrichtsgesprächen, vorgestellt. Sie bieten eine Möglichkeit, die inhaltliche und strukturelle Organisation des schulischen Literaturunterrichts aus kulturwissenschaftlicher Perspektive zu beschreiben und in ihrer Funktionalität zu begründen.

Mit *Identitätskonkretheit* ist der identitätsstiftende Charakter des kulturellen Gedächtnisses gemeint. Ebenso wie im kommunikativen Gedächtnis der Familie bilden auch auf gesellschaftlicher Ebene geteilte Erinnerungen einen gemeinsamen Horizont, einen Orientierungs- und Handlungsrahmen. So ermöglicht beispielsweise der Roman *Malka Mai* (vgl. Kap. 4) eine (Innen-)Perspektive auf Erfahrungen jüdischer Flüchtlinge in Europa zur Zeit des Zweiten Weltkriegs, die das kulturelle Gedächtnis mitgestalten. Durch die Übersetzungen des Romans in insgesamt 13 andere Sprachen[7]

---

7   Laut Verlagsangaben wurde der Titel ins Hebräische, Niederländische, Spanische, Katalanische, Dänische, Englische, Französische, Italienische, Ungarische, Amerikanische, Koreanische, Taiwanesische und Japanische – nicht jedoch ins Polnische – übersetzt.

kann über den deutschsprachigen Bereich hinaus von einem (west)europäischen bzw. internationalen Gedächtnis gesprochen werden, in das die Erzählung inzwischen eingegangen ist.

Rekonstruktiv ist das kulturelle Gedächtnis in dem Sinne, dass es fortwährend und im Hinblick auf seinen Aktualitätsbezug neu konstruiert wird. So ist die Kultur der (literarischen) Erinnerung an die Zeit des Nationalsozialismus und des Holocaust in jüngster Zeit unter anderem dadurch geprägt, dass die Erinnerungen der Kinder der damaligen Zeit narrativ verarbeitet werden, in dem vorliegenden Beispiel die Perspektive des jüdischen Mädchens Malka und ihrer Mutter Hanna. Die Erinnerung an den Zweiten Weltkrieg, den Holocaust, die Vertreibung/Aussiedlung, Okkupation und Kollaboration erlangt zur Zeit im europäischen Kontext eine neue Intensität vor dem Hintergrund, dass mit dem Tod der Zeitzeugengeneration in den kommenden Jahren ein Übergang vom kommunikativen ins kulturelle Gedächtnis bevorsteht. Dass insbesondere die Kinderperspektive in den literarischen Narrationen zum Vorschein kommt, ist darauf zurückzuführen, dass die heute noch lebenden Zeitzeugen zur damaligen Kindgeneration gehören, deren Perspektive lange vernachlässigt wurde. Harald Welzer und Claudia Lenz sprechen in diesem Zusammenhang von der Entdeckung einer neuen Generation, der „Kinder des Weltkriegs" (ebd. 2007, 7).

Unter *Geformtheit* wird die (symbolische) Gestalt(ung) von Erinnerungen verstanden. Geformt ist die Lebensgeschichte des jüdischen Mädchens insofern, als die verdrängte und nur bruchstückhaft rekonstruierte Erinnerung der realen *Person* Malka in dem Roman narrativ strukturiert und fiktional gestaltet ist und somit zu der fiktiven *Figur* Malka Mai geworden ist. Im Unterschied zum kommunikativen Familiengedächtnis, dessen Geschichten nur fragmentarisch erzählt werden und durch Widersprüche und Ungenauigkeit gekennzeichnet sind (vgl. Welzer et al. 2002, Keppler 1994, s.a. Kap. 1.1.2.2), ist die Geschichte Malkas durch die literarische Form zu einer kohärenten, detailliert ausgestalteten Erzählung geworden, die auch die Innenperspektive der Figuren symbolisch verdichtet und auf der Suche nach Gründen für Handlungen ist.

Die *Organisiertheit* bezeichnet im Zusammenhang mit dem kulturellen Gedächtnis institutionalisierte Räume und Zeiten für Kommunikation wie in diesem Fall den schulischen Literaturunterricht. Dort werden vor einem curricularen Hintergrund in einer rituellen Praxis mit spezialisierten Trägern des kulturellen Gedächtnisses (den LehrerInnen) Texte, u.a. fiktionale Erzählungen (wie hier ein zeitgeschichtlicher Jugendroman) gelesen und gemeinsam besprochen. Jan Assmann differenziert in diesem institutionalisierten Kontext verschiedene Dimensionen der Organisiertheit: *Textpflege*, *Sinnpflege* und *Vermittlung*. Die Dimension der wörtlichen Überlieferung – die Textpflege – spielt im Zusammenhang mit Jugendliteratur im Literaturunterricht lediglich eine untergeordnete Rolle. Vielmehr sind es die Dimensionen der Auslegung und Interpretation – von Assmann als Sinnpflege bezeichnet – sowie der Weitergabe durch Rückübersetzung in das alltägliche Leben im Rahmen von Ausbildungssituationen – in Assmanns Worten die Vermittlung –, zwischen denen sich der Literaturunterricht bewegt (vgl. Assmann 1988, 18). Wie frei auch immer literarische Gespräche in der Schule geführt werden, sie unterliegen stets den Konventionen institutioneller Kommunikation mit spezialisierten GesprächsleiterInnen und bestimmten didaktischen Anforderungen (vgl. Ehlich/Rehbein 1986, Wieler 1989, Becker-Mrotzek/Vogt 2001, s.a. Kap. 2.2.2).

Verbindlich ist das kulturelle Gedächtnis, weil in Narrationen immer auch Werte und Normen eine Rolle spielen, wie in Kap. 1.1.3.1 bereits am Beispiel des mündlichen Erzählens erörtert wurde (vgl. Bruner 1998, 68). Beispielsweise wirft der Roman *Malka Mai* existentielle Fragen des menschlichen Zusammenlebens auf wie etwa die Frage nach der Verantwortung einer Mutter ihren Töchtern gegenüber in einer gesellschaftspolitisch brisanten Situation oder die Entfremdung eines siebenjährigen Mädchens von seiner Mutter vor dem Hintergrund traumatischer Erfahrungen. Das Besondere an der narrativen Form der Sinnbildung ist, dass sich Normen in der Narration auch verändern können – je nach ihrer historischen und kulturellen Situierung werden Geschichten anders erzählt, werden durch sie andere Normen verletzt oder verändert (vgl. ebd., 71.) In der Veränderung von Normen liegt ein bedeutendes Potential narrativer Formen historischer Sinnbildung, denn nur in der Narration können diese Veränderungen ohne Kontinuitätsverlust stattfinden und sind auch für andere nachvollziehbar. Nur wer die Geschichte des siebenjährigen Mädchens allein auf der Flucht gelesen hat, kann Verständnis für seine abweisende Reaktion der eigenen Mutter gegenüber bei deren Wiederbegegnung am Ende des Romans zeigen.

Reflexiv ist das kulturelle Gedächtnis laut Assmann in dreifacher Hinsicht: Es ist *praxis-reflexiv*, *selbst-reflexiv* und *Selbstbild-reflexiv*. Das bedeutet, dass es die Alltagspraxis durch Sprichwörter, Lebensregeln etc. deutet, sich selbst durch Auslegung und Kritik reflektiert und das Selbstbild der Gruppe oder Gesellschaft hinterfragt (vgl. Assmann 1988, 15). Der Satz „Ein Kind fällt nicht auf, ein Kind läuft immer irgendwie mit", von der Mutter in der Trennungssituation geäußert, zieht sich leitmotivisch durch den Roman. In ihm verdichten sich rationale Argumente bezüglich der Überlebenschancen eines Kindes alleine auf der Flucht. Gleichzeitig ist die Absurdität dieser rationalen Aussage bereits inhärent und impliziert einen kritischen Blick auf eine historisch-politische Situation, in der eine Mutter sich zu dieser Argumentation treiben lässt.

So übergreifend die Theorie des kulturellen Gedächtnisses auch Beschreibungsmöglichkeiten für die kollektive Erinnerung einer Gruppe bzw. Gesellschaft bietet, so unterschiedlich sind doch die konkreten Ausprägungen des kulturellen Gedächtnisses sowohl in inhaltlicher als auch in struktureller Hinsicht. Inhaltlich zeigen sie sich zwischen den einzelnen Gruppen und kulturellen Kontexten, zwischen den Generationen und den Zeiten. Strukturell liegen sie zwischen den Organisationsformen, den Medien, den Institutionen und kommunikativen Praxen (vgl. ebd., 15f.). Die vorliegende Arbeit untersucht literarische Gespräche über einen zeitgeschichtlichen Jugendroman von SchülerInnen zu Beginn des 21. Jahrhunderts im schulischen Kontext in Deutschland und in Polen, setzt also einen ganz spezifischen Fokus innerhalb einer äußerst heterogenen Erinnerungslandschaft. Für dieses Vorhaben bietet die vorgestellte Konzeption des kulturellen Gedächtnisses den theoretischen Hintergrund, in den die Unterrichtspraxis eingeordnet werden kann. Dazu ist eine weitere Ausdifferenzierung von Nöten: die Unterscheidung zwischen dem Gedächtnis als Archiv und als Aktualisierung, wie sie insbesondere Aleida Assmann (2003) in den Begriffen des Speicher- und Funktionsgedächtnisses vornimmt.

1.2.1.2 Speicher- und Funktionsgedächtnis – zwei Modi des Erinnerns

Mit der Schriftlichkeit erhält das kulturelle Gedächtnis eine ganz eigene Struktur. Informationen können durch sie unabhängig von Subjekten als deren Träger und in einer unbegrenzten Vielfalt und Reichweite ‚kodiert' und weitergegeben werden, sind also zunächst unabhängig von ihrer jeweiligen Aktualisierung. Das bedeutet, dass viel mehr Sinn schriftlich festgehalten als in der jeweiligen Gegenwart aktualisiert werden kann. Dadurch kommt es zu einer Differenzierung in zwei unterschiedliche Erinnerungsräume: das unbewohnte *Speichergedächtnis* und das bewohnte *Funktionsgedächtnis*.

Das *Speichergedächtnis* ist nicht an ein Subjekt gebunden und somit unbewohnt. Es setzt sich zusammen aus einer unstrukturierten Menge von Elementen:

> „Auf kollektiver Ebene enthält das Speichergedächtnis das unbrauchbar, obsolet und fremd Gewordene, das neutrale, identitätsabstrakte Sachwissen, aber auch das Repertoire verpaßter Möglichkeiten, alternativer Optionen und ungenutzter Chancen." (Assmann 2003, 137)

In diesem Sinne ist das Speichergedächtnis sozusagen der Fundus an ungeordneten Erinnerungen, auf den zurückgegriffen werden kann, der aber an sich zunächst keinen Sinn hervorbringt. Dahingegen sind im *Funktionsgedächtnis* die Erinnerungen strukturiert und haben Träger, es ist somit bewohnt:

> „Beim Funktionsgedächtnis dagegen handelt es sich um ein Stück angeeignetes Gedächtnis, das aus einem Prozeß der Auswahl, der Verknüpfung, der Sinnkonstitution – oder, mit Halbwachs zu sprechen: der Rahmenbildung – hervorgeht. Die strukturlosen, unzusammenhängenden Elemente treten ins Funktions-Gedächtnis als komponiert, konstruiert, verbunden ein. Aus diesem konstruktiven Akt geht *Sinn* hervor, eine Qualität, die dem Speichergedächtnis grundsätzlich abgeht." (ebd.)

Dieses Funktionsgedächtnis ist an Subjekte (Individuen oder Kollektive) gebunden und hängt somit eng mit Identitätsbildung zusammen. Auf individueller Ebene wird in der erinnernden Aneignung vergangener Erfahrungen und der Antizipation zukünftiger Möglichkeiten Identität konstruiert. In ähnlicher Weise schaffen sich auf kollektiver Ebene Gesellschaften anhand ihrer im Funktionsgedächtnis strukturierten Narrationen ihre Vergangenheit und fundieren damit ihre Identität. Die Aufgaben des Funktionsgedächtnisses liegen in der *Legitimation*, der *Delegitimation* und der *Distinktion* (vgl. ebd., 138f.). Das primäre Anliegen des offiziellen kulturellen Funktionsgedächtnisses in politischer Hinsicht ist die *Legitimierung* bestehender Machtverhältnisse. Gleichzeitig wird dadurch ein inoffizielles ‚Gegengedächtnis' hervorgebracht, das auf die in der Zukunft liegende *Delegitimierung* der gegenwärtigen Machtverhältnisse ausgerichtet ist.[8] Mit der Aufgabe der *Distinktion* sind Assmann zufolge alle symbolischen

---

8 Aleida Assmann zeigt dieses Phänomen an den Erinnerungsfeierlichkeiten 1989 zu Ehren Imre Nagys auf. Dieser war während des ungarischen Aufstands 1956 Ministerpräsident und wurde

Äußerungsformen bedacht, die zur Ausbildung einer kollektiven Identität beitragen wie etwa rituelle Praxen, in denen Bezug genommen wird auf eine „gemeinsame Gründungsgeschichte" (ebd., 139).

Da das Speichergedächtnis nicht an Träger gebunden ist, fundiert es auch keine Identität. Seine basale Bedeutung für das kulturelle Gedächtnis ist jedoch nicht zu unterschätzen. Denn nur, wenn Erinnerungen, die in der Gegenwart nicht gebraucht und somit nicht aktualisiert werden, im Speichergedächtnis – wie z.b. auf individueller Ebene im Unterbewusstsein oder auf kollektiver Ebene in Archiven – aufbewahrt werden, können sie bei Bedarf zu einem anderen Zeitpunkt wieder hervorgeholt und sinngenerierend strukturiert werden. Insofern bildet das Speichergedächtnis

> „den Kontext der verschiedenen Funktionsgedächtnisse, gewissermaßen deren Außen-horizont, von dem aus die verengten Perspektiven auf die Vergangenheit relativiert, kriti-siert, und nicht zuletzt: verändert werden können." (Assmann/Assmann 1994, 129)

In diesem Sinne stellt das Speichergedächtnis auf gesellschaftlicher Ebene eine „grundsätzliche Ressource der Erneuerung kulturellen Wissens" (Assmann 2003, 140) sowie „die Bedingung der Möglichkeit kulturellen Wandels" (ebd.) dar und nimmt die Funktion eines Korrektivs der gegenwärtig gesellschaftlichen Funktionsgedächtnisse ein. Ebenso kann auf individueller Ebene das Speichergedächtnis als eine Ressource bei der Wissensaneignung, als Ausgangspunkt für Veränderungen sowie als Korrektiv aktueller Selbstnarrative gesehen werden.

Übertragen auf die derzeitige Output-Orientierung in der fachdidaktischen Diskussion, die ihren Fokus auf den empirisch beobachtbaren Kompetenzerwerb der SchülerInnen legt, könnte diese Differenzierung in zwei unterschiedliche, jedoch sich wechselseitig ergänzende Formen des Gedächtnisses eine andere Perspektive auf Lernen eröffnen, indem hierin auch den (noch) nicht geordneten (und somit auch nicht beobachtbaren) Elementen im Gedächtnis ihre Berechtigung zugesprochen wird:

> „Die Tiefenstruktur des Gedächtnisses mit ihrem Binnenverkehr zwischen aktualisierten und nichtaktualisierten Elementen ist die Bedingung der Möglichkeit von Veränderung und Erneuerung in der Struktur des Bewußtseins, das ohne den Hintergrund jener amorphen Reserve erstarren würde." (ebd., 136)

Erst im Zusammenspiel von Funktions- und Speichergedächtnis werden (auf individualpsychologischer Ebene) Lernprozesse möglich und können daher auch mit zeitlicher Verzögerung zu ihrer Initiierung erfolgen bzw. in Anschlusskommunika-tionen zu einem späteren Zeitpunkt und in einem anderen Zusammenhang sichtbar werden. Vor diesem theoretischen Hintergrund erhebt die vorliegende Studie nicht den Anspruch, am Beispiel der untersuchten literarischen Gespräche über den zeit-geschichtlichen Jugendroman „erfolgreiche" literarische Lernprozesse (auf indivi-dualpsychologischer Ebene) aufzuzeigen. Vielmehr verfolgen die rekonstruktiven Analysen das Ziel, Lern*potentiale* (auf interaktiver Ebene) aufzudecken und dabei

---

nach der Niederschlagung hingerichtet. Nachdem sein Andenken unter der kommunistischen Regierung aus dem offiziellen Gedächtnis (aus den Geschichtsbüchern und den Medien) verbannt worden war, erlangte es mit der Wende in Osteuropa wieder Bedeutung in der Öffentlichkeit (vgl. ebd. 2003, 138f.).

auch den (notwendigen) Überschuss an literarischer Erfahrung in den Gesprächen evident werden zu lassen.

Die basale Bedeutung von Medien beim Übergang vom kommunikativen zum kulturellen Gedächtnis sind in der kommunikationswissenschaftlichen Diskussion (Assmann/Assmann 1994) bereits hervorgehoben worden. Darüber hinaus gelangen durch die Rezeption dieser Medien kulturell geformte Erfahrungen wiederum in das gegenwärtige kommunikative Gedächtnis und werden dort in Anschlusskommunikationen sozial verhandelt – die *Erinnerungsräume* spielen in die *Zeitinseln* hinein. Diese doppelten Übergänge sollen im Folgenden beispielhaft an literarischen Texten verdeutlicht werden.

Vor dem oben dargestellten kulturwissenschaftlichen Hintergrund sind literarische Erzählungen Elemente des kulturellen Funktionsgedächtnisses, die verstanden werden können als Sinnkonstruktionen einer Autorin bzw. eines Autors aus so verschiedenen Elementen wie persönlichen Erfahrungen und angeeignetem Weltwissen durch die Teilhabe am kommunikativen und kulturellen Gedächtnis. In ihnen sind Erfahrungen narrativ strukturiert und somit aktualisiert. Betrachtet man den einzelnen literarischen Text allerdings als Teil beispielsweise einer umfassenden Bibliothek, so lässt er sich dem Speichergedächtnis zuordnen. Literarische Texte „bilden einen Teil jener imaginären Bibliothek, genannt Weltliteratur, die der ungarische Schriftsteller G. Konrad das ‚europäische Gedächtnis' genannt hat." (ebd., 128) Die Bücher dieser Bibliothek und die in ihnen narrativ strukturierten Erfahrungen bilden zusammengenommen eine ungeordnete Menge an Erinnerungen, die zunächst einmal unzusammenhängend nebeneinander existieren und keine Identitäten – außer der der jeweiligen AutorInnen – fundieren. Erst die LeserInnen, die im Prozess der Rezeption literarischer Texte wieder Sinn konstruieren, holen die fixierten Erinnerungen aus dem kulturellen Speichergedächtnis heraus und durch die interaktive Anschlusskommunikation in das kommunikative Gedächtnis hinein.[9] Der ungezwungene Austausch im Gespräch mit anderen über eigene Leseerlebnisse, die zu Leseerfahrungen werden können, ist Teil des kommunikativen Gedächtnisses. Im Falle des schulischen Unterrichtsgesprächs allerdings, das einen institutionalisierten Raum darstellt mit spezifischen Gesprächskonventionen und darüber hinaus konventionalisierten Formen der schriftlichen Anschlusskommunikation, weist die Aktualisierung der Rezeption eine Geformtheit auf, die den Literaturunterricht in den Bereich des kulturellen Gedächtnisses, in diesem Fall des kulturellen Funktionsgedächtnisses, überführt. Da SchülerInnen ihre Rezeption literarischer Texte immer vor dem Hintergrund beider Gedächtnisrahmen – des kommunikativen der Familie und des kulturellen der Schule – rezipieren und in Anschlusskommunikationen hier wie dort einbringen, werden

---

9   Anders als Abraham und Kepser, die stärker mit Blick auf die AutorInnen und den (historischen) Schreibprozess literarische Texte dem *Funktionsgedächtnis* zuordnen (vgl. ebd. 2005, 22), sehe ich mit Assmann und Assmann im Fokus auf die RezipinetInnen und die kulturelle Aneignung eher den sinnkonstruierenden Prozess der Aktualisierung literarischer Texte in der Lektüre und der Anschlusskommunikation, der (gegenwärtig) an Subjekte gebunden ist, als konstitutiv für das Funktionsgedächtnis an und verorte daher die Texte selbst im *Speichergedächtnis* (vgl. ebd. 1994, 120ff.).

literarische Gespräche im Rahmen der vorliegenden Arbeit in dem theoretischen Spannungsfeld zwischen kommunikativem und kulturellem Gedächtnis verortet und empirisch untersucht.

Wurde bislang die Theorie des kulturellen Gedächtnisses aus kulturwissenschaftlicher Sicht hergeleitet, so soll im Folgenden ihre Anwendung im Rahmen literaturdidaktischer Diskussionen – primär im deutschsprachigen Raum – erörtert werden.

1.2.2 Anthropologische Begründung des Literaturunterrichts

In der aktuellen literaturdidaktischen Diskussion im deutschsprachigen Raum wird die Rezeption literarischer Texte im schulischen Unterricht wiederholt aus einer anthropologischen Perspektive mit ihren interkulturellen und historischen Dimensionen begründet. Dies soll im folgenden Kapitel anhand des Gegenstands Literatur als *Medium der Erinnerung* sowie an den didaktischen Ansätzen von Literaturunterricht als *Arbeit am kulturellen Gedächtnis versus Aneignung literarischer Erfahrung* aufgezeigt werden.

1.2.2.1 Literatur als Medium der Erinnerung

Die Beziehung zwischen Medien und sozialem Gedächtnis arbeiten Aleida und Jan Assmann (1994) vor dem Hintergrund des geschichtlichen Wandels und neuerer technischer Errungenschaften heraus. Dabei betonen sie die Bedeutung der Literatur für das kulturelle Gedächtnis nachdrücklich, indem sie ihr einen „Erinnerungs-Auftrag" (ebd., 140) erteilen, der insbesondere in den „Institutionen der Zirkulation von Information" (ebd., 139) wahrgenommen werden soll, da sie einen zentralen Stellenwert in der Kommunikationsgesellschaft einnehmen. Ebenso werden literarische Texte in der deutschdidaktischen Diskussion als „Sprachen der Erinnerung" (Bogdal 2005, 2) betrachtet und dem Literaturunterricht die Aufgabe zugedacht, diesen kulturellen Erinnerungsraum für die nachfolgenden Generationen in Form einer „erfahrungsorientierte[n] Erinnerungsarbeit" (ebd.) zu öffnen. Elisabeth K. Paefgen betont in ihrer *Einführung in die Literaturdidaktik* (1999) die ganz eigene Form der historischen Weltbetrachtung durch Literatur, wobei sie insbesondere die literarische Sprache hervorhebt:

> „Literatur ist ein altes Medium, sie enthält historisches Wissen aus ‚den Zwischenräumen der Wissenschaften' über Menschen und Welt und vermittelt dieses (Barthes 1980, 27) – langsam und mit langer Weile – in einer anderen als der Alltagssprache. Es gibt einen Wissensfundus, der ausschließlich über literarische Texte zugänglich ist. [...] Es kann im Literaturunterricht nur darum gehen, an ausgewählten Beispielen verstehen zu lehren, welcher Blick in der Sprache der Literatur auf die frühere und die heutige Welt geworfen wird" (ebd., 158).

Auch Ulf Abraham und Matthis Kepser bezeichnen Literatur in ihrer literaturdidaktischen Einführung als „ein enzyklopädisches Speicher- und Reflexionsmedium, in dem unser kulturelles Herkommen aufgehoben und bearbeitet ist." (ebd., 2005, 18) Es handelt sich um *menschliche Elementarerfahrungen* (Dressel 1996, vgl. auch Müller-Michaels 1999, 166), die in der Literatur auf narrative Weise strukturiert sind. Dem historischen Anthropologen Dressel zufolge bezieht der Begriff Elementarerfahrungen „den historischen Wandel und die kulturelle Vielfalt" (ebd. 1996, 77) mit ein.

> „Denn Erfahrungen machen Individuen und Kollektive immer in und mit einem kulturellen oder gesellschaftlichen Kontext; dieser Kontext ist historisch und kulturell verschieden, so auch die Erfahrungen, die in und mit ihm gemacht werden – und damit auch die Menschen." (ebd.)

Lesend können wir uns auf diese anthropologischen Grunderfahrungen einlassen und an den Erfahrungen Anderer teilhaben. Wir können einen Einblick in verschiedene historische und kulturelle Kontexte gewinnen und sind so bei der Erschließung der Welt nicht immer wieder aufs Neue auf uns selbst gestellt. Gleichzeitig machen wir in der literarischen Rezeption aber auch eigene Erfahrungen. *Aneignung literarischer Erfahrung* bedeutet aus dieser doppelten Perspektive gleichzeitig Teilnahme an und Gestaltung von einem kulturellen Gedächtnis in der Rezeption literarischer Texte und insbesondere im Austausch über diese in sozialer Interaktion.

Der Literaturdidaktik fällt die bedeutende Aufgabe zu, diesen Enkulturationsprozess zu unterstützen und in die Praxis des literarischen Gesprächs einzuführen. Abraham und Kepser beschreiben diese Aufgabe wie folgt:

> „Ebenso wie andere Künste ist Literatur Ausdrucksmedium und Katalysator für Kommunikation und Selbstinterpretation derer, die sie gebrauchen. Indem wir über das miteinander sprechen, was wir gelesen haben, versichern wir uns nämlich einer wichtigen Gemeinsamkeit von persönlicher Erfahrung und kulturellem Verständnis dessen, was uns umgibt. Literarische Kommunikation begründet, so gesehen, kollektive Identität. [...] Eines der wichtigsten Anliegen einer Didaktik der Literatur, hier im Kontext von Medienentwicklung und Anthropologie beleuchtet, ist nach unserer Überzeugung die Vermittlung der Fähigkeit und Bereitschaft, Literatur in dieser kulturellen ‚Katalysatorfunktion' zu nutzen. ‚Literarische Bildung' [...] ist für uns nicht trennbar von der Fähigkeit Literatur als Ausdrucks- und Verständigungsmedium selbst zu *gebrauchen*. Literaturgebrauch ist demnach beschreibbar als Initiation in die Gemeinschaft derer, die am kollektiven Wissen einer Kultur teilhaben und an der Kommunikation darüber teilnehmen wollen [...]. Literatur übernimmt damit die Funktion, für uns ein kollektives Gedächtnis zu sein." (ebd. 2005, 19)

Die Möglichkeit, sich kommunikativ über Literatur auszutauschen und somit gegenseitig an Leseerfahrungen teilnehmen zu können, hängt ganz entscheidend davon ab, welchen literarischen Wissensfundus wir mit anderen Menschen teilen. Bei der heutigen medialen Vielfalt und der rasanten Entwicklung auf dem Buchmarkt ist die Auswahl an literarischen sowie anderen medialen Geschichten groß. So betonen auch Assmann und Assmann (1994), dass nicht so sehr die Speicherung von Texten das Problem sei, sondern vielmehr die Auswahl aus der unendlichen Vielfalt. Im Unterschied zu Fernseherlebnissen oder Kinobesuchen, bei denen aufgrund der Sende- bzw. der Laufzeit die Rezeption häufig zeitgleich, wenn nicht gar gemeinsam oder zumindest innerhalb eines überschaubaren Zeitraums stattfindet und somit ein Raum für gemeinsame Anschlusskommunikation gegeben ist, zeichnet sich die Rezeption literarischer Texte in der Regel durch Ungleichzeitigkeit aus, so dass der Austausch mitunter nur einseitig im Sinne eines Erzählens *über* und nicht eines gemeinsamen Erzählens und Herstellens *von* literarischen Erfahrungen verlaufen kann. Anders sieht die Kommunikationssituation im schulischen Literaturunterricht aus. Durch die gemeinsame Lektüre desselben literarischen Texts im Klassenzusammenhang ist die Möglichkeit der literarischen Anschlusskommunikation auf eine Weise gegeben, wie sie von den Jugendlichen im weiteren Lebensverlauf höchstens in einer spezialisierten Gruppe im Rahmen philologischer Hochschulseminare oder privater Lesezirkel wahrgenommen werden kann.

1.2.2.2 Arbeit am kulturellen Gedächtnis versus Aneignung literarischer Erfahrung

Wenn Literatur einen kollektiven Wissensfundus darstellt und der Literaturunterricht die Aufgabe der Einführung in das kulturelle Gedächtnis hat, stellt sich mit Abraham und Kepser (2005, 22) unweigerlich die Frage nach der Auswahl der literarischen Texte für den schulischen Literaturunterricht. Ohne an dieser Stelle tiefer auf die literaturdidaktische Kanon-Diskussion in Deutschland und in Polen eingehen zu wollen[10], sollen – vor dem Hintergrund der interkulturellen und historischen Ausrichtung dieser Rezeptionsstudie – aus anthropologischer Perspektive zunächst theoretisch die Auswahl literarischer Texte im schulischen Kontext diskutiert und anschließend der tatsächliche Einsatz von zeitgeschichtlicher (Kinder- und) Jugendliteratur im Unterricht der Sekundarstufe I betrachtet werden. Da im empirischen Teil der Arbeit die literarisch-anthropologischen Gespräche über den Roman *Malka Mai* – im Gegensatz zu den historisch-politischen Einbettungen durch die Geschichtslehrerinnen aus den jeweiligen kulturellen Kontexten – alle von Lehrerinnen aus Deutschland durchgeführt wurden, konzentriert sich die folgende Nachzeichnung auf die in erster Linie theoretisch geführte anthropologische Begründung der literaturdidaktischen Diskussion im deutschdidaktischen Raum.

Aus anthropologischer Perspektive verwendet Müller-Michaels den Begriff ‚Denkbilder' in Anlehnung an Walter Benjamin als „Bilder, in denen sich, wie in einem Hohlspiegel, die Erfahrungen sammeln" (Müller-Michaels 1997, 121), Erfahrungen wie etwa Familie, Liebe, Glück, Freiheit, Körper, Krankheit oder Tod (vgl. 1999, 164). Für die Auswahl von literarischen Texten in der Schule schlägt er drei Kriterien vor: die *Exemplarität*, die *Aktualität* und die *Wirkungsmächtigkeit*. Die *Exemplarität*, die nach der literaturgeschichtlichen Bedeutung des literarischen Texts für seine Epoche und Gattung fragt, spielt für die Auswahl eines Textes aus der historisch noch jungen

---

10 Einen ausführlichen Überblick über die historische Kanonentwicklung und aktuelle Kontroversen bezüglich der Kanonfrage im standardsprachlichen Unterricht in Deutschland geben u.a. Paefgen (1999, Kap. II.1.) sowie Buß (2003). Zur Berücksichtigung deutscher Literatur im polnischen Literaturkanon und zum Wandel der schulpädagogischen Legitimierung des Kanons nach der Wende in Osteuropa vgl. Orłowski (2000), zum Thema Holocaust in der kanonisch verankerten polnischer Literatur s. Meyer (2008).

Kinder- und Jugendliteratur, die in ihrer literarästhetischen Komplexität den Verstehenshorizont ihrer heranwachsenden LeserInnen berücksichtigt, eine eher untergeordnete Rolle. Demgegenüber ist die *Aktualität* des Textes für die Lebenswelt der SchülerInnen von zentraler Bedeutung. Müller-Michaels zufolge soll die Verbindung zwischen dem Erfahrungshorizont der SchülerInnen und den literarisch geschilderten Elementarerfahrungen nicht bei einer bloßen Vergegenwärtigung stehen bleiben, sondern Fragen aufwerfen nach „der Fortgeltung des Geschriebenen und der Bedeutsamkeit für die Erkenntnis und Lösung zukünftiger Probleme der Literatur und des Lebens" (ebd. 1997, 120), also eine gegenseitige Bezugnahme von Vergangenheit, Gegenwart und Zukunft anregen. Besondere Aufmerksamkeit verdient das Auswahlkriterium der *Wirkungsmächtigkeit*, das sich sowohl auf die Komplexität der Sinnangebote, insbesondere auf die Mehrdeutigkeit des literarischen Texts bezieht, als auch auf die Gesprächsgestaltung im Unterricht, in der möglichst vielfältige Deutungsansätze entwickelt werden sollen. Die Wirkungsmächtigkeit von Texten wird in ihren *Denkbildern* menschlicher Elementarerfahrungen begründet.

Zwar erscheint das Konzept der *Denkbilder* als anschlussfähiger Ansatz, aus anthropologischer Perspektive die zeitüberdauernde und raumübergreifende Bedeutung von literarischen Texten – auch die der Kinder- und Jugendliteratur – zu bestimmen. Denn in der symbolischen Dichte literarischer Denkbilder und durch die Erzählanlässe, die sie schaffen, können menschliche Elementarerfahrungen wie in keiner anderen Weise im gemeinsamen Gespräch verschiedener Generationen im interkulturellen Kontext vergegenwärtigt werden. Doch handelt es sich dabei nicht um eine aus Sicht der Lehrenden Weitergabe, bzw. aus Sicht der Lernenden Übernahme von Erfahrungen, sondern vielmehr um eine Verwandlung von Erfahrung im Prozess der *Aneignung*. Letztendlich ist die Form der interaktiven Aktualisierung der Denkbilder in der unterrichtlichen Anschlusskommunikation dafür entscheidend, auf welche Weise sie von SchülerInnen produktiv verwendet werden und für sie Bedeutung erlangen. An dieser Stelle sei noch einmal in Anlehnung an Wygotski (1969) auf die Eigenaktivität der SchülerInnen in den Prozessen der Aneignung literarisch gestalteter Erfahrungs- und Erinnerungsräume hingewiesen. Aneignung wird in der vorliegenden Studie verstanden im Sinne eines vielschichtigen Prozesses der Auseinandersetzung mit literarischen Sinnangeboten innerhalb eines sozialen Kontextes, in dessen „Verlauf und Ergebnis man sich etwas zu eigen macht und zugleich etwas Eigenes daraus macht" (Lompscher/Nickel 1997, 26, zit. n. Wagener 2008). Den Lehrenden kommt in diesem ko-konstruktiven Ansatz die Bedeutung eines ‚kompetenten Anderen' zu, der die Lernenden herausfordert zu einem Schritt in die *Zone der nächsten Entwicklung*. Der Literaturunterricht in der Schule bietet der heranwachsenden Generation einen institutionell gesicherten Gesprächsraum und in diesem die Möglichkeit, mit ihren *eigenen* Fragen am kulturellen Gedächtnis der Gesellschaft teilzuhaben, worauf Hans Dieter Erlinger (1999, 159) mit Bezug auf Jan Assmann (1992) aus mediendidaktischer Perspektive hinweist. Diese gemeinsame Welt symbolischen Sinns, die hier entsteht, schafft eine verbindende Struktur zwischen den Individuen verschiedener sozialer, generationeller und kultureller Kontexte und bietet somit Orientierungs- und Verständigungshilfen (vgl. Erlinger 1999, 163). Insofern sieht Erlinger eine zentrale

Aufgabe des muttersprachlichen Literaturunterrichts darin, sich Kultur als einen „Komplex identitätssichernden Wissens in Gestalt symbolischer Formen [...] bewußt zu machen, hermeneutisch zu erschließen und damit auch verfügbar zu machen" (ebd., 163f.). Die Einübung in die symbolischen Formen einer Kultur stellt er sich vor dem Hintergrund des medialen Wandels nicht primär als eine Orientierung an der National-literatur vor, sondern eher als eine an Beispielen der Alltagskultur, da sie im lebensweltlichen Kontext der Heranwachsenden eine zentrale Rolle spielen, ihr Bewusstsein prägen und ‚Spuren' hinterlassen. Diesen Spuren lohnt es sich ihm zufolge im Literaturunterricht nachzugehen. Schaut man von dieser lebensweltlichen Perspektive der SchülerInnen und dem Prozess der Aneignung auf die Kanondebatte, und betrachtet man nicht nur die mediale, sondern auch die interkulturellen gesellschaftlichen Herausforderungen, kann die Konzentration im schulischen Unter-richt auf Nationalliteratur von verschiedenen Seiten infrage gestellt werden.

So weitet auch Müller-Michaels sein Konzept der *Denkbilder* auf das „inter-kulturelle Gespräch" (ebd. 1997, 121) über Literatur aus, das „besonders solcher Bil-der [bedarf], die den Anschluß an differente kulturelle Erfahrungen eröffnen." (ebd., 122) In einem auf „gegenseitiges Verstehen und interkulturellen Erfahrungsaustausch" ausgerichteten Unterricht sieht er die Wirkungsmächtigkeit von Texten gerade dann gegeben, wenn in ihnen „kulturelle Konflikte auf zwei Zeitebenen ablaufen und damit Geschichtlichkeit und Gegenwärtigkeit, das Eigene und das Fremde [...] in Konflikt geraten" (ebd., 123). Mit dem ‚interkulturellen Gespräch' bezieht Müller-Michaels sich allerdings lediglich auf den Deutschunterricht und das Germanistik-Studium im Ausland. Dementsprechend verortet er die ‚interkulturelle' Dimension des ‚Gesprächs' nicht im sozialen Bereich, sondern zwischen der im Text repräsentierten Erfahrungs-welt und der der RezipientInnen. Zugleich suggeriert seine Darstellung eine kulturelle Homogenität auf der jeweiligen Ebene, die sowohl die ‚Vielstimmigkeit' der Literatur (Ivo 1994) als auch die sprachlich-kulturelle Heterogenität der Schülerschaft, mit der die nationale Schule seit ihrer Entstehung konfrontiert ist (vgl. Krüger-Potratz 2005, 101), unberücksichtigt lässt.

In der vorliegenden Arbeit wird über die deutschdidaktische Kritik (u.a. Kämper-van den Boogaart 1997, vgl. hierzu im Überblick Buß 2003, 150f.) hinaus aus der Per-spektive der interkulturellen Pädagogik mit Krüger-Potratz (2005) die in dem vorgestellten Ansatz inhärente Dichotomisierung von ‚eigen' und ‚fremd' infrage ge-stellt. Um wessen Erinnerung bzw. Erfahrung handelt es sich, wenn – um bei dem Bei-spiel des hier ausgewählten Jugendromans zu bleiben – Anfang des 21. Jahrhunderts eine fiktionale Geschichte in deutscher Sprache erzählt wird von einer jüdischen Familie polnischer Nationalität auf der Flucht vor der Deportation durch deutsche Soldaten zur Zeit des Zweiten Weltkriegs aus dem damals von Deutschland besetzten Polen (der heutigen Ukraine) nach Ungarn, eine Geschichte erzählt aus der Perspektive einer Ärztin und ihrer jüngeren Tochter, angelehnt an die Kindheitserinnerungen einer heute in Israel lebenden über 70jährigen Frau? Die hierin verdichteten menschlichen Elementarerfahrungen wie etwa Familie, Einsamkeit, Entfremdung, Liebe, Tod, Flucht, Krieg, Emanzipation, Verantwortung oder Schuld dürften über zeitliche, sprachliche, kulturelle, nationale, religiöse und generationelle Grenzen hinweg

Bedeutsamkeit erlangen, sind aber in einem konkreten politisch-historischen Kontext verortet, den es bei der Rezeption zu berücksichtigen gilt. Auch die kulturelle Dichotomisierung der sozialen Situation Unterricht ist infragezustellen. Wenn man etwa aus dem empirischen Teil der vorliegenden Studie allein die biographischen Hintergründe der drei ‚deutschen' Lehrerinnen betrachtet – ganz abgesehen von der sprachlich-kulturellen Heterogenität der SchülerInnen mit zum Teil eigenen Migrationserfahrungen – und hier die Spannbreite von der Enkel- über die Kinder- bis zur Zeitzeugengeneration, von christlichem, atheistischem und jüdischem Hintergrund, von einer schulischen und beruflichen Sozialisation in der Bundesrepublik und in der DDR berücksichtigt, dann wird deutlich, dass jede einzelne in eine Vielzahl von (unterschiedlichen) Erinnerungskulturen eingebunden ist und dass eine ‚kulturelle Homogenität' weder auf seiten des literarischen Textes, noch auf seiten der RezipientInnen gegeben, sondern vielmehr ein theoretisches Konstrukt ist.

Die anthropologische Grundlegung von schulischem Literaturunterricht im Verständnis der vorliegenden Arbeit bedarf folglich der theoretischen Erweiterung um eine „Anthropologie kultureller Vielfalt" (Wulf 2006), die ‚Fremdes' und ‚Eigenes' in ihrer gegenseitigen Hervorbringung betrachtet, in der sich Grenzen durch Überlagerungen und wechselseitige Durchdringungen verflüssigen und „hybride Phänomene" (ebd., 10) entstehen, sowie einer „Poetik der Verschiedenheit" (Wintersteiner 2006), die diese kulturelle Hybridität auf die literarische Darstellung von Welt und deren Aneignung im Literaturunterricht überträgt. Aus der Perspektive der Österreichischen Deutschdidaktik entwirft Werner Wintersteiner das Konzept einer interkulturell ausgerichteten Literaturdidaktik, die literarische Texte aus vielfältigen kulturellen Kontexten im Sinne eines transkulturellen Literaturkanons einbezieht, und will damit dem Literaturunterricht seine politische Funktion zurückgeben. Ausgehend von einem anthropologischen Verständnis von Literatur als gesellschaftlich unentbehrliches Medium, „wertvoll als Sammlung gesellschaftlicher Erfahrungen und Erkenntnisse wie als Möglichkeit und Mittel, neue und eigene Erfahrungen auszudrücken" (ebd., 31), wirft er die Frage auf, inwieweit Literaturunterricht als ‚Arbeit am kulturellen Gedächtnis' (Bogdal 2002, 29) vor dem Hintergrund einer kulturell heterogenen und kosmopolitischen Gesellschaft noch gefragt ist und setzt der Funktion nationaler Identitätsbildung eine *Poetik der Verschiedenheit* entgegen, in der Mehrsprachigkeit und (Inter)kulturalität paradigmenbildende Leitlinien sind.

Neben dieser interkulturellen und politischen ist im Rahmen der vorliegenden Studie des Weiteren auf die historische Dimension von Literatur und ihrer Aneignung im Unterricht hinzuweisen. Norbert Hopster (1994) fordert die Literaturdidaktik dazu auf, Literatur nicht als eine auf den Inhalt fokussierte Darstellung von Geschichte zu verstehen, sondern „die Literatur selbst muß – im Zusammenfall ihrer *Historizität* und *Ästhetizität* – als eine spezifische Form der Geschichtsschreibung erkannt werden" (Hopster 1994, 144). Demzufolge ist hinsichtlich der literarischen Rezeption Heranwachsender von zeitgeschichtlicher Jugendliteratur nicht nach der Ausbildung des historischen Bewusstseins im Allgemeinen, sondern nach der Ausbildung eines „*historisch* dimensionierten *literarisch-ästhetischen* Bewusstseins" (ebd., 143) zu fragen (s.a. Glasenapp 1999). Das von Hopster 1994 formulierte Forschungsdesiderat in der Literaturdidaktik, die „Dimensionen eines literarisch vermittelten historischen Bewusstseins" (ebd., 143) in empirischen Untersuchungen zu eruieren, kann auch gut 15 Jahre später als nicht eingelöst gelten. Die vorliegende Studie versteht sich als ein Schritt in diese Richtung.

So intensiv, wie auf *theoretischer* Ebene und meist mit normativen Ansprüchen über eine anthropologische, interkulturelle und historische Begründung der Rezeption von Literatur im Unterricht und eine an Kriterien orientierte Auswahl diskutiert wird, so wenig ist auf *empirischer* Ebene über die tatsächliche Nutzung von (der hier interessierenden zeitgeschichtlichen) Jugendliteratur im schulischen Kontext bekannt. Eine der wenigen empirischen Untersuchungen zur Lektürepraxis im alltäglichen Unterricht in Deutschland, die Aussagen über den ‚heimlichen Kanon' der Praxis macht, ist die empirische Studie von Gabriele Runge (1997a), die den Einsatz von Autoren der Kinder- und Jugendliteratur im Jahr 1995 exemplarisch in vier Bundesländern (Baden-Württemberg, Nordrhein-Westfalen, Sachsen-Anhalt und Thüringen) untersucht. Ihren Ergebnissen zufolge sind es zum Thema Nationalsozialismus und Holocaust immer noch die Jugendromane *Damals war es Friedrich* von Hans Peter Richter (1961/1969) – in den westdeutschen Bundesländern der am häufigsten ausgewählte jugendliterarische Text überhaupt – und *Als Hitler das rosa Kaninchen stahl* von Judith Kerr (1973), die im Unterricht der Sekundarstufe I gelesen werden (vgl. Runge 1997a, 145ff., Runge 1997b, 6f.). Obwohl seit der Entstehungszeit dieser Jugendromane Anfang der 1960er und der 70er Jahre und insbesondere in den letzten Jahren viele literarästhetisch anspruchsvolle und rezeptionsästhetisch herausfordernde Texte in diesem Themenbereich erschienen sind (vgl. Lange 2002), haben diese in ihrer Vielfalt bis in die Mitte der 1990er Jahre keinen Einzug in die schulische Lektürepraxis erhalten. Dieses Ergebnis wird auch von einer aktuellen, 2007 durchgeführten Fragenbogenstudie unter Berliner Studierenden, die auf die Lektüre zum Thema *Nationalsozialismus und Holocaust* fokussiert ist, bestätigt (Meyer 2008). Es erstaunt, dass sich der muttersprachliche Deutschunterricht weiterhin auf Literatur stützt, die in ihrer Entstehungszeit einem älteren gesellschaftlichen Diskurs und älteren jugendliterarischen Entwicklungen entstammt. Auch Cornelia Rosebrock übt Kritik am ‚natürlich gewachsenen' Kanon der Kinder- und Jugendliteratur im Unterricht:

> „Ein kinderliterarischer Kanon, der sich ‚von alleine' in der Schule herstellt, folgt anscheinend allen möglichen Gesetzmäßigkeiten – z.B. solchen der persönlichen Arbeitsökonomie, der Tradition, des Buchmarkts, aber auch [...] einem Bedürfnis nach Entlastung von hochliterarischen Rezeptionsansprüchen – nicht aber literaturdidaktischen oder -wissenschaftlichen Überlegungen." (Rosebrock 1998, 102)

Insofern liegt der schulische Diskurs zum Themenkomplex Nationalsozialismus und Holocaust in Deutschland anhand von literarischen Texten dem gesellschaftlichen Diskurs um einige Jahre zurück (s.a. Köster 2001, 96ff.). Es ist daher mit Nachdruck auf die Notwendigkeit hinzuweisen, aktuellere gesellschaftliche Auseinandersetzungen mit der nationalsozialistischen Vergangenheit anhand von zeitgenössischen und literarisch herausfordernden Texten der zeitgeschichtlichen Kinder- und Jugendliteratur mitaufzugreifen.

Inwieweit der für die vorliegende Studie ausgewählte, 2001 erschienene Roman *Malka Mai* zukünftig Eingang in den schulischen Literaturunterricht in Deutschland und im europäischen Kontext erhalten wird, ist derzeit noch ungewiss. Allerdings sprechen die verschiedenen didaktischen Analysen, Unterrichtsentwürfe und Material-sammlungen zu dem Roman – interessanterweise zunächst in den Niederlanden (Verbeek 2003), dann auch in Deutschland (Davideit/Hoffmann 2004, Böhmann/Zerwann 2006, Böhmann/Stang 2007) –, die Ausgabe als Taschenbuch sowie seine zahlreichen Auflagen und Übersetzungen dafür, dass die Geschichte von *Malka Mai* im verlegeri-schen und didaktischen Kontext für erzählens- und erinnernswert erachtet wird. Ein Blick auf Präsentationen von Schulen im Internet lässt darüber hinaus auf eine inzwi-schen weit verbreitete Rezeption des Romans als Unterrichtslektüre schließen, häufig mit einer Lesung der Autorin verbunden.

Die in diesem Kapitel diskutierte anthropologische Begründung von literarischen Texten im schulischen Unterricht basiert auf theoretischen Überlegungen und Erklä-rungsmodellen. Empirische Anwendungen dieser theoretischen Konzepte zur Unter-suchung literarischer Gespräche und ihrer Lernpotentiale stehen allerdings noch aus. Diesem Desiderat soll in der vorliegenden Arbeit begegnet werden.

1.3 Zusammenfassung: Literarische Gespräche im Übergang

Im Folgenden werden zunächst die in diesem Kapitel entwickelten theoretischen Per-spektiven noch einmal zusammengeführt. Diese Zusammenfassung mündet in der theoretischen Verortung literarischer Gespräche zwischen kommunikativem und kultu-rellem Gedächtnis. Anschließend werden die hieraus folgenden empirischen Forschungsdesiderate formuliert und anhand von unterschiedlichen Positionen der Gedächtnisforschung auf der einen sowie der literarischen Rezeptionsforschung auf der anderen Seite konkretisiert.

In diesem Kapitel wurde aufgezeigt, wie sich literarische Gespräche zwischen den kommunikativen und kulturellen Gedächtnisrahmen bewegen. Zunächst lag aus individual- und sozialpsychologischer Perspektive der Fokus auf dem individuellen Gedächtnis. Dessen Entstehung wurde anhand von Untersuchungen zum Spracherwerb skizziert und in die Praxis des Familiengedächtnisses eingeordnet. Das Familien-gedächtnis bildet den Ort der alltäglichen Praxis kommunikativen Erinnerns und unter-liegt bestimmten narrativen Strukturen. Diese narrativen Strukturen bilden kulturelle Rahmen der Sinnkonstruktion, die Erfahrungen strukturieren, Orientierungen bieten und zentral für die Identitätsbildung sind.

Anschließend lag der Fokus auf dem Übergang zum kulturellen Gedächtnis. Die konstitutiven Eigenschaften dieses Gedächtnisrahmens wurden anhand des in dieser Arbeit ausgewählten Romans aufgezeigt. Das kulturelle Gedächtnis differenziert sich in die komplementären und bei der historischen Sinnkonstruktion wechselseitig ineinander greifenden Modi des *Funktions-* und des *Speichergedächtnisses* aus. Bei der Aneignung literarischer Texte im Literaturunterricht wird eine Umstrukturierung vollzogen vom amorphen Speicher- zum sinnstiftenden Funktionsgedächtnis. Vor dieser kulturanthropologischen Perspektive wurde die deutschdidaktische Diskussion zur Fundierung von Literatur als *Medium des Gedächtnisses* sowie des Literaturunterrichts als *Arbeit am kulturellen Gedächtnis versus Aneignung literarischer Erfahrung* nachgezeichnet und reflektiert. Hierbei nahm das Konzept der *Denkbilder*, in denen menschliche Elementarerfahrungen literarisch verdichtet sind, eine zentrale Position ein. Dieses bedarf jedoch sowohl der interkulturellen und historischen Erweiterung vor dem Hintergrund der Vielstimmigkeit von Literatur und mit Blick auf die sprachlich-kulturelle Heterogenität von Individuen und Gesellschaften als auch des stärkeren Fokussierens auf die inter- und eigenaktiven Prozesse, sich Literatur in der unterrichtlichen Anschlusskommunikation anzueignen.

Die schulische Rezeption zeitgeschichtlicher Jugendliteratur im literarischen Unterrichtsgespräch wird in der vorliegenden Arbeit zwischen den beiden Rahmen des sozialen Gedächtnisses verortet. Zur Veranschaulichung der Übergangsfunktion literarischer Gespräche im schulischen Unterricht zwischen kommunikativem und kulturellem Gedächtnis sei eine tabellarische Übersicht von Assmann und Assmann (1994, 120) um das *Gedächtnis in literarischen Unterrichtsgesprächen* (s. mittlere Spalte) ergänzt:

	kommunikatives Gedächtnis	Gedächtnis in literarischen Unterrichtsgesprächen	kulturelles Gedächtnis
Inhalt	Geschichtserfahrungen im Rahmen individueller Biographien	individuelle, gegenwärtige und historische Erfahrungen außerhalb des biographischen Kontexts	mythische Urgeschichte, Ereignisse in einer absoluten Vergangenheit
Formen	informell, wenig geformt, naturwüchsig, entstehend durch Interaktion Alltag	institutionalisiert, mittlerer Grad an Geformtheit, musterhafte Kommunikation alltäglicher Unterricht	gestiftet, hoher Grad an Geformtheit, zeremonielle Kommunikation Fest
Codes, Speicherung	lebendige Erinnerung in organischen Gedächtnissen, Erfahrungen und Hörensagen	literarisch symbolisierte gegenwärtige und historische Erfahrungen in organischen Gedächtnissen	feste Objektivationen, traditionelle symbolische Kodierung/ Inszenierung in Wort, Bild, Tanz usw.
Zeitstruktur	80-100 Jahre, mit der Gegenwart mitwandernder Zeithorizont von 3-4 Generationen	absolute Vergangenheit, Zeitgeschichte und Gegenwart	absolute Vergangenheit in einer mythischen Urzeit
Träger	unspezifisch, Zeitzeugen einer Erinnerungsgemeinschaft	Lehrer als spezialisierte Traditionsträger und Schüler als unspezifische Leser	spezialisierte Traditionsträger

Tabelle 1: Literarische Gespräche zwischen kommunikativem und kulturellem Gedächtnis

Im Anschluss an diese theoretische Verortung literarischer Unterrichtsgespräche stellt sich die Frage nach der empirischen Bedeutung schulischer Lektüren für die Prozesse historischer Sinnbildung bei Jugendlichen. Harald Welzer et al. (2002) sehen in der Erforschung der Aneignung von Geschichte und in der Ausdifferenzierung der unterschiedlichen Quellen ein Desiderat:

> „Nun ist gegenwärtig noch weitgehend unerforscht, aus welchen Quellen sich das Geschichtsbewusstsein eigentlich speist, wie Menschen Vorstellungen und Bilder über die Vergangenheit aus den unterschiedlichsten Versatzstücken aus so disparaten Quellen wie Geschichtsbüchern, Spielfilmen und eigener Erfahrung komponieren oder wie sich Informationen aus der Familie zu solchen aus der Schule verhalten. Und man weiß wenig darüber, wie Geschichte eigentlich angeeignet wird, auf welche Weise sich Schülerinnen und Schüler bzw. junge Menschen überhaupt ein Bild von der Vergangenheit machen, das für sie plausibel und sinnhaft ist." (ebd., 9)

Wenngleich Welzer et al. den aktuellen Forschungsbedarf in diesem Zusammenhang nachdrücklich betonen, so weisen sie in Heranziehung empirischer Untersuchungen der Praxis des kulturellen Gedächtnisses in der Schule einen untergeordneten Stellenwert zu im Vergleich zur Praxis des kommunikativen Gedächtnisses in der Familie. Dabei beziehen sie sich auf Erkenntnisse einer Studie von Sam Wineburg (2001) im angloamerikanischen Raum, die konstatiert, „dass es weniger die Schulen und die sonstigen Agenturen des kulturellen Gedächtnisses sind, die das Geschichtsbewusstsein prägen, als Alltagsgespräche in der Familie und nicht zuletzt Spielfilme." (Welzer et al. 2002, 15) Die Ergebnisse ihrer eigenen empirischen Erforschung des Familiengedächtnisses bestätigen sie darin, dass das kommunikative Gedächtnis als Deutungsrahmen für das kulturelle fungiert.

Hinzuweisen ist in diesem Zusammenhang allerdings darauf, dass die Forschergruppe in ihrer Studie den Fokus auf die *Familien* gelegt hat und auch in den Interviews die *Familien*gespräche im Vordergrund standen. Ferner handelt es sich bei den an der Untersuchung Teilnehmenden um Mehrgenerationen-Familien, in denen nicht nur die Zeitzeugengenration noch lebt, sondern die verschiedenen Mitglieder auch miteinander im Gespräch sind, was in einer zunehmend individualisierten Gesellschaft durchaus nicht selbstverständlich für die Sozialisation Jugendlicher ist. Da hier zudem kein Vergleichshorizont mit *schulischen*, insbesondere *literarischen* Gesprächen vorliegt, bedarf es einer weiteren Erforschung kommunikativer Erinnerungspraxen auch über den familialen Kontext hinaus.

Literarische Praktiken werden zwar zunächst in der Familie erworben, aber im weiteren Verlauf der Sozialisation in besonderem Maße in der schulischen (sowohl mündlichen als auch schriftlichen) Anschlusskommunikation geprägt, so die Erkenntnisse einer empirischen Studie aus dem deutschsprachigen Raum von Hartmut Eggert, Christine Garbe et al. (2000) zur literarischen Intellektualität. Untersuchungsgegenstand war die literarische Sozialisation junger Erwachsener Ende des vorherigen Jahrhunderts, also den ersten Kindern der Mediengeneration. Unter der Fragestellung, „Welche Rolle spielen die verschiedenen Medien, wenn junge Erwachsene intellektuell arbeiten und sich die Welt erschließen?" (ebd., 11) wurden leitfadengestützte Interviews mit 20-26jährigen StudentInnen unterschiedlichster Fachrichtungen geführt, die eine intensive Medien- (einschließlich Lektüre-)Praxis pflegen. Ausgegangen wurde davon, dass „über die Medien – und zwar im weitesten Sinne – eine Brücke zwischen dem Ich und der Welt gebildet" (ebd., 14) wird. Im Rahmen der Erforschung der Bedeutung der medialen Sozialisation für die aktuelle Medienpraxis interessierte die Frage, „welche Folgen der Sozialisationsprozeß für Einstellungen und Verhaltensweisen zeitigt, denn in der Aneignung neuer, erweiterter Medienkompetenzen werden früher gelernte Normen, Praktiken und Deutungsmuster appliziert und modifiziert." (ebd., 118) Schulischer Literaturunterricht, so ein Ergebnis der Untersuchung, ist in der heutigen Mediensozialisation der primäre Ort der Schriftlichkeit, an dem SchülerInnen (aus der Retrospektive) über Literatur Orientierung beim Erschließen der Welt erhalten. Dabei unterscheiden sich die Gesprächsformen in der Schule über Literatur mit denen der Familie über Medien grundlegend:

> „Die Grundlagen in allen Varianten [literarischer Praxis, JH] sind kulturelle literarische Normen, die die Schule vermittelt hat und nicht der Erfahrungsraum der Familie. Die *Formen* der Mündlichkeit, die auf diese Literalität bezogen sind, unterscheiden sich im Umgang mit Fernsehen und Buch. Die schulische Rezeptionsform des ,Unterrichtsgesprächs' geht auf sinnerschließende und -konstituierende Konsistenz und hebt die Lektüre aus dem alltäglichen Redefluß heraus. Das familiale Gespräch und dessen Spuren in der aktuellen Medienpraxis konstituiert über Fernsehnachrichten, -serien oder Spielfilme Alltäglichkeit und sozialen Zusammenhang; deshalb ist diese Form auch hochgradiger emotional besetzt als die an literarische Werke angebundene Oralität; sie hat im Umgang mit der Literatur eine eher dienende Funktion." (ebd., 131)

Vor diesem Hintergrund erscheint es nicht erstaunlich, dass in familialen Gesprächen über die Vergangenheit Fernsehfilme eine bedeutendere Rolle für kollektive Deutungsmuster spielen als literarische Texte. Allerdings ist damit noch nichts über die Bedeutung *literarischer Texte* zur *historischen* Sinnbildung im komplexen Prozess der medialen Bedeutungskonstruktion und über die Rolle, die schulische Unterrichtsgespräche dabei spielen, ausgesagt. Dieses empirische Desiderat aufgreifend widmet sich das folgende Kapitel dem Forschungsstand der interkulturellen Gedächtnis- sowie der literarischen Rezeptionsforschung aus einer internationalen und interdisziplinären Perspektive.

2 Interkulturelle Gedächtnis- und literarische Rezeptionsforschung

Die Rezeption eines zeitgeschichtlichen Romans im Jugendalter findet nicht im kontextfreien Raum statt. Sie wird vielmehr verbunden mit eigenen Lebenserfahrungen, dem kommunikativen Gedächtnis der Familiengeschichten und dem kulturellen Gedächtnis des schulischen Unterrichts oder des öffentlichen Diskurses beispielsweise in den Medien. Insofern ist für die Erforschung der Aneignung eines ausgewählten Textes mit historischem Hintergrund im interkulturellen schulischen Kontext zum einen zu berücksichtigen, vor dem Hintergrund welcher Gedächtnisrahmen die jugendlichen SchülerInnen an die Lektüre herangehen, zum anderen, wie sich der literarische Rezeptionsprozess in der Schule gestaltet. Ausgehend von diesen beiden Fragehorizonten gliedert sich das folgende Kapitel zum Forschungsstand in zwei Teile: die interkulturelle Gedächtnis- und die literarische Rezeptionsforschung, die jeweils hinsichtlich der für die vorliegende Arbeit relevanten Aspekte befragt werden.

Im Bereich der interkulturellen Gedächtnisforschung stellen sich folgende Fragen: Inwiefern unterscheiden sich die national geprägten auf die Zeitgeschichte bezogenen Erinnerungskulturen in Deutschland und in Polen auf gesellschaftlicher Ebene voneinander, inwiefern sind sie in sich heterogen (Kap. 2.1.1)? Inwieweit sind historisch entstandene und im kommunikativen und kulturellen Gedächtnis tradierte Selbst- und Fremdbilder bedeutsam für aktuelle Perspektiven der heranwachsenden Generationen beider Länder aufeinander (Kap. 2.1.2)? Wie wird die Zeit des Zweiten Weltkriegs in interkulturellen deutsch-polnischen Bildungssituationen narrativ vergegenwärtigt und wie in Familiengesprächen im europäischen Kontext kommunikativ angeeignet (Kap. 2.1.3)? Im Bereich der literarischen Rezeptionsforschung wird folgenden Fragen nachgegangen: Welche Bedeutung kommt der literarischen Rezeption aus entwicklungspsychologischer und interaktionistischer Perspektive zur Identitätsbildung von SchülerInnen zwischen Pubertät und Adoleszenz zu (Kap. 2.2.1)? Wie sind literarische Anschlusskommunikationen im schulischen Unterricht strukturiert und welche literarischen Lernpotentiale eröffnen sie (Kap. 2.2.2)? Um diese Fragen beantworten zu können, werden empirische und kulturwissenschaftliche Studien aus einem internationalen und interdisziplinären Forschungskontext herangezogen.

2.1 Kommunikatives und kulturelles Gedächtnis in Polen und in Deutschland

Die polnisch-deutsche Beziehungsgeschichte ist lang und kontrastreich. Während im Mittelalter und in der Neuzeit noch ein nachbarschaftliches Verhältnis möglich war, setzen mit der Bildung der nationalen Bewegungen machtpolitische und ideologische Konflikte ein, die im 19. und 20. Jahrhundert bereits als historisch gegeben betrachtet und begründet wurden (vgl. Maier 2004, 10). Diese historische Feindschaft kommt beispielsweise in der polnischen Redensart „solange die Welt besteht, der Deutsche dem Polen kein Bruder sein wird" (zit. n. Prawda 1992, 464, vgl. Weber 2003, 367) oder im deutschen Sprichwort „In Polen ist nicht viel zu holen" (zit. n. Maier 2004, 10) zum Ausdruck. Die Beziehungen zwischen den beiden Ländern können aus gesellschaftspolitischer Perspektive als „Konfliktgeschichte" (Jacobmeyer 1995) erzählt, insbesondere im Hinblick auf die Entwicklungen der letzten zwei Jahrzehnte aber auch als „Gewinn und gegenseitige Befruchtung" (Krzemiński 1995) betrachtet werden. Von Interesse für diese Arbeit sind nicht in erster Linie die historischen Ereignisse als solche, sondern vielmehr die Praxen, in denen diese erinnert werden – also das kulturelle und das kommunikative Gedächtnis in Deutschland und in Polen. Im Folgenden soll daher nicht dargestellt werden, *was* geschehen ist, sondern was derzeit *wie* erinnert wird, um die Analysen der eigenen Studie im Zusammenhang mit diesem Erinnerungsdiskurs verstehen und in diesen einordnen zu können.[11]

Betrachtet man die Forschungslandschaft zur deutsch-polnischen Beziehungsgeschichte, so ist zunächst die rege Forschungstätigkeit in den letzten 20 Jahren auffallend. Insgesamt lassen sich drei für die vorliegende Studie relevante Richtungen – eine kulturwissenschaftliche, eine erziehungswissenschaftliche und eine sozialwissenschaftliche Perspektive – ausmachen.[12] In der kulturwissenschaftlichen Forschung sind zahlreiche theoretische Analysen im sprach-, literatur- und geschichtswissenschaftlichen Bereich zu nennen, die in verschiedenen Sammelbänden publiziert sind (u.a. Kobylińska/Lawaty/Stephan 1992, Hahn et al. 1995, Grucza 2001, Historie – Jahrbuch des Zentrums für Historische Forschung Berlin der polnischen Akademie der Wissenschaften 2008). Die erziehungswissenschaftliche Richtung beschäftigt sich mit Curriculums- und Schulbuchforschung (s. z.B. Nasalska 1998, Ruchniewicz 2005), vergleichender Bildungsforschung (z.B. Hörner/Szymański/Dubeck 2004) sowie erinnerungspädagogischen und historisch-politischen Fragestellungen (Keim 2003, Rathenow/Weber 2005). Darüber hinaus ist auf die Arbeiten der deutsch-polnischen Schulbuchkommission seit 1972 hinzuweisen (vgl. Maier 2003), hierbei insbesondere auf die aktuelle Lehrerhandreichung (Becher/Borodziej/Maier 2001). Des Weiteren ist die hohe Zahl an Praxisberichten von Begegnungssituationen sowohl im schulischen als auch im außerschulischen Bereich in den genannten Publikationen hervorzuheben. In den empirischen Sozialwissenschaften dominieren hinsichtlich des deutsch-polnischen Verhältnisses Studien aus der Jugendforschung (s. z.B. Melzer/Lukowski/Schmidt 1991, Marburger/Riesner 1996, Kirchhöfer/Merkens 2004), während es in diesem Bereich kaum Untersuchungen aus der interkulturellen Kommunikations- sowie der rekonstruktiven Sozialforschung gibt (Schmitt/Stickel 1997, Blome 2005). Kulturvergleichende Studien aus der (qualitativen) Unterrichtsforschung im deutsch-polnischen Kontext sind bislang – auch im Rahmen des International Mother Tongue

---

11 Angemerkt werden muss an dieser Stelle, dass historisches Geschehen aktuell nur in seiner sprachlich- oder bildlich-symbolischen Vergegenwärtigung existiert und somit immer bereits ein (perspektivisch gefärbtes) Konstrukt ist, dass es also *die* Geschichte und *das* historische Ereignis an sich nicht gibt. Unterschiedlich sind jedoch die Grade der perspektivischen und die Dichte der symbolischen Darstellung sowie ihr fiktionaler Gehalt.

12 Ergänzend sei noch auf religions-, politik- und wirtschaftswissenschaftliche Forschungsbereiche verwiesen. Da diese jedoch nicht im direkten Zusammenhang mit der Fragestellung der vorliegenden Arbeit stehen, werden sie nicht näher vorgestellt.

Education Network (vgl. Haueis 1994) – nicht vertreten. An dieser Stelle kann lediglich auf ein wissenschaftlich begleitetes und evaluiertes Unterrichtsprojekt zum Nachbarspracherwerb in der Grenzregion hingewiesen werden (Nöth 2001).[13]

Das folgende Kapitel gibt einen Überblick über die für diese Arbeit relevanten Ergebnisse aus den jeweiligen Forschungsrichtungen, wobei ein besonderer Schwerpunkt auf der Diskussion empirisch gewonnener Erkenntnisse aus qualitativen Studien der Jugend- und Gesprächsforschung liegt. Die breite Anlage des Kapitels bildet den kultur- und sozialwissenschaftlichen Hintergrund für die empirischen Analysen der Interviews und Unterrichtsgespräche, in denen vielerlei historische und interkulturelle Bezüge von den Beteiligten hergestellt werden, die in hohem Maße kontextgebunden sind und nur innerhalb eines größeren gesellschaftspolitischen Zusammenhangs verständlich werden. Im Folgenden werden daher zunächst *Formen des kulturellen Gedächtnisses in Deutschland und in Polen* im zeitlichen Wandel vorgestellt, um einen kulturwissenschaftlichen Überblick über die erinnerte deutsch-polnische Beziehungsgeschichte zu erlangen (Kap. 2.1.1). Anschließend geben qualitative empirische Untersuchungen aus der Jugendforschung Aufschluss über das in den 1990er Jahren verhandelte *kommunikative Gedächtnis von jugendlichen SchülerInnen* (Kap. 2.1.2). Dieses ist zum Teil durch das kulturelle Gedächtnis der jeweiligen Gesellschaften geprägt, verändert und überschreitet jenes aber auch. Schließlich soll die *interaktive Hervorbringung dieser beiden Gedächtnisrahmen* in interkulturellen Lehr-Lern- und familialen Kommunikationsituationen gesprächsanalytisch betrachtet werden, um Einblicke in die kulturellen und kommunikativen Erinnerungspraktiken zu erhalten (Kap. 2.1.3).

2.1.1 Nationale Erinnerungskulturen im deutsch-polnischen Vergleich

In unserem nationalstaatlichen System sind Erinnerungen unter anderem auch national geprägt. Dementsprechend sind Erinnerungskulturen im Sinne von sozialen Vergegenwärtigungen von Vergangenheit im Rahmen individueller und kollektiver Identitätsbildung in Deutschland und Polen unterschiedlich ausgebildet. Aber auch innerhalb von Deutschland unterscheiden sie sich aufgrund der politischen Umwälzungen nach dem Zweiten Weltkrieg, der Teilung in zwei verschiedene politische Systeme. Um das kommunikative Gedächtnis, wie es derzeit unter Jugendlichen in Deutschland und in Polen verhandelt wird, analytisch fassen zu können, ist es notwendig, einen Bezug zu den Erinnerungskulturen der jeweiligen Länder herzustellen. Im Folgenden werden daher die unterschiedlichen Formen des kulturellen Gedächtnisses hinsichtlich der deutsch-polnischen Vergangenheit im Überblick dargestellt. Neben der Diversität zwischen den kulturellen Gedächtnisrahmen sind insbesondere die jeweiligen ,Schmerzpunkte' oder ,Leerstellen'[14] von Interesse. Zentral für die folgenden Ausführungen sind politik- und kulturwissenschaftliche Analysen des Erziehungswissen-

---

13 Werner Helsper und Jeanette Böhme weisen auf das Desiderat der Verbindung von Jugend- und Schulforschung auch über den interkulturellen Kontext hinaus hin (vgl. ebd. 2002, 567).
14 In Bezug auf das kulturelle Gedächtnis ist der Begriff ,Leerstellen' nicht literaturwissenschaftlich (Iser 1975) geprägt, sondern wird im allgemeinsprachlichen Sinne verwendet (vgl. Zimmer 2003).

schaftlers Hasko Zimmer (2003), in denen er die Veränderungen der Erinnerungskulturen in Deutschland und in Polen anlehnend an die Gedächtnistheorie Jan
Assmanns rekonstruiert und dabei zwischen den unterschiedlichen Gesellschafts-
systemen sowie den jeweiligen gesellschaftspolitischen Hintergründen und Um-
brüchen differenziert. Literarische Geschichten sind Teil der jeweiligen kulturellen
Gedächtnisrahmen und werden exemplarisch zu deren Verdeutlichung eingeflochten.

2.1.1.1 Erinnerungskulturen der Nachkriegszeit in der BRD, der DDR und der VRP

Okkupation, Krieg und Vertreibung stehen im Mittelpunkt des deutsch-polnischen Ver-
gangenheitsdiskurses (vgl. Zimmer 2003, 288). Die Zeit des Nationalsozialismus und
der Zweite Weltkrieg wurden in Polen und Deutschland insbesondere in der
Nachkriegszeit unterschiedlich erinnert. Auch innerhalb von Deutschland entstanden
mit der „Etablierung zweier antagonistischer Staats- und Gesellschaftssysteme zwei
gegensätzliche Erinnerungskulturen" (ebd., 289).

Im Gegensatz dazu dominierte die antifaschistische Perspektive, die sich auf den
kommunistischen Widerstand konzentrierte. Dagegen wurde dem Thema der Verfolgung und Ermordung der Juden im öffentlichen sowie im schulischen Diskurs nicht
viel Raum gegeben (vgl. Uhlig 1995, 170).[15] Die staatlich propagierte Gleichsetzung
von Antifaschismus und Sozialismus befreite von einer differenzierten Auseinandersetzung mit der eigenen Vergangenheit. „Sowohl die Externalisierung der Schuld als
auch die Identifikation mit den humanen antifaschistischen Traditionen ermöglichten
eine Kontinuität dieses Erinnerungskonzepts bis zur dritten Generation." (Köster 2001,
51)[16]

Im Gegensatz dazu nahm in der BRD, nach einer anfänglichen Phase der Verdrängung, seit den Auschwitz-Prozessen Anfang und den Studentenrevolten Ende der
1960er Jahre die Auseinandersetzung mit dem Holocaust einen zentralen Stellenwert
ein. Allerdings muss auch innerhalb der politischen Systeme differenziert werden. Die
Literaturdidaktikerin Juliane Köster arbeitet zwei Linien des gesellschaftlichen
bundesrepublikanischen Erinnerungsdiskurses an Auschwitz heraus: eine politisch
ausgerichtete demokratiepädagogische Linie in Anlehnung an den Soziologen Theodor
Adorno und eine moralisch ausgerichtete erinnerungspädagogische Linie in der Folge
des österreichischen Schriftstellers Jean Améry. Adornos Ansatz verdichtet sich in
seiner vielzitierten Forderung an die Pädagogik „... dass Auschwitz nicht noch einmal
sei", die er in seinem Vortrag „Erziehung nach Auschwitz" im Hessischen Rundfunk
1966 aussprach. Dieser Ansatz setzt sich mit dem Verhältnis innerhalb des Täterkollektivs zu Beginn der 1960er Jahre auseinander, ist auf die Zukunft gerichtet und

---

15 Beispielhaft kann an dieser Stelle die Schullektüre *Nackt unter Wölfen* von Bruno Apitz (1958)
    angeführt werden, die vom Leben im KZ Buchenwald erzählt und in der der kommunistische
    Widerstand glorifiziert, der jüdische hingegen gänzlich ausgeblendet wird.
16 Auf dem literarischen Gebiet weist Köster (ebd.) auf die Vorwegnahme dieser Entwicklung durch
    Christoph Heins *Der fremde Freund* (1982) hin.

dem Prinzip des Universalismus verpflichtet. Demgegenüber setzt der erinnerungs-pädagogische Ansatz Jean Amérys Erinnern und Gedenken zentral und ist dem-entsprechend auf die Vergangenheit ausgerichtet. Dieser moralische Ansatz konzent-riert sich auf das Verhältnis von Opfern und Tätern und ist dem Prinzip des Partikularismus verpflichtet. Im schulischen Unterricht in Deutschland ist die demo-kratiepädagogische Linie weit mehr vertreten als die erinnerungspädagogische (vgl. Köster 2001, 41ff.).[17]

In der Volksrepublik Polen war die Erinnerung an die Kriegszeit und die deutsche Okkupation durch zwei romantische Mythen bestimmt, die von der kommunistischen Regierung in ihrer Geschichts- und Bildungspolitik funktionalisiert sowie in der Lite-ratur der Nachkriegszeit gestaltet wurden: „Polen als Opfervolk" und als „Volk im Widerstand" (Zimmer 2003, 289f.). Dieser Deutungsrahmen bestimmte sowohl die Perspektive auf die jüngste Vergangenheit als auch auf das historische Feindbild.[18] Polens Verhältnis zu Deutschland war dementsprechend durch die Opposition „Opfer-volk" versus „Tätervolk" geprägt (vgl. ebd., 292). Dieses Bild der Deutschen in Polen weist weit in die Vergangenheit zurück. Der Grunwaldmythos – ein in der polnischen Malerei häufig aufgegriffenes Thema (vgl. Maier 2004, 12) – prägte die Angst vor dem „Deutschen Drang nach Osten", symbolisiert in den Kreuzrittern des Deutschen Ordens.[19] Neben der unterschiedlichen Deutung der gemeinsamen deutsch-polnischen Vergangenheit sind insbesondere die Erinnerungskulturen im Hinblick auf Auschwitz jeweils spezifisch ausgeprägt (vgl. Zimmer 2003, 291f., Kranz 2003, 306, Ziesing 2002, 71). Während hier das kulturelle Gedächtnis in der VRP sich dem in der DDR

---

17 Als ein Beispiel für diese Gewichtung lässt sich Hans Werner Richters Erzählung *Damals war es Friedrich* (Richter 1961/1969) anführen, die zu den am häufigsten gelesenen Unterrichtslektüren zum Thema Nationalsozialismus zählt (vgl. Runge 1997a, 145ff., vgl. Kap. 1.2.2.2). In kurzen Episoden wird aus der Perspektive eines deutschen Jugendlichen am Beispiel einer Freundschaft mit einem jüdischen Mitschüler die allmähliche Ausgrenzung jüdischer Mitbürger geschildert. Dabei steht der Alltag im Nationalsozialismus und die eigene familiäre Auseinandersetzung damit im Zentrum, weniger die Leiden der Opfer.

18 Nicht erst die Okkupation Polens durch das nationalsozialistische Deutschland und der polnische Widerstand, der im Warschauer Aufstand von 1944 symbolisiert ist, prägen diese Mythen. Bereits die Zeit der polnischen Teilungen 1795-1918 durch Russland, Preußen und Österreich mit ihren zahlreichen polnischen Aufständen ist tief im historischen Bewusstsein in Polen verankert (vgl. Maier 2004, 14). Der Widerstandsmythos wurde insbesondere von Adam Mickiewicz in seinem Nationalepos Pan Tadeusz (1834) literarisch tradiert. Das in der Adelskultur angesiedelte Versepos spielt während der polnischen Teilung in Litauen im Jahr 1811. Seine Aktualität über den schuli-schen Rahmen der Pflichtlektüre hinaus zeigt sich auch in der aktuellen Verfilmung durch Andrzej Wajda aus dem Jahre 1999.

19 Der grausame Kreuzritter ergänzt das Bild des Deutschen, das zuvor durch den „Schwaben" oder „Luther" symbolisiert war (vgl. Tazbir 1992, 31) Der Mythos des Kreuzritters ist durch Kunst und Literatur geprägt worden, insbesondere Ende des 19. Jahrhunderts von Jan Matejko in seinem Ge-mälde *Bitwa pod Grunwaldem* (Schlacht bei Tannenberg) (1878) und von Henryk Sienkiewicz in seinem historischen Roman *Krzyżacy (Die Kreuzritter)* (1900). Der historischen Belletristik ist vor allem in den Zeiten der polnischen Teilungen, in der eine akademische historische Bildung weitgehend nicht möglich war, eine bedeutende Rolle zuteil geworden (vgl. Orłowski 1995, 119). In der Nachkriegszeit erlangte dieser Mythos unter anderem durch die Verfilmung von Aleksander Ford 1960 erneut Popularität (vgl. Zimmer 2003, 290). Dies ist beispielsweise daran erkennbar, dass der Film in der Vorwendezeit durchgehend die Besucherstatistik anführte (vgl. Hanisch 2001) und auch jüngst geplante Großprojekte zur erneuten Verfilmung des Nationalepos lediglich aus finanziellen Gründen nicht verwirklicht wurden.

aufgrund der kommunistischen Ausrichtungen beider Systeme annähert, unterscheidet es sich grundlegend vom Vergangenheitsdiskurs der Bundesrepublik. Eine „problematische Leerstelle" (Zimmer 2003, 291) im kulturellen Gedächtnis ist in Polen vor allem der Holocaust an den polnischen Juden, die in erster Linie als Polen betrachtet werden, was sich in dem weit verbreiteten Ausdruck „nationales Gedenken" (Kranz 2003, 305) ausdrückt. Dies zeigt sich beispielsweise in der polnischen Perspektive auf Konzentrationslager in Polen, die nicht primär als Orte des Holocaust, sondern vielmehr als Mahnmal polnischen Leids betrachtet werden (vgl. Maier 2004, 15). Vor diesem Hintergrund ist auch der Kniefall des deutschen Bundeskanzlers Willy Brandt 1972 vor dem Denkmal des Warschauer Ghettos in Polen kritisch aufgenommen worden (vgl. Zimmer 2003, 280).[20]

Wenn auch die kommunistische Propaganda in der VRP die historisch gewachsenen Feindbilder gegenüber den Deutschen (aus der BRD) weiter forcierte und das nationale Märtyrertum dem Gedenken an jüdische Opfer voranstellte, so muss gleichzeitig auf die Heterogenität des kulturellen Gedächtnisses innerhalb Polens aufmerksam gemacht werden, die in den ‚Gegenerinnerungen' des ‚Funktionsgedächtnisses' (Assmann 2003, 139, vgl. Kap. 1.2.1.2) sichtbar wird. So gab es bereits in der Volksrepublik Polen neben der offiziellen Erinnerung eine inoffizielle, die sich unter anderem im journalistischen oder literarischen Bereich Ausdruck verlieh. Der Sozialwissenschaftler Hartmut Ziesing führt zwei publizistische Debatten an, die für die polnische Erinnerungskultur der Vorwendezeit prägend waren (vgl. ebd. 2002, 73ff.). Während der politischen Liberalisierung 1980/81 hat der Literaturhistoriker und Publizist Jan Józef Lipski in seinem Essay *Zwei Vaterländer, zwei Patriotismen* (1996) das unter dem Kommunismus tradierte polnische Selbstbild der Freiheitskämpfenden und der Opfer erschüttert, indem er neben der Vertreibung der Deutschen nach dem Krieg auch die Gleichgültigkeit gegenüber der Vernichtung der Juden während der deutschen Besatzung anprangerte. 1987 löste der vom Literaturwissenschaftler Jan Błoński in der liberalen katholischen Wochenzeitung *Tygodnik Powszechny* publizierte Essay *Biedni Polacy patrzą na getto – Die armen Polen blicken aufs Ghetto* (1995) eine Debatte unter polnischen Intellektuellen über das Verhältnis zwischen Polen und Juden und über den Antisemitismus in Polen aus. Auch in der Literatur wurden Stimmen der ‚Gegenerinnerung' laut, die die klassische Täter-Opfer-Relation in Frage stellen, wie z.B. in dem Gedicht *Campo di Fiori* (1943) des Literaturnobelpreisträgers Czesław Miłość, in dem er die polnische Gleichgültigkeit der Warschauer Bewohner am Geschehen im Ghetto anklagt oder in dem Gedicht *Ocalony* (1947) *(Gerettet)* von Tadeusz Różewicz, in dem „das schuldlos-schuldige Entkommensein" thematisiert wird und das mittlerweile zum „literarischen Programm", dem „Gerettet-Stigma" erhoben worden ist (vgl. Orłowski 1995, 121). Auch der Roman *Początek* (1986)[21] *(Die schöne Frau Seidenmann* 1988) von Andrzej Szczypiorski, in dem verschiedene Lebensgeschichten von Opfern und Tätern in den Jahren 1941-43 in Warschau um die

---

20 Zu dieser Zeit war das politische Klima noch nachhaltig durch die antisemitische Kampagne von 1968 geprägt. In Folge dieser Kampagne wurden polnische Juden aus staatlichen Institutionen, von Universitäten und aus dem Pressewesen verbannt (vgl. Śpiewak 1992, 310f.).

21 Dieser 1986 in Paris erschienene Roman wurde im sozialistischen Polen nicht veröffentlicht.

Rettung der Hauptfigur, der polnischen Jüdin Irma Seidenmann, gruppiert werden, entnationalisiert die Schuldfrage und stellt sie als anthropologische Herausforderung dar (vgl. Orłowski 1995, 123). Insbesondere polnisch-jüdische AutorInnen haben Erfahrungen mit der Judenverfolgung auch in literarischen Texten im weiteren Sinne Gestalt gegeben, so etwa Hanna Krall in ihrer literarischen Reportage *Zdążyć przed Panem Bogiem* (1977) *(Dem Herrgott zuvorkommen* 1992), in der sie ein Gespräch mit Marek Edelmann, dem stellvertretenden Kommandanten des Warschauer Ghettoaufstands von 1943, zwischen Vergangenheit und Gegenwart changieren lässt. Diese literarische Reportage zählt inzwischen zu den schulischen Pflichtlektüren in Polen, während Hanna Krall in den 1980er Jahren aufgrund eines Publikationsverbots zur Zeit des Kriegsrechts in Polen nur im Untergrund veröffentlichte.

2.1.1.2 Veränderte Erinnerungskulturen nach der politischen Wende in Osteuropa

Seit den politisch einschneidenden Ereignissen von 1989 haben sich die Erinnerungskulturen in Deutschland und in Polen verändert. Dies ist zum einen bedingt durch die gesellschaftspolitischen Umbrüche, die aus dem Beitritt der DDR zur BRD und der Gründung der Dritten Republik in Polen resultieren. Zum anderen wird der Wandel der Erinnerungskulturen durch das Ableben der Zeitzeugengeneration hervorgerufen, in dem sich der Übergang vom kommunikativen ins kulturelle Gedächtnis vollzieht (vgl. Zimmer 2003, 292ff.).

In Deutschland wurde die Aufarbeitung der NS-Diktatur durch die Auseinandersetzung mit der SED-Diktatur ergänzt, eine „doppelte Vergangenheitsbewältigung" (Kranz 2003, 304) wurde notwendig. Die Erinnerung an die NS-Zeit erlangte im Zuge der Gedenkfeierlichkeiten zum 50. und 60. Jahrestag der Befreiung einen Höhepunkt. Ein Erinnerungsboom in der öffentlichen Diskussion setzte ein, der sich auch in der medialen Produktion in zahlreichen Kino- und Fernsehfilmen sowie in Dokumentationssendungen niederschlug. Das kulturelle Gedächtnis in Deutschland weist verschiedene Leerstellen auf wie etwa die weit verbreitete Vorstellung von einer „sauberen Wehrmacht", die sich in der heftigen Debatte um die Wehrmachtsausstellung äußert (vgl. Zimmer 2003, 296).[22] Des Weiteren werden inzwischen – nicht mehr nur von den Vertriebenenverbänden – die Leiden der deutschen Vertriebenen in der Kriegs- und Nachkriegszeit aufgearbeitet.[23] Was das Verhältnis zu Polen anbetrifft, so ist im kulturellen Gedächtnis in Deutschland die Unkenntnis der polnischen Geschichte und ein ausgeprägtes Desinteresse an Polen zu verzeichnen. Die mangelnde Kenntnis der von Deutschen in Polen verübten Verbrechen stehen neben dem kollek-

---

22 Eine literarische Aufarbeitung der Wehrmachtsvergangenheit innerhalb der Familie gestaltet Ulla Hahn in ihrem kontrovers diskutierten Roman *Unscharfe Bilder* (2003).

23 In der Literatur steht beispielsweise Günther Grass' Novelle *Im Krebsgang* (2002), in dem er den Untergang des Flüchtlingsschiffs „Wilhelm Gustloff" schildert, für eine erweiterte Erinnerungskultur des Täterkollektivs. Als mediale Beispiele für diese Entwicklung zeugen die in den vergangenen Jahren ausgestrahlten zweiteiligen Fernsehfilme *Die Flucht* (Wessel 2007) in der ARD oder *Die Gustloff* (Vilsmaier 2008) im ZDF.

tiven Vergessen des Schicksals polnischer Zwangsarbeiter (vgl. ebd., 297). Anfang der 1990er Jahre wurde in der deutschen Öffentlichkeit eine Fremdenfeindlichkeit gegenüber Polen vor allem in den neuen Bundesländern beobachtet und diskutiert (vgl. Loew/Pfeifer 1999).

Gegenläufig zur „Konjunktur der Erinnerung" (Kranz 2003, 304) in Deutschland wird in Polen in den 1990er Jahren von einem „kollektiven Gedächtnisschwund" (Kobylińska 1998, 131) gesprochen. Tomasz Kranz, der Leiter der Gedenkstätte Majdanek, konstatiert einen „Überdruß und eine anwachsende Gleichgültigkeit gegenüber der mit der Besatzungszeit verbundenen Problematik" (Kranz 1998, 28f.). Derzeit haben die Zeit des Nationalsozialismus und die deutsche Okkupation keinen Einfluss mehr auf das politische Bewusstsein vor allem der jungen Generation (vgl. Madajczyk 1998, 42). Diese Entwicklung lasse sich als Abwehrhaltung der im Kommunismus propagierten Auseinandersetzung mit dem Nationalsozialismus begreifen (vgl. Zimmer 2003, 294). Neben der beobachteten Gleichgültigkeit gegenüber der deutsch-polnischen Vergangenheit sind antisemitische Tendenzen in der polnischen Gesellschaft zu beobachten. Anfang der 1990er Jahre wurde der latente Antisemitismus im Rahmen der Diskussion um die Reprivatisierung staatlichen Vermögens sichtbar (vgl. Śpiewak 1992, 311). Im Zuge der heftigen und kontroversen Diskussion um den von Polen ausgeübten Judenmord in Jedwabne zur Zeit der deutschen Besatzung sind auch aktuell antisemitische Stimmen zu vernehmen (vgl. Zimmer 2003, 296, Ziesing 2002, Schmidt-Häuer 2005).[24] Neben dem Holocaust gehört die ‚Vertreibung' bzw. ‚Aussiedlung' der deutschen Bevölkerung in der Nachkriegszeit ebenfalls zu den Leerstellen des kulturellen Gedächtnisses in Polen. In der jüngsten Vergangenheit drückte sich dies aus in der heftigen politischen Debatte in Polen um das geplante Berliner *Zentrum gegen Vertreibungen,* wie es Erika Steinbach, die Präsidentin des Bundesverbandes der Vertriebenen, einforderte. Im literarischen Diskurs sind wiederum andere Stimmen zu vernehmen.[25]

2.1.1.3 Pädagogische Forderungen an die aktuelle Erinnerungsarbeit

In Überwindung der nationalpolitisch geprägten Erinnerungskulturen in Deutschland und in Polen konstatiert Zimmer „die Notwendigkeit gemeinsamer Erinnerungsarbeit" (ebd., 2003, 297), worunter er in sensibilisierender gegenseitiger Kenntnisnahme der aus der jeweiligen Perspektive differenten, national geprägten Erinnerungskulturen die „Arbeit an einem gemeinsamen Gedächtnis ohne ideologische Verzerrungen und

---

24 In diesem kleinen Ort im Nordosten Polens wurden 1941 jüdische Bewohner von ihren polnischen Nachbarn ermordet. Das Buch *Sąsiedzi – Nachbarn* (2000) des Historikers Jan Tomasz Gross brachte diese historischen Ereignisse ans Licht und löste damit eine bis heute anhaltende Diskussion um die polnische Mittäterschaft an der Vernichtung der jüdischen Bevölkerung aus (vgl. Schmidt-Häuer 2005).

25 Die Schriftstellerin Olga Tokarczuk beispielsweise schildert in ihrem Roman *Dom dzienny, dom nocny* (1998) *(Taghaus Nachthaus 2001)* – ohne gegenseitige kollektive Schuldzuweisungen – das aktuelle Leben und die individuellen deutschen und polnischen Familiengeschichten im niederschlesischen Grenzgebiet.

nationale Borniertheiten" (ebd., 298, vgl. auch Maier 2004, 17) versteht. In pädagogischer Absicht plädiert er für die Herstellung eines europäischen Gedächtnisses, dessen Grundlage in der „Erinnerung an NS-Herrschaft und Holocaust, Kriegserfahrung und Vertreibung in ihrer weit über Deutschland hinausgreifenden menschenrechtlichen und friedenspolitischen Bedeutung" (Zimmer 2003, 298) liegt.[26]

Ein erster Schritt zu einer gemeinsamen Geschichtsbildung ist in den deutschpolnischen Schulbuchgesprächen zu erkennen (vgl. Mack 1992, Maier 2003). Seit der Aufnahme der Arbeit in der deutsch-polnischen UNESCO-Schulbuchkonferenz im Februar 1972 konnten die deutsch-polnischen Schulbuch-Empfehlungen neben intensiven und auch kontroversen Diskussionen in der bundesrepublikanischen Öffentlichkeit eine differenziertere Wahrnehmung auf deutscher Seite hinsichtlich des an Polen verübten Unrechts während des Zweiten Weltkriegs bewirken. Dieses Umdenken wiederum führte in Polen zu einer Überwindung alter Empfindlichkeiten (vgl. Maier 2004, 11).

In jüngster Zeit findet sowohl in der Literatur- als auch in der Geschichtsdidaktik in Deutschland eine Auseinandersetzung mit deutschen und polnischen Perspektiven auf die gemeinsame Geschichte statt, wie sich beispielsweise in den Materialbänden *Polnische Literatur und deutsch-polnische Literaturbeziehungen* (Kneip/Mack 2003) und *Polnische Geschichte und deutsch-polnische Beziehungen* (Kneip/Mack 2007) oder in dem Themenheft *Polen* der didaktischen Fachzeitschrift *Geschichte lernen* (2004) zeigt.

Nach diesem kulturwissenschaftlichen Zugang zum kulturellen Gedächtnis in Deutschland und in Polen geht es im Folgenden um die aktuellen Praxen des kommunikativen Gedächtnisses von SchülerInnen in beiden Ländern. Als Hintergrund für die empirischen Analysen in dieser Arbeit, die die literarische Aneignung zeitgeschichtlicher Jugendliteratur im interkulturellen Kontext fokussieren, ist die Frage danach relevant, inwieweit sich die jeweiligen Formen des kulturellen und des kommunikativen Gedächtnisses überschneiden und wo sie voneinander differieren, inwieweit sie sich gegenseitig prägen und verändern.

2.1.2 Polen und Deutsche – (Selbst- und Fremd-)Bilder von SchülerInnen

Vorgestellt und diskutiert werden im folgenden Kapitel empirisch-qualitative Studien aus dem polnischen und deutschen Forschungskontext, die einen Einblick erlauben in *Deutschlandbilder von Jugendlichen in Polen* im zeitlichen Wandel und in aktuelle *Polenbilder von Jugendlichen in Deutschland*. Gemeinsam ist diesen Studien ihre Situierung im schulischen Kontext.

---

26 Aus sozialpsychologischer Perspektive stellen Welzer und Lenz in diesem Zusammenhang einschränkend die Frage, „ob so etwas wie ein ‚europäisches Gedächtnis' zwingend für einen gelingenden Integrationsprozess ist oder ob das künftige Europa ohne eine solche mentale Gemeinschaftsstiftung auskommt bzw. auskommen muss, weil seine Erinnerungslandschaft zu heterogen und pluralistisch ist." (ebd., 2007, 7f.)

2.1.2.1 Deutschlandbilder von Jugendlichen in Polen im Wandel

In der empirischen Forschung der letzten 20 Jahre zu Selbst- und Fremdbildern polnischer SchülerInnen und StudentInnen dominieren standardisierte Erhebungen der Stereotypenforschung (vgl. Nowicka 1992, Wilska-Duszynska 1993), die nur zum Teil zusätzlich mit offenen Fragen arbeiten (Jonda 1991 u. 1999, Nasalska 1998). Gerade letztere eröffnen jedoch einen differenzierten Einblick in die Konstruktion von Selbst- und Fremdbildern und werden deshalb im Folgenden eingehender vorgestellt. Sie geben Aufschluss über die Bedeutung kommunikativer und kultureller Erinnerungspraxen bei der Identitäts- und Wirklichkeitskonstruktion von Jugendlichen in Polen.

Die Soziologin Bernadette Jonda (1991, 1999) hat in ihrer Untersuchungsreihe (1987-1997) 18-19jährige SchülerInnen des allgemeinbildenden Lyzeums in Polen (vergleichbar mit der gymnasialen Oberstufe in Deutschland) schriftlich befragt. Insbesondere in den Antworten auf die offenen Fragen erhält sie differenzierte Auskünfte unter anderem über Assoziationen mit den Begriffen „Deutsche/Deutschland"[27]. Von großer Aussagekraft über die zeitlichen Veränderungen von Selbst- und Fremdbildern ist ihre Untersuchung dadurch, dass sie zu drei verschiedenen Zeitpunkten durchgeführt wurde: vor der Wende (1987/88), während der politischen Umbruchphase (1990) und Ende der 90er Jahre (1997), wo sich die gesellschaftspolitische Situation sowohl in Polen als auch in Deutschland drastisch verändert hatte. Während Jonda nach der Auswertung der Ergebnisse der ersten beiden Erhebungszeiträume 1991 noch zusammenfassend konstatiert, dass ihre Analysen „ernüchternd" seien, da sie die Erkenntnis bestätigten, „der Zweite Weltkrieg dominiere im Geschichtsbewußtsein der jungen Generation Polens" (ebd. 1991, 105), zieht sie während der Auswertung der dritten Erhebung ein anderes Resümee: War in der Vorwende- und Wendezeit noch das Stereotyp von Deutschland als Urfeind virulent,[28] so ist es fast zehn Jahre später den Jugendlichen zwar durchaus noch bekannt, wird allerdings nur von wenigen aufrecht erhalten (vgl. ebd. 1999, 216). Die meisten weisen es vorwiegend der älteren Generation zu, während sie selbst Versöhnung einfordern. Diese Entwicklung lässt sich exemplarisch an zwei Zitaten aus den verschiedenen Erhebungszeiträumen aufzeigen:

> 1990: „‚Mannigfache deutsch-polnische Konflikte im Verlauf von Jahrhunderten; seit Cedynia, über Kreuzritter, beide Weltkriege bis zur gegenwärtigen Frage der Grenzratifizierung.' (IIOS6)" (ebd., 206)

> 1997: „‚Ganz sicher kommt mir nichts Negatives in den Sinn. Oft begegne ich sehr negativen Meinungen, die die Deutschen betreffen. Meiner Meinung nach ist dies ein veraltetes

---

27 Der polnische Begriff „Niemcy" kann sowohl mit „Deutschland" als auch mit „(die) Deutsche(n)" übersetzt werden, eröffnet also ein im Polnischen einen breiteren Bedeutungsspielraum.

28 Das Ergebnis, dass historische Begründungszusammenhänge Anfang der 1990er Jahre noch eine vorrangige Position einnehmen, entspricht der Beobachtung der polnischen Soziologin Ewa Nasalska (1998), die sie 1994 in einer Befragung 15-16jähriger SchülerInnen der polnischen Grundschule (damals vergleichbar mit den Jahrgängen 1-8 in Deutschland) gemacht hat. Die Hälfte der Äußerungen gegenüber Deutschen von 900 SchülerInnen aus Warschau und einer Kleinstadt Polens waren negativ und bezogen sich auf die gemeinsame Vergangenheit (vgl. ebd., 46).

Denkschema, das am häufigsten bei älteren Menschen zum Vorschein kommt, die sich noch an die Ereignisse vor und nach dem Zweiten Weltkrieg erinnern können. Ich meine, daß wir gegenwärtig die Beseitigung aller negativen Beziehungen zu den Deutschen anstreben sollten. Was kommt mir in den Sinn? Das Wort: Versöhnung!' (IIIJG8)" (ebd., 207)

Neben dieser historischen Perspektive polnischer SchülerInnen auf Deutschland und die Deutschen spielen in immer stärkerem Maße auch gegenwartsbezogene Bilder eine Rolle. Hier wären insbesondere das Bild vom höheren Lebensstandard und der größeren Selbstsicherheit zu nennen, gleichzeitig aber auch das Bild der aktuellen „Un-Gastfreundlichkeit" und Ausländerfeindlichkeit Polen gegenüber (vgl. ebd., 202f., vgl. auch Nasalska 1998, 46).

Auch wenn das Deutschlandbild sich im Laufe der 1990er Jahre geändert hat und zunehmend eine gegenwarts- und zukunftsorientierte Perspektive die vergangenheitsbezogene ergänzt, ist dennoch augenscheinlich, wie insgesamt betrachtet unter den Befragten der Zweite Weltkrieg die meist angeführte Begründung für ambivalente oder negative Einstellungen Deutschen bzw. Deutschland gegenüber bleibt. Dieses Ergebnis ist insbesondere insofern interessant, als dass es den kulturwissenschaftlichen Beobachtungen der „Gegenwartsbezogenheit" polnischer Jugendlicher Deutschland/Deutschen gegenüber zwar nicht gänzlich widerspricht, diese jedoch einschränkt und differenziert. Für die Präsenz des Zweiten Weltkriegs in den Perspektiven Jugendlicher führt Jonda verschiedene Gründe an, von denen diejenigen kurz ausgeführt werden, die in engem Zusammenhang mit der Fragestellung dieser Arbeit stehen: Diese liegen zum einen in den Erzählungen in der *Familie*, zum anderen in der medialen Rezeption von polnischen *Filmen* in der Freizeit und polnischer *Literatur* als Pflichtlektüre in der Schule.

Im kommunikativen Gedächtnis der *Familie* in Polen bleiben der Zweite Weltkrieg und die Besatzung Polens durch Deutschland präsent, da unter dem von Deutschen begonnenen Unrecht fast jede polnische Familie zu leiden hatte. Dementsprechend ist das Deutschlandbild polnischer Jugendlicher geprägt, wie in einem Schülerzitat von 1990 explizit hervorgehoben wird:

„‚Wenn ich das Wort ‚Deutsche' höre, stelle ich mir ihn automatisch wie einen Soldaten vor. Sicher ist das verbunden mit den Jahren meiner Kindheit, als Mutter und Vater mir über die Okkupation erzählten (mein Vater hat an den Kämpfen teilgenommen). Außerdem assoziiere ich es mit Unheil, Haß, aber auch mit Sauberkeit, Ordnung, Disziplin. Nur manchmal sehe ich den Deutschen als einen normalen Menschen an.' (IIWR40)" (Jonda 1999, 206)

Zwar wird 1997 auch noch Bezug auf das Familiengedächtnis genommen, jedoch wird dieses Bild insbesondere durch persönliche Begegnungen überlagert.

„‚[…] Ich verstehe die Menschen, die die Tragödie des Zweiten Weltkriegs direkt betrifft. Ich weiß aus der Erzählung meines Großvaters, eines ehemaligen KZ-Häftlings, Fakten, die die Deutschen im negativen Lichte darstellen. Doch aufgrund meiner persönlichen Kontakte mit den Deutschen, und vor allem mit der Jugend, haben diese Fakten keine Bedeutung.' (IIIJG20)" (ebd., 207)

Diese Tendenz, trotz der belasteten Vergangenheit positiv in die Zukunft zu blicken, ist insgesamt kennzeichnend für die Antworten der Jugendlichen Ende der 1990er Jahre.

Als nicht geringfügig schätzt Jonda auch die Bedeutung polnischer *Filme* für den Entwurf von Deutschlandbildern bei polnischen Jugendlichen ein. In diesem Rahmen verweist sie auf eine seit drei Jahrzehnten populäre Fernsehserie *Czterej pancerni i pies (Die vier Panzersoldaten und ein Hund* 1966-1970). Diese polnische Kriegsserie bediene sich aller zur kommunistischen Zeit gängigen Stereotype: „*der* Deutsche als Feind, *der* Russe als Befreier Polens und *der* Pole als der wahre Held." (ebd., 206f.) Olga Tokarczuk, eine zeitgenössische polnische Autorin, schreibt hierzu rückblickend von der auf Jugendliche ausgeübten Faszination dieser Serie:[29]

> „Mit unverminderter Begeisterung sahen wir die einzelnen Episoden mehrere Male, und auch jetzt, Jahre später, ist man sich einig, dass es eine für die damalige Zeit sensationelle Kultsendung war. [...] Der Deutsche war ein in gewissem Sinne metaphysischer Feind, der aus der Ferne wirkte, tückisch und zynisch, doch sobald es unseren Soldaten gelang, ihn gefangenzunehmen, erwies er sich als feige und erbärmlich. Wenn wir draußen Krieg spielten [...], wollte niemand von uns Deutscher sein. Das wäre eine Art ‚Wechsel auf die andere Seite der Macht' gewesen, wie es in *Star Wars* heißt. [...]" (ebd. 2006, 24).

Eine weitere Quelle, aus der sich die Vorstellungen polnischer Jugendlicher zu Deutschland bilden, ist Jonda zufolge die polnische *Literatur* bzw. der Polnischunterricht in der Schule. 1987/1988 und 1990 stellen einige SchülerInnen einen Zusammenhang zwischen ihren Assoziationen zu den Deutschen/Deutschland und dem schulischen Literaturunterricht, insbesondere des Lyzeums her, da hier die Literatur der Kriegs- und Nachkriegszeit intensiv behandelt wird:

> „Leider verbinde ich es mit dem Krieg; es kann sein, daß gegenwärtig die Literatur der Kriegszeit einen Einfluß darauf hat: Borowski, Nałkowska. Auf jeden Fall verspüre ich jetzt einen Unwillen gegenüber diesen Menschen. Es geht nicht um einen Unwillen gegenüber allen, aber allgemein zum Volk, das die schönen Ideale der Menschen so schrecklich verstümmelte, und das wagte, in so einer schrecklichen Weise die menschliche Würde zu entehren.' (IWA102)" (Jonda 1999, 207)

> „Vielleicht weil wir neulich im Polnischunterricht die Literatur des Zweiten Weltkriegs besprochen haben, verbinde ich die Worte ‚Deutscher'/‚Deutschland' eben mit dem Krieg. [...]" (IIJG35) (ebd.)

Jonda verweist in diesem Zusammenhang darauf, dass sich die Lerninhalte und somit auch die Kanonbildung im polnischen Literaturunterricht in den 1990er Jahren zum Teil geändert haben. Diese Entwicklung lasse eine Änderung des Deutschlandbildes zwar vermuten, dessen Erforschung stünde aber noch aus (vgl. ebd.).

Die vorliegende Untersuchung greift dieses Desiderat auf. Die Rezeption des ausgewählten zeitgeschichtlichen Romans, der zur Zeit der deutschen Besatzung in Polen spielt und aus jüdischer Perspektive erzählt wird, fordert die SchülerInnen heraus, sich mit ihren eigenen Perspektiven auf die deutsch-polnische Vergangenheit und damit auch auf den Holocaust auseinanderzusetzen. Insbesondere die Erwartungsbrüche in der Lektüre, die in den Unterrichtsgesprächen, aber vor allem in den Interviews deut-

---

29 Nicht nur in Polen hat diese Serie einen Kultstatus erreicht, auch in der DDR wurde sie ausgestrahlt und angeregt als Familienserie rezipiert, wie man beim Blick in Internetforen zu Filmen feststellen kann. Vgl. z.B. http://www.tv-kult.de/index.php?site=sendungdetail&m=SV& tvdbid=1764&startkommentar=0, heruntergeladen am 15.11.2006 um 20:41 Uhr.

lich werden, geben Aufschluss über die historischen Sinnbildungsprozesse Jugendlicher, die sich aus Geschichten des kommunikativen und des kulturellen Gedächtnisses speisen.

2.1.2.2 Aktuelle Polenbilder von Jugendlichen in Deutschland

Auch in der empirischen Erforschung des Polenbildes in *Deutschland* dominierten in den 1960er und 1970er Jahren quantitative Erhebungen. Die Erziehungswissenschaftler Ingo Dammer und Norbert Weber (1999) sehen in den Ergebnissen dieser Studien eine Tendenz von „antislawische[n] Vorurteile[n]" hin zu einer „positive[n] Grundeinstellung" (ebd., 9), stellen diese aber gleichzeitig aufgrund methodologischer Schwierigkeiten als fragwürdig hin. In ihrer eigenen Studie arbeiten die Autoren mit dem Verfahren der Gruppendiskussion aus der rekonstruktiven Sozialforschung. Die Berliner Untersuchungsreihe von 1988/89, 1993 und 1994/5 ist von der Frage geleitet: „Welches Polen*bild* ist bei Schülern der 10. Klasse allgemeinbildender Oberschulen vorhanden?" (ebd., 8) Insbesondere den Begriff des Bildes differenzieren die Autoren hinsichtlich seiner sozialpsychologischen Funktion:

> „Bilder im hier angesprochenen Sinne sind relativ stabile seelische Figurationen, mit deren Hilfe wir unsere Erfahrungen organisieren, um uns in der Wirklichkeit zu orientieren. [...] Bilder verbinden verschiedene Tendenzen, Richtungen ‚Informationen' zu einem Ganzen, das zwar in sich bewegt ist und widersprüchlich sein kann, aber eine einheitliche Sinnperspektive entwickelt, und in diesem Sinne Orientierung für Wahrnehmung und Handlung stiftet." (ebd., 11)

Vergleicht man diese Definition mit dem dieser Arbeit zugrunde liegenden narrativen Ansatz der Erfahrungsbildung und -strukturierung (vgl. Kap. 1.1.3), so sind – neben Unterschieden hinsichtlich Veränderungen und Kontinuität – deutliche Parallelen zu erkennen. Diesem Bildbegriff inhärent ist auch die Vorstellung, dass sich Selbst- und Fremdbilder gegenseitig hervorbringen und ineinander spiegeln.

In den Gruppendiskussionen von 1989 ist das weit verbreitete Stereotyp der „polnischen Wirtschaft", das sich im 18. Jahrhundert in Deutschland entwickelt hat (vgl. Orłowski 1992), zwar noch erkennbar, jedoch mit einer deutlichen Bedeutungsverschiebung: Nicht mehr Unwirtschaftlich- und Unsauberkeit, sondern Tristheit und Trostlosigkeit verbinden die SchülerInnen mit Polen, wie es in der Aussage „grau, kalt und omamäßig" (Dammer/Weber 1999, 10) deutlich wird. Weniger der historische Hintergrund spielt für das Polenbild eine Rolle, sondern vielmehr die aktuelle Lebenssituation der Jugendlichen, die insbesondere aus der Perspektive materieller Errungenschaften betrachtet wird. Dementsprechend wird Polen in erster Linie – im Vergleich zur eigenen Lebenssituation in Deutschland – als ein ärmeres Land wahrgenommen. Für Berliner SchülerInnen ist Polen vor der Wende „nicht näher als Chile" (ebd., 25) – wenngleich es geographisch in unmittelbarer Nachbarschaft liegt. Hierin drückt sich die deutliche Distanz aus, die nicht auf eine abwehrende Haltung, sondern vielmehr auf eine Form der Gleichgültigkeit zurückzuführen ist. Dieses Bild verändert sich auch

nach der Wende nicht wesentlich. Polen wird zwar 1993 gelegentlich als „Nachbarland" bezeichnet, aber „…zwischen den Grenzen liegen noch Welten" (ebd., 31).
Von besonderem Interesse für die vorliegende Studie sind die Erkenntnisse über
unterschiedliche kulturelle Identitätsbildungen, die in der dritten Phase der Untersuchung 1994-1995 gewonnen wurden. Hier waren die Diskussionsgruppen aus
SchülerInnen zusammengesetzt, die zuvor eigene Erfahrungen im Schüleraustausch
mit Polen gesammelt hatten. Neben der Beobachtung, dass in der polnischen Schule
Autorität eine bedeutendere Rolle zu spielen und der Unterricht „mehr mit Auswendig-
lernen und Abfragen zu tun haben [scheint], als mit dem Darlegen von Gedanken, wie
in der eigenen Schule" (ebd., 42), ist den SchülerInnen eine weitere Beobachtung – vor
allem im familiären Rahmen – fremd:

> „[...] die Polen sind stolz auf ihre Nationalkultur. Die Schüler werden nicht einfach herum-
> geführt, sondern bekommen Sehenswürdigkeiten, Museen, Geburtshäuser von Dichtern etc.
> mit dem Gestus präsentiert, ‚wie schön das ist'. Selbst ‚private' Gespräche, z.B. mit den
> Gasteltern, sind häufig dadurch geprägt, daß ‚sie uns etwas über polnische Kultur' erzählen
> und sich dabei als erstaunlich gebildet erweisen." (ebd., 43)

Dieses Fremdbild aus deutscher Perspektive, demgemäß in Polen Kenntnisse über
Geschichte und Kultur eine bedeutende Rolle für die eigene kulturelle Identität
spielen, korrespondiert mit dem Selbstbild polnischer Jugendlicher, wie es Nowicka
(1992) in ihrer quantitativen Studie erhoben hat. Die positive Konnotation, die damit
einhergeht, findet keine vergleichbare Form in der deutschen Identitätskonstruktion,
wie Dammer und Weber weiter ausführen:

> „So etwas wie ‚Nationalgefühl', ein Stolz auf die eigene Kultur, wie sie ihn in Polen
> erleben, ist den Schülern fremd. Sie verfügen lediglich über die rationalisierende Erklärung,
> ‚daß es aufgrund der jüngeren Geschichte gar nicht möglich ist, daß die Deutschen die
> gleiche Identifizierung mit ihrer Kultur haben wie die Polen'." (ebd. 1999, 43)

Über das eigene Nationalbewusstsein der polnischen AustauschpartnerInnen hinaus
nehmen die deutschen SchülerInnen deren Befürchtung anti-deutscher Ressentiments
in der Öffentlichkeit wahr. Hier spielt wiederum die gemeinsame Vergangenheit eine
zentrale Rolle für die Handlungspraxen der polnischen Gastgeber, wenn sie ihre Gäste
davor warnen, sich in der Öffentlichkeit als Deutsche erkennen zu geben. Bei den
SchülerInnen jedoch rufen diese Warnungen zunächst Erstaunen und Unsicherheits-
gefühle hervor, wie an folgender Gesprächssequenz zu erkennen ist:

> ‚Ich hatte schon ein ganz mulmiges Gefühl. Und wenn wir dann mit der Straßenbahn
> zurückgefahren sind – wir mußten ja Deutsch reden. Und da habe ich dann besonders leise
> geredet …' – ‚Ich habe auch Angst bekommen. Vor allem hätte ich überhaupt nicht gedacht,
> … daß es da echt noch Leute gibt, die Haß auf die Deutschen haben.' [...] ‚Nach dem Film,
> den wir in der Altstadt gesehen haben (über die Zerstörung Warschaus durch die Nazis;
> d.V.), konnte ich es schon verstehen. Aber es ist ja schon lange her. Damit haben wir eigent-
> lich nichts mehr zu tun.' [...] ‚Wir haben ja sowieso nichts direkt damit zu tun, deswegen
> war das nicht so dramatisch.'" (ebd., 44)

Während sich hier die SchülerInnen in den jeweiligen Situationen zurücknehmen und
versuchen, ihre Unsicherheiten mit dem „Grundproblem: Schuld" (ebd., 46) distanzierend mit historischen Erklärungsversuchen anzugehen, stellen sich andere SchülerIn-

nen der belastenden Vergangenheit auf aktivere und persönlichere Weise – Dammer und Weber sprechen von den Gegensatzpaaren „sich verbergen" und „sich einlassen" (vgl. ebd., 39ff.): Bei dem Besuch in Auschwitz/Birkenau spricht der ehemalige Häftling, der die Schülergruppe durch das Konzentrationslager führt, von „den Deutschen": „Er hat nicht direkt gesagt: ‚ihr', aber ... irgendwo fühlt man sich da schon angeklagt." (ebd., 46f.) Weil die SchülerInnen sich angesprochen fühlen, können sie sich gleichzeitig auch Entlastung verspüren:

> „Und zum Schluß mitzukriegen, daß er sagte, wie toll es war, daß wir hier waren. Das hat wirklich die schweren Lasten, alles, was uns so schwer auf dem Herzen lag, wieder weggenommen." (ebd., 47)

Für die vorliegende Arbeit ist diese Erkenntnis insofern von Interesse, als dass der moralische Zugang zum Anderen im Rahmen des Schüleraustauschs über das Phänomen „Schuld" eher rationalisierende Distanznahme als „Versöhnung und Erinnern" (ebd., 51) zu bewirken scheint. Da im aktuellen Polenbild der Berliner SchülerInnen selbst nicht mehr die historischen Ereignisse dominieren, sondern vielmehr die aktuellen Lebensformen und Alltagspraxen mit ihren spezifischen Herausforderungen des Erwachsenwerdens, fordern die Autoren einen *gegenwärtigen* Zugang zueinander:

> „Die Versöhnung, um die es pädagogisch sinnvollerweise geht, ist nur in zweiter Linie die der Kriegstäter mit den Kriegsopfern, in erster Linie, viel umfassender, die der ‚deutschen' mit der ‚polnischen' Lebensform. Zu lernen, etwas teilweise wirklich anderes in seiner Eigenständigkeit wahrzunehmen und zu akzeptieren, ohne seine eigene Lebensform dadurch gefährdet zu sehen, scheint uns eine passable Formulierung des pädagogischen Ziels zu sein, das mit dem Schüleraustausch mit Polen verknüpft werden kann." (ebd., 52)

Nun stellt sich aus diesen Beobachtungen jedoch die Frage, wie diese Gegenwärtigkeit auf Seiten deutscher SchülerInnen mit der gegenwärtigen Vergangenheit der polnischen SchülerInnen, wie sie Jonda (1999) konstatiert hat, zusammenzubringen ist. Wenn in persönlichen Begegnungen eine Art vorwegnehmendes Verstehen historischer Konflikte und insbesondere historischer Schuld eine eher kontraproduktive Auswirkung auf die Fruchtbarkeit der Begegnung selbst hat, bleibt weiterhin offen, in welchem Rahmen eine Auseinandersetzung mit der gemeinsamen Vergangenheit und den wechselseitigen Bildern voneinander stattfinden könnte. Die vorliegende Arbeit stellt den Versuch dar, Literatur als Medium und literarische Gespräche als Orte zu untersuchen, in denen eine konstruktive Auseinandersetzung mit perspektivisch verschiedenen Erinnerungskulturen in einem historischen Zusammenhang im Schutzraum der Fiktion erfolgen kann.

2.1.3 Narrative Vergegenwärtigung von Vergangenheit im Gespräch

Im Anschluss an die im vorhergehenden Kapitel dargestellten gegenseitigen Selbst- und Fremdbilder von SchülerInnen in Deutschland und in Polen, die sowohl durch das jeweilige kulturelle und kommunikative Gedächtnis geprägt sind, wird im folgenden Kapitel der Fokus auf die Entstehungsprozesse dieser historischen und kulturellen

Sinnbildungen gelegt, indem Gesprächssituationen, in denen Vergangenheit hervorgebracht und somit vergegenwärtigt wird, aus einer gesprächsanalytischen Perspektive betrachtet werden. Zunächst werden Forschungsergebnisse zum *Erzählen und Erinnern in interkulturellen Bildungssituationen* vorgestellt, anschließend Untersuchungen zum *Erzählen und Erinnern in Familiengesprächen im europäischen Vergleich*.

2.1.3.1 Erzählen und Erinnern in interkulturellen Bildungssituationen

Während im Bereich der interkulturellen Kommunikation allgemein eine Reihe sozialwissenschaftlicher oder linguistischer Untersuchungen auf der Grundlage von dokumentierten Gesprächen vorhanden sind (vgl. u.a. Kotthoff 2002), ist speziell die deutsch-polnische Kommunikation noch kaum empirisch erforscht. Eine Ausnahme bildet der Sammelband *Polen und Deutsche im Gespräch* (Schmitt/Stickel 1997) des Instituts für Deutsche Sprache in Mannheim, der Gesprächsanalysen aus dem Rahmen interkultureller Begegnungssituationen vereint. Datengrundlage bilden transkribierte Gespräche, die während der teilnehmenden Beobachtung eines Sommersprachkurses deutscher StudentInnen in Polen (im Unterricht oder bei Exkursionen) aufgenommen wurden. In den sequenziellen Analysen werden unter anderem kulturspezifische Ausprägungen der narrativen Vergegenwärtigung gemeinsamer Vergangenheit in Bildungssituationen (Schmitt 1997), die sich in Gesprächen zwischen Polen und Deutschen dokumentieren, interaktionsstrukturell herausgearbeitet. Die hier gewonnenen Analyseergebnisse werden im Folgenden aufgrund des Interesses der vorliegenden Arbeit an der Verbindung von Erinnern und Erzählen sowie an deren interaktiven Hervorbringung im Gespräch kurz vorgestellt.

Aus konversationsanalytischer Perspektive arbeitet Reinhold Schmitt (1997) in seinen Analysen von Gesprächen zwischen einem polnischen Exkursionsleiter und deutschen Studierenden bei der Besichtigung des Schlosses Kórnik in der Nähe von Poznań kulturell unterschiedlich geprägte Erzähltraditionen heraus. Die einleitenden Worte des Exkursionsleiters *„ich werde Sie sehen lassen"* sind charakteristisch für das gesamte Gespräch. Im Zuge seines insgesamt ‚lehrerzentrierten' Ansatzes der ‚Kulturvermittlung', wie Schmitt sein didaktisches Handeln bezeichnet, erzählt der Exkursionsleiter wiederholt Geschichten insbesondere über den polnischen Adel, ohne dabei jedoch auf die Besonderheiten der Adelskultur in der polnischen Gesellschaft hinzuweisen, so dass diese Geschichten von den deutschen Studierenden – vor dem Hintergrund ihrer Vorstellungen des Adels – anders verstanden werden.[30]

Auch das heikle Thema der deutschen Besatzung während des Zweiten Weltkriegs spart der Exkursionsleiter in seinen Geschichten nicht aus. Beispielhaft sei hier die Einleitung einer „anekdote" aus dieser Zeit vorgestellt (Schmitt 1997, 37):

---

30   Zur Adelskultur in Polen vgl. Błoński (1992).

```
GR:    ich erzähle ihnen * eine anekdote die in der Zamoyski
       familie erzählt wird * die ist * sehr schön ich mag sie
       weil sie a: authentic ist * äh zwe:/ äh zweitens weil
       sie au"ch charakteristisch ist * mit verlaub * für die
       deutschen * äh * und zwar * hat der Greiser das der
       Greiser ich weiß nicht ob das für sie ein begriff ist *
GR:    das war der           der gauleiter von Großpolen * er
JU:              gauleiter
GR:    hat einen eine seh"r schöne * residenz äh: für sich selbst
       gebaut [...]
       * und zu dieser residenz suchte er möbel [...]
```

In der darauf erzählten „anekdote" geht es um einen polnischen Adligen, einen „alten majordomus", „einen edelmann", einen „marschall der dienerschaft", der sich der unrechtmäßigen Inbeschlagnahme der Möbel des Anwesens der Familie Zamoyski durch den deutschen Gauleiter mit Hinweis auf ein Verbot des Grafen verweigert und von diesem schließlich respektiert wird. Diese erzählende Art der ‚Kulturvermittlung' ist (und bleibt) den deutschen Teilnehmenden fremd, wie aus anschließenden Interviews hervorgeht (ebd., 62):

```
SI:    ich ke"nne in Deutschland niemand der * so" den a"del
       anbietet ** anbe"tet nicht anbietet oder die ganzen
       anekdötchen und * das is mir noch nie passiert dass ich so
       jemanden * ke"nnengelernt habe
```

Umso interessanter wird vor diesem Hintergrund die Perspektive des polnischen Exkursionsleiters, der seine Erzähldidaktik an historisch-nationale Erfahrungen bindet (ebd., 62f.):

```
GR:    ich weiß nicht wie das in Deutschland ist aber mein
       großvater zum beispiel * wurde von seinem * großvater
       erzogen * und meine äh * historische * äh ** memory I will
       say in english ** mein geschichtliches historisches
       bewußtsein das kommt oder reicht bis in die erstere hälfte
       des * neunzehnten jahrhunderts ** und das ist eben das was
       ich auch zu hause hatte * mein großvater der mir *
       stundenlang erzählt
```

Aus der Perspektive des Exkursionsleiters besitzt das intergenerationelle Erzählen im familialen Kontext in Polen einen anderen Stellenwert als in Deutschland. Demzufolge werden in Polen national bedeutsame Traditionen insbesondere in Erzählungen innerhalb der Familie von der älteren Generation an die jüngere weitergegeben.[31] Schmitt führt dieses Phänomen unter anderem auf die historischen Erfahrungen Polens als Nationalstaat zurück.

> „Diese Konstellation der generationsübergreifenden Erzählgemeinschaft von Großvater und Enkel, in der für die nationale Geschichte relevante Ereignisse als Geschichten tradiert werden, ist kein Spezifikum der Herkunftsfamilie des Exkursionsleiters. Sie ist vielmehr Ausdruck einer besonders in gebildeten und intellektuellen Familien beobachtbaren und historisch gewachsenen Struktur. Hier ist die Familie der Ort, an dem die nationale Geschichte und die

---

31 Das Motiv des erzählenden Großvaters und seiner zuhörenden Enkel, das aktive und passive Rollenzuschreibungen impliziert, ist ebenfalls ein Topos der polnischen Malerei (vgl. Schmitt 1997, 63).

nationale Identität gerade während der Zeit der Teilungen und auch noch während der Zeit des Kommunismus ihre eigene Öffentlichkeit hat. In den Geschichten und Anekdoten, die in den Familien erzählt wurden, wird die Idee der polnischen Nation und der souveränen Nationalstaatlichkeit gepflegt und an die Jugend weitergegeben." (ebd., 63)

Während für den polnischen Exkursionsleiter die nationale Vergangenheit und eine erzählende Kulturvermittlung zur Alltagspraxis gehören, haben diese für die deutschen Studierenden eher befremdlichen Charakter. Der Unterschied in den Erzählkulturen liegt demnach auf zwei Ebenen, einer inhaltlichen und einer interaktionsstrukturellen (vgl. ebd., 63f.).

Das Phänomen einer unterschiedlichen Didaktik der ‚Vermittlung' kulturell bedeutsamer Ereignisse in Polen und Deutschland, das Schmitt gesprächsanalytisch herauskristallisiert und im kulturellen Kontext verortet, ist von zentraler Bedeutung für die Fragestellung der vorliegenden Studie. Wenn das Erzählen national bedeutsamer Ereignisse in Form von Geschichten in Polen ein zentraler – und aus Sicht der Studierenden aus Deutschland ein ungewöhnlicher – Aspekt didaktischer Handlungspraxis ist, nicht nur im Rahmen des kommunikativen Familiengedächtnisses, sondern darüber hinaus auch im Rahmen des kulturellen Gedächtnisses in Lehr-Lernsituationen, so ergeben sich daraus folgende Fragen: Welche Rolle spielen literarische Erzählungen in den jeweiligen kulturellen Kontexten? Welche Rolle wird speziell dem Gespräch über literarische Texte im Unterricht zugedacht?

2.1.3.2 Erzählen und Erinnern in Familiengesprächen im europäischen Vergleich

Die Forschergruppe um Harald Welzer hat in ihrer Studie *Opa war kein Nazi* (2002) den Umgang mit Nationalsozialismus, Zweitem Weltkrieg und Holocaust im Familiengedächtnis in Deutschland untersucht. Ein zentrales Ergebnis dieser Studie lässt sich bereits in ihrem Titel ablesen, die sozialpsychologisch motivierte Umdeutung der eigenen Familiengeschichte innerhalb der kommunikativen Auseinandersetzung über die Vergangenheit im Verlauf der Generationen. In dieser kommunikativen Tradierung werden aus überzeugten Nationalsozialisten Widerstandskämpfer und ‚Judenretter', aus Tätern werden Opfer (vgl. ebd., 207). Des Weiteren weisen Welzer et al. darauf hin, dass das ‚Familienalbum', das die Geschichten der eigenen Familie enthält, in Deutschland relativ bezugslos neben dem ‚Lexikon', das z.B. das in der Schule gelernte Wissen über die Zeit enthält, im Wohnzimmerregal steht, obwohl die jeweiligen Gedächtnisrahmen andere und zueinander im Widerspruch stehende Geschichten und Deutungsmuster anbieten.

Ein weiteres im Zusammenhang der vorliegenden Studie interessierendes Ergebnis liegt darin, dass in der deutschen Gesellschaft antisemitische Topoi und Deutungsmuster in erster Linie von Angehörigen der Generation der Zeitzeugen verwendet werden (ebd., 145). In dieser Generation sind Formen des ‚primären Antisemitismus'

(Benz 2004) zu beobachten, in denen die nationalsozialistische Propaganda noch deutlich zum Vorschein kommt wie etwa im folgenden Transkriptausschnitt:

> „*Helene Stein*: ,Da waren auch viele Juden dabei, das sieht man ja dann immer, ne. Und auch Ausländer.'
>
> *Interviewerin*: ,Woran hat man das gesehen?'
>
> *Helene Stein*: ,Na, die hatten, also die Juden kann man schon erkennen, also die echten Juden, so mit der Nase und dann, vor allen Dingen hatten sie alle Bärte gehabt, weil sie sich ja nicht rasieren konnten undsoweiter. Also die sahen furchtbar aus. Und die haben uns da einen hasserfüllten Blick zugeworfen.'" (ebd.)

Dieser primäre Antisemitismus lässt sich Welzer et al. (ebd., 149) zufolge in der Enkelgeneration nicht mehr finden. Dies wird vor dem Hintergrund des kulturellen Gedächtnisses etwa in der Schule gedeutet, in dem der Holocaust einen zentralen Stellenwert in der Erinnerung an den Zweiten Weltkrieg einnimmt. Was das Zusammenspiel der beiden Gedächtnisrahmen angeht, weisen die Forscher einerseits darauf hin, dass das Familiengedächtnis in seiner emotionalen Färbung die zentralen Geschichten und Rahmen bietet, mit denen Geschichte angeeignet wird. Andererseits erkennen Welzer und Lenz (2007) vor dem Hintergrund einer aktuellen Studie zur kulturvergleichenden Tradierungsforschung auch die Leistungen des schulischen Unterrichts an, indem sie darauf hinweisen, dass zwar die Familiengeschichten von den Heranwachsenden aus Loyalitätsgründen und zur eigenen Identitätsbildung ,umgedeutet' werden, allerdings die Deutungsrahmen hierfür aus dem kulturellen Gedächtnis stammen (vgl. ebd. 10). In diesem Zusammenhang weisen sie noch einmal auf die zentrale Bedeutung der Identitätsbildung in der Aneignung der Vergangenheit hin sowie darauf, welch widerstreitenden Ansprüchen Jugendliche zwischen kulturellem und kommunikativen Gedächtnis insbesondere in Deutschland begegnen. Jugendliche in anderen Ländern hingegen, so haben ihre kulturvergleichenden Analysen in Norwegen, Dänemark, den Niederlanden, Serbien und Kroatien sowie der Schweiz gezeigt, können vor dem Hintergrund ihres jeweiligen kulturellen Gedächtnisses die eigene Familiengeschichte leichter in die nationale ,Basiserzählung' (vgl. ebd., 17f.) einschreiben. So beobachten sie in Gruppendiskussionen unter Studierenden beispielsweise, wie zaghaft sich junge Erwachsene in Deutschland mit dem Thema des Zweiten Weltkriegs und des Holocaust auseinandersetzen und wie sie mit der Diskrepanz zwischen den unterschiedlichen Gedächtnisrahmen ringen (vgl. Jensen/Moller 2007, 235). Im Vergleich dazu wird etwa in einer Gruppendiskussion der Enkelgeneration in den Niederlanden sehr viel unbefangener, teilweise auf eine „ernst-unernste" (ebd., 237) Art, mit dieser Vergangenheit umgegangen, was die Forscher als „Form der Distanzierung, die das Sprechen erleichtert" (ebd.), deuten. Vor dem Hintergrund dieser kulturvergleichenden Studien zum kommunikativen Familiengedächtnis im europäischen Kontext ist nun zu fragen, wie sich in Deutschland und in Polen Jugendliche vor dem Hintergrund der jeweiligen kulturellen und kommunikativen Gedächtnisrahmen Geschichte(n) im schulischen Kontext aneignen und welche Rolle dabei literarische Texte, insbesondere zeitgeschichtliche Jugendliteratur, spielen.

Betrachtet man den gesamten bisherigen Teil des Forschungsstandes zu Polen und Deutschen im Gespräch, so kann zusammenfassend festgehalten werden, dass sich nicht nur auf der theoretischen Ebene anhand kulturwissenschaftlicher Betrachtungen, sondern auch auf empirischer Ebene am Beispiel sozialwissenschaftlicher und gesprächsanalytischer Studien nachzeichnen lässt, dass die Vergangenheit (insbesondere die Zeit des Nationalsozialismus und der Zweite Weltkrieg) einen zentralen Stellenwert im kulturellen und kommunikativen Gedächtnis sowohl in Polen als auch in Deutschland einnimmt. Beachtet werden muss dabei allerdings, dass die jeweiligen Erinnerungskulturen – insbesondere bezüglich der Bedeutung des Holocaust – in Abhängigkeit ihrer zeitlichen Veränderungen vor dem Hintergrund unterschiedlicher und sich wandelnder politischer Systeme nicht nur voneinander verschieden, sondern durch das Zusammenspiel von offizieller Erinnerung und Gegenerinnerung (sowohl im politischen als auch im pädagogischen und literarischen Kontext) in sich äußerst heterogen ausfallen. Die Familie, die Medien (u.a. die Literatur) und die Schule werden sowohl in der kulturwissenschaftlichen Diskussion als auch in der erziehungswissenschaftlichen Jugendforschung wiederholt als prägende Elemente des kulturellen und kommunikativen Gedächtnisses aufgezeigt. Allerdings werden die mediale und insbesondere die literarische *Rezeption*, vor allem im Kontext des schulischen Literaturunterrichts, meist außer Acht gelassen und auch die Prozesse der Aneignung literarischer Geschichte(n) nicht weiter betrachtet. Näherte sich die vorliegende Arbeit im ersten Teil des Forschungsüberblicks ihrem Untersuchungsgegenstand – den literarischen Gesprächen im interkulturellen Kontext – aus einer historischen und interkulturell deutsch-polnischen Perspektive, so betrachtet sie diesen im nun folgenden zweiten Teil aus einer literarischen und rezeptionsorientierten Perspektive.

2.2 Literarische Rezeption und Anschlusskommunikation

Der dieser Studie zugrunde liegende Literaturbegriff fasst Literatur als einen eigenständigen und die alltägliche Realitätswahrnehmung ergänzenden „Modus des Erfahrens" (Rosebrock 2000, 35) auf:

> „Literatur [...] entwirft und reflektiert Welt, innerste und äußerste, vergangene und künftige. Nicht nur alles, was ist, sogar all das, was denkbar ist, ist auch literarisch darstellbar und also erfahrbar und insofern ist es möglich, sich diese Erfahrungen anzueignen." (ebd.)

Dabei muss betont werden, dass literarische Texte ihre erfahrungsbildende Funktion nicht an sich innehaben, sondern diese erst in der individuellen und sozialen Aneignung in der Rezeption erlangen. Der Prozess des Lesens wird in der Rezeptionsforschung übereinstimmend als Akt der Bedeutungskonstruktion verstanden. Von Seiten der strukturellen Medienrezeptionsforschung wird darauf hingewiesen, dass dieser Prozess mit den Sinnangeboten des literarischen Textes zusammenhängt und sowohl die subjektive Rezeption als auch die sie begleitenden Anschlusskommunikationen einschließt (vgl. Sutter 2002). In diesem Sinne richtet die Literaturdidaktik ihre Aufmerksamkeit nicht nur auf den literarischen Gegenstand, sondern auf das gesamte

„Handlungsfeld Literatur" und unterscheidet zwischen dessen *individueller, sozialer* und *gesellschaftlicher* Bedeutsamkeit (Abraham/Kepser 2005, Rosebrock 2000). Auch wenn diese drei Bereiche sich untrennbar überschneiden, so hilft die genannte Differenzierung auf analytischer Ebene doch, sich der Aneignung von literarischen Geschichten und ihrer zentralen Bedeutung für die (personale, soziale und kulturelle) Identitätsbildung aus unterschiedlichen Perspektiven zu nähern. In Kap. 1.2.2 wurde bereits anhand der theoretisch geführten Diskussion zur anthropologischen Begründung des Literaturunterrichts als kulturelles Gedächtnis die Bedeutung literarischer Bildung für die Enkulturation, die *gesellschaftliche* Teilhabe, aufgezeigt. Dabei stand der Unterrichtsgegenstand, die Literatur, im Mittelpunkt. Im folgenden Kapitel soll es nun vor dem Hintergrund empirisch gewonnener Erkenntnisse aus der Rezeptions- und Unterrichtsforschung um die *individuelle* und *soziale* Dimension literarischer Rezeption gehen. Der Fokus liegt demzufolge auf der subjektiven Rezeption sowie der interaktiven Anschlusskommunikation und den in ihnen aufscheinenden und sich wechselseitig beeinflussenden Möglichkeiten literarischen Lernens. Bei dem Forschungsüberblick wird aufgrund der historischen und interkulturellen Ausrichtung der vorliegenden Studie ein Schwerpunkt auf die in diesem Zusammenhang relevanten Aspekte literarischen Lernens gelegt: die Unterscheidung von Fiktion und Wirklichkeit, die Entwicklung von Perspektivenübernahme und Empathievermögen, die Aneignung des Selbst- und Fremdverstehens, das historische und das moralische Lernen. Diese sich aufeinander beziehenden und überschneidenden Dimensionen literarischen Lernens werden in den einzelnen im Folgenden vorgestellten Studien nach den jeweiligen Erkenntnisinteressen, theoretischen Perspektiven und den empirischen Anlagen unterschiedlich fokussiert und bearbeitet. Zunächst werden sie im Rahmen ihrer jeweiligen Begründungskontexte dargestellt und anschließend zusammengeführt.

Betrachtet man vor dem Hintergrund des medialen und kulturellen gesellschaftlichen Wandels sowie der daraus resultierenden didaktischen Herausforderungen die empirischen Forschungen zur literarischen Rezeption und Anschlusskommunikation, so fällt auf, dass die Frage nach Interkulturalität bislang wenig beachtet wurde. Derzeit ist in der Literatur- (bzw. Medien-)didaktik vielmehr eine Konzentration auf den Umgang mit den neuen Medien zu verzeichnen (z.B. Eggert/Garbe et al. 2000, Groeben/Hurrelmann 2002b, Dehn et al. 2004, Bertschi-Kaufmann et al. 2004, Wieler et al. 2008). Die sprachliche und kulturelle Pluralität der Schülerschaft hingegen wird weniger in der literaturdidaktischen, sondern verstärkt in der sprachdidaktischen Forschung beachtet etwa in der Diskussion um den Umgang mit Mehrsprachigkeit (z.B. Gogolin/Kroon 2000, Nauwerck 2009). Innerhalb der Lese- und Mediensozialisationsforschung ist auf primär sozialvergleichende Untersuchungen hinzuweisen (z.B. Pieper et al. 2004, Wieler et al. 2008), in denen der Migrationshintergrund der SchülerInnen zwar auch Beachtung findet (Hoffmann 2008b), jedoch nicht den primären Vergleichshorizont bildet. Insgesamt stehen in der literarischen Rezeptions- und Unterrichtsforschung interkulturelle literarische Lernprozesse bzw. die sprachlich-kulturelle

Heterogenität der Schülerschaft im Literaturunterricht aktuell im deutschsprachigen Raum nicht im Fokus des Interesses.[32]

Vor dem Hintergrund dieser Forschungslage und dem interkulturellen Fokus der vorliegenden Studie werden im Folgenden insbesondere Untersuchungen aus den 1990er Jahren aus einem internationalen und interdisziplinären Forschungskontext herangezogen. Hierzu werden im ersten Teil (Kap. 2.2.1), der sich mit der subjektiven *literarischen Rezeption* und ihrer Bedeutung für die *Identitätsbildung* auseinandersetzt, unter Hinzuziehung von Fallstudien aus dem angelsächsischen und niederländischen Raum Erkenntnisse aus der Lesesozialisations- und kognitionspsychologischen Rezeptionsforschung vorgestellt. Der zweite Abschnitt (Kap. 2.2.2), dessen Schwerpunkt die *literarischen Anschlusskommunikationen im schulischen Unterricht* bilden, befasst sich mit den Erkenntnissen der empirischen Unterrichtsforschung zu literarischen Gesprächen in verschiedenen Fachkontexten (Literatur- und Geschichtsunterricht) und europäischen Ländern (Deutschland, Schweden, Ungarn). Die einzelnen qualitativen Studien werden aufgrund ihrer Komplexität zunächst im Rahmen ihres jeweiligen Forschungskontextes vorgestellt und jeweils anschließend in Bezug zur vorliegenden Arbeit gesetzt.

2.2.1 Literarische Rezeption und Identitätsbildung

In der literaturdidaktischen Diskussion wird immer wieder auf die persönlich-keitsbildenden Aspekte literarischen Lesens und Verstehens verwiesen und dadurch auch die maßgebliche Bedeutung von Literatur als Gegenstand von Unterrichts-gesprächen hervorgehoben. Insbesondere Angebote der Kinder- und Jugendliteratur, die sich intentional an junge, heranwachsende LeserInnen wenden, werden mit einer identitätsbildenden Funktion in Verbindung gebracht (Hurrelmann 2002). Die empirische Untersuchung der inneren Beteiligung an literarischen Geschichten ist vor besondere methodische Herausforderungen gestellt, da die subjektiven Deutungs-prozesse im unmittelbaren Rezeptionsprozess in der Regel unausgesprochen bleiben. Sie lassen sich nur mittelbar über mündliche oder schriftliche Formen der Anschluss-kommunikation rekonstruieren.

Im Folgenden werden nun die für diese Arbeit zentralen Ansätze zur Bedeutung der literarischen Rezeption für die Persönlichkeitsentwicklung sowie empirische Studien zu kognitiven und emotionalen Strukturen subjektiver Rezeptionsprozesse vorgestellt. Aus sozialisationstheoretischer Sicht wird zunächst auf sozialpsycho-logische und interaktionistische Konzepte der *Identitätsbildung* Bezug genommen (Erikson 1973, Krappmann 1971, 1997) sowie auf kognitionspsychologisch fundierte Betrachtungen literarischer Sozialisation (Ulich/Ulich 1994, Bruner 1986), die die *Imagination von ,possivle worlds'* in den Mittelpunkt stellen. Diese theoretische Per-spektive wird ergänzt durch eine deskriptive und in erster Linie strukturelle Sicht, die

---

32 Diese Tendenz spiegelt sich beispielsweise wider in den Schwerpunktthemen sowie der Zusammensetzung der Sektionen auf den Symposien Deutschdidaktik der letzten Jahre.

sich der empirischen Erforschung von individuellen Rezeptionsprozessen in einer bestimmten Lebensphase, der Adoleszenz, widmet: zum einen hinsichtlich der *Entwicklung des (historischen) Fremd- und moralischen Verstehens* (Spinner 1989a u. b), zum anderen bezüglich des Verhältnisses *zwischen Imagination und Realitätsbezug* (Fry 1990, Appleyard 1994). Um die kognitiven und emotionalen Strukturen von Rezeptionsprozessen trotz ihrer schweren Zugänglichkeit in den empirischen Analysen dieser Arbeit genauer betrachten zu können, sollen abschließend Erkenntnisse verschiedener experimenteller Studien aus den Niederlanden zum Aufbau *mentaler Repräsentationen* beim Lesen (Andringa 2000) und zur Bedeutung von (kulturellem) *Kontextwissen* bei der Lektüre (Andringa 1996) herangezogen werden.

2.2.1.1 Identitätsbildung und die Imagination von ‚possible worlds'

Die Bedeutung literarischen Lesens für die Identitätsbildung Heranwachsender ist in der Lesesozialisationsforschung unter Rückgriff auf kognitionspsychologische Entwicklungstheorien hervorgehoben worden (Ulich/Ulich 1994, im Überblick bei Eggert/Garbe 2003). Die Entfaltung der Imaginationskraft nimmt hierbei eine zentrale Stellung ein und wird als Ausgangspunkt für alle weiteren Verstehens- und Entwicklungsprozesse gesehen. Bevor nun der Beitrag der literarischen Rezeption zur Persönlichkeitsbildung beleuchtet wird, soll zunächst das zugrunde liegende Identitätskonzept vorgestellt werden.

In der vorliegenden Untersuchung, die sowohl an den subjektiven Rezeptionsprozessen als auch an der interaktiven Anschlusskommunikation interessiert ist, wird Identität dementsprechend aus sowohl entwicklungspsychologischer als auch soziologischer Perspektive betrachtet. Theoretische Bezugspunkte bilden zum einen der am „interpretativen Paradigma" (Wilson 1973) orientierte Theorieansatz des „symbolischen Interaktionismus" (Blumer 1973), der insbesondere durch George Herbert Mead (1968) geprägt wurde, und zum anderen die interaktionistische Interpretation des entwicklungspsychologischen Modells Erik H. Eriksons (1973) durch Lothar Krappmann (1997).

Der symbolische Interaktionismus sieht das menschliche Handeln durch wechselseitig aufeinander bezogene soziale Interaktionen geprägt, in denen im Symbolsystem der Sprache Bedeutungen ausgehandelt werden. In diesen Aushandlungsprozessen ist das imaginierende Sich-Hineinversetzen in das Gegenüber im Sinne des ‚role-taking' von zentraler Bedeutung, das in der deutschdidaktischen Diskussion mit dem Begriff der ‚Perspektivenübernahme' bezeichnet wird. Das gemeinsame Handeln ist somit geprägt von den antizipierten Erwartungen des jeweiligen Anderen an das eigene Handeln. In diesen Interaktionsprozessen wird in der ständigen Ausbalancierung von „sozialer Identität" und „persönlicher Identität" (Goffman 1974b) Ich-Identität konstruiert. Identitätsbildung wird aus dieser Perspektive also nicht als ein innerpsychischer Prozess betrachtet, sondern vielmehr in den sozialen Prozessen gemeinsamen Handelns verortet.

Aus soziologischer Perspektive hat Lothar Krappmann in seinen empirischen Forschungsarbeiten zur kindlichen Identitätsentwicklung die Gedanken des symbolischen Interaktionismus aufgegriffen. In diesem Zuge hat er auch das entwicklungspsychologische Modell der Identitätsbildung von Erik H. Erikson aus einer interaktionistischen Perspektive diskutiert und sich kritisch mit ihm auseinandergesetzt. Dieses Modell verortet in den einzelnen Lebensphasen unterschiedliche Themen und Konflikte, mit denen sich das Individuum im Laufe seiner Sozialisation auseinandersetzen muss. In der Phase der Adoleszenz nimmt das Spannungsfeld zwischen *Identität* und *Identitätsdiffusion* einen bedeutenden Raum ein.

Während in Eriksons Perspektive Identitätsentwicklung als der Versuch der Bildung einer kohärenten Lebensgeschichte aus gesellschaftlichen Angeboten zu verstehen ist, bestreiten postmoderne Identitätstheorien die Möglichkeit dieser Konsensfindung. Sie betonen die Pluralisierung von Lebensentwürfen in Zeiten der Globalisierung und weisen auf die Diversität, Wandelbarkeit und Widersprüchlichkeit von sozialen Anforderungen an das Individuum hin (vgl. Eickelpasch/Rademacher 2004). Vor diesem individualisierten Hintergrund sprechen sie vom unabschließbaren „Recherche-Ich" (Baacke 1987), von der kreativ gestalteten „Patchwork-Identität" (Keupp 1989) oder der zusammengestückelten „Bastel-Existenz" (Hitzler/Honer 1994).

Wenngleich Krappmann die Empimport vieler postmoderner Positionen kritisiert, fordert er die Pädagogik auf, sich mit ihnen auseinanderzusetzen, was die „Verschiedenheit von Lebenserfahrungen", ihre „Kritik an der linearen Finalität vieler Entwicklungsvorstellungen", die „Mannigfaltigkeit der Identitätsbalancen" sowie das von ihnen aufgezeigte „Problem der vom Scheitern bedrohten Konsensfindung" anbetrifft (ebd. 1997, 88f.). In seinem Konzept der „balancierenden Identität" hebt er die Bedeutung des sozialen Kontextes als „Abstützung" bei der Anstrengung um die Entwicklung, Verteidigung und Revidierung von Identität hervor (vgl. ebd., 82) und bezieht sich dabei auf den theoretischen Ansatz der „einbettenden Kulturen" von Kegan (1986). Identitätsbildung als lebenslanger, interaktiver und ko-konstruierender Prozess der Ausbalancierung bleibt in den empirischen Beobachtungen Krappmanns von Kindern im schulischen Kontext mit der Suche nach Akzeptanz von Anderen verbunden:

> „Diese Heranwachsenden ringen in ihren Interaktionen und Beziehungen miteinander darum, als Personen, die sich in ihren Eigenarten und Anliegen verstehen, respektiert zu werden." (Krappmann 1997, 90)

In seiner interaktionistischen Identitätsvorstellung setzt Krappmann Interaktionen in sozialen Kontexten zentral, die Bedeutung literarischer und medialer Sozialisation sieht er dementsprechend primär in der Form ihrer sozialen Aneignung:

> „*Zeichen, Bilder und Worte* [...] drohen sich [in einer pluralisierten Lebenswelt, JH] ihrer Bedeutung zu entleeren, unter ideologischen Ansprüchen von ‚Korrektheit' zu pervertieren, und sind doch als Medien in einer Kommunikation, in der Perspektiven vermittelt, sowie Wahrnehmungen, Empfindungen und Interessen mitgeteilt werden müssen, unabdingbar. [...] Identität [ist] nicht vorab gegeben, sondern emergiert als Resultat einer Aushandlung von Differenz und Widerspruch. Dafür aber sind Zeichen, Bilder und Worte nötig, die in

einer Gemeinschaft von Miteinander-Sprechenden Aussagen zu formulieren, zu befragen und zu schärfen erlauben." (ebd., 89f.)

In der vorliegenden Arbeit soll gerade diese Bedeutung von „Zeichen, Bildern und Worten" in Form von literarischen Texten bzw. die Bedeutung deren imaginativer und kommunikativer Aneignung für die Identitätsbildung Heranwachsender fokussiert und somit die Verbindung zwischen Imagination und Identitätsbildung aufgezeigt werden. Bevor jedoch die interaktiven Aushandlungsprozesse des schulischen Unterrichtsgesprächs in den Blick rücken, soll es zunächst um die individuelle Bedeutung der Aneignung von Literatur in der literarischen Sozialisation gehen.

Mit Bezug auf die Arbeiten von Gordon Wells (1982) und Jerome Bruner (1986) stellen Michaela und Dieter Ulich (1994) aus kognitionspsychologischer Perspektive den Beitrag der literarischen Sozialisation zur Persönlichkeitsentwicklung heraus. Fiktive Geschichten, auch solche mit historischen Bezügen, erzeugen „eine subjektive, perspektivisch gefärbte Wirklichkeit", stellen eigene Erfahrungen in einen neuen Zusammenhang (ebd., 826). Durch die symbolische Funktion der sprachlichen Gestaltung, die narrative Struktur und die Fiktionalität literarischer Texte werden Heranwachsende von frühester Kindheit an zur Imagination von eigenständigen und fremden literarischen Welten angeregt und herausgefordert: Die Erfahrung von gehörten, gelesenen und erzählten Geschichten führen Kinder dazu

> „to discover the power that language has, through its symbolic potential, to create and explore alternative possible worlds with their own inner coherence and logic. Stories thus lead to the imaginative hypothetical stance that is required in a wide range of intellectual activities and for problem-solving of all kinds" (Wells 1982, 8, zit. n. Ulich/Ulich 1994, 825).

Fiktive Geschichten mit ihrer Implizitheit, den Mehrdeutigkeiten und Vielschichtigkeiten laden zu Deutungsprozessen und einem „Spiel mit Möglichkeiten" (Ulich/Ulich 1994, 826) ein. In diesem Spiel mit dem „Als-ob" können die Lesenden den „Entwurfcharakter von Wirklichkeit" erkennen.

> „So ist das Lesen eine Chance, andere Welten, Gefühle, Taten usw. kennenzulernen, sich anmuten zu lassen und zugleich die Folien des eigenen Selbst- und Weltverstehens anzupassen, anzureichern, zu aktualisieren oder zu verändern. Mit dieser Möglichkeit zum Selbst- und Fremdverstehen können narrative Texte auch in der interkulturellen Arbeit häufig mehr bewegen als landeskundlich orientierte Sachtexte." (ebd., 826f.)

Wenn Lesende sich also auf die in der Literatur erzeugten fiktiven und narrativen Welten einlassen und in sie eintauchen, können im Leseprozess Empathievermögen und die Fähigkeit der Perspektivenübernahme vertieft werden, die für die Identitätsentwicklung in sozialer Interaktion von Bedeutung sind. Anders als in realen Interaktionssituationen jedoch sind die Lesenden in der Rezeptionssituation vom Handlungsdruck entlastet (vgl. Schön 1990, 232), können sich involviert, aber zugleich auch distanziert mit den imaginierten Welten auseinandersetzen und ferner neue, im eigenen Erfahrungsbereich unvorstellbare Situationen und Handlungsoptionen kennen lernen.

Diese innere imaginative Beteiligung an Geschichten ist an deren narrative Strukturmerkmale geknüpft. Bruner (1986) unterscheidet verschiedene Ebenen von Geschichten, die er metaphorisch als ,Landschaften' bezeichnet:

> „One is the landscape of action, where the constituents are the arguments of action: agent, intention or goal, situation, instrument, something corresponding to a ,story grammar'. The other landscape is the landscape of consciousness: what those involved in the action know, think, or feel, or do not know, think, or feel. The two landscapes are essential and distinct [...]." (Bruner 1986, 14)

In den Imaginationsprozessen besteht eine wesentliche Anforderung darin, diese in Geschichten gleichzeitig konstruierten und teilweise im Widerspruch zueinander stehenden ,Landschaften' aufeinander zu beziehen und übereinzubringen (vgl. Ulich/Ulich 1994, 826). Durch die ,Landschaft des Bewusstseins' werden in literarischen Geschichten Perspektiven Anderer sichtbar, die in realer Interaktion verborgen bleiben bzw. erst aus der Handlung der Anderen rekonstruiert werden müssen. Auch die mögliche Widersprüchlichkeit zwischen der inneren und äußeren Realität, zwischen dem Denken und Fühlen auf der einen und dem Handeln auf der anderen Seite, wird in den beiden ,Landschaften' von Geschichten evident und fordert zu einer sinngebenden Deutung heraus. Im imaginierenden Spiel mit diesen ,Landschaften' im Rezeptionsprozess eröffnen sich somit besondere Möglichkeiten der tentativen Perspektivenübernahme und des empathischen Zugangs zu fremden, d.h. bislang unvertrauten und unverstandenen Perspektiven.

Die entwerfende und konstruierende Haltung bei der Rezeption fiktiver Geschichten wird bereits im frühen Kindesalter beispielsweise in Vorlesesituationen erworben (vgl. Wieler 1997) und mit zunehmender kognitiver, psychischer und sozialer Entwicklung im Verlauf der literarischen Sozialisation in Familie und Schule weiter ausgebaut. Im Folgenden wird analog zu dem Alter der ausgewählten RezipientInnen dieser Studie der Fokus auf die Bedeutung literarischer Rezeption in der Lebensphase der Adoleszenz gelegt.

2.2.1.2   Entwicklung des (historischen) Fremd- und moralischen Verstehens

In der deutschdidaktischen Diskussion hat Kaspar H. Spinner in zahlreichen Aufsätzen sein Konzept einer identitätsorientierten Literaturdidaktik entworfen und damit seine Perspektive auf die SchülerInnen in ihrer literarischen Sozialisation und die Bedeutung literarischer Texte bei der Ausbildung ihrer persönlichen und sozialen Identität gelegt. Die Entfaltung der Imaginationskraft nimmt in seinem Ansatz ebenfalls einen zentralen Stellenwert ein. Aus kognitionspsychologischer Perspektive schreibt er der Lektüre literarischer Texte Lernpotentiale auf verschiedenen Ebenen zu. Neben Dimensionen des literarischen Lernens im engeren Sinne, die er im Zuge der aktuellen Kompetenzdebatte eher auf struktureller Ebene (wie etwa Symbolverstehen, Sprachwahrnehmung, Fiktionalitätsbewusstsein) oder gegenstandsorientiert (z.B. Gattungswissen und Literaturgeschichte) ansiedelt (vgl. Spinner 2006), hat er sich vor allem in seinen Arbeiten der späten 1980er und 90er Jahre mit entwicklungspsychologischen Lernpotentialen von literarischem Lesen auseinandergesetzt. Hier wären die Ausbildung des Selbst- und Fremdverstehens und eines historischen Bewusstseins sowie die Auseinandersetzung mit moralischen Dilemmata und anthropologischen Grundfragen zu nennen (vgl. Spinner 1989a u. b). Als grundlegend für diese Dimensionen literarischen Lernens im weiteren Sinne führt Spinner die kognitiven und emotionalen Prozesse der Perspektivenübernahme und der Empathie an. Seine entwicklungspsychologischen Ansätze zum Fremdverstehen, zum historischen und moralischen Verstehen seien im Folgenden aufgrund ihrer inhaltlichen Relevanz für die vorliegende Untersuchung mit ihrer interkulturellen und historischen Ausrichtung eingehender vorgestellt.

Spinner entfaltet seine entwicklungspsychologische Theorie des Erwerbs von Fremdverstehen in der literarischen Sozialisation in seinem vielzitierten Aufsatz *Fremdverstehen und historisches Verstehen als Ergebnis kognitiver Entwicklung* (1989a) anhand der unterschiedlichen Rezeptionen einer Keuner-Geschichte von Bertolt Brecht durch SchülerInnen des 5., des 10. und des 12. Jahrgangs. Um den Zusammenhang der kognitiven Entwicklung des Fremdverstehens und des literarischen Verstehens zu illustrieren, seien exemplarische Interpretationen im Folgenden widergegeben. Zunächst der Anfang der literarischen Geschichte *Wer kennt wen?* (Brecht 1971), der Spinner als Ausgangspunkt für Gespräche mit SchülerInnen diente:

> „Herr Keuner befragte zwei Frauen über ihren Mann. Die eine gab folgende Auskunft: ‚Ich habe zwanzig Jahre mit ihm gelebt. Wir schliefen in einem Zimmer und auf einem Bett. Wir aßen die Mahlzeiten zusammen. Er erzählte mir alle seine Geschäfte. Ich lernte seine Eltern kennen und verkehrte mit allen seinen Freunden. Ich wußte alle seine Krankheiten, die er selber wußte, und einige mehr. Von allen, die ihn kennen, kenne ich ihn am besten.‘ ‚Kennst du ihn also?‘ fragte Herr Keuner. ‚Ich kenne ihn.‘" (ebd., 88)

Während die Fünftklässler sich noch über die Aussage der Frau „von allen, die ihn kennen, kenne ich ihn am besten" wunderten:

> „Das muß doch irgendwie so sein, weil der Mann ja ihr Mann ist. – Es ist doch wohl ganz logisch." (Spinner 1989a, 19),

stellen die SchülerInnen des 10. Jahrgangs die Gewissheit der Frau in Frage:

> „Ja, also, sie gibt jetzt so vor, ihn zu kennen, und zwar seine Gewohnheiten und so. Aber ich finde, sie kennt ihn doch nicht richtig, also sie erwähnt nicht, also ob sie jetzt sein Wesen kennt und alles, was er noch denkt und alles so was." (ebd.)

Diese Gedanken vom „wahren Bild" eines Menschen und seinem „inneren Kern", den andere (und auch er selbst) nicht kennen können, verdeutlicht nach Spinner die in der Pubertät zentrale Frage des Selbst- und Fremdverstehens (und dessen Unmöglichkeit) für Jugendliche. Erst bei den Zwölftklässlern dokumentiert sich eine dynamischere Perspektive auf menschliche Identitäten:

> „Und ich meine, es gibt so viele Situationen im Leben, wo man meint, man würde den anderen kennen und kennt ihn doch nicht, weil man sich einfach nicht in ihn reinversetzen kann und einfach die Situation einfach nicht verstehen kann ..." (ebd., 20)

Hier stellt das Fremdverstehen als Nachvollziehen von Gefühlen und Gedanken, die Menschen in bestimmten Situationen haben, eine kognitive und emotionale Herausforderung dar.

> „Die Schüleräußerungen zeigen, wie bei Heranwachsenden das Fremdverstehen erst im Laufe der Entwicklung diese Bedeutung gewinnt, und zwar so, daß von anfänglicher Sorglosigkeit gegenüber dem Problem über eine Phase, in der sich ein Graben zwischen dem Eigenen und dem Fremden auftut, schrittweise zu einem operationalen Begriff von Fremdverstehen gefunden wird." (ebd., 20)

Ausgehend von seinen eigenen Beobachtungen von Rezeptionsprozessen und vor dem Hintergrund der Verbindung kognitions- und entwicklungspsychologischer Identitätstheorien entwickelt Spinner ein fünfstufiges Modell des Fremdverstehens literarischer Figuren: Vom egozentrischen Verstehen über die einfache Perspektivenunterscheidung zur reziproken Perspektivenwahrnehmung und zur koordinierten Perspektivenwahrnehmung bis hin zur Integration der Perspektiven in größere Zusammenhänge. Diese Niveaus der kognitiven Entwicklung der SchülerInnen bindet Spinner ausdrücklich nicht an bestimmte Lebensalter, sondern sieht diese vielmehr durch eine innere Logik miteinander verbunden. Er betont das Potential literarischer Texte, Übergänge zwischen einzelnen Niveaus anzuregen, herauszufordern sowie ein zunehmend komplexeres Fremdverstehen zu ermöglichen.

Durch literarische Texte angeregtes Fremdverstehen ist nach Spinner eng mit historischem Verstehen verbunden, denn beides setze Perspektivenübernahme voraus und fordere diese zugleich auf je eigene Weise heraus:

> „Nur wer in der Lage ist, vom Eigenen zu abstrahieren, gewinnt ein historisches Verständnis, das über bloßes Faktenwissen hinausgeht und die historisch anderen Sichtweisen nachvollzieht. Literarischen Erfahrungen kann auch in dieser Hinsicht eine besondere Bedeutung zukommen: Erzählungen z.B., die in anderen Zeiten spielen, halten Kinder und Jugendliche dazu an, fremde Erfahrungsstrukturen nachzuvollziehen; das Fremdverstehen gewinnt dabei neben der sozialen eine historische Dimension." (ebd., 22)

Mit Bezug auf geistesgeschichtliche Entwicklungen und Diskussionen in der Geschichtsdidaktik (z.B. Borries 1987) zeichnet Spinner auf theoretischer Ebene die Entwicklung des historischen Verstehens und die Bedeutung literarischen Lesens hierbei nach:

> „Der besondere Beitrag des Literaturunterrichts zur Entfaltung des historischen Verstehens besteht darin, daß durch die Übernahme fremder Perspektiven in der Fiktion eine emotional-empathische, imaginativ-vorstellungsmäßige und kognitiv-reflektierende Annäherung ans historisch Andere angebahnt wird. Dabei wird zunächst eine Auseinandersetzung mit der Andersartigkeit von Figuren, Schauplätzen und erzähltem Geschehen stattfinden und erst später ein Bewußtsein für die Historizität des Textes und der Autorperspektive entstehen." (ebd., 22)

Die Unterscheidung von Wirklichkeit und Fiktion, die sich Kinder in ihrer literarischen Sozialisation aneignen, ist für den Imaginationsprozess in eine historisch entfernte Welt von grundlegender Bedeutung. Dabei ist diese Unterscheidung teilweise nicht einfach zu treffen, sind narrative Vergegenwärtigungen von Vergangenheit – ob literarischer oder dokumentarischer Art – doch immer perspektivisch gefärbt. Und auch literarische Texte selbst bewegen sich in einem „Spannungsfeld von Fiktion und Wirklichkeitsbezug" (Spinner 2006, 11). Allerdings verweisen sie durch ihren fiktionalen Charakter nicht nur auf die außertextuelle Wirklichkeit, sondern schaffen ein eigenes narratives Bezugssystem (vgl. ebd.) Im Laufe der literarischen Sozialisation geht es Spinner zufolge darum, mit der fiktionalen Gestaltung von Wirklichkeit bewusst umgehen zu lernen.

In ähnlicher Weise wie er das Fremdverstehen und das historische Verstehen in seiner Verbindung zum literarischen Verstehen aus einer entwicklungspsychologischen Perspektive betrachtet, so stellt Spinner auch Zusammenhänge zwischen der moralischen Entwicklung im Kindes- und Jugendalter und der Bedeutung der literarischen Sozialisation her (ebd. 1989b). Hierbei bezieht er sich auf das in der Kognitionspsychologie von Piaget entwickelte und von Kohlberg ausdifferenzierte Entwicklungsmodell moralischen Urteilens, das eine ‚präkonventionelle', eine ‚konventionelle' und eine ‚postkonventionelle' Ebene unterscheidet, die jeweils in zwei Stufen unterteilt sind (vgl. Kohlberg 1974). Spinner sieht in der Literatur ein Medium, das wie kein anderes seine RezipientInnen mit moralischen Entscheidungssituationen seiner Figuren, mit Dilemmata und Widersprüchen konfrontiert, die Argumentationen auf moralischer Ebene geradezu herausfordern. In der selbständigen Auseinandersetzung mit Problemsituationen in literarischen Gesprächen sieht er daher Lernpotentiale, die die moralische Identitätsentwicklung Heranwachsender anregen. Ähnlich wie bereits zuvor beim Fremdverstehen und historischen Verstehen betont Spinner die Bedeutung der Perspektivenübernahme und des Empathievermögens im Prozess moralischen Urteilens. Die besondere Leistung des Literaturunterrichts sieht er im Wechselspiel von Empathie und Perspektivenübernahme in der argumentativen Auseinandersetzung über literarische Geschichten (vgl. Spinner 1989b, 16).

Spinners kognitionspsychologischer Ansatz mit seiner entwicklungspsychologischen Perspektive ist insofern für die vorliegende Untersuchung relevant, als er Aufschluss gibt über die kognitiven Anforderungen, vor die insbesondere Jugendliche zwischen Pubertät und Adoleszenz – also die Zielgruppe dieser Arbeit – bei der Lektüre literarischer Texte gestellt sind: fremde Perspektiven in ihrer wechselseitigen Bezugnahme und ihrer Einbettung in größere soziale und historische Zusammenhänge wahrzunehmen, nachzuvollziehen und zu verstehen und dabei Identitäten als dynamisch, in der Zeit veränderbar und auch widersprüchlich zu begreifen; historisch andere Sichtweisen kennenzulernen und sich perspektivisch und empathisch mit ihnen auseinanderzusetzen; mit moralischen Fragen und Problemsituationen konfrontiert zu werden und diese unter Berücksichtigung der Perspektivenvielfalt argumentativ im Austausch mit anderen zu diskutieren. Zentral in allen drei Bereichen ist die Fähigkeit zur Perspektivenübernahme und das Empathievermögen. Die Rezeption literarischer Texte mit ihren Figuren, deren Beziehungen zueinander, ihrer perspektivischen Erzählweise sowie der Ausgestaltung der ‚Landschaft der Handlung' und der ‚Landschaft des Bewusstseins' erfordert und fördert zugleich die Ausbildung dieser kognitiven Fähigkeiten und nimmt somit einen zentralen Stellenwert im Prozess persönlicher und sozialer Identitätskonstruktion ein.

So sehr Spinners Argumentation in Bezug auf die persönlichkeitsbildenden Lernpotentiale, die in der Rezeption literarischer Texte liegen, auf theoretischer Ebene
überzeugt, ihre empirische Fundierung ist ein Forschungsdesiderat. Wie die Entfaltung
der Imagination während des Leseprozesses aussieht, welche Perspektiven bei der
Lektüre eingenommen, wie sie zueinander in Bezug gesetzt werden und auf welche
Weise die LeserInnen sich empathisch in die Situationen literarischer Figuren hineinversetzen, vermag nur durch genaue empirische Beobachtung realer LeserInnen und
ihrer Leseprozesse deutlich zu werden. Im Folgenden wird diesen Fragen anhand
zweier Studien aus dem angelsächsischen Raum nachgegangen, die sich mit den
imaginativen Leseprozessen (Fry 1990) und der Leseentwicklung von Heranwachsenden (Appleyard 1994) auseinandersetzen.

2.2.1.3 Zwischen Imagination und Realitätsbezug – Lesen in der Adoleszenz

Der englische Unterrichtsforscher Donald Fry wählt in seiner Studie *Children talk
about books: seeing themselves as readers* (1990) eine gesprächsorientierte Herangehensweise an subjektive Rezeptionen. Anhand von Literaturgesprächen mit
SchülerInnen untersucht er deren individuelle Leseprozesse. Der Untersuchungsfokus
liegt auf dem beobachtbaren Leseverhalten der SchülerInnen und ihren Beziehungen
zu Büchern, auf ihrer Leseerfahrung und ihrem Leseinteresse sowie ihrer Involviertheit in Fiktion. Die offenen und unstrukturierten Einzel- und Paargespräche mit
jeweils zwei SchülerInnen im Alter von 8, 12 und 15 Jahren (die er bewusst nicht
Interviews nennt, um ihren dialogischen Charakter zu betonen), werden auf Tonband
aufgenommen und transkribiert. Diese Fallstudien sollen weder als repräsentativ für
eine Altersgruppe gelten, noch eine Leseentwicklungsstudie aufstellen, sondern
Referenzpunkte bieten, die es ermöglichen, die Individualität von Leseerfahrungen in
den Horizont ihrer Gemeinsamkeiten einordnen zu können.

Das Portrait der 15jährigen Sharon soll aufgrund seiner entwicklungsspezifischen
Relevanz für die vorliegende Untersuchung, deren SchülerInnen sich im gleichen Alter
befinden, vorgestellt werden. Fry kristallisiert aus den Gesprächen mit Sharon den
Leseakt als ‚picturing‘, als Formen von ‚images‘ heraus, die während des Leseprozesses erstellt und in der Erinnerung an das Buch jederzeit wieder hervorgerufen
werden können.

> „‚Remembered images‘ suggest pictures akin to those in family albums: ‚picturing‘ itself
> suggests images that are complete in detail, contained within a frame." (ebd., 66f.)

Eigene (Lese-)Erfahrungen werden in der Vorstellungsbildung mit neuen Eindrücken
verknüpft und rahmen diese neu entwickelten Bilder. Dass Lesen auch Lernen ist, wie
Sharon in einem der Gespräche mit Fry erwähnt und worauf er in einem abschließenden Kapitel seiner Untersuchung gesondert eingeht, ist in diesen Rahmungen während
des Imaginationsprozesses angelegt. Denn ähnlich wie Kinder beim Erstspracherwerb
in Interaktionen mit Erwachsenen teilhaben an der Rahmung von Situationen und in

dem durch ihre Lernprozesse vorangetriebenen fortschreitenden Autonomiezuwachs innerhalb dieser Interaktionsmuster ihre Deutungsrahmen erweitern (Bruner 1987), können auch die (einmaligen und bei den jeweiligen LeserInnen und jedem erneuten Lesen verschiedenen) Imaginationen im jeweiligen individuellen Leseprozess neu gerahmt werden und neue Erwartungen auf künftige Lesemomente formen. Diese Erwartungen können wiederum bestätigt oder auch revidiert werden, was zu neuen Rahmungen führt und somit auch zu erneutem Lernen.

Diesen Prozess des ‚picturing' grenzt Fry gegen gelegentliches Illustrieren ähnlich wie in Kinderbüchern ab und vergleicht es mit fortlaufenden Untertiteln ähnlich denen in einem fremdsprachigen Film. Führt man dieses Bild weiter, ist auf die Funktion der Untertitel in einem Film hinzuweisen: die Übersetzung in eine andere Sprache. In diesem Akt der Übersetzung wird das Rezipierte individuell verstanden und aktiv in einer anderen Sprache formuliert und dadurch bereits interpretiert.[33] Somit kann Übersetzen auch Verstehen und Lernen bedeuten. Diesen Übersetzungsvorgang sieht Fry jedoch nicht im Medium des Bildes endgültig fixiert, sondern begreift ihn als „fluid" and „moving", so dass Sharon „probably [...] could not draw it, and her thinking that she could is only an indication of her absorption in the world she imagines the pictures." (ebd. 67) Einem solchen Verständnis zufolge sind hier der Prozess, die Handlung entscheidend, nicht das Produkt oder Ergebnis. Eine Art des ‚picturing' ist die Herstellung ‚mentaler Landkarten' der erzählten Fiktion, die „formation of mental maps, which are less exact than the ‚maps' that illustrate the story, but are fuller in that they are coloured by our imaginative awareness of the places they plot." (ebd., 68) Fry betont, dass diese Imaginationsprozesse bei jedem einzelnen Leser und in Bezug auf jedes einzelne Buch individuell und auch im Laufe der Zeit veränderbar sind.

Aus seinen Analysen der Gespräche mit Sharon rekonstruiert Fry eine generalisierte Beschreibung der einzelnen vorstellungsbildenden Akte im Lektüreprozess, von denen an dieser Stelle die ersten, imaginierend in den fiktionalen Text einsteigenden Schritte aufgegriffen werden sollen:

> „1. She begins to read a book with expectations of what the experience of reading it will be; and these expectations, both general and particular, are based upon previous experience of reading.
>
> 2. As she reads, she finds that she has to adapt or completely abandon some of these expectations.
>
> 3. As she reads, she proceeds with a tacit awareness of the conventions of fiction. She reads it *as fiction*, and expects it to make sense as fiction. In a broad sense, she knows what usually happens in stories.
>
> 4. Because she reads expecting it to make sense, she looks for connections and continuities: she is on the lookout for 'signs'. Where these are not immediately visible, she awaits further developments: what seems strange is made familiar by the acceptance of the further convention of 'mystery'." (ebd., 70)

In diesen Ausführungen über den Leseprozess wird die strukturierende Bedeutung der aus den bisherigen Leseerfahrungen aufgebauten *Erwartungen* an die Lektüre fiktio-

---

33 Siehe zum Übersetzungsprozess die Ausführungen von O'Sullivan (2000).

naler Geschichten deutlich. Ebenso scheinen die Lernpotentiale auf, die in der Neu-strukturierung von Bedeutungen aufgrund nicht entsprochener Erwartungen liegen. Vorangetrieben werden die Verstehensprozesse von der Überzeugung, dass die Geschichte als fiktionale Geschichte Sinn ergibt.

Eine besondere Fähigkeit, die LeserInnen im Laufe der Lesesozialisation herausbilden, ist eine distanzierte Betrachtung ihrer selbst als LeserInnen und ihrer Lesepraxis, eine Bewusstheit des Lesens bei gleichbleibender Involviertheit in das fiktionale Geschehen. In seinen Gesprächen mit Sharon sieht Fry diesen Bewusstwerdungsprozess vorangetrieben durch die Imagination während des Lesens. Die „imaginative experience" entwickelt sich dialektisch im Zusammenspiel von Distanz und Nähe zur fiktionalen Welt. Der unmittelbare Rezeptionsprozess ist dabei durch die Nähe zum fiktionalen Geschehen gekennzeichnet, die den Lesenden an einen anderen Ort versetzt, wie Sharons es beschreibt:

> „The book is in your mind / you can imagine that you're somewhere else ... It's like / as if you're there / but they can't see you and you can just see them." (ebd., 72).

Neben der Imagination an einen anderen Ort spielt für sie beim Lesen fiktionaler Geschichten auch das Sich-Hineinversetzen in eine andere Zeit eine Rolle, wie sie am Beispiel der historischen Novelle *Jane Eyre* von Charlotte Brontë (1847) erläutert:

> „[...] you can see another side to things [...] Like with *Jane Eyre* / you've lived with / in somebody else's life / you haven't just lived in this age / you've lived before / you've got yourself and then you've got bits of somebody else / in your mind." (Fry 1990, 73)

Über den zeitlichen und räumlichen Perspektivenwechsel hinaus, der sie Dinge anders sehen lässt, ist in Sharons Beschreibungen empathisches Hineinversetzen in die Situation der Figuren zu erkennen:

> „[...] You can actually *feel* that you're there. [...] Like with, um, the first scene in *Jane Eyre* where she's sitting in the window seat with the rain outside, you can actually feel the cold window panes and the rain beating against them, and how lonely she is, you know. You really feel sorry for her, feel it yourself, I mean, you imagine yourself being there, being a little girl sitting in the window seat." (ebd., 124)

Während für Sharon der unmittelbare Leseprozess durch die Involviertheit in die fiktive Geschichte, das empathische Mitfühlen mit den Figuren und das Nachvollziehen (auch historisch) fremder Perspektiven gekennzeichnet ist, betrachtet sie im Anschluss an die gesamte Lektüre eines Buches das Gelesene aus einer anderen, einer distanzierteren Perspektive, aus der sie einen Sinn sucht, der über das Erzählte hinausgeht oder sich aus dem Gesamtzusammenhang erschließen lässt:

> „[...] I don't read now and think of things beyond that / but when I finish the book I can / think about it [...]" (ebd., 72)

Sie nennt diesen Prozess, den sie auch aus literarischen Gesprächen in der Schule kennt, ‚piecing together' (ebd., 72), also eine erneute Form des ‚picturing'.

Ein wichtiger Aspekt, den Fry aufgreift, ist die Betrachtung des Lesens als Lernen, und zwar im Sinne des Kennenlernens und Ausprobierens von Gedanken, Situationen oder Erfahrungen, die man selbst zuvor noch nicht gedacht, erlebt oder gemacht hat.

Für Sharon ist Lesen „like / um / experiencing something but you haven't actually lived through it." (ebd., 75) Beim Lesen können demnach nicht nur eigene Erfahrungen in der Erzählung wiedergefunden, sondern auch neue gemacht werden (vgl. dazu auf theoretischer Ebene Rosebrock 2000, 35, Bertschi-Kaufmann 2008, 4).

Frys Fallstudie eröffnet einen differenzierten Blick auf (mögliche) Lernprozesse während des Lektüreprozesses und im Rückblick auf diesen. Für die vorliegende Untersuchung ist sein Konzept des ‚picturing' bei der Vorstellungsbildung von Interesse, die Bedeutung, die Erwartungen bei der Lektüre spielen, und die Übersetzungsvorgänge und Rahmenbildungen, die – vorangetrieben durch die Kohärenzerwartungen der LeserInnen an den Text – aus Leseprozessen Lernprozesse machen. Das Sich-Imaginieren an andere Orte, in andere Zeiten und Figuren in ihren jeweiligen Lebenssituationen lässt die Lernpotentiale literarischer Texte im Hinblick auf Fremdverstehen und historisches Verstehen evident werden. Zudem wird in der Methodik der Untersuchung (dem Gespräch über literarische Erfahrungen) die Bedeutung der kommunikativen Verarbeitung subjektiver Rezeptionsprozesse deutlich. Frys Fallstudie erlaubt durch die individuelle Betrachtung einzelner Lektürebiographien *mögliche* Beschreibungen von Leseprozessen, ohne dass diese einen Anspruch auf Verallgemeinerung erheben. Im Folgenden soll nun anhand einer Leseentwicklungsstudie nach gemeinsamen Linien in der Bedeutung literarischer Rezeption in der Lebensphase der Adoleszenz gesucht werden.

Ausgehend von verschiedenen Lese- und Entwicklungstheorien verfolgt der amerikanische Anglist Joseph A. Appleyard in seiner Leseentwicklungsstudie *Becoming a reader – The experience of fiction from childhood to adulthood* die Frage, „how readers respond to literature within the framework of how they develop psychologically and how the culture teaches them to read." (ebd., 2) Sein Fokus liegt dabei auf den Transaktionen, die zwischen LeserInnen und Texten stattfinden, und besonders auf den Veränderungen in den LeserInnen, die diese Transaktionen formen (vgl. ebd., 3). Appleyard geht von der Annahme aus, dass sich der Leseprozess – hinter allen sozialen, individuellen und kulturellen Einflüssen, die auf ihn einwirken – im Laufe der Entwicklung entlang eines Musters ändert. Er stellt die Hypothese auf,

> „that this pattern exists and can be described and to some extend explained and that understanding how it works will help us make sense out of our experience as readers and provide a useful framework for thinking about how we teach literature." (ebd. 3)

Appleyard argumentiert, dass „literacy" zu erreichen ein sozialer Prozess der Lesenden bei deren aktiven Suche nach Sinn in ihrem Leben sei, die schon in frühester Kindheit beginne. Literarische Geschichten seien dabei elementare Erfahrungsmomente während der gesamten Lebenszeit. In seiner Untersuchung geht es Appleyard nicht um die Erfassung eines theoretischen Leseakts mit dem hypothetischen Konstrukt eines Lesers aus dem Text heraus, sondern um die Kennzeichnung eines ganzheitlichen Leseentwicklungsprozesses ausgehend von einem realen Leser. Dieser Ansatz schließt auch die Frage nach der Verschiedenheit und Wandelbarkeit des Leseprozesses mit ein – sowohl in personaler als auch in zeitlicher und entwicklungsbedingter Hinsicht (vgl. ebd., 8).

Von einem interaktionalen Standpunkt aus beschreibt Appleyard den Leseprozess als Zusammenspiel von bottom-up und top-down-Prozessen. Hierbei bezieht er sich auf gemeinsame Linien aus pädagogisch motivierten, rezeptionsästhetischen und kognitionswissenschaftlichen Lesetheorien:

> „From this point of view the act of reading is primarily an encounter between a particular reader and a particular text in a particular time and place, an encounter that brings into existence the story […] the story is an event that has roots both in the text and in the personality and history that the reader brings to the reading. The text is a system of response-inviting structures that the author has organized by reference to a repertory of social and literary codes shared by author and reader. [...] reader and text interact in a feedback loop." (ebd., 9)

In dieser durch Wechselseitigkeit charakterisierten Leser-Text-Beziehung trägt der Leser aus literarischen und Lebens-Erfahrungen entstandene Erwartungen an den Text heran, die von diesem bestätigt oder in Frage gestellt werden. Dieses „feedback" wird wiederum vom Leser mit Fantasie angereichert und in eine Erfahrung sozialer, intellektueller, moralischer und ästhetischer Kohärenz verwandelt. Zur Beschreibung dieses komplexen Prozesses der Bedeutungskonstruktion, der nicht nur von der kognitiven oder psychischen Entwicklung, sondern auch von kulturellen, sozialen und pädagogischen Einflüssen geprägt wird, greifen nach Appleyard kognitive oder psychoanalytische Erklärungsansätze zu kurz. Vielmehr bezieht er sich auf die sozialpsychologische Entwicklungstheorie von Erikson (1973), da diese auch soziale Entwicklungsdimensionen aufgreift und somit eine erweiterte Perspektive ermöglicht (vgl. die interaktionistische Diskussion von Eriksons Theorie durch Krappmann (1997) in Kap. 2.2.1.1).

Aus dieser sozialpsychologischen Perspektive betrachtet Appleyard verschiedene Entwicklungsphasen, die Menschen auf ihrem Weg als LeserInnen durchlaufen. Er sieht die LeserInnen in der frühen Kindheit als SpielerInnen, in der späteren Kindheit als HeldInnen, in der Adoleszenz als DenkerInnen, im frühen Erwachsenenalter als InterpretInnen und im Erwachsenenalter als pragmatischen LeserInnen. Für die vorliegende Untersuchung sind seine Beobachtungen zum Leser in der Adoleszenz, die er durch das Denken geprägt sieht, von Bedeutung. Befragt nach ihren Reaktionen auf verschiedene Geschichten, die sie gelesen haben, weisen Jugendliche auf drei Aspekte hin, die ihnen bei der Lektüre wichtig sind: die Erfahrung von *Involviertheit* in Form von *Identifikationen* mit den Figuren, der *Realismusgehalt* der Geschichte sowie die Anregung zum *Denken* durch die Lektüre (vgl. Appleyard 1994, 100ff.).

Die Erfahrung der *Identifikation* machen Jugendliche in der Adoleszenz insbesondere mit Figuren, die sich in einer ähnlichen, durch Umbrüche gekennzeichneten Lebenssituation wie sie selbst befinden. So erklärt etwa der 17jährige Ravi seine Vorliebe für Biographien damit, dass sie Menschen zeigen, die nicht wissen, wohin ihre Lebenswege sie führen werden und die man als LeserIn durch alle ihre biographischen Veränderungen begleiten kann:

> „I can identify with that because right now [as a high school senior], you know, you're in a state where you have to make a lot of decisions. ... You get to see how these people made

their choices and you see that even these great people didn't know what they wanted to become, or they had troubles too like everybody else, so that's good to know." (ebd., 102)

Eine andere Form der Identifikation liegt gerade in der Anziehungskraft durch die Andersartigkeit der Figuren begründet. So erläutert beispielsweise Rina, warum sie sich mit dem Protagonisten Holden Caulfield in *The Catcher in the Rye* (Salinger 1951) identifizieren konnte:

> „Well, I guess he's a little self-conscious. He loves his sister a lot. I liked him, the character. He'll … he's not afraid to do what he wants; he walked out of school and didn't tell anyone. I guess because I'm a pretty shy person, so I don't usually … I do what I'm told [she laughes], so when I read things, you know, about people who do what they want, that kind of appeals to me because I usually don't." (Appleyard 1994, 104)

Hier ist nicht das geteilte Erfahrungsmoment für den Identifikationsprozess verantwortlich, sondern der Wunsch nach einer Annäherung im Identitätskonstruktionsprozess. Appleyard differenziert den Begriff der Identifikation mit Bezug auf Dennis W. Harding (1968), einen Vertreter des Reader-response criticism, in verschiedene Rollen oder Einstellungen aus, die die Lesenden im Leseprozess einnehmen: Harding zufolge sind sie gleichzeitig ‚participants' und ‚spectators'. Diese simultan eingenommenen Positionen werden im Leseprozess ausbalanciert. In der Adoleszenz erreicht die Unterscheidung dieser beiden Formen der inneren Beteiligung eine neue Ebene des Selbstbewusstseins als LeserIn.

Neben der Erfahrung der Identifikation ist der *Realismusbezug* der Geschichte wichtig für Jugendliche in der Adoleszenz. Im Zuge der zunehmenden Bedeutung der ‚spectator'-Rolle im Leseprozess urteilen sie über die Realitätsnähe von Gelesenem anhand ihrer eigenen Erfahrungen. Ihr Lektüreinteresse richtet sich verstärkt auf problemorientierte Themen, die sie in ihrem Leben zunehmend bewusst wahrnehmen, wie etwa die 15jährige Lesleyann: „Life isn't just to live happyly ever after; it has its ups and downs." (Appleyard 1994, 109) Insbesondere realistische Jugendbücher bieten hier einen Einstieg in Literatur, die es ermöglicht, sich mit ernsteren Lebensthemen auseinanderzusetzen.

Über die Möglichkeit der Identifikation und des Realitätsbezugs hinaus wollen Jugendliche Appleyard zufolge durch ihr Lesen zum *Denken* angeregt werden. Hierbei sei noch der Wunsch nach eindeutiger und „objektiver" Einordnung der Texte zu beobachten. Oft suchten sie nach der einen, richtigen Interpretation (der Lehrkraft), die sie im Text angelegt sehen. Die Aufgabe der Lehrenden sei hier, die SchülerInnen in ihrer Leseentwicklung zu begleiten und ihnen den Weg zu einer interpretierenden und kritischen Lektüre zu eröffnen.

Die Erkenntnisse der Leseentwicklungsstudie Appleyards sind für die vorliegende Untersuchung in verschiedener Hinsicht von Interesse. Da der ausgewählte Jugendroman *Malka Mai* auf authentischen Erinnerungen beruht, ist Appleyard zufolge eine Bedeutung des Textes für jugendliche LeserInnen aufgrund ihres Realitätsbezugs anzunehmen. Ausgehend von seinen Beobachtungen zur Identifikation mit fiktionalen Figuren in der Adoleszenz wird deutlich, dass der Roman *Malka Mai* keine einfachen Identifikationsmöglichkeiten für jugendliche LeserInnen bietet. Weder können sie zur Deutung der Situation von Mutter und Tochter an eigene Lebenserfahrungen anknüpfen, noch berühren deren Handlungen, Gedanken und Gefühle unmittelbar vor ihnen liegende Entwicklungsthemen oder Lebensphasen. Zu fragen ist, welche Rollen von ‚participant' oder ‚spectator' die Jugendlichen bei der Rezeption des Romans einnehmen. Des Weiteren ermöglichen die in der Geschichte dargestellten moralischen Dilemmata, die ambivalente Deutungen zulassen bzw. sogar herausfordern, den SchülerInnen keine objektiven Einordnungen oder eindeutige Interpretationen. Im empirischen Teil dieser Arbeit wird danach zu fragen sein, wie die SchülerInnen mit solchen Textstellen umgehen, wie sie darüber sprechen und inwiefern sich ihr Verstehens- und Deutungshorizont erweitert. Insgesamt kann dieser entwicklungspsychologische Ansatz für die Untersuchung des individuellen Leseprozesses fruchtbar gemacht werden, bedarf aber der Erweiterung um die interaktive Komponente der Anschlusskommunikation.

Nach dieser auf die subjektive Rezeption im Verlauf der literarischen Sozialisation ausgerichteten, primär entwicklungspsychologischen Perspektive, aus der heraus der Zusammenhang von literarischer Imagination und Persönlichkeitsentwicklung aufgezeigt wurde, wird im Folgenden der Blick stärker auf die Struktur der Rezeptionsprozesse selbst gelegt, also eine kognitionspsychologische Perspektive eingenommen.

2.2.1.4 Mentale Repräsentationen und Kontextualisierungen bei der Rezeption

Die niederländische empirische Literaturwissenschaftlerin Els Andringa hat sich im Rahmen der Diskussion um Lesekompetenz mit literarischer Komplexität auseinandergesetzt und diese anhand der empirischen Rekonstruktion von literarischen Rezeptionsprozessen ausdifferenziert (Andringa 2000). Wenngleich bereits Anfang der 1990er Jahre durchgeführt, ist diese Untersuchung immer noch von großer Aktualität und wird auch im Rahmen aktueller Auseinandersetzungen der Kompetenzdebatte (Spinner 2006, Kammler 2006) herangezogen.

In Abgrenzung von einer anhand eigener Textinterpretationen entwickelten, eher statischen Ansicht von Kompetenzen sieht Andringa literarische Kompetenz dynamischer als „*flexibles Repertoire von mentalen Aktivitäten* [...] das eine Anpassung der Lesestrategien an die Strukturen und Themen der jeweiligen Texte ermöglicht" (ebd. 2000, 86). Vor diesem Hintergrund zeigt sie die literarische Komplexität eines ausgewählten literarischen Textes (William Faulkners *A rose for Emily* 1930 / *Eine Rose für Emily* 1998) anhand seiner narrativen Struktur auf und untersucht den Umgang der LeserInnen (16-17jährige SchülerInnen und junge Erwachsene mit akademischer und teilweise philologischer Ausbildung aus den Niederlanden und den USA) mit dieser Kurzgeschichte abhängig von ihren bisherigen literarischen Erfahrungen. Um die mentalen Repräsentationen während der Lektüre zu rekonstruieren, arbeitet sie mit der Methode des Lauten Denkens, bei der die LeserInnen nach der Lektüre einzelner Textabschnitte ihre Gedanken äußern, wobei die Versuchsleiter nur „minimal response" geben (ebd., 89).

Faulkners in den USA zum schulischen literarischen Kanon zählende Short Story erzählt die Lebensgeschichte Emilys, „einer einsamen, aber stolzen und autoritären Dame" (ebd. 87), die ihren Geliebten vergiftet und Jahrzehnte im Schlafzimmer aufbewahrt, was von den Nachbarn erst nach ihrem Tod entdeckt wird. Die Besonderheit liegt in der perspektivisch gebrochenen und nicht chronologischen Erzählweise eines Ich-Erzählers aus der Nachbarschaft von Emily, der sprunghaft assoziativ über verschiedene Episoden von Emilys Leben aus den Perspektiven der Nachbarn berichtet. Der Text repräsentiert die Geschichte folglich auf drei Ebenen, aus denen sich die RezipientInnen ein Bild von ihr machen können: der Ebene der Hauptfigur und ihrer Lebensgeschichte, der Nebenfiguren und des Erzählers.

In ihren Analysen fragt Andringa danach, wie diese verschiedenen Repräsentationsebenen von den RezipientInnen wahrgenommen, verarbeitet, mit Bedeutung versehen und zueinander in Beziehung gebracht werden und fokussiert dabei ‚Inferenzen' im Leseakt:

> „Es ist aus der Forschung über die Verarbeitung von Erzähltexten bekannt, dass der kausale Zusammenhang einer Handlung den Kern mentaler Repräsentationen bildet. Leser stellen sich vor allem vor, aus welchen Gründen und Motiven eine Figur etwas tut oder weshalb etwas geschieht. Wenn Motive und Ursachen nicht explizit im Text gegeben sind, ist das oft ein Anreiz zu Ergänzungen, Vermutungen oder Erwartungen, die ich zusammenfassend als ‚Inferenzen' bezeichne. In unserem Material sind solche Inferenzen ein Hinweis darauf, welche Repräsentationsebenen jeweils im Bewusstsein des Lesers dominieren." (ebd., 92)

Es handelt sich hier also um eine strukturelle Untersuchung des Leseakts, in der Andringa vier unterschiedliche Realisierungen der Repräsentationsebenen rekonstruiert (vgl. ebd., 94): 1. Reduktion auf eine Ebene (der Hauptfigur oder der Nebenfiguren), 2. Wahrnehmung eines Unterschieds zwischen den beiden Ebenen, 3. Inbezugsetzung der beiden Ebenen, 4. Zusätzliche Wahrnehmung (und Explikation) der Erzählweise. Diesen empirisch beobachteten Realisierungen schließt sie die Inbezugsetzung aller drei Ebenen als fünfte, theoretisch antizipierte, an.

Insgesamt findet sich im Datenmaterial bei den LeserInnen abhängig von ihrer literarischen Vorerfahrung eine strukturelle Veränderung in der Wahrnehmung der Ebenen hin zu einer größeren Komplexität, wobei Andringa sowohl auf Unterschiede innerhalb der Gruppen und Überschneidungen zwischen diesen als auch auf eine „Elastizität" der Repräsentationen bei einzelnen RezipientInnen hinweist. Die „Mehrstimmigkeit" literarischer Texte, die Bakhtin (1981) hervorhebt, findet „eine Korrespondenz in der Imagination der Leser. Zunahme der literarischen Kompetenz hieße in diesem Fall eine Zunahme an Komplexität der mentalen Repräsentationen, die der narrativen Komplexität des Textes entspricht." (Andringa 2000, 95)

Andringa betont, dass die Imagination wichtig sei, um „mehrfache, mehrschichtige und dazu flexible Repräsentationen fiktiver Situationen und Charaktere simultan aufzubauen." (ebd., 95) Des Weiteren will sie die kognitive um die emotionale Dimension erweitert wissen, indem sie mit Bezugnahme auf subjektive Assoziationen und Deutungen der LeserInnen zum Inhalt und zur formalen Struktur auf die Bedeutung von Emotionen in der Verarbeitung literarischer Texte hinweist.

„Zur literarischen Kompetenz gehören nicht nur kognitive, sondern auch emotionale Fähigkeiten, zum Beispiel das Vermögen, sich emotionale Situationen literarischer Figuren mit Anteilnahme zu vergegenwärtigen (Empathie), zu moralischen Dilemmata Stellung zu nehmen oder engagierte Bezüge zur ‚Realität' herzustellen." (ebd., 95f.)

Schließlich folgert sie aus der (der qualitativen entsprechenden) quantitativen Zunahme der Rezeptionsäußerungen, dass sich auch die Reflexions- und Kommunikationsfähigkeit im Zuge der literarischen Sozialisation erweitert: „Ein wirkliches Gespräch über Gelesenes kann nicht nur die Leseerfahrungen vermitteln, sondern auch das Verstehen im Dialog vertiefen." (ebd., 96) Diese Schlussfolgerung muss jedoch eher als eine theoretisch entwickelte These betrachtet werden, da in der Untersuchung selbst das Gespräch gerade nicht als konstitutiv für die literarischen Verarbeitungsprozesse einbezogen wird.

Insgesamt lässt sich die Erhebungsmethode des Lauten Denkens aus verschiedenen Perspektiven infrage stellen: aus interaktionistischer Sicht wegen ihrer (künstlichen) Isolation des lesenden Subjekts und aus ethnographischer Sicht aufgrund ihres experimentellen Charakters, der alltäglichen Lesesituationen nicht entspricht. Gleichwohl ermöglichen die mit ihrer Hilfe generierten Daten einen Einblick in individuelle Verstehensprozesse während des Leseakts sowohl auf kognitiver als auch auf emotionaler Ebene: das erfahrungsabhängige Wahrnehmen und Inbezugsetzen von Figuren- und Erzählperspektiven, die emphatische Auseinandersetzung mit emotionalen Situationen literarischer Figuren und moralischer Dilemmata sowie das Herstellen von Bezügen zwischen fiktiver Geschichte und Alltagserfahrungen.

Die aktuelle deutschdidaktische Rezeption dieser empirischen Erarbeitung mentaler Repräsentationsebenen ausgehend von der literarischen Komplexität eines Textes und seiner narrativen Struktur ist ambivalent zu betrachten. Einerseits ist es begrüßenswert, dass in der Diskussion um ein theoretisches Konstrukt wie das der literarischen Kompetenz empirische Ansätze herangezogen werden, um so ausgehend von realen RezipientInnen und der realen Lesepraxis auf realisierbare literarische Kompetenzen zu schließen. Andererseits lassen sich empirische Erkenntnisse nicht umstandslos in ein Kompetenzmodell integrieren. So etwa bezeichnet Spinner die von Andringa rekonstruierten Realisierungen mentaler Repräsentationen als „Entwicklungsverlauf [...], der Grundlage für die Erarbeitung eines Kompetenzstufenmodells sein könnte" (ebd. 2006, 10). Kammler spricht bereits „mögliche Niveaustufen" (ebd. 2006, 16f.) literarischer Kompetenz an. Diese meines Erachtens verkürzten Übertragungen vernachlässigen die Spezifik der Studie in verschiedener Hinsicht: bezüglich der Entwicklungsperspektive (Andringa unterteilt die Gruppen nach ihrer Leseerfahrung, nicht primär nach dem Alter), der Spezifik des literarischen Gegenstands (andere literarische Texte stellen in ihrer Erzählweise andere Herausforderungen an die RezipientInnen und werden dementsprechend von diesen auch anders angeeignet), der Zusammensetzung der LeserInnengruppen (es handelt sich bei der Untersuchung nicht nur um SchülerInnen, sondern zum größten Teil um junge Erwachsene mit teilweise philologischem Studium) sowie der Methodik der Untersuchung (die experimentelle, isolierte Lesesituation entspricht nicht der sozialen schulischen Einbettung literarischer Lektüre). Aus didaktischer Perspektive wären gerade die in der literarischen

Anschlusskommunikation im Unterricht liegenden Lernpotentiale von Interesse. Hier könnte mit Spinner (2006, 10) der Bedarf weiterer empirischer Forschung, die über subjektive Rezeptionsprozesse hinaus auch die unterrichtliche Anschlusskommunikation mit einbezieht, eingefordert werden. Anschlussfähig für die vorliegende Untersuchung ist Andringas Studie hinsichtlich der Bedeutung narrativer Textstrukturen für den Rezeptionsprozesses und der Differenzierung der Repräsentationsebenen.

Neben dieser strukturellen Perspektive auf die subjektive Rezeption legt Andringa in einer weiteren experimentellen Studie (1996) den Fokus auf die kulturelle Kontextgebundenheit literarischer Lektüre, indem sie die Bedeutung von Kontextualisierungen bei der Rezeption fremdsprachiger Literatur untersucht. 16jährigen SchülerInnen aus vier mit der 10. Klasse in Deutschland vergleichbaren Lerngruppen zweier unterschiedlicher Schulformen in den Niederlanden wurde die Kurzgeschichte *Zentralbahnhof* von Günter Kunert (1972) zur Lektüre gegeben.[34] Jeweils eine Lerngruppe einer Schulform erhielt zuvor Kontextinformationen zum Autor und den zeitpolitischen Hintergründen, die jeweils andere nicht. Anschließend wurden die SchülerInnen in einem Fragebogen mit geschlossenen und offenen Fragen u.a. zur Wahrnehmung der Texte und zur Anwendung der Informationen in Hinsicht auf Empathie und Wahrnehmung der Figuren befragt.

Der Fokus des Untersuchungsinteresses lag neben der Bewertung des Textes durch die SchülerInnen vor allem auf der Frage nach der Empathie beim Lesen, verstanden als „die Fähigkeit, die Motivationen, Gefühle und Empfindungen anderer nachzuvollziehen" sowie als „emotionale Anteilnahme am Handeln und Erleben anderer von der Beobachterrolle aus." (Andringa 1996, 144) Dabei war die Annahme grundlegend, „daß Bedeutungen jeweils unter dem Einfluß sich wandelnder [historisch-kultureller, JH] Referenzrahmen vom Leser hergestellt werden." (ebd., 140) Im Streben nach der kohärenzstiftenden Repräsentation einer literarischen Geschichte müssen LeserInnen das eigene Imaginations- und Einfühlungsvermögen erweitern und dabei gleichzeitig verändern und umstrukturieren. In diesem Deutungsprozess werden die RezipientInnen von bestimmten Erwartungen an den Text geleitet, die aus eigenen, in der familialen und schulischen Sozialisation gewonnenen, lebenspraktischen und literarischen Erfahrungen resultieren und die sich insbesondere auf die Textsorte sowie auf die kausalen und motivationalen Beziehungen in den Handlungsstrukturen beziehen.

In Bezug auf die Wahrnehmung des Textes zeigte sich, dass diese in ihrer Form häufig nicht den Erwartungen der SchülerInnen entsprachen. Neben der Unvertrautheit mit der Gattung Kurzprosa, die im deutschen Sprachraum eine längere Tradition hat als im niederländischen, bezog sich das Unerwartete auf die leichte Verständlichkeit der sprachlichen Darstellung der Texte:

---

34 In Kunerts Kurzgeschichte *Zentralbahnhof* erhält der als „Jemand" bezeichnete Protagonist die amtliche Mitteilung, sich zu einem bestimmten Zeitpunkt in der Herrentoilette des Zentralbahnhofs zu seiner Hinrichtung einzufinden. Nach der erfolglosen Suche nach Rat und Unterstützung bei Freunden, Nachbarn und einem Rechtsanwalt, begibt sich der Jemand schließlich zu besagtem Ort in der Hoffnung, dass es sich um einen Irrtum handle, und wird „geräuschlos umgebracht" (ebd. 1972, 144).

> „Ich fand die Geschichte so anders, weil sie einfach zum Lesen war, und das bin ich auf Deutsch gar nicht gewohnt. Aber ich fand es so seltsam, daß ich sie zwar verstand, aber nicht weiß, was gemeint ist. Meistens verstehe ich, was gemeint ist, aber weiß ich nicht genau, was da steht." (ebd., 145)

Andere Erwartungsbrüche bezogen sich auf die literarische Gestaltung des Themas der Geschichte, wie etwa im folgenden Textbeispiel eines Schülers deutlich wird:

> „Es gibt natürlich viele Geschichten über die Judenverfolgung und über jüdische Familien, die ermordet werden. Was aber diese Geschichten so anders macht, ist, daß sie nicht absolut über die Juden geht. Die Ermordung der Juden wird in dieser Geschichte nämlich gerade anders erzählt, indem nicht gesagt wird, daß es sich um die Judenverfolgung handelt, sondern daß sie eben als etwas Seltsames dargestellt wird, ein komischer Brief, ein seltsamer Ort, ein ungewöhnlicher Bahnhof (der hatte aber damals auch mit den Morden zu tun, deswegen spielt er wohl auch eine Rolle)." (ebd., 145f.)

In diesem Auszug wird der thematische Bezugsrahmen hergestellt vor dem Hintergrund der zahlreichen bisher rezipierten Geschichten über den Holocaust.

Bei der Wahrnehmung der Figuren und einem empathischen Zugang zu ihnen konnten insbesondere die GymnasiastInnen die Kontextualisierungen für ein differenzierteres Verständnis nutzen. Zur Frage: „Wenn du sein Nachbar oder [sein(e), JH] Freund(in) gewesen wärest, hättest du dich dann auch so verhalten wie die Nachbarn in der Geschichte? Erläutere bitte, weshalb (nicht)?" (ebd., 148) konnten insgesamt vier unterschiedliche perspektivische Wahrnehmungsweisen aus den SchülerInnentexten rekonstruiert werden, davon zwei Formen einfacher Antworten (eindeutig zustimmend oder ablehnend) und zwei Formen zusammengesetzter Antworten (mit einfachen oder mehrfachen Erörterungen von pro und contra). Die SchülerInnen, die die Frage bejahen, argumentieren auf einer allgemein-moralischen Ebene, man solle bedürftigen Menschen helfen, ohne die Perspektiven der anderen Figuren hinzuzuziehen und entfernen sich dadurch vom Text. Diejenigen, die die Frage verneinen, nehmen die Perspektiven der anderen Figuren ein und betrachten lediglich von dort aus die Situation des Protagonisten. Die SchülerInnen, die die Frage erörternd beantworten, wechseln zwischen den unterschiedlichen Perspektiven hin und her, wobei auch der historische Referenzrahmen eine Rolle spielt. Die mehrfach zusammengesetzten Antworten, in denen mehr als zwei Sichtweisen eingenommen werden oder in denen wiederholt zwischen den Perspektiven des Protagonisten und den Nebenfiguren gewechselt wird, unterscheiden sich von den einfach zusammengesetzten durch eine noch komplexere Argumentation. Interessant ist, dass nicht nur die SchülerInnen mit vorherigen Kontextualisierungen im Unterricht mögliche Referenzrahmen zum Verständnis der Kurzgeschichte aufbauen. Diejenigen ohne spezifische Vorkenntnisse zum Text ziehen u.a. mediale Geschichten wie den Film *Schindler's List* oder Dokumentarfilme über den Zweiten Weltkrieg zur Textdeutung hinzu.

Insgesamt jedoch boten die im Unterricht angeeigneten Kontextualisierungen den SchülerInnen einen Referenzrahmen, der ihnen ermöglichte, sich die Positionen der Figuren differenzierter zu vergegenwärtigen. Dieser Referenzrahmen konnte die historischen Vorstellungen, die die SchülerInnen sich im Verlauf ihrer familialen, medialen und schulischen Sozialisation erworben haben, ergänzen:

„[Jungen Niederländern] ist oft nicht bekannt, daß auch in Deutschland zur Zeit des Nationalsozialismus Widerstandsbewegungen aktiv waren und daß die Ereignisse dieser Zeit von manch einem aus gegenteiliger Perspektive erlebt wurden. [...] Solche (kultur-bedingten) Wissenslücken können leicht zu einer einseitigen Perspektive führen. [...] Und ein Text wie ‚Zentralbahnhof‘ legt es vor allem nahe, über die Verbindung zum konkreten geschichtlichen Zusammenhang, auch generalisierend zur Reflektion über die sozial-psychologische Komplexität hinter dem Verhalten der Figuren anzuregen." (ebd., 151f.)

Die Erkenntnisse über die Bedeutung historisch-kultureller Referenzrahmen bei der Lektüre literarischer Texte sind für die vorliegende Arbeit gerade vor dem Hintergrund gesellschaftlicher Veränderungen und einer zunehmend kulturell heterogenen Schüler-schaft relevant. Bei den Analysen der Rezeptionsprozesse von Jugendlichen in Polen und in Deutschland am Beispiel des ausgewählten zeitgeschichtlichen Jugendromans wird folglich nach den von ihnen hergestellten Bezügen zu ihren bisherigen literari-schen Erfahrungen und historischen Vorstellungen sowie nach den im Unterricht praktizierten historischen Kontextualisierungen zu fragen sein. Des Weiteren ist die von Andringa erarbeitete Differenzierung der empathischen Wahrnehmungsweisen der Figurenperspektiven und der Argumentationsstruktur bei literarisch dargestellten moralischen Dilemmata anschlussfähig für die Analysen der Auseinandersetzungen mit ambivalenten Situationen im ausgewählten, mehrperspektivisch erzählten Roman.

Die bisher vorgestellten Ansätze der Rezeptionsforschung betrachten literarische Leseprozesse sowie deren Bedeutung für die Persönlichkeitsbildung primär aus einer an den Individuen orientierten entwicklungs- und kognitionspsychologischen Perspek-tive. Sie fokussieren den Akt des Verstehens während der Lektüre. Die vorliegende Arbeit bezieht sich zwar auf die in diesen Studien gewonnenen Erkenntnisse, nimmt jedoch eine stärker interaktionistische Perspektive ein. Sie geht von der Annahme aus, dass die kommunikative und somit soziale Einbindung der literarischen Aneignung ein konstitutives Element des literarischen Verstehens ist. Im Folgenden sollen daher Studien aus der Unterrichtsforschung Aufschluss geben über diese interaktive Aneig-nung literarischer Texte und die in ihr aufscheinenden literarischen Lernpotentiale.

2.2.2 Literarische Anschlusskommunikation im schulischen Unterricht

Literaturrezeption ist nicht nur ein individueller, sondern vor allem ein sozialer Pro-zess. Dies wird insbesondere deutlich, wenn man den Erwerbsverlauf literarischen Lesens betrachtet. In der familialen und schulischen Sozialisation ist literarische ‚An-schlusskommunikation‘ (Sutter 2002) von frühester Kindheit an – noch vor dem Schriftspracherwerb und dem individuellen Lektüreprozess – Teil der kulturellen Praxis. Dialogische Strukturen durchziehen die gemeinsame Bilderbuchrezeption in der Familie (Wieler 1997) sowie die Vorlesegespräche in der Grundschule (Wieler et al. 2008). Aber auch die weitere literarische Rezeption ist in unserer Gesellschaft in kommunikative Strukturen eingebettet und institutionell verankert. Literarische Gespräche werden nicht nur an weiterführenden Schulen in den Sekundarstufen I und II geführt (Christ et al. 1995, Werner 1996, Vogt 2002), sondern auch an der Universität (Härle 2004, Mayer 2004). Der Prozess literarischen Lernens wird von der

Rezeptionsforschung insbesondere in diesen interaktiven Formen von Bedeutungs-konstruktionen verortet (vgl. Wieler 2002, 128). Zum einen liegt dieser in der Ver-sprachlichung und Entfaltung eigener Vorstellungen, zum anderen in dem wechsel-seitigen Aushandeln möglicher Deutungen.

> „[...] die im literarischen Text entworfene fiktive Wirklichkeit muss durch den lesenden Schüler – vor dem Hintergrund seiner eigenen Alltagspraxis und Lebenserfahrung – ‚mit-konstituiert' werden. Literaturorientierte Auseinandersetzung im Unterricht beruht auf der Artikulation dieser jeweils subjektiven literarischen Bedeutungskonstitution durch die Schüler; sie wird vorangetrieben durch den kommunikativen Austausch über solche artikulierten literarischen Deutungen." (Wieler 1989, 7)

Erst eine Ko-Konstruktion von Bedeutung ermöglicht einen Schritt in die ‚Zone der nächsten Entwicklung' im Sinne Lew Wygotskis (1969), indem nicht nur – ausgehend vom literarischen Text – tentativ eigene Deutungen entfaltet werden, sondern diese in Verhandlungen mit Deutungen anderer RezipientInnen in Frage gestellt, ergänzt oder weiterentwickelt werden können. Somit bleiben die Lesenden im literarischen Ge-spräch nicht in ihren eigenen Verstehensmöglichkeiten gefangen (vgl. Wieler 1998, 30).

Vor dem Hintergrund einer solchen interaktionalen Perspektive auf die Konstituie-rung literarischen Lernens ist es im Rahmen dieser Arbeit notwendig, über die subjek-tive Rezeption hinaus die interaktive Anschlusskommunikation im schulischen Unter-richt genauer in den Blick zu nehmen und die Beziehung zwischen individuellen und interaktiven Dimensionen literarischen Lernens zu klären. Dem literarischen Unterrichtsgespräch nähert sich die Arbeit im Folgenden aus verschiedenen Perspek-tiven: Den Ausgangspunkt bilden lerntheoretische und interaktionsstrukturelle Über-legungen zur Unterrichtssituation, die die *interaktive Konstitution von Lernprozessen* aufzeigen (Krummheuer 1992). Im Zentrum stehen Studien zum *sprachlichen Handeln in literarischen Gesprächen* im standardsprachlichen Unterricht in Deutschland (Wieler 1989, Christ et al. 1995). Aufgrund des historischen und interkulturellen Fokusses der vorliegenden Studie werden abschließend Untersuchungen zu Unterrichtsgesprächen über Literatur aus anderen europäischen Ländern (Herrlitz 1994, Malmgren 1996) sowie anderen Fachkontexten (Proske 2005) herangezogen, die Einsichten in *Verbindungen von literarischem und historischem Lernen im Gespräch* ermöglichen und unter anderem die kulturell heterogenen Lesarten der Beteiligten fokussieren.

2.2.2.1 Interaktive Konstitution von Lernprozessen im unterrichtlichen Kontext

Die Frage nach der interaktiven Aneignung von Literatur im Unterrichtsgespräch ist eng mit der Rekonstruktion literarischer *Lern*prozesse verknüpft. Sie erfordert neben Einsichten aus der fachlich-inhaltlich orientierten literarischen Gesprächsforschung ebenso einen Einblick in die strukturelle Konstituierung von Lernprozessen in Unter-richtsgesprächen im Allgemeinen. Daher werden den Untersuchungen zu *literarischen*

Unterrichtsgesprächen zunächst grundlegende *lerntheoretische* Überlegungen vorangestellt, wie sie etwa aus empirischen Beobachtungen im mathematischen Unterrichtsalltag entwickelt wurden (Krummheuer 1992). Die hier gewonnenen Erkenntnisse lassen sich in interaktionsstruktureller Sicht auf die unterrichtliche Organisation literarischer Anschlusskommunikation übertragen, in fachlicher Hinsicht werden sie anschließend differenziert.

Der Unterrichtsforscher Götz Krummheuer (1992) thematisiert den Prozess des Lernens aus soziologisch-interaktionstheoretischer Sicht ausgehend von der Frage, welcher Zusammenhang „zwischen den interpersonalen Strukturierungsprozessen sozialer Interaktion und den intrapersonalen Prozessen kognitiven Lernens" (ebd., 3) besteht. Hierbei greift er auf den theoretischen Ansatz des symbolischen Interaktionismus zurück und entfaltet dessen lerntheoretische Dimensionen. Mit Rückgriff auf Krappmann (1974), der Interagieren und Lernen in einem Spannungsverhältnis zwischen individueller Sinnkonstruktion und ihrer sozialen Konstitution verortet, erarbeitet Krummheuer „Elemente einer interaktionistischen Lerntheorie" – so der Untertitel seiner Studie. Der von ihm dabei verwendete und ausdifferenzierte Begriff der „Rahmung" ist für die vorliegende Untersuchung zentral, da sich mit ihm Lernprozesse empirisch untersuchen und beschreiben lassen, wie im Folgenden aufgezeigt wird.

In Anlehnung an Erving Goffman sind „Rahmen" kulturell konventionalisierte Situationsdefinitionen, die interaktiv angeeignet werden und zur Klärung der Frage „What is it that's going on here?" (Goffman 1974a, 8) beitragen. Mithilfe von Rahmen werden Erfahrungen organisiert, indem einzelne – an sich sinnlose – Aspekte eines Ereignisses Bedeutung zugeschrieben wird, indem sie in einen sinnvollen Zusammenhang gebracht werden (vgl. ebd., 21). Bruner (1997) weist auf die narrative Strukturierung dieser Ordnung von Erfahrungen hin:

> „Die Schaffung eines Rahmens (framing) dient dazu, eine Welt ‚zu konstruieren', ihr Fließen zu kennzeichnen, Ereignisse innerhalb dieser Welt zu segmentieren, usw. [...] Die typische Form dieser Rahmung der Erfahrung (und unserer Erinnerung daran) ist die Form der Erzählung." (ebd., 72)

Wie bereits in Kap. 1.1.3 dargestellt, ist die narrative Erfahrungsstrukturierung ein zentrales Element der individuellen und sozialen Sinnbildung. Zugleich ist sie konstitutiv für Lernprozesse, da die Strukturierung von Erfahrung in der Narration immer auch mit kognitiven Umstrukturierungen zusammenhängt. Indem in Geschichten Ungewöhnliches in einen narrativen Zusammenhang gestellt und somit verständlich gemacht wird, erhält es eine (neue) Bedeutung für die an der Erzählung Beteiligten. Im genannten Kapitel wurde der Fokus auf die *narrative* Konstituiertheit der Erfahrungsbildung in verschiedenen *alltäglichen* Kontexten gelegt. Im Folgenden wird nun in Verbindung mit dem Begriff der Rahmung die *interaktive* Konstituiertheit dieser Erfahrungsbildung im *schulischen* Kontext in den Blick genommen. Krummheuer hat die Rahmenanalyse von Goffman in der Hinsicht weiterentwickelt, dass er stärker das Prozesshafte betont und sich dementsprechend auf die Analyse des Prozesses der „Rahmung" konzentriert und nicht auf das Produkt des „Rahmens" (vgl. Krummheuer 1992, 27).

Anhand interpretativer Analysen von Gesprächausschnitten aus dem mathematischen Unterrichtsalltag arbeitet Krummheuer heraus, dass in dem Prozess der Bedeutungsaushandlung subjektiver Situationsdefinitionen in schulischen Gesprächen ein kompetenter Interaktionspartner von besonderer Bedeutung ist. Dies führt er darauf zurück, dass insbesondere Rahmungsdifferenzen für Lernprozesse konstitutiv sind:

> „Der Lehrer vermag die Situation im Sinne eines kompetenten Mitgliedes der community seines Faches zu rahmen. Die Schüler dagegen können die Situation nur insoweit fachlich bezogen rahmen, als die Konvergenzprozesse in der unterrichtlichen Interaktion vorangeschritten sind." (ebd., 37)

Möglichkeiten des Lernens sieht Krummheuer gegeben, wenn unter den Rahmungsdifferenzen von Lehrenden und Lernenden ein Arbeitskonsens im Sinne eines fortdauernden Prozesses von interaktiven Angleichungen individueller Situationsdefinitionen erfolgt, eine ‚als gemeinsam geteilt geltende Deutung' hergestellt wird (vgl. ebd., 33ff.).

Diese interaktive Herstellung von Bedeutung in Form einer Aushandlung von Deutungen und somit einer Angleichung von Rahmungsdifferenzen vollzieht sich im Unterrichtsgeschehen in bestimmten Interaktionsformen, die Krummheuer mit Bezug auf Bruners Formattheorie (1987) beschreibt. Formate sind zwischen Lehrenden und Lernenden „eingespielte und standardisierte Ablaufschemata über die Organisation der Interaktions- und Redeaktivitäten" (Krummheuer 1992, 173). In Bezug auf den mathematischen Unterricht mit seiner relativ klar umfassten Begrifflichkeit und den formalisierten Beweisführungen spricht Krummheuer hierbei unter Rückgriff auf Millers Begriff der „kollektiven Argumentation" (ebd. 1986, 23) von Argumentations-Formaten. Er erachtet Argumentationen der Beteiligten (in Form von Erklärungen und Begründungen) im Aushandeln von als geteilt geltenden Deutungen als notwendig, sowohl um die eigene Sichtweise zu fundieren und sozial hiervon zu überzeugen als auch die Perspektiven der anderen auf diese als gemeinsam geteilt geltende Deutung nachvollziehen zu können. Durch die im Laufe der Interaktionen zunehmenden Rollenverschiebungen zwischen den Beteiligten – die stärkere Zurücknahme des Lehrenden verbunden mit dem stärkeren Engagement des Lernenden in Formaten – gewinnt der Lernende sukzessive an Handlungsautonomie.

In lerntheoretischer Hinsicht bietet die Weiterführung der Rahmenanalyse Goffmans durch Krummheuer Anknüpfungspunkte für die empirischen Analysen der vorliegenden Studie. Dabei dürfte es weiterführend sein, sowohl zu analysieren, mit welchen (im kulturellen und kommunikativen Gedächtnis geformten) *Rahmen* die SchülerInnen an die Lektüre des ausgewählten Romans herangehen, als auch zu untersuchen, wie sie ihre *Rahmung*sdifferenzen im Unterrichtsgespräch aushandeln. Für ersteres eigenen sich in besonderem Maße die Interviews, für letzteres die beobachteten Unterrichtsinteraktionen. Übertragen auf den Literaturunterricht ist diesem interaktionistischen Ansatz zufolge davon auszugehen, dass literarische Texte von LehrerInnen und SchülerInnen mit ihrer differenten Lebens-, Ausbildungs- und nicht zuletzt auch Leseerfahrung jeweils anders gerahmt werden, dass aber auch die subjektiven Rezeptionen der einzelnen SchülerInnen sich voneinander unterscheiden. Aufgrund der Gegenstandsspezifik von Literatur mit ihrer Mehrdeutigkeit und ‚Vielstimmigkeit' (Ivo 1994) ist darüber hinaus anzunehmen, dass in literarischen Gesprächen in besonderer Weise divergierende Deutungen zu erwarten sind. Inwieweit diese in der Unterrichtsinteraktion zu produktiven Irritationen führen und zu Problemlösungsprozessen herausfordern, bleibt zu untersuchen. Zu fragen ist dabei, inwiefern eine konsensuelle Annäherung von Deutungen durch eine Angleichung von Rahmungen, die im Verlauf des Gesprächs zu einer als gemeinsam geteilt geltenden Deutung führt, für *literarische* Lernprozesse konstitutiv wird. In diesem Kontext soll die Bedeutung des Erzählens und Argumentierens für Lernprozesse ausdifferenziert werden (vgl. Kap. 6.2).

Vor dem Hintergrund dieser interaktionistischen und lerntheoretischen Betrachtung von Unterricht werden im Folgenden Studien aus dem Literaturunterricht herangezogen, um die Besonderheit der Strukturierung *literarischer* Unterrichtsgespräche für die vorliegende Untersuchung herauszuarbeiten.

2.2.2.2 Sprachliches Handeln in literarischen Unterrichtsgesprächen

Wie im vorhergehenden Kapitel aufgezeigt wurde, muss bei der Analyse von schulischen Gesprächen über Literatur sowie der Rekonstruktion der sich hierin dokumentierenden Möglichkeiten des Lernens die institutionelle Kommunikationssituation von schulischem Unterricht mit ihrer interaktiven Gestaltung berücksichtigt werden. Im Folgenden werden zwei Studien aus der deutschdidaktischen Rezeptionsforschung vorgestellt, die sich aus konversationsanalytischer Perspektive mit dem literarischen Unterrichtsgespräch auseinandergesetzt und die Diskussion um dessen (Un-)Möglichkeit im kommunikativen Kontext von Unterricht maßgeblich geprägt haben (Wieler 1989, Christ et al. 1995). Die ausgewählten Untersuchungen berühren sowohl auf struktureller als auch auf inhaltlicher Ebene das Erkenntnisinteresse der vorliegenden Arbeit – die *kommunikative* Aneignung *zeitgeschichtlicher* Literatur zu rekonstruieren.[35]

Petra Wieler (1989) untersucht *Sprachliches Handeln im Literaturunterricht als didaktisches Problem* – so der Titel ihrer Studie – vor dem Hintergrund spezifischer unterrichtlicher Interaktionsstrukturen. Das Anliegen ihrer Untersuchung besteht darin, die Aufmerksamkeit der literaturdidaktischen Diskussion „auf die kommunikative Dimension schulischer Literaturrezeption zu lenken, auf *das Gespräch über* literarisches Verstehen und seine Abhängigkeit von der Deutung der Unterrichtssituation durch die betroffenen Lehrer und Schüler." (ebd., 218)

---

35 An dieser Stelle liegt der Fokus auf der *interkulturellen* und *historischen* Dimension literarischer Gespräche auf verschiedenen Ebenen: des Unterrichtskontextes, der Lernenden sowie des Unterrichtsgegenstands – für einen umfassenden Überblick über die Entwicklung der verschiedenen pädagogischen, hermeneutischen und konversationsanalytischen Forschungsansätze zu (schulischen) Gesprächen über Literatur *allgemein* sei auf die zusammenfassenden Darstellungen von Merkelbach (1995 u. 1998), Wieler (1998), Becker-Mrotzek/Vogt (2001) sowie insbesondere den Sammelband zur „Wiederentdeckung des Gesprächs im Literaturunterricht" – so der Untertitel – von Härle und Steinbrenner (2004) verwiesen.

Um die Abhängigkeit literarischen Verstehens von seiner kommunikativen Hervor-bringung im Unterrichtsgespräch aufzuzeigen, bezieht sich Wieler (ebd., 22ff.) auf Ergebnisse ethnomethodologischer Untersuchungen zur ‚Klassenzimmerinteraktion' des amerikanischen Erziehungswissenschaftlers Hugh Mehan (1979). Demnach zeich-net sich der Unterrichtsdiskurs durch eine sequenzielle Strukturierung in „an opening phase, an instructional phase and a closing phase" (ebd., 36) aus. Die Instruktions-phase mit ihrem elizitierenden Charakter ist durch ein dreischrittiges Interaktions-muster gekennzeichnet: „initiation-reply-evaluation" (ebd., 54). Durch den dritten Schritt, die Bewertungshandlung der Lehrenden in der Evaluation, unterscheiden sich Unterrichtsgespräche grundlegend von der alltäglichen Kommunikationsstruktur. Dem Kommunikationswissenschaftler Jürgen Streeck zufolge führt diese Spezifik der Unterrichtskommunikation auf Seiten der SchülerInnen weniger zu einer inhaltlichen Auseinandersetzung mit dem Unterrichtsgegenstand, sondern eher zu einer „Demonstration von Kompetenzen" (ebd. 1983, 206) in einer Konkurrenzsituation. Durch diese „Doppeldeutigkeit" sprachlichen Handelns in der Unterrichtssituation ge-rate das Sich-Verständigen mit Anderen aus dem Blick (vgl. Wieler 1989, 30). Dem-entsprechend sind auch literarische Verstehensprozesse im schulischen Kontext immer mit ihrer kommunikativen Hervorbringung in der Unterrichtssituation verbunden und können nicht ohne Berücksichtigung von deren Strukturierung untersucht werden.

In der Analyse eines transkribierten Unterrichtsgesprächs einer 10. Gymnasial-klasse zu Peter Hacks' Text *Der Bär auf dem Försterball* (1969) zeigt Wieler auf, dass dessen Organisation – trotz des Bemühens des Lehrers, ein offenes Gespräch zu füh-ren, in dem die Leseerfahrungen der SchülerInnen Eingang finden können – mitunter nicht ein Prozess des Problemlösens ähnlich dem in Alltagssituationen ist, sondern als ‚Aufgabe stellen/Aufgabe Lösen-Muster' (Ehlich/Rehbein 1986) praktiziert wird, indem die SchülerInnen Antworten auf Fragen suchen, die bei ihnen selbst nicht aufge-kommen sind. Es gehe ihnen dabei mehr um (durch die Bewertung forcierte) Selbst-darstellung im Unterricht als um die eigentliche persönliche Auseinandersetzung mit dem Text oder den Austausch über diesen.

Ausgehend von ihrer Analyse des literarischen Unterrichtsgesprächs folgert Wieler, dass die hier miteinander konkurrierenden didaktischen Ansprüche der gleich-zeitigen Orientierung an den subjektiven Leseerfahrungen der SchülerInnen einerseits und der Vermittlung wissenschaftlicher Textauslegung andererseits miteinander unver-einbar seien. In ihrem didaktischen Ausblick fordert sie daher, „Verständigung über literarisches Verstehen" als eigenständiges Handlungsfeld im Literaturunterricht zu konzipieren, in dem die Lehrperson eine stärker organisierende und weniger evaluie-rende Rolle als Gesprächsleiterin einnimmt (vgl. ebd., 225ff.). Anstelle von elizitieren-den Leitfragen seitens der Lehrkraft seien vielmehr „produktive Konflikte" zwischen den Deutungen des literarischen Textes durch die Beteiligten und bei deren Verhand-lungen im Unterrichtsgespräch als Anlass für eine verständigungsorientierte Auseinan-dersetzung mit literarischen Texten sinnvoll (ebd., 229).

Auch in der aktuellen deutschdidaktischen Diskussion ist Wielers 1989 publizierte Arbeit vielfach Ausgangs- und Bezugspunkt für Analysen und alternative didaktische Konzeptionen des literarischen Unterrichtsgesprächs (vgl. die Beiträge in Härle/

Steinbrenner 2004). Kritik wurde aber u.a. an dem von Wieler formulierten Konsensgedanken geübt, nach dem die literarischen Aushandlungsprozesse in eine „zumindest in den Grundzügen geteilten Interpretation eines literarischen Textes" (ebd., 115) zusammengeführt werden sollen. Der Literaturdidaktiker Hans Kügler kritisiert an dieser Konsensfindung, dass die „spezifische *literarische Dimension*, d.h. die beunruhigende, trennende, spalterische Qualität des Gesprächs in dem immer anregenden Konzept der Verständigung über eigenes Verstehen zugunsten eines pädagogischen Einigungsbedürfnisses in den Hintergrund gedrängt wird." (ebd. 1990, 15) Für die vorliegende Arbeit ist dieser Diskussionspunkt insofern von Interesse, als er die Frage aufwirft, welche Lernpotentiale speziell literarische Texte mit ihren symbolischen Sinnangeboten und ihrem Deutungsspielraum eröffnen, wie sich diese im Unterrichtsgespräch dokumentieren und wie sie sich vor dem Hintergrund einer interaktionistischen Lerntheorie und mithilfe der Rahmenanalyse (s.o.) rekonstruieren lassen.

Ob literarische Gespräche trotz deren institutioneller Begrenzungen in der Unterrichtskommunikation überhaupt möglich sind und inwiefern in ihnen die Leseerfahrungen der SchülerInnen ernst genommen werden können, war die Ausgangsfrage für rekonstruktive Analysen der Frankfurter Forschergruppe um Valentin Merkelbach (Christ et al. 1995). In verschiedenen Klassen (4.-8. Klasse) unterschiedlicher Schulformen (Hauptschule, Realschule und Gymnasium) wurden Kurzgeschichten sowohl der Hoch- als auch der Kinder- und Jugendliteratur vorgelesen. Im Anschluss an die Lektüre fand ein schülerorientiertes Gespräch statt, indem sich die Lehrenden – auf der Basis zuvor vereinbarter Gesprächsregeln – bewusst mit ihren Deutungen und strukturierenden Eingriffen zurückhielten und eher die Rolle von ModeratorInnen einnahmen. Die jeweils unterschiedlich fokussierten Einzelanalysen der aufgenommenen und transkribierten Gespräche haben sowohl deren strukturelle Gestaltung durch die Teilnehmenden als auch die inhaltliche Entfaltung der Deutungen berücksichtigt. Im Folgenden sollen aus dieser Arbeit zwei für die vorliegende Studie relevante Aspekte näher betrachtet werden: zum einen – wie bereits im vorangegangenen Kapitel zur subjektiven Rezeption – die perspektivischen Lesarten der SchülerInnen, wie sie sich in den literarischen Gesprächen zeigen, zum anderen die Bedeutung des historischen Kontextes für die literarischen Verstehensprozesse Heranwachsender. Hierzu werden exemplarisch Analysen von Gesprächen über Wolfgang Borcherts Kurzgeschichte *Nachts schlafen die Ratten doch* (1956)[36] aus drei verschiedenen Klassen (einer 6. Realschulklasse und zwei 7. Hauptschulklassen, davon eine Mädchengruppe) herangezogen.

Hinsichtlich der perspektivischen Rezeption der Geschichte dokumentieren die Gespräche in erster Linie geschlechtsspezifische Unterschiede. In den beiden gemischtgeschlechtlichen Klassen zeigte sich, dass die Jungen vorwiegend an der

---

36 Die Geschichte erzählt von der Begegnung eines neunjährigen Jungen, der in der Abendsonne vor einer Ruine im Staub sitzt und einem älteren Mann. Auf die Fragen des Mannes, was er dort mache, erzählt der Junge zögernd, dass er auf seinen vierjährigen Bruder, der unter den Trümmern begraben liege, aufpasse, damit ihn die Ratten nicht fressen. Mit den Worten „Nachts schlafen die Ratten doch" verlässt der Mann den Jungen und verspricht ihm, mit einem seiner Kaninchen wiederzukommen und ihn nach Hause zu begleiten.

logischen Handlungsstruktur sowie der kontextuellen historischen Einordnung der Geschichte interessiert waren, während die Mädchen sich in ihren Textdeutungen überwiegend auf die Innenwelten der literarischen Figuren und deren Beziehungen zueinander bezogen (Merkelbach 1995, 142, Fischer 1995, 193ff.). Die Gespräche dokumentieren ferner, dass die Mädchen versuchen, auch ‚fremde' Perspektiven, beispielsweise die des alten Mannes, aus einer Innensicht einzunehmen und sein Verhalten dem Jungen gegenüber zu verstehen, also einen empathischen Zugang wählen. Wenn die Jungen sich hingegen mit den Handlungsmotiven etwa des alten Mannes auseinandersetzen, geschieht dies eher aus einer Außenperspektive, beispielsweise an der Stelle, wo sie ihm unlautere Motive unterstellen (vgl. Fischer 1995).

Bezüglich der kontextuellen Einordnung stellt der literarische Text hohe Verstehensanforderungen an die jungen RezipientInnen, zum einen hinsichtlich des historischen Kontextes (sowohl die Entstehungszeit des Texts als auch die Zeit der Handlung sind den SchülerInnen historisch fern), zum anderen in struktureller Hinsicht (aufgrund der sparsamen Hinweise zur raumzeitlichen Orientierung innerhalb der Kurzgeschichte) (vgl. Reuschling 1995, 236). Dass die Sechst- und Siebtklässler, insbesondere die HauptschülerInnen, Schwierigkeiten bei der Rezeption dieses Textes haben, zeigt sich bereits an den längeren (bis zu 16 Sek. andauernden) Pausen zu Beginn der jeweiligen Gespräche und den daran anschließenden teils mühsamen Gesprächseinstiegen. Die Verstehensschwierigkeiten der Heranwachsenden werden weiterhin an den Stellen deutlich, an denen sie sich um eine räumliche und zeitliche Orientierung bemühen, etwa bei der Spekulation über die Einordnung der Geschichte in die Ritterzeit durch einen Jungen. Den SchülerInnen fehlt hier das zeithistorische und literaturgeschichtliche Kontextwissen. Dieses zu geben, wäre Aufgabe der erwachsenen und erfahreneren GesprächsleiterInnen.

Genau an dieser Stelle, an der es um die Rolle der Lehrkraft in literarischen Gesprächen geht, entzündet sich die Kritik der Fachdidaktik an diesem Forschungsprojekt (Paefgen 1996, Ivo 1996, Werner 1996). Es wird vor einer „Entschulung der Schule" (Becker-Mrotzek/Vogt 2001, 53) gewarnt. Wieler (1998) teilt diese Bedenken zwar so nicht, macht aber ebenfalls kritisch auf die Notwendigkeit des von der Lehrkraft einzubringenden Kontextwissens für die Heranwachsenden bei der Rezeption gerade dieser Kurzgeschichte aufmerksam, insbesondere als möglicher Anknüpfungspunkt an eigene historische Vorstellungen. Die Kenntnis des Titels sowie die zeithistorische Einordnung dürften den SchülerInnen daher nicht vorenthalten werden:

> „Im zwanglosen Gedankenaustausch (außerhalb des Unterrichts) dürften Jugendliche wohl vor allem dann auf die genannte Kurzgeschichte zu sprechen kommen, wenn sich deren Thematik in ihrer Perspektive anschließen lässt an inhaltlich vergleichbare Erfahrungen, wie sie ihnen durch Fotos, Filme, erzählte (Lebens-)Geschichten oder auch andere literarische Texte vermittelt wurden. In den dokumentierten Unterrichtssituationen hingegen fehlt jedes zusätzliche Angebot für die Schüler, sich eine auch sinnlich-konkrete Vorstellung von der in der Nachkriegs-Geschichte geschilderten Wirklichkeit zu erarbeiten." (ebd., 30)

Hier bleibt allerdings die Frage nach der konkreten Umsetzung dieser historischen Kontextualisierung des literarischen Textes durch die Lehrkraft offen sowie nach deren Einfluss auf den Verlauf der Unterrichtsgespräche und die Lernprozesse der SchülerInnen. Da diese Frage in der deutschdidaktischen Unterrichtsforschung bislang nicht zentral war, soll ihr im Folgenden am Beispiel von Untersuchungen aus anderen kulturellen sowie fachdidaktischen Kontexten nachgegangen werden.

2.2.2.3 Verbindung von literarischem und historischem Lernen im Gespräch

Um Aufschluss über die unterrichtliche Praxis der Verbindung literarischer Texte mit ihren historischen Kontexten zu erhalten, werden im Folgenden Studien vorgestellt, die den Zusammenhang zwischen literarischer und historischer Vorstellungsbildung im unterrichtlichen Kontext fokussieren und zum einen im Rahmen internationaler (Herrlitz 1994, Malmgren 1996), zum anderen im Rahmen geschichtsdidaktischer (Proske 2005) Unterrichtsforschung entstanden sind.

Unterrichtspraktiken sind nicht universell, sondern in verschiedenen nationalen Kontexten unterschiedlich ausgeprägt. Unterricht, der in einem Land selbstverständlich erscheint, mag auf Beobachter aus anderen Ländern befremdlich wirken. Erst dieser Blick nach außen ermöglicht, „die vertraute Unterrichtswirklichkeit des eigenen Landes für weniger selbstverständlich zu halten." (Haueis 1994, 7) Das *International Mother tongue Education Network* (IMEN) erforscht komparativ Unterricht in der Standardsprache in verschiedenen Ländern Europas[37] aus einer ethnographischen Perspektive, dies mit dem Ziel herauszufinden,

> „wie der Standardsprachenunterricht in den verschiedenen Ländern gestaltet wird und wie Ähnlichkeiten und Unterschiede als Widerspiegelung des jeweiligen national-kulturellen Kontextes, worin der Unterricht statfindet (sic), verstanden werden können" (Kroon/Sturm 2002, 96).

Es geht um die Rekonstruktion von Prozessen der Bedeutungskonstitution in den drei Bereichen Lernfelder, Lerninhalte und Lehr-Lern-Prozesse (vgl. Herrlitz 1994, 16ff.). Im Folgenden werden am Beispiel aus einem literarischen Gespräch in Ungarn Kommunikationspraxen auf interaktiver und inhaltlicher Ebene in ehemals kommunistischen Ländern aufgezeigt, in denen Literatur in einen engen Zusammenhang mit ihrer politisch-historischen Entstehung gebracht wurde.

In dem *key incident* „Bartók" aus einer ungarischen Literaturstunde ist der Ausgangspunkt der Besprechung das Referat eines Schülers zum Leben des zum nationalen Literaturkanon zählenden Autors Gyula Illyés. Dieses wird nicht nur als Einstieg gewählt, sondern bildet den Rahmen für die bevorstehende Besprechung eines gesellschaftspolitischen Problems am Beispiel des Gedichts *Bartók* (1955) (Herrlitz 1994, 20):

```
HS:     He was born in 1902 in Rácegrespusza. He went to school here. Later
        they moved in Simontornya, than to Dombóvár where he attended the
        secondary grammar school for 2 years. His parents divorced, he and his
        mother went to Budapest and there they lived in Angyalföld (a working
```

---

37 Die in den 80er Jahren entstandene Forschungsinitiative besteht vorwiegend aus westeuropäischen Ländern (vgl. Herrlitz 1987, 95), mit Polen existiert keine Kooperation.

```
        class area). First he attended grammar school, but later he changed it
        for a school of trade where he had the final exam at the age of 18. It
        was at this time that his first poems appeared in Népszava. He went to
        Vienna and Berlin; and than to Paris where he attended the Sorbonne. He
        joined the avantgarde movement and he published some poems written in
        French. In 1926 he returned to Hungary, left the avant-garde movement
        and was writing in a Hungarian populistic manner. He got the Baumgarten
        prize in 1931.
T:      That's enough, thank you, someone'll continue it later. What are the
        poems we've read, chose one of them to analyse. Tell me the titles
        first!
HS:     One sentence of the tyranny; Bartók; Because you are sitting opposite
        to me ...
T:      Which one do you choose?
HS:     Bartók.
T:      Good.
HS:     So, he wrote this poem because Bartók's music wasn't allowed to be
        listened, so ...
T:      His music was too modern according to the contemporary 'cultural
        policy'.
HS:     His music couldn't be played, and he ...
T:      The poet says that it's one of the human rights to be desperate, or to
        have a bad opinion about the world. And who was it prohibited by?
```

Wie Herrlitz zufolge aus der Analyse der Unterrichtssituation auf inhaltlicher und interaktionsstruktureller Ebene hervorgeht, ist die durch SchülerInnen als Referat vorbereitete Präsentation der Autorenbiographie konstitutiv für die Besprechung von Nationalliteratur im ungarischen Literaturunterricht. Anhand des Schriftstellers Gyula Illyés und der Widersprüchlichkeit zwischen seiner inoffiziellen und seiner offiziellen Biographie zu kommunistischen Zeiten werde sein künstlerisches Schaffen als zeitgeschichtliches Zeugnis besprochen und somit eine unmittelbare Beziehung zwischen Politik, Geschichte und Literatur hergestellt. Diese politisch-historische Kontextualisierung biete den Hintergrund für die Beschäftigung mit seinem literarischen Werk, hier des Gedichts Bartók, das offenbar ebenfalls vor dem Horizont verbotener Kunst besprochen werden soll (vgl. Herrlitz 1994, 22).

Dieses Dokument aus dem ungarischen Literaturunterricht macht einmal mehr deutlich, dass die Rezeption literarischer Texte von SchülerInnen stets vor dem Hintergrund ihrer kommunikativen Aneignung betrachtet werden muss. In west- und osteuropäischen Ländern können aufgrund unterschiedlicher gesellschafts-politischer Entwicklungen verschiedene inhaltliche Schwerpunktsetzungen und Interaktionspraxen im standardsprachlichen (Literatur)Unterricht rekonstruiert werden. Zu kommunistischen Zeiten dienten Literatur und ihre Aneignung im Literaturunterricht mitunter dazu, eine ‚Gegenerinnerung' (Assmann 2003, 139) zur offiziellen Geschichtsschreibung zu tradieren, und wurden in diesem Zuge in besonderem Maße in einen zeitgeschichtlichen Zusammenhang gestellt. Das Erzählen der Autorenbiographie nimmt hier eine zentrale Rolle ein. Wie die SchülerInnen aus der ungarischen Klasse sich während des weiteren Unterrichtsgesprächs das Gedicht aneignen, lässt der bei Herrlitz vorgestellte Ausschnitt allerdings offen. Für das Forschungsinteresse der vorliegenden Studie an der Verbindung von kommunikativem und kulturellem Gedächtnis im literarischen Gespräch wäre über diese biographische Methode hinaus interessant zu erfahren, wie in anderen Unterrichtskontexten literarisches mit historischem Lernen in Beziehung gesetzt wird.

Eine der wenigen Studien, in der die Verbindung von literarischer Rezeption mit kulturhistorischer Weltaneignung zentraler Untersuchungsgegenstand ist, ist das schwedische Handlungsforschungsprojekt *Reading Literature in Comprehensive School* des Literaturdidaktikers Lars-Göran Malmgren und anderen (Malmgren 1996, van de Ven/Malmgren 1996), das ebenfalls in Verbindung mit der Initiative des IMEN durchgeführt wurde. Der Fokus liegt auf „the use of literature as a source of knowledge about human experiences and human values." (Malmgren 1996, 69) Im Rahmen dieses zweijährigen Projekts mit 11-13jährigen SchülerInnen wurde die Auswahl der literarischen Texte im Unterschied zum Prinzip der Kanonorientierung nach thematischen Aspekten hinsichtlich der Bedeutsamkeit für die Identitätsbildung der SchülerInnen getroffen. Der amerikanische Jugendroman *Im Zeichen des Bibers* (Speare 1994), dessen Rezeption in der Klasse im Folgenden näher vorgestellt wird, wurde aus aktuellem Anlass, einem Vorfall in der Klasse, der sich im Anschluss an das Themenfeld *Flüchtlinge* und *Immigranten* in der schwedischen Gesellschaft ereignete, ausgewählt.

Zunächst zur Vorgeschichte: Das oben genannte Themengebiet wurde durch persönliche Begegnungen, literarische Texte, Interviews und dokumentarisches Material über die weltweiten gesellschaftspolitischen Hintergründe mit den SchülerInnen erarbeitet. Dieses Unterrichtsarrangement, in dem sich literarische, persönlich erzählte sowie historisch dokumentierte Geschichten gegenseitig ergänzten, schien den SchülerInnen durchaus Möglichkeiten interkulturellen Lernens zu eröffnen:

> „Many pupils expressed empathic attitudes towards refugee cases. They seemed to have gained insight into the factual conditions of the refugee problem, as well as understanding the contradictory feelings of people living with cross-cultural conflicts." (Malmgren 1996, 71)

Die im Unterricht erworbenen empathischen und mehrperspektivischen Sichtweisen wurden jedoch mit aktuellen persönlichen Erfahrungen außerhalb des schulischen Kontexts – hier eine konflikthafte Begegnung mit einem Jungen türkischer Herkunft auf der Eisbahn – nicht in Verbindung gebracht. Malmgren bezeichnet diese Unverbundenheit als „a problem of knowledge" (ebd.):

> „Experience of everyday life, knowledge based on isolated episodes, opposed the bookish learning processes of schooling, even if school work as in this case was strongly oriented towards human life stories – through fiction and documentary meetings." (ebd.)

Aus Anlass dieses Übertragungsproblems von schulischer und lebensweltlicher Erfahrung wurde daraufhin der historische Jugendroman *Im Zeichen des Bibers* in der Klasse gelesen, der das konflikthafte Aufeinandertreffen unterschiedlicher kultureller Praxen am Beispiel der Freundschaftsgeschichte zwischen dem Siedlerjungen Matt und dem Indianerjungen Attean in der Wildnis Nordamerikas im 18. Jahrhundert erzählt. Zu Beginn der Unterrichtseinheit gab der Lehrer den SchülerInnen anhand von Kartenmaterial einen ausführlichen historischen und geographischen Hintergrund zur Geschichte Nordamerikas im 18. und 19. Jahrhundert mit dem Ziel „to furnish the pupils with a historical backround, and thus to make them read the story not only on the dramatic and the personal, psychological level but also with a historical eye."

(ebd., 73) Im Anschluss an diese kulturhistorische Einführung näherten sich die SchülerInnen dem Text aus einer personenzentrierten, psychologischen Perspektive, indem sie Schlüsselszenen in der Begegnung zwischen Matt und Attean szenisch darstellten. Im Zentrum der Einheit standen Gespräche über den Text verbunden mit schriftlichen Arbeitsaufträgen, die sich auf die zwei Hauptfiguren bezogen. In den anfangs primär von ihnen gestalteten Gesprächen diskutierten die SchülerInnen ihr Thema: die persönliche Beziehung zwischen Matt und Attean. Der Lehrer hielt sich zunächst mit interpretierenden Äußerungen zurück und strukturierte die Gespräche lediglich durch Fragen. Nach diesem Einstieg auf der persönlichen Ebene war es laut den Aufzeichnungen des Lehrertagebuchs das Interesse des Lehrers, von einer persönlichen zu einer abstrakteren, symbolischen Interpretation zu gelangen: „For him the story of personal development and friendship also encompasses a story of general cultures clashing in history." (ebd., 75) Im darauf folgenden Unterrichtsgespräch führt der Lehrer mit den Worten „,Now things are getting important. Now we will try to reach some conclusions about all this.'" (ebd., 76) die Diskussion auf ein abstrakteres Level und löst hier einen Wechsel in der Interaktion aus: Seine Redeanteile nehmen nicht nur einen größeren Raum ein, sie prägen das Unterrichtsgespräch auch in zentraler Weise: „Pupils try to interact with the teacher and answer his question but the reflective explanations during the discussion are more and more given by him." (ebd., 76) Die zentrale Frage für die Analyse der Unterrichtsgespräche ist, „whether the interaction process goes from episodic understanding of and identification with the main characters to a conceptualization of them as representing different cultures of history." (ebd., 77) Bei der Interpretation der Unterrichtsinteraktionen ergibt sich Malmgren zufolge ein mehrdeutiges Bild:

> „We have found symptoms of an organic connection between the ‚pupil's text' and the ‚teacher's text' in developing remarks on cultural representation. On the other hand there are also signs that the connection between pupils' reasoning and teachers expansion is broken off. The pupils' understanding seems to be limited to personal characterization and episodic conception." (ebd.)

Insgesamt lassen sich die SchülerInnen zwar auf die vom Lehrer eingebrachte symbolische Interpretation des Romans und die Übertragung der interkulturellen Freundschaftsgeschichte auf das Zusammentreffen von Menschen(gruppen) unterschiedlicher kultureller Praxen in einem historisch-politischen Zusammenhang ein, doch ist Malmgren zufolge ein deutlicher Bruch in der Eigenverantwortlichkeit der Deutungen zwischen der lehrer- und der schülerzentrierten Unterrichtsinteraktion zu erkennen.[38] Offen bleibt, inwiefern bei den SchülerInnen über die hier erprobte literarische Neurahmung zwischenmenschlicher Beziehungen hinaus eine Neurahmung aktueller persönlicher Erfahrungen vor einem kulturhistorischen Kontext erwartbar ist. Dementsprechend fällt auch das Resümee des Projekts eher zurückhaltend aus:

38　Ähnliche Beobachtungen macht aus sprachdidaktischer Sicht Rüdiger Vogt (2004) in seinem gesprächsanalytischen Vergleich unterschiedlicher kommunikativer Ordnungen in Gesprächen über Literatur.

„The *Sign of the Beaver* forms a bridge between different themes in the educational process, linking the refugee and immigration problem of past and present times to modern ecological dilemmas. [...] It is as we have seen a bit uncertain to what extent some of the pupils experience such a structural historical understanding of the story. Howewer we can be quite certain that most readers have gone through the reading and work with the story experiencing the friendship between the two protagonists and also between themselves and the fictious characters. [...] The question whether this experience of friedship within the frame of both a reading process and an educational process in school has any mental impact on the frustrating memory of the incident at the skating-rink is a bit beyond the scope of the available data. Nevertheless, the existence of a sign from the beaver in a classroom constitutes a sign of hope in the atmosphere of Swedish society, where ethnic confrontations and even pure racism seem to increase day by day, not least among young people." (ebd., 81)

Nach Ansicht der Verfasserin ist die Bescheidenheit der Ergebnisdarstellung nicht unerheblich auf die hohen didaktischen Ansprüche der Forscher hinsichtlich der Sichtbarmachung und Rekonstruktion literarischer Lernprozesse zurückzuführen. Wie (und wann) literarische Lernprozesse in der Schule mit alltäglichen narrativen Bedeutungskonstruktionen im Alltag verbunden werden, ist ein komplexes Untersuchungsfeld, das sich nur in Ansätzen erforschen lässt. Erfahrungsbildungen mit neuen Rahmungen in neuen Lebenssituationen vor dem Hintergrund neuer Geschichten werden immer wieder neu konstituiert. In manchen Kommunikationssituationen werden sie evident, in anderen aber bleiben sie unsichtbar. Vor dem theoretischen Hintergrund der vorliegenden Arbeit ist jedoch darauf hinzuweisen, dass unterschiedliche Gedächtnisrahmen unterschiedliche Möglichkeiten der Welt- und Identitätskonstruktion bieten und es aus diesem Grund wichtig ist, im kulturellen Gedächtnis des schulischen Unterrichts literarische Geschichten anzubieten, die multiperspektivische Sichtweisen auf aktuelle und historische menschliche Erfahrungen eröffnen. Eine (gegenseitig erhellende) Verbindung mit Geschichten des kommunikativen Gedächtnisses, die zu der Bildung eines differenzierten historischen Bewusstseins beiträgt, müssen die SchülerInnen selbst eingehen. Insofern könnte die Unterrichtsforschung davon profitieren, wenn sie neben der Untersuchung literarischer Aneignungsprozesse im Kontext des kulturellen Gedächtnisses des schulischen Unterrichts auch die kommunikative Tradierung von Geschichte(n) in den familialen Kontexten der SchülerInnen betrachtet und Verbindungen zwischen beiden sucht.

Aus den bisher besprochenen Studien zur literarischen Anschlusskommunikation ist für die vorliegende Arbeit die weiterführende Frage von Interesse, wie LehrerInnen und SchülerInnen im alltäglichen Unterrichtsgespräch Bezüge zwischen literarischer und lebensweltlicher Erfahrung herstellen. In modernen Ein- und Auswanderungsgesellschaften wie Deutschland (vgl. Gogolin/Krüger-Potratz 2006, 27ff.) und zunehmend auch Polen, dessen Gesellschaft nach der politischen Wende nicht nur einen Wandel vom „Herkunfts- zum Zielland" (Prawda 1997, 182, s.a. Alscher 2005, 5), sondern auch von „der ethnischen Homogenität zur ‚Entdeckung' der nationalen Minderheiten" (Prawda 1997, 172) vollzogen hat, ist dabei die sprachlich-kulturelle Heterogenität der SchülerInnen und dementsprechend die Heterogenität der jeweiligen kommunikativen Gedächtnisrahmen zu beachten. Hierzu liegen bislang in der literaturdidaktischen Unterrichtsforschung keine Untersuchungen vor. In der geschichtsdidaktischen und erinnerungspädagogischen Forschung ist die kommunikative Aushandlung von Geschichte im Schulunterricht vor dem Hintergrund unterschiedlicher Geschichtsbilder einer sprachlich-kulturell heterogenen Schülerschaft hingegen ein aktuelles Thema (vgl. u.a. Fechler/Kößler/Lieberz-Groß 2000, Georgi 2003). In diesem Zusammenhang sei auf eine Fallstudie des Unterrichtsforschers Matthias Proske (2005) aus dem Frankfurter Forschungsprojekt *Nationalsozialismus im Geschichtsunterricht. Beobachtungen unterrichtlicher Kommunikation* hinzuweisen, die sich mit der perspektivischen Auseinandersetzung mit der NS-Vergangenheit auseinandersetzt. Interessanterweise wird als historische Quelle in der analysierten Geschichtsstunde ein *literarischer* Text, ein Auszug aus der in den Jahren 1940/41 geschriebenen Autobiografie der deutschen Jüdin Marta Appel (s. Richarz 1982), als Gesprächsgegenstand gewählt. Im erweiterten Sinne handelt es sich also bei dieser im fachlichen Rahmen des Geschichtsunterrichts stattfindenden Unterrichtskommunikation um ein „literarisches Gespräch", die Grenzen zumindest sind fließend. In seiner rekonstruktiven Analyse eines Auszugs dieses Unterrichtsgesprächs geht Proske am Beispiel eines Konflikts zwischen zwei Schülerinnen der Frage nach, „welche Bedeutung ethnischer Herkunft[39] und Migrationserfahrungen bei der gegenwärtigen moralischen Bewertung vergangenen Verhaltens gegenüber der jüdischen Bevölkerung zukommen." (Proske 2005, 116)

In der Unterrichtsstunde wurden im Anschluss an die Besprechung der Nürnberger Gesetze die Alltagsfolgen der nationalsozialistischen Rassenideologie thematisiert. In dem dazu rezipierten Textauszug schildert Marta Appel vor dem Hintergrund der alltäglichen Erscheinungsformen der nationalsozialistischen Diskriminierungspolitik gegenüber der jüdischen Bevölkerung eine Alltagsszene aus ihrem Leben. Nachdem sie aus eigenem Willen regelmäßigen Treffen mit ihren Freundinnen in einem Café ferngeblieben war, aus Sorge, diese dadurch zu gefährden, geht sie eines Tages auf Einladung einer Freundin doch wieder zum Treffen, muss dort aber feststellen, dass die anderen nicht gekommen sind und den Tisch abgesagt haben. Abschließend stellt die Autorin die Frage: „Ich konnte es [...] ihnen nicht zum Vorwurf machen. Warum sollten sie riskieren, möglicherweise ihre Stellung zu verlieren, nur um mir zu beweisen, daß Juden noch Freunde in Deutschland haben?" (Appel 19940/41, zit. n. Richarz 1982, zit. n. Proske 2005, 117)

Der Lehrer nimmt das im Text aufscheinende moralische Dilemma als offenen Gesprächsanlass, um über die Bedeutung der zuvor besprochenen Nürnberger Gesetze im alltäglichen Leben zu sprechen (Proske 2005, 118):

---

39   Proske verwendet in seiner Fallstudie den Begriff der Ethnie bzw. Ethnizität, um die Herkunft der SchülerInnen mit Migrationshintergrund zu beschreiben. Die vorliegende Arbeit greift hingegen – auch in der Darstellung von Proskes Studie – auf den Begriff der Kultur zurück. Während „Ethnie" im Sinne einer „Wir-Gruppe, die tatsächliche oder fiktive Gemeinsamkeiten behauptet" (Krüger-Potratz 2005, 259), Homogenität innerhalb dieser Gruppe unterstellt, schließt der hier verwendete Kulturbegriff, der sich stärker auf die kommunikative und kulturelle Alltagspraxis und das in ihr sozial hergestellte Gedächtnis einer Gruppe bezieht, auch Differenzen und Spannungsfelder innerhalb dieser mit ein (vgl. Kap. 1). Insofern interessiert in dieser Arbeit, wie zeitgeschichtliche literarische Texte von einer kulturell heterogenen Schülerschaft rezipiert werden.

```
Lehrer:    So viel zum Gesetz [...] was::: noch zum Abschluss dazugehört, ist die
           Frage, wie wirkt sich denn so ein Gesetz auf die Alltagssituation von
           jüdischen Deutschen aus. Deswegen hab ich diesen kurzen Ausschnitt aus
           dem Erinnerungsbuch einer deutschen Jüdin, dieser Marta Appel (.), äh,
           war eine gutbürgerliche Ehefrau eines Rabbiners, also wenn man es mal
           so etwas flapsig in's Christliche übersetzt, eine Pfarrfrau, aus dem
           Ruhrgebiet. (.) Lest Euch den Text gerade mal durch und, äh, (.) über-
           legt Euch, ob Ihr so ähnliche Situationen Euch vorstellen könnt oder
           ob Ihr eine Idee habt, wie man das einordnen kann.
```

In seiner Aufgabenstellung fordert der Lehrer die SchülerInnen sowohl dazu auf, sich vergleichbare Situationen „vorzustellen", als auch das Gelesene „einzuordnen". Der Arbeitsauftrag fällt auf durch seine Offenheit (Sollen die SchülerInnen Situationen aus ihren Familienerzählungen, aus anderen literarischen Texten oder aus ihrer eigenen Erfahrungswelt als Vergleichshorizonte wählen? Bedeutet einordnen moralisch beurteilen?). Diese Mehrdeutigkeit der Lehrerfrage kommt Proske zufolge der Vielstimmigkeit der literarischen Vorlage entgegen und fordert zu einer persönlichen Auseinandersetzung mit dem geschilderten moralischen Dilemma auf (vgl. ebd., 121).

Betrachtet man die kommunikative Bearbeitung des ersten Teils der Aufgabenstellung im anschließenden von den SchülerInnen geführten Gespräch, in dem der Lehrer sich mit seinen Deutungen zurückhält und eher als Moderator fungiert, so ist insgesamt auffällig, dass von den SchülerInnen innerhalb der Unterrichtsöffentlichkeit keine Bezüge zu Geschichten aus der eigenen Lebenswelt oder dem familiären Kontext hergestellt werden. Vielmehr verweist eine Schülerin auf dokumentarische Geschichten, einen videographierten Zeitzeugenbericht, der wenige Wochen zuvor im Unterricht rezipiert worden ist[40]:

```
Lehrer:    [...] Svenja?
Svenja:    Ist ja eigentlich wie der Text, den wir schon mal gelesen hatten, mit
           dem:::, wo die erst Freunde waren und dann wurde der eine
S. (w.):   [Das haben wir gesehen]
S. (m.)    [Im Fernsehen geguckt]
           ((ein Schüler lacht))
Svenja:    Ach ja, das war ja ein Film! Dann wurde er vom Fahrrad da gerissen
           oder was, und dann hatte er auf einmal keine Freunde mehr, dann haben
           die ihm nicht mehr geholfen, und zwar ist das eigentlich nur aus der
           Angst heraus, von den anderen, ähm, mit einem Juden gesehen zu werden
           und irgendwie, also die da auch irgendwie so untergeordnet werden kön-
           nen, so als Judenfreunde abgestempelt und so weiter, weil die kriegen
           ja auch immer in der Schule beigebracht, dass die schlecht sind und
           nichts mit denen zu tun haben sollen (.) und die machen es eigentlich
           nur aus::: (.) Angst.
```

Auffällig an der erinnernden Rekonstruktion der Geschichte durch die Schülerin ist, dass sie die Handelnden nur mit Personalpronomina bezeichnet und somit im Unbestimmten lässt. Hieraus können Rückschlüsse auf ihre Rezeption gezogen werden, in der „die unterschiedlichen Perspektiven von Opfern, Tätern, Zuschauern oder Mitläufern nicht im Vordergrund stehen." (ebd., 122) Während ihres Beitrags wechselt Svenja die Erzählebenen vom Bericht über die Ereignisse zu dem Versuch, diese zu

---

40 In dem Bericht erzählt Ephraim Wagner von einem Überfall von HJ-Jugendlichen auf ihn, bei dem er von seinem Freund verleugnet wurde.

erklären, und rechtfertigt damit die ausbleibende Hilfe der Freunde mit dem Hinweis auf deren verständliche Angst vor Ausgrenzung.

Fokussiert man die Bearbeitung des zweiten Teils der Aufgabenstellung im Unterrichtsgespräch, die vom Lehrer so bezeichnete ‚Einordnung' von Marta Appels geschilderter Erfahrung mit ihren Freundinnen, so lassen sich zwei unterschiedliche Aneignungsmuster der Geschichte rekonstruieren: das eine ist auf die Perspektive der Freundinnen, das andere auf die Perspektive von Marta Appel ausgerichtet (vgl. ebd., 127). Die Schülerin Svenja versetzt sich bei der kommunikativen Aneignung der Geschichte in die Perspektiven der Freundinnen und sucht deren Handlungsmotive zu ergründen und zu rechtfertigen. Sie setzt sich mit dem Mitläuferkollektiv und dessen moralischer Verteidigung auseinander. Eine andere Schülerin, Ayşe, betrachtet die Geschichte dagegen primär aus der Perspektive von Marta Appel und betont zum Einen deren Rücksichtnahme auf die Freundinnen durch ihr freiwilliges Fernbleiben, zum anderen verurteilt sie moralisch das Aussprechen der Einladung durch eine der Freundinnen. Ihr Interesse gilt den Opfern der nationalsozialistischen Diskriminierungspolitik.

Diese beiden Schülerinnen geraten mit ihren unterschiedlichen perspektivischen Lesarten in einen Konflikt, den sie – unterstützt von Beiträgen anderer SchülerInnen und durch die strukturierende Moderation des Lehrers – im Unterrichtsgespräch austragen. Allerdings bleibt das Ende der Auseinandersetzung offen, wird vom Lehrer nicht zu lösen versucht und auch nicht in einen übergeordneten Zusammenhang gestellt, in dem beispielsweise die verschiedenen perspektivischen Zugangsweisen Thema geworden wären. Vielmehr lässt dieser die unterschiedlichen Möglichkeiten der ‚Einordnung' der Geschichte nebeneinander stehen; dies fordert wiederum die SchülerInnen mit ihrem Bedürfnis nach Eindeutigkeit und Konsensfindung heraus, wie im Abschluss der ausgewählten Gesprächspassage an Ahads Frage „Warum diskutieren wir dann diese ganze Sache?" (ebd., 120f.) zu erkennen ist.

Proske kommt in seinen rekonstruktiven Analysen zu dem Ergebnis, dass die kulturellen Hintergründe der SchülerInnen in der Unterrichtsinteraktion kommunikativ unsichtbar bleiben und deshalb nicht als Begründung für die jeweiligen Aneignungsmuster der Geschichte herangezogen werden können. Jedoch könnten hierbei Zusammenhänge vermutet werden, da die Perspektiveneinnahme Ayşes sich durchaus mit potentiellen eigenen Erfahrungen von Ausgrenzungen erklären ließe.

Für die vorliegende Arbeit ist Proskes rekonstruktive Fallstudie in verschiedener Hinsicht von Interesse: bezüglich des Einsatzes literarischer Texte im Geschichtsunterricht, hinsichtlich der kommunikativen Gestaltung dieses historisch-literarischen Gesprächs sowie im Hinblick auf die Bedeutung der kulturellen Hintergründe der SchülerInnen und ihrer Unsichtbarkeit im Unterrichtsgespräch.

Zunächst einmal ist darauf hinzuweisen, dass literarische Texte (hier in Form einer historischen Autobiographie) über den Deutschunterricht hinaus auch im Geschichtsunterricht eingesetzt werden. Die didaktische Intention dabei ist, die Bedeutung historisch-politischer Ereignisse und rechtlicher Verordnungen für den Lebensalltag zu erhellen. In diesem Unterrichtsarrangement mit dem literarischen Text und der offenen Aufgabenstellung wird den SchülerInnen ermöglicht, Verbindungen zwischen historisch-politischer Realität (Erlass der Nürnberger Gesetze) und erzählter Lebens-geschichte (Autobiographie von Marta Appel) zu knüpfen. Die kommunikative Aneignung des Textes durch die SchülerInnen äußert sich zum einen in einem Ver-gleich mit anderen im Rahmen des Geschichtsunterrichts rezipierten historischen Erfahrungsberichten, zum anderen in einer perspektivischen Auseinandersetzung mit dem geschilderten moralischen Dilemma und verbleibt damit insgesamt im Rahmen des kulturellen Gedächtnisses des schulischen Unterrichts.

Das Unterrichtsgespräch ist im erweiterten Sinne als literarisches Gespräch organi-siert. Nicht nur die Offenheit der Aufgabenstellung des Lehrers, sondern auch seine Rolle im Gespräch als Moderator, der die SchülerInnen ihre Deutungen der Geschichte selbstständig entfalten und aushandeln lässt, entsprechen der Mehrdeutigkeit und dem symbolischen Gehalt des Gesprächsgegenstandes. Der Umgang der SchülerInnen mit dem offenen Ende sowohl der Geschichte als auch der Diskussion zeigt die Möglich-keiten, aber auch die Grenzen eines solchermaßen geführten Unterrichtsgesprächs. Denn einerseits entfalten die SchülerInnen selbstverantwortlich ihre Deutungen der Geschichte, andererseits wird ihnen die perspektivisch unterschiedliche Betrachtung der Geschichte als Ausgangspunkt für einander gegenüberstehende Deutungen des moralischen Dilemmas hier nicht deutlich.

Das zentrale Ergebnis der Fallstudie, dass die kulturellen Hintergründe der SchülerInnen im Unterrichtsgespräch unsichtbar bleiben bei gleichzeitigem Wissen darum, dass sie möglicherweise bei der kommunikativen Aneignung von Ge-schichte(n) perspektivisch bedeutsam werden, wirft weiterführende Fragen für die vor-liegende Untersuchung auf: Lässt sich diese Beobachtung auch in literarischen Ge-sprächen im Deutschunterricht machen? Bieten die theoretische Unterscheidung von unterschiedlichen Gedächtnisrahmen und ihrer jeweiligen kommunikativen und kulturellen Praxis hierfür eine Erklärung? Proske formuliert als Desiderata der Unter-richtsforschung, weitere Untersuchungen zur kommunikativen Sicht- und Unsichtbar-keit von kulturellen Hintergründen der Schülerschaft in der Unterrichtskommunikation über den Nationalsozialismus durchzuführen (vgl. ebd., 123). In der vorliegenden Studie wird bei der Analyse literarischer Rezeptions- und Anschlusskommunikations-prozesse des ausgewählten zeitgeschichtlichen Jugendromans die Dimension der sprachlich-kulturellen Heterogenität der Schülerschaft berücksichtigt, wenngleich mit einem spezifischen Fokus: Im Zentrum des Interesses stehen SchülerInnen mit einem deutschen oder polnischen Familienhintergrund mit ihren jeweiligen Sozialisations- und Migrationserfahrungen in Deutschland und in Polen.

2.3 Zusammenfassung: Geschichte(n) zwischen Fiktion und Realität

Im Folgenden wird zunächst ein zusammenfassender Rückblick über den aufgezeigten Forschungsstand zum interkulturellen deutsch-polnischen Gedächtnis sowie zur literarischen Rezeption und Anschlusskommunikation gegeben. Es folgen weiterführende Überlegungen bezüglich des daran anknüpfenden Erkenntnisinteresses dieser Arbeit.

Sowohl aus kultur- als auch aus sozialwissenschaftlicher Perspektive lässt sich aufzeigen, dass in der aktuellen Erinnerungskultur in Deutschland und in Polen die deutsch-polnische Beziehungsgeschichte als wechselvoll und konfliktreich und insbesondere durch die Zeit des Zweiten Weltkriegs belastet erscheint. Es zeigen sich jedoch unterschiedliche Praxen des kulturellen Gedächtnisses zwischen den Ländern, aber auch innerhalb der Länder, die geprägt sind durch den jeweiligen gesellschaftspolitischen Kontext und dessen historischen Wandel. Insgesamt zeichnet sich die polnische Erinnerungskultur durch ihre intensive Beschäftigung mit den erfahrenen Leiden im Zweiten Weltkrieg aus. In jüngster Zeit wird daneben zunehmend der Antisemitismus in Polen thematisiert und öffentlich diskutiert. Während das kulturelle Gedächtnis der DDR sich zentral mit dem antifaschistischen Widerstand beschäftigte, ist das der BRD nach anfänglicher Verdrängung durch die intensive und anhaltende Auseinandersetzung mit der eigenen Täterschaft und dem Holocaust geprägt, in jüngster Zeit zunehmend auch der Flucht und Vertreibung.

In ähnlicher Weise unterscheiden sich die Praxen des kommunikativen Gedächtnisses unter Jugendlichen in den heutigen Staaten. Für SchülerInnen in Polen ist die Vergangenheit in der Erinnerung an den Zweiten Weltkrieg gegenwärtig und beeinflusst das Deutschlandbild – allerdings in zunehmend geringerem Maße. Ohne das Wissen um die Erfahrungen und die daraus resultierenden negativen Einstellungen älterer Generationen zu verdrängen, löst zunehmend eine offene Einstellung Deutschland bzw. Deutschen gegenüber bei den Heranwachsenden historisch geprägte und kommunikativ und kulturell tradierte Ressentiments ab. Im Vergleich zu dieser den Jugendlichen in Polen bewussten vergangenheitsorientierten Betrachtung Deutschlands in der polnischen Gesellschaft ist das Polenbild von SchülerInnen in Deutschland eher gegenwartsorientiert und distanziert. Sie bringen den Zweiten Weltkrieg nicht primär mit dem Nachbarland in Verbindung und sind zudem erstaunt über dessen Aktualität im alltäglichen Leben in Polen. Ferner zeigt sich bei interkulturellen Begegnungen eine Unbeholfenheit mit dem Umgang dieser gemeinsamen Geschichte auf deutscher Seite.

Betrachtet man interkulturelle Gespräche in Bildungssituationen, so bleibt festzuhalten, dass die Tradierung von Geschichte und ‚Kultur' nicht nur einen zentraleren Stellenwert im kulturellen Gedächtnis in Polen einnimmt, sondern dass dieses auch in besonderer Weise durch Praxen des kommunikativen Gedächtnisses, maßgeblich des Erzählens von Geschichten, geprägt ist. Aus kulturvergleichender Perspektive ist sowohl auf das Spannungsverhältnis zwischen den Gedächtnisrahmen als auch auf unterschiedliche Umgangsweisen mit Geschichte in verschiedenen (erinnerungs)kulturellen Kontexten hinzuweisen.

Offen bleibt die Frage nach den Aneignungsprozessen des historischen Bewusstseins bei Heranwachsenden in Polen und in Deutschland: Welche Rolle spielt Literatur hierbei, welche das kommunikative Familiengedächtnis, welche das kulturelle Gedächtnis schulischen Literaturunterrichts?

Begreift man Lesen als eine andere Form der Erschließung der Welt und Literatur als einen eigenständigen Modus der Erfahrungsbildung, so wird die identitätsbildende Funktion literarischer Lektüre evident. Von zentraler Bedeutung in der literarischen Sozialisation ist die im Leseprozess herausgeforderte Imagination. Aus der Perspektive des symbolischen Interaktionismus ist die Identitätsentwicklung ein interaktiver Prozess, bei dem es gilt, soziale und persönliche Identität auszubalancieren, d.h. in der ständigen Auseinandersetzung mit Anderen Ich-Identität auszubilden. Literarische Geschichten mit ihren zwei ‚Landschaften', der der Handlung und der des Bewusstseins, begleiten die Heranwachsenden in diesem Balanceakt und eröffnen in ihrer Fiktionalität ein Spiel mit Möglichkeiten auf dem Weg zu einem Entwurf von Selbst und Welt. In der literaturdidaktischen Diskussion wird literarisches Lernen als anthropologische Grunderfahrung in einem engen Zusammenhang mit historischen, moralischen und interkulturellen Dimensionen des Lernens gesehen. Die Übernahme auch unvertrauter Perspektiven und ein empathischer Zugang zu literarischen Figuren werden dabei immer wieder als zentrale Herausforderungen im Rezeptionsprozess genannt. Empirische Fallstudien zeigen diese vielfältigen Lernpotentiale im individuellen Rezeptionsprozess auf. Des Weiteren weisen sie auf die Bedeutung der Erwartungen von LeserInnen an Texte hin, die als (kulturelle) Referenzrahmen für deren Rezeptionsprozess fungieren. Für LeserInnen in der Adoleszenz erhält der Realitätsgehalt bei literarischen Texten eine besondere Bedeutung, da ihr Interesse sich vor allem auf die Verbindung zwischen realer Lebens- und literarischer Textwelt bezieht. Mit zunehmender Leseerfahrung ist eine zunehmend komplexere mentale Repräsentation von Narrationen festzustellen, in der nicht nur unterschiedliche (Erzähl- und Figuren-)Perspektiven erkannt und eingenommen, sondern auch zueinander in Bezug gesetzt werden. Das kulturhistorische Kontextwissen sowohl zur Entstehungszeit als auch zum Erzählgegenstand eines Textes steht in einer wechselseitigen Beziehung zum literarischen Verstehensprozess: Einerseits bildet es mögliche Referenzrahmen für die Lektüre, andererseits fordert die Lektüre eine weitere Kontextualisierung heraus.

Die Anschlusskommunikation ist von entscheidender Bedeutung für den subjektiven Rezeptionsprozess, der nicht im kontextfreien Raum stattfindet. Auch die Erforschung von Rezeptionsprozessen ist maßgeblich auf die Anschlusskommunikation angewiesen, lassen sich doch erst aus ihr heraus die Rahmungen der Lektüre und deren interaktive Aushandlungen im Gespräch rekonstruieren. In der Unterrichtskommunikation werden Lernprozesse in Formaten organisiert. Die Lernpotentiale können aber durch die musterhafte Struktur der Gespräche auch eingeschränkt werden. Entscheidend für erfolgreiche Lernprozesse sind die Aushandlungen von Rahmungsdifferenzen zwischen Lehrenden und SchülerInnen, aber auch von SchülerInnen untereinander. Zu untersuchen bleibt, inwiefern eine konsensuelle Annäherung von differenten Deutungen im Gespräch aufgrund der Vielstimmigkeit des Unterrichtsgegenstands Literatur bei literarischen Lernprozessen angemessen ist. Offen bleibt ferner die Frage nach der Rolle der Lehrenden im literarischen Gespräch sowie nach der historisch-politischen Kontextualisierung der Lektüre durch sie, auf die die heranwachsenden SchülerInnen noch in größerem Maße angewiesen sind. Des Weiteren ist auch die Einlösung der didaktischen Forderung nach einer Verbindung der erzählten Welt mit der eigenen

Lebenswelt, also einer Übertragung literarischer auf lebensweltliche Erfahrung, aus forschungspragmatischer Sicht in Frage zu stellen, zeigt sich doch in empirischen Studien immer wieder, dass Geschichten aus dem kommunikativen (Familien-)Gedächtnis der SchülerInnen im Rahmen des kulturellen Gedächtnisses des schulischen Unterrichts nicht erzählt werden. Die SchülerInnen greifen vielmehr auf andere im unterrichtlichen Kontext verhandelte Geschichten zurück. Wie können also literarische Lernprozesse rekonstruiert werden, die im Unterrichtsgespräch im Verborgenen bleiben, mitunter, weil sie sehr persönlich sein können, da sie eng mit der eigenen Identitätsbildung verwoben sind? Bislang unbeachtet in der literarischen Unterrichtsforschung ist der sprachlich-kulturelle Hintergrund bei der perspektivischen Lesart literarischer Texte und ihrer Aneignung im Unterrichtsgespräch.

Betrachtet man die hier vorgestellten Studien, die sich aus verschiedenen Perspektiven mit den für die vorliegende Untersuchung relevanten Aspekten der historischen Sinnbildung und der literarischen Rezeption im interkulturellen Kontext nähern, so wird evident, dass eine grundlegende Verbindung dieser Forschungsansätze bislang aussteht. Sowohl in der Geschichtsdidaktik (z.B. Pandel 1987) als auch in der Literaturdidaktik (z.B. Spinner 2006, 11) gilt die Unterscheidung von Fiktion und Wirklichkeit als zentraler – einmal historischer, einmal literarischer – Lernprozess. Während es in der einen Disziplin dabei darauf ankommt, historische Vorstellungsbildung möglichst frei von Fiktionen aufzubauen, wird in der anderen eine symbolische Rezeption eingefordert, die sich gerade nicht an die engen Grenzen von an (äußeren) Realität orientierten Bedeutungskonstruktionen hält, sondern Imagination und ein Spiel mit unterschiedlichen Möglichkeiten herausfordert. Dabei übernimmt das Erzählen von Geschichte(n) in beiden Disziplinen eine zentrale Rolle: Die Narration verbindet historische und literarische Vorstellungsbildung miteinander. Begreift man Literatur als Fundus anthropologischer Grunderfahrungen sowie deren subjektive und kommunikative Rezeption als Möglichkeit, sich gerade auch unvertraute, historisch und kulturell fern der eigenen Lebenswelt liegende Perspektiven zu vergegenwärtigen, so scheint aufgrund der Erkenntnisse aus den vorgestellten empirischen Studien das literarische Lernpotential auf, das die Aneignung von fiktionalen Geschichten für die Ausbildung von einer persönlichen und einer sozialen Identität sowie eines historischen Bewusstseins birgt.

In der vorliegenden Studie wird es nun darum gehen, diese literarischen Aneignungsprozesse – exemplarisch anhand des ausgewählten zeitgeschichtlichen Jugendromans und drei SchülerInnengruppen in Deutschland und Polen – in den Blick zu nehmen und ihre unterschiedlichen Facetten vor dem Hintergrund erzählter Geschichten in der bisherigen Sozialisation (Kap. 5.1), der historischen Kontextualisierung des Romans im Geschichtsunterricht (Kap. 5.2), der subjektiven Rezeption der einzelnen SchülerInnen (Kap. 6.1) und der literarischen Anschlusskommunikation im Literaturunterricht (Kap. 6.2) zu untersuchen. Der Fokus dieser literarischen Gesprächsforschung zu historischer Vorstellungsbildung im interkulturellen Kontext liegt auf der sich gegenseitig erhellenden Verbindung von ‚erfundenen‘ und ‚realen‘ Geschichten und ihrer kommunikativen Aneignung durch kulturell heterogene Schülergruppen.

3 Zur empirisch-qualitativen Anlage der Untersuchung

Die vorliegende Arbeit nähert sich ihrem Forschungsgegenstand – der Rezeption eines zeitgeschichtlichen Jugendromans von SchülerInnen in Deutschland und in Polen – aus verschiedenen theoretischen, disziplinären und methodischen Perspektiven. Im folgenden Kapitel wird das methodische Design der Untersuchung vorgestellt. Nach der begründeten Darlegung der methodologischen Grundlagen und methodischen Entscheidungen wird ein Überblick über das Forschungsfeld gegeben. Abschließend werden anhand der theoretischen, empirischen und methodischen Grundlegungen dieser Arbeit die Fragestellungen für die einzelnen Analysekapitel ausdifferenziert. Diese ausführliche methodologisch begründete Darstellung dient der Transparentwerdung des Forschungsprozesses sowie der Nachvollziehbarkeit und Plausibilisierung der in ihm generierten Erkenntnisse (vgl. Krummheuer/Naujok 1999, 66f.).

3.1 Methodologie und Methode

Die in dieser Studie getroffenen und an ihrem Erkenntnisinteresse ausgerichteten methodologischen Grundlagen und methodischen Entscheidungen werden anhand der ihnen zugrunde liegenden *methodologischen Reflexionen* (Kap. 3.1.1), der *Datenerhebung und -aufbereitung* (3.1.2) sowie der *Analyseverfahren* und der *Darstellung der Interpretationen* (3.1.3) vorgestellt.

3.1.1 Methodologische Reflexionen

Für die vorliegende Untersuchung sind die Prinzipien des Wechselspiels zwischen *induktiven und deduktiven Zugängen im ethnographischen Ansatz* und der *Triangulation* leitend. Um die methodologische Verortung der Arbeit und die Richtung ihres Erkenntnisinteresses zu verdeutlichen, seien diese Prinzipien im Folgenden kurz skizziert.

3.1.1.1 Induktive und deduktive Zugänge im ethnographischen Ansatz

Der Fokus der vorliegenden Studie liegt auf der Rezeption eines zeitgeschichtlichen Jugendromans von SchülerInnen in Deutschland und in Polen. Daher ist die Untersuchung anzusiedeln zwischen interkultureller Gedächtnis- und literarischer Rezeptionsforschung. Die Vorgehensweise bei der Untersuchung ist sowohl durch Hypothesen geleitet als auch mit dem Ziel verbunden, neue Thesen zu generieren.

Forschungshistorisch war zunächst mit der qualitativen Vorgehensweise eine Abgrenzung von hypothesenprüfenden quantitativen Forschungsmethoden angestrebt (vgl. Meinefeld 2003, 266ff.). In diesem Zuge forderte die Grounded Theory (Glaser/Strauss 1967) eine Offenheit im Forschungsprozess, um nicht im eigenen Relevanzrahmen verhaftet zu bleiben, sondern diejenigen der Handelnden zu rekonstruieren. Hierzu sollten theoretische und empirische Forschungsarbeiten zunächst unberücksichtigt bleiben, um dem Forschungsfeld unvoreingenommen zu begegnen, bei der Analyse die Kategorien allein aus dem Material zu entwickeln und hieraus Theorien zu generieren. Aus konstruktivistischer Perspektive kritisiert Werner Meinefeld (2003, 270ff.) diese Ausschließlichkeit in Anlehnung an Christel Hopf (1996) mit der Begründung, dass ein unvoreingenommener Zugang in der Praxis nicht möglich sei, da der Forscher „alltagstheoretische Konzepte", „allgemeintheoretische Konzepte" und „gegenstandsbezogene Konzepte" (Meinefeld 2003, 273) zur Deutung heranziehe, die den Deutungsprozess ebenso beeinflussen können wie zuvor gebildete Hypothesen: „Erkenntnisse über soziale Phänomene ‚emergieren' nicht aus eigener Kraft, sie sind Konstruktionen des Forschers von Anfang an." (ebd., 269)

Dieser Kritik schließt sich die vorliegende Arbeit mit Hinweis auf die hermeneutische Verstehenstheorie an, nach der die Bildung von „Vorurteilen" notwendig ist, um sich ihrer bewusst zu werden, sie anschließend revidieren und so zu neuen Erkenntnissen gelangen zu können (Gadamer 1990, 281ff.). So setzen auch die Auswahl des Romans, der Schulen und einzelner SchülerInnen für die Interviews sowie die ethnographischen Unterrichtsbeobachtungen und die Interviewleitfäden einen ersten Fokus ausgehend von theoretischen Grundlagen, empirischen Erkenntnissen und didaktischen Überlegungen. Die Interpretationen gehen zunächst von den allgemeinen Fragestellungen der Untersuchung aus, setzen aber konkret am Datenmaterial, an den Beobachtungen und transkribierten Gesprächen an, um offen für neue, bislang unbekannte Phänomene zu sein. Bei der Analyse der literarischen Gespräche wechseln sich also induktive und deduktive Zugänge ab. Man kann hierbei aus kognitionspsychologischer Sicht – ebenso wie bei literarischen Verstehensprozessen – von einem Wechselspiel zwischen bottom-up- und top-down-Prozessen sprechen (vgl. Martinez/ Scheffel 2003, 150). Die Bewusstwerdung der eigenen Deutungsrahmen wird dabei mit Hilfe einer Transparentmachung des Forschungsprozesses in einem ausführlichen Methodenkapitel sowie einer rekonstruktiven Vorgehensweise bei den Datenanalysen möglich.

Im Gegensatz zur programmatischen Vorgehensweisen von schulischen Interventionsstudien, die der Erprobung und Prüfung didaktischer Konzepte in der Praxis dienen, fokussiert der ethnographische Ansatz den Unterrichtsalltag mit dem Ziel der

> „Rekonstruktion der Arten und Weisen, wie Menschen im Zusammenleben mit anderen ihre jeweilige Welt konstruieren. Der Sinn dieser Rekonstruktion je fremder Welten liegt in dem Anliegen, zu verstehen und zu übersetzen, welchen Sinn Akteure mit ihrem Tun (und Lassen) je verbinden." (Hitzler 2003, 51)

Demzufolge beabsichtigt die vorliegende ethnographisch ausgerichtete Studie weder, die literarischen Rezeptionskompetenzen von SchülerInnen an literaturwissenschaftlich entwickelten Interpretationen des Jugendromans bzw. theoretisch entwickelten Kompetenzmodellen zu messen, noch ein programmatisches didaktisches Konzept und dessen Umsetzung zu erproben. Die ethnographische Perspektive dieser Arbeit setzt vielmehr an den literarischen Erfahrungen und Handlungen der SchülerInnen in der unterrichtlichen und familialen Alltagspraxis an und versucht diese „kleinen Lebenswelten" in einer „dichten Beschreibung" (Honer 2003, 196) darzustellen.

„Vereinfacht gesagt bedeutet ‚dichte Beschreibung' als Forschungsprogramm, die Wissens-
strukturen, die Deutungsschemata untersuchter Kulturfelder oder auch nur von Partikeln
untersuchter Kulturfelder, die so etwas wie ein ‚Bedeutungsgewebe' mehr oder weniger
hierarchisch in sich geordneter ‚semantischer Felder' bilden, zu entdecken und herauszuarbeiten und somit einen Zugang zur Kultur, zum Wissensvorrat und zu den Habitualitä-
ten der untersuchten Menschen zu gewinnen. ‚Dichte Beschreibung' zielt darauf ab,
‚Erklärungen' (in einem kulturellen Bereich) im Verhältnis zum Insgesamt dieses kulturellen Bereichs zu erklären." (ebd.)

In diesem Sinne ist es ein deskriptives, kein normatives Vorgehen. In Anlehnung an
den in der internationalen interpretativen Unterrichtsforschung entwickelten *Re-
constructive Ethnographic Account Approach* (REAA) ist das Vorgehen in dieser
Arbeit stärker fokussiert, um „spezifische Aspekte des alltäglichen Lebens und der
kulturellen Praktiken einer sozialen Gruppe zu studieren, ohne eine vollständige
Ethnographie zu machen." (Kroon/Sturm 2002, 97)

Aus ethnographischer Perspektive ist die Forscherin in ihrer Subjektivität in den
Forschungsprozess und das Handeln im Forschungsfeld mit eingebunden. Bei der
teilnehmenden Beobachtung des Unterrichts ist sie durch ihre Anwesenheit und die
Aufnahmegeräte präsent; in den Interviews ist sie darüber hinaus aktive Teilnehmerin
an den Gesprächen. Diese im Forschungsprozess gemeinsam hergestellte Konstruktion
von Wirklichkeit muss bei der Interpretation der literarischen Gespräche reflexiv
berücksichtigt werden (vgl. Kap. 3.1.2).

Der gesamte Forschungsprozess ist durch die Prinzipien der *Rekonstruktion* und
der *Komparation* gekennzeichnet (vgl. Krummheuer/Naujok 1999, 66f.). Die *Rekonstruktion* findet in zweifacher Hinsicht statt. Zum einen werden die Konstruktionsprozesse der an den literarischen Gesprächen Beteiligten rekonstruiert, zum anderen
das eigene methodische Vorgehen, das ebenfalls ein konstruktiver Akt ist, um so den
Forschungsprozess transparenter zu machen (vgl. Bohnsack 2000, 24ff.). Die
Komparation zieht sich durch den gesamten Analyseprozess. Dabei werden gedanken-
experimentelle Vergleichshorizonte zunehmend durch empirische ersetzt (vgl. ebd.,
152f.). So angewendet bietet die Komparation einen grundsätzlichen Zugang zur
Erkenntnis.

In komparativer Perspektive wurde auch die Anlage der Studie im internationalen
Kontext entwickelt. Ausgangspunkt dieser Entscheidung war die Annahme, dass der
ausgewählte Roman, der die Geschichte der Flucht einer jüdisch-polnischen Familie
aus dem von Deutschland besetzten Polen nach Ungarn zur Zeit des Zweiten Weltkriegs erzählt, in verschiedenen europäischen Ländern vor dem Hintergrund ihrer jeweils national geprägten Erinnerungskulturen (vgl. Kap. 2.1.1) anders gelesen bzw.
anders über ihn gesprochen wird. Von daher schien ein internationaler Vergleich, der
„kulturell und national gebundene Phänomene" (Kroon/Sturm 2002, 104) literarischer
Rezeption und unterrichtlicher Anschlusskommunikation beleuchtet, aufschlussreich
für die Rezeptionsanalyse zeitgeschichtlicher Literatur. Da auf der einen Seite Polen
der historische Handlungsort sowie Polnisch die Nationalität und Sprache der Hauptfiguren ist und auf der anderen Seite Deutschland das Erscheinungsland sowie Deutsch
die Sprache des Romans, erforscht die vorliegende Studie die Rezeption des Jugendromans im deutsch-polnischen Kontext. In dem Vergleich der Rezeption desselben

zeitgeschichtlichen Romans als *tertium comparationis* von SchülerInnen in diesen zwei Ländern liegt die Möglichkeit, die „kulturellen Selbstverständlichkeiten" (Borries 1997) literarischer Rezeption und Anschlusskommunikation zu erkennen und zu rekonstruieren. Die – aus der Perspektive der in Deutschland sozialisierten und wissenschaftlich arbeitenden Forscherin – vertraute Rezeptionspraxis im deutschen schulischen Kontext wird durch die Beobachtungen und Erfahrungen im polnischen Kontext ihrer ‚natürlichen Gegebenheit' enthoben (vgl. Anderson-Levitt 1987).

3.1.1.2 Triangulation der theoretischen, disziplinären und methodischen Perspektiven

Das Prinzip der Triangulation (der Kombination verschiedener Theorien, Disziplinen und Methoden) wurde für die vorliegende Studie gewählt, um den Forschungsgegenstand – die Rezeption eines zeitgeschichtlichen Jugendromans von SchülerInnen in Deutschland und in Polen – aus unterschiedlichen Perspektiven betrachten zu können. Hierbei geht es nicht um eine gegenseitige Validierung, sondern um eine – insbesondere durch Divergenzen vorangetriebene – Erweiterung von Erkenntnismöglichkeiten.

Einen aktuellen Überblick über die methodologische Forschungsdiskussion zur Triangulation gibt Uwe Flick (2004). Nach ihm ist die Multiperspektivität entscheidendes Merkmal und Ausgangspunkt der Triangulation:

> „Vereinfacht ausgedrückt bezeichnet der Begriff der Triangulation, dass ein Forschungsgegenstand von (mindestens) zwei Punkten aus betrachtet – oder konstruktivistisch formuliert: konstituiert – wird." (ebd., 11)

Hierin ist die grundlagentheoretische Position enthalten, dass ethnographische Untersuchungen nicht eine sozialkulturelle Wirklichkeit abbilden, sondern dass mit den jeweiligen Perspektiven auf einen Gegenstand dieser in spezifischer Weise (mit)konstituiert wird. Aus der Sicht der internationalen Unterrichtsforschung weisen Wolfgang Herrlitz und Jan Sturm (1991) insbesondere auf die Wahl solcher Perspektiven hin, die Vertrautes fremd erscheinen lassen, indem sie Triangulierung definieren als

> „a research strategy by which researchers attempt to accumulate as many perspectives on their cases under study as they can handle in all fairness, being not afraid of perspectives which ‚make the familiar strange', in order to implement a process of meaning construction that allows for dealing with convergencies, inconsistencies and contradictories" (ebd., 10, zit. n. Kroon/Sturm 2002, 103).

In dieser Definition wird ebenfalls das Wagnis deutlich, das es bedeuten kann, sich auf ungewöhnliche und unbekannte Perspektiven einzulassen, die einen durch Widersprüche vor neue Fragen stellen können. Dementsprechend wird unter einer multiperspektivischen Betrachtungsweise ein Untersuchungsgegenstand von größerer Komplexität generiert. Bei der Kombination unterschiedlicher Methoden, ihrer theoretischen Zugänge und den daraus entstehenden Datensorten erhält man Erkenntnisse auf unterschiedlichen Ebenen, die sich zu einem facettenreicheren, komplexeren und differenzierteren Bild zusammensetzen, als dies allein ein Zugang ermöglicht hätte. Gerade in dieser Vielschichtigkeit liegt der Erkenntniszuwachs triangulierender Forschung.

Sowohl die Begründungen und Zielsetzungen der Triangulation als auch die Grundannahme ihrer Gegenstandskonstituierung heben sich von den anfänglichen methodologischen Forderungen an Triangulation als Strategie zur Validierung von Ergebnissen und zur Steigerung der Reliabilität von Vorgehensweisen ab, die maßgeblich von Denzin (1970) geprägt wurden (vgl. Flick 2004, 13ff.).

> „Theoretical triangulation does not necessarily reduce bias, nor does methodological triangulation necessarily increase validity. Theories are generally the product of quite different traditions so when they are combined, one might get a fuller picture, but not a more 'objective' one. Similarly different methods have emerged as a product of different theoretical traditions, and therefore combining them can add range and depth, but not accuracy." (Fielding/Fielding 1986, 33, zit. n. Flick 2004, 18)

Vielmehr werden in der aktuellen methodologischen Diskussion von der Triangulation von Methoden und Daten Konvergenzen *und* Divergenzen erwartet. Konvergenzen werden dabei „nicht im Sinne von Deckungsgleichheit, sondern [...] von Komplementarität" (Lamnek 1988, 236, zit. n. Flick 2004, 19) verstanden. Divergenzen haben fragengenerierenden Charakter, die eine Suche nach Antworten auf einer theoretischen oder empirischen Ebene einfordern (vgl. Flick 2004, 46). Ausgehend von dieser Perspektive werden Divergenzen in der vorliegenden Untersuchung als produktive Irritationen aufgefasst, die neue Erkenntnisse herausfordern (vgl. auch Bachmann/Schneider 2004, 100).

In Bezug auf die von Uwe Flick vorgenommene Unterscheidung zwischen *impliziter* und *expliziter* Triangulation in der Ethnographie ist die vorliegende Studie letzterer zuzuordnen. Hier wird nicht in erster Linie aus pragmatischen Gründen und situationsbezogen aus verschiedenen Perspektiven beobachtet. Der Forschungsgegenstand – die Rezeption eines zeitgeschichtlichen Jugendromans von SchülerInnen in Deutschland und in Polen – erfordert vielmehr eine systematische Betrachtung aus verschiedenen – *theoretischen*, *disziplinären* und *methodischen* – Perspektiven, wie im Folgenden aufgezeigt wird.

Jugendliche SchülerInnen lesen den ausgewählten zeitgeschichtlichen Roman nicht voraussetzungslos. Vielmehr rezipieren sie ihn sowohl vor dem Hintergrund der im Alltag und der Familie erzählten und medial rezipierten Geschichten über die Vergangenheit als auch vor dem Hintergrund des in der Schule erworbenen Wissens und der im Unterricht gelesenen Lektüren über diese Zeit. Ausgehend davon nähert sich die Studie der Romanrezeption aus zwei *theoretischen* Perspektiven: Mithilfe der Theorie des kommunikativen Gedächtnisses (Kap. 1.1) werden die Geschichten in Familie und Alltag betrachtet, mithilfe der Theorie des kulturellen Gedächtnisses die Geschichte(n) in Schule und Unterricht (Kap. 1.2).

Der ausgewählte zeitgeschichtliche Jugendroman eröffnet Sinnangebote und stellt Rezeptionsanforderungen vor allem aus zwei verschiedenen Perspektiven: einer historisch-politischen und einer literarisch-anthropologischen (vgl. Kap. 4.2). So wurde im Zuge einer Triangulation der *Disziplinen* der Forschungsstand hinsichtlich der deutsch-polnischen Gedächtnisforschung auf der einen (Kap. 2.1) sowie der literarischen Rezeptions- und Unterrichtsforschung auf der anderen Seite (Kap. 2.2) aufgearbeitet.

Aus der Sicht der Rezeptionsforschung (vgl. Kap. 2.2) bezieht die Rezeption des Romans sowohl die individuelle Lektüre als auch das soziale Gespräch über die Lektüre mit ein. Davon ausgehend wurde eine *Methoden*-Triangulation vorgenommen: Die Leitfadeninterviews mit den SchülerInnen (Kap. 3.1.2.2) dienen der Erforschung des subjektiven Rezeptionsprozesses, die ethnographische Unterrichtsbeobachtung (Kap. 3.1.2.1) hat die Untersuchung der interaktiven Anschlusskommunikation zum Ziel.[41]

Diese vielfältigen Formen der Triangulation theoretischer, disziplinärer und methodischer Perspektiven findet bereits Eingang in die Analysekapitel in unterschiedlicher, teils sich überschneidender Form. Im abschließenden Resümee werden die unterschiedlichen Perspektiven in einer Triangulation der Erkenntnisse aus den einzelnen Analysekapiteln noch einmal systematisch zusammengeführt.

3.1.2 Datenerhebung und -aufbereitung

Im Folgenden werden die vor dem Hintergrund der methodologischen Reflexionen entwickelten verschiedenen Methoden der Datenerhebung – die *ethnographische Beobachtung des Unterrichts* und die *Gruppen- und Einzelinterviews mit ausgewählten SchülerInnen* – sowie die Aufbereitung der Daten in Form der *medialen Aufzeichnung und Transkription* zur Transparenz des Forschungsprozesses und der Nachvollziehbarkeit der Analysen näher erläutert.

3.1.2.1 Ethnographische Beobachtung der Unterrichtseinheiten

Der Unterricht wurde aus einer ethnographischen Perspektive beobachtet, mit Video und Tonband aufgezeichnet und mit Feldnotizen skizziert. Dabei wurde versucht, das Untersuchungsgeschehen so gering wie möglich zu beeinflussen und somit möglichst alltagsnah zu halten. Allerdings ist damit auch verbunden, sich auf die Bedingungen, Wünsche und Erwartungen im jeweiligen Untersuchungsfeld einzulassen, gerade um die Alltagspraxis in der Schule zur Geltung kommen zu lassen. Eine Lehrerin bat die teilnehmende Beobachterin beispielsweise wiederholt, während des Unterrichts einen Sitzplatz zwischen den SchülerInnen einzunehmen und so unmittelbarer am Unterrichtsgeschehen teilnehmen zu können, während es in den anderen Klassen Möglichkeiten des räumlichen Rückzugs für die Beobachtungen gab. Insgesamt ist festzuhalten, dass sowohl die Präsenz der Forscherin als auch die Aufnahmegeräte von den Lehrerinnen und SchülerInnen während des Unterrichtsgeschehens wahrgenommen werden. Dies zeigen sporadische Blicke in die Kamera, das ‚Verstecken' des

---

41 Zur Triangulation von Interview- und Interaktionsdaten im schulischen Kontext s. z.B. Naujok (2004).

Gesichts hinter den Haaren, kleine ‚Inszenierungen' speziell für die Tonbandgeräte, Sprechen im Flüsterton, Wechseln in eine andere Sprache, eine andere Ausrichtung des Mikrofons etc. Bezogen auf das gesamte Datenmaterial bleiben diese kreativen, interaktiven Auseinandersetzungen mit der Aufnahmesituation jedoch Einzelfälle. Insbesondere bei interaktiv verdichteten Stellen des Unterrichts ist eine Konzentration der Beteiligten auf das Unterrichtsgeschehen zu beobachten. Aus ethnographischer Perspektive wird die Präsenz der Aufnahmemedien und der Forscherin in den Klassen nicht als beeinflussende ‚Störung' des Unterrichtsalltags und der in ihr Beteiligten eingeschätzt. Vielmehr kann sie als integraler Bestandteil dieser Alltagspraxis für eine bestimmte Zeit betrachtet werden, der bei der Interpretation der Daten als diese mitkonstituierend reflektiert werden muss.

Zu Beginn der teilnehmenden Beobachtung wurde ein offener Zugang zum Forschungsfeld Schule, bzw. dem schulischen Literaturunterricht, gesucht und in den Feldnotizen allgemeine Eindrücke und besondere Einzelheiten festgehalten. Wichtige Ausgangsfragen hierbei waren: Was wird im Gespräch ins Zentrum gestellt und wie wird es verhandelt? An welchen Stellen zeichnen sich die Gespräche durch eine interaktive Dichte aus, an welchen Stellen tritt Unerwartetes ein? Durch die Gruppeninterviews zu Beginn der Unterrichtseinheiten konnte im Verlauf der weiteren Stunden der Beobachtungsfokus auf die Interaktionen der SchülerInnen, die sich zu den Interviews bereit erklärt hatten, sowie die Themen, die immer wieder – in den Interviews und den Unterrichtsgesprächen – verhandelt wurden, gerichtet werden. Die Auswahl der Daten zur Transkription sowie die Auswahl der Analysepassagen – *key incidents* (vgl. Kap. 3.1.2.1) – stellten schließlich den selektiven Zugang dar. Dieser Weg von der offenen, zur fokussierten und schließlich zur selektiven Beobachtung (vgl. Spradley 1980) ist notwendig, um im Forschungsprozess von der Praxis im Feld auszugehen.

3.1.2.2 Fokussierte Gruppen- und Einzelinterviews mit ausgewählten SchülerInnen

Neben der Unterrichtsbeobachtung wurden lektürebegleitend mit ausgewählten SchülerInnen fokussierte Gruppen- und Einzelinterviews (vgl. Hopf 2003) geführt. Diese wurden auf Tonband festgehalten und durch anschließende Gesprächsprotokolle dokumentiert. Während die ethnographischen Unterrichtsbeobachtungen auf die interaktiven Anschlusskommunikationen vor dem Hintergrund einer institutionell strukturierten Gesprächssituation ausgerichtet sind, nehmen die fokussierten Interviews die subjektive Rezeption der jugendlichen SchülerInnen in einer informellen Situation in den Blick. Sie haben das Ziel, zum einen die narrativen historischen Sinnbildungsprozesse der Heranwachsenden, vor deren Hintergrund der ausgewählte Roman rezipiert wird (vgl. Kap. 5.1), zu rekonstruieren, zum anderen die individuellen Aneignungen des literarischen Texts durch einzelne SchülerInnen und die ihnen zugrunde liegenden allgemeinen Strukturen (vgl. Kap. 5.2). Im Folgenden werden die Bedeutungen von *Erzählungen* in den Interviews thematisiert, die Auffassung der

Interviewsituation als *Dialog* dargelegt sowie *Konzeption* und *Durchführung* der Gespräche erläutert.

Die fokussierten Gruppen- und Einzelinterviews sind problemzentriert aufgebaut und durch einen Leitfaden vorstrukturiert. Inhaltlich und strukturell aber werden sie weitgehend von den teilnehmenden SchülerInnen gestaltet (vgl. Hopf 2003, 353ff.). Die Leitfäden sind vor dem Hintergrund der Bedeutung des *Erzählens* für die Generierung und Darstellung von Erfahrungen konstruiert, denn „Erzählungen eröffnen [...] einen umfassenden und in sich strukturierten Zugang zur Erfahrungswelt des Interviewpartners." (Flick 2000, 115) Durch die Offenheit der Gesprächssituation und die zum Erzählen einladenden Fragen weisen die Interviews zahlreiche narrative Sequenzen auf. Die erkenntnistheoretische Bedeutung narrativer Passagen liegt in der in ihnen hervortretenden sinnstiftenden Rahmungen der Erzählenden. Ralf Bohnsack formuliert für das Erzählen von Lebensgeschichten die Grundannahme, „daß der Erzähler seine Lebensgeschichte so reproduziert, wie er sie erfahren hat, also die lebensgeschichtliche Erfahrung in jener Aufschichtung, in jenen Relevanzen und Focussierungen reproduziert, wie sie für seine Identität konstitutiv und somit auch handlungsrelevant für ihn ist" (ebd., 108). Überträgt man diese Prämisse auf das Erzählen einer „Rezeptionsgeschichte", so wird die Bedeutung narrativer Sequenzen für die Rekonstruktionen subjektiver Rezeptionsprozesse evident. Bohnsack geht hier von einer „Homologie von Erzähl- und Erfahrungskonstitution" (Bude 1985) aus.

Durch den Leitfaden wiederum sind die Interviews insoweit strukturiert, dass eine komparative Analyse zwischen den Interviews möglich wird. Die Problemzentrierung des Leitfadens schafft hierfür den inhaltlichen Vergleichs- und Relevanzrahmen im Datenmaterial, innerhalb dessen *key incidents* – Schlüsselstellen in den konkreten Interaktionen mit Verweischarakter auf allgemeine Phänomene (vgl. Kap. 3.1.3.1) – aufgedeckt und in einen größeren Zusammenhang eingeordnet werden können. Es geht bei dem Leitfaden nicht darum, die Jugendlichen vor dem Hintergrund eigener anhand literaturwissenschaftlicher Analysen entwickelter Textinterpretationen zu befragen oder ihre Rezeption anhand zuvor aufgestellter Hypothesen zu untersuchen. Vielmehr geht es darum, sie – vor dem Hintergrund der Sinnangebote und Rezeptionsanforderungen des literarischen Textes – ihre eigenen Sinndeutungen entwickeln zu lassen und diese in der anschließenden Interpretation zu rekonstruieren. Über die Fokussierung auf den subjektiven Rezeptionsprozess der SchülerInnen hinaus dienen die Leitfäden der Interviews auch dazu, etwas über ihre sprachlich-kulturelle, literarisch-mediale, familiale und schulische Sozialisation zu erfahren und somit ein komplexeres Bild von den Jugendlichen in verschiedenen Lebenszusammenhängen zu erhalten.

In der psychologischen Medienrezeptionsforschung wird entsprechend ihrer theoretischen Perspektive von der Dialogartigkeit der LeserIn-Text-Beziehung auch die Erforschung des Leseprozesses als Dialog betrachtet und demzufolge dialogisch gestaltet (vgl. Pette/Charlton 1999). Die Bedeutung des „Leser-Forscher-Dialogs" für die Rekonstruktion des Lektüreprozesses bietet für die vorliegende Studie einen methodischen Anknüpfungspunkt, insofern auch hier die subjektiven Rezeptionsprozesse aus den Interviewgesprächen rekonstruiert werden sollen. Betrachtet man die

Interviews aus einer solchermaßen interaktionistischen Sicht, hat die Interviewerin bei der Gesprächsführung die Aufgabe, sich (an)teilnehmend am Gespräch zu beteiligen. Zudem legt die soziale Bedingtheit der Kommunikationssituation alles andere als Neutralität auf Seiten der Interviewerin nahe (vgl. Jensen/Welzer 2003). Die Rolle der Interviewerin muss daher ebenfalls bei der Auswertung der Gesprächsprotokolle systematisch miteinbezogen werden, denn die Interviews sind von mehreren Beteiligten hergestellte Texte über die Rezeption des ausgewählten Romans, die Kenntnisse über die (deutsch-polnische) Vergangenheit zur Zeit des Nationalsozialismus und andere Themen. Inwieweit sich letztlich ein Gespräch mit „selbstläufigen" Sequenzen (Bohnsack 2000) in der Gruppe entwickelt oder die Jugendlichen auf die Interviewerin als Fragende fixiert sind, hängt jedoch von den einzelnen TeilnehmerInnen, der jeweiligen Zusammensetzung der Gruppen sowie deren Gestaltung der Gesprächssituationen ab.

In jeder Klasse wurden drei Interviewgänge durchgeführt. Die einzelnen Gespräche dauerten je nach Gruppengröße ungefähr 30 bis 60 Minuten. Der durch den Leitfaden vorstrukturierte Fragehorizont der Interviews erstreckt sich insgesamt auf die Rezeption des ausgewählten Romans, die sprachlich-kulturelle, literarisch-mediale, familiale und schulische Sozialisation der Jugendlichen sowie auf historische Kenntnisse zu den deutsch-polnischen Beziehungen.[42] Als Einstieg wurde ein Gruppeninterview (mit zwei bis drei Personen) gewählt, in dem die Ausgangserwartungen an den Roman *Malka Mai* sowie Fragen zur literarischen Sozialisation und zu Kenntnissen über die deutsch-polnische Geschichte im Mittelpunkt stehen. Das zweite Gespräch war ein Einzelinterview zum familiären Hintergrund, zu eigenen Migrationserfahrungen, Identitätsvorstellungen und zur Freizeitgestaltung. Dieses Interview diente vor allem als Kontextmaterial. Das abschließende Evaluationsinterview fand wieder in Gruppen statt. Die Jugendlichen konnten hier die Romanbesprechung reflektieren, diese mit ihren anfänglichen Erwartungen in Verbindung setzen sowie einen möglichen Erkenntnisgewinn formulieren. Dieses Interview zeichnete sich durch eine große Offenheit und Unstrukturiertheit aus, da hier die Jugendlichen vor allem *ihre* Themen einbringen, ausführen und diskutieren konnten.

Aus den drei Klassen beteiligten sich insgesamt 27 SchülerInnen (16 Mädchen und 11 Jungen) an den Interviews: Jeweils zehn SchülerInnen von der deutschen Schule in Warschau und dem Berliner Gymnasium, 7 SchülerInnen vom Warschauer Lyzeum. Ausschlaggebend für die Auswahl der Jugendlichen waren in erster Linie ihr Interesse und ihre Bereitschaft, an den Gesprächen teilzunehmen. Die Interviews wurden parallel zu der Besprechung des Romans im Unterricht durchgeführt. Sie fanden aus organisatorischen Gründen während der Schulzeit (in Pausen, Freistunden, parallel zu anderen Unterrichtsstunden oder im Anschluss an den Unterricht) und innerhalb des Schulgeländes (in leeren Klassenräumen, in der Schulbibliothek oder auf dem Schulhof) statt. Innerhalb der Interviewsituationen konnte sich eine ruhige, offene und intensive Gesprächsatmosphäre entwickeln, die auch Raum zum Erzählen und Diskutieren eröffnete.

---

42 Die Leitfäden der einzelnen Interviews befinden sich im Anhang.

3.1.2.3 Tonband- und Videoaufzeichnungen und gesprächsanalytische Transkription

Bereits die Aufzeichnung und die Transkription der Daten haben konstituierenden und interpretativen Charakter, setzen sie doch schon einen ersten Fokus und geben dem Untersuchungsgegenstand eine Form: Sie „übersetzen interessierende Realitäten in Text, und es entstehen Geschichten über das Feld" (van Maanen 1988, zit. n. Flick 2000, 194).

In der vorliegenden Studie wurden die beobachteten Unterrichtsstunden auf Tonband bzw. Minidisc und Video aufgezeichnet. Insgesamt wurden 56 Unterrichtsstunden dokumentiert: 15 Stunden in der deutschen Schule in Warschau, 20 Stunden im Berliner Gymnasium und 21 Stunden im Warschauer Lyzeum. Die Videoaufzeichnung hatte die gesamte Klasse im Fokus. Mit den Tonbändern bzw. Minidisc-Geräten, die auf einzelnen Tischen in der Klasse verteilt waren, konnten über die Plenargespräche hinaus auch SchülerInnengespräche in Gruppenarbeiten aufgezeichnet werden. Parallel zu den technischen Aufzeichnungen wurden von der Forscherin während der Unterrichtsstunden Feldnotizen erstellt. Mit ihnen wurden zum einen die Rahmenbedingungen der Stunden – die räumliche und zeitliche Strukturierung – festgehalten. Zum anderen wurden der thematische und interaktionale Gesprächsverlauf skizziert sowie erste Auffälligkeiten, Irritationen etc. notiert. Auch Beobachtungen unmittelbar vor oder nach den Unterrichtssituationen konnten so eingefangen werden. Diese Feldnotizen sind von elementarer Bedeutung für eine Gesamtübersicht über das umfangreiche Datenmaterial. Sie dienen der Herausfilterung von *key incidents* und als ethnographisches Kontextwissen zu den Gesprächstranskripten.

Während der Interviews konzentrierte sich die Forscherin zunächst auf das Gespräch mit den SchülerInnen und hielt ihre unmittelbaren Eindrücke im Anschluss in einem Gesprächsprotokoll fest. Da die Interviews zwar mit Tonband aufgenommen aber zur geringeren Beeinflussung der Gesprächssituation nicht videographiert wurden, kam es bei diesen Protokollen neben den äußeren Rahmenbedingungen der Interviewsituation insbesondere auf den allgemeinen Verlauf des Gesprächs an. Es wurden ebenfalls Wendepunkte, eigene oder beobachtete Irritationen, ‚Stockungen' im Gespräch oder andere Auffälligkeiten notiert. Allerdings können diese Protokolle aus der zeitlichen Distanz heraus nur punktuelle Erinnerungen wiedergeben. Die Gesprächprotokolle spielen eine ähnlich zentrale Rolle für die Auswahl von *key incidents* bei den Interviews wie die Feldnotizen bei den Unterrichtsgesprächen.

Die Tonband- und Videoaufnahmen wurden in Anlehnung an das in der Gesprächsforschung verbreitete Gesprächsanalytische Transkriptionssystem (GAT) (vgl. Selting et al. 1998) transkribiert.[43] Hierbei wurden die Konventionen für das Basistranskript gewählt. Die Differenziertheit des Feintranskripts wird nur ansatzweise berücksichtigt, da sie insgesamt über das Forschungsinteresse hinausgeht. In der ethnographischen Gesprächsforschung sind Kriterien für die Transkriptionsentscheidungen die Praktikabilität, die Lesbarkeit sowie die Relevanz für die Fragestellung der Untersuchung (vgl.

---

43   Eine Transkriptionslegende befindet sich im Anhang.

Deppermann 1999, 46f.). Da das Forschungsinteresse der vorliegenden Studie sowohl auf der subjektiven Rezeption als auch auf der interaktiven Anschlusskommunikation liegt, wurde die linguistische anstelle der pädagogischen Transkriptionsweise gewählt. Zum einen ergeben sich durch eine detaillierte Beschreibung der sprachlichen Kommunikation zusätzliche Zugänge zu kognitiven Prozessen. Zum anderen wird der interaktive und institutionelle Zusammenhang hier stärker berücksichtigt (vgl. Becker-Mrotzek/Vogt 2001, 78). Die Transkriptionen wurden zunächst anhand der Tonbandaufnahmen angefertigt und anschließend anhand der Videoaufzeichnungen um vereinzelte gestische Hinweise ergänzt (insbesondere das Melden und Aufrufen im Unterrichtsgespräch), insoweit sie für das Untersuchungsinteresse von Bedeutung waren.

3.1.3 Analyseverfahren und Darstellung der Interpretationen

Die Auswahl der Daten für die Interpretation erfolgt anhand von *key incidents*, die anhand von analytischen Verfahren der *ethnographischen Gesprächsanalyse* und der *interpretativen Unterrichtsforschung* ausgewertet werden. Die anschließende Darstellung der Interpretationen schließlich wird als *Zusammenspiel von Gespräch und Analyse* gestaltet.

3.1.3.1 *Key Incidents* und ihre gesprächs- und interaktionsanalytische Auswertung

Aus dem gesamten Datenmaterial werden anhand der Durchsicht von Feldnotizen, Gesprächsprotokollen und Transkripten in Anlehnung an die *key incident Analyse* (Kroon/Sturm 2002) einzelne Interaktionseinheiten zur Interpretation ausgewählt. *Key incidents* sind konkrete Interaktionsprozesse, die eine Schlüsselfunktion in den Gesprächen einnehmen und auf allgemeinere Strukturen verweisen:

> „a key incident is key in that it represents concrete instances of the working of abstract principles of social organization." (Wilcox 1980, 9 zit. n. Kroon/Sturm 2002, 98)

Forschungsmethodisch dienen *key incidents* auf der einen Seite als „Mittel zur kontrollierten Datenreduzierung" (Kroon/Sturm 2002, 98), auf der anderen Seite als „Mittel zur Analyse und Interpretation" (ebd.). Ziel der *key incident Analyse* ist Erickson (1977) zufolge das Erkennen von „the generic in the particular, the universal in the concrete, the relation between part and whole" (zit. n. Kroon/Sturm 2002, 98). Während der Ansatz der *key incident Analyse* der Darstellung von Kroon/Sturm (2002) zufolge in der rekonstruktiven Ethnographie vor allem für die Interpretation von sozialen Interaktionen herangezogen worden ist, wird er in der vorliegenden Arbeit ebenso für die Rekonstruktion der subjektiven Rezeptionsprozesse aus den Interviewgesprächen verwendet.

Da in der rekonstruktiven Ethnographie die Frage nach dem Auffinden der *key incidents* im Datenmaterial nicht erörtert wird (vgl. ebd., 100), orientiert sich die vorliegende Studie hierbei an Vorgehensweisen der literarischen Rezeptions- und der rekonstruktiven Sozialforschung: Kriterien für die Auswahl der *key incidents* in den literarischen Gesprächen dieser Arbeit sind demzufolge zum einen die *Sinnangebote und Rezeptionsanforderungen* des literarischen Textes (vgl. Wieler 1997, 136), zum anderen die *interaktive* und *metaphorische Dichte* der Gespräche (vgl. Bohnsack 2000, 153f.). Die *Sinnangebote* des literarischen Textes und seine *Anforderungen* an die Verstehensfähigkeit der RezipientInnen liegen vor allem in seiner narrativen Struktur und seinem fiktionalen Gehalt. Aufgabe der Analyse ist es zu rekonstruieren, in welcher Weise diese symbolischen Angebote und Herausforderungen im Unterrichtsgespräch zwischen Lehrerin und SchülerInnen wahrgenommen, gedeutet und interaktiv verhandelt werden und vor dem Hintergrund welcher sozialkultureller Deutungsrahmen dies geschieht (vgl. Wieler 1997, 136). *Metaphorische Dichte* von Gesprächen meint neben dem Gebrauch „begrifflicher Metaphern" insbesondere die Verwendung „szenischer Metaphern", worunter „Beschreibungen und Erzählungen von (relativ) hohem Detaillierungsgrad, in denen zentrale Orientierungen ihren metaphorischen Ausdruck finden" (Bohnsack 2003, 67), zu verstehen sind. Die *interaktive Dichte* bezieht sich auf die Diskursorganisation und ihre Dramaturgie (vgl. Bohnsack. 2000, 100). In diesen beiden unterschiedlich fokussierten Ansätzen zum Finden von *key incidents* kommt das Wechselspiel von induktivem und deduktivem Vorgehen (vgl. Kap. 3.1.1.1) zum Ausdruck.

Mithilfe der ethnographischen Gesprächsanalyse werden die *key incidents* analysiert. Um literarische Gespräche und die in ihnen konstituierten Deutungen zu rekonstruieren, ist dieses Verfahren in besonderem Maße geeignet, da es untersucht,

> „nach welchen Prinzipien und mit welchen sprachlichen und anderen kommunikativen Ressourcen Menschen ihren Austausch gestalten und dabei die Wirklichkeit, in der sie leben, herstellen. Diese Gesprächswirklichkeit wird von den Gesprächsteilnehmern konstituiert, d.h. sie benutzen systematische und meist routinisierte Gesprächspraktiken, mit denen sie im Gespräch Sinn herstellen und seinen Verlauf strukturieren" (Deppermann 1999, 9).

In Anlehnung an Deppermann (1999) und eine ethnographisch ausgerichtete Gesprächsforschung werden im Unterschied zur Konversationsanalyse im engeren Sinn die gesprächskonstituierenden Fragestellungen um „‚inhaltlichere' Interessen, die Integration ethnographischer Daten, die Rolle von Variation und Kontextwissen im Forschungsprozeß" (ebd., 10) erweitert. Dies geschieht mit dem Ziel, für die Forschungsfragen relevante Aspekte zu erfassen sowie die Vielschichtigkeit der Gesprächssituation und den institutionellen Charakter der Unterrichtskommunikation hinreichend berücksichtigen zu können. Auch Becker-Mrotzek und Vogt (2001) weisen auf die Entwicklung der Konversationsanalyse bezüglich der Einbeziehung des Kontextes als situativen Rahmen hin, „indem die Äußerungen sowohl lokal als auch global implizit oder explizit auf die gegebene Rahmung verweisen" (ebd., 27). Die Interaktionen zwischen SchülerInnen und Lehrerin müssen aus dem Kontext von Schule und Unterricht, in dem Fall des Literaturunterrichts heraus interpretiert werden, wobei sie gleichzeitig diesen Kontext herstellen (vgl. Kap. 2.2.2.2). Die Indexikalität, die wechselseitige Beziehung zwischen einzelner Äußerung und dem Kontext wird dementsprechend in den Analysen der vorliegenden Studie aufgegriffen. Neben strukturanalytischen Fragestellungen sind in dieser Untersuchung insbesondere semantische Fragestellungen von Interesse (vgl. Deppermann/Spranz-Fogasy 2002). Es geht gerade um das Zusammenspiel von Bedeutungskonstruktion und Interaktionsprozess. Ziel ist es, sowohl die inhaltliche Ausprägung der sinnstiftenden Rahmungen bei der individuellen Aneignung des literarischen Texts in der subjektiven Rezeption als auch ihre strukturelle Hervorbringung in der interaktiven Anschlusskommunikation zu rekonstruieren.

Die Vorgehensweise bei den Analysen der ausgewählten *key incidents* bezieht sich auf die Interaktionsanalyse nach Götz Krummheuer und Natascha Naujok (1999), die in folgenden Schritten angewendet wird (vgl. ebd., 68ff.):

1) *Gliederung* und *allgemeine Beschreibung* von Interaktionseinheiten,

2) *Sequenzanalyse* (beinhaltet Einzeläußerungs- und Turn-by-turn-Analyse),

3) *Zusammenfassende Interpretation*.

Die *Gliederung* einer Interaktionseinheit erfolgt nach an dem Forschungsinteresse orientierten Kriterien, in diesem Fall der inhaltlich-thematischen und interaktionsstrukturellen Konstruktion und Aushandlung von Deutungen im literarischen Gespräch. Die *allgemeine Beschreibung* von Interaktionseinheiten dient dazu, eine Übersicht über den Text zu erhalten und den vermuteten „immanenten" Sinngehalt zu benennen. Sie verbleibt aber im Deutungsrahmen der Beteiligten (vgl. Bohnsack 2000, 149f., vgl. Krummheuer/Naujok 1999, 69). In der *Sequenzanalyse* wird die sequentielle Organisation von Gesprächen untersucht. Zum einen geschieht dies entlang der einzelnen Äußerungen, zu denen zunächst Deutungsalternativen entwickelt werden, zum anderen entlang der sie verbindenden Turn-Übergaben. Denn erst durch die jeweils folgenden Turns können die Deutungen der jeweiligen InteraktionspartnerInnen rekonstruiert und somit die zuvor entwickelten Deutungsalternativen wieder eingeschränkt werden. Die *zusammenfassende Interpretation* schließlich umfasst in konzentrierter Form die gesamten Analyseschritte.

3.1.3.2 Interpretation im Zusammenspiel von Gespräch und Analyse

Ebenso wie die Erhebung, die Aufzeichnung und die Analyse der Daten, so ist auch die Darstellung der Ergebnisse in der qualitativen Forschung ein konstruktiver Akt der Herstellung von Wirklichkeit, der seinen Untersuchungsgegenstand mitkonstituiert. Die Auswahl der zu analysierenden Daten, die Anordnung und Strukturierung, die Präsentation in einem Text sind grundlegende Schritte im Interpretationsprozess, der sich im Schreiben selbst vollzieht (vgl. Matt 2003). An dieser Stelle sei erneut auf den zweifach rekonstruktiven Charakter der Interpretationen hingewiesen. Um das Wechselspiel zwischen den Konstruktionen der UntersuchungsteilnehmerInnen in den Interview- und Unterrichtsgesprächen mit den Konstruktionen der Forscherin im Interpretationsprozess in der Darstellung transparent zu machen, wurden die Analysen der *key incidents* als Zusammenspiel von *Überschriften*, transkribierten *Gesprächsaus-schnitten* und *zusammenfassenden Interpretationen* angeordnet. In diesem Zusammen-hang sei mit Erickson (1977) sowie Kroon und Sturm (2002) auf den „emblematischen Charakter" (ebd., 109) von *key incidents* verwiesen: Ein Emblem ist

> „ein dreifaches Kunstwerk aus dem 16. und 17. Jahrhundert, das die Menschen (moralische) Lektionen zu erteilen beabsichtigt. Ein Emblem besteht aus einer *pictura*, z.b. eine Radie-rung oder ein Holzdruck, und einen lemma, oft ein Sprichwort oder ein klassisches Zitat, das zusammen mit der pictura ein ‚Geheimnis' bildet. Durch die Erklärung dieses Geheim-nisses, meistens in der Form eines epigramms wird aus dem Spezifischen universales Wissen gewonnen." (Kroon/Sturm 2002, 100)

Der enge Zusammenhang zwischen einem *Emblem* und einem *key incident* besteht demzufolge in der Analogie zwischen *pictura* und *key incident* (in Form des transkri-bierten Gesprächsausschnitts), zwischen *lemma* und der *Überschrift* des Inzidents (ein aus dem Transkript gewähltes Zitat) sowie zwischen *epigramm* und der *Interpretation* (der Analyse des Transkripts).

Dem emblematischen Charakter von *key incidents* folgend kommt den transkribier-ten Gesprächsausschnitten in den Analysen der vorliegenden Untersuchung nicht lediglich die Funktion von Illustrationen oder Belegen zu, sie sind vielmehr elementa-rer Bestandteil der Interpretationen, da sie die Konstruktionsprozesse der Beteiligten veranschaulichen. Ähnliches gilt für das Zitat in der Überschrift. Zur Darstellung der Transkriptanalysen werden gemäß den o.g. Schritten der Interaktionsanalyse nach Krummheuer und Naujok (1999) primär die *zusammenfassenden Interpretationen* ge-nutzt – die sequenzanalytischen Ausdifferenzierungen werden lediglich vereinzelt zur Nachvollziehbarkeit eingeflochten, da sie den Darstellungsrahmen dieser Arbeit sprengen würden. Erst im Wechselspiel zwischen Transkript, Überschrift und Analyse entsteht eine umfassende Interpretation, die auch den LeserInnen einen Deutungsspiel-raum ermöglicht, denn schließlich ist es

> „der Leser, der entscheidet, ob er das Emblem benutzt zur Neudefinition seines Verhältnis-ses zur Wirklichkeit. [...] Dasselbe gilt für einen *key incident*: es ist eine reduzierte Repräsentation der Wirklichkeit, die einen Schlüssel zur Entschließung der Wirklichkeit und zum Gewinnen von Einsicht in Mikroprozesse, die anders unbemerkt bleiben würden, *anbietet* [Hervorhebung JH]." (Kroon/Sturm 2002, 110f.)

Unter den diversen Möglichkeiten, dem Forschungsgegenstand ‚eine Form zu geben', ist die hier gewählte nur eine mögliche, allerdings eine den theoretischen Implikatio-nen, dem Erkenntnisinteresse und dem Datenmaterial dieser Untersuchung ange-messene Form.

3.2 Forschungsfeld

Die vorliegende Studie ist, ebenso wie der ausgewählte Jugendroman, im deutsch-polnischen Kontext angesiedelt. So wurden sowohl in Deutschland als auch in Polen Schulen gesucht, um literarische Gespräche über eine gemeinsame Vergangenheit aus verschiedenen kulturellen Blickwinkeln betrachten zu können. Die Auswahl der Lerngruppen bezieht sich damit auf die vermutete Bedeutungsrelevanz des literarischen Textes für die SchülerInnen. Angesichts der Brisanz der gemeinsamen Geschichte ist hier besonders der historische Zugang für eine aktuelle Verständigung von Bedeutung (vgl. Maier 2004, 17, vgl. Kap. 2.1).

> „Indem wir anerkennen, daß die Vergangenheit in der Gegenwart weiterlebt, daß sie Einfluß darauf nimmt, wie wir die Gegenwart wahrnehmen und interpretieren, akzeptieren wir, daß die Vergangenheit unserer Welt Sinn gibt und unser Handeln determiniert." (Young 1997, 299, zit. n. Lange 2002[3], 489)

Zunächst folgen allgemeine Entscheidungen zur *Auswahl der Schulen und der SchülerInnen* (Kap. 3.2.1), anschließend werden die an der Studie beteiligten Lerngruppen in Form von *Klassenporträts* vorgestellt (Kap. 3.2.2).

3.2.1 Zur Auswahl der Schulen und der SchülerInnen

Die Auswahlentscheidungen bezüglich der *Schulen* richteten sich nach deren Standort *in Deutschland und in Polen*, dem Schulprofil und der kulturellen Zusammensetzung der Schülerschaft. Die *SchülerInnen* wurden dem Lesealter des Romans entsprechend ausgesucht und befanden sich in einer Lebensphase *zwischen Pubertät und Adoleszenz*.

3.2.1.1 Schulen und SchülerInnen in Deutschland und in Polen

Um die Rezeption eines zeitgeschichtlichen Jugendromans von SchülerInnen in Deutschland und in Polen zu untersuchen, wurden Schulen angesprochen, die sich ihrem Profil nach im Rahmen der deutsch-polnischen Verständigung engagieren. In erster Linie fand die Kontaktaufnahme über die SchulleiterInnen statt, die in ihrem Kollegium die jeweiligen FachlehrerInnen ansprachen. LehrerInnen für eine Teilnahme an diesem Forschungsprojekt zu gewinnen, erwies sich aus verschiedenen Gründen als nicht einfach. Neben pragmatischen Gründen – wie etwa dem Umstand, dass der Roman zur Zeit der Datenerhebung nur als Hardcover erhältlich und somit nicht preisgünstig zu erwerben war oder einer zeitlichen (Über-)Belastung im Schulalltag – waren es vor allem die eigene „Betroffenheit" von der Lektüre des Romans, der Mangel an (zum Zeitpunkt der Datenerhebung noch nicht existierenden) Unterrichtsmaterialien zur Unterstützung für die Konzeption der Einheiten sowie die fehlenden Vorgaben seitens der Forscherin zur Gestaltung der Gespräche, die in teilweise umfangreicher Korrespondenz von verschiedenen LehrerInnen thematisiert wurden. Letztendlich war – neben der Zustimmung und Unterstützung der Schulleitung – vor allem das Interesse und die Einsatzbereitschaft der jeweiligen Deutschlehrerinnen, die den Unterricht geplant und durchgeführt haben, die Kooperation der jeweiligen Fachkolleginnen und insbesondere die Offenheit und das Engagement der SchülerInnen entscheidend, dass die Studie in der vorliegenden Form durchgeführt werden konnte.

An der Untersuchung teilgenommen haben schließlich jeweils eine Klasse des 9. oder 10. Jahrgangs von insgesamt drei Schulen: einer deutschen Schule und einem polnischen Lyzeum in Warschau sowie einem deutschen Gymnasium in Berlin. Die Lehrerinnen, die alle aus Deutschland stammen, haben den Roman *Malka Mai* in einem Zeitraum von drei bis vier Wochen im mutter- bzw. fremdsprachlichen Deutschunterricht besprochen. Ihre Unterrichtseinheiten konnten sie frei gestalten, es gab keine Vorgaben von Seiten der Forscherin. Zwei Lehrerinnen entschlossen sich zu einer fächerübergreifenden Erweiterung der Unterrichtseinheit, so dass auszugsweise auch Geschichts- und Geographieunterricht in Deutschland und in Polen dokumentiert wurde, in dem der Roman politisch-historisch und geographisch kontextualisiert wurde.

Die Sprache in den Interviews und den literarischen Unterrichtsgesprächen ist Deutsch. Dies hängt zum einen mit der Literaturlage zusammen, da die deutsch-polnischen Kinder- und Jugendliteraturbeziehungen äußerst defizitär sind und kaum Übersetzungen in die jeweils andere Sprache vorliegen[44] – so auch nicht von dem ausgewählten deutschsprachigen Jugendroman *Malka Mai* ins Polnische. Die kontextualisierenden Unterrichtsstunden werden von den jeweiligen Fachlehrkräften an den Schulen durchgeführt und finden in der jeweiligen Standardsprache statt. Für die Analysen sind die hieraus ausgewählten polnischsprachigen Gesprächspassagen ins Deutsche übersetzt.

Die ausgewählten Klassen setzen sich jeweils aus SchülerInnen verschiedener sprachlich-kultureller Herkunft (über den deutsch-polnischen Kontext hinaus) mit unterschiedlichsten Migrationserfahrungen zusammen. Von daher wird – wie bereits einleitend erwähnt – im Folgenden auch nicht von *den deutschen* bzw. *den polnischen* SchülerInnen gesprochen, sondern auf den jeweiligen Sozialisationshintergrund in der Schule oder der Familie bzw. auf die jeweiligen Migrationserfahrungen verwiesen. Die sprachlich-kulturelle Heterogenität der Schülerschaft v.a. in Großstädten in Deutschland aber zunehmend auch in Polen (vgl. Prawda 1997, Alscher 2005, 5) und somit ebenso in der ausgewählten Klassen wird in der vorliegenden Studie als Normalfall in der seit ihrer Entstehung durch sprachliche, kulturelle, nationale und ethnische Diversität geprägten nationalen Schule betrachtet (Krüger-Potratz 2005, 101, vgl. Kap. 1.2.2.2).

3.2.1.2 SchülerInnen zwischen Pubertät und Adoleszenz

Die SchülerInnen in den ausgewählten Klassen waren zum Zeitpunkt der Datenerhebung im Alter zwischen 14 und 17 Jahren. Die Jugendlichen befanden sich somit in einer Lebensphase zwischen Pubertät und Adoleszenz, in der Ich- und Identitätsentwicklung besonders bedeutsam wird (vgl. Kap. 2.2.1.1). Sowohl in der literarischen

---

44 Beispielsweise sind nach Angaben von Dahrendorf und Nauschütz (1999, 25) zwischen 1990 und 1997 lediglich sieben polnische Kinderbücher ins Deutsche übersetzt worden (s.a. Eckhardt 2003, 354ff.).

Rezeptionsforschung als auch im Rahmen geschichtsdidaktischer Diskussionen wird auf die Bedeutung dieser Lebensphase für literarische bzw. historische Lernprozesse hingewiesen.

Aus der Perspektive literarischer Sozialisation konstatieren etwa Hartmut Eggert und Christine Garbe (2003, 17), dass Heranwachsende erst in der Krise der Adoleszenz beginnen, gesellschaftliche Konventionen in Frage zu stellen. Literarischen Texten schreiben sie in dieser Auseinandersetzung mit gesellschaftlichen Erwartungen eine basale Bedeutung zu, um eine persönliche und soziale Identität, die auch widersprüchliche Rollenanforderungen aushält, ausbilden zu können (s.a. Graf 1997).

Aus geschichtsdidaktischer Perspektive weist Pandel (1987, 140) auf die Ausbildung des individuellen Geschichtsbewusstseins und historischer Sinnbildungsprozesse hin, die in der Phase der Adoleszenz eine tiefgreifende Veränderung in Form einer grundsätzlichen Umstrukturierung erfahren. Die Herausforderung für Jugendliche besteht darin, die zunächst relativ statische Struktur des Geschichtsbewusstseins zu dynamisieren.

3.2.2 Klassenportraits

Im Folgenden werden die an dieser Studie teilnehmenden Klassen hinsichtlich ihres schulischen Umfelds und ihrer jeweiligen Zusammensetzung kurz vorgestellt. Insgesamt hat je eine Klasse einer *deutschen Schule in Warschau*, eines *Berliner Gymnasiums* und eines *Warschauer Lyzeums* teilgenommen. Die Namen der SchülerInnen, der Lehrerinnen und der Schulen sind zum Schutz der Personen und Institutionen anonymisiert. Zur besseren Lesbarkeit und Anschaulichkeit wurden für die SchülerInnen Pseudonyme gewählt, die Lehrerinnen werden in ihrer beruflichen Rolle, die Schulen nach ihrer geographischen Lage und curricularen Konzeption bezeichnet.

3.2.2.1 Eine deutsche Schule in Warschau

Die besuchte deutsche Schule in Warschau ist eine Privatschule, die die Klassen 1-12 umfasst und in der auch das deutsche Abitur abgelegt werden kann. Die differenzierte Sekundarstufe I von der fünften bis zur zehnten Klasse umfasst das Hauptschul-, Realschul- und Gymnasialniveau. Die Lehrpläne sind auf der Basis der Baden-Württembergischen Richtlinien verfasst. Von den insgesamt ca. 200 SchülerInnen sind ungefähr 145 deutschsprachig und 125 besitzen die deutsche Staatsbürgerschaft. Die Schule ist einzügig mit Klassenstärken von ca. 10 bis 25 SchülerInnen. Die Unterrichtssprache ist Deutsch; als Fremdsprachen können Englisch und Französisch gewählt werden. Polnisch wird lediglich in einer Arbeitsgemeinschaft angeboten. Das Schulklima ist insgesamt von einer eher privaten Atmosphäre bestimmt, in der SchülerInnen, LehrerInnen und Eltern zum Teil auch außerhalb des Klassenverbandes in Kontakt stehen. Neben zahlreichen Austauschtätigkeiten werden Arbeitsgemeinschaften am Nachmittag angeboten sowie Projektwochen organisiert. Die mit aktueller deutschsprachiger Literatur ausgestattete Schulbibliothek wird regelmäßig besucht. Die Schule liegt in einem sozial privilegierten Außenbezirk Warschaus, umgeben sowohl von Plattenbauten als auch Einfamilienhaussiedlungen. Die SchülerInnen kommen aus der ganzen Stadt und haben zum Teil weite Schulwege.

In der besuchten neunten Klasse der deutschen Schule in Warschau befinden sich insgesamt zehn SchülerInnen – sieben Mädchen und drei Jungen – von denen alle eigene Migrationserfahrungen haben. Die SchülerInnen deutscher Herkunft (Isolde, Torben, Vanessa) sind mit ihren Familien für einen begrenzten Zeitraum nach Polen migriert; Isolde verfügt darüber hinaus über Migrationserfahrungen in Argentinien. Die Jugendlichen polnischer Herkunft (Kamil, Jacek, Karolina, Anna-Lena, Sybilla) haben mit ihren Eltern zwischenzeitlich in Deutschland, Karolina darüber hinaus auch in Österreich gelebt, Deutsch als Zweitsprache erlernt und sind mit ihrer Familie nach Polen remigriert. Die beiden Schülerinnen deutsch-amerikanischer (Jessica) bzw. finnisch-estnischer Herkunft (Korinna) haben Migrationserfahrungen in verschiedenen Ländern bzw. Kontinenten (Jessica in Kanada, China, den USA und Deutschland; Korinna in Estland, Finnland und Deutschland). Gemeinsam ist allen Jugendlichen die Lebens- und größtenteils auch Schulerfahrung in Polen und in Deutschland. In dieser Klasse nahmen aufgrund ihrer geringen Größe alle SchülerInnen an den Interviews teil. Die Klasse macht einen engagierten und kooperativen Eindruck, auch außerhalb des Unterrichts.[45] Die SchülerInnen beteiligen sich aktiv am Unterricht und wirken in ihrer Arbeit sehr selbständig. Zwischen einzelnen SchülerInnen sind Freundschaften entstanden, so zum Beispiel zwischen Karolina und Anna-Lena, Korinna und Jessica. Da die SchülerInnen größtenteils in weit voneinander entfernten Stadtbezirken wohnen, können sie sich in ihrer Freizeit nur selten treffen. So werden auch zumeist die Gruppenhausaufgaben am Nachmittag noch in der Schule erledigt.

Die Deutschlehrerin der 9. Klasse stammt aus Deutschland und war zum Zeitpunkt der Datenerhebung seit zweieinhalb Jahren als Deutsch- und Englischlehrerin an der Schule in Polen tätig. Sie sah die Teilnahme an dem Forschungsprojekt für sich als Abwechslung und Herausforderung im Schulalltag und hat sich mit großem Engagement beteiligt. Sie etablierte den Jugendroman im Klassensatz in der Schulbibliothek, entwickelte eine Vielzahl an Unterrichtsmaterialien und bezog die SchülerInnen und KollegInnen anderer Fächer in die Vorbereitung mit ein. Obwohl sie kurzfristig und unerwartet die 9. Klasse zum Aufnahmezeitraum nicht mehr unterrichtete, übernahm sie die Unterrichtsstunden für weitere drei Wochen in Absprache mit dem neuen Kollegen, der in dieser Zeit überwiegend hospitierend am Unterricht teilnahm und lediglich eine Stunde unterrichtete.

---

45 Dies zeigt sich u.a. im außerschulischen Bereich wie etwa am Tag des Frühlingsanfangs, an dem SchülerInnen in Polen traditionell dem Unterricht ‚fernbleiben' und an dem sich die Klasse geschlossen in einem Einkaufszentrum traf, um einen Kinofilm anzuschauen.

3.2.2.2 Ein Berliner Gymnasium

Das ausgewählte deutsche Gymnasium in Berlin ist eine öffentliche Oberschule, die die Klassen 7 bis 13 umfasst und nach Berliner Lehrplänen unterrichtet. Sie hat einen bilingualen deutsch-englischen Zweig und ist als Begegnungsschule mit Polen konzipiert. Die insgesamt ca. 920 SchülerInnen sind in Klassen mit durchschnittlich 29 SchülerInnen eingeteilt, so dass beispielsweise die neunte Klasse fünfzügig ist. Ungefähr 120 SchülerInnen sind nicht-deutscher-Herkunftssprache, ca. 70 nicht deutscher Staatsangehörigkeit. Die Unterrichtssprache ist Deutsch, wobei in den Klassen des bilingualen Zugs bestimmte Fächer (wie Geschichte und Geographie) auf Englisch unterrichtet werden. Für den muttersprachlichen Deutschunterricht sind drei Stunden in der Woche vorgesehen. Das Schulklima ist im Vergleich zur deutschen Schule in Warschau aufgrund der Schulgröße entsprechend anonymer. Das Angebot an Arbeitsgemeinschaften durch die LehrerInnen ist groß; so wird neben anderen Aktivitäten eine Europa-, eine Literatur-, eine Polnisch-, Russisch-, und Spanisch-AG angeboten. Die Schule pflegt einen intensiven Austausch mit polnischen Schulen in Breslau und in Warschau. Das Schulgebäude befindet sich in einem sozial heterogenen Außenbezirk Berlins, umgeben von sowohl Mehrfamilien- als auch Einfamilienhaussiedlungen.

Die Lerngruppe des Berliner Gymnasiums unterscheidet sich aufgrund der Klassengröße, nicht aber von der sprachlich-kulturellen Heterogenität der Schülerschaft von der Lerngruppe der deutschen Schule in Warschau. Von den insgesamt 28 SchülerInnen (9 Jungen und 19 Mädchen) sind 20 SchülerInnen deutscher Herkunft, acht SchülerInnen haben einen Migrationshintergrund: polnisch (2x), ukrainisch, afghanisch, spanisch, flämisch, türkisch, pakistanisch. In dieser Klasse nahmen 10 SchülerInnen an den Interviews teil:[46] fünf SchülerInnen deutscher Herkunft (Anne, Lewis, Benno, Thorsten, Maurice), zwei Schülerinnen polnischer (Iwona, Aneta), eine Schülerin japanisch-deutscher (Rosalie) eine ukrainischer (Vera) und ein Schüler afghanischer Herkunft (Aatef). Im Unterricht ist eine aktive Mitarbeit, selbständiges Fragen und eine lebendige Gesprächskultur zu beobachten.

Die Lehrerin der 9. Klasse ist Deutsch- und Geschichtslehrerin und kann auf langjährige Unterrichtserfahrungen, u.a. an einer deutschen Schule im Ausland, zurückgreifen. In der Unterrichtsreihe zu *Malka Mai* hat sie ebenfalls großes Engagement gezeigt und viel Zeit investiert. Durch ihren Einsatz konnte das Buch an der Schule im Klassensatz erworben werden, so dass es weiteren Klassen zusammen mit den von ihr ausführlich dokumentierten Unterrichtsplanungen mit fachlichen und didaktisch-methodischen Hinweisen zur Verfügung steht. Die Lehrerin setzte sich ebenfalls gegen organisatorische Schwierigkeiten erfolgreich durch und tauschte Unterrichtsstunden mit anderen Kolleginnen als Ersatz für häufigen Stundenausfall durch „Hitzefrei" in den ersten Wochen der Unterrichtseinheit zu *Malka Mai*.

---

46 Thorsten, Maurice und Aatef nahmen nur an dem ersten Interviewgespräch teil.

3.2.2.3 Ein Warschauer Lyzeum

Das polnische Lyzeum in Warschau umfasst die Klassen 1 bis 3 (vergleichbar mit der gymnasialen Oberstufe im deutschen Schulsystem) innerhalb des nach der Bildungsreform in Polen seit 1999 umstrukturierten Schulsystems (vgl. Szymański 2004, 174f.).[47] An der seit der politischen Wende in Osteuropa nach einem deutschen Dichter benannten Schule gibt es zweisprachige Klassen (deutsch-polnisch) und es besteht die Möglichkeit eines Abschlusses mit einer zweisprachigen Matura (vergleichbar mit dem Abitur in Deutschland). Die Schule zeigt vielfältiges Engagement. Neben der Teilnahme an Schülerwettbewerben zu politischer Bildung, zu „Jugend debattiert international" sowie an deutschsprachigen und englischsprachigen Lyrikwettbewerben ist ein Europäischer Klub an der Schule eingerichtet. Das Lyzeum liegt in einem Außenbezirk Warschaus, umgeben von Plattenbauten und kleineren Mehrfamilienhäusern. In dem Schulgebäude ist ebenfalls der Zweig des Gymnasiums untergebracht. Die SchülerInnen des Lyzeums kommen aus sozial privilegierten Familien aus verschiedenen Stadtteilen und nehmen mitunter weite Schulwege in Kauf.

Die SchülerInnen der Klasse 1 des polnischen Lyzeums (des 10. Schuljahrgangs) sind erst seit ein paar Monaten auf dieser Schule. Dadurch sind Freundschaften unter den SchülerInnen erst kürzlich geschlossen worden. Für die Deutschstunden ist die Klasse in zwei Gruppen aufgeteilt. Im Rahmen der vorliegenden Untersuchung wurde der in der Schule so bezeichnete ‚muttersprachliche' Deutschunterricht der ‚klasa niemiecka' (deutsche Klasse) mit 12 SchülerInnen – sieben Mädchen und fünf Jungen – teilnehmend beobachtet. Aus dieser Klasse sind elf SchülerInnen polnischer, eine Schülerin (Ela) polnisch-ägyptischer Herkunft. Die meisten SchülerInnen haben eigene Migrationserfahrungen in Deutschland oder vereinzelt auch in Österreich. An den Interviews teilgenommen haben insgesamt sieben SchülerInnen: Kasia, Halina, Zuzanna, Ela, Michał, Hugo und Lucjan. Die Klasse machte insgesamt einen interessierten und engagierten Eindruck.

Die Deutschlehrerin der 1. Klasse ist ausgebildete Deutsch- und Geschichtslehrerin und stammt aus Deutschland. Sie ist kurz nach dem Referendariat nach Polen gegangen und arbeitete erst seit wenigen Jahren an dem polnischen Lyzeum. Ebenso wie die anderen Lehrerinnen zeigte sie viel Engagement, indem sie zur Konzeption des Unterrichts unter anderem Kontakt aufnahm zu einem Lehrer an der deutschen Schule in Warschau, von dem sie Unterrichtsmaterialen erhielt, die sie für ihre Lerngruppe weiter entwickelte. Innerhalb der Schule konnte sie polnische Kolleginnen zu einer Mitarbeit gewinnen. Die Geographie- und die Geschichtslehrerin gestalteten Unterrichtsstunden, in denen die SchülerInnen Gelegenheit hatten, anhand von gezielten Fragen den Roman historisch und geographisch zu verorten.

---

47 Auf eine sechsjährige Grundschule für 7- bis 13jährige Kinder folgt ein dreijähriges allgemeinbildendes Gymnasium für 13- bis 16jährige Jugendliche. Im Anschluss hieran kann gewählt werden zwischen einem dreijährigen allgemeinbildenden Lyzeum mit unterschiedlichen Profilen oder einer zweijährigen Berufsschule. (vgl. Szymański 2004, 174f.)

3.3 Fragestellung

Ausgehend von der Frage, wie ein zeitgeschichtlicher Jugendroman von SchülerInnen in Deutschland und in Polen im schulischen Kontext rezipiert wird, wurde ein Untersuchungsdesign entworfen, aus dem sich insgesamt vier empirische Analysekapitel in zwei Bereichen – den *politisch-historischen Kontextualisierungen des Romans* (Kap. 5) und den *literarisch-anthropologischen Gesprächen über Malka Mai* (Kap. 6) – ergeben. Vor dem Hintergrund der theoretischen Reflexionen sowie der Erkenntnisse und Desiderata der empirischen Forschung stellen sich in den einzelnen Analysekapiteln folgende Fragen:

Erzählte Geschichte(n) in Deutschland und in Polen (Kap. 5.1)
- Welche Geschichten über die Zeit des Zweiten Weltkriegs sind Jugendlichen in Deutschland und in Polen bekannt?
- Wie gehen sie mit diesen Geschichten um?

Historisch-politische Kontextualisierung der Romanlektüre im Unterricht (Kap. 5.2)
- Wie wird in Deutschland und in Polen im Unterrichtsgespräch zu literarischen Texten kulturelles Gedächtnis hergestellt?
- Wie werden Literatur und Geschichte dabei zueinander in Beziehung gesetzt?

Subjektive Rezeption der SchülerInnen (Kap. 6.1)
- Wie eignen sich die Jugendlichen den Roman *Malka Mai* individuell an?
- Welche allgemeinen Strukturen liegen ihren Aneignungsprozessen zugrunde?

Literarische Anschlusskommunikation im Unterricht (Kap. 6.2)
- Wie werden im Unterricht literarische Gespräche geführt?
- Inwiefern werden in ihnen Rahmungsdifferenzen für literarische Lernprozesse fruchtbar gemacht?

Anhand dieser Fragekomplexe und ihrer gegenseitigen Bezugnahme sollen Lernpotentiale in literarischen Gesprächen, deren Rekonstruktion das Ziel der vorliegenden Studie ist, im Datenmaterial empirisch evident gemacht werden. Bevor die im Rahmen dieser Studie erhobenen Interview- und Unterrichtsdokumente bezugnehmend auf die Forschungsfragen ausgewertet werden, wird im Folgenden zunächst der ausgewählte zeitgeschichtliche Jugendroman *Malka Mai*, der Grundlage für die literarischen Gespräche ist, näher vorgestellt.

4 *Malka Mai* – ein zeitgeschichtlicher Jugendroman

„Das Ziel der hermeneutischen Analyse ist es, eine überzeugende und widerspruchsfreie Auslegung dessen zu liefern, was eine Geschichte bedeutet, eine Interpretation, die im Einklang steht mit den Einzelheiten, die sie ausmachen." (Bruner 1998, 57)

In diesem hermeneutischen Sinne versteht sich die folgende Analyse des ausgewählten zeitgeschichtlichen Jugendromans nicht als normative Bezugsgröße für die anschließenden Rezeptionsanalysen, sondern versucht den LeserInnen dieses Kapitels eine Vorstellung davon zu geben, welche Geschichte der Roman wie erzählt, um die darauffolgenden empirischen Analysen der literarischen Gespräche nachvollziehbar werden zu lassen.[48]

Der Roman *Malka Mai* von Mirjam Pressler (2001), der auf einer wahren Geschichte beruht,[49] hebt sich aus der aktuellen zeitgeschichtlichen Jugendliteratur[50] durch seine innovative Erzählweise und literarisch anspruchsvolle Gestaltung hervor – gerade im Vergleich mit Beispielen gängiger Schullektüren wie *Damals war es Friedrich* von Hans-Peter Richter (1961/1969) oder *Als Hitler das rosa Kaninchen stahl* von Judith Kerr (1973), die sich eher klassischen Erzählelementen bedienen und einer älteren, pädagogisch orientierten kinder- und jugendliterarischen Tradition angehören (vgl. Kap. 1.2.2.2). Die Erfahrung der Flucht ist sowohl historisch als auch aktuell relevant, ebenso wie die Beziehung zwischen Mutter und Tochter ein zeitloses Thema ist. Vor allem aber die Differenziertheit in der Figurenzeichnung, die sich jeglichen, in der Literatur zum Thema Nationalsozialismus häufig konstruierten Stereotypisierungen entzieht, zeichnet den Roman – auch im Vergleich mit der Erwachsenenliteratur[51] – aus (s.a. Kamińska 2000, 105). Durch seine mehrdeutige, offene und kompromisslose Erzählweise stellt *Malka Mai* hohe Rezeptionsanforderungen an die heranwachsenden LeserInnen und kann deshalb als literarische Herausforderung gelten.

Mit seiner historischen Situierung zur Zeit des Zweiten Weltkriegs im von Deutschland besetzten Polen nimmt der Roman *Malka Mai* nicht Bezug auf die aktuelle Lebenssituation der SchülerInnen, wohl aber auf die im Rahmen des kom-

---

48   Wegen einer Kurzdarstellung des Romans sei verwiesen auf Hoffmann (demn. b).

49   Zur Entstehungsgeschichte s. ein Interview mit der Autorin in Osberghaus (2001).

50   Unter *zeitgeschichtlicher Jugendliteratur* werden in dieser Arbeit mit Malte Dahrendorf insbesondere erzählende Texte verstanden, „deren Geschichten [...] vor konkretem zeitgeschichtlichen Hintergrund spielen, also so, daß das ‚Gespielte' ohne diesen Hintergrund so nicht möglich wäre" (ebd. 1997, 205), wobei mit *Zeitgeschichte* die „jüngste oder jüngere Vergangenheit gemeint [ist], eine Vergangenheit, in deren unmittelbarer Auswirkung wir heute noch leben." (ebd.) Damit wird der Begriff in einem erweiterteren Sinne benutzt, als ihn etwa Günter Lange (2002) verwendet.

51   Ruth Klüger (1997) untersucht in ihrem Essay „Gibt es ein ‚Judenproblem' in der deutschen Nachkriegsliteratur?" bekannte Romane und Theaterstücke angesehener deutscher Autoren bis in die 80er Jahre hinsichtlich ihres Judenbildes. Dabei legt sie Shakespeares Figur „Shylock" als Vergleichsmoment zugrunde, die Mordlust, Habgier und Rachsucht in sich vereint. Nach eingehender Analyse konstatiert sie neben der Wiedergutmachungsphantasie, in der Wunsch und Wirklichkeit bezüglich der Judenverfolgung vertauscht werden, und die einen Rehabilitierungsversuch der Deutschen darstellt, eine Mystifizierung von Auschwitz bis hin zum Wiederaufleben-lassen jüdischer Verschwörungstheorien. Klüger resümiert, dass es „nicht um die Erinnerung an die deutschen Juden geht, sondern eher um die Abwehr dieser Erinnerung und um die Wiederbelebung einer Legende, nämlich der von Shylock" (ebd., 36).

munikativen und kulturellen Gedächtnisses aktuell verhandelten Geschichten, mit denen die Jugendlichen aufwachsen und in Auseinandersetzung mit denen sie ihre historischen Vorstellungen bilden. In Anlehnung an das schwedische Handlungsforschungsprojekt zu Elisabeth G. Speares Jugendroman *Im Zeichen des Bibers* (1994) (vgl. Kap. 2.2.2.3) scheint es für die Initiierung von literarischen Lernprozessen im interkulturellen Kontext sinnvoll, einen Text mit einer historischen Thematik zu wählen, da das literarische Gespräch von der unmittelbaren historisch-politischen und persönlich-individuellen Situation abstrahiert geführt werden kann. Bezüge zur Gegenwart und zur eigenen Erfahrungswelt müssen von den Beteiligten selbst hergestellt werden und sind nicht bereits vom Text vorweggenommen. Die Vergangenheit in Form einzelner Lebensgeschichten für das Verständnis der Gegenwart fruchtbar zu machen, stellt eine Herausforderung für die jugendlichen LeserInnen dar. Anders als bei landeskundlich orientierten Sachtexten können bei fiktionalen Texten Zusammenhänge und Bedeutungen indirekt erschlossen werden, wobei „bisherige Leseerfahrungen, Wissen um historische und zeitgenössische kulturelle Muster, persönliche Erfahrungen, eigene Träume, Wünsche und Ängste eine Rolle spielen" (Ulich/Ulich 1994, 826).

Mirjam Pressler ist zu den derzeit bekanntesten und erfolgreichsten deutschsprachigen Kinder- und JugendbuchautorInnen zu zählen. Neben ihren eigenen Werken wurden auch zahlreiche ihrer Übersetzungen mit anerkannten Preisen ausgezeichnet. In ihren Büchern greift sie bedeutende Entwicklungsthemen von Kindern und Jugendlichen auf, ohne lediglich gesellschaftliche Probleme hierin zu verarbeiten. Ihre (meist weiblichen) ProtagonistInnen bleiben eigenständige, individuelle Figuren, die ihrer oft schwierigen Lebenssituationen mit einer gewissen Stärke, Eigensinnigkeit und Sensibilität begegnen. In einem reflexiven Schreibstil gestaltet sie insbesondere das Innere der Figuren aus.

> „Mithilfe von Sprache versuche ich, den inneren Bildern, den Gefühlen und Empfindungen eine Form zu geben, eine Geschichte aus ihnen entstehen zu lassen, eine eigene Realität zu schaffen." (Pressler 2001, zit. n. Gelberg 2001, 10)

Mirjam Pressler beschäftigt sich – sowohl in ihren eigenen Texten als auch in zahlreichen Übersetzungen aus dem Niederländischen und dem Hebräischen – intensiv mit dem Leben während des Nationalsozialismus und der Nachkriegszeit, u.a. in einer Neuübersetzung der *Tagebücher der Anne Frank* (1988, 1991) sowie einer Biographie des jüdischen Mädchens mit dem Titel *Ich sehne mich so* (1992).[52] Dabei verschafft sie dem bekannten Werk neue Zugänge.

> „Für den jungen Leser dürfte die Art, wie Mirjam Pressler ihn gleichsam hineinnimmt in ihre Zwiesprache, in ihre Suche nach der ‚Wahrheit' wesentlich dafür sein, daß diese Altersgruppe sich für dieses Schicksal erneut interessiert oder überhaupt einen Zugang zu diesem Leben findet." (Richter/Willuhn-Wolff 1996, 288)

---

52 2009 hat Mirjam Pressler darüber hinaus die Geschichte der Familie Anne Franks über mehrere Jahrhunderte anhand von Briefen und Dokumenten in *„Grüße und Küsse an alle"* erzählt.

In ihren Übersetzungen zum Thema Nationalsozialismus[53] kristallisieren sich Payrhuber zufolge zwei Schwerpunkte heraus: „das Leben in der Verfolgung und die Folgen des Terrors in die Gegenwart hinein" (ebd. 1996, 156). Pressler sieht ihre Aufgabe in den Übersetzungen fiktionaler Geschichten oder autobiographischer Berichte in der Individualisierung der Opfer des Holocaust:

> „Jeder einzelne dieser Berichte ist wichtig, denn nur sie können die Erinnerung wach halten, daß sich hinter der gewaltigen Zahl der ‚sechs Millionen' einzelne Menschen verbergen" (Pressler 1996, 90, zit. n. Payrhuber 1996, 155).

Malka Mai wurde 2001 veröffentlicht und erhielt positive Rezensionen in der Tagespresse sowie in Fachzeitschriften. Der Roman ist mit dem Deutschen Bücherpreis sowie dem Zürcher Jugendbuchpreis *La vache qui lit* ausgezeichnet worden und war für den Deutschen Jugendliteraturpreis nominiert. Auf seine zahlreichen Übersetzungen und seine Berücksichtigung in der fachdidaktischen Diskussion wurde bereits im Zusammenhang mit der Diskussion um einen kinder- und jugendliterarischen Kanon eingegangen (vgl. Kap. 1.2.2.2).[54]

Im Folgenden wird zunächst die *literarische Gestaltung* des Romans ausführlich in den Blick genommen (Kap. 4.1), um anschließend hiervon ausgehend dessen *literarische Sinnangebote und Rezeptionsanforderungen* für jugendliche LeserInnen abzuleiten (Kap. 4.2).

4.1 Literarische Gestaltung

Die folgende Analyse des Romans *Malka Mai* hat wie bereits eingangs erwähnt zum Ziel, die LeserInnen dieser Arbeit gleichsam mitzunehmen in die Geschichte, damit sie sich ein Bild von ihr machen können und orientiert sich davon ausgehend an folgenden Fragen:

* Welche menschlichen Elementarerfahrungen greift der Text auf?
* Wie werden diese Erfahrungen sprachlich, fiktional und narrativ gestaltet?

Einer Skizzierung des *Handlungsverlaufs* folgt die Darstellung der *Erzählform* und der *Figurenkonstellation* (Kap. 4.1.1). Mit der Konzentration auf einzelne *Themen und Motive* (Kap. 4.1.2) werden – ausgehend von den empirischen Beobachtungen der

---

53 Beispielhaft seien erwähnt aus dem Niederländischen: *Pausenspiel* (2000) von Ida Vos und *Lauf, Junge, lauf* (2004) von Ûrî Ôrlēv.
54 Der von Henriette Sauvant gestaltete Einband zeigt eine in impressionistisches Licht getauchte Landschaft mit einer Hügelkette im Hintergrund, tiefem Horizont und gewaltigen, über den Himmel ziehenden Wolken. Die Landschaft ist quasi als Bild von einer orangefarbenen Fläche umrahmt, auf die herabfallende Herbstblätter ihre Schatten werfen. Aus dem Rahmen schaut ein junges Mädchen mit blauen Augen und blonden Zöpfen, in einem übergroßen rotbraunen Mantel mit einer Puppe in der herunterhängenden Hand. Der Blick des Mädchens ist ernst auf den Betrachter bzw. die Betrachterin gerichtet. Diese Einbandgestaltung greift bereits einige zentrale Motive des Textes auf (die Puppe Liesel, die blonden Haare Malkas, die Wolken am Himmel), wobei deren tiefere Bedeutung für die Hauptfigur erst im Laufe der Erzählung entfaltet wird.

literarischen Gespräche – Schwerpunkte gesetzt, die die Grundlage für die abschließende Ausarbeitung der Sinnangebote und Rezeptionsanforderungen des Romans für Heranwachsende LeserInnen bilden.

4.1.1 Handlung, Erzählweise und Figurenkonstellation

Der Kinder- und Jugendroman *Malka Mai* von Mirjam Pressler erzählt die Geschichte einer Flucht zur Zeit des Zweiten Weltkriegs wechselweise aus den Perspektiven einer Tochter und ihrer Mutter. Die jüdische Polin Hanna arbeitet als Ärztin in einem ländlichen polnischen Grenzgebiet. Im Herbst 1943 muss sie mit ihrer siebenjährigen Tochter Malka und ihrer 16jährigen Tochter Minna unvorbereitet vor den deutschen Deportationen über die Karpaten nach Ungarn fliehen. Auf der Flucht lässt Hanna ihre kranke Tochter Malka – wenn auch widerstrebend – bei der frommen jüdischen Familie Kopolowici kurz hinter der ungarischen Grenze zurück. Vordergründig beruhigt durch das Versprechen, dass sie ihr nachgeschickt wird, schließt sie sich selbst mit ihrer älteren Tochter einer organisierten Flüchtlingsgruppe an. Während Hanna schließlich in dem ungarischen Ort Munkatsch wie verabredet auf Malkas Ankunft wartet, ist diese – von Herrn Kopolowici ausgesetzt – bereits wieder in Polen. Dort macht sie die unterschiedlichsten Begegnungen mit fremden Menschen, fürsorgliche wie abweisende, und wird schließlich in ein jüdisches Ghetto gebracht. Hier entwickelt das auf sich allein gestellte Mädchen Überlebensstrategien, die es vor den ‚Aktionen‘ der Deutschen sowie vor Hunger und Kälte retten. Obwohl sie die gesellschaftspolitischen Zusammenhänge noch nicht durchschaut, beginnt sie sie zu erahnen. So wird sie bereits mit ihren sieben Jahren selbstständig, dabei gleichzeitig von den äußeren Umständen immer mehr sich selbst entfremdet. An ihre Mutter kann und will sie nur noch als entfernte ‚Frau Doktor‘ denken. Hanna wird von ihrem Gewissen geplagt und setzt in Budapest alles in Bewegung, um ihre Tochter zurückzubekommen. Als sie schließlich selbst wieder nach Polen zurückkehrt und Malka findet, reagiert diese bei der Begegnung furchtvoll und reserviert. Die Wiederbegegnung von Mutter und Tochter bildet das offene Ende des Romans.[55]

Eine der Schlüsselstellen des Romans, der Höhe- und entscheidende Wendepunkt der Geschichte, ist die Entscheidung Hannas, Malka zurückzulassen. Das moralische Dilemma, in dem sich die Mutter befindet, zieht sich durch die Gespräche mit ihrer Tochter und den Mitflüchtlingen, aber vor allem in ihren Gedanken durch den gesamten Roman. Die Entscheidungsfrage, die sie sich immer wieder erneut und auch selbstkritisch stellt, beeinflusst ihr Selbstbild. Ihre Auseinandersetzung spiegelt sich angefangen bei der Vergegenwärtigung der Vorteile dieser Entscheidung, in Recht-

---

55 Von einer ähnlichen kindlichen Grenzerfahrung erzählt Tamar Bergmanns Roman *Taschkent ist weit von Lodz* (1992) (von Mirjam Pressler aus dem Hebräischen übersetzt). Der Junge Jankele verliert auf der Flucht von Polen nach Russland seine Eltern und muss allein ums Überleben kämpfen. Jahre später trifft er seine Mutter in Taschkent wieder und kann sich nur mühsam in die Kinderrolle einfinden. „Seine Erlebnisse und Erfahrungen haben ihn viel zu früh erwachsen werden lassen." (Payrhuber 1996, 160)

fertigungen, Schuldgefühlen bis hin zu Selbstvorwürfen und einer inneren Zerrissenheit. Das Leitmotiv „Ein Kind fällt nicht auf, ein Kind läuft immer irgendwie mit",
von Hanna in der Trennungsszene geäußert, begleitet Malka im Folgenden auf ihrem
harten und einsamen Weg und wird zur ironischen Farce angesichts der Entfremdung,
die Malka unter den unmenschlichen Lebensbedingungen erfährt. Aus der behüteten
‚Prinzessin' mit den goldblonden Zöpfen, die das Lachen entdeckt hat und der Welt
neugierig und phantasievoll gegenübertritt, wird ein äußerlich abgemagertes und kahl-
geschorenes, innerlich leeres und sich ihrer Umwelt verschließendes Mädchen, und
doch gibt es immer wieder hoffnungsvolle Momente, in denen das Mödchen menschliche Wärme erfährt.

> „Ganz karg ist dieses Buch, überall ist eine Reduktion auf das Wesentliche am Werk, ganz
> reich ist dieses Buch, voller Blicke, Gesten und Bewegungen, eine leise Choreographie im
> Untergrund der Ereignisse." (Osteroth 2001)

Die Geschichte wird von einer personalen Erzählinstanz abwechselnd aus der Sicht der
Tochter und der Mutter perspektivisch gebrochen, dabei aber chronologisch linear,
erzählt.[56] Dadurch erhält der Text auf der Handlungsebene eine gewisse Spannung, die
durch die Rastlosigkeit und Ungewissheit der Figuren auf der Flucht verstärkt wird.
Entsprechend der jeweiligen Perspektiven werden andere Ausschnitte der erzählten
Realität in den Blick genommen. Auf der Bewusstseinsebene werden die spezifischen
Innensichten des Kindes und der erwachsenen Frau zugänglich und einander
gegenübergestellt. Hier unterscheiden sich die Erzählweisen der beiden Figuren grund-
legend voneinander. Beiden gemeinsam sind Zeitsprünge in ihren Gedanken, das
Wachrufen von Erinnerungen, die Verbindung mit unmittelbar Erlebtem. Während
Hanna jedoch oft scharf beobachtet, selbstkritisch anklagt und ein hohes Maß an
Reflexivität und analytischem Denken zeigt, drückt sich Malkas Innere eher auf der
Handlungsebene aus, in den Bildern und Geschichten in ihrem Kopf, ihrem Verhalten
Tieren und Menschen gegenüber und ihrer sinnlichen Wahrnehmung. In diesen Bildern
(das „Bildersammeln" in der Abendstimmung zu Beginn ihres Alleinseins, die Benen-
nung der Tage im Ghetto nach der Nahrung) wird die Perspektive eines siebenjährigen
Kindes einzufangen versucht. Durch die dichte Symbolsprache erhält der Text eine
doppelte Bedeutungsebene und somit Malkas Perspektive eine literarische Tiefe.
Begegnungen mit einzelnen Menschen verdichten sich symbolisch etwa in einem
Schrei, einem Lachen, einem Geruch, einem Gegenstand oder Kleidungsstück.
Schuhe, Stiefel, Schritte und Worte in der deutschen Sprache erhalten in der Perspektive des Kindes eine bedrohende Konnotation. In Malkas fiktiver Freundschafts-
beziehung mit der Puppe Liesel, ihrem zunehmend verändertem Umgang mit Tieren
und der Bedeutung ihrer blonden Haare für ihre Identität wird Malkas psychische Entwicklung entfaltet.

---

56 Das Prinzip der Erzählweise wechselweise aus der Sicht des Kindes und eines Erwachsenen ist
    bereits in Bert Koks Roman *Eine gute Adresse* (1986) zu finden, der von Mirjam Pressler aus dem
    Niederländischen übersetzt worden ist. Hier wird aus der Sicht des jüdischen Mädchens Hannah
    und dem Aktivisten Dick von einer Widerstandsgruppe und ihren Rettungsversuchen jüdischer
    Kinder erzählt (vgl. Payrhuber 1996, 159).

Das Figureninnere wird durch Bewusstseinsströme in Form von erlebter Rede dargestellt. Die Erzählform des inneren Monologs wird nur an ausgewählten Stellen verwendet. Dies geschieht genau in den Situationen, in denen Mutter und Tochter an ihre äußersten Grenzen gelangen. Erzählt wird in einem schlichten Ton und einer klaren Sprache. Wegen dieser sprachlichen Kargheit, der Leichtigkeit in den Satzstrukturen und der oft sparsam verwendeten Worte wirkt der Text leicht zugänglich, die erzählte Geschichte aber umso härter.

Pressler entwirft ein psychisch differenziertes Bild der Hauptfiguren, ihrer Entwicklungen und Entfremdungen und stellt Entscheidungen, Handlungen und Umgangsweisen von Menschen in dieser Ausnahmesituation der Flucht zur Diskussion. Dabei wird sie ihrem Anspruch gerecht, sowohl Täter als auch Opfer differenziert und ambivalent darzustellen. Laut Pressler stellen etwa die jüdischen Figuren der niederländischen Schriftstellerin Ida Voss:

> „die jüdischen Opfer [...] nicht auf einen Sockel, sondern beschreiben sie als normale Bürger [...], die nicht verstehen können, was ihnen widerfährt, weil sie genauso sind wie ihre Nachbarn. Nicht besser, nicht klüger, frömmer oder diabolisch-genialer, sondern einfach Menschen, die nichts anderes anstreben als andere auch. Die Juden in Ida Vos' Büchern sind nur deshalb als Juden zu erkennen, weil sie verfolgt werden, ansonsten sind sie lebendige, vielschichtig gezeichnete Figuren" (Pressler 1993, 28f, zit. n. Payrhuber 1996, 157).

Auf ähnliche Weise hat Pressler in *Malka Mai* außer den Protagonistinnen auch die jüdischen Nebenfiguren differenziert und ambivalent gezeichnet. Sowohl in der Flüchtlingsgruppe als auch bei den verschiedenen Unterkünften auf der Flucht treffen Hanna und Minna auf Zu- und Abneigung, Hilfsbereitschaft und Abweisung, Mitgefühl und Unverständnis. Malka macht ähnliche Erfahrungen bei ihren Begegnungen in den jüdischen Ghettos. Einzig die Familie Kopolowici und hier insbesondere die Vaterfigur werden vorwiegend egoistisch und fern von Empathie dargestellt. Innerhalb der gesamten Figurenkonstellation stellt diese Familie das eine Extrem dar, das andere findet sich beispielsweise bei dem jüdischen Ehepaar Rapaport, das die Flüchtlingsgruppe nicht nur in ihr eigenes Haus aufnimmt, sondern auch herrschaftlich bewirtet. Ähnlich wie die jüdischen, so werden auch die christlichen, ähnlich wie die polnischen, so auch die ungarischen und deutschen Figuren in allen menschlichen Schattierungen und in ihrer inneren Widersprüchlichkeit gezeichnet und stellen insbesondere in ihrer Ambivalenz eine Herausforderung für die heranwachsenden LeserInnen dar. So bleibt beispielsweise bei Ciotka, die Malka zu sich nach Hause nimmt, sich sorgsam um sie kümmert und im Bett an sich drückt, die Frage, warum sie nicht mit Malka spricht und sie schließlich ohne viele Worte wieder fortschickt. Die Figurenkonstellation bietet in ihrer Variation von unterschiedlichsten Eigenschaften und Handlungen, Gedankengängen und Argumentationen ein facettenreiches Ensemble, das die Spannbreite menschlichen Miteinanders umfasst.

4.1.2 Themen und Motive

Unter den zahlreichen Themen und Motiven des Textes, in denen sich anthropologische Grunderfahrungen symbolisch verdichten, werden im Folgenden die für den Fokus der Untersuchung relevanten herausgegriffen: *die Geschichte einer Flucht* und *die Beziehung zwischen Mutter und Tochter*. Bei dem Thema der Flucht stehen die persönliche, bei dem Thema der Mutter-Tochter-Beziehung die soziale Identitätsentwicklung der Protagonistinnen im Zentrum. Beide greifen die anthropologische Frage auf, wie Fluchterfahrungen Menschen und Familien verändern können.

4.1.2.1 Unterwegs ins Ungewisse – die Geschichte einer Flucht

Die Erfahrung der Flucht gehört zu den grundlegenden Erfahrungen von Opfern des Zweiten Weltkriegs, insbesondere der jüdischen Bevölkerung Europas vor dem Hintergrund des Holocaust, und auch die Nachkriegszeit war durch unfreiwillige Migrationsbewegungen geprägt, aus deutscher Perspektive als ‚Vertreibung', aus polnischer Perspektive als ‚Aussiedlung' erinnert. Aber auch Flucht und Vertreibung sind nicht nur historische Phänomene, sondern auch gegenwärtige gesellschaftliche Realität in der Folge von „Kriegen, politischer Gewaltherrschaft und wirtschaftlicher Not", wie Isa Schikorsky (2001, 43) bezugnehmend auf Peter Opitz (1999) herausstreicht. Dieses Thema ist in der Kinder- und Jugendliteratur häufig aufgegriffen worden. Nach einer Untersuchung von Günter Lange (2002) beschäftigen sich fast 48% der aktuellen Texte der zeitgeschichtlichen Kinder- und Jugendliteratur (zwischen 1980 und 1998) mit den Themen *Judenverfolgung*[57] und *Nachkriegszeit/Flucht/Vertreibung*.[58] In *Malka Mai* steht weniger der historisch-politische oder geographische Zusammenhang der Flucht im Vordergrund als vielmehr das individuelle Erleben, die psychischen Auswirkungen der Flucht und ihre sozialen Folgen. Erst im individuellen Schicksal wird deutlich, „was Flucht und Vertreibung für die Biografie des Einzelnen bedeuten: Entwurzelung, Fremdheit, Angst, Isolation und Ausgrenzung" (Schikorsky 2001, 42). Malka Mai ist bereits mit sieben Jahren auf sich selbst gestellt. Sie wird von ihrer Mutter und ihrer Schwester weder an dem Entschluss zu fliehen beteiligt, noch über die Gründe und Gefahren aufgeklärt.[59] „Die Hilflosigkeit angesichts der Erwachsenenwillkür mag zu-

---

57 Hiervon erzählen beispielsweise Kathryn Winter in dem Roman *Katarína* (2000) und Ûrî Ôrlēv in *Lauf, Junge, lauf* (2004). Es sind wie bei *Malka Mai* ebenfalls Kinder, die auf sich alleine gestellt umherziehen und zu überleben versuchen.

58 Es muss darauf hingewiesen werden, dass sich im Zusammenhang mit der deutschsprachigen Kinder- und Jugendliteratur das Thema *Nachkrigszeit/Flucht/Vertreibung* ausschließlich auf die deutsche Bevölkerung bezieht – die ‚Umsiedlung' der polnischen Bevölkerung aus den polnischen Ostgebieten etwa wird hier nicht thematisiert. Ein aktuelles kinderliterarisches Beispiel sind die Fluchterfahrungen des 12jährigen Bernd mit seiner Tante Klara nach Kriegsende in Österreich in Peter Härtlings *Reise gegen den Wind* (2000).

59 Ähnlich wie Malka erlebt auch die 12jährige Protagonistin Alice Dubsky aus der Erzählung *Reise im August* (1992) von Gudrun Pausewang einen abrupten Eintritt in die Welt der Erwachsenen. Hier bedeutet ebenfalls der Übergang von einer kindlichen Ahnungslosigkeit und Beschütztheit

sammen mit den extremen psychischen und physischen Erlebnissen unterwegs mit dafür verantwortlich sein, dass die Flucht für viele junge Menschen zum Trauma wurde." (ebd. 44f.) Schikorsky hat den Umgang mit diesen traumatischen Erfahrungen auf den (unfreiwilligen) ‚Reisen' ins Ungewisse anhand der unterschiedlichen Welten herausgearbeitet, durch die sich die Protagonisten bewegen: Traumwelten, Kontrastwelten, Erinnerungswelten und Zwischenwelten. Die Bedeutung dieser Welten für die Identitätsentwicklung der ProtagonistInnen wird im Folgenden am Beispiel Malkas und Hannas aufgezeigt.

4.1.2.1.1 Traumwelten

Traumwelten spielen für Malka eine bedeutende Rolle auf der Flucht. Sie sind die fiktiven Orte, zu denen sie in Gedanken flüchten kann, wenn die Realität sie zu überwältigen droht. Das (unmittelbare) Ziel Ungarn stellt kein Traumziel für Malka dar; sie vermisst ihre gewohnte Umgebung und die ihr vertrauten Menschen im Ort Lawoczne, kann mit dem unbestimmten Land Ungarn nicht viel anfangen. Eine Traumwelt aber wird für sie das entferntere Ziel Erez-Israel, das die Schwester ihr in Bildern schildert:

> „[...] Malka fielen die Augen zu. Minnas Stimme plätscherte weiter und trug sie in das Land, das noch viel weiter von Lawoczne entfernt war als Ungarn." (Pressler 2001, 86)

Minna erzählt der kranken Malka von dem fernen Land, von Orangen und Zitronenbäumen, vom Vater und vom Leben im Kibbuz; es entwickelt sich ein zärtlicher Dialog zwischen den beiden, eine gemeinsame Reise durch die Fantasiewelt, um der bedrohenden aktuellen Situation zu entgehen. Diese Erzählung ist gleichzeitig eine Annäherung zwischen den Schwestern und bietet Malka in ihrer späteren Einsamkeit Stoff für ihre Träume:

> „Eine [Wolke] sah aus wie ein Schiff. Vielleicht segelt es nach Erez-Israel, dachte sie und bedauerte, kein Papier und keine Stifte zu haben, sie hätte das Wunderland gerne gemalt, die Orangen, die dort an Bäumen hingen wie hierzulande Äpfel." (ebd., 108)

Malkas Empfinden wird erzählerisch in ihren Fantasiegeschichten dargestellt; in ihren Tagträumen begegnen die LeserInnen dem siebenjährigen Kind.

4.1.2.1.2 Kontrastwelten

Während Malka sich zeitweise in ihre Traumwelten flüchtet, bleibt Hanna fortwährend in der Realität, versucht diese rational zu ergründen und dementsprechend zu handeln. Für sie ist Erez-Israel kein Zufluchtsort, denn sie konnte sich nie mit der jüdischen Gemeinde identifizieren bzw. hat viel Kraft für eine Lösung von ihr aufbringen müssen. Eine Kontrastwelt zu ihrem früheren Leben bildet nun vor allem die enge

---

durch Erwachsene zu einer plötzlichen Selbstständigkeit einen Einschnitt in die kindliche Entwicklung (vgl. auch Steinlein 1996, 299).

Bindung an die anderen jüdischen Flüchtlinge, eine Zusammengehörigkeit, die sie so nicht empfindet. Selbst aus dem Milieu des gebildeten Judentums stammend – sie hat „die Klassiker auf Deutsch gelesen" (ebd., 144) – fühlt sie sich in der vorwiegend proletarischen, religiös orientierten Gemeinschaft als Fremde, sieht sich den gebildeten deutschen Offizieren näher, die für sie eine Zeit lang anregende Gesprächspartner waren.

> „Sie war nicht eine von diesen Frauen, die ihr Glück nur in ihrer Funktion als Gemahlin und Mutter sahen, als geachtete Hausfrau, für sie galten andere Gesetze, sie hatte sich von all dem befreit, sie hatte auf die anderen immer ein bisschen herabgeschaut. [...] Ich habe so viel gewollt und so viel erreicht, nur um an einem Punkt anzukommen, an dem ich doch wieder in erster Linie und hauptsächlich Jüdin bin. Und die Mutter jüdischer Töchter." (ebd., 144f.)

An dieser Kontrastwelt zerbricht Hanna jedoch nicht, sondern lässt sich durch diese herausfordern und setzt sich mit ihrer Identität als Jüdin, als Ärztin, als Frau und als Mutter auseinander. Aus dem aufreibenden und schmerzhaften Prozess geht sie schließlich gereift hervor. Zu Beginn der Flucht sieht sie ihre Approbationsurkunde noch als identitätsstiftend an:

> „[...] dieses Stück Papier war ihr wichtiger als jeder Besitz. Mehr als alles andere machte es ihre Identität aus, war ein Beweis dafür, dass sie das Recht hatte, ihr Leben so zu leben, wie sie es wollte, dass sie kein Niemand war, sondern eine angesehene Persönlichkeit." (ebd., 131)

Die Urkunde verbindet sie nicht nur mit ihrem vergangenen, sondern vor allem auch mit dem noch ungewissen zukünftigen Leben. Durch die intensiven zwischenmenschlichen Erfahrungen auf der Flucht wird sie jedoch zunehmend sozialer, öffnet sich fremden Menschen und deren Lebensweisen:

> „Hanna lächelte die Frau an. Es war nicht das professionelle Lächeln, das sie früher so schnell parat gehabt hatte. Es war ein Lächeln der Zuneigung für diese Frau, die trotz der Schmerzen, die sie zweifellos hatte, so viel Mut zeigte." (ebd., 187)

Hanna lernt die Kontrastwelt des Judentums nicht lieben aber doch schätzen und akzeptieren und kann die durch ihren Emanzipationsprozess entstandene Verbitterung dem Judentum gegenüber ablegen.

4.1.2.1.3 Erinnerungswelten

Hanna bewegt sich eher widerstrebend in ihren Erinnerungswelten, kontrastiert sie mit aktuellen Fluchterfahrungen und erkennt resümierend: „Seltsam, dass sich einem die Vergangenheit immer wieder aufdrängt, [...] man wird sie nicht los." (ebd., 112f.) Im Verlauf der Flucht arbeitet sie Erfahrungen auf, stellt Bezüge innerhalb ihres Lebens her und macht ihre Vergangenheit zur Deutung ihrer Gegenwart fruchtbar, immer je- doch eine gewisse Distanz zu sich selbst aufrecht erhaltend. Z.B. reflektiert sie ihre vergangenen Liebesbeziehungen, um ihre derzeitige Situation als allein erziehende

Mutter sowie Minnas Begegnung mit Ruben, einem Jungen aus der Flüchtlingsgruppe, zu deuten.

Im Gegensatz dazu bilden die Erinnerungswelten für Malka eine Kompensation ihrer Fremdheitserfahrungen. Symbolisch wird diese Erinnerungswelt in der Puppe Liesel konzentriert, die Puppe einer deutschen Freundin aus Lawoczne, die in der Einsamkeit der Fremde für Malka ein Halt ist und immer dann zur vertrauten Partnerin wird, wenn Malka sich von den Menschen verlassen fühlt.[60] „Hätte sie Liesel nicht gehabt, wäre sie ganz allein gewesen." (ebd., 160) An Liesel klammert sie sich fest und projiziert gleichzeitig ihr eigenes Bedürfnis nach Geborgenheit auf sie, indem sie für die Puppe die beschützende Mutterrolle spielt. Nur in den Situationen, in denen jemand sich liebevoll um Malka kümmert, wie Frau Kowalska, Teresa oder Ciotka, verliert die Puppe an Bedeutung, was schließlich der Grund dafür ist, dass Malka Liesel bei einem überstürzten Aufbruch bei Ciotka vergisst. Nun fühlt Malka sich völlig allein gelassen, „[...] der Verlust, der sie getroffen hatte, erschien ihr unerträglich, schlimmer als alles, was sie je erlebt hatte." (ebd., 183) An dieser Stelle sind in der Puppe Liesel alle Erinnerungen an eine behütete Kindheit aufgehoben, die für Malka in eine weite Ferne rückt.

4.1.2.1.4 Zwischenwelten

Zwischen den einzelnen Orten der Reise bauen sich Zwischenwelten auf, Welten, die zunächst unbekannt, mit der Zeit vertrauter werden, aber doch immer fremd bleiben. Schikorsky hebt an diesen Welten besonders den Kontrast zwischen Flüchtlingen und Einheimischen hervor, insbesondere die einseitige Abhängigkeit der Flüchtlinge (vgl. ebd. 2001, 50). Von diesen Zwischenwelten gibt es zahlreiche auf der Flucht von Hanna und Malka, so viele, dass man als LeserIn leicht den Überblick über die einzelnen Stationen und die verschiedenen Figuren verliert. Die Orientierungslosigkeit wird durch die Wahl der Überschriften verstärkt, die die Geschichte nicht nach Orten oder Ereignissen strukturieren, sondern die Zeit der Flucht lediglich in Monate einteilen. Für Hanna bleibt die ‚Nichtdazugehörigkeit' konstitutiv für die Zwischenwelten, was zusammenhängt mit der Unvereinbarkeit ihres Flüchtlingsstatusses mit ihrer professionellen Identität als angesehene Ärztin.

> „Doch es gab keinen Trost, dies hier war nicht ihre Welt, ihre Welt war nie so gewesen, und auch das, was sie gehabt hatten, war verloren und sie waren zu Landstreichern geworden." (Pressler 2001, 158)

Während sie sich auf der materiellen Seite nicht mit den unhygienischen Zuständen abgeben will, vermisst sie auf der sozialen Ebene intellektuell herausfordernde Gesprächspartner. Aber Hanna klagt auch die Zufriedenheit und Sicherheit wohlhabender Juden in Ungarn an. Ihre Vehemenz verrät, dass sie selbst sich von ihrer vorherigen Naivität bezüglich ihrer standesbedingten Unversehrtheit gelöst hat und sich als Teil

---

60 Das Motiv der Puppe ist ebenfalls in Winters *Katarìna* (2000) verwendet. Hier wird eine zerschlissene Handpuppe für die achtjährige Katarína zur Begleiterin auf der Flucht.

der Flüchtlingsgruppe sieht, aber auch so sehr mit den eigenen Verlusten (ihrer Tochter und ihres Zuhauses) kämpft, dass sie die Unbekümmertheit der anderen schwer ertragen kann. Für Hanna sind diese Zwischenwelten lediglich Übergangsstationen von einem früheren in ein zukünftiges Leben, das mit der Flucht allerdings nichts mehr zu tun hat.

Malka wiederum kann sich in den Zwischenwelten eher zurechtfinden und saugt die Herzlichkeit derjenigen Menschen auf, die sie ihr entgegenbringen. Behutsam nähert sie sich auch Tieren auf ihrem Weg an. Anschließend werden die Erfahrungen und Begegnungen in Symbolen verdichtet zu Erinnerungsbildern. So erinnert etwa der Mottengeruch des Pullovers von Frau Kowalska Malka an die Wärme und Zuneigung dieser Bäuerin oder der Apfel in ihrer Tasche an die Fürsorge Ciotkas. Die bedeutungs-vollste dieser Welten wird für Malka die „Zeit im Haus am Waldrand" (ebd., 155) bei Teresa und ihrer Familie. In dieser Familie findet sie ein neues Zuhause, das durch ein zärtliches und humorvolles Miteinander geprägt ist. Die familiäre Atmosphäre, aber vor allem die lebensfrohe Figur der Teresa wird symbolisch durch das Lachen gekenn-zeichnet, wie Malka es aus ihrer eigenen Familie so nicht kennt. In dieser Zwischen-welt beginnt sie zaghaft, sich von ihrer Erinnerungswelt zu lösen:

> „‚Deine Mutter hat Antek das Leben gerettet', sagte Teresa [...]

> Malka senkte den Kopf über ihren Teller. Sie war verlegen, ihr wurde warm und gleichzeitig wollte sie das nicht hören. Sie wollte nicht an ihre Mutter denken, die mit Minna in Ungarn war und sie allein in der Mühle zurückgelassen hatte." (ebd., 149)

Malka empfindet das Haus am Waldrand und vor allem Teresa als ein (neues) zu Hause, vergisst in der Zeit ihre Puppe Liesel und traut sich sogar, an die konkrete Zu-kunft zu denken, die es seit dem Gespräch mit ihrer Schwester Minna über Erez-Israel für sie nicht mehr gab. „Mit Teresa konnte Malka sogar Wörter wie ‚morgen' oder ‚übermorgen' denken." (ebd., 152)

Die positiven Begegnungen auf der Flucht werden allerdings immer wieder von negativen Erfahrungen überlagert. Wenngleich Malka versucht, die grausamen Erleb-nisse und Begegnungen in den Zwischenwelten zu verdrängen, steigen die furchterregenden Erinnerungsbilder immer wieder in ihr auf. Beispielsweise durch-ziehen die vor ihren Augen erschossenen Menschen, „die ihre Hände hoben und ein-fach umfielen, stumm, lautlos wie Stoffpuppen" (ebd., 169) ihre Gedanken. Ebenso begleitet sie leitmotivisch der imaginierte Schrei eines toten Jungen im Ghetto, der in zu großen Kleidern am Wegrand liegt:

> „Aber Malka meinte noch immer, den schrecklichen Schrei zu hören, er verfolgte sie in ihre Träume, und im Traum wusste sie, wer geschrien hatte, es war der Schrei, den der Junge mit dem zu großen Mantel und den zu großen Stiefeln ausgestoßen hatte und den sie jetzt erst hörte, der Schrei, der sie seit jenem Moment auf dem Bürgersteig begleitete, ohne dass sie es gewusst hatte. Da lag der Junge wieder, mit sehnsüchtig ausgebreiteten Armen, die weit offenen Augen zum Himmel gerichtet, und aus seinem Mund kam der Schrei." (ebd., 257)

Durch diese Bilder erschüttert entwickelt Malka Strategien, um weiterleben zu können: Sie versucht, ihre Sinne abzustumpfen. War sie früher verträumt und phantasievoll und ließ sich von ihrer Umwelt inspirieren, so will sie bald nicht mehr sehen, nur noch wachsam ihren Gehörsinn einsetzen, um den Gefahren zu entgehen.

> „Es war, als wollte sie nichts sehen. Stattdessen waren ihre Ohren viel wacher geworden, große Ohren hatte sie bekommen, aufmerksam und beweglich wie die eines Hasen. Sie fingen jedes Geräusch auf. Vor allem Stiefelschritte, vor allem deutsche Stimmen. Die klangen wie das Peitschenknallen der Kutscher, die ihr früher, als sie noch in Lawoczne gelebt hatte, immer so lustig vorgekommen war. Aber damals hatte sie noch nichts gewusst, jedenfalls nichts von den Dingen, die wirklich wichtig waren. Damals hatte sie manchmal im Gras gelegen, auf dem Rücken, sie hatte den Himmel betrachtet und sich Geschichten über Wolken ausgedacht." (ebd., 238f.)

Während sie zunächst nur nichts sehen will, will sie bald auch nicht mehr selbst gesehen werden, lässt sich aber in Gedanken noch vom Wind treiben.

> „Sie verkroch sich in sich selbst und machte sich unsichtbar. Sie hatte gelernt, wie das ging. Man musste die Augen zumachen und in sich hineinkriechen, in das eigene Innere, dann konnte einen niemand sehen. Sie nahm an, dass sie dann von außen so aussah, wie ein Stein oder wie eine Stoffpuppe, obwohl sie von innen doch so leicht war, so hohl. Jedes Mal, wenn sie ein Windstoß traf, hatte sie Angst, in die Luft geweht zu werden, und zugleich sehnte sie sich danach." (ebd., 240f.)

Nach einer ‚Aktion' im Ghetto in Stryj unterdrückt sie, von der ‚arischen' Seite zurückgekehrt ins nun leere Krankenhaus, aus dem die deutschen Soldaten auch den ihr lieb gewordenen behinderten Jungen Rafael mitgenommen haben, ihren Gehörsinn und übt sich darin, nicht zu denken, ihren Kopf ganz leer zu machen. Schließlich verweigert sie auch das Sprechen.

> „Malka war verstummt. Es war, als hätte sich ihre Stimme vor Schmerz in ihr Inneres zurückgezogen, als wollte sie nie wieder mit jemandem sprechen [...] Malka war wie unter einer Glasglocke, sie bewegte sich, sie aß und trank, was man ihr gab, sie ging aufs Klo, sie schlief. Aber das war alles." (ebd., 303)

Hier scheint neben Malkas äußerstem Rückzug in sich selbst auch kein Funken Hoffnung in Form von Naturbildern (Wolken, Wind) mehr auf.

4.1.2.2 Die Beziehung zwischen Mutter und Tochter

An der Stelle, wo sich die Handlungs- und Erzählstränge teilen, entwickeln sich auch die Figuren auf unterschiedliche Weise. Mutter und Tochter beginnen sich – nicht nur räumlich – voneinander zu entfernen. Auf ihren Wegen sehen sich beide mit ähnlichen Erlebnissen konfrontiert. Der Unterschied besteht jedoch darin, dass auf Hannas Weg die Achtung und Würde der Menschen gewahrt bleibt und somit ein ziviles Miteinander zur gemeinsamen Bewältigung der Flucht verhilft, sowohl physisch als auch psychisch. Im Gegensatz dazu kämpfen die Menschen, denen Malka im Gefängnis und in den Ghettos begegnet, durch die menschenunwürdigen Zustände meist vornehmlich um das eigene Überleben. Die unterschiedlichen Auswirkungen der jeweiligen Fluchterfahrungen zeigen sich gerade auch in den leiblichen Erfahrungen: den alltäglichen

Situationen des Essens und der Körperpflege. Während die Flüchtlingsgruppe um Hanna herum auch in der Ausnahmesituation zivile Umgangsformen bewahrt, werden diese in Malkas Umwelt immer wieder außer Kraft gesetzt.

4.1.2.2.1 ‚Malkale' – Entwicklung Hannas als Mutter

Hanna hat sich neben ihrer Berufsorientierung auch für Kinder entschieden und ihre zwei Töchter größtenteils alleine aufgezogen. Drückt sich in der zärtlichen Bezeichnung ‚Malkale' mütterliche Zuneigung und in ihren sorgevollen Gedanken um ihre Töchter Verantwortungsbewusstsein aus, so scheint dennoch eine etwas kühle Atmosphäre in der Familie vorzuherrschen, in der Lachen wenig Raum hat. In der Entscheidungssituation, Malka aufgrund ihrer Krankheit zurückzulassen, beteuert Hanna zunächst die Zugehörigkeit zu ihrer Tochter: „Hanna schüttelte den Kopf. ‚Ich gehe nicht ohne das Kind', sagte sie laut." (Pressler 2001, 93) Von der Flüchtlingsgruppe beeinflusst, ist Hanna von der Richtigkeit ihres Entschlusses schließlich nicht mehr überzeugt, ringt um eine Entscheidung und teilt diesen zunächst ihrer älteren Tochter Minna mit:

> „‚Findest du es wirklich richtig, sie hier zu lassen?', fragte Minna [...]
> Die Mutter fing an zu weinen. ‚Ich weiß doch selbst nicht, was ich tun soll. Wir müssen weiter, wir dürfen hier nicht gefunden werden. Und sie ist krank, mit diesem Fieber muss sie ein paar Tage im Bett bleiben. Du hast doch auch gemerkt, dass sie kaum mehr gehen konnte. Ein Kind fällt nicht auf, ein Kind läuft immer irgendwie mit. Es nützt doch nichts, wenn wir uns alle drei der Gefahr aussetzen, geschnappt zu werden." (ebd., 95)

Nachdem Hanna und Minna am verabredeten Ort Munkatsch angekommen sind, muss Hanna feststellen, dass Malka nicht nachgeschickt wurde. Die anfänglichen Zweifel an ihrer Entscheidung verstärken sich nun zu Selbstvorwürfen. Auch mit Beweggründen, die sie sich zunächst nicht eingestehen mochte, setzt sie sich jetzt auseinander:

> „Sie hätte das Kind nicht dort lassen dürfen, irgendwie wären sie auch alleine weitergekommen, ohne die Gruppe, sie hatten es von Lawoczne nach Pilipiec doch auch geschafft. Vielleicht hatte sie die Situation falsch eingeschätzt, wie so oft. Und immer wieder fragte sie sich, ob sie es vielleicht aus Angst vor den Unbequemlichkeiten getan hatte, aus Angst vor der Strapaze, vor den Polizisten, vor der Gefahr. Ob sie das Kind dort gelassen hatte, um es sich selbst leichter zu machen. [...] immer wieder sah sie den Satz ihres Vaters vor sich, in seiner gestochenen Handschrift: Man lässt einen Menschen in Not nicht im Stich." (ebd., 209)

Diese Fragen gipfeln schließlich in Selbstanklagen, in denen sich Hanna grundsätzlich in Frage stellt:

> „Das bin ich, dachte sie. Immer in Bewegung, immer vorwärts, wie besessen von etwas, ohne dass es ein Ziel gibt, von einem Tag in den nächsten. So bin ich immer gewesen. Getrieben und ziellos. Das ist der Grund für alles, meine Ziellosigkeit, das besessene Vorwärts. So habe ich mein Studium durchgezogen, so habe ich geliebt, so habe ich geheiratet und Kinder bekommen, so habe ich meinen Beruf ausgeübt, so habe ich Malka geopfert.

> Minna hielt sie fest, Minna streichelte sie, bis sie sich beruhigte und das Zittern aufhörte.
> [...]
> Sie hatte nicht nur ihr Kind verloren, sie hatte sich selbst verloren." (ebd., 219f.)

Diese Passagen verdeutlichen eindrücklich die äußerst ambivalente Situation, in der sich Hanna befindet. Sie ist verantwortlich für sich und ihre beiden Töchter mit einer Entscheidung, die – egal, wie sie sie trifft – nur falsch sein kann. Eindeutig bewertet wird diese Entscheidung durch die personale Erzählweise nicht. Sie wird vielmehr aus der Sicht der jeweiligen Figuren dargestellt. Die Ambivalenz und Offenheit stellt hohe Verstehensansprüche an die jugendlichen LeserInnen. Sie müssen einerseits die Ambiguität des Textes aushalten, andererseits für sich selbst eine Position finden.

4.1.2.2.2 ‚Frau Doktor' – Entwicklung Malkas als Tochter

Malka ist als jüngere Tochter das ‚Nesthäkchen' in der Familie und fühlt sich trotz der strengen Erziehung aufgehoben. Mit ihrer älteren Schwester Minna, die hauptsächlich auf sie aufpasst, hat sie häufig Streit, ihre Mutter sieht sie wegen deren zeitaufwendiger Arbeit wenig. Zu Beginn der Flucht verhält sie sich ihrem Alter entsprechend. Sie weint, wenn sie erschöpft ist, ist wütend oder beleidigt, wenn sie sich von den Erwachsenen nicht ernst genommen fühlt. Aber schon bald spürt Malka, dass die Gesetze auf der Flucht andere sind. Sie beobachtet, dass ihre Mutter anders als gewohnt reagiert, einen anderen Gesichtsausdruck annimmt, und ihr wird bewusst, dass sie selbst nicht mehr das Kind sein kann, dass sie vorher war. Besonders deutlich zeigt sich diese Entwicklung in der Trennungsszene.

> „Malka wollte betteln, wollte schreien, doch dann sah sie das Gesicht ihrer Mutter, sah, dass Minna den Tränen nahe war, und verstand, dass es wirklich so sein musste. Deshalb schluckte sie das bittere Gefühl, das in ihrer Kehle aufstieg, hinunter und schwieg. [...]
> ‚Geht nur', sagte Malka. ‚Geht nur, ich bleibe hier.'" (ebd., 96f.)

Dieser Moment ist ein Wendepunkt in Malkas Leben: Sie ist nicht nur zum ersten Mal weit entfernt von zu Hause in einem anderen Land mit einer unbekannten Sprache bei fremden Menschen, sondern auch zum ersten Mal alleine ohne eine vertraute Bezugsperson wie ihre Mutter oder ihre Schwester. Auf der weiteren Flucht denkt Malka zunächst noch liebevoll an ihre Mutter und an Minna.

> „Sie würde sich ins Bett legen und schlafen und am nächsten Morgen ihrer Mutter und Minna von dem schrecklichen Traum erzählen, den sie geträumt hatte, und ihre Mutter würde lachen, ihr durch die Haare fahren und sagen, das wirst du wohl von mir haben, Malkale, ich habe auch immer so viel geträumt, und Minna würde irgendetwas von Träumen und Schäumen sagen." (ebd., 147)

Doch das Verhältnis zu ihrer Mutter ändert sich im Laufe des Romans – aus den zunächst lebendigen Familienerinnerungen werden Verbannungen der Mutter aus dem eigenen Leben, sie wird in Malkas Erinnerungen zur anonymen ‚Frau Doktor':

„Sie durfte nicht an ihre Mutter denken. Ein Ziehen im Kopf und im Bauch sagte ihr, dass sie Wörter wie ‚Mama' und ‚Mutter' besser vermied, weil ihre Gedanken dann verrückt spielten. Wenn sie, aus Versehen, ‚Mama' oder ‚Mutter' dachte, trieb es ihr die Tränen in die Augen und sie fühlte sich hilflos und wehrlos. Das durfte nicht passieren, denn es war wichtig, dass sie stark war und immer und in jeder Situation überlegen konnte, was sie tat.

Wenn jemand sie, was selten genug vorkam, fragte, wer sie war, sagte sie nicht mehr: Meine Mutter ist Frau Doktor Mai, sondern: Ich bin die Tochter von Frau Doktor Mai. ‚Tochter' war ein unverfängliches Wort, man konnte es denken, konnte es sogar aussprechen, ohne dass einem die Luft wegblieb. Frau Doktor Mai war diese fremde Person, in deren Haus sie gelebt hatte, früher, vor langer Zeit." (ebd., 162)

Diese Entwicklung spiegelt auf der Handlungsebene die psychische Entwicklung Malkas wider. So ruft sie sich im weiteren Verlauf der Flucht ihre Mutter und deren nützliche Ratschläge oder Ermahnungen immer nur in dieser distanzierten Bezeichnung ‚Frau Doktor' hervor, kann so ihre Mutter auf Abstand halten, ohne sie gänzlich zu verlieren.

Das Abschneiden ihrer Haare im Krankenhaus in Stryj schließlich bedeutet für Malka die endgültige Ablösung von ihrem vorherigen Leben.

„Plötzlich fing sie an zu weinen, sie konnte nicht mehr, das, was ihr jetzt passiert war, überstieg alles, jetzt war sie endgültig nicht mehr das Mädchen, das sie einmal gewesen war. Sie war nicht mehr Malka Mai, die Tochter von Frau Doktor Mai, sie war ein anderes Mädchen, das zufällig Malka Mai hieß, niemand würde sie erkennen [...].

So leer, so falsch musste sich der Junge mit dem viel zu großen Mantel und den viel zu großen Stiefeln gefühlt haben, jetzt verstand sie ihn, jetzt wusste sie, warum er die Arme ausgebreitet hatte. Es war keine Sehnsucht gewesen, sondern Hilflosigkeit, er hatte nicht mehr weitergewusst. Ich bin wie er, dachte sie und sah sich selbst im Dreck liegen. (ebd., 271f.)

Malka sieht ihre Individualität durch den Verlust der Haare endgültig verloren. Sich selbst entfremdet, hat zumindest ihre äußere Schönheit sie zum einen im Ghetto überleben lassen, zum anderen die letzten Erinnerungen an ihre familiäre Herkunft wachgehalten.

4.1.2.2.3   Hanna und Malka – Annäherung und Distanz

Die Mutter-Tochter-Beziehung erfährt ihre Tiefe in der Erzählweise der zwei ineinander verflochtenen Handlungsstränge. Durch diese gibt es „Näherungen, Entfernungen und Korrespondenzen zwischen Mutter und Tochter, die sich nur dem Leser erschließen" (Osteroth 2001). Hanna und Malka entwickeln sich, getrennt voneinander, in unterschiedliche Richtungen, ohne voneinander zu wissen. Die jeweiligen Bilder, die sie voneinander haben, verändern sich nicht in demselben Maße, werden nur ein wenig blasser, verdichten sich in Einzelheiten. Wenn Hanna an Malka denkt, denkt sie an ihre kindliche, schutzbedürftige Tochter mit den blonden Locken, lässt damit auch der Hoffnung einen Raum. Das Bild, das sich den LeserInnen eröffnet, die die Entwicklung Malkas schrittweise mitvollziehen, ist jedoch ein anderes. Erst als Hanna von Babka Agneta erfährt, dass Malka keine Haare mehr habe, lässt sie auch

zuvor unterdrückte Befürchtungen zu, versucht sich vorzustellen, was Fluchterfahrungen für ein auf sich allein gestelltes siebenjähriges Kind bedeuten können.

> „Und langsam wurde ihr klar, was sie die ganze Zeit verdrängt hatte. Auch wenn alles gut
> ging, auch wenn sie Malka zurückbekam, wäre sie nicht mehr das Kind, das sie in Pilipiec
> zurückgelassen hatte. Nicht nur, weil sie ihre blonden Zöpfe verloren hatte. Vielleicht war
> sie körperlich krank, vielleicht würde sie nie mehr gesund werden. Doch auch wenn sie kör-
> perlich keinen Schaden davontrüge, würde sie nie mehr das Kind von früher werden. Was
> passiert war, würde Narben in ihrer Seele hinterlassen, für immer und ewig. Die Erfahrun-
> gen, die Malka gemacht hatte, würden ihre Kindheit als behütete, schöne Tochter über-
> lagern, würden sich über ihr Herz und ihre Seele legen. Es würde nie wieder gut werden.
> Und sie war schuld." (Pressler 2001, 307f.)

Malka entfernt sich innerlich soweit von ihrer Mutter, dass sie Hanna bei der Wiederbegegnung schließlich zwar erkennt, jedoch nicht mehr als zugehörig zu ihrem jetzigen Leben betrachtet. Sie hat nicht nur gelernt, ihre eigenen Empfindungen zu reduzieren, sondern auch bewusst verlernt, sich in andere einzufühlen.

> ,Malka', sagte eine Stimme, die sie von früher kannte. ,Malkale.'
> Und da saß sie, die Frau Doktor, die sie das letzte Mal in Ungarn gesehen hatte, in der
> Mühle, als sie krank im Bett lag.
> Malka ließ sich rückwärts vom Ofen rutschen, packte die alte Frau, die sie hierher gebracht
> hatte, am Arm und sagte: ,Wo ist Teresa? Ich will zu Teresa.'
> [...] Es war still, sehr still. Als Malka die Frau oben, auf dem Ofen, weinen hörte, hob sie
> verwundert den Kopf." (ebd., 322)

An dieser Stelle endet der Roman. Über den weiteren Verlauf des Zusammentreffens
und die Entwicklung der Mutter-Tochterbeziehung erfahren die LeserInnen nichts. Nur
im Nachwort wird der Fortgang der Lebensgeschichte der realen Person Malka kurz
skizziert. Dieses etwas abrupte offene Ende fordert die RezipientInnen dazu auf, selbst
ein Bild von einer möglichen Annäherung von Mutter und Tochter zu entwerfen.

4.2 Literarische Sinnangebote und Rezeptionsanforderungen

Der zeitgeschichtliche Jugendroman *Malka Mai* eröffnet verschiedene literarische
Sinnangebote und stellt Rezeptionsanforderungen an die heranwachsenden LeserInnen
sowohl in *historisch-politischer* (Kap. 4.2.1) als auch in *literarisch-anthropologischer*
Weise (Kap. 4.2.2), wie im Folgenden ausdifferenziert wird.

4.2.1 Historisch-politische Herausforderungen

4.2.1.1 Historisch-politische Kontextualisierung des Romans

Eine Offenheit der literarischen Geschichte besteht hinsichtlich ihres zeithistorischen
und geographischen Kontextes. Die LeserInnen sind auf ihre eigenen Wissensbestände
zurückgeworfen. Sie müssen die von den Figuren subjektiv erlebte Wirklichkeit vor

dem Hintergrund ihrer historisch-politischen Kenntnisse deuten: beispielsweise die Okkupation des östlichen Teil Polens 1939 erst durch Russland infolge des Hitler-Stalin-Pakts, dann durch Deutschland 1941 im Zuge des Russlandfeldzugs, die Entwicklung der nationalsozialistischen Judenverfolgung im Winter 1943/44 oder die historisch-politische Situation unter der Horthy-Regierung in Ungarn. Auch geographisch müssen sie sich weitestgehend eigenständig orientieren über den damaligen Grenzverlauf in Galizien, den Weg der Flucht durch die Karpaten und die jeweils zurückgelegten Entfernungen. Im Gegensatz zu Jugendromanen, die neben einem ausführlichen sacherklärenden Anhang auch Zeittafeln enthalten (vgl. *Damals war es Friedrich* 1961/1969), gibt es in der Romanausgabe von *Malka Mai* lediglich ein relativ kurzes Verzeichnis mit Worterklärungen zu jiddischen, polnischen und anderen Begriffen insbesondere zum jüdischen Leben in der damaligen Zeit. Darüber hinaus gibt die Autorin in einer Nachbemerkung kurze Hinweise zur historisch-geographischen Verortung der Geschichte sowie Einblicke in die dem fiktionalen Text zugrunde liegende reale Lebensgeschichte und einen Ausblick auf deren Fortgang. Der Roman (einschließlich seiner Paratexte) ist nicht als didaktisches Aufklärungsinstrument für Zeitgeschichte konzipiert, sondern erzählt eine individuelle Familiengeschichte unter bestimmten historisch-politischen Umständen, wobei neben dem äußeren Handlungsgeschehen vor allem die inneren Entwicklungen der Figuren und ihre Beziehungen zueinander im Vordergrund stehen.[61]

4.2.1.2 Differenz der (historischen und persönlichen) Bewusstseinshorizonte

Die LeserInnen können teilhaben an den beiden getrennten Geschichten, sind somit allwissend im Gegensatz zu den begrenzten Perspektiven der einzelnen Figuren. Eine Besonderheit dabei ist der andere Bewusstseinshorizont der Lesenden und der literarischen Figuren. Malka ist noch ein Kind, sie sieht und deutet die Welt aus ihren Augen:

> „Die Deutschen hatten den Stern gebracht, als die Russen weggezogen waren, aber ansonsten war alles nicht so schlimm geworden, wie es die Leute damals gesagt hatten." (Pressler 2001, 8f.)

Hanna ist bereits eine erwachsene Frau, die allerdings die politische Situation falsch eingeschätzt hat. Die heutigen jugendlichen LeserInnen wissen – aus dem zeitlichen Abstand heraus und vor dem Hintergrund der Tradierung von Geschichte(n) vor allem im kulturellen Gedächtnis – deutlich mehr über den politisch-historischen Kontext und die realen Ausmaße der Verfolgung und Vernichtung der jüdischen Bevölkerung. Zwar kennen sie vermutlich nicht den Begriff ‚Aktion' mit seinen ungewissen und gefahrverheißenden Konnotationen, doch wissen sie um die Umstände und den Ausgang der

---

61 Einen ähnlichen Ansatz konstatiert Steinlein für Pausewangs Roman *Reise im August* (1992), den er als „gänzlich undidaktisch" (ebd., 1996, 300) bezeichnet und „strikt auf erlebnisästhetische Wirkung hin konzipiert" (ebd.) sieht, da hier ebenfalls „die realhistorische Referenzebene" (ebd.) ausgespart bleibt.

Deportationen europäischer Juden. Somit entsteht eine „Spannung zwischen beiden Bewußtseinshorizonten und den daraus resultierenden Wissensunterschieden", wie sie Steinlein (1996, 301) bereits bei Pausewangs *Reise im August* herausgearbeitet hat. Dieser Wissensvorsprung der LeserInnen kann einerseits gerade den Reiz der Lektüre ausmachen, andererseits aber fordert er bei ihnen in Anbetracht der Härte der Ereignisse und Erlebnisse eine hohe Belastungsfähigkeit heraus und stellt somit eine emotionale Herausforderung für sie dar. Die dadurch aufgebaute Spannung und immer mitschwingende Hoffnung der ProtagonistInnen begleiten die LeserInnen aber auch durch den Roman, können dazu anregen, weiter zu lesen.

4.2.2 Literarisch-anthropologische Herausforderungen

4.2.2.1 Positionierung innerhalb einer polyvalenten Erzählweise

Durch die personale Erzählsituation wird nicht wertend oder kommentierend erzählt, sondern perspektivengetreu mit einem begrenzten Blick, so dass die LeserInnen ihren eigenen Platz bei der Rezeption finden können und auch müssen. Das Zusammenspiel der unterschiedlichen und somit auch gegensätzlichen Figurenperspektiven erzeugt darüber hinaus auch eine polyvalente Betrachtung derselben Ereignisse und Erfahrungen. Was beispielsweise die Mutter als rational begründbar sieht, erfährt die Tochter als emotional verletzend. Die fehlende ‚objektivierende' Einordnung der Geschehnisse fordert die LeserInnen in ihrem Urteilsvermögen heraus. Welche Handlung moralisch vertreten werden kann oder in Frage zu stellen ist, inwiefern der innere Wandel der Figuren nachvollzogen werden kann, bleibt in der Erzählung offen. Insbesondere das zentrale moralische Dilemma Hannas fordert Ambiguitätstoleranz auch bei den LeserInnen heraus, die sich entscheiden müssen, welchen Blick sie bei der weiteren Lektüre auf Hanna werfen, in welchem Licht sie ihre Entscheidung sehen. Sie sind aufgefordert, eigenverantwortlich zu deuten.

4.2.2.2 Perspektivenübernahme und Empathievermögen

Während in der Jugendliteratur vorwiegend jugendliche ProtagonistInnen im Zentrum stehen oder als Reflektorfigur gewählt werden, fehlt bei *Malka Mai* eine direkte Identifikationsfigur, denn die 16jährige Schwester Minna bleibt eher im Hintergrund und ist nur aus der Außenperspektive erlebbar. Hierdurch werden die jugendlichen RezipientInnen herausgefordert, sich auf die Perspektive einer bereits hinter sich gelassenen (Malka) oder einer noch nicht erreichten Lebensphase (Hanna) einzulassen. Ihre eigenen Entwicklungsthemen bleiben ausgespart. Sie müssen sich einer nicht einfachen Thematik trotz der erzählerisch aufgebauten Distanz nähern. Die perspektivische Erwählweise erzeugt gerade keine leichte Lesbarkeit, keine mühelose Identifikation, sie befriedigt nicht etwa durch Liebesgeschichten Bedürfnisse auf der Ebene der Tiefenstruktur. Dagmar Grenz zufolge bietet eine solche Darstellung somit keinen Anlass zur Projektion (vgl. Schön 1990, 258), sondern erfordert Empathie, die „Fähigkeit, Fremdes zu verstehen" (Grenz 1999, 117). Insbesondere die Entwicklung Malkas ist für die jugendlichen LeserInnen aus ihrer eigenen Erfahrungswelt heraus kaum nachvollziehbar und erfordert eine Perspektivenübernahme.

Inwiefern diese aus der Romananalyse herausgearbeiteten historisch-politischen und literarisch-anthropologischen Sinnangebote und Rezeptionsanforderungen für Heranwachsende in Deutschland und in Polen auch tatsächlich in ihrem individuellen Lektüreprozess zu Herausforderungen werden und wie ihnen in der unterichtlichen Anschlusskommunikation begegnet wird, zeigen die folgenden empirischen Analysen, die das Zentrum der vorliegenden Studie bilden.

5 Analyse der historisch-politischen Kontextualisierung des Romans

Jugendliche in der Adoleszenz sind in ihrem Leben bereits zahlreichen Geschichten über vergangene Zeiten begegnet, sind in verschiedene Traditionsgemeinschaften eingebunden und bilden sich ihre eigenen Vorstellungen über die Vergangenheit. Ihr Geschichtsbewusstsein, verstanden als komplexes Zusammenspiel aus Vergangenheitsdeutung, Gegenwartsverständnis und Zukunftsperspektive (Jeismann 1985), ist insbesondere durch Erzählungen und Bilder in sozialen und medialen Kontexten geprägt. Was die aktuellen öffentlichen Erinnerungskulturen an den Zweiten Weltkrieg im deutsch-polnischen Kontext anbetrifft, so spielen in der deutschen Perspektive insbesondere der Nationalsozialismus, der Holocaust, zunehmend aber auch Flucht und ‚Vertreibung‘ eine zentrale Rolle, in der polnischen vor allem die Okkupation Polens durch Deutschland, das Leid der polnischen Bevölkerung, aber auch eine Auseinandersetzung mit Antisemitismus (vgl. Kap. 2.1.1). Die gegenseitigen Selbst- und Fremdbilder deutscher und polnischer SchülerInnen sind geprägt durch eine Gegenwärtigkeit mit einer gewissen Gleichgültigkeit Polen gegenüber auf Seiten deutscher Jugendlicher und umgekehrt eine zwar zunehmend abnehmende, aber immer noch vorhandene gegenwärtige Vergangenheit polnischer Jugendlicher Deutschen bzw. Deutschland gegenüber (vgl. Kap. 2.1.2). Die Interaktionsstrukturen in Bildungssituationen unterscheiden sich dahingehend, dass die Lehr-Lern-Praxis in Polen stärker durch Formen des kommunikativen Gedächtnisses wie etwa das Erzählen von Geschichten zur kollektiven Identitätsbildung geprägt ist als die in Deutschland (vgl. Kap. 2.1.3). Da sich also die Erinnerungspraxen in Polen und in Deutschland sowohl im Bereich des kommunikativen als auch des kulturellen Gedächtnisses voneinander unterscheiden und die pädagogische Forderung eines europäischen Gedächtnisses noch visionär erscheint (vgl. Kap. 2.1.1.3), ist zu vermuten, dass Heranwachsende in den beiden Ländern andere Geschichten über die Zeit des Zweiten Weltkriegs kennen lernen und diese Geschichten anders gerahmt werden. Von Interesse wäre zu erfahren, mit welcher „kulturellen Selbstverständlichkeit" (Borries 1997) sich die Jugendlichen Geschichte(n) aneignen und welcher gesellschaftliche *common sense* den Gesprächen über den Zweiten Weltkrieg in unterschiedlichen sprachlich-kulturellen und institutionellen Kontexten zugrunde liegt:

> „Der common sense präsentiert die Dinge [...] so, als läge das, was sie sind, einfach in der Natur der Dinge. Ein Hauch von ‚wie denn sonst‘, eine Nuance von ‚versteht sich‘ wird den Dingen beigelegt [...]" (Geertz 1983, zit. n. Gogolin/Krüger-Potratz 2006, 195).

Entsprechend des geschilderten Erkenntnisinteresses werden in diesem Analysekapitel die in den Interviews und Unterrichtsbeobachtungen generierten Daten aus einer historisch-politischen Perspektive betrachtet und in kulturvergleichender Perspektive analysiert. Der erste Teil des Kapitels fokussiert die historischen Sinnbildungen der Jugendlichen vor dem Hintergrund der im kommunikativen und kulturellen Gedächtnis *erzählten Geschichte(n) in Deutschland und in Polen*, wie sie sich in den Interviews dokumentieren (Kap. 5.1). Im zweiten Teil, der auf die Interaktionsdokumente zurückgreift und stärker prozessorientiert ausgerichtet ist, werden die *historisch-politischen Kontextualisierungen der Romanlektüre im Unterricht* in beiden Ländern analysiert (Kap. 5.2). Ziel ist es, Praxen historisch-politischer Sinnbildungen von Jugendlichen im Rahmen des kommunikativen und kulturellen Gedächtnisses kultur-vergleichend zu rekonstruieren sowie die Bedeutung von Literatur und narrativen Strukturierungen innerhalb dieser Prozesse auszudifferenzieren.

5.1 Erzählte Geschichte(n) in Deutschland und in Polen

Um einen Einblick in die historischen Rahmen zu erhalten, vor deren Hintergrund die interviewten SchülerInnen den ausgewählten zeitgeschichtlichen Roman lesen, fokus-siert das folgende Kapitel erzählte Geschichte(n) in Deutschland und in Polen, aus denen die Jugendlichen ihr historisches Bewusstsein bilden und ihre Vorstellungen über die Zeit des Zweiten Weltkriegs konstruieren.[62] Das Sprachspiel in der Über-schrift des Kapitels greift den narrativen Zusammenhang auf, der zwischen einzelnen Geschichten und der Geschichte als Historie – auch in etymologischer Hinsicht – be-steht.[63] Um die historischen Sinnbildungen von Jugendlichen in Polen und in Deutsch-land anhand der ihnen bekannten Geschichten und ihres Umgangs damit zu rekonstruieren, wurden mit insgesamt 27 SchülerInnen des 9. und 10. Jahrgangs in Warschau und in Berlin leitfadengestützte fokussierte Gruppeninterviews geführt. Diese Gespräche fanden unmittelbar bevor oder direkt zu Beginn der Unterrichts-einheiten zu dem zeitgeschichtlichen Jugendroman statt. Zu zweit oder zu dritt wurden die SchülerInnen nach ihren bisherigen Kenntnissen und Vorstellungen über die deutsch-polnische Geschichte zur Zeit des Nationalsozialismus befragt (vgl. Kap. 3.1.2.2). Die Interviewfragen bezogen sich darauf, welche historischen Kenntnisse die jugendlichen SchülerInnen bereits haben, woher sie diese beziehen, inwiefern sich die in den unterschiedlichen Kontexten tradierten Geschichten voneinander unterscheiden, ob dieses Thema in ihren Augen noch aktuell ist und in welchen Situationen es ihnen im Alltag begegnet.[64]

Betrachtet man das gesamte Interviewmaterial zu diesem ausgewählten Fragen-komplex, so lassen sich induktiv vier narrative Präsentationen von Geschichte rekon-struieren, die Jugendlichen in ihrer familialen, literarisch-medialen, schulischen und alltagskulturellen Sozialisation in Form unterschiedlicher Geschichten angeboten werden und mithilfe derer sie ihr Geschichtsbewusstsein bilden:

-    gehörte *Geschichten in der Familie* (Geschichten der Eltern, Großeltern und Urgroßeltern, die innerhalb der Familie erzählt werden) (Kap. 5.1.1),

---

62   Ausgewählte Ergebnisse dieses Kapitels in englischer Sprache sind zu finden in Hoffmann (demn. c).

63   Der Historiker Reinhard Koselleck hat in Studien zur historischen Erinnerung gezeigt, dass der Begriff „Geschichte" sich erst im 18. Jh. als „Kollektivsingular" von den vielen perspektivischen Geschichten in ihrer Unterschiedlichkeit abstrahiert hat (vgl. Assmann 2001, 118).

64   Ein Leitfaden der Interviewfragen befindet sich im Anhang.

- rezipierte *Geschichten in der Literatur und in den Medien* (fiktionale Literatur und expositorische Texte, Zeitungsartikel und Nachrichten, (Kino-)Spielfilme und Dokumentationssendungen im Fernsehen, die sowohl individuell als auch kollektiv in der Familie und im Literaturunterricht der Schule rezipiert werden und in familiale und schulische Anschlusskommunikationen eingebettet sind) (Kap. 5.1.2),
- gelernte *Geschichten in der Schule* (historisches Wissen, das im Geschichtsunterricht angeeignet wird, Besuche historischer Orte mit der Klasse)[65] (Kap. 5.1.3),
- erlebte *Geschichten ,auf der Straße'* (Spuren von Geschichte im Alltag bei persönlichen Begegnungen mit anderen Menschen ,auf der Straße', in öffentlichen Verkehrsmitteln, auf dem Schulhof)[66] (Kap. 5.1.4).

Anhand dieser vier Präsentationsformen von Geschichte in Geschichten ist das Kapitel im Folgenden strukturiert. Die Reihenfolge ist gewählt entlang der (antizipierten) Begegnungen der Jugendlichen mit den jeweiligen Geschichten im Laufe ihrer Sozialisation und somit der Nähe bzw. Distanz, die sie zu ihnen haben. Während sich die Geschichten des ersten und letzten Unterkapitels im Rahmen des kommunikativen Gedächtnisses bewegen, sind die mittleren beiden vornehmlich dem kulturellen zuzuordnen, wobei die literarisch und medial präsentierten Geschichten eine besondere Stellung einnehmen, da sie in ihrer schriftlichen bzw. sprachlichen und bildlichen Form einen Übergang vom kommunikativen zum kulturellen sowie wiederum in ihrer Rezeption einen Übergang vom kulturellen zum kommunikativen Gedächtnis darstellen. Die Einteilung anhand der erzählten *Geschichten* stellt *eine* Möglichkeit dar, die historischen Sinnbildungen der Jugendlichen auszudifferenzieren. Vorstellbar gewesen wäre auch, eine Gliederung anhand der Gedächtnisrahmen (kommunikatives – kulturelles Gedächtnis), anhand der sozialen Kontexte (Familie, Schule, Öffentlichkeit) oder der zwar auf unterschiedlichen Ebenen angesiedelten, aber in der Tradierungsforschung häufig angeführten Gegenüberstellung von Familie – Schule – Medien (vgl. u.a. Welzer et al. 2002, 11) zu wählen. Die hier vorgenommene Einteilung anhand der *Präsentationsformen der Geschichten* resultiert aus der theoriegenerierenden Auseinandersetzung mit den Interviewtranskripten. Sie hat den Vorteil, dass sie eine differenzierte Gliederung ermöglicht und den literarisch und medial präsentierten Geschichten, die eine zentrale Stellung in dieser Arbeit einnehmen, einen eigenen Bereich einräumt.

---

65 Die persönlichen Erfahrungen der SchülerInnen aus den Besuchen in Gedenkstätten oder anderen historischen Plätzen werden in den Analysen jedoch nicht eingehender untersucht, da es sich hierbei um *Orte* des Gedächtnisses handelt, diese Arbeit sich jedoch auf *Geschichten*, also die sprachliche Präsentation von Erinnerung, konzentriert. Jeder Ort hat zwar seine Geschichten, diese müssen jedoch erst – mündlich oder schriftlich – erzählt werden. „Denn biographisches und kulturelles Gedächtnis läßt sich nicht in die Orte auslagern; diese können Erinnerungsprozesse nur im Verbund mit anderen Gedächtnismedien anstoßen und abstützen." (Assmann 2003, 21).

66 Der Schulhof gehört zwar lokal zum Bereich der Schule, stellt aber mit seiner Pausensituation eine andere Öffentlichkeit als die im Unterricht dar. Somit gehören Begegnungen auf dem Schulhof zum kommunikativen, im (Geschichts-)Unterricht angeeignete Geschichte(n) zum kulturellen Gedächtnis.

Für die folgenden Analysen sind 12 Gruppeninterviews mit insgesamt 27 Schüler-Innen ausgewertet worden. Von diesen Jugendlichen sind 14 polnischer Herkunft (davon eine polnisch-ägyptisch), zehn deutscher Herkunft, davon zwei bikulturell (deutsch-amerikanisch und deutsch-japanisch) und drei anderer Herkunft (estnisch-finnisch, ukrainisch und afghanisch). 21 SchülerInnen haben unterschiedlichste Migrationserfahrungen insbesondere in Deutschland, Polen und Österreich, vereinzelt auch in anderen europäischen und außereuropäischen Ländern. Die sprachlich-kulturelle Heterogenität der SchülerInnen spiegelt die Migrationsgeschichte im Ein- und Auswanderungsland Deutschland (vgl. Gogolin/Krüger-Potratz 2006, 27ff.) sowie die Tendenz der Entwicklung vom Aus- zum Einwanderungsland in Polen (vgl. Alscher 2005, 5) wider (vgl. Kap. 3.2). Zur Berücksichtigung dieser sprachlich-kulturellen Heterogenität der SchülerInnen mit ihren jeweiligen Migrationserfahrungen wird im Folgenden wie bereits erwähnt nicht von *den deutschen* oder *den polnischen* SchülerInnen gesprochen, sondern auf die Herkunft bzw. die Herkunft der Familie als allgemeinem Familienhintergrund verwiesen sowie auf den kulturellen Kontext der literarischen oder schulischen Sozialisation.

Anspruch dieser qualitativen Analysen ist es nicht, repräsentative Aussagen über *die Jugend* in Polen bzw. Deutschland zu machen. Vielmehr geht es darum, aus einer mikroanalytischen Perspektive Strukturen und inhaltliche Tendenzen historischer Sinnbildungsprozesse aufzuzeigen, die sich in den ausgewählten SchülerInnengruppen dokumentieren. Bei den von den Jugendlichen erzählten Geschichten kommt es ferner nicht auf deren historischen ‚Wahrheitsgehalt' an, da sowohl Erinnerung und ihre kommunikative und kulturelle Tradierung konstruktive Prozesse darstellen, die perspektivisch gefärbt und in ihrer jeweiligen Herstellung mit fortschreitenden Gegenwarts- und Identitätsbedürfnissen verändert werden. Vielmehr kommt es gerade auf die aus der Art der Darstellung der Geschichten zu rekonstruierende Perspektive der Jugendlichen auf die Vergangenheit des Zweiten Weltkriegs an, die immer auch etwas über deren Identitätsbildungsprozesse aussagt.

Die Betrachtung des gesamten Interviewmaterials zeigt, dass insgesamt von den interviewten Jugendlichen in Polen und in Deutschland die Präsenz der historischen Ereignisse der Kriegszeit im heutigen Alltag wahrgenommen wird: die „ständige Erinnerung" an den Zweiten Weltkrieg, wie es zwei SchülerInnen mit polnischem bzw. polnisch-ägyptischem Familienhintergrund sowie Lebens- und Unterrichtserfahrung in Polen *und* in Deutschland beschreiben:

```
1   Kasia     aber doch doch (-) es gab das immer immer (-) wenn=s ein thema
2             gab im geschichtsunterricht ( )
3   Ela       auch in deutsch
4   Kasia     dann ging=s erst mal natürlich fakten und dann ... dann ging=s
5             halt über so ... so über den zweiten weltkrieg und da haben wir
6             schon viel darüber gesprochen (-) em (-) im polnischunterricht
7             natürlich literatur und so weiter (-) also das das alles gab=s
8   I         hm=hm
9   Kasia     sehr viel
10  I         hm=hm
11  Kasia     und dazu natürlich sehr viel ( ) darüber ziemlich viel alleine
12            gelesen oder immer im fernsehen gab=s da auch so was (-) immer
13            em wenn es so=ne ... also das das datum war (-) während des
14            krieges oder anfang
```

```
15   I          hm=hm
16   Kasia      so auch immer etwas im fernsehen oder in der zeitung (-) also
17              man wird ständig also eigentlich dran erinnert
18   Ela        hm=hm ((lacht))
19   Kasia      also sagen wir mal erinnert
```

Auch wenn das Thema Zweiter Weltkrieg den Jugendlichen in Deutschland und in Polen gleichermaßen präsent erscheint, so werden doch unterschiedliche Geschichten in den *Familien* erzählt, andere *Romane* privat oder in der Schule gelesen und es wird anders über *Filme* gesprochen. Auch die Geschichten in der *Schule* und *,auf der Straße'* unterscheiden sich in den Augen der Jugendlichen voneinander. Sowohl das ,Familienalbum' als auch das ,Lexikon' (Welzer et al. 2002, 10, vgl. Kap. 1.1) ist in den beiden Ländern ein anderes. Die Unterschiede zwischen den verschiedenen Praxen historischer Sinnbildungen von Jugendlichen in Deutschland und in Polen sollen im Folgenden in allen vier Präsentationsformen von Geschichten anhand ausgewählter *key incidents* (vgl. Kap. 3.1.3.1) aus den Interviewgesprächen herausgearbeitet werden. Die analyseleitenden Fragestellungen lauten:

- Welche Geschichten über die Zeit des Zweiten Weltkriegs sind Jugendlichen in Deutschland und in Polen bekannt?
- Wie gehen sie mit diesen Geschichten um?

5.1.1 Geschichte(n) in der Familie

Anfang des 21. Jahrhunderts befinden wir uns bezüglich der Zeit des Zweiten Weltkriegs in einer Umbruchsphase vom kommunikativen zum kulturellen Gedächtnis (vgl. Kap. 1). Nur noch wenige Menschen aus der Zeitzeugengeneration können von Alltagserfahrungen aus der Kriegszeit berichten. Die Großeltern der heutigen Jugendlichen haben häufig lediglich als Kinder diese Zeit erlebt. Von daher sind die in den Familien erzählten Geschichten über diese Zeit nicht mehr nur Geschichten der Groß-, sondern vor allem Geschichten der Urgroßeltern, die über mehrere Generationen weitergegeben wurden.

Betrachtet man die Interviews insgesamt, so ist auffällig, dass die Jugendlichen mit einem polnischen Familienhintergrund nicht nur mehr, sondern auch ausführlicher über ihre familiären Erfahrungen zur Zeit des Zweiten Weltkriegs erzählen als die Jugendlichen mit einem deutschen Familienhintergrund. Im Folgendem werden die in der Familie tradierten Geschichten zunächst aus deutscher, anschließend aus polnischer Perspektive vorgestellt.

5.1.1.1 Nicht erzählte Geschichte(n) aus deutscher Perspektive

Die elf interviewten Jugendlichen mit einem *deutschen* familiären Hintergrund halten sich bei den Interviewgesprächen insgesamt zurück, berichten verstärkt von schulischen und literarischen Erfahrungen mit dem Thema, aber kaum aus ihren Familien.

Ein gängiges Erklärungsmuster für die wenigen, die aus ihren Familien berichten, ist, dass die Großeltern sich nicht mehr so gut erinnern ,können'.

5.1.1.1.1 „mit meiner großmutter da hab ich nich drüber gesprochen" – keine erzählten Familiengeschichten

Die interviewten Jugendlichen deutscher Herkunft schildern zum Großteil keine Erzählungen ihrer Großeltern. Häufig erwähnen sie ihre Familie bei der Beantwortung der Einstiegsfrage nach der Herkunft ihrer historischen Kenntnisse von alleine nicht. Auch auf Nachfragen berichten viele nur knapp, dass sie über diese Zeit in ihrer Familie nicht sprechen. Hier muss allerdings differenziert werden, ob es sich um Erfahrungen *aus* dieser Zeit *von* den Großeltern oder um Gespräche *über* diese Zeit *mit* den Eltern handelt. So berichten zum Beispiel Lewis und Benno von ihren Großeltern:

```
1    I          habt ihr schon mit euern großeltern darüber gesprochen die
2               vielleicht noch zu der zeit gelebt haben
3    Benno      nee
4    Lewis      [ich hab mit meiner großm
5    I          [em wie sie das persönlich erlebt haben
6    Lewis      mit meiner großmutter da hab ich nich drüber gesprochen (-)
7               mei (-) mit meinem großvater eigentlich au=nich also (-) meine
8               großmutter is gestorben als ich fünf war (-) oder sechs und
9               mein großvater als ich (-) neun war also ich hab keine
10              großeltern mehr
11   I          hm=hm
12   Benno      (-) ja aber so ich hab au=noch nie darüber mit denen
13              gesprochen
```

In Lewis' Familie reicht das kommunikative Gedächtnis nur bis zur Elterngeneration zurück, da die Großeltern bereits verstorben sind, als er noch im Grundschulalter war.[67] Allerdings berichtet er auch nicht von Geschichten der Großeltern, die durch die Eltern tradiert werden. Bei Benno ist die Kriegszeit ebenfalls in den Familienerzählungen nicht präsent, obwohl die Großeltern noch leben.

Eine andere Rolle spielen die Gespräche mit den Eltern oder Geschwistern. In diesen sind die Zeit des Nationalsozialismus, der Zweite Weltkrieg oder die Person Hitlers durchaus präsent. Angeregt werden die Gespräche in den meisten Fällen nicht durch die eigene Familiengeschichte – durch persönliche Erlebnisse der Groß- oder Urgroßeltern –, sondern durch die Medien oder durch die Schule, wie beispielsweise in Bennos Familie:

```
1    I          und jetzt allgemein zur zeit des nationalsozialismus ( ) mich
2               würd da grade auch interessiern em (-) ( ) was ihr da genau an
3               kenntnissen habt ( ) woher habt ihr überhaupt schon gehört
4               (über das leben im zweiten weltkrieg)
5    Benno      ich ich (-) ich hab mit meinen eltern drüber diskutiert schon
6               (-) und dann vieles aus der schule (-) auch so filme mal im
7               fernsehen ( )
8               ((...))
```

67　Sein anderes Großelternpaar erwähnt Lewis in den Interviews nicht.

```
 9   I       (--) mit deinen Eltern (-) kannst du dich da noch an eine
10           bestimmte situation erinnern wie ihr überhaupt auf das thema
11           gekommen seid gab es da=nen anlass
12   Benno   ja em das war als mein bruder noch jünger war da hat er also
13           was heißt jünger so vor ein zwei jahren so hatte der das in
14           der schule richtig intensiv und der hat mit meinen eltern
15           darüber gesprochen und ich war dabei ja (da hab=n wir auch
16           so=n bisschen drüber gesprochen)
17   I       hm=hm
18   Benno   das war war ich so in=ner (-) sechsten klasse
```

Die „richtig intensiv[e]" schulische Thematisierung des Zweiten Weltkriegs in der Klasse des älteren Bruders – nicht die lebensgeschichtlichen Erfahrungen der eigenen Großeltern – wird zum Anlass dafür, dass Bennos Eltern mit ihren Kindern „drüber diskutiert" – nicht ihren Kindern davon erzählt – haben. Die familiale Kommunikation über die NS- und Kriegsvergangenheit wird von Benno vorwiegend in einen argumentativen, nicht in einen narrativen Zusammenhang gestellt.

5.1.1.1.2   „mein opa […] kann sich halt nicht so:: gut dran erinnern" – unangenehme Geschichten

Nur wenige der elf Jugendlichen berichten von Erzählungen der Großeltern über die Zeit des Zweiten Weltkriegs. Gemeinsam ist ihre Rahmung dieser Geschichten, dass die Großeltern sich nicht mehr so gut oder genau erinnern ‚können'. Dementsprechend vage bleiben diese dann in ihren Schilderungen. So erinnert sich Anne in einer Gesprächspassage über den Jugendroman *Der gelbe Vogel* (Levoy 1981) (vgl. Kap. 5.1.2), der die traumatischen Folgen des Holocaust zum Thema hat, zwar an vereinzelte Situationen, in denen ihr Großvater „erzählt" hat, weist diesen jedoch in ihrer Darstellung keine besondere Bedeutung zu.

```
 1   I       hast du da auch schon mal mit jemandem dadrüber ((über den o.g.
 2           Roman)) gesprochen hast du das weiter empfohlen oder ver
 3           [verliehen oder hm=hm
 4   Anne    [ja wir haben in der schule viel gesprochen deutsch
 5           geschichtsunterricht (-) em dann hat=s irgendjemand glaub ich
 6           auf englisch gelesen da sollten wir im englischunterricht=n
 7           buch präsentieren und da hat=s jemand auf englisch gelesen
 8           haben wir auch darüber gesprochen (-) ja also meistens eher in
 9           der schule also mein opa (-) ja (-) erzählt auch manchmal
10   I       was erzählt der denn so oder worüber unterhaltet ihr euch dann'
11   Anne    naja (-) em (-) er kann sich halt nicht so:: gut dran erinnern
12           (-) damals und war auch nicht so DIrekt betroffen
```

Während Anne spontan angibt, „in der schule" und hier sowohl im Deutsch- als auch im Geschichtsunterricht „viel gesprochen" zu haben (worüber genau lässt sie offen, in den unmittelbar vorausgehenden Passagen stand das Thema Holocaust und der oben genannte Jugendroman im Fokus), zögert sie bei den eigenen Familiengeschichten: „mein opa (-) ja (-) erzählt auch manchmal". Die im Anschluss an die Nachfrage der Interviewerin allgemeinen Formulierungen, häufigen Pausen und wiederholten Einschränkungen („er kann sich halt nicht so:: gut dran erinnern", „und war ja auch nicht so DIrekt betroffen") lassen die Erzählungen des Großvaters im Nebulösen und werfen vermehrt Fragen auf: Woran kann der Großvater sich nicht mehr so gut erinnern und warum nicht? Wovon war er nicht direkt betroffen und inwiefern spielt das eine Rolle dafür, ob seine Geschichte erzählenswert ist? Es ist zu vermuten, dass die Interviewsituation, die zwar nicht im öffentlichen Raum des Unterrichts, aber dennoch im weiteren Rahmen des schulischen Kontextes stattfindet, auch ihren Einfluss darauf nimmt, welche Geschichten erzählt werden können (und welche aus Loyalitätsgründen nicht).

Das gleiche Muster – die Einschränkung des Gesagten durch den Hinweis auf mangelnde Erinnerungsfähigkeit des Großvaters – verwendet Thorsten. Auch wenn seine Geschichte ähnlich unbestimmt bleibt, so berichtet er doch von mehreren Einzelheiten, „teile von geschichten", wie er sie nennt.

```
 1   I          was wisst ihr denn schon über die deutschpolnischen beziehungen
 2              zur zeit des nationalsozialismus; (---)
 3   Thorsten   na ja- (-) das allgemeines vorwissen; (-) dass deutschland
 4              polen überfallen hat- (---)
 5   I          fällt euch da noch irgendwas ein kann auch jetzt aus dem
 6              zusammenhang gerissen sein- (-) was ihr so wenn ihr an die zeit
 7              denkt- (-) [( )
 8   Thorsten              [ja mein (-) mein meine großeltern haben in polen
 9              gelebt- (-) ja von daher kenn ich da so- (-) so teile von
10              geschichten so- (-) wie es da so war mit den deutschen
11              angriffen und so; (---)
12   I          hm=hm diese teile von geschichten das fänd ich spannend- (-) em
13              unterscheiden die sich von der geschichte die du hier in der
14              schule mitbekommst?
15   Thorsten   na ja mein- (-) mein opa, (-) der war damals halt marine, (-)
16              und na ja der weiß da halt- ( ) ja er erinnert sich nicht mehr
17              so genau ( ) aber halt da tagelang beschuss vom meer war und
18              so- (-) na ja das- (-) das hört sich immer ziemlich schlimm an;
19              (---)
20   I          sprecht ihr da oft drüber, mit deinen großeltern, (---)
21   Thorsten   na ja- (man sieht die) nicht so oft aber- (-) na ja ich denk es
22              ist kein so=n gutes gesprächsthema dann aber- (-) na ja- (    )
23              mal so gehört is schon ganz interessant- (-)
24   I          warum denkst du dass es kein gutes thema wär, (-)
25   Thorsten   naja zumindestens wenn dann nur negativ so erzählt wird das
26              macht dann eine unangenehme stimmung, (-)
```

Thorsten kennt Erzählungen seines Großvaters, der mit der Großmutter „in polen gelebt" hat und zur Kriegszeit bei der Marine stationiert war. Aber auch er berichtet sehr allgemein, „wie es da so war mit den deutschen angriffen". Interessanterweise führt er nicht die Angriffe weiter aus, sondern nimmt in der anschließenden Darstellung die Opferperspektive ein: dass der Großvater „tagelang beschuss vom meer" ausgesetzt war. Die abschließende Wertung der Geschichte ist klar formuliert, es sei „kein so=n gutes gesprächsthema", da es eine „unangenehme stimmung" verbreite.

5.1.1.1.3 mein deutscher opa ((...)) is=n bisschen (-) nationalsozialistisch sozusagen – Tätergeschichte(n)

Lediglich eine Schülerin – mit interessanterweise deutsch-japanischem Familienhintergrund – sieht in ihrem deutschen Großvater ein Mitglied des Täterkollektivs. Hinzugefügt werden muss, dass sie (aus organisatorischen Gründen) in dieser Gesprächsituation allein mit der Interviewerin war. Auffällig ist in ihrer Darstellung, wie schwierig es einer Angehörigen der dritten Generation fällt, von der national-sozialistischen Einstellung ihres Großvaters zu sprechen und was dies für die eigene Identität bedeutet.

```
1    I        meinst du denn jetzt noch mal in bezug auf polen und
2             deutschland dass der zweite weltkrieg noch immer das verhältnis
3             zwischen polen und zwischen deutschen beeinflusst
4    Rosalie  unter den älteren menschen würd ich sagen schon (-) ((...)) und
5             zum beispiel mein deutscher opa und so (-) da muss ich noch
6             dazu sagen das hab ich gar nicht erwähnt mein deutscher opa (-)
7             das ist mir <<lachend> total peinlich jetzt zu sagen> aber ich
8             glaub der is=n bisschen (-) nationalsozialistisch sozusagen (-)
9             und oh ich (-) ich hasse ihn nicht aber naja gut ((lacht)) (-)
10            jedenfalls (-) und ich hab jetzt auch keinen kontakt mehr zu
11            meinen großeltern weil meine eltern geschieden sind und so und
12            jetzt ganz auf andere ebene wohnen und naja
```

Die vielen Pausen, Abbrüche, Einschübe sowie die Verwendung von Füllwörtern signalisieren auf performativer Ebene, dass das zu Sagende ein heikles Thema ist, über das es scheinbar keine konventionalisierten Formen des Sprechens gibt. Auf inhaltlicher Ebene fallen die vielen Einschränkungen auf: Die Schülerin „glaubt", der Großvater sei „n bisschen" nationalsozialistisch „sozusagen". Doch selbst diese Abschwächung der Einstellungen des Großvaters reichen der Schülerin nicht aus. Um ihre eigene Identität zu schützen, bedarf es einer Rahmung der Aussage auf der Metaebene: es sei ihr „total peinlich". Dass Rosalie im Anschluss die Distanz auch auf familiärer Ebene herstellt, dass sie ihren Großvater nicht „hasse ((...)) aber" und „keinen kontakt" mehr zu ihren Großeltern habe, zeigt ein weiteres Mal ihr Bemühen, nicht mit einer nationalsozialistisch eingestellten Person aus dem eigenen Familienkreis in Verbindung gebracht werden zu wollen.

Zusammenfassung

Die Situation der interviewten SchülerInnen mit deutschem Familienhintergrund ist dadurch gekennzeichnet, dass den Heranwachsenden kaum Geschichten über die Zeit des Zweiten Weltkriegs aus dem Familiengedächtnis bekannt bzw. diese aus Loyalitätsgründen und zur eigenen Gesichtswahrung nicht öffentlich erzählbar sind. Immer öfter werden SchülerInnen mit deutschem Familienhintergrund zu Beginn des 21. Jahrhunderts mit der Kriegszeit zunächst durch das in der Schule verhandelte kulturelle Gedächtnis konfrontiert, das sie dann wiederum in die Familien hineintragen und das sie zu Nachfragen anregt. Die Jugendlichen geben als Begründung des ‚Schweigens' der Großeltern an, dass sich diese nicht mehr so gut an die Kriegszeit erinnern ‚*können*'. Dies könnte auf eine Verdrängung der Großeltern hindeuten. Möglich wäre aber auch, dass die Familiengeschichten nicht dem schulischen *common sense* über den Umgang mit Nationalsozialismus und Zweitem Weltkrieg entsprechen und sich die Jugendlichen deshalb zurückhalten. Auch wenn die Jugendlichen von Geschichten ihrer Großeltern aus der Kriegszeit erzählen, präsentieren sie sich – zumindest im Rahmen eines Interviews im schulischen Kontext – in einer gewissen Distanz zu diesen Geschichten. Während sie auf der einen Seite sehr ausführlich über medial und schulisch vermittelte Geschichten berichten (s.u.), verbleiben die Erzählungen aus ihren Familien lediglich in Andeutungen. Dabei ist eine Verschiebung der Täterperspektive („mit den deutschen angriffen") zur Opferperspektive („tagelang beschuss vom meer") zu beobachten. Wenn überhaupt die familiäre Verstrickung in das nationalsozialistische System in der dritten bzw. vierten Generation öffentlich zur Sprache kommt, dann scheint es aufgrund des Identitätsbedürfnisses zur eigenen Gesichtswahrung nur möglich mit einer expliziten Distanznahme zur eigenen Familie. Der Holocaust ist nicht Teil des Familiengedächtnisses der interviewten Jugendlichen in Deutschland.

5.1.1.2 Leidensgeschichte(n) aus polnischer Perspektive

Anders stellt sich die Situation bei den insgesamt 14 Jugendlichen mit *polnischem* Familienhintergrund dar. Sie erzählen nicht nur häufiger, sondern auch ausführlicher von persönlichen Erfahrungen aus ihren Familien – selbst bei Fragen, die eher auf mediale Geschichten ausgerichtet sind. Trotz der Präsenz der Familiengeschichten aus der Kriegszeit betonen einige, dass ihre Großeltern sich nicht gerne an diese Zeit erinnern ,*wollen*'.

5.1.1.2.1 „meine Oma (-) starb auch im krieg (-) wegen einer hitlerbombe" – Opfergeschichten

In den Familien der interviewten Jugendlichen polnischer Herkunft erzählen die Geschichten häufig von dem Tod eines Familienmitglieds aufgrund der Kriegshandlungen oder systematischer Ermordungen durch die deutschen Besatzer. So zum Beispiel in der deutschen Schule in Warschau: Nachdem Anna-Lena, eine Schülerin mit polnischem Familienhintergrund, und Isolde, eine Schülerin deutscher Herkunft, auf die Ausgangsfrage zunächst ausführlich ihre schulisch erworbenen Kenntnisse insbesondere über Judenverfolgung, Deportationen, Konzentrationslager und Ghettos – also über die jüdischen Opfer – berichten (im Transkript ist diese lange Passage zum besseren Überblick gekürzt), bringt sich Sybilla, eine Schülerin mit polnischem Familienhintergrund mit der persönlichen Betroffenheit ihrer Familie ein:

```
1    I          was wisst ihr allgemein schon also jetzt vom unterricht her oder
2               von euern eltern aus zeitung und büchern was wisst ihr schon so
3               über die zeit des nationalsozialismus judentum is ja schon
4    Sybilla    viel (-) viel weil
5    alle       ((lachen))
6    Anna-Lena  also auf jeden fall
7    I          deutschpolnische geschichte
8    Anna-Lena  ((...))
9    Isolde     ((...))
10   Sybilla    (--)(auch über die religion) (was sagen) mein mein vater war
11              selbst davon betroffen meine ganze (-) verwandtschaft em meine
12              oma (-) starb auch im krieg (-) wegen einer hitlerbombe na ja
13              das is auch ziemlich traurig
14   I          mh das stimmt
```

```
15   Isolde     (das wusste ich [nicht)
16   Sybilla               [(nein) ich sag ja nur das
17   I                     [du hattest (-) ja
18   Sybilla    mich hat das ja nicht berührt weil ich kannte meine oma nicht
19              jetzt würde sie bestimmt auch nicht mehr leben
20   ?          oho
21   Sybilla    weil sie würde jetzt bestimmt über hundert sein
22   Isolde +   ((lachen))
23   Anna-Lena
24   Sybilla    glaub ich aber mein vater redet manchmal (über) uns also mit uns
25              über solche sachen
```

Interessant ist an dieser Sequenz zum einen der Einstieg Sybillas ins Gespräch, zum anderen die Interaktion zwischen ihr und Isolde sowie der Interviewerin. Sybilla reagiert spontan auf die Eingangsfrage. Sie weiß „viel" und will dies begründen („viel weil"), wird dabei aber von den anderen, insbesondere Anna-Lena, unterbrochen, die sich das Rederecht ergreifen. Hier erfährt man nicht, warum Sybilla viel weiß. Nachdem die anderen aber aneinander anknüpfend von – im Transkriptausschnitt ausgelassenen – schulisch erworbenen Kenntnissen über den Holocaust berichtet haben, setzt sie unvermittelt ihre individuelle Familiengeschichte dagegen. Die Betroffenheit ihrer ganzen Familie exemplifiziert sie mit dem Tod ihrer Oma, den sie explizit auf eine „hitlerbombe" – also pars pro toto die Deutschen – zurückführt. Hierauf reagieren die Interviewerin und Isolde (beide mit deutschem Familienhintergrund) spontan anteilnehmend bzw. entschuldigend. An dieser Stelle wird das Gespräch zu einer offenkundig interkulturell deutsch-polnischen Interaktion. Sybilla sucht daraufhin scheinbar die Gesprächsteilnehmerinnen aus Deutschland zu entlasten, indem sie ihre *eigene* Betroffenheit gleich zweifach einschränkt: zum einen damit, dass sie ihre Oma nicht gekannt habe und zum anderen damit, dass diese ohnehin in der jetzigen Zeit nicht mehr leben würde.

Während in der vorherigen Passage die Geschichten aus der Familie denen aus der Schule gegenübergestellt werden, steht in der folgenden Gesprächssequenz mit einer weiteren Schülerin der deutschen Schule in Warschau mit polnischem Familienhintergrund die unterschiedliche Wahrnehmung von medial und persönlich vermittelten Geschichten im Vordergrund.

```
1    I          ((...)) also ihr sagt jetzt ihr habt im fernsehen darüber
2               gesehen in nachrichten gehört oder mit den eltern gesprochen
3               über diese zeit wie unterscheiden sich denn die geschichten
4               voneinander
5               ((...))
6    Karolina   (-) also meine oma wenn die is aber auch nich sehr alt
7    Kamil + I  ((lachen))
8    Karolina   die ist em um die sechzig also das war ende des krieges und da
9               war sie noch sehr klein
10   I          hm=hm
11   Karolina   die hat em nichts von den konzentrationslagern erzählt aber
12              auch so geschichten dass sie geprüft worden sind dass meine
13              uroma sehr hübsch war und dass wenn die deutschen kamen dass
14              sie sie em also dass die immer angst hatten dass die vielleicht
15              weggebracht wird oder so was
16   I          hm=hm
17   Karolina   dann hat sie sich immer so em em hässlich gemacht oder sowas
18              anders angezogen
19   I          hm=hm
20   Karolina   und vielleicht noch anders getan damit sie sie nicht mitnehmen
```

```
21                und dass em sie immer wenn deutsche kamen brot versteckt haben
22    I           hm=hm
23    Karolina    damit sie ihnen das nicht wegnehmen und dass sie sich oft unter
24                dem haus äh im keller verstecken mussten
25    I           hm=hm
26    Karolina    aber eben so brutale geschichten vom abschießen ja nicht weil
27                es war schon ende des krieges
28    I           hm=hm
29    Karolina    ja
30    I           also was würdest du sagen worin unterscheiden sich jetzt die
31                diese geschichten aus deiner familie mit den
32    Karolina    em
33    I           die du durch die medien mitbekommen hast was
34    Karolina    zwisch also die brutalität war auf jeden fall nicht vorhanden
35    I           hm=hm
36    Karolina    es war natürlich auch immer gefährlich aber im fernsehen war
37                eben mehr so (-) diese taten die sie begangen hatten dieses
38                abschießen
39    I           hm=hm
40    Karolina    dieses verhaften und dieses diesen also diese toten und in
41                meine familie diese geschichten waren mehr so vom verstecken
42                und so (-) dieses entkommen und auf aber es war=n ja eben (-)
43                so letzte jahre vom krieg und deswegen (-) war es nich so
44                schlimm
```

Die Geschichten, die Karolina über die Zeit des Nationalsozialismus aus den Medien kennt (vor allem aus Dokumentarfilmen aus dem Fernsehen), erzählen laut ihrer Erinnerung hauptsächlich von den „taten die sie begangen hatten", vom „abschießen", „verhaften" und den „toten", wobei sie die Handelnden hier nur mit dem Personalpronomen „sie" benennt. Im Gegensatz dazu sind die erinnerten Familiengeschichten nicht von dieser „brutalität" und erzählen „nichts von den konzentrationslagern". Sie handeln zwar auch von gefährlichen Situationen, „wenn die deutschen kamen", und psychischen Belastungen (der ständigen „angst", „weggebracht" oder „mitgenommen" zu werden, sich als junge Frau aus diesem Grund „hässlich" zu machen, der Notwendigkeit, sich zu „verstecken" und Nahrungsmittel zu verbergen), sie werden aber von Karolina als „nich so schlimm" eingeschätzt. Vergleicht man die Geschichten über den Zweiten Weltkrieg, die Karolina aus den Medien und aus der Familie kennt, scheinen diese sich zwar zu ergänzen, aber perspektivisch anders erfahren und auch anders gedeutet zu werden: auf der einen Seite die „brutalität" der Geschichten über die Täter in den Medien, auf der anderen Seite die „nich so schlimm[en]" Opfergeschichten aus der Familie.

Interessant ist die Begründung für diese abschwächende Bewertung: „aber es war=n ja eben (-) so letzte jahre vom krieg und deswegen (-) war es nich so schlimm". Es ist eine stilistische Ähnlichkeit mit der literarischen Vorlage zu erkennen: „[...] aber ansonsten war alles nicht so schlimm geworden, wie es die Leute damals gesagt hatten." (Pressler 2001, 8f.) Im literarischen Text jedoch werden die anfänglichen verharmlosenden Gedanken des Kindes durch den Handlungsgang und die Figurenentwicklungen immer mehr als „naiv" entlarvt und die begrenzte Perspektive der Menschen im besetzten Polen zur damaligen Zeit offengelegt. Dahingegen kann Karolina eine andere Perspektive einnehmen. Sie beurteilt die Situation im Rückblick aus der zeitlichen (und räumlichen) Distanz vor einem erweiterten Wissens- und Erfahrungshorizont. Trotzdem bleibt ihr Blick im doppelten Sinn verkürzt: Weder die persönliche

Furcht ihrer Familienangehörigen zur damaligen Zeit kann Karolina gänzlich nachvollziehen noch die historische Situation in ihrer Brisanz zutreffend einschätzen. Der folgende Gesprächsausschnitt entstammt einem Interview mit drei SchülerInnen des Warschauer Lyzeums, die alle einen polnischen Familienhintergrund haben. Hier stehen ebenfalls die Leidenserfahrungen der eigenen Familie im Zentrum – sogar bei Fragen, die ausschließlich auf mediale Geschichten bezogen sind.

```
1   I        ihr habt jetzt alle drei unterschiedliche bücher die ihr schon
2            in der schule gelesen habt oder vielleicht auch privat und auch
3            medien fernsehsendungen genannt em könnt ihr da einfach mal
4            titel nennen oder irgendwelche texte bücher filme an die ihr
5            euch erinnert habt
```

Alle drei nennen verschiedene Kinofilme (u.a. *Schindlers Liste* und *Der Pianist*) sowie das Jugendbuch *Damals war es Friedrich*, dann fahren sie unvermittelt und ohne eine weitere Nachfrage der Interviewerin fort:

```
1   Halina   ( ) geschichte und mein großvater war ja auch im
2            konzentrationslager im krieg und ( ) meine familie meine
3            großeltern und so
4   I        hm=hm
5   Halina   ( ) zu hause also ( ) wenn ich zu hause mit meinen eltern ( )
6            dann antworten die aber mit großeltern ist es ja ich mein meine
7            großeltern meiden dieses thema ja wenn ich was frage ja dann
8            antworten sie aber man sieht dass die das nicht so direkt ( )
9   Zuzanna  mein opa erzählt mir immer wenn=s weihnachten ist oder
10           irgendwie so bei einem fest über juden wie er sie geärgert hat
11           und so weiter ((lacht)) aber nichts konkretes aber so
12           schreckliche meinung
13  Lucjan   na also eigentlich bei mir zu hause redet man viel über solche
14           themen
15  I        welche themen
16  Lucjan   ja über juden und den zweiten weltkrieg mein ich
17  I        hm=hm
18  Lucjan   ja weil der mein uropa also der vater von meiner großmutter von
19           der seite der mutter ja der wurde eben in ein
20           konzentrationslager gebracht und dort um (-) ja umgebracht
21           eigentlich ja und äh meine großmutter die will (-) eben nicht
22           (-) darüber reden die mag das thema nicht aber zu hause
23           red ich schon ein ein bisschen viel darüber
24  I        hm=hm
25  Halina   ( ) schwester ( ) großvater ( ) konzentrationslager gebracht
26           und mein großvater also soviel ich weiß hat auch nicht darüber
27           geredet hat nie was darüber gesagt
```

Betrachtet man zunächst einmal nur Halina und Lucjan (auf die Geschichten von Zuzannas Großvater „über juden" wird weiter unten näher eingegangen), so ist festzustellen, dass sie keine *Geschichten* aus der Familie erzählen. Vielmehr stellen sie den *kommunikativen Umgang* mit der Leidenserfahrung – Halinas Großvater und Lucjans Urgroßvater waren beide in Konzentrationslagern – in der Familie dar. Ihre Darstellungen ähneln sich in der Hinsicht, dass die Großeltern hierüber nicht reden ‚wollen' oder dieses Thema meiden. Dennoch sprechen die Jugendlichen es wiederholt an, ist es häufig Gesprächsthema insbesondere mit den Eltern. Unterschiedlich sind die Darstellungen in der Hinsicht, als dass Lucjan im Vergleich zu Halina den Opferstatus seines Urgroßvaters durch die gewählte Passivkonstruktion stärker markiert: Dieser

„wurde eben in ein konzentrationslager gebracht und dort um (-) ja umgebracht eigentlich ja und äh". Der zweite Satzteil um den Begriff des Umbringens unterscheidet sich durch den Abbruch, die Pause, Füllwörter und den Unbestimmtheitspartikel „eigentlich" deutlich von den ansonsten sehr flüssigen und gradlinigen Formulierungen Lucjans. Inwiefern diese ‚Zerrissenheit‘ mit der interkulturellen Interviewsituation zusammenhängt, kann zwar nicht mit Bestimmtheit gesagt, jedoch durchaus vermutet werden. Ähnlich wie im Interview mit Sybilla könnte hier eine vorbeugende Zurücknahme gegenüber der Interviewerin aus Deutschland vorliegen.

5.1.1.2.2 „mein opa erzählt mir immer […] über juden wie er sie geärgert hat" – antisemitische Geschichten

Den Jugendlichen mit polnischem Familienhintergrund sind neben den verschiedenen in den Familien tradierten Opfergeschichten antisemitische Geschichten nicht unbekannt. Diese stehen scheinbar widerspruchslos nebeneinander, wie in dem zuletzt betrachteten Gesprächsausschnitt deutlich wird. Weder Halina noch Lucjan reagieren im vorherigen Gesprächsausschnitt auf Zuzannas Erwähnung antisemitischer Erzählungen ihres Großvaters, sondern berichten unbeirrt weiter von ihren familiären Opfererfahrungen. Lediglich die Interviewerin kommt nach einer Weile noch einmal auf Zuzanna zurück, indem sie genauer nach den Geschichten des Großvaters und auch nach der familialen Umgangsweise mit ihnen fragt.

```
 1  I        ((...)) du sagtest gerade (-) dass dein opa geschichten erzählt
 2           was sind das zum beispiel für geschichten oder wie wird da in
 3           eurer verwandtschaft drüber geredet
 4  Zuzanna  ja also wir reden nicht so viel darüber aber em manchmal
 5           erzählt mein opa dass er die juden geärgert hat zum beispiel
 6           weiß nicht ihnen die das türloch was wie heißt das
 7  Halina   ( ) schloss
 8  Zuzanna  irgendwelche äh
 9  Lucjan   papiere
10  Zuzanna  ja reingetan hat oder die em juden haben auch immer em (-) ja
11           also ich muss mich konzentriern äh äh wohnen nicht weit dort wo
12           ich wohn ja ( ) war=n auch solche konzentrationslager und äh
13           dort haben äh die juden immer gebetet und dann ha ist mein opa
14           mit ihren mit seinen ihren
15  Halina   mit seinen
16  Zuzanna  mit seinen freunden hingegangen und haben die so reingetan und
17           solche aber das ist nicht so
18  I        was haben sie reingetan
19  Zuzanna  die juden so mit den füßen in ((lacht)) wie heißt das em ( )
20           ((Lucjan und Halina umschreiben das polnische Wort))
21  I        ah ein brunnen
22  Lucjan   ach ja genau
23  Zuzanna  so mit dem kopf runter ja und ja viele viele geschichten gibt=s
24  I        wie reagiern da so deine verwandten drauf
25  Zuzanna  ja also
26  I        wenn ihr so was hört
27  Zuzanna  ich ich bin immer so äh ja also ich sag nichts weil ja mit
28           meinem opa kann man nicht so reden er muss immer seine rechte
29           hm
30  Lucjan   haben
31  Zuzanna  ja und ja aber ich ignorier es einfach weil ich hab
32  I        hm=hm
33  Zuzanna  eine ganz andre meinung drüber ja
```

```
34   I          und deine eltern zum beispiel
35   Zuzanna    äh (-) also meine mutter kennt kennt die alle geschichten schon
36              sie hört sie jedes jahr und ja sie reagiert niemand reagiert
37              drauf ((lacht)) eigentlich manchmal lacht jemand aber so
38   I          hm=hm
39   Zuzanna    konkret nicht
```

Zuzanna markiert deutlich, dass es sich bei den antisemitischen Geschichten ihres Großvaters nicht nur um regelmäßig erzählte Geschichten im großen Familienkreis handelt („immer wenn=s weihnachten ist oder irgendwie so bei einem fest"), sondern auch um zahlreiche („viele viele geschichten gibt=s"). Beispielhaft führt sie zwei an, die wie Kinderstreiche dargestellt werden – Zuzanna spricht von „ärgern" – und dennoch ihren Großvater und seine Freunde als Täter diskriminierender und gewalttätiger Handlungen entlarven, mit denen er sich in der Familie rühmt. Die verschiedenen Beispiele sowie die detailreiche Ausgestaltung zeigen trotz aller Sprunghaftigkeit und innerer Widersprüchlichkeit beim Erzählen, dass Zuzanna die Geschichten ihres Großvaters geläufig sind. Die Umgangsweise der Familienmitglieder mit diesen immer wieder erzählten Geschichten ist laut Zuzanna zwar eine grundsätzlich abweisende, jedoch passive („schreckliche meinung", „ich sag nichts", „ich ignorier es einfach weil ich hab eine ganz andre meinung drüber" „sie reagiert niemand reagiert drauf"). Zum Teil wird aber auch humorvoll unbedarft damit umgegangen („manchmal lacht jemand").

Zusammenfassung

Im Gegensatz zu den interviewten Jugendlichen mit deutschem Familienhintergrund berichten diejenigen mit polnischem von zahlreichen und ausgestalteten Geschichten, die in ihren Familien über die Zeit des Zweiten Weltkriegs erzählt werden und in denen sie viel über das persönliche Leid ihrer Großeltern und Urgroßeltern erfahren. Bei den meisten Geschichten handelt es sich um Opfergeschichten, mit denen sich die Jugendlichen identifizieren. Eine Ausnahme bilden die antisemitischen Erzählungen eines Großvaters bei Familienfeiern, von denen sich die berichtende Schülerin zur eigenen Gesichtswahrung jedoch deutlich distanziert. Insgesamt ist das kommunikative Familiengedächtnis der befragten SchülerInnen in Polen sehr präsent. Auch wenn die Großeltern sich nach den Aussagen der Jugendlichen aufgrund der schmerzlichen Erfahrungen nicht an die Zeit erinnern ‚wollen', so wissen die Jugendlichen doch um deren Lebensgeschichten durch die Tradition der Eltern. Verschiedene Gesprächssequenzen zeigen, dass ein Moment von Schuld und Anklage noch in interkulturellen Gesprächen der (Ur-)Enkelgeneration aus beiden Ländern über die Familienerfahrungen in der Kriegszeit implizit vorhanden ist. Es äußert sich jedoch nicht auf der Gesprächsoberfläche in Form einer Anklage auf der einen, einer Schuldannahme oder -zurückweisung auf der anderen Seite, sondern vielmehr in der gegenseitigen Antizipation der Interpretationen der Teilnehmerinnen und einer vorwegnehmenden Verantwortungsübernahme bzw. Entlastung.

5.1.2 Geschichte(n) in der Literatur und in den Medien

Historische Geschichten in literarischer oder medialer Form sind andere als die zuvor dargestellten Familiengeschichten. Was aber die Rezeption und die Anschlusskommunikation literarischer und medialer Geschichten anbetrifft, so rangieren sie zwischen den familialen und schulischen Sozialkontexten, denn sie werden von den Jugendlichen sowohl zu Hause als Freizeit- als auch in der Schule als Pflichtlektüre rezipiert. Vergleicht man den Umgang mit literarischen und medialen Geschichten in Polen und in Deutschland, so lassen sich zahlreiche Übereinstimmungen beobachten. Zunächst wird in den Interviews mit allen Jugendlichen deutlich, dass überall historische Geschichten in Form von literarischen und expositorischen Texten sowie in Form von Spielfilmen und Dokumentationssendungen rezipiert werden und das Thema von Anschlusskommunikationen in Familie und Schule – weniger im Freundeskreis – sind. Eine weitere Gemeinsamkeit liegt darin, dass die interviewten Jugendliche in Deutschland und in Polen darauf hinweisen, dass es wichtig sei, diese Geschichten zu kennen. Übereinstimmend berichten die SchülerInnen beider Länder ebenfalls davon, dass die Geschichten sich ähneln und so ihr jeweiliger Verlauf bereits im Voraus antizipierbar sei.

Innerhalb dieser Gemeinsamkeiten lassen sich jedoch sprachlich-kulturelle Unterschiede herauskristallisieren in den Medien, den Rezeptionskontexten und den Praxen des Erinnerns: In Polen und in Deutschland werden andere Geschichten rezipiert, dies geschieht in anderen Rezeptionskontexten (Familie und Schule) und es wird in anderer Form über sie gesprochen. Im Folgenden sollen nun diese Differenzierungen innerhalb der Gemeinsamkeiten anhand von *key incidents* zunächst in Deutschland, anschließend in Polen aufgezeigt werden.

5.1.2.1 Zeitgeschichtliche Jugendliteratur und Medien in Deutschland

In den Interviews berichten die Jugendlichen in Deutschland insgesamt von Grundkenntnissen bis hin zu einem ausgeprägten Wissen über die Zeit des Nationalsozialismus, den Zweiten Weltkrieg und den Holocaust. Auf die Nachfrage, woher sie diese Kenntnisse haben, werden in Bezug auf Medien insbesondere fiktionale Geschichten, ob in Form von Literatur oder Filmen, angeführt.

5.1.2.1.1   „in der grundschule lernt man liest man haben wir anna frank gelesen" – literarische Geschichten

Die Jugendliteratur hat für das historische Bewusstsein der Jugendlichen in Deutschland einen besonderen Stellenwert, werden doch von fast allen Jugendlichen mit Schulerfahrungen im deutschen Kontext gängige Unterrichtslektüren wie *Damals war es Friedrich* von Hans-Peter Richter (1961/1969), *Als Hitler das rosa Kaninchen stahl* von Judith Kerr (1973)[68] sowie *Die Tagebücher der Anne Frank* (1988)[69] angeführt. Dies bestätigt die bereits von Gabriele Runge in ihrer empirischen Untersuchung zur *Lesesozialisation in der Schule* (1997a) für das Jahr 1995 konstatierte Auswahl von zeitgeschichtlicher Jugendliteratur in der Sekundarstufe I in westdeutschen Bundesländern und ist ein Hinweis darauf, das sich der ‚natürliche Kanon' in der Zwischenzeit nicht geändert zu haben scheint (vgl. Kap. 1.2.2.2). Schon in der Grundschule (die in Berlin die ersten sechs Jahrgänge umfasst) ist zeitgeschichtliche Jugendliteratur präsent und prägt bereits das Geschichtsbewusstsein von Kindern, wie eine Berliner Schülerin berichtet:

```
1    I        woher weißt du das alles
2    Rosalie  na ja man hat ja (-) in in der grundschule lernt man liest man
3             haben wir anna frank gelesen so=n bisschen=n teil es gibt so=ne
4             zusammenfassung n=neues buch von anna frank ja das haben wir
5             gemacht und
```

Sowohl die *Tagebücher der Anne Frank* als auch weitere Bücher über das niederländisch-jüdische Mädchen sind der Schülerin bereits aus der Grundschulzeit bekannt. Aufschlussreich ist Rosalies wiederholter Formulierungsversuch „lernt man", „liest man", „haben wir anna frank gelesen" dahingehend, als dass in der Verwendung des anonymen und verallgemeinernden Subjekts „man" der kanonische Charakter des Textes und in der synonymen Verwendung von ‚lernen' und ‚lesen' (vgl. Fry 1990, Kap. 2.2.1.3) der schulische Anspruch an (historisches) Lernen durch Literatur aufscheint.

Die Tagebücher der Anne Frank und *Als Hitler das rosa Kaninchen stahl* werden von anderen Schülerinnen wiederum auch als Freizeitlektüren mit allgemeinem Bekanntheitsgrad erwähnt. Neben diesen werden im privaten Bereich weitere Titel genannt wie zum Beispiel von Vanessa, einer Schülerin der deutschen Schule in Warschau, Mirjam Presslers *Malka Mai* (2001) sowie von Anne, einer Schülerin des Berliner Gymnasiums, *Der gelbe Vogel* von Myron Levoy (1981).[70]

```
1    Anne   (2.5) und (1.5) dann (2.5) hab ich noch=n buch irgendwas
2           mit=nem voGEL (--) heißt des (2.0) ich weiß aber nich mehr
3           genau den titel da geht=s halt auch darum (1.5) um=n mädchen
4           was (---) halt äh darunter zu leiden hatte dass sie jüdin war
5           total verstört war und sich dann mit=nem fr mit=nem jungen
6           angefreundet hat (1.5) und am anfang gar nichts geredet hat und
7           zum schluss halt (--) ganz fröhlich mit ihm rumgetollt hat und
8           dann (--) irgendeiner hat sie dann (-) angemacht irgend=n nazi
9           halt und dann ist sie wieder (--) hatte sie wieder diese
10          erinnerung und is wieder in diese trance verfallen und war dann
11          eigentlich nur noch=n pflegefall (-) und der junge konnte sie
12          halt nicht retten (---) und da ging=s halt auch darum
13   I      hm=hm
```

---

68 Das englische Original wurde 1971 unter dem Titel *When Hitler Stole Pink Rabbit* veröffentlicht.
69 Die kritische Textausgabe erschien in den Niederlanden 1986 unter dem Titel *De Dagboeken van Anne Frank*.
70 Das amerikanische Original erschien 1977 unter dem Titel *Alan and Naomi*.

Wenngleich Anne sich nicht genau an den Titel des Jugendromans erinnern kann, so ist ihr die erzählte Geschichte doch sehr präsent. Deutlich wird in ihrer Schilderung die Innenperspektive der Protagonistin, die „darunter zu leiden hatte dass sie jüdin war". Im ungewissen lässt Anne in ihrer Darstellung, wie dieses Leid der Protagonistin mit ihren Erfahrungen, die sie als Jüdin in der Begegnung mit anderen Menschen gemacht hat, im Einzelnen zusammenhängt, doch dass es psychische Spuren in der Biographie hinterlässt, wird von Anne klar herausgearbeitet.

Aus welcher Vielfalt an Geschichten sich Heranwachsende Geschichte aneignen und welche zentrale Bedeutung jugendliterarische Texte hierin einnehmen können, zeigt das folgende Transkriptbeispiel einer SchülerIn deutsch-amerikanischer Herkunft der deutschen Schule in Warschau:

```
 1   I         woher habt ihr eure kenntnisse also ihr habt jetzt nur den
 2             bereich schule angesprochen is euch woanders denn auch schon
 3             (--) in=ner familie durch gespräche im fernsehen durch bücher
 4             [( )
 5   Jessica   [ja sicherlich also ich hab sehr früh hab ich das tagebuch der
 6             anne frank gelesen (-) weil mich das einfach interessiert hat
 7             aber=da da wusste ich noch nich richtig bescheid (-) ich
 8             hatte nur gehört dass=n gutes buch war und ich hab=s gelesen
 9             ich glaub mit zwölf (-) und em (-) da hat es mehr oder
10             weniger=n bisschen angefangen ich hab halt mit meiner mutter
11             natürlich darüber geredet und gefragt was war denn da (-) und
12             sie hat mir das auch erklärt so dass ich das verstehe (-) und
13             ich hab auch=n bisschen recherchiert dann später auch im
14             internet em wir waren (-) letztes jahr war ich mit meiner
15             klasse in krakau
16   I         hm=hm
17   Jessica   und wir haben auschwitz (-) besichtigt und (-) da das ist etwas
18             wo einem dann auch richtig klar wird was eigentlich passiert
19             ist also es ist so man liest es aber irgendwo ist es dann doch
20             weit entfernt und da wird einem richtig klar und das das haut
21             dann rein das es wirklich passiert is und dass es wirklichkeit
22             war wie schrecklich das auch war
23   I         hm=hm
24   Jessica   aber em (-) ja wie gesagt we äh zum ersten mal war ich
25             eigentlich eher selbständig ich hab mich selber darüber
26             erkundigt und in der schule hab ich dann mehr darüber gelernt
27   I         hm=hm und wo da eher im geschichtsunterricht deutschunterricht
28   Jessica   (-) oh gott das weiß ich gar nicht mal em
29   Jacek     also
30   Jessica   ich glaub am anfang war das doch deutschunterricht eigentlich
31             (-) sie haben (-) richtig angefangen hat das glaub ich mit
32             damals war es friedrich das haben wir in der achten siebten
33             achten
34   Jacek     achten
35   Jessica   klasse gelesen ich weiß es nich
36   Jacek     ja und meistens kommt das halt aus=m deutschunterricht also
37             (diese informationen) ( ) aus irgendwelchen lektüren ( )
```

Ein empfohlenes zeitgeschichtliches Jugendbuch, die *Tagebücher der Anne Frank* (1988) ist der Einstieg für Jessicas eigenmotivierte Auseinandersetzung als Zwölfjährige mit der Geschichte des Nationalsozialismus, damals wusste sie „noch nicht richtig bescheid". Als Gesprächspartnerin erwähnt sie ihre Mutter (nicht die Großeltern oder LehrerInnen). Diese erzählt nicht von der eigenen Familiengeschichte, sondern „erklärt" ihr, „was [da] war". Neue Medien wie das Internet dienen Jessica als weitere Informationsquelle. Ein Schlüsselerlebnis stellt für Jessica dann die Besichtigung eines Gedenkortes, des ehemaligen Konzentrationslagers Auschwitz, dar. An diesem historischen Ort gelingt es ihr, das Gelesene, das doch „weit entfernt" bleibt, mit der historischen Realität in Verbindung zu bringen und die Ausmaße des Leids zu erahnen, „wie schrecklich das auch war". Insgesamt ist diese Gesprächspassage ein Hinweis darauf, welche primäre und zentrale Rolle literarische Texte insbesondere der Jugendliteratur für Heranwachsende bei der Aneignung von Geschichte spielen: Sie können Einstieg mit dem Thema und Gesprächsanlass in der Familie sein und sie ermöglichen in Verbindung mit historischen Orten eine Verknüpfung von realen und fiktional erzählten Lebensgeschichten und somit ein vertieftes Verständnis von vergangener Zeit. In dem weiteren Dialog mit Jacek wird deutlich, dass Romane der zeitgeschichtlichen Jugendliteratur in den Interviews nur von Mädchen als Freizeitlektüre erwähnt werden, Jungen nennen sie nicht nur seltener, sondern ordnen sie auch ausschließlich in den schulischen Kontext ein. Innerhalb des schulischen Unterrichts scheint der Deutschunterricht als zentraler Ort für die Begegnung mit historischen Geschichten für die Jugendlichen betrachtet zu werden: „am anfang war das doch deutschunterricht". Dies könnte nicht nur mit einem früheren Zeitpunkt der Begegnung erklärt werden, sondern auch mit einem persönlicheren Zugang zur Geschichte durch jugendliterarische Texte

Neben der Jugendliteratur haben die interviewten Jugendlichen auch Erfahrungen mit hochliterarischen Texten zur Zeitgeschichte, die sie allerdings ausschließlich im schulischen Kontext ansiedeln. In diesem Zusammenhang wird sowohl in der deutschen Schule in Warschau als auch im Berliner Gymnasium Max Frischs Drama *Andorra* (1961) von den SchülerInnen genannt. Obwohl *Andorra* das Thema Antisemitismus an einem fiktiven Ort ansiedelt zu einer unbestimmten Zeit und die Problematik individueller und kollektiver Schuld und Bedrohung in parabelhafter Form thematisiert (vgl. Schnell 1994, 550f.), wird es von den Jugendlichen immer im Zusammenhang mit dem Nationalsozialismus angeführt. Dies lässt sich vermutlich auf die historisch-politische Kontextualisierung durch die Lehrerinnen zurückzuführen (vgl. Kap. 5.2.2.1). Weitere Gegenstände der unterrichtlichen Auseinandersetzung zum Thema Zeitgeschichte waren verschiedene literarische Geschichten, wie beispielsweise die Erzählung *Das Judenauto* von Franz Fühmann (1962) im Berliner Gymnasium oder Kurzgeschichten von Anna Seghers in der deutschen Schule in Warschau, wie aus den Unterrichtsgesprächen oder den begleitenden Gesprächen mit den Lehrerinnen hervorgeht. Diese werden jedoch von den Jugendlichen in den Interviews nicht erwähnt im Gegensatz zu dem Drama *Andorra*, das immer wieder als hochliterarische Unterrichtslektüre erinnert wird. Möglicherweise hängt dies mit der geringeren Textlänge und der dementsprechend kürzeren Besprechungszeit im Unterricht zusammen.

5.1.2.1.2   „es gibt ja auch filme dadrüber" – mediale Geschichten

Neben literarischen haben mediale Geschichten ihren festen Platz in dem Geschichtenrepertoire der Jugendlichen. Insbesondere zeitgeschichtliche Spielfilme werden von Jugendlichen in Deutschland sowohl im familiären als auch im schulischen Rahmen rezipiert, sie gehören selbstverständlich zur historischen Bewusstseinsbildung dazu. In der Schule wird vor allem Steven Spielbergs Film *Schindlers Liste* (1993) zum gemeinsamen Medienerlebnis und zum Thema im Unterricht, wie unter anderem der Berliner Schüler Benno berichtet:

```
 1   I        ((...)) ( ) wisst ihr denn schon ihr habt=s heute auch ( )
 2            aufgeschrieben aber eben zur zeit des nationalsozialismus und
 3            eben deutschpolnische beziehungen
 4   Benno    also deutschpolnisch das ist jetzt neu bei uns das dieses thema
 5            hatten wir noch nicht aber so nazideutschland das hatten wir
 6            schon durchgenommen wir haben auch davor schon ein buch gelesen
 7            (-) das hieß andorra glaub ich
 8   Lewis    ja
 9   Benno    ( ) andorra und davor auch hatten wir mit unserer
10            klassenlehrerin mal den film geguckt schindlers liste
11   I        hm=hm
12   Benno    und all so=was historisches
13   Lewis    ja:
14   Benno    was man auch kennen sollte
15   Lewis    über juden da haben wir viel in der schule eigentlich vor allen
16            dingen mit frau schorfheide
17   Benno    ja
```

Max Frischs Drama und Steven Spielbergs Film werden in einem Zug genannt und mit „all so=was historisches" gerahmt. Beiden wird von Benno ein hoher Stellenwert im kulturellen Gedächtnis eingeräumt, es sind Geschichten, die „man auch kennen sollte". Ebenso werden beide medialen Formen als selbstverständliche Unterrichtsgegenstände markiert.

Zeitgeschichtliche Spielfilme werden aber nicht nur im Kontext von Schule rezipiert. Von einem privaten Filmerlebnis berichtet beispielsweise die Berliner Schülerin Rosalie, die zu Hause mit ihrer aus Japan stammenden Mutter zusammen Roberto Benignis Film *Das Leben ist schön* (1997) gesehen hat.

```
 1   I        ((...)) im fernsehen hast du auch schon mal sendungen dazu
 2            gesehen
 3   Rosalie  ja [( )
 4   Iwona       [joah
 5   Rosalie  es gibt ja auch filme dadrüber (-) also (-) ich kenn da einen
 6            der is doch der is doch dieser italienische film (-) mein (-)
 7            leben (-) ist schön (-)
 8   I        hm=hm
 9   Rosalie  heißt der und der wurde (-) oscarnominiert und (-) bester film
10            (-) irgendwann so=n ganz alter glaub ich sogar aber jedenfalls
11            ja den hab ich gesehen
12   I        (-) hast du den auch gesehen
13   Iwona    nö ((lacht))
14   I        hm=hm mit wem warst denn da drin in dem film
15   Rosalie  na (-) ich ha
16   I        mit freunden [oder mit deiner familie
17   Rosalie               [den ausgeliehen weil meine eltern meine mutter
18            kannte den und fand den toll und na ja
19   I        hm=hm
20   Rosalie  musst ich hab ich den auch mit angeguckt
21   I        hm=hm also zu hause habt ihr euch dann danach auch drüber
22            unterhalten (-) den film [denn
23   Rosalie                           [nee wir haben geheult (-) wie am
24            spieß ((lacht))
```

Der „oscarnominiert[e]" Film war der Mutter bereits bekannt und wurde von ihr ge-schätzt – sie fand ihn „toll". Diese Beurteilung war der Auslöser für die 14jährige Tochter, den Film auszuleihen – ihrer Erzählung zufolge wäre sie vermutlich alleine nicht auf die Idee gekommen. Vor dem Hintergrund ihrer Eigenkorrektur „musst ich hab ich den mit angeguckt" ist auch die Rezeption auf Anregung der Mutter gemein-sam erfolgt. Der Film wird im privaten Rahmen weniger zum Thema der Anschluss-kommunikation. Er wird auch nicht explizit historisch oder politisch kontextualisiert. Vielmehr stellt er ein gemeinsames emotionales Erlebnis von Mutter und Tochter dar, bei dem sie sich auf eine individuelle Lebensgeschichte einlassen. So trägt die Rezep-tion des Films im familialen Kontext auf emotionaler Ebene zur Ausbildung des histo-rischen Bewusstseins der jugendlichen Schülerin bei.

Zusammenfassung

Insgesamt zeigen sich die interviewten SchülerInnen in Deutschland vertraut mit jugendliterarischen Texten zu den Themen Nationalsozialismus und Holocaust. Die feste Verankerung bestimmter Titel im Unterricht, die mit einem kanonischen Bildungsanspruch verbunden werden, als auch deren Stellenwert innerhalb der Freizeitlektüre – zumindest bei den Mädchen – dokumentieren sich in den Interviews. Die Rezeption zeitgeschichtlicher Jugendliteratur gehört nach Ansicht der interviewten SchülerInnen in Deutschland zum Alltag von Jugendlichen. In der Anschlusskom-munikation über diese literarischen Geschichten in Schule und Familie verbinden sich kommunikatives und kulturelles Gedächtnis. Betrachtet man die von den Jugendlichen in Deutschland in den Interviews erwähnten Texte der Jugendliteratur, so ist ihre inter-nationale Perspektive auffällig, stammen die genannten Titel doch aus dem deutschen, niederländischen, englischen und amerikanischen Kontext und sind von jüdischen und nichtjüdischen Autoren verfasst. Insofern ist die Jugendliteratur für die Heranwachsen-den Medium eines interkulturellen Gedächtnisses (vgl. Kap. 1.2). Wirft man einen Blick auf die Orte der literarischen Handlung in den erwähnten Texten, so fällt auf, dass es sich dabei in erster Linie um westliche Länder handelt: Deutschland (zur Zeit des Nationalsozialismus), die Schweiz, die von Deutschland besetzten Niederlanden sowie die USA. Osteuropa und insbesondere das besetzte Polen ist in den den SchülerInnen bekannten jugendliterarischen Texten nicht Ort des Geschehens. Die erwähnten schulisch rezipierten Texte der Hochliteratur stammen alle aus dem deutschsprachigen Raum, allerdings ist auch bei ihnen auf die Heterogenität erinne-rungskultureller Perspektiven auf die nationalsozialistische Vergangenheit hinzu-weisen: Max Frischs Drama ist in der Schweiz, die Erzählungen von Franz Fühmann und Anna Seghers sind in der DDR entstanden. Die den Jugendlichen bekannten Filme zur Zeitgeschichte sind im internationalen – hier im US-amerikanischen und italienischen, jüdischen und nichtjüdischen – Kontext entstanden, spielen in Polen, Italien und Deutschland. Somit erweitern diese Spielfilme ebenso wie die hoch- und die jugendliterarischen Texte das national geprägte kulturelle Gedächtnis. Die schuli-sche Erinnerungskultur in Deutschland bedient sich dieses interkulturellen Gedächt-nisses, um die Vergangenheit aus verschiedenen sprachlich-kulturellen Perspektiven aufzuarbeiten.

5.1.2.2 Polnische Nationalliteratur und andere Medien in Polen

Die interviewten Jugendlichen in Polen sind ebenfalls mit dem Themengebiet um den Zweiten Weltkrieg durch Geschichten in der Literatur und in den Medien vertraut, wobei hier die Okkupation Polens und das Leid der (jüdisch-)polnischen Bevölkerung einen größeren Stellenwert einnehmen als der Nationalsozialismus oder die Judenverfolgung in anderen damals von Deutschland besetzten Ländern.

5.1.2.2.1 „in polen gibt es von der vierten klasse ((...)) geschichten über janusz korczak" – literarische Geschichten

Ebenso wie die Jugendlichen in Deutschland berichten die Jugendlichen in Polen, dass sie bereits in der Grundschule mit Geschichten über die Kriegszeit konfrontiert werden, wie beispielsweise Kasia vom Warschauer Lyzeum:

```
1    Kasia    ((...)) in polen gibt es von der vierten klasse der grundschule
2             auf also zum beispiel geschichten über janusz korczak das ist
3    I        hm=hm
4    Kasia    kennen sie den
5    I        hm=hm
6    Kasia    ja eben von dem also und da ist man zehn oder so und liest
7             schon solche dinger
8    I        was habt ihr von dem gelesen
9    Kasia    em das weiß ich auch nicht das war grundschule
10   I        ich kenn jetzt nur den den kleinen könig macius
11   Kasia    ja ja
12   I        das buch hab ich gelesen
13   Kasia    ja das haben wir gelesen aber auch auch überhaupt die
14            geschichte von von von ihm wie er auch
15   I        ach so ja
16   Kasia    in die gaskammer mit den kindern ging
17   I        hm=hm
18   Kasia    weil er sie nicht allein lassen wollte
19   I        hm=hm
20   Kasia    und das geht schon ziemlich nah vor allem wenn man zehn ist und
21            sowas hört
22   I        hm=hm
23   Kasia    also für mich war=s damals zum beispiel zuviel
24   I        hm=hm und lesen das alle schüler oder die meisten wirklich in
25            der vierten klasse also das das da so standardwerk ist oder so
26   Kasia    ja vierte fünfte oder so ja doch das das das muss man schon
27            lesen
```

Schon „von der vierten klasse" an liest „man" „in polen" Geschichten über den Holocaust. Interessant ist auch hier wieder das Missverständnis zwischen der Interviewerin aus Deutschland und der vornehmlich in Polen schulisch sozialisierten Schülerin. Während erstere bei „geschichten über janusz korczak" zunächst an *literarische* Kindergeschichten von dem polnischen Reformpädagogen und Schriftsteller denkt, meint letztere in erster Linie die *Lebensgeschichte* von ihm als jüdischem Arzt und Heimleiter im Warschauer Ghetto. Einer literarisch-thematischen Betrachtungsweise steht eine personenbezogene gegenüber. Gleichzeitig wird in dieser Sequenz in der Frage „kennen sie den" von Kasia deutlich, dass den SchülerInnen die unterschiedlichen sprachlich-kulturellen Erfahrungen mit Geschichten über die Zeit des Zweiten

Weltkriegs bewusst sind, dass sie vermuten, dass an Schulen in Deutschland andere Geschichten gelesen werden. Korczaks Lebensgeschichte, insbesondere seine Entscheidung, gemeinsam mit seinen Heimkindern zum Umschlagplatz im Warschauer Ghetto und damit in den sicheren Tod zu gehen, gehört für die polnischen SchülerInnen zum obligatorischen Unterrichtsgegenstand in der vierten oder fünften Klasse der Grundschule. In Kasias Erinnerung jedoch stellt die Rezeption dieser Geschichten in diesem Alter für sie eine emotionale Überforderung dar.

Hochliterarische Texte anbetreffend weisen verschiedene SchülerInnen beider Warschauer Schulen darauf hin, dass eine deutlich größere Anzahl an Lektüren im muttersprachlichen Polnisch- als im muttersprachlichen Deutschunterricht gelesen wird. In der unterrichtlichen Besprechung spielt in den Augen der SchülerInnen die Biographie der jeweiligen AutorInnen eine bedeutende Rolle. Da es sich meist um polnische SchriftstellerInnen oder auch HistorikerInnen handelt, kann man etwas über die „polnische kultur" lernen, wie etwa Kamil betont, ein Schüler mit polnischem Familienhintergrund der deutschen Schule in Warschau, der zusätzlich muttersprachlichen Polnischunterricht besucht:

```
 1   I       wie ist das denn jetzt in bezug auf die schule das ja das
 2           lehrangebot das es dort gibt die unterrichtsinhalte em wie siehst
 3           du die dann aus deiner anderen perspektive?
 4   Kamil   em also ich hab ja auch noch zusätzlich polnischunterricht zu
 5           hause
 6   I       hm=hm
 7   Kamil   wo ich halt auch etwas über polnische kultur lerne
 8   I       hm=hm
 9   Kamil   aber hier in der schule lern ich halt nicht so viel über also
10           überhaupt nicht über die polnische kultur und auch nicht so viel
11           über die deutsche kultur
12   I       mh das ist interessant warum hast du den eindruck dass du nicht
13           viel über deutsche kultur quasi lernst
14   Kamil   ja irgendwie empfinde ich das so was in lehrplänen einfach nicht
15           steht
16   I       was konkret fehlt dir da
17   Kamil   ja zum beispiel in kunst sprechen wir nicht über deutsche maler
18           in deutsch auch nicht über deutsche schriftsteller so goethe okay
19           aber das wird auch in polen durchgemacht
20   I       hm=hm
21   Kamil   em es gibt halt nichts konkretes worüber wir sprechen keine
22           konkrete person
23   I       hm=hm (-) mirjam pressler zum beispiel eine deutsche autorin
24   Kamil   ja gut wir sprechen ja nicht mehr so über die person sondern
25           über das buch von der
26   I       hm=hm
27   Kamil   und in polen ich weiß nicht ob sie sienkiewcz kennen
28   I       hm=hm
29   Kamil   em das wird dann halt die person wird dann sehr stark
30           durchgenommen
```

Kamil stellt den Anspruch an schulischen Unterricht, etwas über die landesspezifische „kultur" zu erfahren, was für ihn bedeutet, über national bedeutsame Künstler oder Schriftsteller zu „sprechen" bzw. diese „durchzunehmen". Diesen Anspruch sieht er im muttersprachlichen Polnischunterricht, in dem „die person ((...)) dann sehr stark durchgenommen" wird, erfüllt, im muttersprachlichen Deutsch- bzw. Kunstunterricht hingegen nicht (vgl. Herrlitz 1994, 20ff., Kap. 2.2.2.3).

Bei den historischen Romanen, die von den SchülerInnen genannt werden, handelt es sich zumeist um Nationalepen über andere Kriegszeiten wie beispielsweise *Potop* (1886) (*Die Sintflut*) von Henryk Sienkiewicz über den polnisch-schwedischen Krieg im 17. Jahrhundert oder *Krzyżacy* (1900) (*Die Kreuzritter*) über die Kreuzzüge des deutschen Ordens (vgl. Kap. 2.1.1.1). Die von den Jugendlichen erwähnten Texte der Hochliteratur zum Thema Deutsche Besatzung und Holocaust bewegen sich zum Teil zwischen literarischen und dokumentarischen Darstellungsweisen. Beispielsweise werden von einer Schülerin des Warschauer Lyzeums Auszüge aus Texten von Hanna Krall als Unterrichtslektüren genannt:

```
1    Kasia    wir haben auch so nur fragmente von büchern auch gelesen im
2             unterricht
3    I        ahja
4    Kasia    also bearbeitet und äh zum beispiel irgendwas von hanna krall
5             auch
```

Hanna Krall ist eine polnische Autorin, die sich mit ihren literarischen Reportagen auch international einen Namen gemacht hat (vgl. Kap. 2.1.1.1 und 5.2.2.2). Sie erzählt insbesondere von polnischen, deutschen und jüdischen Lebensgeschichten und ihrer Verwobenheit zur Zeit des Zweiten Weltkriegs und in der Nachkriegszeit. Ihre Texte gehören heute zum schulischen Literaturkanon. Aufschlussreich hinsichtlich der Perspektive auf Literaturunterricht ist in der Darstellung Kasias die Konkretisierung des unterrichtlichen Umgangs mit literarischen Texten, sie werden nicht nur „gelesen", sondern „bearbeitet".

Zeitgeschichtliche Romane werden von den Jugendlichen mit polnischem Familienhintergrund nicht nur in der Schule „bearbeitet", sondern auch in der Freizeit rezipiert. Beispielsweise berichtet Ela, eine Schülerin mit polnisch-ägyptischem Familienhintergrund, dass sie auch in der Zeit, in der sie in Deutschland lebte, polnische Literatur gelesen hat:

```
1    I      ja und kannst du dich noch an andere autoren oder titel
2           erinnern
3    Ela    ja also ich weiß noch miriam aber an den nachnamen kann ich
4           mich nicht erinnern das war in deutschland da hab ich in einem
5           polnischen institut das hieß listy miłości also briefe der
6           liebe und es ist auch eine jüdin die halt (-) kennen sie das?
7    I      em maria nurow
8           ((...))
9    Ela    es ist über eine frau die die auch im ghetto lebt oder sich
10          auch versteckt oder leute sie verstecken
```

Maria Nurowskas Roman *Listy Miłości* (1991) (*Briefe der Liebe* 1995) zeichnet in Briefen das Porträt einer Frau zwischen jüdischer und polnischer Identität im Warschauer Ghetto und im Nachkriegspolen. Der Roman, den sich die Schülerin selbst in der Bibliothek des polnischen Instituts ausgesucht hat, ist nur einer neben mehreren von den SchülerInnen in der Freizeit gelesenen zeitgeschichtlichen Texten. In Kasias Erinnerung zum Beispiel ist die Autobiographie *Pianista* (2000) (*Das wunderbare Überleben* 1998) des jüdischen Musikers Władysław Szpilman präsent, wohl auch wegen der Verfilmung von Roman Polański mit dem gleichnamigen Titel *Pianista*

(*Der Pianist* 2002). Insgesamt nimmt in den rezipierten medialen und literarischen Geschichten der SchülerInnen in Polen das Leben im jüdischen Ghetto in Warschau eine besondere Stellung ein.

5.1.2.2.2 „es ist hier nicht so ein thema ((...)) das wir halt bearbeiten müssen" (Ela) – mediale Geschichten

Kinofilme wie *Schindlers Liste* und vor allem *Der Pianist* werden von den Jugendlichen in Polen immer wieder genannt. Sie werden jedoch nicht ausschließlich in den schulischen Kontext gestellt, sondern ebenso in der Freizeit rezipiert und in der Familie zum Gesprächsthema.

Polańskis Film *Der Pianist* hat aus der Sicht der Jugendlichen einen besonderen Stellenwert im kulturellen Gedächtnis in Polen. Ihm ist dort eine größere öffentliche Diskussion um seine Entstehung vorausgegangen, die von Kasia als „kleiner skandal" bezeichnet wird:

```
 1   I       und ihr sagt der hat viel bewegt hier in polen was
 2   Kasia   ja
 3   Ela     ja der also das is ja vom polnischen regisseur
 4   I       hm=hm
 5   Ela     und der kriegt ja ganz viele auszeichnungen überall und auch
 6           oskarnominierungen und
 7   I       hm=hm
 8   Ela     und auch halt der den pianisten und die musik und es hat also
 9           überall
10   Kasia   ja
11   Ela     und hat ganz groß für ihn geworben ja vor allem diese
12           auszeichnungen
13   Kasia   es gab auch in kinos also ausstellungen
14   Ela     hm=hm
15   Kasia   die also fotos
16   I       hm=hm
17   Kasia   auch von der zeit und auch allein wie der film gedreht wurde,
18           das war auch ein ein
19   Ela     ja
20   Kasia   kleiner skandal weil da also die haben das in so=nem teil
21           warschaus gedreht
22   I       hm=hm
23   Kasia   also praga und irgendwas war da nicht in ordnung und ( ) ich
24           glaub ein jahr war wirklich die ganze zeit pianist pianist
25           pianist überal in den medien
26   Ela     auch dass er nicht in polnisch war (-) und dass auch dass er
27           nicht auf polnisch war das haben viele schlimm gefunden
28   I       hm=hm
29   Ela     der ist auf englisch weil=s em weil die schauspieler halt nicht
30           (-) polnisch sind
31   I       hm=hm
32   Ela     und ja im internet hab ich so gelesen das kann doch nicht sein
33           ((...))
34   Ela     mich hat das jetzt nicht so gestört polański is ja ein
35           internationaler regisseur und wenn er halt schauspieler hat die
36           keine polen sind ist das natürlich
37   Kasia   (-) wer die schauspieler sind das ist ja eigentlich nicht so
38           wichtig und welche sprache sie da sprechen auch nicht also das
39           thema ist doch entscheidend
40   Ela     hm=hm
41   Kasia   und die geschichte des filmes und ob man das jetzt mit
42           unterteln liest oder auf polnisch das ist doch
```

```
43   I          hm=hm
44   Kasia      (-) egal
```

Der von einem „polnischen regisseur" und „in so=nem teil warschaus" gedrehte Film
hat Kasias Beobachtung zufolge großes Aufsehen „in den medien" erregt, insbesondere, weil er nicht in der polnischen Sprache gedreht wurde. Wie die interaktive Dichte
und die gegenseitigen Bestätigungen zeigen, ist jedoch in den Augen beider Schülerinnen „das thema" und „die geschichte" des Films entscheidend. Seine Sprache ist für
sie nebensächlich und eher eine pragmatische, weniger eine politische Entscheidung.
Allerdings nehmen Ela und Kasia sehr wohl die öffentliche Diskussion um den
nationalen Alleinanspruch an die Erinnerung wahr. Sie verfolgen diese in den Medien
und im Internet, stellen jedoch ihre eigene international ausgerichtete Perspektive
daneben. Beide Schülerinnen siedeln die Rezeption des Films sowohl im kommunikativen Gedächtnis der Familie als auch im kulturellen Gedächtnis der Schule an. In
der Familie wird die Rezeption insbesondere für die Großeltern, die zu der Zeit gelebt
haben, zur Herausforderung, wie Ela im folgenden Beispiel schildert:

```
1    Ela        hm=hm ja meine oma konnte da gar nicht hingehen sie hat auch das
2               buch konnte sie auch gar nicht lesen also sie hat ihr reicht nur
3               was darüber zu hör=n
4    I          hm=hm
5    Ela        und sie ist schon ganz außer sich und ganz berührt und das tut
6               ihr einfach weh sie hat ja auch die kriegszeit in polen erlebt
7               oder sogar zweimal diese stany (([kriegs]zustände)) einfach
8               ne kriegszeit also
9    I          hm=hm
10   Ela        auch=n krieg und sie kann über krieg auch gar nichts hör=n oder
11              so weil sie gleich bilder hat und ganz ganz ver( ) ist und (-)
12              also ich hab ihr auch gar nichts über den film erzählt (lacht)
13              hab nur gesagt dass er sehr gut war aber (-) zu grausam für sie
14              ((lacht))
```

In Elas Familie ist die durch Spielfilme angeregte Erinnerung an die Kriegszeit für die
Großmutter aufgrund der eigenen Erfahrungen zu intensiv, sie zieht sich von der
Rezeption zurück, es „tut ihr einfach weh". Die Enkelin respektiert diese Distanzierung und „erzählt" ihrer Großmutter auch bewusst „gar nichts" über den Film, um
sie psychisch nicht zu überfordern. Auch Kasias Mutter „konnte" den Roman nicht
lesen, wie diese kurz zuvor berichtet. Dennoch wird sowohl der Roman als auch
dessen Verfilmung in den Familien beider SchülerInnen zu einem Gesprächsthema
zwischen den Generationen. Diese Gespräche haben aus Elas Sicht allerdings nicht die
gleiche Funktion wie in Deutschland:

```
1    I          hast du=s dann zusammen mit deiner familie geschaut zum
2               beispiel=ne sendung oder sprecht ihr da auch öfter drüber
3    Ela        nein eigentlich nicht nein
4    Kasia      (   )
5    Ela        (-) ich weiß also wo ich den film ((der Pianist)) gesehen hab
6               mein papa hat also ich hab=s mit der klasse gesehen
7    I          hm=hm
8    Ela        und mein vater so (-) naja und wo ich zurückgekommen bin halt
9               vom vom kino da haben wir schon ein bisschen drüber gesprochen
10              also er er hat ziemlich großen wissen über geschichte und so
11              hat er mir noch was erzählt also der erzählt immer aus
12              irgendwelchen geschichts ( ) dann halt ( ) aber sonst sprechen
```

```
13              wir nicht so darüber es ist hier nicht so ein thema halt
14    I         hm=hm
15    Ela       das wir halt bearbeiten müssen ((lacht))
```

Ela hat den Film zwar „mit der klasse", also im schulischen Kontext, gesehen. Jedoch berichtet sie von einer medialen Anschlusskommunikation im familiären Kontext. Ihr polnischer Vater hat nicht nur umfangreiche historische Kenntnisse, er „erzählt" seiner Tochter auch regelmäßig davon. Dies zeigt einmal mehr die ausgeprägte familiale Erzählkultur, wie sie die Jugendlichen in Bezug auf ihre Familien in Polen darstellen. In ihrem abschließenden Resümee bleibt Ela sehr implizit. Welches „thema" „hier" aus welchen Gründen von wem nicht „bearbeitet" werden muss, lässt sie in ihrer Darstellung offen. Aus dem Gesprächskontext kann jedoch geschlossen werden, dass in der Perspektive der Jugendlichen Antisemitismus bzw. Holocaust in Polen (ob in der Familie oder in der Schule) nicht zu den Themen zählen, die aufgearbeitet werden „müssen". Hierin schwingt ein impliziter Vergleich mit der als intensiv wahrgenommenen Bearbeitung des Themas in Deutschland mit, der insofern nahe liegt, als die Schülerin ihre bisherige Jugendzeit in Deutschland verbracht hat und dort zur Schule gegangen ist.

In dieser Hinsicht sind jedoch unterschiedliche Perspektiven bei den SchülerInnen zu beobachten. Ein Beispiel für eine gegenläufige Ansicht gibt die folgende Sequenz aus einem Gespräch zwischen einer Schülerin deutscher und einer polnischer Herkunft, beide von der deutschen Schule in Warschau. Vorausgegangen war die Frage, wie wichtig die SchülerInnen dieses historische Thema für ein aktuelles Jugendbuch fänden. Anna-Lena, eine Schülerin mit polnischem Familienhintergrund, aber deutscher schulischer Sozialisation, die ebenfalls an dem Gespräch teilnahm, wies zuvor auf die Bedeutung insbesondere aktueller Texte – über den jugendliterarischen Kanon an deutschen Schulen hinaus – über dieses in ihren Worten wichtige Thema hin, damit es nicht vergessen werde. Isolde, eine Schülerin mit deutschem familialen und schulischem Hintergrund, schließt mit einer Argumentation an, in der sie unterschiedlichen historischen Themen eine unterschiedliche Relevanz zuspricht.

```
1     Isolde    ((...)) aber ich find das judentum ist ja heute noch aktuell
2               also es gibt ja immer noch juden und es gibt immer noch diese em
3               diesen fremdenhass auf juden und es gibt diesen rassismus gegen
4               juden und deswegen
5     Sybilla   in polen (-) besonders
```

In ihrer Begründung der Aktualität und Relevanz des in dieser Studie ausgewählten zeitgeschichtlichen Jugendromans wird Isolde hinsichtlich ihres Arguments, dass der „rassismus gegen juden" heute noch existiert, von ihrer Mitschülerin mit polnischem Familienhintergrund unterstützt. Sybilla konkretisiert die von Isolde allgemein formulierte Beobachtung auf das Land „polen". Die Zuspitzung „besonders" erhält dabei durch die eingeschobene Pause ein besonderes Gewicht. Im Vergleich mit der vorhergehenden Passage mit Ela können die widersprüchlichen Wahrnehmungen der Jugendlichen mit polnischem Familienhintergrund in Polen bezüglich der Aktualität, bzw. gesellschaftlichen Präsenz der Themen Antisemitismus und Holocaust so zusammengefasst werden: Während aus der Sicht der Jugendlichen „fremdenhass auf juden" „in polen" zu beobachten ist, ist es zugleich kein Thema, das „hier" in der Familie oder in der Schule „bearbeitet" werden muss.

Neben Kinofilmen werden auch andere mediale Geschichten über die Kriegszeit von den Jugendlichen in Polen als Quellen ihrer historischen Kenntnisse genannt. Zumeist handelt es sich dabei um dokumentarische Fernsehsendungen: Erwähnt werden von verschiedenen Jugendlichen der deutschen Schule und des polnischen Lyzeums in Warschau Dokumentarfilme über den Zweiten Weltkrieg, über die Person Hitler oder über Konzentrationslager, allgemeine Nachrichtensendungen oder Spionage-reportagen. Die Präsenz des Zweiten Weltkriegs im Fernsehen in Polen nehmen die Jugendlichen bewusst wahr. Die mediale Anschlusskommunikation verorten sie vorwiegend in der Familie. Ein Schüler des Warschauer Lyzeums mit polnischem Familienhintergrund berichtet beispielsweise von einer intensiven Auseinandersetzung seines Vaters mit dem Zweiten Weltkrieg:

```
1    I        und zu hause sprecht ihr da auch manchmal drüber oder habt ihr
2             da schon mal fragen gestellt
3    Hugo     also mein vater fasziniert sich für den zweiten weltkrieg also
4             er sammelt bücher hauptsächlich halt deutsche bücher und die
5             meisten halt über über den zweiten weltkrieg und der weiß sehr
6             viel über den hat auch filme ja und äh alles was ich wissen
7             möchte sagt er mir auch also er hat ja (--) ja und nur mein
8             vater kennt sich sehr gut aus mit dem zweiten weltkrieg meine
9             meine mutter spricht davon eher nicht ja und ja
10   I        kannst du dir das so erklären
11   Hugo     warum sie äh
12   I        zum einen warum sie nicht darüber spricht zum andern warum dein
13            vater sich da so für begeistert
14   Hugo     em (---) ja also warum er sich begeistert dass (--) ich weiß
15            nicht das hat er mir noch nicht verraten
16   Michał   ((lacht))
17   Hugo     ich hab auch nicht gefragt warum er sich dafür fasziniert (-)
18            äh aber vielleicht ich weiß nicht weil immer wenn ich diese
19            filme anschaue (-) dann sagt er also wie super die äh also die
20            äh soldaten war=n und überhaupt alles äh geplant war ja die
21            genauigkeit alles also diese armee ja und dieser mythos hitler
22            halt (-) wie der mann gehandelt hat und warum und
```

Worte wie „fasziniert" oder den „mythos hitler" in Bezug auf die Geschehnisse des Zweiten Weltkriegs finden sich zwar in den Darstellungen der familialen Gespräche der interviewten Jugendlichen in Deutschland nicht. Doch weisen andere empirische Untersuchungen in Deutschland auch eine gewisse ‚Faszination am Grauen', allerdings bei Grundschulkindern, nach (Flügel 2008). Dieser unbefangene Umgang mit kriegsstrategischen Aspekten ist auch in Deutschland innerhalb der familialen Kommunikation vorhanden, wird jedoch im Verlauf der schulischen Sozialisation zunehmend weniger im öffentlichen Kontext erzählbar. Vor diesem Hintergrund lässt sich der Dialog zwischen der Interviewerin deutscher Herkunft und dem Schüler polnischer Herkunft interpretieren: Für die Interviewerin ist die Verwendung des Wortes „fasziniert" in dem vorliegenden thematischen Zusammenhang ungewöhnlich und somit erklärungsbedürftig, für den Schüler scheint es eher die Frage nach der Erklärungsbedürftigkeit zu sein, der väterliche Umgang mit Geschichten über den Zweiten Weltkrieg hingegen selbstverständlich. Diese auf der sprachlichen Handlungsebene unterschiedliche Umgangsweise mit Vergangenheit erhält vor dem Hintergrund der jeweiligen kulturellen Gedächtnisrahmen Plausibilität insofern, als dass es sich aus der Opferperspektive in Polen heraus unter Umständen leichter und unbefangener über die Verbrechen der Täter sprechen lässt (vgl. Kap. 2.1.3.2).

Im Anschluss an Hugos ausführliche Darstellung der familialen Auseinandersetzung mit der NS-Kriegsführung fügt Michał ergänzend hinzu, dass der Zweite Weltkrieg in Polen nicht nur mit Deutschland und den Nationalsozialisten assoziiert werde:

```
1   Michał    (-) ja aber der zweite weltkrieg ist auch nicht nur deutschland
2             und die (-) nazisten und so weiter
3   Hugo      ja genau
4   Michał    ja zum beispiel mh es gibt in polen viele (-) ja viel viele
5             geschichten im fernsehen zum beispiel es gibt reportage wie die
6             spione äh in dem zweiten weltkrieg ((räuspert sich)) gearbeitet
7             hatten und so weiter (-) ja und nicht nur em das thema ist nicht
8             nur äh (-) auf nationalismus und faschisten und so weiter
9             abgegrenzt
10  I         hm=hm
11  Michał    es ist äh es ist nicht das hauptthema von unser=m
```

Michał versucht, bestätigt von Hugo, die mediale Erinnerungskultur in Polen an den Zweiten Weltkrieg in ihrer Vielfältigkeit herauszuarbeiten: „es gibt in polen viele (-) ja viel viele geschichten im fernsehen". Während Hugo zuvor von der individuellen medialen Anschlusskommunikation in seiner Familie erzählt, weist Michał darüber hinausgehend auf eine allgemeine Besonderheit der Repräsentation der Kriegsvergangenheit in den Medien hin: „nationalismus und faschisten" sei „nicht das hauptthema von unser=m". Damit differenziert er die Geschichten in den Medien in Polen in thematischer Hinsicht. Die interessante Frage, welches das „hauptthema" von was genau ist, lässt er allerdings offen.

Nicht nur zwischen dem kulturellen Gedächtnis in Polen und in Deutschland, sondern auch innerhalb der polnischen Erinnerungskultur nehmen die SchülerInnen Kontroversen wahr. Zum Beispiel erzählt Michał in allen Einzelheiten von einer Meinungsverschiedenheit zwischen ihm und seinem Lehrer in der Grundschule, in der es um strategische Details aus der Schlacht bei Grunwald/Tannenberg (1410) (vgl. Kap. 2.1.1.1) geht. Der Lehrer habe gegen Michałs Standpunkt argumentiert, „dass die polen so was niemals getan hätten". Nach einer Erklärung für die Argumentation des Lehrers gefragt, antwortet Michał mit einem weiteren Beispiel, diesmal auf gesellschaftspolitischer Ebene:

```
1   Michał    äh ja es gibt qab=s so eine situation äh ((räuspert sich)) zum
2             beispiel in jedwabne es hat auch viele kontroversen geweckt ja
3             als man am anfang ja (-) wypierać się
4   alle      ((klären den Begriff))
5   Michał    ja verleugnen genau
6   I         ja ja
7   Michał    äh und dann als der unser präsident das äh ((räuspert sich))
8             israel entschuldigt hat und alle juden äh da hat das auch viele
9             kontroversen geregt und geweckt
10  I         hm=hm
11  Michał    und so weiter und äh (-) nicht alle wollten das glauben aber
12            trotzdem ist das passiert
13  I         wie habt ihr da hier in der schule drüber gesprochen
14  Hugo      hm
15  Michał    weiß ich nicht das war schon im gymnasium ((lacht)) (-) ich
16            glaube nicht viel
```

```
17  I        und zu hause was haben eure eltern gesagt als sie davon erfahren
18           haben
19  Michał   dass die polen sich nicht trauen die wahrheit zu sagen nicht
20           immer
```

Michał beschreibt die „situation" in „jedwabne" nicht weiter, sondern stellt sie ohne Hintergrundinformationen direkt in ihren diskursiven Kontext. Für ihn ist das in diesem Ort begangene Pogrom an den jüdischen Bewohnern durch ihre polnischen Nachbarn sowie die öffentliche Diskussion hierüber ein bekanntes, äußerst kontrovers diskutiertes Thema (vgl. Schmidt-Häuer 2005, vgl. Kap. 2.1.12). Offensichtlich hat er hierüber verstärkt in der Familie, weniger in der Schule geredet. Diese Erzählung endet ebenso wie die vorherige aus der Schule mit einer verallgemeinernden Feststellung: „dass die polen sich nicht trauen die wahrheit zu sagen nicht immer." Diese verallgemeinernde Aussage der Eltern des Schülers, die dem Gedächtnis der familialen Kommunikation entstammt, wirkt wie eine Antwort auf die im Rahmen des Unterrichts geäußerten und somit dem kulturellen Gedächtnis angehörenden Aussage des Lehrers zuvor. Dem Schüler sind die Diskrepanzen zwischen den Gedächtnisrahmen aus eigener Erfahrung bewusst.

5.1.2.2.3 „ein typisches judenbuch hab ich nie gelesen" – keine literarischen Jugendbücher

Im Gegensatz zu den Jugendlichen in Deutschland erwähnen die Jugendlichen in Polen in den Interviews keine jugendliterarischen Texte über die Zeit des Zweiten Weltkriegs – weder als Schul- noch als Freizeitlektüre. Als schulische Einstiegslektüre in dieses Themengebiet sind den Jugendlichen eher expositorische Texte bekannt. Wie unvertraut ihnen literarische Jugendbücher in diesem Zusammenhang erscheinen, wird deutlich in einem häufig auftretenden Missverständnis zwischen der aus Deutschland stammenden Interviewerin und den Jugendlichen in Polen, das sich exemplarisch an einem Gesprächsausschnitt mit einer Schülerin mit polnischem Familienhintergrund der deutschen Schule in Warschau aufzeigen lässt:

```
1   I         ((...)) jetzt mal ganz allgemein welche begegnungen habt ihr
2             schon mit jugend jugendbüchern gemacht welche habt ihr da schon
3             gelesen
4   Karolina  äh so direkte judenbücher hab ich überhaupt keine gelesen die
5             sich mit dem thema befassen ich habe vielleicht em ab und zu
6             wenn es so eher geschichtliche bücher waren dann kam es ab und
7             zu mal vor und meine erfahrungen mit juden waren eben wenn dann
8             nur em über also in der schule mehr dann aber in geschichte zum
9             beispiel
10  I         hm=hm
11  Karolina  vielleicht ab und zu mal ganz kurz ( ) in gemeinschaftskunde
12            aber ein typisches judenbuch hab ich nie gelesen das sich mit
13            diesem thema befasst und von der (-) sicht der juden
14            beschrieben worden ist
15  I         hm=hm
16  Karolina  ja
17  I         und em ansonsten also jugendbücher wirklich allgemein
18  Karolina  ich hab
19  I         welche haste da gelesen oder welche (-) bleiben dir noch in
20            erinnerung
```

```
21   Karolina   eventuell könnte ich sagen em (-) wenn ich mich mit meinen
22              großeltern darüber unterhalten habe
23   I          hm=hm
24   Karolina   und em und zum beispiel mir irgendwelche (-) kriegsbücher
25              angeguckt habe (-) war das hauptproblem (in diesen) büchern und
26              em die meisten kapitel war=n ja eben diesen juden da gewidmet
27              also das hat von juden gehandelt
28   I          hm=hm
29   Karolina   aber eben so ein so ein als so eine geschichte (-) so ein roman
30              oder sowas hab ich nich gelesen wenn dann nur so fakt fakten
31              ( ) mit wirklichen fotos und wirklichen daten oder sowas
```

Wiederholt gefragt nach ihren bisher gelesenen „*jugend*büchern" antwortet Karolina immer wieder im Hinblick auf thematisch bzw. perspektivisch ausgerichtete „*juden*bücher". Auch wenn es sich hierbei offensichtlich um ein sprachliches Missverständnis handelt, so erstaunt dennoch die Konstruktion und der selbstverständlich erscheinende Umgang mit dem Begriff ‚Judenbuch'. Dieser taucht insgesamt bei den Jugendlichen mit polnischem Familienhintergrund häufig auf, wird von denen deutscher Herkunft hingegen nicht benutzt. Was Karolina unter einem ‚Judenbuch' versteht, führt sie an verschiedenen Stellen aus. Ein „typisches judenbuch" ist in ihren Augen eines, „das sich mit diesem thema befasst und von der (-) sicht der juden beschrieben worden ist". Außerdem versteht sie hierunter fiktionale Literatur, eine „geschichte" oder einen „roman". Nicht primär die Thematik, sondern vielmehr die jüdische Perspektive auf diese Zeit als auch die literarische Gestaltungsform der Perspektive sind ihr fremd. Vertraut hingegen sind ihr *expositorische* Texte in „kriegsbücher[n]", die mit „fakten", „fotos" und „daten" ausgestattet sind und in denen das „hauptproblem" – und hier korrigiert sie sich –, „die meisten kapitel ((…)) eben diesen juden da" gewidmet sind. Hier stellt sich die Frage nach einem Zusammenhang zwischen der Distanz, die sich in den von Karolina gewählten Formulierungen ‚den Juden' gegenüber ausdrückt und der Textform der Geschichte(n), die ihr aus der familialen Auseinandersetzung bekannt sind. Expositorische Texte werden von den SchülerInnen in Polen nicht nur innerhalb der Familie zum (intergenerationellen) Erzählanlass, sondern auch im Rahmen der unterrichtlichen Auseinandersetzung mit dem Zweiten Weltkrieg, worauf sie in den Interviews an verschiedenen Stellen hinweisen. Ausgehend von diesem *key incident* stellt sich die Frage, inwiefern *literarische* Texte mit ihrem Zusammenspiel von Innen- und Außenperspektive andere Umgangsweisen ermöglichen, die Empathiefähigkeit und Perspektivenübernahme stärker herausfordern.

Zusammenfassung

Ähnlich wie in Deutschland sind Geschichten über den Zweiten Weltkrieg in literarischer und medialer Form bereits seit der Grundschule bekannt. Sie werden im Unterricht gelesen und bieten Anlässe, über die Zeit zu sprechen. Das jüdische Ghetto in Warschau ist dabei ein zentraler Ort literarischen Erinnerns. Betrachtet man zunächst die in den Interviews erwähnten Unterrichtslektüren, so lassen sich zwei Unterschiede zur literarischen Erinnerungskultur im deutschen schulischen Kontext erkennen. Zum einen werden von den SchülerInnen verstärkt expositorische Texte genannt, zum anderen entstammen die Texte vorwiegend dem polnisch(-jüdischen), weniger dem internationalen kulturellen Gedächtnis. Jugendliteratur als *Unterrichts*lektüre scheint den

SchülerInnen nicht vertraut. Im Freizeitbereich gehören die von den polnischen Jugendlichen erwähnten Titel wie *Listy Miłości* (*Briefe der Liebe*) oder *Pianista* (*Das wunderbare Überleben*) der polnischen Erwachsenenliteratur an – im Gegensatz zu der zeitgeschichtlichen Freizeitlektüre der Jugendlichen mit deutschem Familienhintergrund, die aus dem Bereich der internationalen Jugendliteratur stammt. Ähnlich wie in Deutschland spielen aus der Sicht der interviewten Jugendlichen im kulturellen Gedächtnis in Polen Kinofilme und Fernsehsendungen unterschiedlichen Formats eine zentrale Rolle. Ihre Rezeption siedeln sie sowohl im schulischen als auch im familialen Kontext an, von medialer Anschlusskommunikation berichten sie allerdings ausschließlich in der Familie. Die Nähe der filmischen Bearbeitung der Erlebnisse zur Zeit der deutschen Besatzung zu den lebensgeschichtlichen Erfahrungen der Großeltern erfordert Sensibilität zwischen den Generationen in der familialen Anschlusskommunikation. Gleichzeitig berichtet ein Schüler auch von der ‚Faszination‘, die der Zweite Weltkrieg auf seinen Vater ausübt. In der öffentlichen Diskussion z.B. im Internet über historische Filme wird den Beobachtungen der Jugendlichen nach mitunter ein nationaler Alleinanspruch an die Erinnerung erhoben, der sich durch die Einforderung der polnischen Sprache als Filmsprache eines polnisch-französischen Regisseurs äußert. Nicht nur die Auseinandersetzung mit Deutschland, dem Nationalsozialismus und dem Holocaust prägt aus der Sicht der Jugendlichen das kulturelle Gedächtnis in Polen, sondern auch die mediale Aufarbeitung der Spionagetätigkeit oder die Auseinandersetzung mit dem Antisemitismus in Polen.

5.1.3 Geschichte(n) in der Schule

Im vorangegangenen Kapitel wurden die bekannten Geschichten der interviewten Jugendlichen über den Zweiten Weltkrieg, die sie in ihren Familien gehört und in der Literatur und in den Medien rezipiert haben, vorgestellt. Dabei stammten die angeführten literarischen und medialen Geschichten bereits teilweise aus dem schulischen Kontext. Es wurde deutlich, welche Rolle speziell der Literaturunterricht in beiden Ländern als Ort des kulturellen Gedächtnisses spielt. Ein weiterer bedeutender Ort für den Erwerb historischer Kenntnisse ist für die Jugendlichen der Geschichtsunterricht. Auf die Nachfrage der Interviewerin, inwiefern sich die Geschichten in den unterschiedlichen Kontexten voneinander unterscheiden, wählen die SchülerInnen in erster Linie den *Geschichts*unterricht als Ausgangspunkt des Vergleichs.

Nur vereinzelt werden Unterschiede zwischen historischen Geschichten in verschiedenen sozialen und medialen Kontexten als unerheblich betrachtet. Insgesamt nehmen die SchülerInnen deutliche Unterschiede zwischen den schulischen Geschichten und denen aus anderen Kontexten wahr. Dabei geht es weniger um das, was erzählt wird, sondern primär um die Art und Weise, wie erzählt wird. Am deutlichsten setzen die Jugendlichen die schulische Perspektive der familiären entgegen. Die SchülerInnen in Polen mit Migrationserfahrung in Deutschland beschreiben darüber hinaus auch Unterschiede zwischen dem Geschichtsunterricht in Deutschland und in Polen. So werden in diesem Kapitel die den SchülerInnen bekannten Geschichten in der Schule vorgestellt anhand der *Unterschiede* zwischen den Geschichten zum einen auf der Ebene des sozialen Kontextes (*Schule – Familie*), zum anderen auf der des sprachlich-kulturellen Kontextes (*Schule in Deutschland – Schule in Polen*).

5.1.3.1 Unterschiede zwischen Schule und Familie

5.1.3.1.1 Jugendliche in Deutschland – „in der schule (-) ist es eher der geschichtliche hintergrund"

Die befragten Jugendlichen in Deutschland stehen dem schulischen Geschichtsunterricht insgesamt sehr aufgeschlossen gegenüber. In ihrer Perspektive unterscheidet er sich von der familialen Gesprächspraxis über die Geschichte des Zweiten Weltkriegs in verschiedener Hinsicht: in der Art der Argumentation (nicht aber inhaltlich), in der Objektivität und Nachweisbarkeit sowie in der Verbindlichkeit der Auseinandersetzung mit dem historischen Thema. Nur in einem Interview kommen inhaltliche Differenzen zwischen dem familialen und dem schulischen Umgang mit der nationalsozialistischen Vergangenheit zur Sprache.

Ein Schüler mit deutschem Familienhintergrund am Berliner Gymnasium sieht deutliche Unterschiede zwischen der Art, wie seine Lehrerin und wie seine Eltern über die Kriegszeit sprechen, hat aber Schwierigkeiten, diese zu benennen:

```
 1    I        wie unterscheiden sich denn diese geschichten voneinander (-)
 2             zum beispiel das was du von deinen eltern worüber du mit deinen
 3             eltern gesprochen hast und das was du hier in der schule (-)
 4             gelesen ( )
 5    Benno    na (-) weeß nich wie man das sagen kann aber wir sprechen
 6             ganz frau schorfheide spricht zum beispiel ganz anders drüber
 7             als meine eltern (-) also die haben keine andere meinung oder
 8             so (-) aber (-) die argumentieren anders (-) so aber so v also
 9    I        fänd ich ma interessant wie du das so empfindest was da anders
10             ist
11    Benno    ich weeß nich wie ich das (-) beschreiben soll (-) mh ganz
12             einfach anders so (-) also vom inhalt ist das schon gleich
13    I        hm=hm was meinst du mit vom inhalt ist es gleich
14    Benno    na (-) ja wie darüber denken und (-) och wie denken warum so
15             was (-) zustande gekommen is und so
16    Lewis    frau schorfheide bringt auch immer vieles historisches damit
17             rein und und so was sie ist auch ziemlich <<lachend>
18             allgemeingebildet> nehm ich mal an weil (-) sie erzählt ständig
19             sachen von denen wir meist <<lachend> nicht so wissen wie es
20             die gab>
```

Aus Bennos Antwort wird auch nach wiederholtem Nachfragen der Interviewerin nicht deutlich, worin genau die Unterschiede zwischen den Geschichten in der Schule und denen in der Familie bestehen. Jedoch kann festgehalten werden, dass sie seiner Ansicht nach offensichtlich sind („frau schorfheide spricht zum beispiel ganz anders drüber als meine eltern"). Gleichzeitig betont der Schüler nachdrücklich, dass seine Eltern „keine andere meinung" haben, sondern nur anders „argumentieren" und dass auch der „inhalt" gleich sei, „wie sie darüber denken". Es scheint, als ob es ihm wichtig sei, die Übereinstimmung in der Deutung und Bewertung des Geschehenen hervorzuheben. Dies weist auf die bewusste Wahrnehmung eines gesellschaftlichen *common sense* hin, wie über die Themen Nationalsozialismus und Holocaust gesprochen wird. Bennos Mitschüler Lewis ergänzt dessen Aussagen, indem er auf die (historische) Allgemeinbildung der (Geschichts-)Lehrerin verweist, die die unterrichtlichen Gespräche auszeichne. Er führt somit Bennos Unterscheidungsversuch auf der Ebene unterschiedlicher Professionen weiter aus.

Zwei weitere Schülerinnen des Berliner Gymnasiums mit deutscher, bzw. ukrainischer Herkunft sehen den Unterschied zwischen familialer und schulischer Kommunikation über die NS-Zeit in dem Spannungsfeld zwischen geschichtlichem Hintergrund und Quellenarbeit einerseits sowie der subjektiven Meinung andererseits:

```
1    I        ((...)) wenn ihr euch jetzt über diese zeit eben
2             nationalsozialismus unterhaltet zu hause mit euern eltern em
3             und das mal vergleicht mit dem was ihr so in der schule erfahrt
4             oder diese geschichten die ja auch oft erzählt werden auch
5             persönliche geschichten unterscheiden die sich irgendwie
6    Anne     ja (-) also ich denke mal in der schule (-) ist es eher der
7             geschichtliche hintergrund das ist es eher objektiv gesehen
8             während zu hause (-) redet man über die eigene meinung und ich
9             finde ja das (-) und das und da das hab ich mal irgendwo
10            gelesen und so
11   Vera     (-) ja in der schule (-) äh wird immer so über die quelle
12            geredet wo man (-) das ja also zum beispiel über das buch
13   I        hm=hm
14   Vera     und zu hause wird (mh gesagt) ach ich hab mal (-) so gesehn
15            gelesen gehört is schon (-) anders
```

Anne und Vera heben zum einen den „geschichtlichen hintergrund" der schulischen Kommunikation hervor, also zusätzliche Informationen zum historischen Kontext. Zum anderen betonen sie die „objektiv[e]" Betrachtungsweise und Bezugnahme auf „quellen" im Gespräch. Anders als zu Hause, wo ihrer Ansicht nach die subjektive Bewertung in Form der „eigene[n] meinung" Kommunikationsgegenstand ist und etwas, das „mal irgendwo gelesen" wurde, Gültigkeit hat, zeichnet sich die schulische Kommunikation ihrer Auffassung zufolge durch eine gewisse Strukturiertheit und wissenschaftliche Vorgehensweise aus.

Ein weiterer Unterschied zwischen schulischer und familialer Kommunikation über die Zeit des Nationalsozialismus wird von den Jugendlichen auf der Metaebene wahrgenommen, in der Verbindlichkeit der Auseinandersetzung mit dem Thema, wie eine Schülerin deutsch-japanischer Herkunft des Berliner Gymnasiums am Beispiel ihrer Erfahrungen in einer englischen Gastfamilie schildert:

```
1    Rosalie  was ich irgendwie so schlimm finde so (-) das is so bei der
2             älteren generation (-) die woll=n da meistens drüber weggucken
3             und (-) woll=n da meistens überhaupt nichts mit zu tun haben
4             das find ich irgendwie voll scheiße irgendwie dass die sich da
5             gar nicht so richtig mit befassen und ich ich weiß nich so bei
6             frau schorfheide find ich is des gut dass sie das so (-)
7             richtig intensiv behandelt (wenn) und (-) dass sie da nich
8             einfach so denkt ja na ja is jetzt vergangenheit
9    I        hm=hm
10   Rosalie  und man damit jetzt halt nichts mehr zu tun irgendwie hat man
11            doch damit immer was zu tun man lebt in dem land und (-) ich
12            weiß nich und ich hab auch (-) em na ich also (-) <<lachend>
13            meine gastfamilie da in england die meinte auch so> ja ähm
14            mutti meinte so na ja also ich f das ich finde das is
15            vergangenheit es gehört der vergangenheit an und (-) ich will
```

```
16              mich damit nich weiter beschäftigen und auch nich weiter (-)
17              ich mein es hat auch manchmal vorteile drüber hinwegzugucken
18              aber ich finde irgendwie in dem fall ist es grad irgendwie so
19              ganz schön unpassend so ich würd (-) mich da erst recht mit
20              beschäftigen und (-) na ja um das richtig mit(-)fühlen zu
21              können
```

Rosalie hebt die „intensiv[e]" Behandlung des Themas, die verbindliche Beschäftigung mit der Vergangenheit durch die Lehrerin im schulischen Unterricht positiv hervor. Als Gegenbeispiel führt sie die Mutter ihrer englischen Gastfamilie an, die die zeitliche Distanz zu dem Geschehen und ihr eigenes Desinteresse daran betont. In der Perspektive der Schülerin ist jedoch die intensive Auseinandersetzung gerade mit diesem historischen Thema (das sie jedoch nicht weiter benennt) wichtig, „um das richtig mit(-)fühlen zu können". Die Kenntnis dieses Ausschnitts aus der Vergangenheit möchte Rosalie um ein empathisches Verstehen erweitert wissen.

Ingesamt sind sich die SchülerInnen der Bedeutung des Themenkomplexes Nationalsozialismus und Holocaust im kulturellen Gedächtnis in Deutschland und dessen intensiver Behandlung im schulischen Kontext bewusst. Ihren Konflikt erläutert eine Schülerin, die mit ihrer aus Polen stammenden Mutter und ihrem aus Deutschland stammenden Stiefvater lebt, am Beispiel der zuvor im Interview von den SchülerInnen selbst aufgeworfenen und diskutierten Frage, ob Hitler ‚etwas Gutes' gehabt habe:

```
1       I       wie ist das denn für dich wenn du das was du erzählst von dem
2               worüber ihr zu hause sprecht was deine eltern sagen (-) em
3               über deine (-) eigene meinung hast du das gefühl dass da=n
4               konflikt zwischen dem und dem zum beispiel was (-) worüber
5               ihr hier (-) in der schule (-) em sprecht wie hier geschichte
6               vermittelt wird ist das für dich ein innerer konflikt
7       Aneta   (--) jaa (-) ja ich würde schon sagen ja aber ich mein ich kann
8               ja wohl nichts so sagen wegen die werden mir doch sowieso nicht
9               alles glauben und beweise hab ich auch nicht dazu bloß dass (-)
10              mein vater erzählt ja auch hitler hatte schon was gutes an sich
11              und meine mutter glaubt es ihm nicht aber woher soll sich mein
12              vater das ausdenken ich mein em (-) mein opa meine oma haben
13              das doch auch miterlebt (-) irgendwie und mein opa der war ja
14              auch im em zweiten ersten weltkrieg und hat das auch erlebt
15              also
16              ((...))
17      Aneta   aber was ist wenn dein opa dein opa oder mein opa die (-)
18              irgendwie=ne wahrheit schon wissen aber un (-) uns das nich
19              sagen wollen weil wenn wir das weiter irgendwie erzählen und in
20              geschichtsstunden oder so (-) und die lehrerin sagt nein das
21              stimmt nicht und wenn wir sagen ja mein opa hat=s gesagt dann
22              wird er als nazi bezeichnet und wir auch
23      Lewis   hm
24      Aneta   und deswegen glaub ich hat (-) da is doch irgendetwas
```

Der gesellschaftliche *common sense* im Umgang mit den Themen Nationalsozialismus und Holocaust ist den SchülerInnen in Deutschland aus ihrer bisherigen schulischen Sozialisation bekannt. Im Erzählen der Geschichten – auch aus der Familie – bewegen sie sich in diesem kulturellen Deutungsrahmen. In dem obigen Gesprächsausschnitt vom Berliner Gymnasium äußern sich die Konflikte und Herausforderungen, die sich für Jugendliche ergeben, die mit diametral entgegengesetzten Geschichten in der Familie aufgewachsen sind (vgl. Kap. 2.1.3.2).

5.1.3.1.2 Jugendliche in Polen – „ich glaube, dass man nicht immer seine ... Meinung so offen äußern kann"

Die interviewten Jugendlichen in Polen stehen dem Geschichtsunterricht tendenziell positiv gegenüber, betrachten ihn jedoch teilweise auch kritisch. Sie unterscheiden die schulische Kommunikation über Geschichte von der familialen vornehmlich in zweierlei Hinsicht: in ihrer Faktizität sowie der beschränkten Möglichkeit der Meinungsäußerung.

Stärker als von den Jugendlichen in Deutschland wird von denen in Polen der Gegensatz zwischen persönlichem Austausch in der Familie und der Vermittlung von Fakten im Geschichtsunterricht (ob an der deutschen Schule oder am polnischen Lyzeum) hervorgehoben, wie beispielsweise von einer Schülerin polnischer Herkunft an der deutschen Schule in Warschau:

```
1   I         ja und wenn ihr darüber sprecht also du hast ja auch in der
2             schule em schon vieles darüber gehört em unterscheiden sich da
3             die geschichten oder
4   Sybilla   ja weil jede geschichte ist anders glaub ich
5   I         hm=hm
6   Sybilla   naja mit
7   I         oder worin unterscheidet sich das ob du jetzt zu hause dann
8             oder was du dort erfährst
9   Sybilla   ja aber ich hatte ( ) zum beispiel gefühle äh weil zum beispiel
10            manchmal auch was ziemlich persönlich is und hier in der schule
11            da spricht man über fakten (-) fakten fakten fakten
12  Alle      ((lachen))
```

Nach einer generalisierenden Aussage zu der Verschiedenheit jeglicher Geschichten differenziert Sybilla zwischen „gefühle" hervorrufenden „persönlich[en]" Geschichten zu Hause und einer Konzentration auf „fakten" in der Schule. In den abschließenden Worten „fakten fakten fakten" ist eine deutliche Distanz zur schulischen Herangehensweise zu spüren. Demgegenüber scheint es ihr wichtig, auf emotionaler Ebene angesprochen zu werden.

Ähnlich wie in Deutschland sehen die interviewten Jugendlichen im familialen Gespräch über die Kriegszeit die Möglichkeit, ihre eigene Meinung zu äußern. Doch anders als diese betonen sie gleichzeitig die Einschränkung der freien Meinungsäußerung in der Schule, wie beispielsweise ein Schüler polnischer Herkunft des Warschauer Lyzeums:

```
1   I         was glaubt ihr denn (-) wenn ihr euch über die zeit informieren
2             wollt könnt ihr da zu hause andere fragen stellen als hier in
3             der Schule
4   Michał    (-) ja ich glaub bestimmt weil
5   Hugo      hm=hm
6   Michał    (-) hm ich glaube dass man nicht immer seine (-) meinung so
7             offen äußern kann wie zum beispiel zu hause es gibt auch leute
8             die ((räuspert sich)) ihre meinung haben auch in der schule ich
9             nenne jetzt keinen konkreten menschen
10  I         hm=hm
11  Michał    aber (-) äh es gibt solche bestimmt und äh wenn dann wenn man
12            zum beispiel etwas anderes sagt was in dem geschichtsbuch steht
13            da konnte äh könnte es ((räuspert sich)) irgendwelche probleme
14            machen glaub ich zumindest ((lacht))
```

Michał hebt nicht nur hervor, dass in der Schule die eigene Meinung nicht so offen geäußert werden kann wie zu Hause. Er weist darüber hinaus auch auf „probleme" hin, die durch eine Nichtübereinstimmung mit der schulischen Perspektive auf Geschichte, wie sie durch die Schulbücher repräsentiert wird, entstehen können. Diese Probleme in Form einer negativen Leistungsbewertung veranschaulicht er anschließend an einem (bereits in Kap. 5.1.2.2.2 kurz erwähnten) Beispiel, in dem es um einen Dissens mit seinem Grundschullehrer über die Schlacht bei Grunwald/Tannenberg geht, die einen kritischen Punkt in der deutsch-polnischen Geschichtsschreibung darstellt (vgl. Kap. 2.1.1.1). Aus seiner Aussage geht hervor, dass Michał einen gesellschaftlichen *common sense* wahrnimmt, der die schulische Kommunikation über (nationale Kriegs-)Geschichte in Polen bestimmt.

Neben der gebotenen Zurückhaltung mit eigenen Ansichten sind in den Augen verschiedener SchülerInnen des Warschauer Lyzeums auch bestimmte Fragen in der Schule tabuisiert, wie zum Beispiel drei SchülerInnen polnischer Herkunft berichten:

```
 1   I          und wie du hier in der schule darüber schon gesprochen hast und
 2              die lehrer darüber sprechen ob sich diese gespräche hier in der
 3              schule zum beispiel oder bei euch zu hause ob sich die
 4              voneinander unterscheiden was da unterschiedlich ist
 5   Zuzanna    ja also ich denke dass äh man zu hause so mehr details hören
 6              kann oder fragen stellen die eigentlich nich für jeden so
 7              wichtig sind und dann kriegt man die antworten auch und ich
 8              weiß nicht weil wenn ich zum beispiel einen lehrer ü (-) weiß
 9              nicht (-) hm also eine konkretere frage stellen würde die zum
10              beispiel äh (-) hm (-) hm (-) wie soll ich=s sagen (-) to nie
11              jest taka niezbyt (-) taka (-) przypuszczenie (-) takie
12              przypuszczenie (-) [das ist nicht so eine nicht besonders (-)
13              so eine (-) annahme (-) so eine annahme (-)]
14   Lucjan     co [was]
15   Zuzanna    niezbyt przypuszczenie takie którego nie można zabrac nie wiem
16              (-) yy (-) nie wiem yy [nicht besonders eine annahme
17              so eine die man nicht einnehmen darf ich weiß nicht (-) yy (-)
18              ich weiß nicht yy]
19   Lucjan     äh
20   Halina     also direkte fragen die man an sich nicht stellen darf
```

Wenn Zuzanna auch Schwierigkeiten hat, die Art der Fragen, die im Unterrichtsgespräch nicht gestellt werden können, zu benennen, so lässt sich doch festhalten, dass es sich um „konkrete" Fragen handelt, die „eigentlich nicht für jeden so wichtig sind", und die – wie Halina fortsetzt – „persönlich" und „direkt" sind, „fragen, die man nicht stellen darf". Im Gegensatz zu dem *common sense*, dass im schulischen Geschichtsunterricht bestimmte Fragen nicht offen geäußert werden (dürfen), hebt Zuzanna hervor, dass „man" „zu hause" auch „antworten" hierauf bekommt. Das kommunikative Familiengedächtnis lässt in den Perspektiven der SchülerInnen also mehr Spielräume, Fragen zu stellen und Antworten zu erhalten, als das kulturelle Gedächtnis im Kontext des schulischen Unterrichts.

Zusammenfassung
Wie in den Interviewgesprächen deutlich wird, nehmen die Jugendlichen in Polen und Deutschland deutlich den *common sense* wahr, wie jeweils in der Öffentlichkeit des schulischen Unterrichts über das Thema Zweiter Weltkrieg gesprochen wird. Die

SchülerInnen sehen ebenfalls, dass im jeweiligen kommunikativen Gedächtnis der Familie Persönliches erzählt, eigene Ansichten geäußert und Meinungen ausgetauscht, in Polen darüber hinaus auch Fragen gestellt werden können, während es ihrer Ansicht nach im kulturellen Gedächtnis der Schule um den ‚objektiven' geschichtlichen Hintergrund und Daten und Fakten geht. Während von den Jugendlichen in Deutschland der Geschichtsunterricht vorwiegend positiv beurteilt wird und in den Gesprächen einen größeren Raum als das Familiengedächtnis einnimmt, wird von den Jugendlichen in Polen besonders das kommunikative Gedächtnis hervorgehoben als wichtiger Ort, über Geschichte(n) zu sprechen. Einzelne Jugendliche in beiden Ländern, insbesondere die Mädchen, stellen den Anspruch an das historische Verstehen, auch auf emotionaler Ebene angesprochen zu werden.

5.1.3.2 Unterschiede zwischen Schulen in Deutschland und in Polen

Über die Differenzen zwischen den familialen und schulischen Gesprächen über die Kriegszeit hinaus berichten die SchülerInnen in Polen mit polnischem Familienhintergrund, die eigene Migrationserfahrungen in Deutschland haben oder in ihrem Freundeskreis im Austausch über Schulerfahrungen in Deutschland stehen, von Unterschieden zwischen dem Geschichtsunterricht in den jeweiligen Ländern. Sie nehmen Differenzen sowohl auf qualitativer als auch auf quantitativer Ebene wahr.

Besonders eindringlich schildert ein Schüler des polnischen Lyzeums die Differenzen zwischen den Unterrichtsgesprächen in Deutschland und in Polen, die sich seiner Einschätzung nach insbesondere in der Art und Weise des ‚Erzählens' manifestieren.

```
1    I       entdeckt ihr da unterschiede zwischen den unterschiedlichen
2            geschichten die erzählt werden unterschiedlichen dingen über die
3            berichtet wird einmal in den medien die du grade angesprochen
4            hast (--) das worüber hier in der schule gesprochen wird oder
5            die art und weise wie zu hause über die Zeit gesprochen wird
6    Hugo    über den zweiten weltkrieg
7    I       hm=hm (-) welche unterschiede gibt es da (--) sowohl vom INhalt
8            her als auch über die (-) von der art und weise wie über die
9            zeit gesprochen wird
10   Hugo    (3.0) em also in der schule (2.5) also es ist unterschiedlich
11           glaub=ich weil in deutschland wird äh der zweite weltkrieg
12           anders erklärt als glaub ich jedenfalls als hier in polen ich
13           hab schon darüber äh also ich hab schon über meine also meine
14           freundin ha war in deutschland (-) ging dort in die schule und
15           hat da auch so was (--) und ich hab erfahren dass sie dort also
16           äh nicht sagen also über das sie wiederholen immer wieder dass
17           es nicht mehr also dass es äh nicht mehr passiern darf (-) das
18           sei ein fehler und sie gehen mehr aus äh von den daten von den
19           fakten aus (-) äh wir hier erzählen so also (-) hauptsächlich
20           auch daten fakten aber so (-) äh wie soll man sagen em (3.0)
21           auch über die menschen auch über die em (--) die grausamkeit
22           die ganze (-) also wir schämen uns dafür nicht und wir
23           erzählen ALles also wenn jemand etwas wissen WIll dann äh fragt
24           er auch und ( ) ja kriegt er auch eine antwort und äh es gibt
25           auch äh ich hab schon viele viele geschichtslehrer gehabt und
26           nicht jeder hat also jeder von denen hat eine eigene meinung von
27           zweiten weltkrieg (-) und manche sind äh mit manchen dingen halt
28           nicht einverstanden manche schon und es ist schon
29           unterschiedlich ja ((...))
```

Aus Hugos Perspektive zeichnet sich das Unterrichtsgespräch in Deutschland über den Zweiten Weltkrieg durch einen zukunftsbezogenen demokratiepädagogischen Ansatz aus: „sie wiederholen immer wieder dass es nicht mehr ((...)) passieren darf", wobei „es" hierbei unbestimmt bleibt. Insgesamt erscheint der deutsche Umgang mit der Kriegsvergangenheit abstrakter, „daten" und „fakten" stehen aus der Sicht des Schülers hier im Vordergrund. Demgegenüber ist für ihn das Unterrichtsgespräch in Polen durch einen vergangenheitsbezogenen gedenkpädagogischen Ansatz geprägt, in dem das „erzählen" eine besondere Rolle spielt.[71] Hugo weist zwar auf den Realitätsbezug des Erzählten hin – „also hauptsächlich auch daten fakten" –, betont jedoch durch seine Aussage „auch über die menschen auch über die em die grausamkeit die ganze" die anthropologische Schwerpunktsetzung. Aus Hugos Sicht spielt im Unterricht in Polen das Gedenken der Opfer in Form von Erzählungen eine zentrale Rolle, dabei markiert er sich dieser Opfergruppe „hier in polen" als zugehörig: „wir schämen uns dafür nicht". Dieses Erzählen kennt keine Tabus, alle Fragen werden (im Unterricht) beantwortet. Dies widerspricht auf den ersten Blick der Einschätzung Michałs, Zuzannas und Halinas, dass man als SchülerIn – im Vergleich zu familialen Gesprächen zu Hause – gewisse Fragen im Unterricht nicht stellen kann bzw. nicht anderer Meinung als der der Unterrichtsöffentlichkeit sein darf. Graduell betrachtet könnte es aber auch so verstanden werden, dass das kulturelle Gedächtnis im Unterrichtsgespräch zwar durchaus von kommunikative Praxen des Erinnerns in Form von Leidensgeschichten geprägt ist, sich in diesem aber der *common sense* im Umgang mit Zeitgeschichte von dem *common sense* in der Familie unterscheidet.

Ein weiteres Thema der unterrichtlichen Kommunikation über den Zweiten Weltkrieg in beiden Ländern ist der Holocaust. Ela, eine Schülerin polnisch-ägyptischer Herkunft des polnischen Lyzeums mit Schulerfahrungen in Deutschland, hebt insbesondere die Quantität dieses Themas im Geschichtsunterricht in Deutschland hervor:

```
1    I       ((...)) ihr spracht grad mal von büchern zu dem thema was em wie
2            wie würdet ihr dieses thema nennen oder wie würdet ihr sagen ist
3            das thema was ist das thema des buches
4    Ela     dieses buches oder
5    I       hm=hm oder ihr habt das so eingereiht die bücher zu dem thema
6            haben wir auch schon in der schule gelesen
7    Ela     hm=hm
8    I       also wa
9    Ela     achso ja also halt zu dem thema dieser kriegszeit
10   I       hm=hm
11   Ela     und und und halt mh meistens meistens von der judenperspektive
12           halt
13   Kasia   ja
14   Ela     fast immer eigentlich also wie=s ihnen ergangen ist und
15   I       hm=hm
16   Ela     und wie was mit ihnen passiert ist also halt so
17   Kasia   das das schicksal der juden während des zweiten weltkriegs
18   Kasia   ja (  )
19   Ela     und es wird auch sehr also ich weiß nich ich war in der zeit wo
20           wir das jetzt gemacht haben nicht in polen also aber in
21           deutschland es wird im geschichtsunterricht im fast in also so
```

---

71 Zur Unterscheidung des demokratie- und des gedenkpädagogischen Ansatzes vgl. Köster (2001), s.a. Kap. 2.1.1.1).

```
22              oft wie es geht halt angeschnitten und darüber gesprochen
23    I         hm=hm
24    Ela       und nochmal halt dieses (antisemitismus)problem wird also immer
25              gewälzt und immer wieder und so also ( )
```

Gefragt nach einer thematischen Differenzierung zu „büchern zu dem thema", die in der Schule gelesen wurden, bringen die SchülerInnen vor dem Hintergrund ihrer Unterrichtserfahrungen sowohl in Deutschland (Ela) als auch in Polen (Kasia) zunächst gemeinsam eine Themenspezifizierung hervor, in der der Holocaust einen zentralen Stellenwert einnimmt: „das schicksal der juden während des zweiten weltkriegs". Auf sprachlicher Ebene bleiben allerdings die Täter ungenannt – der Begriff „schicksal" impliziert vielmehr eine Vorstellung von natürlicher Gegebenheit und Unabänderlichkeit. Auch in der Formulierung „was mit ihnen passiert" verbleiben die jüdischen Bürger passiv und die Verantwortlichen für das, was „passiert", im Unbestimmten. Anschließend differenziert Ela die Themenbehandlung in kultureller, kontextueller, zeitlicher und inhaltlicher Hinsicht: Zunächst grenzt sie ihre Beobachtungen auf Unterrichtsgespräche in Deutschland ein und bezieht sich explizit auf den Geschichtsunterricht. Darüber hinaus betont sie die Häufigkeit der Thematisierung („so oft wie es geht halt angeschnitten und darüber gesprochen") und die inhaltliche Schwerpunktsetzung, indem sie von einem „(antisemitismus)problem" spricht, das sie wiederum in seiner intensiven Behandlung hervorhebt, es werde „immer gewälzt", „immer wieder". Hier erfolgt eine perspektivische Verschiebung von den (jüdischen) Opfern zu den (deutschen) Tätern, nicht nur das „schicksal der juden", sondern vor allem die Auseinandersetzung mit dem „(antisemitismus)problem" der Deutschen steht ihrer Auffassung nach im Zentrum der Unterrichtsöffentlichkeit in Deutschland.

Neben thematisch unterschiedlichen Schwerpunktsetzungen heben verschiedene SchülerInnen unterschiedliche perspektivische Herangehensweisen an Geschichte im Unterricht in Deutschland und in Polen hervor. Konsens ist, dass immer das eigene Land und dessen Themen im Mittelpunkt stehen. So werden beispielsweise von Ela und Kasia die unterschiedlichen Perspektiven im Umgang mit (nationaler) Geschichte in Deutschland und in Polen weiter ausgeführt. Nachdem sie zuvor – gefragt nach der aktuellen Bedeutung von zeitgeschichtlicher Jugendliteratur – die Notwendigkeit der Aufarbeitung von Geschichte für Gegenwart und Zukunft erörtert haben, fragt die Interviewerin in Bezug auf die unterschiedliche Realisierung dieser Aufarbeitung in beiden Ländern nach:

```
1     I         und wie denkt ihr wird diese aufarbeitung ja realisert also hier
2               ich mein ihr habt ja beide erfahrungen einmal in deutschland
3               einmal in polen habt ihr das gefühl da wird geschichte anders
4               behandelt oder hat=n stellenwert
5               ((...))
6     Ela       ((...)) es wird anders behandelt geschichte (-) em über
7               kriegszeit über über die nsdap und über hitler wird viel mehr in
8               deutschland gesprochen also wirklich sehr genau besprochen
9     I         hm=hm
10    Ela       das system und (-) in polen weniger aber zum beispiel die
11              kreuzfahrten (-) der kreuzritter wird in polen sehr (-) viel
12              besprochen über diese kreuzritter was die alles polen angetan
13              haben
14    I         hm=hm
15    Ela       und in deutschland weniger man sagt nur die kreuzritter haben
```

```
16                solche fahrten gemacht waren ganz brutal punkt (lacht) also viel
17                weniger und üb (-) ich hatte das gefühl in den stunden ich hatte
18                ich kannte die geschichte ja von der polnischen seite ja
19      I         hm=hm
20      Ela       und ich hatte da immer soviel dazu zu sagen das war ja viel
21                schlimmer warum erzählt sie das nur so oberflächlich das war
22                grausam und so weiter ganz wenig wird davon gemacht
23      I         hm=hm
24      Ela       die geschichte wird ein bisschen also (-) ja vielleicht
25                vertuscht ich weiß nicht sie sie empfinden das nicht so wir
26                empfinden das ja anders da ist ja uns ein ja uns sag ich ja
27                polen etwas angetan worden ja und da waren=s die die es getan
28                haben und hier wird es viel mehr (-) aufgearbeitet
29      I         hm=hm
30      Ela       und hier nur so ja sie sind da hin ja um krieg zu machen und sie
31                christlich zu machen oder so (-) und darum war über über den
32                krieg weiß nicht hab ich das in polen noch nicht so genau
33                behandelt aber (-) aber wird auch also wird auch über den krieg
34                wird sogar mehr in deutschland überhaupt ich hatte das
35      I         über den zweiten weltkrieg jetzt ja
36      Ela       ja ich hatte überhaupt das gefühl sie haben das bedürfnis sehr
37                viel darüber zu sprechen ((...))
```

Ela verweist in ihren Ausführungen zur schulischen Vergangenheitsaufarbeitung in Deutschland und in Polen auf unterschiedliche Schwerpunktsetzungen und gibt hierfür sozialpsychologische Erklärungsansätze. Während sie in Deutschland eine Konzentration auf den Zweiten Weltkrieg („kriegszeit", „die nsdap", „hitler", „das system") konstatiert, stellt sie in Polen einen Fokus auf die „kreuzfahrten (-) der kreuzritter" fest (vgl. Kap. 2.1.1.1). Für die Intensität der Aufarbeitung des Zweiten Weltkriegs in Deutschland macht sie ein (unspezifiziertes) „bedürfnis" verantwortlich „sehr viel darüber zu sprechen". Die intensive Behandlung der Kreuzzüge in Polen begründet sie auf emotionaler Ebene damit, dass es hier um die Aufarbeitung eigener Leidenserfahrung geht: „wir empfinden das ja anders". Dabei markiert sie explizit die Polen – sich selbst eingeschlossen – als Opfer („da ist ja uns ein ja uns sag ich ja polen etwas angetan worden") sowie die Deutschen als Täter („da waren=s die die es getan haben"). Auffällig sind Elas starke Identifikation mit nationaler Geschichte, ihre Wahrnehmung der Perspektivengebundenheit von historischen Ereignissen sowie ihre Verknüpfung mit kollektiven emotionalen Zugängen.

Nicht nur kulturell verschiedene inhaltliche Schwerpunktsetzungen und perspektivische Betrachtungsweisen im Geschichtsunterricht *durch LehrerInnen* werden von den SchülerInnen wahrgenommen. Auch die Bedeutung der schulischen Auseinandersetzung mit Geschichte *für SchülerInnen* wird unterschiedlich eingeschätzt, wie Ela im unmittelbaren Anschluss an die vorherige Gesprächspassage an einem Beispiel verdeutlicht:

```
1       Ela       em das beste war ich saß mit einer deutschen freundin und ich
2                 sage mh weißt du dass der papst pole ist wirklich wusste nicht
3                 und dass deutschland beide ersten und den zweiten krieg krieg
4                 angefangen haben ((erstauntes Einatmen)) deutschland hat beide
5                 weltkriege angefangen ((lacht sich überschlagend)) ich war total
6                 ich habe ich musste total lachen also
7       I         hm=hm
8       Ela       sie haben auch also viele haben auch so keine ahnung also
9                 eigentlich so was passiert und das war achte klasse oder so
10      I         hm=hm
11      Ela       das waren schon richtig große leute also erwach fast erwachsene
```

```
12                  also wirklich also
13      I           das ist dir hier in polen noch nicht begegnet dass du
14                  jugendliche jetzt in deinem alter getroffen hast die da nicht so
15                  genau bescheid wissen oder
16      Ela         eigentlich nicht eigentlich hat
17      Kasia       die kinder wissen schon darüber bescheid also schon in der
18                  vierten klasse wenn man mit geschichte anfängt das ( )
19      Ela         da sind die leute überhaupt auch erwachsener
20      Kasia       und ich weiß schon in der ersten klasse war schon krieg
21                  (besprochen)
```

Der aufgestellte Gegensatz – Jugendliche (der achten Klasse) in Deutschland haben „keine ahnung", während bereits Kinder (in der ersten Klasse) in Polen „darüber bescheid" wissen – stellt in verdichteter Form die unterschiedliche Relevanz heraus, die – aus der Sicht der Schülerinnen – historische (aber auch aktuelle) gesellschaftspolitische Themen für Heranwachsende in beiden Ländern haben.

Ein möglicher Erklärungsansatz für die ausgeprägter erscheinenden historischen Kenntnisse der SchülerInnen in Polen könnte die dort von manchen wahrgenommene Konzentration auf national relevante Themen im Unterricht sein. So erläutert es etwa Kamil, ein Schüler mit polnischem Familienhintergrund der deutschen Schule in Warschau, der außerhalb der Schule noch polnischen Unterricht besucht und sich auch mit Freunden von der polnischen Schule austauscht:

```
1       I           was würdest du sagen unterscheidet sich noch vom unterricht von
2                   dem was du jetzt mitbekommst oder aber auch von freunden die auf
3                   polnischen schulen sind beispielsweise im geschichtsunterricht
4       Kamil       (-) hm (-) also hier sprechen wir mehr über die geschichte über
5                   die weltgeschichte und in polen wird der geschichtsunterricht
6                   mehr auf die polnische geschichte bezogen auf den krieg zum
7                   beispiel
```

Kamil beobachtet eine Konzentrierung auf „die polnische geschichte" im Geschichtsunterricht und führt als Beispiel „den krieg" an, während der Umgang mit Geschichte an deutschen Schulen internationaler ausgerichtet sei.

Eine andere Erklärung für die umfassenderen Geschichtskenntnisse, die Jugendlichen in Polen zugewiesen werden, könnte wiederum in der Besonderheit des muttersprachlichen Polnischunterrichts und seinem Schwerpunkt auf (historischer National-)Literatur liegen. So heben verschiedene SchülerInnen die enge Verknüpfung von Polnisch- und Geschichtsunterricht an polnischen Schulen hervor, wie beispielsweise Karolina, eine Schülerin polnischer Herkunft an der deutschen Schule in Warschau, deren Freund eine polnische Schule besucht:

```
1       Karolina    aber wie gesagt in polen is so geschichte ganz am anfang in den
2                   ersten klassen so zehn elf dann so neandertaler oder so und dann
3                   mittelalter ganz schnell weg weil die machen mehr so diese
4                   mittelaltersachen und äh polnischunterricht
5       I           hm=hm
6       Karolina    weil die lesen sehr viele Lektüren und da wird über geschichte
7                   sehr viel gesprochen und natürlich dann über länder und wenn
8                   die die v lesen dann verschiedenen epochen die die bücher
9                   rennaisance oder so was und dann sie haben wirklich so
10                  deutschunterricht ist wie bei uns geschichteunterricht also
11                  polnischunterricht ist
12      I           hm=hm
13      Karolina    wie bei uns geschichtsunterricht und in geschichte machen sie
```

```
14                   v (-) sehr viel über den krieg und über die unterdrückung polens
15                   oder so was wo hier deutsch grammatik ab und zu lektüre und
16                   geschichte ist geschichte und dort ist geschichte mit deu mit
17                   polnisch sehr verbunden
18      I            hm=hm
19      Karolina     und geschichte v sehr viel über krieg erzählt oder sowas
```

Karolinas Einschätzung zufolge werden im muttersprachlichen Unterricht in Polen „sehr viele Lektüren" gelesen und „über Geschichte sehr viel gesprochen". Wenn auch beides auf der sprachlichen Ebene nur ergänzend miteinander verknüpft wird, so können jedoch die abschließenden Zusammenfassungen „polnischunterricht ist wie bei uns [an der deutschen Schule, JH] geschichtsunterricht" sowie „dort ist geschichte mit deu mit polnisch sehr verbunden" darauf schließen lassen, dass auch eine Kausalverknüpfung denkbar ist: Durch die Lektüren werden historische Themen – vor allem „krieg" und „die unterdrückung polens" – auch im muttersprachlichen Literaturunterricht behandelt. Demnach erlangen (nationale) Geschichte und (historische) Literatur eine besondere Relevanz im schulischen Kontext. Im Gegensatz dazu wird der Unterricht an der deutschen Schule eher fachgebunden wahrgenommen, was sich in der Aussage „hier deutsch grammatik ab und zu lektüre und geschichte ist geschichte" widerspiegelt.

Zusammenfassung

Die interviewten Jugendlichen mit polnischem Familienhintergrund und Migrationserfahrungen in Deutschland sehen einen Unterschied zwischen einem stärker demokratiepädagogischen Ansatz im schulischen Unterricht in Deutschland und einem eher gedenkpädagogischen Ansatz in Polen. Dabei identifizieren sich die SchülerInnen explizit mit der im kulturellen Gedächtnis in Polen wahrgenommenen Opferperspektive. Im kulturellen Gedächtnis des Unterrichts in Deutschland nehmen sie die Aufarbeitung des Holocaust und des Antisemitismus als Grundbedürfnis wahr. Darüber hinaus unterscheiden sie die thematischen Schwerpunktsetzungen im Geschichtsunterricht: In Polen hat ihrer Ansicht nach die Zeit der Kreuzzüge einen besonderen Stellenwert, in Deutschland der Zweite Weltkrieg. Nach Ansicht der SchülerInnen mit Migrationserfahrung ist das nationale kulturelle Gedächtnis in beiden Ländern von unterschiedlicher Bedeutung: In Polen hat es ihnen zufolge einen zentraleren Stellenwert als in Deutschland. Während die Jugendlichen eine verstärkt internationale Perspektive im Umgang mit Geschichte an einer deutschen Schule in Polen beobachten, sehen sie den Schulunterricht in Polen auf die polnische Geschichte konzentriert. Darüber hinaus wird in ihren Augen in Polen eine größere Anzahl von Unterrichtslektüren rezipiert und der Literaturunterricht mit dem Geschichtsunterricht sehr eng verbunden. Der rationalen Zugangsweise in Deutschland steht ihrer Ansicht nach eine (auch) emotionale Herangehensweise in Polen gegenüber, in der dem Erzählen eine besondere Rolle zukommt.

5.1.4 Geschichte(n) ‚auf der Straße‘

Wie sich in den Interviews zeigt, sind Heranwachsenden nicht nur Geschichten in der *Familie*, in der *Literatur* und in den *Medien* sowie in der *Schule* über die Zeit des Zweiten Weltkriegs bekannt, sondern auch erlebte Geschichten aus verschiedenen Situationen im Alltag ‚auf der Straße‘, wie die SchülerInnen es immer wieder nennen. Ebenso wie bei den vorherigen, so unterscheiden sich auch diese Geschichten in Polen und in Deutschland in verschiedener Hinsicht voneinander. Bezogen auf das deutsch-polnische Verhältnis ist in den Interviews eine Gegenwartsorientierung bei den SchülerInnen in Deutschland, ein verstärkter Blick in die Vergangenheit bei denen in Polen zu beobachten. Auf die Fragen „Meint ihr, dass der Krieg noch heute das Verhältnis von Deutschen und Polen beeinflusst?“ und „Ist das ein Thema, das euch öfter im Alltag begegnet? In welchen Situationen?“ erzählen vor allem Jugendliche in Polen von konkreten Erlebnissen in der Öffentlichkeit, in denen sie historisch entstandenen Ressentiments begegnet sind. Sie sind es auch, die in ihren Antworten die Frage um die deutsch-polnisch-*jüdischen* Beziehungen erweitern. In einer Hinsicht, der generationellen Differenzierung, stimmen die theoretischen Perspektiven der Jugendlichen in beiden Ländern weitgehend überein: Für die ‚ältere‘ Generation bestimmt die Kriegszeit noch das aktuelle deutsch-polnische Verhältnis, für die ‚jüngere‘ hingegen nicht mehr.

5.1.4.1 Deutsch-polnische Gegenwart im deutschen Alltag

5.1.4.1.1 Verhältnis zu Polen – „in deutschland is es äh (-) nich auf=n krieg bezogen“

Im deutschen Alltag wird aus der Sicht der interviewten Jugendlichen das Land Polen nicht in erster Linie mit der Kriegszeit in Verbindung gebracht. Viele beobachten in Deutschland eher die Assoziation des Autodiebstahls, von der sie sich selbst jeweils ausdrücklich ausnehmen. Zwei SchülerInnen der deutschen Schule in Warschau (Jacek mit polnischem, Jessica mit deutsch-amerikanischem Familienhintergrund, beide mit Schulerfahrungen in Deutschland) beschreiben dieses Phänomen folgendermaßen, nachdem Jacek zuvor von aus dem Krieg resultierenden Ressentiments polnischer Jugendlicher Deutschen gegenüber in Polen erzählt hat:

```
1   Jacek      und em (-) in deutschland is es äh (-) nich auf=n krieg bezogen
2              und em äh auch schon
3   Jessica    <<leise lachend> autoklau>
4   Jacek      autoklau genau und dieb und überhaupt
```

Gemeinsam bringen Jacek und Jessica in ihrer Assoziationskette die Gegensätze in der gegenseitigen Wahrnehmung zwischen „auf=n krieg bezogen“ in Polen und „autoklau“ in Deutschland hervor. In dieser kurzen Sequenz wird die Gegenwärtigkeit des deutsch-polnischen Verhältnisses in der deutschen Gesellschaft, sowie sie die Jugendlichen insgesamt wahrnehmen und in verschiedenen Interviews ausführen, in verdichteter Form deutlich.

5.1.4.1.2 Die jüngere Generation – „wir haben mit der zeit (irgendwie) nichts mehr zu tun"

Die meisten interviewten Jugendlichen mit deutschem Familienhintergrund beantworten die Frage nach dem Einfluss des Zweiten Weltkriegs auf das aktuelle deutschpolnische Verhältnis eher verneinend. Dabei wird die unterschiedliche Bedeutung der Vergangenheit für die verschiedenen Generationen häufig mit deren jeweiliger (un)mittelbarer Betroffenheit begründet, wie beispielsweise von Benno, einem Schüler des Berliner Gymnasiums:

```
1    I        meinst du denn dass der (-) zweite weltkrieg noch heute das
2             verhältnis von deutschen und polen beeinflusst
3    Benno    (-) nee würd ich nich sagen
4    I        warum
5    Benno    ja weil=s (-) eine ganz andere generation is (-) das wir haben
6             wir haben mit der zeit (irgendwie) nichts mehr zu tun deshalb(-)
7             also ich ich hab nicht viel kontakt mit polen sagen wir so ich
8             kann das nich so beurteilen aber ich w ich würd mal sagen ( )
9             ((...))
10   I        hm=hm (-) em glaubst du denn dass bei (-) dass bei anderen
11            menschen anderen generationen eben (-) dieser krieg oder diese
12            vergangenheit immer noch eine rolle spielt spielen könnte
13   Benno    ja bei älteren generationen zum beispiel (-) die auf der flucht
14            waren (-) oder die in den krieg geschickt wurden die haben halt
15            immer noch diese schrecklichen erinnerungen (-) also viele würd
16            ich mal sagen
```

Die Begründung „wir haben mit der zeit (irgendwie) nichts mehr zu tun" zeigt deutlich die Trennung zwischen Vergangenheit und Gegenwart, die der Schüler zieht. Diese Trennung verläuft auch durch die Generationen. Die „älteren generationen" verfügen noch über „diese schrecklichen erinnerungen" an die Kriegszeit – dass diese in Erzählungen an die Jüngeren weitergegeben werden können, zieht Benno hier nicht in Betracht. Er macht insgesamt den Unterschied der Relevanz des Krieges an den autobiographischen Erfahrungen und somit an den Generationen fest. Eine Verbindung von Vergangenheit und Gegenwart in der Erinnerung sieht er nur innerhalb einer Generation, nicht aber im sozialen Gedächtnis. Diese Beobachtung korrespondiert mit dem Fehlen des Erzählens von Familiengeschichten in Deutschland, wie es die Jugendlichen in den Interviews dargestellt haben. Eine weitere Übereinstimmung liegt in der gewählten Erzählperspektive, die die ‚ältere Generation' in Deutschland zu Opfern macht, „die auf der flucht waren (-) oder die in den krieg geschickt wurden" und „immer noch diese schrecklichen erinnerungen" haben.

Besonders deutlich wird die eigene Distanz der SchülerInnen in Deutschland mit deutschem Familienhintergrund zu den Geschehnissen des Zweiten Weltkriegs in Bezug auf das aktuelle deutsch-polnische Verhältnis an der Stelle, wo bereits die Frage danach Irritationen hervorruft, wie im folgenden Transkriptausschnitt bei Lewis, einem weiteren Schüler des Berliner Gymnasiums:

```
1    I       meine letzte frage zum deutschpolnischen verhältnis meinst du
2            dass der zweite weltkrieg das immer noch beeinflusst
3    Lewis   der zweite weltkrieg das deutschpolnische verhältnis?
4    I       ja
5    Lewis   wie soll ich das denn verstehen der zweite weltkrieg ist
6            <<lachend> um soviel ich weiß> also ob er das v( )
7    I       ja ja aber die erinnerung daran
8    Lewis   achso
9            dass dass er stattgefunden hat
10   Lewis   naja vielleicht bei den
11   I       und was dort passiert ist
12   Lewis   vielleicht bei den älteren aber ich würd sagen so in meinem
13           alter (-) oder also zwanzigjährige würden denk ich nichts damit
14           in verbindung bringen eigentlich ich weiß nicht wie die andern
15           diese deutschen so halten also von denen die in diesem land
16           leben da könnt=s schon sein ( ) im zweiten weltkrieg aber (-)
17   I       hm=hm
18   Lewis   aber (-) naja (-) ich würd nich sagen dass die in meinem alter
19           sich dafür noch also man sollte wissen dass der zweite weltkrieg
20           stattgefunden hat und was da passiert ist aber (-) es ist
21           eigentlich nicht mehr so wichtig denn was passiert ist ist
22           passiert
```

Wie zuvor bereits für Benno, so sind auch für Lewis Vergangenheit und Gegenwart klar voneinander getrennt. Das eine ist abgeschlossen, das andere aktuell. Für die (Ur-)Enkelgeneration räumt er dem Wissen über den Zweiten Weltkrieg zwar eine (wenn auch unspezifische) Bedeutung ein, relativiert diese jedoch direkt im Anschluss: „was passiert ist ist passiert". So sehen die interviewten Jugendlichen in Deutschland insgesamt seltener einen Einfluss der Kriegsvergangenheit auf die gegenwärtigen gesellschaftlichen Wahrnehmungen der deutsch-polnischen Beziehungen.

Dass die Zeit des Zweiten Weltkriegs dennoch unter Jugendlichen präsent ist und auch außerhalb des Unterrichts zum Thema wird, scheint in manchen Interviews durch, wird aber meist nur angedeutet. In diesen Fällen handelt sich allerdings nicht um Themen wie den Holocaust oder die Okkupation Polens, sondern den National-sozialismus. So berichtet neben anderen Rosalie, eine Schülerin deutsch-japanischer Herkunft, vom Umgang mit NS-Symbolen in ihrer Klasse am Berliner Gymnasium:

```
1    I         das mit dem hakenkreuz is das mal auf=ner klassenfahrt oder so
2              passiert
3    Rosalie   naja ich will da ja keine namen nennen aber (-) halt so em (-)
4              naja so manche jungs em (-) das spricht sich auch so=n
5              bisschen in der klasse herum dass die so=n bisschen naja wie
6              soll man sagen (-) <<lachend> nicht nationalsozialistisch>
7              aber weiß ich nicht also (-) ich hab das schon einmal gesehen
8              dass das da jemand gemalt hat und ich will jetzt keine namen
9              nennen
10   I         hm=hm nee das ist gut das würd mich auch zu sehr beeinflussen
11   Rosalie   aus unserer klasse (-) ja genau (-) aber ich hab schon jemand
12             mal so (-) joah so mal so=n paar witzchen drüber machen seh=n
13             also das find ich nun schon ganz schön scheiße
14   I         wie hast du dann reagiert
15   Rosalie   ich hab ich hab so ich hab sie nur irgendwie so anguckt und
16             dann haben sie schnell das hakenkreuz weggemacht und dann hab
17             ich mir nur an den kopf gefasst und hab mich umgedreht weil
18             ich mein was soll man dazu sagen ja es ist einfach=ne blödheit
19             und ich find so was echt scheiße ja das da dass sogar so=ne
20             sachen also ich mein ich (-) ich bin ein lustiger mensch ja
21             aber es hat alles seine grenzen
22   I         hm=hm
23   Rosalie   ja
```

```
24   I          und em wie hast du das gefühl gehabt also wenn es jetzt jemand
25              gemalt hat wie hat diese gruppe diese jungengruppe darauf
26              reagiert
27   Rosalie    naja psst nix sagen (---)
```

In der Klasse von Rosalie ist laut ihrer Aussage bekannt, dass „manche jungs ((...)) so=n bisschen naja wie soll man sagen (-) <<lachend> nicht nationalsozialistisch> aber" sind. Anstelle einer Zuschreibung bestimmter Einstellungen, vor der sie sich scheut, erzählt sie von einer Begebenheit, bei der sie beobachtet hat, wie ein Hakenkreuz gemalt wurde und darüber hinaus auch „mal so=n paar witzchen drüber" gemacht werden. Ihre Verurteilung dessen ist eindeutig, sie findet es „ganz schön scheiße" und „einfach=ne blödheit". Die Passage ist ein Beispiel dafür, dass von den SchülerInnen der gesellschaftliche *common sense* der Verurteilung des Nationalsozialismus wahrgenommen und in der Öffentlichkeit des Unterrichts (und der Interviewsituationen) beachtet wird, während der Pausen in der Schule – also im Rahmen des kommunikativen Gedächtnisses – unter Gleichaltrigen jedoch gesellschaftliche Tabus wie der Umgang mit nationalsozialistischen Symbolen auch überschritten werden. Dieser Tabubruch wiederum verbleibt im Rahmen des kommunikativen Gedächtnisses („psst nix sagen").

5.1.4.1.3   Polnische Jugendliche in Deutschland – „ich wurde regelmäßig verprügelt weil weil ich polin war"

Während die Jugendlichen in Deutschland mit deutschem Familienhintergrund der Kriegszeit eher wenig Bedeutung für die aktuellen deutsch-polnischen Beziehungen insbesondere der jüngeren Generationen beimessen, sieht eine Schülerin mit polnischem Hintergrund durchaus eine gewisse (historisch entstandene) Fremdenfeindlichkeit Polen gegenüber im deutschen Alltag.

```
1    I         meint ihr denn dass der krieg damals der zweite weltkrieg
2              noch heute das verhältnis zwischen deutschen und polen
3              beeinflusst
4              (((...)))
5    Halina    ( ) das ist so mehr so gegen andere länder so feindlichkeit
6              weil in deutschland hab ich das auch erlebt ich wurde
7              regelmäßig verprügelt weil weil ich polin war und deswegen
8    I         auf erster straße
9    Halina    nein ich ( ) in der ersten klasse grundschule ((...)) das war
10             in berlin und äh ( ) und ich hatte eine freundin und die hatte
11             ähnliche begegnungen.
```

Halina hat in Deutschland wiederholt Erfahrungen mit einer allgemeinen „gegen andere länder so feindlichkeit" gemacht. Dass sie auf dem Schulhof körperlich angegriffen wurde, führt sie mit der Begründung „weil ich polin war" explizit auf ihre Nationalität zurück. Halina berichtet zur Verstärkung ihrer Erfahrungen auch von ähnlichen Erlebnissen einer Freundin. Insgesamt markiert sie zwar die von ihr erfahrene Fremdenfeindlichkeit in diesem Ausschnitt weniger als historisch bedingte, sondern eher als allgemeines Phänomen der Fremdenfeindlichkeit, umrahmt wird diese Passage jedoch von einem Gespräch unter den SchülerInnen über ihre Beobachtungen und Erfahrungen mit der Präsenz des Zweiten Weltkriegs in Polen, was auf eine historisch-politische Einordnung auch dieser Erfahrung schließen lässt.

Zusammenfassung

In den Interviews wird Polen nach Ansicht der Jugendlichen mit deutschem Familien-hintergrund (und denen mit polnischem Familienhintergrund und Migrations-erfahrungen in Deutschland) im gesellschaftlichen Alltag in Deutschland eher mit aktuellen Phänomenen wie dem verbreiteten Stereotyp des Autodiebstahls assoziiert als mit dem Zweiten Weltkrieg. Die SchülerInnen ziehen eine klare Trennung zwischen Vergangenheit und Gegenwart, die zwischen den Generationen verläuft. Sie messen dem Wissen um die historischen Ereignisse zur Kriegszeit zwar auf theoreti-scher Ebene eine aktuelle Bedeutung bei, verweisen jedoch gleichzeitig auf die zeit-liche Distanz zu den Geschehnissen. Während Polen nicht mehr mit der Zeit des Zwei-ten Weltkriegs in Verbindung gesehen wird, so ist diese Zeit dennoch unter SchülerIn-nen in Deutschland präsent, was sich beispielsweise im spielerischen Umgang mit NS-Symbolen oder „so mal so=n paar witzchen drüber" in den Pausen in der Schule beobachten lässt. In diesem provokativen Umgang mit der Geschichte des National-sozialismus und seinen ideologisch aufgeladenen Symbolen im Rahmen des kommuni-kativen Gedächtnisses unter den peers zeigt sich eine gewisse ‚Faszination am Grauen' und am Bruch mit gesellschaftlichen Tabus, weniger ein Bewusstsein für die gesell-schaftspolitische Verantwortung für die in der Vergangenheit begangenen Verbrechen. Interessant ist die Widersprüchlichkeit zwischen den eher theoretischen Perspektiven der Jugendlichen mit deutschem Hintergrund, was den Einfluss des Zweiten Welt-kriegs auf das aktuelle deutsch-polnische Verhältnis anbetrifft und den praktischen Alltagserfahrungen mancher Jugendlichen mit polnischem Hintergrund in Deutsch-land, die eine offene, historisch konnotierte, Fremdenfeindlichkeit Polen gegenüber wahrnehmen.

5.1.4.2 Polnisch-deutsch-jüdische Vergangenheit im polnischen Alltag

Was die Betrachtungen der Jugendlichen in den Interviews zu den gegenwärtigen deutsch-polnischen Beziehungen anbetrifft, ist im Gegensatz zum zuvor in Deutsch-land dargestellten Gegenwartsbezug in Polen ein Vergangenheitsbezug auffällig. Dar-über hinaus wird von den Jugendlichen in Polen das polnisch-deutsche Verhältnis wiederholt um das polnisch-jüdische erweitert. Die Perspektiven der Jugendlichen auf den polnischen Alltag unterscheiden sich wiederum je nach Familienhintergrund und Migrationserfahrung.

5.1.4.2.1 Deutsche Jugendliche in Polen – „deutschland hitler"

Anders als die Jugendlichen mit deutschem Familienhintergrund in Berlin, die keine Migrationserfahrungen in Polen haben, sind sich diejenigen deutscher Herkunft, die in Polen leben, überwiegend der Präsenz des Zweiten Weltkriegs im polnischen Alltag – auch unter Jugendlichen – bewusst. Im folgenden Beispiel bezieht sich Isolde auf selbst erlebte Vorfälle in öffentlichen Verkehrsmitteln:

```
1    Isolde      ja also em (-) zum Beispiel wenn wir mit der klasse irgendwo
2                hinfahr=n zum klassenausflug oder=so mit öffentlichen
3                verkehrsmitteln dann merken wir sehr stark dass dieses em dass
4                diese vorurteile alle deutschen sind nazis immer noch da sind
5                besonders bei den alten leuten aber auch bei den jüngeren die
6                das dann von den alten leuten überliefert kriegen (-)
7    I           hm=hm
8    Isolde      ich mein em es ist klar dass em viele leute viele alte leute
9                die den krieg miterlebt haben (-) em vorurteile noch haben
10               oder eben schlechte erlebnisse gemacht haben das kann man auch
11               nicht bestreiten KLAR aber ich finde man sollte langsam
12               hinwegsehen also nicht hinwegsehen das nicht vergessen
13   I           hm=hm
14   Isolde      aber man sollte auch sehen das jetzt=ne neue generation sind
15               und dass nicht alle deutschen so sind und nicht waren und zum
16               beispiel wenn wir mit dem bus fahren da deutsch reden dann
17               schreien uns schon mal leute an auf polnisch dass es eine
18               unverschämtheit ist deutsch zu sprechen oder auch wenn wenn
19               man versucht mit em polnischen jugendlichen ins gespräch kommt
20               em und sagt dann ja ich bin aus deutschland ja deutschland
21               hitler dass also ich find es sind schon=n paar probleme noch
22               da (-) und paar em vorurteile durch eben diesen krieg
```

Aus ihren persönlichen Erlebnissen von Klassenausflügen, Busfahrten oder anderen Begegnungen mit Jugendlichen schlussfolgert Isolde, dass in Polen „diese vorurteile alle deutschen sind nazis" noch deutlich vorhanden sind und kritisiert dies. Dabei bezieht sie sich nicht nur auf „alte leute die den krieg miterlebt haben", sondern auch auf die „jüngeren die das dann von den alten leuten überliefert kriegen". Isolde stellt die Erinnerungen der älteren Generation zwar nicht infrage, will diese aber differenziert wissen, da ihrer Ansicht nach „nicht alle deutschen so sind und nicht waren". Interessant ist der Zusammenhang zwischen den verschiedenen Generationen durch das soziale Gedächtnis, den die Schülerin herstellt, und der nur von wenigen Jugendlichen mit deutschem Familienhintergrund gesehen wird. Außerdem wird das sozialpsychologische Bedürfnis offensichtlich, als Angehörige der deutschen (Ur-)Enkelgeneration im Ausland nicht primär mit den Kriegsverbrechen der deutschen (Ur-)Großelterngeneration in Verbindung gebracht werden zu wollen. Darüber hinausgehend zeigt sich die Sicht der Schülerin, in der nicht alle Deutschen Nazis waren.

Weitere SchülerInnen der deutschen Schule in Warschau berichten ebenfalls von negativen Erfahrungen in der Öffentlichkeit, rahmen diese jedoch jeweils nicht explizit historisch und schränken sie gleich umgreifend wieder ein, wie etwa eine Schülerin deutsch-amerikanischer Herkunft im folgenden Beispiel:

```
1    I           sind (-) konkrete begegnungen auch die ihr mal em hattet ob
2                jetzt in der schule oder auch außerhalb
3    Jessica     (-) was mich jetzt wundert ist dass em (-) dass sehr viele
```

```
 4              schwarze und und (-) dunkelhäutige em verprügelt werden hier
 5              (-) aber es sind (-) aber dann trotzdem das von dem krieg
 6              noch ist dass die bösen deutschen alle irgendwo verprügeln
 7              also das ist was was mich eher wundert
 8      I       hm=hm
 9      Jessica was ich sehr komisch finde aber em (-) ich persönlich em wir
10              (-) wurden glaub ich einmal an der bushaltestelle so=ne
11              gruppe von uns angepöbelt em aber das war=n betrunkener also
12              ich glaube eher (-) es ist nich so dass sie sofort
13              unfreundlich sind
14      I       hm=hm
15      Jessica sie sie man merkt schon dass sie so=n bisschen so (-) sich
16              anders verhalten so=n bisschen (-) verklemmter aber em ich hab
17              so richtige unfreundlichkeit und dreistigkeit hab ich
18              eigentlich noch nicht (-) erlebt (-) hier
```

Jessica sieht auf der gesellschaftlichen Ebene einen Widerspruch – über den sie sich „wundert" – zwischen den von ihr wahrgenommenen fremdenfeindlichen Ausschreitungen in Polen „schwarze[n]" und „dunkelhäutige[n]" gegenüber auf der einen und der gleichzeitigen Anklage der „bösen deutschen" auf der anderen Seite, die historisch begründet wird: „das von dem krieg noch ist". In ihrer Gegenüberstellung wird indirekt der Wunsch deutlich, als Jugendliche deutsch(-amerikanisch)er Herkunft im polnischen Alltag nicht (mehr) mit dem Vorwurf des Rassismus konfrontiert zu werden. Ein anschließend erzähltes persönliches Erlebnis an einer Bushaltestelle bleibt in Jessicas Schilderung sehr allgemein. Sie bringt es nicht explizit mit der deutsch-polnischen Vergangenheit in Verbindung, sondern führt es auf ein individuelles (Alkohol-)Problem zurück. Wie an den vorsichtigen Formulierungen und den Einschränkungsversuchen in Jessicas Deutung des Vorfalls zu erkennen ist, scheint es – vermutlich verstärkt durch die Interviewsituation mit einem Schüler polnischer Herkunft) für sie schwierig zu sein, Polen Ressentiments gegenüber Deutschen zuzuschreiben.

5.1.4.2.2 Die ältere Generation – „den meisten hass zeigen die menschen die das ganze erlebt haben"

In den Interviews ist die Perspektive der Jugendlichen mit polnischem Familienhintergrund auf die gesellschaftliche Präsenz des Zweiten Weltkriegs im Alltag in Polen der von Jugendlichen mit deutschem Familienhintergrund in Polen tendenziell ähnlich, aber direkter: Sie sprechen explizit von Hass, negativen Einstellungen und Wut der Zeitzeugengeneration in Polen, die eher zurückblickt, wohingegen die Nachkriegsgenerationen keine Probleme haben und nach vorne schauen. So stellen beispielsweise Michał und Hugo vom polnischen Lyzeum die Situation auf theoretischer Ebene dar:

```
1      I       meint ihr denn dass der zweite weltkrieg noch heute das
2              verhältnis von deutschen und polen beeinflusst ist das ein
3              thema was euch häufiger im alltag begegnet und wenn ja in
4              welchen situationen
5      Michał  hm ja ich glaube wenn es um ( ) geht ist es mehr nur beim
6              reden und so weiter em einiger leute und wenn es um (-)
7              kontakte geht äh zum beispiel wirtschaft und so weiter ich
8              glaube da gibt=s sch jetzt schon keine probleme
9      Hugo    ja da denkt niemand an den zweiten weltkrieg also da denkt
```

```
10                    schon jemand an
11      Michał        ja deutschland
12      Hugo          an eigene interesse ja
13      Michał        deutschland ist der erste partner polens zum beispiel in ha im
14                    handel und so weiter
15      Hugo          hm=hm (-)
16      I             hm=hm
17      Michał        nur an vielleicht ein weni ein wenig mentalisch aber sonst
18                    nicht
19      Hugo          ich glaub em die (-) die den meisten hass zeigen die menschen
20                    die das ganze erlebt haben also die mittendrin waren und den
21                    krieg auch äh also an ihnen eine spur hinterlassen hat
```

Die beiden Schüler unterscheiden zwischen „keine probleme" auf der einen Seite und „hass" auf der anderen Seite, bei der älteren Bevölkerung, die die Okkupation miterlebt hat. Interessant sind die Zusammenhänge, in die diese Einstellungen bzw. Emotionen eingebunden werden: Den Schülern zufolge geht es den jetzt Berufstätigen – also der Kinder- und Enkelgeneration – eher um „kontakte" und wirtschaftliche „interesse[n]", bei den Zeitzeugen hingegen haben die Kriegserlebnisse „eine spur hinterlassen". Der von Hugo verwendete metaphorische Begriff der „spur" weist auf ein Bewusstsein von der Bedeutung vergangener Erlebnisse und Erfahrungen für die aktuelle Identität hin. Während sich auf theoretischer Ebene die befragten Jugendlichen mit polnischem Familienhintergrund überwiegend einig zu sein scheinen, dass die Kriegsvergangenheit bei den ‚jüngeren' Polen weniger von Bedeutung sei, so entwerfen ihre Erzählungen von konkreten Erlebnissen, die im Folgenden dargestellt werden, doch ein diffuseres Bild: Hier wird sowohl von kriegsbezogenen Ressentiments der Zeitzeugengeneration erzählt als auch von fremdenfeindlichen Äußerungen der (Ur-)Enkelgeneration.

Eine Alltagssituation, die immer wieder angeführt wird, ist die Wahrnehmung einer Feindlichkeit Deutschen gegenüber, die sich äußert in Reaktionen (meist älterer Polen) auf die deutsche Sprache. Diese „sehr negative einstellung zu den deutschen" wird von den Jugendlichen mit polnischem Familienhintergrund (und polnischer Muttersprache) meist bewusst wahrgenommen, von den Jugendlichen mit deutschem Familienhintergrund (und fehlenden Polnischkenntnissen) nur bedingt, wie im folgenden Gesprächsausschnitt zweier SchülerInnen der deutschen Schule in Warschau deutlich wird:

```
1       Jessica       ((...)) ich hab so richtige unfreundlichkeit und dreistigkeit
2                     hab ich eigentlich noch nicht (-) erlebt (-) hier
3       Jacek         em ich eigentlich schon also das fühlt man auch wenn also ich
4                     kann polnisch und wenn man (-) im bus ist und (-) dann auch
5                     leute sprechen und das hört man dann auch und da is is eine
6                     sehr negative einstellung zu den deutschen ach niemcy also ach
7                     die deutschen und em mh
8       I             hm=hm
9       Jacek         all so was und das is hier in den köpfen eher schon mehr also
10                    viel mehr als in deutschland (  ) (krieg)
```

Während, wie oben aufgezeigt, Jessica, eine Schülerin deutsch-amerikanischer Herkunft, bislang keine „richtige unfreundlichkeit und dreistigkeit" im Alltag in Polen Deutschen gegenüber beobachtet hat, stellt sich Jacek, ein Schüler mit polnischem Familienhintergrund, als sensibel hierfür dar: Mit Verweis auf seine Polnischkenntnisse nimmt er eine „sehr negative einstellung" auch auf emotionaler Ebene wahr: „das fühlt man auch". Die Jugendlichen mit polnischem Familienhintergrund scheinen sich insgesamt einer latent deutschfeindlichen Situation in der polnischen Öffentlichkeit bewusst zu sein. Sie berichten mehrheitlich von unfreundlichen Blicken in öffentlichen Verkehrsmitteln als Reaktion auf die deutsche Sprache, Ermahnungen zum Stillsein bis hin zu Beschimpfungen von ‚älteren' Fahrgästen. Das beobachtete Verhalten der Angehörigen der Zeitzeugengeneration verbinden sie stets mit deren negativen Erlebnissen aus der Kriegszeit.

Nur wenige Jugendliche mit polnischem Familienhintergrund verweisen auf den Zusammenhang zwischen den (Kriegs-)Erfahrungen mit Deutschen, die die Großelterngeneration gemacht hat und den Ressentiments, die sie bei manchen Jugendlichen in Polen Deutschen gegenüber beobachten, wie beispielsweise Ela und Kasia vom polnischen Lyzeum:

```
1    I       und was meint ihr diese kriegszeit also dieser zweite
2            weltkrieg inwieweit spielt der eigentlich heute noch eine
3            rolle
4    Ela     hm=hm
5    I       in den deutsch-polnischen beziehungen
6    Ela     eben diese vorurteile noch
7    I       hm=hm
8    Ela     also die die ich hier diese die gesellschaft hier diese
9            älteren vor allem noch hat also
10   I       die ja die
11   Ela     die dann immer halt so mit abstand wenn man wenn jetzt
12           deutschland oder oder so immer mit abstand immer ein bisschen
13           auf deutschland gucken oder auf die deutschen.
14   Kasia   ja vor allem weil unsere großeltern die haben das ja noch
15           erlebt
16   Ela     hm=hm ja
17   Kasia   also ( )
18   Ela     und viel bosheit ja von der seite
19   Kasia   und das das kommt dann immer von das das geht dann wieder die
20           erzählungen
21   I       hm=hm
22   Kasia   von generation zu generation
23   Ela     hm=hm
24   Kasia   dass da da is noch ein bisschen wut oder so
25   I       hm=hm
26   Kasia   einige negative dinge gibt es auch immer noch aber (-) die
27           sind bei ( ) bei leuten ist alles (-) nicht mehr so ( )
```

Für Ela und Kasia ist klar, dass „die gesellschaft" und vor allem „diese älteren" noch „vorurteile" und „ein bisschen wut" auf „deutschland" bzw. „die deutschen" haben und diese „immer mit abstand" betrachten. Die beiden rechtfertigen diese Einstellungen gemeinsam, indem sie nicht nur auf deren Erlebnisse als Opfer verweisen, sondern den Tätern, allerdings verallgemeinernd („von der seite"), auch „viel bosheit" zuschreiben. Begründet werden die wahrgenommenen Ressentiments mit Bezug auf die eigene Familiengeschichte. Mit dem Hinweis auf „die erzählungen von generation zu generation", in denen Leidenserfahrungen von Älteren an Jüngere weitergegeben werden, wird die Bedeutung des kommunikativen Familiengedächtnisses in Polen von den SchülerInnen klar markiert und dafür verantwortlich gemacht, dass selbst unter Jugendlichen aus dem Zweiten Weltkrieg resultierende Feindseligkeiten, wenn auch in weit geringerem Maße, zu finden sind. Diese theoretische Perspektive auf die gegenwärtige Vergangenheit unter Jugendlichen in Polen wird insgesamt nur von wenigen

SchülerInnen, vornehmlich von SchülerInnen mit polnischem Familienhintergrund, ausgeführt.

5.1.4.2.3 Die jüngere Generation – „bei der jüngeren generation is das nich mehr so"

Während hinsichtlich ihrer alltagstheoretischen Deutungen ein Konsens unter den Jugendlichen dahingehend besteht, dass die ‚jüngere' Generation Deutschen gegenüber aufgeschlossen und die Kriegszeit für sie nicht mehr von Bedeutung ist, so erzählen doch immer wieder SchülerInnen von konkreten Erlebnissen mit deutschfeindlichen Äußerungen von Jugendlichen. An dieser Stelle scheint es einen Bruch zwischen den Einstellungen und den praktischen Erfahrungen zu geben. Dieser Widerspruch wird von den Jugendlichen oft nicht wahrgenommen, wie besonders im folgenden Beispiel einer Schülerin des polnischen Lyzeums offensichtlich wird:

```
 1   I        meint ihr denn das der krieg damals der zweite weltkrieg
 2            noch heute das verhältnis zwischen deutschen und polen
 3            beeinflusst
 4   Halina   ja ich glaube schon besonders bei den älteren weil die nicht
 5            ( ) bei der neuen generation ist das alles anders ( ) die
 6            menschen weil die wissen auch was was das alles passiert ist
 7            ( ) menschen ( ) wenn ich die verhältnisse sehe ich hatte am
 8            anfang ja also in deutschland gelebt und als ich wieder hierin
 9            zurück bin ( ) da hatten einige junge leute zu mir nazi gesagt
10            das war schon=n bisschen obwohl ich polin bin
```

Ihrer zu Beginn aufgestellte These „bei der neuen generation ist das alles anders", die sie auf ein umfangreiches „wissen" dieser Generation über die Geschehnisse zurückführt, widerspricht Halina im unmittelbaren Anschluss mit ihrer Beispielgeschichte, in der „einige junge leute" in Polen sie aufgrund ihrer Migrationserfahrungen in Deutschland „nazi" genannt haben, wobei weniger die Bezeichnung an sich, als vielmehr die ‚falsche' Zuordnung in ihrer Betonung, dass sie „polin" sei, kritisiert wird. Wie sich im weiteren Verlauf des Gesprächs herausstellt, handelte es sich dabei um ein ungefähr siebenjähriges Nachbarmädchen. Ein anderer Schüler mit polnischem Familienhintergrund schildert ein ähnliches Erlebnis, das er mit einem Freund deutscher Herkunft in Warschau gemacht hat:

```
 1   I        was war das thema is immer immer aktuell inwieweit is es heute
 2            genau aktuell oder
 3   Kamil    also heute genau wieder mal nich aber immer em ( ) naja auch
 4            auf der straße wird man manchmal von leuten angesprochen wenn
 5            man deutsch spricht dass naja keine ahnung hitler oder sowas
 6            wird dann halt hinterhergeschrieen (-) em kann schon wirklich
 7            (-) ziemlich wehtun
 8   I        hast du das persönlich [schon erlebt
 9   Kamil                          [ja hab ich persönlich schon erlebt
10   I        in welcher situation (-) war das
11   Kamil    em (-) (wolfgang)=n freund auf der straße hat deutsch geredet
12   I        hm=hm
13   Kamil    und (-) wurde halt hinterhergeschrieen
14   I        von wem
15   Kamil    von ja von irgendeinem polen keine ahnung
16   I        hm=hm
17   Kamil    jugendliche auf jeden fall
```

Kamil macht „auf der straße" wiederholt die Erfahrung, dass als Reaktion auf die deutsche Sprache „hitler" „hinterhergeschrieen" wird und erzählt von einer Begegnung seines Freundes aus Deutschland mit polnischen Jugendlichen. Er versetzt sich dabei in dessen Situation, indem er mit den Worten „kann schon wirklich (-) ziemlich wehtun" Empathie äußert und indirekt die deutschfeindliche Haltung der Jugendlichen auf der Straße anklagt.

Neben der ‚Straße' ist die Pausensituation in der Schule ein weiterer Ort, an dem Jugendliche polnischer Herkunft, die eine zeitlang in Deutschland gelebt haben, fremdenfeindliche Erfahrungen machen, wie Jacek berichtet:

```
1    I       meint ihr denn dass der krieg noch heute das verhältnis von
2            deutschen und polen beeinflusst
3    Jacek   em ich glaub das beeinflusst das sehr weil (-) ich weiß noch
4            als ich in der polnischen schule ( ) ja also ich bin (-) ein
5            jahr in die polnische schule gegangen und dann gab=s auch
6            irgendwelche freaks die ganze zeit und (-) an die tafel em
7            hitlerkreuz also das ju äh hakenkreuz gezeichnet und
8            irgendwelche em ( ) sachen geschmiert haben und (-) wenn man
9            da auf (-) irgendwie in der schule da war äh da hat man auch
10           irgendwie solche sachen erfahren die auch nich sehr angenehm
11           waren und zum beispiel auch äh in deutschland is es (-) auch
12           irgendwie so so abneigung (-) gegenüber
13           ((...))
14   Jacek   also (-) da wurde ich oft irgendwie beleidigt ( ) hans und so
15           (-) und in deutschland (-) irgendwie von auto auto äh hans
16   I       hans
17   Jacek   ja is in polen sehr beliebt hans ((lacht))
18   I       was bedeutet das also [( )
19   Jacek                          [das is=n name
20   I       aha
21   Jacek   also so richtig deutsch und doch noch so ( ) hans
22   I       achso
```

Das an die Tafel gemalte „em hitlerkreuz also das ju äh hakenkreuz" stellt die Ausgrenzung Jaceks von seinen MitschülerInnen in einen historischen Kontext, die Bezeichnung „hans" scheint den Jugendlichen („irgendwelche freaks") mit polnischem Familienhintergrund als „richtig deutsch" und als Ausdruck der Beleidigung geläufig, ihre genaue Bedeutung wird jedoch nicht weiter hinterfragt.

Neben auf die Zeit des Zweiten Weltkriegs bezogenen Äußerungen wie „nazi", „hitler" und „hans", die immer wieder von den Jugendlichen angeführt werden, berichten einzelne SchülerInnen auch von der historisch älteren deutschfeindlichen Bezeichnung ‚Schwaben' (vgl. Kap. 2.1.1.1). Insgesamt auffällig ist die Vielzahl der Begriffe, mit denen die Jugendlichen im Alltag konfrontiert werden, sowie die Häufigkeit ihrer Nennungen.

5.1.4.2.4   Polen, Deutsche und Juden – „bei den älteren leuten ist nicht nur ein hass ((...)) zu den deutschen sondern auch zu den juden"

Für die Jugendlichen mit polnischem Familienhintergrund beeinflusst die Kriegszeit auch immer das aktuelle polnisch-*jüdische* Verhältnis. So berichten mehrere Jugendliche aller drei Schulen von antisemitischen Äußerungen in der Öffentlichkeit oder auch in der eigenen Familie. Dabei werden Deutsche und Juden in einem Zug genannt, wie beispielsweise von Lucjan, einem Schüler des polnischen Lyzeums:

```
1   Lucjan      also ich mein bei den älteren leuten (-) ist nicht nur ein
2               HASS oder wie (-) ich es auch nennen soll zu den deutschen
3               sondern auch zu den JUden kann man sehen=ja weil die äh sagen
4               dass eben die juden verantwortlich sind für den krieg (--)
5               letztens hat ich (-) saß (-) ich auf einer straßenbahnstation
6               ja und ja ein älterer mann setzte sich neben mich und hat eben
7               die ganze zeit gesagt ja überall die juden alles über alles
8               wegen denen blablablablablabla ja und eben daran kann man auch
9               erkennen dass (-) sie auch juden nicht so sehr mögen
```

Lucjan spricht bei den „älteren leuten" von einem „HASS", den er in deren Argumentation, dass „die juden verantwortlich sind für den krieg" begründet sieht. Seine These veranschaulicht er durch die Schilderung einer kürzlich erlebten Begebenheit in der Öffentlichkeit, in der ein „älterer mann" wiederholt antisemitische Äußerungen von sich gegeben hat: „ja überall die juden ((...)) alles wegen denen". Lucjans abschließende Deutung und verallgemeinernde Schlussfolgerung aus dieser Situation fällt erstaunlich harmlos aus: „daran kann man auch erkennen dass sie auch juden nicht so sehr mögen" – wer in diesem Fall genau „sie" sind, lässt er offen, vermutlich bezieht sich das Personalpronomen auf die eingangs erwähnten ‚älteren Leute' im Allgemeinen.

Während im vorherigen Beispiel antisemitische Äußerungen explizit dem öffentlichen Kontext („auf einer straßenbahnstation") zugeschrieben werden und sich der Schüler in seiner Darstellung von diesen Äußerungen distanziert (er spricht von „den älteren leuten" – nicht von ‚uns Polen'), so berichtet eine Schülerin des Berliner Gymnasiums, die mit ihrer polnischen Mutter (und ihrem deutschen Stiefvater) in Deutschland lebt, von antisemitischen Geschichten, die in ihrer eigenen Familie erzählt werden:

```
1    I          meint ihr denn dass der zweite weltkrieg noch heute das
2               verhältnis von (-) polen und deutschen beeinflusst
3    Aneta      ja
4    I          (-) warum
5    Aneta      also ich find sehr ich em (-) es gibt=s noch immer wegen den
6               zweiten weltkrieg irgendwie in warschau zum beispiel die juden
7               kehren zurück und ich hab=s also meine mutter hat=s mir
8               erzählt sie war mal in warschau und hat mir erzählt wie die
9               juden in einem hotel saßen und meinten ja das hat uns gehört
10              bevor die deutschen uns em (-) hier dieser platz oder diese
11              straßen hat uns gehört bevor uns die deutschen rausgeschmissen
12              haben und das is uns unser eigentum und em (-) wir wollen=s
13              wieder zurück haben aber (-) äh ja so viele diskussionen wegen
14              den weltkrieg gibt=s schon über äh (-) deutschen polen und äh
15   I          hm=hm
16   Aneta      über die juden in deutschland ( ) also gibt=s schon meinungs
17              verschiedenheiten (-) wieder durch äh den zweiten weltkrieg
18   I          hm=hm
19   Aneta      und äh (-) manche juden sagen auch schon wieder dass die
20              deutschen (-) sowieso an allem schuld waren sogar wieder an
21              den ersten (-) weltkrieg da waren sie auch schon wieder daran
22              schuld und em (-) ja ich glaub das wird auch irgendwie nie
23              wieder aufhören also da wird=s schon immer irgendwie (-) äh
24              probleme em (-) probleme zwischen den deutschen und juden
25              geben
```

Anetas Geschichte von Juden in einem Warschauer Hotel erlangt durch die rahmende Einleitung „meine mutter hat=s mir erzählt" Authentizität. Es handelt sich dabei nicht um in der Schule erworbenes Wissen, sondern um eine in der Familie tradierte Gewissheit (vgl. Welzer 2005, 172, vgl. Kap. 1.1.2.2): „die juden kehren zurück" mit der forderung „das hat uns gehört bevor die deutschen uns ((...)) rausgeschmissen haben ((...)) wir wollen=s wieder zurück haben" (vgl. Śpiewak 192, 311, vgl. Kap. 2.1.1.2). In ihrer Darstellung wirkt die Rückforderung unrechtmäßig enteigneten Besitzes durch „die juden" wie eine ungerechte Anklage an „die deutschen" und eine aktuelle Bedrohung für die „polen". Aneta rundet ihre Geschichte mit einer verallgemeinernden Behauptung ab: „manche juden sagen auch schon wieder dass die deutschen (-) sowieso an allem schuld waren sogar wieder an den ersten (-) weltkrieg". Diese Erzählung wäre in dieser Form auch in einer deutschen Familie denkbar, würde aber vermutlich nicht im öffentlichen Kontext erzählt werden, da Antisemitismus in der deutschen Öffentlichkeit als geächtet gilt (vgl. Diner 1992, 316, vgl. Kap. 2.1.1.2).

Eine Schülerin der deutschen Schule in Warschau mit polnischem Familienhintergrund, die eine zeitlang in Österreich gelebt hat, scheint um dieses Tabu zu wissen, wenn sie eigene Erfahrungen mit dem alltäglichen Antisemitismus in Polen etwas umständlich in den außerfamiliären Kontext zu stellen sucht. Der Dialog schließt sich an Karolinas Erzählung über die gemeinsame Rezeption von „kriegsbücher[n]" mit ihren Großeltern, in denen „das „hauptproblem" bzw. in ihrer Selbstkorrektur „die meisten kapitel ((...)) diesen juden da gewidmet" sind (vgl. Kap. 5.1.2.2.3), an.

```
 1    I          und das hast du aber auch mit deinen großeltern gemeinsam
 2               gelesen (-) und habt ihr euch dann darüber unterhalten
 3    Karolina   ich hab mich darüber unterhalten nich so intensiv weil die em
 4               (-) dass is ja so weil in polen is das mehr so katholisch und
 5               sowas und das kann man obwohl meine eltern die sind wirklich
 6               also wirklich sehr gut oder sowas aber es kommen immer wieder
 7               so äußerungen zum beispiel nich von meiner oma aber zum
 8               beispiel von der freundin meine äh die oma meiner freundin
 9    I          hm=hm
10    Karolina   zum beispiel em da kommen wirklich sehr oft äußerungen wenn
11               irgendwas im radio läuft oder sowas ja das is ein judenradio
12               und damit meint sie keine ahnung dass ich weiß nicht was sie
13               damit meint (-) die die musik gefällt ihr zum beispiel nicht
14    I          hm=hm
15    Karolina   dann nennt sie das gleich judenradio oder die leute gefallen
16               ihr auf der straße nicht das muss ein jude sein sowas solche
17               äußerungen kommen noch von alten menschen hab ich auch schon
18               mal mitbekommen
```

Karolinas rahmende Worte „aber es kommen immer wieder so äußerungen" im unmittelbaren Anschluss an die Verteidigung der eigenen Eltern „obwohl meine eltern die sind wirklich also wirklich sehr gut", sind ein Zeichen dafür, dass den interviewten Jugendlichen in Polen antisemitische Äußerungen im Alltag geläufig sind – auch in der eigenen Familie – und dass sie sich sowohl des antisemitischen Gehalts dieser Aussagen als auch der gesellschaftlichen Tabuisierung bewusst sind. Gleichzeitig macht Karolinas Schilderung aber auch die Diffusität der Schülerin im Umgang mit diesen Äußerungen deutlich. Sie betreibt einen hohen Aufwand, um sich einerseits als um das

Phänomen Wissende darzustellen und gleichzeitig sozial davon zu distanzieren, um ihre eigene familiale Identität nicht zu gefährden.

Zusammenfassung

Die SchülerInnen deutscher Herkunft in Polen sehen sich insgesamt, wenn auch in unterschiedlichem Maße, mit der Kriegsvergangenheit im polnischen Alltag konfrontiert. Sie sehen sich dabei ‚ungerecht behandelt', wenn sie als Jugendliche deutscher Herkunft in Polen in erster Linie mit der Kriegsvergangenheit und den begangenen Taten in Verbindung gebracht werden. Vor allem die ‚ältere Generation' hat nach Ansicht der Jugendlichen sowohl deutscher als auch polnischer Herkunft eine aus den Erfahrungen der Kriegszeit resultierende negative Einstellung ‚den Deutschen' gegenüber, die sich in Reaktionen in der Öffentlichkeit auf die deutsche Sprache äußert. Dieser Unmut wird insbesondere von den polnischsprachigen SchülerInnen wahrgenommen, auch auf emotionaler Ebene. Doch auch in der ‚jüngeren Generation' – so wird aus den Schilderungen alltäglicher Vorfälle deutlich – sind nationale Ressentiments vorhanden. Allerdings stellen nur einzelne Jugendliche, vor allem mit polnischem Familienhintergrund, einen Zusammenhang zwischen den Erfahrungen der Zeitzeugengeneration und ihrer kommunikativen Tradierung an die nachfolgenden Generationen dar. Wiederholt wird von den SchülerInnen mit polnischem Familienhintergrund auch das polnisch-jüdische Verhältnis angesprochen und von antisemitischen Einstellungen in der Öffentlichkeit bzw. vereinzelt auch in der eigenen Familie berichtet. Insgesamt macht die begriffliche Vielfalt für negative Bezeichnungen ‚Juden' und ‚Deutschen' gegenüber, die den Jugendlichen im Alltag immer wieder begegnen und um deren Konnotation sie wissen, die andauernde Aktualität der Besatzungs- und Kriegszeit (auch unter Jugendlichen) sowie antisemitische Einstellungen in der Bevölkerung im heutigen Polen sichtbar. Die Auslagerung eines bestimmten Teils der Familiengeschichten ‚auf die Straße' erfüllt dabei die sozialpsychologische Funktion, sich in der Öffentlichkeit einer interkulturellen Interviewsituation der eigenen Familie gegenüber loyal zu verhalten und das eigene Gesicht wahren zu können.

5.1.5 Zusammenfassung: Spannungsverhältnis zwischen Geschichte(n)

Zu Beginn des 21. Jahrhunderts sind Heranwachsenden in Polen und Deutschland zahlreiche Geschichten über den Zweiten Weltkrieg in unterschiedlicher Form bekannt. Dabei handelt es sich um *Geschichte(n) in der Familie*, *Geschichte(n) in der Literatur und in den Medien*, *Geschichte(n) in der Schule* sowie *Geschichte(n) ‚auf der Straße'*. Diese Geschichten sind nicht nur in verschiedener Hinsicht äußerst heterogen und stehen zum Teil im Widerspruch zueinander, auch der Umgang mit ihnen ist abhängig vom jeweiligen Gedächtnisrahmen und sprachlich-kulturellen Kontext unterschiedlich. Im Folgenden werden die den Jugendlichen bekannten in Polen und in Deutschland erzählten Geschichten zusammenfassend entlang der vier narrativen

Präsentationsformen von Geschichte dargestellt und deren Umgang mit ihnen zu bereits vorliegenden Forschungsarbeiten in Bezug gesetzt.

Im Laufe ihrer Sozialisation, so wurde angenommen, begegnen die Jugendlichen Geschichten über den Zweiten Weltkrieg in der Regel zunächst in der *Familie*. Die Familiengeschichten der interviewten Jugendlichen in Deutschland und in Polen gleichen sich hinsichtlich der *Erzählperspektive* und der *Gesprächspartner*, sie unterscheiden sich jedoch im Hinblick auf die *Deutungsmuster* innerhalb des kommunikativen Gedächtnisses und dessen *Stellenwert* im Vergleich zum kulturellen Gedächtnis: Gemeinsam ist fast allen Familiengeschichten, dass sie als Opfergeschichten erzählt werden (vgl. Welzer et al. 2002, vgl. Kap. 2.1.3.2). Wenn Tätergeschichten erzählt werden, dann sowohl in deutschen als auch in polnischen Familien nur in mühsamer Abgrenzungsarbeit von diesen. Der Holocaust ist weder in den Familiengeschichten in Deutschland noch in denen in Polen ein Thema. Bei den Jugendlichen mit polnischem Familienhintergrund zeigt sich eine paradoxe Situation: Neben Geschichten über den Tod eines Verwandten in einem Konzentrationslager stehen scheinbar widerspruchslos antisemitische Geschichten eines Großvaters. Die Kommunikationssituationen ähneln sich in der Hinsicht, dass die Jugendlichen eher mit den Eltern *über* die Kriegszeit sprechen als dass die Großeltern *von* ihren Erfahrungen in dieser Zeit erzählen. Sie unterscheiden sich im Erklärungsmuster der Jugendlichen: des ‚Nicht-erinnern-*Wollens*‘ der Großeltern in Polen aufgrund der schmerzlichen Erinnerungen und dem des ‚Nicht-erinnern-*Könnens*‘ in Deutschland, das eher auf eine Verdrängung hinweist. Insgesamt betrachtet hat in Polen jedoch das kommunikative Familiengedächtnis aufgrund der zahlreichen erzählten Geschichten einen deutlich höheren Stellenwert als in Deutschland, wo das in der Schule verhandelte kulturelle Gedächtnis mitunter erst die Familienkommunikation auslöst, bzw. die Familiengeschichten in der Öffentlichkeit nicht erzählbar sind. Dies könnte plausibel erklärt werden vor dem Hintergrund der Erkenntnisse aus der international vergleichenden Tradierungsforschung, dass sich in Deutschland im Vergleich zu anderen europäischen Ländern die Familiengeschichte nicht so einfach in die nationale Basiserzählung integrieren lasse (Welzer/Lenz 2007, vgl. Kap. 2.1.3.2).

Geschichten in der Literatur und in den Medien über die Kriegszeit werden von den befragten Jugendlichen in Polen und in Deutschland neben den Familiengeschichten ebenfalls als Quellen ihrer historischen Vorstellungen genannt. Unterschiede bestehen zwischen den *Medien* – sowohl formal als auch inhaltlich – sowie den *Rezeptionskontexten*. In Polen werden von den SchülerInnen in erster Linie historische Romane oder Erzählungen polnischer Schriftsteller über verschiedene Kriegszeiten erwähnt, die auch in Polen angesiedelt sind. Die Texte zählen vornehmlich zur Hochliteratur und sind überwiegend im schulischen Literaturkanon verankert (vgl. Meyer 2008, 74, vgl. Kap. 1.2.2.2). Vereinzelt werden zeitgeschichtliche Romane auch als Familienlektüre rezipiert. Im Gegensatz zu Erkenntnissen sozialwissenschaftlicher Untersuchungen aus den 1990er Jahren (vgl. Jonda 1999, vgl. Kap. 2.1.2.1) werden die Unterrichtslektüren von den Jugendlichen nicht mehr in den Zusammenhang mit einem negativen Deutschlandbild gebracht. In Deutschland hingegen haben aus Sicht der interviewten Jugendlichen neben historischen bzw. als solchen gedeuteten Texten der Hochliteratur aus dem deutschsprachigen Raum insbesondere zeitgeschichtliche Jugendromane aus dem internationalen Kontext, die vor allem in westeuropäischen Ländern verortet sind, einen zentralen Stellenwert. Sie werden vorwiegend als Unterrichts-, von den Mädchen auch als Freizeitlektüre gelesen. An der Auswahl der jugendliterarischen Texte im schulischen Kontext hat sich im Vergleich zum vergangenen Jahrzehnt nichts geändert, sie entstammen weiterhin dem Erinnerungsdiskurs der 1960er und 70er Jahre (vgl. Runge 1997a, vgl. Kap. 1.2.2.2). In beiden Ländern sehen die befragten Jugendlichen die Lektüre im Unterricht als ‚Bearbeitung‘ bzw. ‚Lernen‘ an. Filmische Darstellungen dokumentarischer oder fiktionaler Art werden von Jugendlichen in beiden Ländern gleichermaßen rezipiert und sind in Anschlusskommunikationen – in Deutschland insbesondere im schulischen, in Polen vor allem im familiären Kontext – eingebettet. SchülerInnen in Polen beobachten in der gesellschaftlichen Debatte mitunter auch einen nationalen Alleinanspruch auf Erinnerung, der sich an der Sprachwahl manifestiert, wenn es etwa um internationale Filmproduktionen in Polen geht.

Die *Geschichten in der Schule* – vornehmlich im Geschichtsunterricht – über die Zeit des Zweiten Weltkriegs werden von den interviewten Jugendlichen hinsichtlich des sozialen bzw. institutionellen Kontextes (*Schule – Familie*) sowie im Hinblick auf den kulturellen Kontext (*Deutschland – Polen*) differenziert. Die Verschiedenheiten zwischen Familiengeschichten und schulischen Geschichten zeigen sie entlang der Unterscheidungslinien zwischen kommunikativem und kulturellem Gedächtnis auf: Während Erstere aus ihrer Sicht durch Subjektivität, Privatheit, Offenheit und Unverbindlichkeit geprägt sind, zeichnen sich Letztere durch Objektivität, Wissenschaftlichkeit, Geschlossenheit und Verbindlichkeit der Auseinandersetzung aus. Von den Jugendlichen in Deutschland wird dem kulturellen Gedächtnis der Schulöffentlichkeit ein besonderer Wert beigemessen – es dient ihnen häufig als primäre Quelle ihres Geschichtsbewusstseins (vgl. Kap. 2.1.3.2) –, von den Jugendlichen in Polen hingegen eher dem kommunikativen Familiengedächtnis. Aus der Perspektive von Jugendlichen mit eigenen Migrationserfahrungen unterscheidet sich der Geschichtsunterricht in beiden Ländern insofern, als dass in Deutschland der Nationalsozialismus und die Antisemitismusproblematik im Vordergrund stehen, während in Polen die Aufarbeitung der eigenen Leidenserfahrungen einen zentralen Stellenwert einnehmen. Einen zukunftsgerichteten demokratiepädagogischen Ansatz in Deutschland stellen sie einem zurückblickenden gedenkpädagogischen Ansatz in Polen gegenüber. Im Gegensatz zur eher rationalen Behandlung der Kriegszeit im deutschen Geschichtsunterricht erkennen die SchülerInnen im polnischen Geschichtsunterricht darüber hinaus auch anthropologische Zugänge zur Zeitgeschichte. Hinzu kommt, dass in ihren Augen in polnischen Schulen stärker erzählt wird (vgl. Schmitt 1997, vgl. Kap. 2.1.3.1) und es eine engere Verknüpfung zwischen Literatur- und Geschichtsunterricht gibt. In der Unterrichtsöffentlichkeit nehmen die Jugendlichen in beiden Ländern jeweils einen gesellschaftlichen *common sense* bezüglich des Umgangs mit den Geschichten über den Zweiten Weltkrieg wahr: in Deutschland die Verurteilung des Nationalsozialismus und Holocaust, in Polen die Unantastbarkeit des Opferstatus‘ Polens. Dies korrespondiert mit kulturwissenschaftlichen Perspektiven auf das kulturelle Gedächtnis (vgl. Kap. 2.1.1).

In den *Geschichten ,auf der Straße'* sehen sich die befragten Jugendlichen in Polen und in Deutschland unterschiedlich mit Geschichten mit der Kriegsvergangenheit konfrontiert. Ihre Perspektiven differieren hinsichtlich der beteiligten *Personengruppen* und der Akzentuierungen der *Zeitdimensionen* sowie deren *Verbindung*. Die Jugendlichen in Polen beobachten, dass der Zweite Weltkrieg insbesondere innerhalb der Zeitzeugengeneration das polnisch-deutsche sowie auch das polnisch-jüdische Verhältnis noch sehr stark beeinflusst und berichten sowohl von antisemitischen Tendenzen in der Öffentlichkeit als auch von fremdenfeindlichen Äußerungen Deutschen gegenüber. Aus sozialpsychologischer Perspektive ist anzunehmen, dass ein Teil dieser Geschichten Familiengeschichten sind, aber aus Loyalitätsgründen und zur eigenen Gesichtswahrung ,auf die Straße' ausgelagert werden, um sie erzählbar zu machen. Die Jugendlichen in Deutschland weisen dem Zweiten Weltkrieg hingegen kaum aktuelle Bedeutung für die deutsch-polnischen Beziehungen im gesellschaftlichen Alltag zu und können sich darüber hinaus auch die Präsenz der Spuren des Krieges in Polen nicht vorstellen. Jugendliche deutscher Herkunft mit Migrationserfahrungen in Polen nehmen diese Spuren in Form von Ressentiments Deutschen gegenüber zwar wahr, können diese aber nicht verstehen und fühlen sich ungerechterweise als ,Täter' betrachtet. Konsens herrscht unter den Jugendlichen in beiden Ländern lediglich darüber, dass tendenziell für die Zeitzeugengeneration die Kriegsvergangenheit – wenn auch in unterschiedlichem Maße – noch von größerer Bedeutung ist als für die nachfolgenden Generationen. Diese von den SchülerInnen auf theoretischer Ebene geführte Argumentation steht jedoch im Widerspruch zu ihren alltagspraktischen Erfahrungen in Polen mit kriegsbezogenen Ressentiments von Kindern und Jugendlichen gegenüber Jugendlichen deutscher Herkunft oder auch polnischer Herkunft mit Migrationserfahrungen in Deutschland, die sich in historisch konnotierten fremdenfeindlichen Äußerungen manifestieren. Vereinzelt erklären die Jugendlichen in Polen diese Ressentiments mit einem Verweis auf die familiäre Tradierung und stellen somit eine Verbindung zwischen vergangenen Erfahrungen und ihren gegenwärtigen Aktualisierungen her. Bei den Jugendlichen in Deutschland ist hingegen eine stärkere Trennung von Vergangenheit und Gegenwart, eine Unverbundenheit von den Erfahrungen der Zeitzeugen- und den Einstellungen der Kinder- und Enkelgenerationen, zu beobachten.

Zwischen all diesen vielfältigen und äußerst heterogenen Geschichten, den Geschichten in der *Familie*, in der *Literatur* und in den *Medien*, in der *Schule* und *,auf der Straße'*, besteht ein Spannungsverhältnis, mit dem die Heranwachsenden umgehen müssen. Mit ihrer Familiengeschichte müssen sie leben, in der Gesprächsöffentlichkeit der Schule sich behaupten. Die Literatur hat bei dem Umgang mit dem Spannungsverhältnis eine wichtige Orientierungsfunktion und stellt eine Verbindung von Geschichten in der Familie und der Schule sowie zwischen verschiedenen sprachlichkulturellen Kontexten dar. Wie diese Verbindung im schulischen Unterrichtsgespräch in Deutschland und in Polen hergestellt wird, d.h. wie in beiden Ländern Literatur im schulischen Unterrichtsgespräch historisch-politisch kontextualisiert wird, ist die Ausgangsfrage des folgenden Kapitels.

5.2 Historisch-politische Kontextualisierung der Romanlektüre im Unterricht

Interaktive Aneignungsprozesse literarischer Texte im schulischen Unterricht können vielgestaltig sein. In erzähltheoretischer Hinsicht könnte der Roman *Malka Mai* über die literaturwissenschaftliche Interpretation, die sich auf textinterne Aspekte konzentriert, hinaus aus soziolinguistischer, kognitionspsychologischer, anthropologischer oder geschichtswissenschaftlicher Perspektive betrachtet werden (vgl. Martinez/ Scheffel 2003, 145ff.). Geht man von aktuellen Konzepten des Umgangs mit erzählender Literatur im muttersprachlichen Deutschunterricht aus, lassen sich mit Abraham und Kepser wissensorientierte, kompetenzorientierte, kulturhistorische, kinder- und jugendliterarische und dekonstruktivistische bzw. diskursanalytische Ansätze unterscheiden (vgl. ebd. 2005, 141). Auch die spezifischen Sinnangebote und Rezeptionsanforderungen des Romans (vgl. Kap. 4.2) eröffnen unterschiedliche Aneignungsweisen auf historisch-politischer und literarisch-anthropologischer Ebene. Welche Zugänge im Einzelnen von den Lehrerinnen in Deutschland und in Polen auf der *historisch-politischen Ebene* gewählt werden und wie diese interaktiv im Unterrichtsgespräch von Lehrerinnen und SchülerInnen gestaltet werden, soll in diesem Kapitel aufgezeigt werden. Hier stehen noch nicht die literarisch-anthropologischen Gespräche über den Roman *Malka Mai* im Fokus (vgl. Kap. 6.2), sondern zunächst einmal deren *kontextuelle Einbettung* in kulturvergleichender Perspektive.[72]

Da es sich bei *Malka Mai* um einen *zeitgeschichtlichen* Jugendroman (vgl. Dahrendorf 1997) handelt, liegt eine historisch-politische Herangehensweise bei der Besprechung nahe. Dies ist auch in der im Rahmen der vorliegenden Studie beobachteten Unterrichtspraxis zu erkennen. So behandeln alle drei Lehrerinnen den Roman – wenn auch in unterschiedlicher Gewichtung – als literarische Erzählung einer Lebensgeschichte, die etwas über eine vergangene Zeit aussagt, aber auch Fragen bezüglich dieser Zeit offen lässt und Kenntnisse von historisch-politischen Zusammenhängen voraussetzt bzw. zu deren Aneignung herausfordert. Im Folgenden ist nun zu fragen, wie die literarischen Verstehensprozesse der SchülerInnen im Unterrichtsgespräch in historische Fragestellungen eingebettet werden.

Um ein Bild davon zu erlangen, wie die Lektüre von *Malka Mai* im Unterricht historisch kontextualisiert wird, soll exemplarisch ein Einblick in die hierzu durchgeführten Unterrichtsstunden gegeben werden. Sowohl im Berliner Gymnasium als auch im Warschauer Lyzeum wurde der Literaturunterricht durch zeitgeschichtliche Exkurse zu den Themengebieten Nationalsozialismus, Zweiter Weltkrieg, deutschpolnische Geschichte und Holocaust begleitet. Diese historische Einbettung wurde von

---

72   Eine komparative Analyse der literarisch-anthropologischen mit den historisch-politischen Unterrichtsgesprächen anhand ausgewählter *key incidents* findet sich in Hoffmann (demn. a).

Geschichtslehrerinnen aus dem jeweiligen kulturellen Kontext gestaltet: in der Berliner Klasse von einer Geschichtslehrerin mit deutsch-jüdischem Familienhintergrund (die gleichzeitig Deutschlehrerin war und den Roman im Literaturunterricht besprach), in der Klasse des Warschauer Lyzeums von einer polnischen Geschichtslehrerin (die von der Deutschlehrerin darum gebeten wurde, den Roman selbst aber nicht kannte). Dies ermöglicht eine kulturvergleichende Analyse von historischen Kontextualisierungen literarischer Gespräche in der polnischen und in der deutschen Unterrichtspraxis.[73]

Nach dem unmittelbaren Eindruck während der teilnehmenden Beobachtung der Unterrichtsstunden wirkten die von den Lehrerinnen gewählten historisch-politischen Zugänge zu dem Roman und ihre Realisierungen im Unterrichtsgespräch auf den ersten Blick sehr verschieden. Bei einer näheren ethnographischen und gesprächsanalytischen Betrachtung der transkribierten Unterrichtsstunden jedoch kristallisierten sich gemeinsame Strukturen und Themenfelder heraus. Teil beider Unterrichtspraxen sind Verknüpfungen verschiedener Gedächtnisrahmen (vgl. Kap. 1):

- Klärung von Begriffen (Kap. 5.2.1),
- Bezüge zu literarischen Texten (Kap. 5.2.2)
- Bezüge zu persönlichen Geschichten bzw. Medienerfahrungen (Kap. 5.2.3).

Bei der Klärung von Begriffen und bei der Herstellung von Bezügen zu literarischen Texten werden im Unterrichtsgespräch Speicher- und Funktionsgedächtnis miteinander verknüpft. Durch die Bezüge zwischen dem ausgewählten Roman und persönlichen Geschichten bzw. Medienerfahrungen werden der kulturelle und der kommunikative Gedächtnisrahmen einander ergänzend verbunden (vgl. Kap. 1).

Unterschiede lassen sich in allen drei Bereichen insbesondere in den Unterrichtsformen, den Gesprächsstrukturierungen und in der konkreten Auswahl literarischer Texte festmachen. Im folgenden Kapitel sollen die Gemeinsamkeiten der historischpolitischen Kontextualisierung des Romans *Malka Mai* in der polnischen und in der deutschen Unterrichtspraxis sowie die Unterschiede innerhalb dieser Gemeinsamkeit aufgezeigt werden. Es sei noch einmal betont, dass es in diesen *ethnographisch* ausgerichteten Gesprächsanalysen darum geht zu zeigen, *dass* Begriffsbestimmungen sowie Bezüge zu literarischen Texten und persönlichen Erfahrungen Teil der historischpolitischen Kontextualisierung von zeitgeschichtlicher Jugendliteratur sind und *wie* sie im Einzelnen interaktiv zwischen Lehrerin und SchülerInnen hervorgebracht werden, nicht aber um eine *didaktische* Analyse der Handlungspraxen der Lehrerinnen. Insofern fokussieren die folgenden Analysen die Interaktionen zwischen Lehrerin *und* SchülerInnen mit dem Ziel, Lernpotentiale in der verbindenden Zusammenführung von Literatur und Geschichte aufzuzeigen. Im Einzelnen stellen sich für die Analysen folgende Fragen:

---

73 Wenngleich die Unterrichtseinheit der deutschen Schule in Warschau zu Beginn ebenfalls historisch kontextualisiert wurde, so lag doch hier der Schwerpunkt insgesamt auf der literarisch-anthropologischen Aneignung des Romans. Daher konzentriert sich die folgende kulturvergleichende Analyse der historisch-politischen Aneignung des Romans auf die Unterrichtsgespräche des Berliner Gymnasiums und des Warschauer Lyzeums.

- Wie wird in Deutschland und in Polen im Unterrichtsgespräch zu literarischen Texten kulturelles Gedächtnis hergestellt?
- Wie werden Literatur und Geschichte dabei zueinander in Beziehung gesetzt?

5.2.1 Klärung von Begriffen

Zu Beginn der historisch-politischen Einbettung des Romans wird sowohl in Berlin als auch in Warschau an dem historischen Vorverständnis der SchülerInnen und ihren Fragen angesetzt. Beide Lehrerinnen nehmen hierzu eine differenzierte Begriffsbestimmung vor. Anhand der Begriffe erarbeiten sie mit den SchülerInnen einen ausführlichen Überblick über politische, historische und soziologische Zusammenhänge und gehen sehr weit in die Geschichte zurück.[74] Die Lehrerinnen setzen bei den SchülerInnen bereits vielseitige Kenntnisse voraus. Gleichzeitig antizipieren sie jedoch Ungenauigkeiten und Widersprüche bei den Bedeutungszuweisungen der SchülerInnen zu allgemein bekannten Begriffen und versuchen diese im Unterrichtsgespräch zu klären, also unstrukturierte Elemente des kulturellen Speichergedächtnisses in ein sinnstiftendes kulturelles Funktionsgedächtnis zu überführen (vgl. Assmann 2003, vgl. Kap. 1.2.1.2).

5.2.1.1 Klärung von Begriffen und ihrer historisch-politischen Entstehung in Berlin

In dem Berliner Gymnasium ist die Deutschlehrerin gleichzeitig Geschichtslehrerin der Klasse und bettet die Besprechung des ausgewählten zeitgeschichtlichen Jugendromans wiederholt politisch-historisch ein, indem sie in einem fächerübergreifenden Ansatz auch Geschichtsstunden zur Romanbesprechung gestaltet. Politische Phänomene und historische Ereignisse, die den realhistorischen Hintergrund des fiktionalen Texts bilden und in diesem selbst nur angedeutet sind, werden in diesen Unterrichtsgesprächen thematisiert wie die Entstehung des Antisemitismus in Europa seit dem Mittelalter, die polnische Verfassung von 1791, die Teilungen Polens oder die polnischen Aufstände. Der literarische Text ist zugleich jeweils Ausgangs- und Zielpunkt dieser historisch-politischen Exkurse. So erfolgt etwa der Einstieg in die historische Kontextualisierung von *Malka Mai* über die Bestimmungen von Begriffen, die dem Roman selbst entnommen werden:

---

74 Sie beschränken sich beispielsweise nicht nur auf die Ausformung des Antisemitismus im Nationalsozialismus, sondern nehmen wie im Fall der Berliner Lehrerin ebenfalls dessen Entwicklung im europäischen Raum seit dem Mittelalter in den Blick. Nicht nur die erzählte Zeit des Romans wird also historisch kontextualisiert, sondern auch das Gewordensein dieser Zeit. Zur Entwicklung des Antisemitismus als einer Form des Rassismus vgl. Priester (1997).

> „Sie hätte gerne geweint, wäre gerne wieder das Kind gewesen, das sie vor ihrer Flucht gewesen war, aber tief innen wusste sie, dass diese Zeit vorbei war. Etwas Neues hatte angefangen, etwas, das mit Krieg, den Deutschen, dem Judenstern und Worten wie Wehrmacht, Grenzschutz, Umsiedlung und Aktion zu tun hatte, Worte, die sie nur beiläufig wahrgenommen hatte, als sie noch zu Hause gewesen war. Wie lange war das eigentlich her?"
> (Pressler 2001, 74)

Anhand dieses Zitats werden die SchülerInnen von der Lehrerin dazu aufgefordert, in Gruppen schriftlich „die Begriffe im Text, die Auskunft geben, in welcher Lage sich die Heldin befindet und wie es dazu gekommen ist" (Arbeitsblatt) herauszuarbeiten und diese zu erklären. Dazu sollen sie zum einen ihre bisherige Lektüre des Romans, zum anderen ihre eigenen Vorkenntnisse heranziehen (vgl. ebd.).[75] Indem sie dieser Bestimmungsarbeit einen großen Raum in der Unterrichtseinheit beimisst, zeigt die Lehrerin, dass ihr der präzise Umgang mit zeitgeschichtlichen Begriffszusammenhängen, das Wissen um ihre Herkunft und Bedeutung wichtig sind. Der perspektivisch erzählte Roman bietet wenig an historisch-politischen Erklärungen, er setzt sie vielmehr bei den LeserInnen voraus (vgl. Kap. 4). In der erzählten Geschichte tauchen zeitgeschichtliche Begriffe in der wörtlichen oder erlebten Rede auf, werden handelnd benutzt und insbesondere von der siebenjährigen Malka nur nach und nach ansatzweise in ihrer Bedeutung erfasst.

> „Ein Mann rannte an ihr vorbei, sie meinte, einen der Bettler zu erkennen, die immer am Brunnen saßen, er rief ihr zu: ‚Geh auf die arische Seite, Mädchen, los, lauf.' Ohne nachzudenken, rannte sie los, die Straße entlang, die aus dem Ghetto zum angrenzenden arischen Viertel führte." (Pressler 2001, 168)

Die jugendlichen SchülerInnen können sich unter den Begriffen wie ‚Ghetto' und ‚arisches Viertel' unmittelbar etwas vorstellen, gespeist aus den zahlreichen Geschichten vor allem in der Literatur, den Medien und in der Schule. Diese Vorstellungen sind aber teilweise diffus und undifferenziert, wie sich u.a. in den Interviews in der häufig synonymen Verwendung von ‚Ghetto' und ‚Konzentrationslager' zeigt. Die Lehrerin sieht im Unterricht eine Notwendigkeit, diese Begriffe in ihrem historisch-politischen Kontext wie hier beispielsweise das ‚arische Viertel' zu problematisieren und zu klären und die Offenheiten des literarischen Textes in dieser Hinsicht zu schließen. Dabei scheinen den SchülerInnen die Begriffe zwar geläufig zu sein – sie sind seltener diejenigen, die nachfragen – doch werden im Unterrichtsgespräch Irritationen oder verkürzte Bedeutungszuweisungen offensichtlich, wie an folgendem Gesprächsausschnitt gezeigt wird.

Die Lehrerin bietet den SchülerInnen als Einstieg ein Schaubild an, in dem die nationalsozialistische Rassenideologie dargestellt wird. Zunächst lässt sie die SchülerInnen anhand dieses Schaubilds erklären, wie laut der Ideologie des Nationalsozialismus ‚Arier' definiert werden, um von hier aus mit den SchülerInnen den im literarischen Text verwendeten Begriff der ‚arischen Seite' zu klären.

---

75 Die Begriffe, die schließlich von den Arbeitsgruppen vorgetragen, erklärt und im Unterrichtsgespräch besprochen werden, sind ‚Flucht', ‚Krieg', ‚Judenstern', ‚Wehrmacht', ‚Umsiedlung' und ‚Aktion'.

„was heißt denn nun bitteschön arische seite"

```
 1  L          ((...)) so und nun guckt mal bitte links oben die spalte an was
 2             ist danach ein arier,
 3  Malvin     ((meldet sich))
 4             (4.0)
 5  Laura      ((meldet sich))
 6             (2.0)
 7  L          laura.
 8  Laura      arier gleich deutsches äh artverwandtes blut. (--)
 9             herrenmenschen-
10  L          eben halt und arier heißt- (-) wenn die (also) alle
11             artverwandtes blut (-) äh (-) das wären praktisch die ganzen
12             europäer- (-) im grunde genommen gehören nach dieser
13             vorstellung der nazis die zigeuner die aus indien kommen auch
14             dazu, aber die haben die nazis ja auch verfolgt, und nun sagt
15             mal wo spielt denn das jetzt ne rolle, (2.0) ihr habt ja schon
16             weiter gelEsen das müsst ihr ja auch zu morgen schon, (-) wenn
17             da was passiert im ghetto wohin flüchtet dann malka, (2.0)
18  Vera       ((meldet sich))
19             (1.0)
20  Sandra?    ((meldet sich))
21  L          ((erteilt Vera das Wort))
22  Vera       auf die arische seite, (-)
23  L          auf die arische seite was heißt denn nun bitteschön arische
24             seite, wer kann mir das jetzt mal erklären anhand dieses
25             bogens.
26             (2.0)
27  Lewis      [((meldet sich))
28  L          [in einer stadt gibt=s also eine Arische seite und ein' (-)
29             GHEtto.
30  Sandra     ((meldet sich)) (--)
31  Anne       [((meldet sich))
32  L          [mh. (--) ((nimmt Lewis dran))
33  Lewis      die arische seite ist die seite wo die ganzen also- (-) der
34             stadtteil wo die ganzen deutschen leben.
35  L          ja nicht bloß die deutschen sondern dann auch die? (-)
36  Anne       die den deutsch verwa( ) das artverwandte [blut'
37  L                                                     [halt halt halt auch
38             die? (-) wo spielt denn der roman, (--)
39  Vera       polen.
40  L          polen' polen, denn als slawen gehören sie natürlich hier mit zu
41             obwohl' (--) nach der lassenre rassenLEHre, (--) muss man auch
42             wirklich in anführungsstriche setzen, der nazis- (-) auch
43             slawen- (-) nach deren sprachgebrauch wieder anführungsstriche
44             UNtermenschen waren. (--) und die haben die welt einfach so
45             eingeteilt, und das schlimmste oder unterste waren dann bei
46             ihnen die juden ((...))
```

In dieser Gesprächspassage spricht die Lehrerin anhand eines Schaubilds mit den SchülerInnen über den Antisemitismus der nationalsozialistischen Ideologie und seine konkrete Bedeutung für die Familie Mai. Dabei nimmt sie den literarischen Text und Malkas Erfahrung der Einteilung ihrer Lebenswelt in eine Welt des Ghettos und eine Gegenwelt, die ‚arische Seite', zum Anlass, die Entstehung und Bedeutung des Begriffs ‚Arier' und seine historische Verwendung zu thematisieren. Dass die SchülerInnen dies nicht von sich aus leisten können und hierbei Verständnisschwierigkeiten haben, scheint sie mit ihrer Aufforderung zur Erklärung geradezu herauszufordern. Und tatsächlich verbindet Lewis ‚arisch' zunächst mit ‚deutsch' (vgl. 33f.). Die Einteilung der Menschen in ‚Rassen' stellt die Lehrerin anhand der nationalsozialistischen Propaganda, ihrer Willkürlichkeit und inneren Widersprüchlichkeit als Absurdität dar: „die haben die welt einfach so eingeteilt" (40f.).

Die kurze Sequenz zur ‚arischen Seite' ist nur ein Beispiel von vielen. Begriffe wie ‚Umsiedlung' oder ‚Aktion' mit ihren unheilvollen Konnotationen können sich Jugendliche aus der historischen und gesellschaftspolitischen Distanz heraus aufgrund ihrer eigenen Lebenserfahrung nicht erklären, doch sind sie ihnen aus kommunikativen und kulturellen Tradierungszusammenhängen bekannt. Im literarischen Text sind diese Begriffe stets in einen Handlungskontext eingeschlossen und aus diesem heraus motiviert, jedoch nicht ‚erklärt', zumal ihre Bedeutungen aufgrund des historisch begrenzten Bewusstseinshorizonts der Figuren auch diesen selbst zum Teil nicht fassbar sind. Von den SchülerInnen werden diese Begriffe durch ihre scheinbare Geläufigkeit im kommunikativen Gedächtnis meist nicht in Frage gestellt. Mit ihrer Problematisierung bricht die Lehrerin diese Fraglosigkeit auf.

Nicht nur die Bedeutungen verschiedener historisch verwendeter alltäglicher und ideologischer Begriffe werden bestimmt, diese werden auch miteinander in Bezug gesetzt und geordnet. Die Form der semantischen Bestimmung und der strukturellen Ordnung von Begriffen scheint, wie auch andere empirische Rekonstruktionen von Unterrichtspraxis im Geschichtsunterricht (Proske 2005, 130, vgl. Kap. 2.2.2.3) bestätigen, für die historische Kontextualisierung von Literatur im Berliner Unterrichtsgespräch charakteristisch zu sein: sich eine historische Lebenssituation vor dem Hintergrund ihres gesellschaftspolitischen Kontexts zu erklären, indem man die in ihr geläufigen Begriffe mitsamt ihres Verwendungskontexts und Bedeutungsspielraums verstehen lernt und sie strukturierend einordnen kann. Wie im Folgenden gezeigt wird, baut auch die Warschauer Geschichtslehrerin ihr Unterrichtsgespräch entlang von Begriffen auf.

5.2.1.2 Klärung von Begriffen und ihrer historischen Verwendung in Warschau

In Warschau bittet die Deutschlehrerin (selbst auch ausgebildete Geschichtslehrerin) zwei polnische Kolleginnen, die als Geschichts- bzw. Geographielehrerin an der Schule arbeiten, Fragen der SchülerInnen zum Hintergrund des Romans zu beantworten. In diesem Rahmen finden insgesamt drei fächerübergreifende Unterrichtsstunden statt, zwei davon haben einen geschichtlichen Schwerpunkt und werden Gegenstand der folgenden Analysen sein. Die (polnischsprachige) Geschichtslehrerin hat vor der Unterrichtsstunde den (deutschsprachigen) Roman nicht gelesen, da dieser nicht ins Polnische übersetzt ist (vgl. Kap. 1.2.2.2). Deshalb sind die SchülerInnen zuvor von der Deutschlehrerin dazu aufgefordert worden, schriftlich Fragen im Hinblick auf den historischen Kontext des Romans zu formulieren. Diese Fragen stehen der Geschichtslehrerin für die Vorbereitung der Unterrichtsstunde zur Verfügung:[76]

76　Dass der polnischen Geschichtslehrerin – im Gegensatz zur Geschichts- und Deutschlehrerin in Berlin – ein differenzierter Bezug auf den Roman *Malka Mai* nicht möglich ist und sie darüber hinaus auch keine literaturdidaktische Ausbildung hat, muss bei den Analysen berücksichtigt werden. Dieser Umstand spielt aber insofern nur eine untergeordnete Rolle, als es in diesem

- Sytuacja Zydow w XX w.
- Jak wygladała przeprowadzana przez Niemców akcja?
- Losy Żydów na emigracji
- Ukraina wobec przesladowan
- Co Hitler chcial osięgnać przez przesladowania
- Spoleczeństwo niemieckie wobec przesladowan

Deutsche Übersetzung:
- Situation der Juden im Zwanzigsten Jahrhundert
- Wie sahen die durch die Deutschen durchgeführten Umsiedlungsaktionen aus?
- Schicksale der Juden im Exil
- Die Ukraine angesichts der Verfolgung
- Was wollte Hitler durch die Verfolgung erreichen
- Die deutsche Öffentlichkeit angesichts der Verfolgung

Die Geschichtslehrerin lässt die SchülerInnen zu Beginn der ersten von den beiden Geschichtsstunden unter dem Stichwort „Hitler" weitere Stichworte an der Tafel zusammentragen, die anschließend im Unterricht geordnet und von ihr erzählend erklärt werden: „NSDAP", „Holocaust", „wojna błyskawiczna" (Blitzkrieg), „Polska walcząca" (kämpfendes Polen), „czysta rasa" (reine Rasse), Oś Berliny, Rzym, Tokio (Achse Berlin, Rom, Tokio", „Ribbentrop-Molotow" (Hitler-Stalin-Pakt), „Gestapo", „Getto" (Ghetto), „SS", „appeasement". In dieser Unterrichtsstunde erzählt die Lehrerin von der Machtergreifung der Nationalsozialisten und ihrem Vorlauf in der deutschen Gesellschaft, der politischen Struktur und Organe der Partei, den Annexionen und der Appeasement-Politik, vom Nicht-Angriffspakt zwischen Hitler und Stalin und vom Blitzkrieg in Europa. Die SchülerInnen beteiligen sich an dem Gespräch mit Zwischenfragen und fordern die Lehrerin auch dazu heraus, aktuelle Zeitbezüge wie etwa zum Irak-Krieg herzustellen. Auf die schriftlich vorbereiteten Fragen der SchülerInnen hinsichtlich der jüdischen Lebenssituation geht die Lehrerin jedoch in dieser Stunde nicht mehr ein, weshalb eine zweite Unterrichtsstunde zur historischen Kontextualisierung angesetzt wird.

In der zweiten Stunde bilden die Fragen nach „Situation der Juden im Zweiten Weltkrieg" den roten Faden der Erzählung, um den herum die Lehrerin die Stunde aufbaut. Wieder ist ein Begriff Ausgangspunkt der Besprechung. Dieses Mal sollen die SchülerInnen zu zweit bzw. in Gruppen das aufschreiben, was sie zum Thema „ghetto" wissen: „bitte schreibt hier auf diese kärtchen in gruppen was ihr wisst was ihr wisst über worüber das thema was über das ghett ghett ghett ja das ghetto" (25). Anhand der Erläuterungen der SchülerInnen gestaltet die Lehrerin das Unterrichtsgespräch. Dabei greift sie die vorgetragenen Schülerbeiträge als Schlagworte auf, die gemeinsam vervollständigt werden „wir ergänzen die stichworte" (63) und knüpft weitere Fragen an. „wer hat hier in diesem ghetto regiert" (77), „warum gab es so viele juden in

---

Kapitel noch nicht um die literarischen Gespräche im engeren Sinne, sondern zunächst um deren historische Kontextualisierung geht.

polen" (93), „kennt ihr den begriff diaspora" (97), „wann von welchem ereignis an haben die juden sich in der ganzen welt verstreut" (101), „was geschieht mit den juden die sich vor dem hintergrund der verfolgten politik bedroht fühlen" (142), „wohin gibt es eine möglichkeit und fahren sie am häufigsten fort" (146), „was bedeutet autoritäre regierung" (154), „kennt ihr die verschiedenen kurierrouten" (162). Innerhalb der Fragen werden, wie im Unterricht in Berlin, immer auch Begriffsklärungen bedeutsam. Ebenso sind die Interaktionsstrukturen denen des Berliner Unterrichtsgesprächs nicht unähnlich, wie sich an dem Beispiel der „arischen Seite" veranschaulichen lässt.[77]

„co to była strona aryjska"

```
 1  L          ((...)) ja bym się chciała zapytać czy wiecie co to była strona
 2             aryjska.
 3  Michał     tak.
 4  Schülerin  tak.
 5  L          tak a kto po tej stronie ((es beginnt zu läuten)) aryjskiej się
 6             mieścił.
 7  Schüler    niemcy.
 8  L          tylko?
 9  Schüler    <<rufend> niemcy wszyscy->
10  Michał     czysta rasa.
11  Schülerin  nie żydzi-
12  L          co?
13  Schülerin  <<f> nie żydzi->
14  L          nie kochani nie ( )
15  Schüler    ( )
16  L          w mieście typu warszawa było getto. ((es hört auf zu läuten))
17             wszystko co było po stro poza gettem nazywało się to
18             stro[na aryjska.
19  Schülerin      [aryjska
20  Schüler    ( )
21  L          czyli byli tam również- (-)
22  Schüler    pola[cy.
23  L              [polacy. (-) czy coś jeszcze?
24  Michał     (no i tak i tak,)
25  Lucjan?    aryjska ulica przez środek getta.
26  Schüler    ey-
```

„was war das die arische seite"

```
 1  L          ((...)) ich möchte fragen ob ihr wisst was das war die arische seite.
 2  Michał     ja.
 3  Schülerin  ja.
 4  L          ja und wer befand sich auf der ((es beginnt zu läuten))
 5             arischen seite.
 6  m          die deutschen.
 7  L          nur?
 8  Schüler    <<rufend> die deutschen alle->
 9  Michał     die reine rasse.
10  Schülerin  nicht die juden-
11  L          was?
12  Schülerin  <<f> nicht die juden->
13  L          nein ihr lieben nein ( )
14  Schüler    ( )
15  L          in einer stadt wie warschau gab es ein ghetto. ((es hört auf zu
```

---

77 Die Unterrichtsgespräche aus dem Warschauer Lyzeum sind zunächst in der (überwiegend polnischen) Originalsprache wiedergegeben, gefolgt von einer Übersetzung ins Deutsche, in der die ursprünglich deutschen Äußerungen kursiv gesetzt sind. In der anschließenden Analyse wird auf das übersetzte Transkript verwiesen (vgl. zu der Vorgehensweise Sharpe 1992).

```
16                     läuten)) alles was außerhalb der ((arischen)) sei außerhalb des
17                     ghettos war das nannte sich das war die ari[sche seite.
18    Schülerin                                                 [seite
19    Schüler          ( )
20    L                das heißt dort waren auch- (-)
21    Schüler          po[len.
22    L                   [polen. (-) noch etwas?
23    Michał           (na und so und so,)
24    Lucjan?          eine arische straße mitten durch das ghetto.
25    Schüler          ey-
```

Wie die Berliner Lehrerin, so antizipiert auch die Warschauer Lehrerin, dass die SchülerInnen noch ungenaue Vorstellungen von historisch verwendeten Begriffen haben, die im gemeinsamen Gespräch präzisiert werden müssen. Anders als die Berliner Lehrerin wird aber nur die historische Verwendung, nicht die ideologische Einordnung des Begriffs der ‚arischen Seite' vor dem Hintergrund der national-sozialistischen Rassenideologie im Unterrichtsgespräch aufgegriffen. Anscheinend muss der Aufwand nicht so stark betrieben werden, da Polen eine andere Vergangenheit mitbringen als Deutsche. Sie schauen aus der Opfer-, nicht aus der Täterperspektive auf die Vergangenheit und sehen sich daher für die ideologische Einteilung der Welt auch nicht verantwortlich.

Deutlich wird, dass sowohl die Berliner als auch die Warschauer SchülerInnen ‚arisch' nicht infragestellen und mit ‚deutsch' gleichsetzen, ohne die ideologischen Implikationen und die konkreten historischen Umgangsweisen mit diesem Begriff zu hinterfragen. Bei der Lektüre des Romans hat dies bei ihnen jedoch nicht zu Verständnisschwierigkeiten geführt, wenn beispielsweise Malka während der Aktionen im Ghetto auf die ‚arische Seite' geflohen ist. Erst die Unterrichtsgespräche mit den Fragen der Lehrerinnen lassen diese Rahmungsdifferenzen aufscheinen, stellen gängige Begriffszuweisungen in Frage. Insofern dienen die historischen Kontextualisierungen literarischer Gespräche anhand von Begriffsbestimmungen als Strukturierungshilfen für den Aufbau historischer Vorstellungen. Weitere Strukturierungen werden anhand von Bezügen zur Literatur vorgenommen, die eine zweite Gemeinsamkeit zwischen den Unterrichtspraxen in Deutschland und Polen bilden.

5.2.2 Bezüge zu literarischen Texten

Literarische Texte selbst spielen bei der historischen Kontextualisierung von Literatur eine bedeutende Rolle. So stellen beide Lehrerinnen in Deutschland und in Polen in ihren Unterrichtsgesprächen wiederholt Verbindungen zu anderen Romanen, Dramen, Autobiographien und Kinderbüchern her. Bezugspunkte sind die Entstehungszeit der Texte, die gemeinsamen Themenfelder Nationalsozialismus, Antisemitismus/Rassismus und Holocaust oder anthropologische Fragen, die in der Literatur angesprochen bzw. aufgeworfen werden. Welche Texte die Lehrerinnen heranziehen, wie sie dies tun und inwiefern sich die Herangehensweisen in Deutschland und in Polen voneinander unterscheiden, soll im Folgenden analysiert werden.

5.2.2.1 Literarische Kontextualisierung in Berlin

In Berlin wird angeknüpft an das *Judenauto* von Franz Fühmann (1962), das die Klasse als vorbereitende Lektüre zum Roman *Malka Mai* im vorhergehenden Schuljahr gelesen hat. Darüber hinaus werden literarische Zeugnisse auch als Quellen für historische Perspektiven aus ihrer Entstehungszeit herangezogen wie z.b. ein Bild aus einem Kinderbuch von Elvira Bauer, das 1936 im Stürmer-Verlag erschienen ist. Auf diesem Bild sind jüdische Deutsche entsprechend der antisemitischen Vorstellungen der nationalsozialistischen Ideologie karikiert dargestellt. Des Weiteren wird ein Zitat aus Max Frischs Drama *Andorra* (1975, 65) – das Schuldbekenntnis des Paters –, das Ende der achten Klasse gelesen wurde, zur Thematisierung der Schuldfrage in *Malka Mai* aufgegriffen. Das Zitat „To be or not to be" aus William Shakespears Drama *Hamlet* (1623) dient der Verdeutlichung des Ausnahmezustands im Ghetto, in dem das körperliche Überleben alle anderen Fragen des Lebens überlagert. Nicht nur Bilderbücher, Dramen und Romane aus dem deutsch- und englischsprachigen Raum, sondern auch Dichtungen in polnischer Sprache werden (in deutscher Übersetzung) aufgegriffen. So dient etwa die erste Strophe aus der polnischen Nationalhymne, der *Dąbrowski-Mazurka*, als Anlass, im Unterrichtsgespräch über die Teilungen Polens zu sprechen: „Noch ist Polen nicht verloren,/ sind doch wir am Leben;/ Was sich fremde Macht erworben,/ Wird nicht aufgegeben!" (Wybicki 1797). Über poetische Texte hinaus werden auch expositorische Texte wie beispielsweise Auszüge aus Gesetzestexten herangezogen.

In den historisch-politisch kontextualisierenden Stunden der Mitte der Unterrichtseinheit widmet die Deutsch- und Geschichtslehrerin ausgehend von dem Zitat aus *Malka Mai*:

> „Wir sind nicht die ersten Juden, die ihr Zuhause verlassen mussten. Wir sind auch jetzt nicht die ersten Juden, die aus Polen geflohen sind." (Pressler 2001, 71)

eine Doppelstunde dem Thema „Judenverfolgung in der Geschichte und deren Gründe". Im ersten Teil der Doppelstunde führt sie im Anschluss an die Sammlung des historischen Wissens der SchülerInnen ausgehend von dem Textzitat in das Thema Judentum und die Entstehung und Entwicklung des Antisemitismus ein anhand von historischem Fotomaterial, weiterer Textstellen aus dem Roman und einem Gemälde Marc Chagalls von einem frommen Juden (1941). In diesem Zusammenhang werden im gemeinsamen Gespräch Begriffe aus der jüdischen Kultur geklärt, die über die im Roman *Malka Mai* verwendeten hinausgehen. Anhand eines Artikels aus einem historischen Fachlexikon erarbeitet die Lehrerin mit den SchülerInnen die Gründe für den Antisemitismus vom Mittelalter über das 18. und 19. Jahrhundert bis zum Antisemitismus in der Ideologie des Nationalsozialismus. Im Anschluss an diese theoretische historische Klärung des Antisemitismus geht es im folgenden *key incident* um die Verbindung von der erzählten Geschichte des Romans und ihrem historisch-politischen Kontext. Der Einstieg erfolgt durch ein Bild aus einem Kinderbuch von 1936.

„ach das ist doch das judenauto"

```
 1   L           ((...)) das genau ist die grundlage für den antisemitismus
 2               (--) im neunzehnten jahrhundert und dann im
 3               nationalsozialismus der hat nichts mehr direkt mit der
 4               religion zu tun sondern mit der rasse (-) und da zeig ich euch
 5               jetzt noch mal ein bild das weiß ich dass ich euch das schon
 6               einmal gezeigt habe (-) dass ihr das bereits kennt (-) aber
 7               das kann man das kann nicht schaden dass ihr euch das noch mal
 8               vergegenwärtigt (-) denn anGEBlich gibt=s ja so bestimmte
 9               rassemerkmale nun woll=n wa mal gucken wie dieser oh
10               (projektor) funktioniert ((...))
11   Schüler     ((murmeln))
12   Schülerin   das kennen wir
13   Malvin      ach das ist doch das judenauto
14   L           ja zum judenauto hab=n wir das gemacht völlig in ordnung aber
15               jetzt guckt noch mal bitte was ihr da seht ihr wisst noch (-)
16               das is aus einem kinderbuch der nazizeit (--) em von
17               neunzehnhundertfünfunddreißig und das wurde den kindern
18               vorgelesen ein ihr wisst au=noch dass da stand (-) das hatten
19               wir damals ja. (-) einbahnstraße tempo tempo die juden sind
20               unser unglück (--) so das is (--) dat janze dabei.
21   Lewis       da sind auch wieder juden die flüchten (-) also (-) sehen
22               ziemlich sauer aus sozusagen=
23   L           =ja die werden vertrieben ja
24   Lewis       ( ) zügen ( )
25   L           ja jetzt guckt doch mal
26   Pascal      ( )
27   L           wenn wir bei rassen sind wenn ihr hiernach sagen solltet- (--)
28               die rasse; die semitische rasse was wären hier die merkmale
29               wie sind die hier gemalt; (-) guckt euch das mal bitte an; (-)
30   Pascal      ja die haben alle ne große nase. (-)
31   L           ja das ist richtig weiter [was noch
32   Pascal                                [die haben alle ja nicht alle aber
33               die meisten haben hüte auf
34   L           ja da haste ja grad ( ) hingehört ( ) iwona
35   Iwona       sind alle dicker
36   L           ja ganz klar was noch? (-) äh frauke
37   Frauke      alle haben schwarze haare
38   L           richtig, (-) lara
39   Lara        die sehen alle ungeschickt aus;
40   L           ja:a;
41   Lewis       die gucken alle böse
42   L           hm=hm, nun passt mal auf wenn ihr jetzt müsst ihr=n bisschen
43               unterscheiden zwischen dem was die rassischen merkmale sein
44               sollen; das ist natürlich die nase die die nazis immer
45               hervorgehoben haben und besonders groß gemalt haben, (-) dann
46               die dunklen haare und die dunklen augenbrauen (-) und der
47               rest dass sie so ungepflegt aussehen das war natürlich die
48               vorurteile und die propaganda das ist schon völlig richtig.
49               (-) hört mal wenn ihr jetzt an das buch denkt; (-) kommt da
50               irgend so von der beschreibung der juden die im buch vorkommen
51               (-) ist da einer (-) solcher drunter im buch- (1.0)
52   Malvin      (-) also ja als die mit dem auto da anhalten und irgendwie das
53               mädchen da entführen (-)
54   L           das ist das judenauto von franz fühmann; ich frage jetzt nach
55               dem (jugendroman/buch) malka mai da hattest du aber völlig
56               recht mit. (-) ( ) ja dann geht mal familie mai durch wie
57               sehen denn die aus; was erfahren wir da; (---) miriam
58   Miriam      blaue augen (-)
59   Schülerin   malka hat blonde haare
60   L           hat malka- (-) blaue augen?
61   Rosalie?    sie hat braune augen aber die mutter und minna haben blaue
62               augen.
63   L           eben und weshalb und was schließt daraus die mutter, (---)
64               worüber denkt die mutter auch nach; (-) wer blaue augen hat in
65               der familie ja dann müssten wir vielleicht noch mal ins buch
66               reingucken (---) ja dann (-) äh nehmt mal bitte das buch
```

```
67                   seite einhundertelf oder einhundertdreißig- (---) so seite
68                   einhundertelf wer hat da den zweiten absatz und kann uns den
69                   mal eben bitte vorlesen. (---) kathleen kannst du bitte.
70    Kathleen       sie dachte an ihre schwester golda; die geheiratet hatte als
71                   sie kaum älter gewesen war als minna jetzt. (-) die beiden
72                   hatten die gleichen blaugrauen augen, die ganz hell wurden
73                   wenn sie fröhlich waren und dunkel bei zorn. (-) hanna
74                   lächelte. (-) auch sie hatte diese augen geerbt von ihrem
75                   vater. genau wie ihre schwester. (-) auch ihre schwester malka
76                   die älteste früh verstorbene hatte diese graublauen augen
77                   gehabt. (-) eine familienfarbe. nur malka ihre eigene
78                   tochter war braunäugig. hanna [senkte den kopf.
79    L              [ja warum senkt denn hanna bei dem gedanken dass ihre tochter
80                   braunäugig ist wo sie blond ist den kopf; (---) hm?
81    Lewis          na weil=s ( ) is nich gut auf der flucht weil- (-) wenn
82                   (sie=nen deutschen) ah die hat dunkle augen das könnte=n jude
83                   sein also- (-)
84    L              ja wenn-
85    Lewis          (vielleicht) ( )
86    L              wenn da noch anderes bei wäre könnte man das entdecken und nun
87                   nehm wir noch mal seite hundertdreißig (2.0)
88    Lewis          frau schorfheide,
89    L              ja?
90    Lewis          (ist das nicht blöd) ( ) (braune augen) ( )
91    L              leute ich ich zeig euch gleich noch a ich zeig euch dazu
92                   gleich bilder; (-) ich will erst mal bloß gucken was dazu im
93                   buch gesagt wird. ((...))
```

Nachdem die Lehrerin mit den SchülerInnen auf theoretischer Ebene die Entwicklung des Antisemitismus im 19. Jahrhundert zum Rassenantisemitismus erarbeitet hat und sich dabei auf der sprachlichen Handlungsebene eindeutig positioniert, „denn anGEBlich gibt=s ja so bestimmte rassenmerkmale" (8f.), bringt sie im direkten Anschluss mit dem Bild aus dem Kinderbuch von 1936 eine historische Quelle als Gesprächsanlass in die Unterrichtssituation ein, ohne es mit einer konkreten Fragestellung zu verbinden. Den SchülerInnen scheinen solche Gesprächsimpulse vertraut, sie äußern spontan ihr Eindrücke, zunächst ihre Erinnerungen an eine vorherige Rezeptionssituation: „das kennen wir" (12), „ach das ist doch das judenauto" (13). Die Lehrerin reformuliert die verkürzte Erinnerung Malvins, indem sie die Bezüge zwischen dem NS-Propagandabild und dem literarischen Text von Franz Fühmann implizit zurechtrückt bei gleichzeitiger Anerkennung dieser spontanen Vergegenwärtigung der Rezeptionssituation durch den Schüler: „ja zum judenauto hab=n wir das gemacht völlig in ordnung" (14). Ihr ist aber in diesem Moment nicht an einer Bezugnahme auf den anderen literarischen Text gelegen, was sich in ihrer Aufforderung zu einer genauen Betrachtung des Propagandabildes ausdrückt: „jetzt guckt noch mal bitte was ihr da seht" (15). Vielmehr scheint ihr eine Verknüpfung der theoretisch erarbeiteten ‚Rassenmerkmale' aus der nationalsozialistischen Ideologie mit ihrer historischen Präsenz im gesellschaftlichen Alltag wichtig, wenn sie nicht nur betont, dass es sich um ein „kinderbuch" (16) handelt, sondern auch darauf hinweist, dass es den „den kindern vorgelesen" (17f.) wurde. Das anfängliche Zögern auf Seiten der SchülerInnen jedoch kann als Unsicherheit gedeutet werden, mit einem solchen historischen Dokument auf sprachlicher Ebene umzugehen. Genau diese Arbeit an einem sprachlich sensiblen Umgang mit Geschichte steht im Zentrum der folgenden Interaktionssequenzen. Aus der kindlich-naiven Deutung von Lewis, „da sind auch wieder juden die flüchten also sehen ziemlich sauer aus sozusagen" (21f.), bestätigt die

Lehrerin in ihrer anschließenden Reformulierung nur den ersten Teil, allerdings aus einer anderen Perspektive, in der der Grund der Flucht und die Verantwortlichen – zumindest indirekt – zum Vorschein kommen: „ja die werden vertrieben" (23). Nach einer Sammlung der Bildrezeptionen der SchülerInnen, „die haben alle ne große nase" (30), „die meisten haben hüte auf" (33), „sind alle dicker" (35), „alle haben schwarze haare" (37), „die sehen alle ungeschickt aus" (39), „die gucken alle böse" (41) macht die Lehrerin nachdrücklich auf eine Differenzierung zwischen dem, „was die rassischen merkmale sein sollen" (43f.) und der „propaganda" (48), „dass sie so ungepflegt aussehen" (47) aufmerksam, dabei sich jeweils modal von diesen distanzierend und mit explizitem Bezug auf den ideologischen Charakter.

Im nächsten Gesprächsabschnitt wird von der Lehrerin ein Bezug zum Jugendroman *Malka Mai* hergestellt: „von der beschreibung der juden die im buch vorkommen ist da einer solcher drunter im buch" (50f.). In den folgenden Sequenzen weist das Gespräch auf struktureller Ebene Ähnlichkeit mit dem vorherigen Abschnitt auf. Die SchülerInnen tun sich schwer damit, zum literarischen Ausgangstext zurückzufinden, sie scheinen keine eigene Fragestellung entwickelt zu haben. An dieser Stelle greift die Lehrerin auf den literarischen Text selbst zurück und fordert die SchülerInnen dazu auf, eine Textstelle zu deuten, in der die Mutterfigur in Gedanken an ihre Familie versunken ist. Das Zitat „Nur Malka, ihre eigene Tochter, war braunäugig. Hanna senkte den Kopf." (Pressler 2001, 111), um dessen Deutung es geht, und von dem die Lehrerin anzunehmen scheint, dass es sich den SchülerInnen vor dem Hintergrund ihres bisherigen historisch-politischen Bewusstseinshorizonts nicht ohne Weiteres in seiner Tiefe erschließt, motiviert am Ende dieser Gesprächseinheit dessen bisherigen Verlauf. Auch hier zeigen sich die Schwierigkeiten auf Seiten der SchülerInnen, eine angemessene Sprache zu finden, um die historischen Lebensumstände und durch diese ausgelösten Ängste der Romanfiguren vor dem politischen Hintergrund und seinen Handlungszwängen zu beschreiben, wie sich in der etwas vagen und undistanzierten Formulierung in Lewis' Deutung zeigt: „is nich gut auf der flucht weil- (-) wenn (sie=nen deutschen) ah die hat dunkle augen das könnte=n jude sein" (81ff.). Dass dieses Unterrichtsgespräch trotz der aktiven Teilnahme des Schülers eher Fragen bei ihm aufgeworfen hat, als dass es Fragen beantwortet hätte, zeigt sich in der bereits in der nächsten Sequenz geäußerten, leider schwer verständlichen Nachfrage, ob „(das nicht blöd)" sei, „(braune augen)" (90). Es ist zu vermuten, dass es für ihn eine der ersten Auseinandersetzungen mit Antisemitismus ist.

In dem analysierten *key incident* zeigt sich, dass die Lehrerin Verständnisschwierigkeiten der jugendlichen SchülerInnen dahingehend antizipiert, dass diese sich die bedrohliche historische Lebenssituation der Romanfiguren unter den damaligen politischen Verhältnissen nicht vorstellen können. Ferner deutet der gesamte Gesprächszusammenhang darauf hin, dass sie davon ausgeht, dass die SchülerInnen einerseits ein umfangreiches Wissen über die Zeit des Nationalsozialismus vor allem im kommunikativen Gedächtnisrahmen erworben haben, dass dieses andererseits aber noch unstrukturiert und undifferenziert ist, worauf die nachdrückliche Arbeit an einer sensiblen Sprachverwendung hinweist. In dem Gespräch geht es insgesamt darum, eine Verbindung herzustellen zwischen den Innenwelten der fiktiven

Romanfiguren und der politischen Ideologie einer historischen Zeit, um sich einer Vorstellung vom Leben unter diesen Zwängen zumindest ansatzweise nähern zu können. Bildquellen aus historischen Kinderbüchern, die wiederum auf andere literarische Texte verweisen, werden dabei als Gesprächsanlass genutzt. Inwieweit die SchülerInnen Anregungen für eine Differenzierung ihres historischen Bewusstseins mitgenommen haben, bleibt offen. Betrachtet man jedoch auch die Situation der heutigen (Ur-)Enkelgeneration, dass etwa Lewis in den Interviews erzählt, dass er noch nie in seiner Familie über die Zeit gesprochen hat, da seine Großeltern nicht mehr leben, so zeigt sich die Bedeutung eines solchen Gesprächs im Rahmen des kulturellen Gedächtnisses, das unter Hinzunahme verschiedener Texte und Bildquellen eine differenzierte Perspektive auf den Antisemitismus, seinen Entstehungszusammenhang und seine historischen Ausmaße eröffnet.

5.2.2.2 Literarisch tradierte Erfahrung in Warschau

Die Geschichtslehrerin in Polen zieht ebenfalls verschiedene literarische Texte zur historisch-politischen Kontextualisierung des ausgewählten zeitgeschichtlichen Jugendromans heran. Allerdings bezieht sie sich dabei nicht auf im Unterricht besprochene Texte, sondern gibt den SchülerInnen Lektüreempfehlungen für die Freizeit, die zum Teil dem schulischen Literaturkanon entstammen: In der ersten Stunde zum Thema ‚Hitler' empfiehlt sie Albert Speers *Wspomienia* (1990) (*Erinnerungen* 1969), in der zweiten Stunde zum Thema ‚Ghetto' Hanna Kralls *Zdążyć przed panem bogiem* (1977) (*Dem Herrgott zuvorkommen* 1993). Da sie in *beiden* Unterrichtsstunden, die sie hält, jeweils im Verlauf ihres zeitgeschichtlichen Vortrags eine Aufforderung zum Lesen gibt und die SchülerInnen sich nicht erstaunt zeigen, sondern aktiv das Gespräch mitgestalten und die genannten Titel zum Teil mitschreiben, ist anzunehmen, dass es sich hierbei um unterrichtliche Alltagspraxis handelt. Interessant ist, dass sie einmal mit Albert Speers Autobiographie Literatur aus der (deutschen) Täterperspektive[78], das andere Mal mit Hanna Kralls literarischer Reportage Literatur aus der (polnisch-jüdischen) Opferperspektive vorstellt. Vor dem Vergleichshorizont mit der Unterrichtspraxis in Deutschland erstaunt die Vehemenz, mit der sie ihre Empfehlungen ausspricht, die ansatzweise Forderungscharakter erhalten: „ich hoffe dass jemand mir nach den ferien sagt ich habe albert speer gelesen" (106).

---

78 Eine kritische Betrachtung der von der Lehrerin eindrücklich empfohlenen Lektüre fehlt allerdings im Unterrichtsgespräch. Dabei ist gerade Albert Speer – von Harald Welzer als mustergültiger Technokrat (1998, 393) portraitiert – eine äußerst ambivalente Figur der nationalsozialistischen Vergangenheit und seine schriftlichen Erinnerungen immer auch befangen in seinen Größenphantasien: „Sogar wenn […] auf der kognitiven Ebene durchaus ernstzunehmende Durcharbeitungen und Reflexionen über Schuld und Verstrickung vorliegen und fallweise auch zu erhellenden Einschätzungen über Bewegungsmomente der nationalsozialistischen Herrschaft führen, hält sich etwas gänzlich anderes auf einer anderen Ebene des Bewußtseins durch (sic) – nämlich die erfahrungsgeschichtliche Affiziertheit durch das, was in einer prägenden Phase der Biographie gelebt und eben auch geträumt wurde." (ebd., 402)

In der zweiten Unterrichtsstunde zur historischen Kontextualisierung in Warschau, die dem Thema Entstehung des Antisemitismus und Holocaust gewidmet ist, geht die polnische Geschichtslehrerin nicht nur allgemein auf die Judenverfolgung ein, sondern bindet sie durchgehend an bedeutende Persönlichkeiten insbesondere aus dem Bereich der Literatur: aus dem 19. Jahrhundert den Dichter Heinrich Heine, aus dem 20. Jahrhundert den Arzt, Pädagogen und Kinderbuchautoren Janusz Korczak, den Künstler und Schriftsteller Bruno Schulz, die Journalistin und Schriftstellerin Hanna Krall sowie den Arzt und damals stellvertretenden Kommandanten des Warschauer Ghettos Marek Edelmann. Hierbei knüpft sie an die Vorkenntnisse der SchülerInnen an, weist aber gleichzeitig darüber hinaus. Dieser personengebundene Ansatz der Behandlung zeitgeschichtlicher Fragestellungen im Zusammenhang mit Literatur weist Ähnlichkeiten auf zu der biographischen Methode der Besprechung von Nationalliteratur, wie sie beispielsweise in Ungarn praktiziert und im Rahmen des International Mother tongue Education Network (IMEN) erforscht wurde (vgl. Herrlitz 1994, 20ff., vgl. Kap. 2.2.2.3). Die Verbindung zwischen Geschichte, Biographie und Literatur, wie sie im Unterrichtsgespräch in Warschau praktiziert wird, soll anhand eines Gesprächsausschnitts eingehender erläutert werden.

In der ausgewählten Passage aus der zweiten Stunde zur historischen Kontextualisierung in Warschau empfiehlt die Lehrerin das Buch *Zdążyć przed panem bogiem* von Hanna Krall, in dem ein Interview mit Marek Edelmann – dem stellvertretenden Anführer des Ghettoaufstands – als literarisches Zwiegespräch auf der Grenze zwischen Reportage und Roman dargestellt wird.[79] Zur besseren Verständlichkeit des Unterrichtsgesprächs sei der Textauszug, auf den sich die Lehrerin im Besonderen bezieht, dem Transkript vorangestellt.

„Schließlich ließen sie bekannt machen, es werde Brot geben. Jeder, der sich zur Arbeit melde, erhalte sechs Pfund Brot und dazu Marmelade.
Hör mal, mein Kind. Weißt du, was Brot damals für das Ghetto war? Wenn du es nämlich nicht weißt, dann wirst du nie verstehen, wie Tausende von Menschen freiwillig kommen und mit diesem Brot nach Treblinka fahren konnten. Keiner hat das bisher begreifen können.
Hier haben sie es verteilt, an dieser Stelle. Längliches, braungebackenes Roggenbrot.
Und weißt du was?
Die Leute gingen, ordentlich in Viererreihen, nach diesem Brot und anschließend in die Waggons. Es waren so viele, daß sie Schlange standen, zwei Transporte mußten jetzt täglich nach Treblinka abgefertigt werden – und dennoch faßten auch die nicht alle, die sich meldeten.

---

79 Im Gegensatz zur ungarischen Unterrichtsstunde aus der letzten Phase der kommunistischen Regierung (vgl. Herrlitz 1994, 20ff.) findet die polnische Unterrichtsstunde nach der politischen Wende und zwar kurz vor dem Beitritt Polens zur Europäischen Union statt. Inzwischen zählt Hanna Krall – die nach der Verhängung des Kriegsrechts 1981 in Polen Publikationsverbot erhielt und in den 80er Jahren im Untergrund veröffentlichte – nicht nur zu den bedeutendsten zeitgenössischen Schriftstellerinnen Polens, *Zdążyć przed panem bogiem* gehört auch zum polnischen Literaturkanon und wird als Unterrichtslektüre in den Lyzeen gelesen. Ebenso wird es über die polnischen Grenzen hinaus rezipiert, wie an den Übersetzungen in zehn verschiedene Sprachen – darunter erstmals 1979 ins Deutsche – zu erkennen ist (vgl. Kap. 2.1.1.1).

Im Jahre 42 hatten wir Zygmunt, einen Kollegen, losgeschickt, damit er in Erfahrung brachte, was mit den Transporten geschah. Er fuhr mit den Eisenbahnern vom Danziger Bahnhof. In Sokolów sagten sie ihm, hier gabele sich die Strecke, der eine Zweig führe nach Treblinka, ihn befahre täglich ein mit Menschen beladener Güterzug, der leer zurückkomme, Lebensmittel würden dorthin nicht geliefert.

Zygmunt kam ins Ghetto zurück, wir schrieben in unserer Zeitung darüber – es wurde nicht geglaubt. ‚Seid ihr verrückt geworden?' sagten sie, wenn wir sie zu überzeugen versuchten, daß man sie nicht zur Arbeit transportierte. ‚Würde man uns dann denn noch Brot geben, wenn wir umgebracht werden sollen? Meint ihr denn, daß sie so viel Brot vergeuden würden?'" (Krall 1993, 15f.)

Ausgehend von der Frage der SchülerInnen nach der Liquidierungspolitik der Nationalsozialisten und der politischen Position des damaligen ungarischen Staates gegenüber dem jüdischen Volk stellt die Lehrerin eine Beziehung her zwischen der ihr unbekannten literarischen Geschichte des Romans *Malka Mai* zu ihr vertrauteren Persönlichkeiten und literarischen Zeugnissen – so auch zu dem Buch von Hanna Krall.

„zobaczcie jaki był straszny głód"

```
1   L          ((...)) ta wasza bohaterka próbowała szukać ratunku bo wiedziała
2              jeżeli zostanie we Lwowie bądź w stryju to zostanie zamknięta w
3              getcie bo to już jest czterdziesty no nie wiem który
4   Michał      czterdziesty trzeci
5   L          no czterdziesty trzeci, (-) getta były tworzone od
6              czterdziestego roku więc oni już słyszeli o gettach. (--) więc
7              wiedziała że jeśli zostanie to ją czeka los getta, drohobycz,
8   Schüler    <<bestätigend> acha>
9   L          miejsce gdzie zginął e e i żył ten
10  Schüler    (   )
11  L          boże e no bruno schulz to co teraz była wystawa jego ilustracji.
12             też było nieduże miasteczko drohobycz też było e też znajdowało
13             się tam getto. (-) <<mit dem Finger wiederholt in die Luft
14             zeigend> teraz wam powiem jedną jeszcze rzecz ciekawą bo nie
15             wiem na ile zdążymy, ale z pewnością znów zachęcam was do
16             przeczytania jeszcze jednej książki [bo nie wiem czy to
17  Zuzanna                                       [((nimmt
18             einen Stift in die Hand))
19  L          jest teraz lektura.> a tą którą wam mówiłam że uciekał ten żyd
20             poprzez pragę gdzieś tam na zachód europy to tytuł muszę sobie
21             przypomnieć natomiast to co wam teraz powiem to jest (2.0) e
22             wywiad [hanny krall pod
23  Zuzanna          [((schreibt))
24  L          tytułem zdążyć przed panem bogiem.
25             [e [wywiad to jest taka książka [tak się nazywa hanna krall
26             zdążyć przed
27  Schülerin  [((schreibt))
28  Zuzanna       [jak?
29  Ania       [<<bestätigend, zu Kasia gewandt> słyszalam o tym>
30  Kasia                              [((schreibt))
31  Michał                             [( )
32  L          panem bogiem a jest to wywiad z markiem edelmanem. (-) marek
33             edelman to jedyna żyjąca (-) postać z getta z powstania w
34             gettcie warszawskim działacz starszy no w tej chwili pan ale to
35             przy okazji wam powiem i słuchajcie. przeczytajcie to. ona on
36             mówi coś takiego w pewnym momencie że z getta warszawskiego w
37             czterdziestym getto zamknię w czterdziestym roku w warsawie
38             zaczęto tworzyć. teraz żebym jeszcze nie zapomniała to w
39             granicach getta jeszcze mi przypomnijcie to powiem. (-) i i co i
40             jak zaczęto wywozić ludzi z getta warszawskiego głównie do
41             treblinki bo tu było blisko i tu też wywieziono korczaka janusza
```

```
42                korczaka, (-) to ci ludzie nie wiedzieli dokąd ich wywożą
43                dlaczego co oni mówią że gdzie jadą
44    Michał      umsiedlung
45    L           czy tak że jadą (jeszcze lepiej) do pracy no na lepsze życie
46    Michał      [arbeit macht frei
47    L           [umschla na ten umschlagplatz (i byli załadowani) w pociągi i
48                tak dalej. i słuchajcie. (-) i te organizacje żydowskie
49                działacze żydowscy zaniepokoili się dlatego że nie było żadnych
50                wieści od tych ludzi już wywiezionych. (-) w związku z tym
51                wysłano czy swoimi ścieżkami próbowano się zorientować gdzie ci
52                ludzie są wywożeni. (-) no i przyszła wiadomość ktoś właśnie
53                jakiś zwiad był przyszedł z wiadomością że ci ludzie idą do
54                komór gazowych w treblince. <<mit gesenkter stimme, p>
55                słuchajcie teraz. (-) ja nie wiem czy ja to teraz oddam ale to
56                jest straszne co oni powiedzieli.> ci ludzie w gettcie żydzi
57                byli tak oburzeni, i nie wierzyli <mit erhobener stimme, f> jak
58                to, (-) tyle chleba idzie na zmarynowanie? (-) to niemożliwe. co
59                do czego to było powiedziane, (--) bo oni kiedy byli ładowani w
60                te wagony do dostawali e e wyposażenie na (do dobry chleb)
61    Michał      ((lacht))
62    Hugo        <<lachend> o jezus>
63    Zuzanna     (co?)
64    Schülerin   (dobry chleb)
65    L           czyli dostawali no nie wiem kilo chleba prawda' (-) a nie
66                zdążyli go prawdopodobnie zjeść więc [dojeżdżając do treblinki
67    Hugo                                            [<<zu seinem Nachbarn ( )>
68    Lucjan      ((lacht))
69    L           zostaje ( ) [(       )
70    Michał                  [<<zu den MitschülerInnen> (           )>
71    L           zmarynowane. (-) zobaczcie jaki był straszny głód. (-) jeżeli
72                ludzie nie są w stanie uwierzyć że kilogram chleba idzie na
73                zmarynowanie. też bardzo ciekawa pozycja zachęcam do
74                przeczytania
75    Michał      a może to taka mentalność po prostu (2.0)
76    L           no michał nie=
77    Michał      =no nie mówił ale tak sobie tam ileś tysięcy ludzi zagazowali a
78                oni o chlebie tylko myślą
79    L           teraz wracamy. od zgodnie z teorią hitlera niem żydów trzeba
80                eliminować ((...))
```

„seht was für ein schrecklicher hunger es war"

```
 1    L           ((...)) diese eure heldin versuchte hilfe zu finden weil sie
 2                wusste dass wenn sie in lemberg oder in strij bleibt sie ins
 3                ghetto eingeschlossen wird weil es schon vierzig na ich weiß
 4                nicht welches
 5    Michał      dreiundvierzig
 6    L           na dreiundvierzig, (-) ghettos wurden seit dem jahr vierzig
 7                gebildet also haben sie schon von ghettos gehört. (--) also sie
 8                wusste dass wenn sie bleibt dann wartet auf sie das los des
 9                ghettos, drohobycz,
10    Schüler     <<bestätigend> aha
11    L           der ort an dem umgekommen ist äh äh und gelebt hat dieser
12    Schüler     (   )
13    L           gott äh dieser bruno schulz das was jetzt die austellung seiner
14                illustrationen war. auch das war keine große stadt drohobycz
15                auch war äh dort befand sich auch ein ghetto. (-) <<mit dem
16                Finger wiederholt in die Luft zeigend> jetzt sage ich euch noch
17                eine interessante sache weil ich nicht weiß wie viel wir
18                zeitlich schaffen. aber auf jeden fall ermuntere ich euch erneut
19                dazu noch ein buch zu lesen [weil ich nicht weiß ob es
20    Zuzanna                                [((nimmt einen Stift in die Hand))
21    L           jetzt lektüre ist> und diese welche ich euch sagte dass dieser
22                jude durch prag irgendwo nach westeuropa geflohen ist das an den
23                titel muss ich mich erinnern jedoch das was ich euch jetzt sage
24                das ist (2.0) äh ein interview von [hanna krall mit dem titel
25    Zuzanna                                        [((schreibt))
26    L           dem herrgott zuvorkommen. [äh [das interview das ist solch ein
```

```
27 Zuzanna                      [welches?
28 Ania                         [<<bestätigend, zu Kasia gewandt>
29 Kasia                        [((schreibt))
30 Ania             davon habe ich gehört
31 L               buch [das heißt so hanna krall dem herrgott zuvorkommen und das
32 Michał          [(          )
33 L               ist ein interview mit marek edelmann. (-) marek edelmann das ist
34                 die einzige lebende (-) person aus dem ghetto vom aufstand im
35                 warschauer ghetto ein aktivist im moment schon ein älterer herr
36                 aber bei gelegenheit sage ich euch und hört zu. lest das. sie er
37                 sagt so etwas in einem bestimmten moment dass vierzig aus dem
38                 warschauer ghetto das ghetto wird geschlossen im jahr vierzig in
39                 warschau fängt an zu bilden. jetzt damit ich das nicht noch
40                 vergesse innerhalb der grenzen des ghettos erinnert mich noch
41                 dass ich das sage. (-) und und was und wie man angefangen hat
42                 die leute aus dem ghetto wegzufahren hauptsächlich nach
43                 treblinka weil es hier nah war und hier wurde auch korczak
44                 janusz korczak weggefahren' (-) also diese leute wussten nicht
45                 wohin sie weggefahren wurden warum was sagen sie wohin sie
46                 fahren
47 Michał          umsiedlung
48 L               ja dass sie (besser noch) zur arbeit fahren na zu einem besseren
49                 leben
50 Michał          [arbeit macht frei
51 L               [umschla zu dem umschlagplatz (und sie wurden verladen) in züge
52                 und so weiter. und hört zu. (-) und diese jüdischen
53                 organisationen die jüdischen aktivisten waren beunruhigt weil
54                 es keine nachrichten von den leuten gab die schon weggefahren
55                 worden waren. (-) deshalb schickte man oder man versuchte über
56                 eigene kanäle herauszufinden wo diese leute weggefahren
57                 wurden. (-) na und die nachricht kam jemand war gerade
58                 irgendein kundschaftler und kam mit der nachricht dass die leute
59                 zu den gaskammern in treblinka gehen. (-) <<leise und mit
60                 gesenkter Stimme> hört jetzt zu. (-) ich weiß nicht ob ich das
61                 jetzt wiedergebe aber das ist schrecklich was sie gesagt haben.>
62                 diese leute im ghetto die juden waren so entrüstet, und haben
63                 nicht geglaubt <<laut und mit erhobener stimme> wie kann das
64                 sein, (-) soviel brot wird vergeudet? (-) das ist unglaublich.>
65                 wozu wurde das gesagt, (--) weil sie als sie in diese waggons
66                 verladen wurden be bekamen sie äh äh eine ausrüstung mit(gu
67                 gutem brot)
68 Michał          ((lacht))
69 Hugo            <<lachend> o jesus> ((lacht))
70 Zuzanna         (was?)
71 Schülerin       (gutes brot)
72 L               das heißt sie bekamen na ich weiß nicht ein kilo brot nicht
73                 wahr' (-) und sie haben es wahrscheinlich nicht geschafft es
74                 aufzuessen also es [in treblinka ankommend
75 Hugo                              [<<zu seinem Nachbarn ( )>
76 Lucjan          ((lacht))
77 L               wird ( ) [(      )
78 Michał                    [<<zu den MitschülerInnen> ( )>
79 L               verschwendet. (-) seht was für ein schrecklicher hunger es war.
80                 (-) wenn die leute nicht in der lage sind zu glauben dass ein
81                 kilo brot vergeudet wird. auch eine sehr interessante
82                 position ich ermuntere zur lektüre
83 Michał          vielleicht ist das einfach so eine mentalität (2.0)
84 L               na michał nein=
85 Michał          =na sage ich nicht aber dort wurden so einfach ein paar tausend
86                 leute vergast und sie denken nur an brot
87 L               jetzt kommen wir zurück. der hitlertheorie zufolge sollen deut
88                 juden ausgerottet werden ((...))
```

Gerahmt wird diese Passage durch die Lektüreempfehlung: Das Gespräch über Hanna
Kralls Buch wird – ebenso wie das über das Buch von Albert Speers eine Stunde zuvor
– von der Lehrerin eingeleitet und abgerundet mit der Aufforderung, dieses unab-

hängig vom Schulunterricht zu lesen („auf jeden fall ermuntere ich euch erneut dazu noch ein buch zu lesen" (18f.), „ich ermuntere zur lektüre" (82)). Zwischendurch wird die Ermunterung gar zur Forderung: „lest das. (36f.)". Insbesondere die Schüler*innen* machen sich unmittelbar bei der Nennung des Titels Notizen. Ob sie die empfohlenen Titel dann auch lesen, bleibt zwar offen, aber auch die Nebengespräche bzw. Kommentare weisen auf ein grundsätzliches Interesse vieler SchülerInnen hin. Die fast wörtlich übereinstimmende Art der Lektüreempfehlung in den beiden Stunden und das Mitschreiben der Titel markieren die Routine dieses Handlungsmusters zwischen Lehrerin und SchülerInnen.

Mit der Vorstellung des Buchs von Hanna Krall in der ausgewählten Passage gibt die Lehrerin kein umfassendes, an Daten und Ereignissen orientiertes, historisches Bild über die Lebenssituation im Ghetto. Vielmehr greift sie einen existentiellen Aspekt, den Hunger der dort lebenden Menschen im Zusammenhang mit den Deportationen, heraus und verweist darauf, wo man in der Literatur mehr über das alltägliche Leben im Warschauer Ghetto erfahren kann. Literarische Texte haben dieser Handlungspraxis zufolge in der polnischen Schule eine große Bedeutung als Medium für die Entwicklung des historischen Bewusstseins. Dies könnte unter anderem auf Besonderheiten der polnischen Geschichte zurückzuführen sein. Hierbei wären zum einen die polnischen Teilungen zwischen Ende des 18. bis zu Beginn des 20. Jahrhunderts zu erwähnen.

> „Das Fehlen eines eigenen Staates bewirkte, daß die Polen ihr Wissen über die eigene Vergangenheit nicht aus den Schulen bezogen; denn diese befanden sich in den Händen der Teilungsmächte. Zu den Hauptarchitekten des nationalen Geschichtsbildes wurden Maler und Schriftsteller. Józef Ignacy Kraszewski und Jan Matejko, Henryk Sienkiewicz und einige Generationen der Kossaks bevölkerten sie mit Helden, die mehrheitlich bis auf den heutigen Tag in diesem Bild angesiedelt sind." (Tazbir 1992, 31)

Zum anderen spielten auch im 20. Jahrhundert unter der Zensur der kommunistischen Regierung literarische Erzählungen eine bedeutende Rolle für die Tradierung eines ‚anderen‘ Geschichtsbildes. Hier bildete sich insbesondere die Form der ‚literarischen Reportage‘ heraus, in der gesellschaftlich brisante Themen in literarischer Form veröffentlicht werden konnten. Hanna Krall gehört neben Ryszard Kapuściński zu den Begründern und Vorbildern dieser Gattung (vgl. Pollack 2006). Wie aus kulturhistorischer Perspektive in Kap. 1.2.1.2 aufgezeigt, können erzählte Geschichten eine ‚Gegenerinnerung‘ (Assmann 2003, 139) zum offiziellen Gedächtnis darstellen. Sie bilden das delegitimierende Funktionsgedächtnis, aus dem zu späteren Zeiten wieder ein legitimierendes Funktionsgedächtnis werden kann (vgl. Kap. 1.2.1.2). Betrachtet man die aus der Perspektive der deutschen Unterrichtspraxis zunächst rigide anmutende Lektüreaufforderung der Lehrerin, so wird diese aus dem unterschiedlichen Umgang mit Geschichte(n) im Rahmen des kulturellen Gedächtnisses in Deutschland und in Polen verständlich.

In struktureller Hinsicht gleicht das Unterrichtsgespräch einer kollektiven Erzählung mit fest verteilten Rollen. Die Worte der Lehrerin zu Beginn der zweiten Stunde „ich mache die geschichte weiter" spannen einen Bogen zwischen der Erzählung über die deutsche Expansionspolitik durch die Nationalsozialisten in der ersten und über die Verfolgung und Ermordung der Juden in der zweiten Stunde. Innerhalb dieser Großerzählung gibt es zahlreiche Exkurse, die stets mit den Worten „kehren wir zurück" wieder an den Hauptstrang der Erzählung angeschlossen werden. Die Rollenverteilung scheint in dieser Interaktionspraxis klar geregelt: die Lehrerin erzählt „jetzt sage ich euch noch eine interessante sache" (16f.), „was ich euch jetzt sage" (23), „bei der gelegenheit sage ich euch" (36), „erinnert mich noch dass ich das sage." (40f.), die Aufgabe der SchülerInnen ist es, zuzuhören („und hört zu." (36), „und hört zu" (52), „hört jetzt zu." (60)). Tatsächlich hören sie aufmerksam zu, wie an den Hörerrückmeldungen („aha" (10)), Nachfragen („welches?" (27), „was?" (70)), Bezugnahmen/Anknüpfungen („davon habe ich gehört" (30)), Antworten (*„umsiedlung"* (47)), Ergänzungen (*„arbeit macht frei"* (50)), ihren Reaktionen (lachen) und Kommentierungen („o jesus" (69)) zu erkennen ist. Auffällig ist, dass die SchülerInnen sich, wenn sie auf Fragen der Lehrerin antworten, zuvor nicht gemeldet haben und darüber hinaus auch eigenständig das Rederecht ergreifen, wie beispielsweise Michał. Wenngleich diese Regelung des turn-takings eher Gesprächssituationen außerhalb schulischen Unterrichts gleicht, so bleibt doch die Entscheidung, was letztendlich in das offizielle Unterrichtsgespräch aufgenommen wird, der Lehrerin überlassen, wie an den kurzen Interaktionssequenzen am Ende der Passage zwischen ihr und Michał ersichtlich wird. Den SchülerInnen scheinen der Unterrichtsstil geläufig und ihre Partizipationsmöglichkeiten selbstverständlich. Dieses reibungslose Zusammenspiel von Lehrerin und SchülerInnen zeigt an, dass es sich um unauffälligen Unterricht in der polnischen Unterrichtspraxis handelt.[80]

Die Lehrerin gestaltet ihre Erzählung dramatisch, baut Spannung auf, zieht die SchülerInnen in ihren Bann und gibt eine abschließende Deutung: „wozu wurde das gesagt," (65), „seht was für ein schrecklicher hunger es war. (-) wenn die leute nicht in der lage sind zu glauben dass ein kilo brot vergeudet wird." (79ff.) Die feste Rollenverteilung bezieht sich also nicht nur auf die Erzählung der Geschichte, sondern auch auf deren Interpretation. Die Lehrerin ist diejenige, die die SchülerInnen zum Sehen auffordert, „seht was für ein schrecklicher hunger es war" (79) und dabei das zu Sehende selbst benennt. In der Deutungsautorität, die sie hierin für sich in Anspruch nimmt, gleicht sie dem polnischen Exkursionsleiter bei Schmitt (1997), der sich ebenfalls für die Erkenntnisse der Studierenden aus Deutschland verantwortlich sieht: „ich werde sie sehen lassen" (vgl. Kap. 2.1.3.1). Das Motiv des erzählenden Großvaters aus der polnischen Malerei (vgl. ebd.) spiegelt sich in der Interaktionsstruktur der Unterrichtsstunde wider.

Inhaltlich erzählt die Lehrerin von einer bedeutsamen Erfahrung aus dem Leben im Ghetto. Dabei baut sie auf Wissen bei den SchülerInnen auf. Interessant ist, dass in dem in Polnisch geführten Unterrichtsgespräch sowohl von der Lehrerin als auch den

---

80   Dass für die Vertrautheit mit dieser Unterrichtspraxis primär die *schulische* und nicht die *familiale* Sozialisation entscheidend ist, zeigt die unterschiedliche Perspektive zweier Polnisch-Muttersprachler auf dieses Unterrichtsgespräch, die bei der Erstellung des Transkripts behilflich waren. Die in *Polen* sozialisierte Studentin mit polnischem Familienhintergrund empfand die Stunde als „ganz normale Unterrichtsstunde", der schulisch in *Deutschland* sozialisierte Student polnischer Herkunft wunderte sich darüber, dass „so wenig Tatsachen" vermittelt würden.

SchülerInnen zahlreiche Begriffe und Wendungen in der deutschen Sprache verwendet werden: *„umsiedlung"* (47), *„umschlagplatz"* (51), *„arbeit macht frei"* (50). Es bleiben auch im polnischen Diskurs deutsche Begriffe und Wendungen und somit auch auf sprachlicher Ebene von deutscher Seite aus begangene Taten.[81] Für sie gibt es keine Übersetzungen bzw. es werden in diesem Kontext keine vorgenommen. In ihnen drückt sich eine deutliche Distanzierung aus zu den Tätern und deren Handlungen, auf die sie verweisen. Die Begriffe und Wendungen in deutscher Sprache werden in ihrer Zeit – der Zeit der deutschen Besatzung während des Zweiten Weltkriegs in Polen – belassen, wodurch auch die Verantwortung auf deutscher Seite bleibt.

Im Zentrum der Erzählung der Lehrerin steht eine exemplarische Geschichte von einer Begebenheit aus dem Leben im jüdischen Ghetto in Warschau. Diese Szene rekonstruiert sie aus der Erinnerung an ihre Lektüre von Hanna Kralls *Zdążyć przed panem bogiem*. Dieses Buch wird sehr spontan von der Lehrerin eingeführt, nachdem ihr zu einer anderen Lektüreempfehlung der Titel entfallen ist. Erinnerung ist ein konstruktiver Akt (vgl. Kap. 1.1). Wie die Lehrerin die Szene rekonstruiert und wie sich ihre Rekonstruktion im Gespräch mit den SchülerInnen gestaltet, soll vor dem Hintergrund der literarischen Darstellung bei Hanna Krall näher betrachtet werden.[82]

Zunächst einmal ist die erzählerische Rahmung der Lehrerin hervorzuheben. Das, was in der literarischen Geschichte als Ausgangspunkt gewählt wird, die Bedeutung des Brotes im Ghetto und die Zuteilung von Brot vor dem Abtransport auf dem Umschlagplatz, hält die Lehrerin in ihrer Erzählung zurück. Sie beginnt mit dem Ende der literarischen Erzählung, damit, dass die BewohnerInnen des Jüdischen Ghettos nicht glauben können, dass die deutschen Besatzer sie in Konzentrationslager deportieren werden. Durch diese (Um-)Strukturierung erhält die Geschichte ein besonderes Moment der (An-)Spannung: Warum konnten die Menschen im Ghetto nicht glauben, dass sie nicht zu einem „besseren leben", sondern in den Tod geschickt würden? Eine Antwort auf die an dieser Stelle von ihr antizipierten Fragen bei den SchülerInnen und damit die Deutung der literarisch überlieferten Geschichte gibt die Lehrerin selbst im direkten Anschluss: „seht was für ein schrecklicher hunger es war. (-) wenn die leute nicht in der lage sind zu glauben dass ein kilo brot zur verschwendung geht." (79ff.). Aus den empörten bzw. spottenden Reaktionen der

---

81   Die Gesprächsanalytikerin Anja Moos verweist in diesem Zusammenhang auf eine Beobachtung während einer englischsprachigen Führung durch die Gedenkstätte des ehemaligen Konzentrationslagers Auschwitz. Die Museumsangestellte verwendete den Begriff „Sonderkommando" in deutscher Sprache mit der Begründung, dass eine etwaige Übersetzung in „task force" nicht greife, da sie andere Konnotationen impliziere und entsprechend andere Kontextualisierungen hervorrufe.

82   Es geht hier nicht darum, zu untersuchen, ob bzw. inwiefern die Lehrerin die literarische Geschichte ‚richtig' erzählt hat, zumal diese Frage in sich widersprüchlich wäre, da Erzählen aus konstruktivistischer Perspektive eine aktive (Neu-)Strukturierung von Erfahrungen ist und nie eine ‚Abbildung' von Wirklichkeit (vgl. Flick 2003, 152ff.). Vor dem Hintergrund einer konstruktivistischen Gedächtnistheorie (vgl. Kap. 1.1) und den Erkenntnissen sozialpsychologischer Forschungen von Bartlett (1997), der auf die Prinzipien des Sinnmachens (‚effort of meaning') bei der Weitergabe von Erzählungen aufmerksam gemacht hat, ist vielmehr interessant, *was* die Lehrerin erinnert und *wie* sie es darstellt. Ihre Rekonstruktion der Geschichte gibt Aufschluss über ihre eigene Leseerfahrung und darüber, was ihr für eine Weitergabe an nachfolgende Generationen bedeutsam erscheint.

SchülerInnen an dieser Stelle ist aber zu schließen, dass diese die Geschichte weniger in ihrer literarischen Mehrschichtigkeit, als vielmehr allein auf der Handlungsebene verstehen. Der Kommentar von Hugo „o jesus" (69) und das Lachen mehrerer SchülerInnen deuten darauf hin, dass ihr Unverständnis für das Verhalten der im jüdischen Ghetto in Warschau lebenden Menschen groß ist. Nicht die deutschen Besatzer und ihre Praxis der Deportationen werden moralisch von den SchülerInnen in Frage gestellt, sondern die Reaktionen der jüdischen Bevölkerung auf diese. Die Frage, zu welch unverständlichen Vorstellungen und Handlungen Hunger einen Menschen treiben kann, scheint bei den SchülerInnen nicht aufzukommen. Vielmehr versucht Michał im Anschluss an die Erzählung der Lehrerin, eine andere Deutung der ihrigen entgegenzustellen. Er führt das Verhalten der jüdischen Ghettobewohner auf deren „mentalität" (83) zurück. In seinem Erklärungsansatz wird deutlich, dass er die dargestellte Szene nicht als symbolisch verdichtete, exemplarische Geschichte über das Leiden unter unmenschlichen Lebensbedingungen interpretiert hat, sondern als Beleg für eine antisemitische Stereotypisierung der jüdischen Bevölkerung. Die Ausgangsfrage des literarischen Texts „Hör mal, mein Kind. Weißt du, was Brot damals für das Ghetto war?" fehlt dem Schüler. Wie Hunger und Lebenserfahrungen unter menschenunwürdigen Zuständen Menschen verändern können, vermag er sich (noch) nicht vorzustellen.

Betrachtet man diese Sequenz der Gesprächspassage aus interaktionistischer Perspektive, so wird eine Rahmendifferenz zwischen Michał und der Lehrerin sichtbar. Während die Lehrerin ihre Lektüre literarisch rahmt und auch ihre Erzählung szenisch gestaltet, rahmt Michał die Erzählung auf einer eher alltagspragmatischen Ebene und zieht Erklärungsmuster aus seinem subjektiven Verständnis hinzu, bedient sich dabei antisemitischer Topoi, wie sie auch Harald Welzer et al. (2002) in ihrer Untersuchung zum kommunikativen Familiengedächtnis in Deutschland rekonstruiert haben: das Topoi des ‚Juden als Wucherer' und des ‚reichen Juden'. Michał verwendet dieses Topoi in abgewandelter und dabei zugespitzter Form: Noch in ihrer Notlage im Ghetto bestimme die Habgier das Denken der jüdischen Bevölkerung Polens, so erklärt er sich die – vor dem Hintergrund des heutigen historischen Bewusstseinshorizonts und dem Wissen um die Ausmaße der nationalsozialistischen Vernichtungspolitik schwer fassbare – ungläubige Reaktion der im Ghetto lebenden Menschen. Im Unterschied zu den Ergebnissen der Forschergruppe um Welzer (2002) aber, nach denen das Topoi vom ‚reichen Juden' in Deutschland lediglich in der Zeitzeugen- und Kinder-, nicht aber in der Enkelgeneration verwendet wird (vgl. Kap. 2.1.3.2), ist es hier mit Michał ein Angehöriger der Enkelgeneration, der eben dieses antisemitische Stereotyp ins öffentliche Unterrichtsgespräch einbringt. Hier wird zum einen ersichtlich, dass im kommunikativen Gedächtnis in Polen Deutungsmuster des ‚primären Antisemitismus' (vgl. Benz 2004, vgl. Kap. 2.1.3.2) eine andere Aktualität für die Generation der Enkelkinder der Zeitzeugen als in Deutschland besitzen, da sie ihnen nicht nur bekannt sind, sondern auch zur Deutung historischer Lebenssituationen genutzt werden. Zum anderen zeigt sich, von welch maßgeblicher Bedeutung das kulturelle Gedächtnis des schulischen Unterrichts auch in Polen ist, in dem nicht nur gegenläufige Geschichten wie die literarische Reportage von Hanna Krall angeboten, sondern vor allem auch alternative Deutungen den antisemitischen aus dem kommunikativen Gedächtnis entgegengesetzt werden.

Bis zu dieser Interaktionssequenz verläuft das Gespräch zwischen Lehrerin und SchülerInnen, in dem die Lehrerin primär die Rolle der Erzählenden, die SchülerInnen die der aktiv Zuhörenden einnehmen, reibungslos und ohne eine einzige Pause.[83] Umso markanter ist der Einwand Michałs zum Schluss, der nicht nur eine andere Deutung als die Lehrerin ins Gespräch bringt, sondern damit auch die Lehrerin für einen kurzen Moment sprachlos macht. Die zwei Sekunden, bevor sie antwortet, weisen auf die Spannung hin, die in dem Moment im Klassenzimmer zu spüren ist. Sein schneller Anschluss und die zurücknehmende Einschränkung seiner Äußerung zeigen, dass er mit seiner Deutung ein heikles Thema berührt, das in der Klassenöffentlichkeit nicht ohne Gesichtsverlust zu verhandeln ist. Michał scheint sich dem Vorwurf antisemitischer Einstellungen ausgesetzt zu sehen. Auch das lange Zögern, die vehemente Abstreitung und das Abschneiden des Themas durch die Lehrerin markieren, dass diese Deutung im kulturellen Gedächtnis des Unterrichtsgesprächs nicht tragbar und nicht veröffentlichbar ist. Aus didaktischer Perspektive bleibt an dieser Stelle zu fragen, warum die Rahmungsdifferenz zwischen Lehrerin und Schüler nicht in Rückbezug auf den literarischen Ausgangstext als Anlass aufgegriffen wird, um sie im Gespräch anzugleichen, damit die literarischen Verstehensschwierigkeiten des Schülers (er verbleibt mit seiner Deutung auf der Handlungsebene und somit auf der Textoberfläche) in einen Lernprozess überführt werden könnten. Mit Krummheuer (1992, 74ff.) kann hier von einer übergangenen Rahmungsdifferenz gesprochen werden (vgl. Kap. 2.2.2.1).[84] Allerdings bestünde hierbei auch die Gefahr, dass die konträren Deutungen nebeneinander stehen blieben.

Die Rahmungsdifferenzen zwischen Lehrerin und SchülerInnen scheinen eng mit der Gestalt des Textes und der erzählerischen Darstellung der Geschichte durch die Lehrerin verbunden. Ebenso wie Hanna Krall in der literarischen Interviewmontage verbindet auch die Lehrerin in ihrer Erzählung zeitgeschichtliche Ereignisse mit einer Darstellungsdramaturgie. In der polnischen Unterrichtspraxis scheint die Verbindung zwischen Geschichte und Literatur ausgeprägter zu sein als in der deutschen. Neben dem hier vorgestellten und analysierten Unterrichtsgespräch weisen auch *key incidents* aus den Interviews auf diese Verwobenheit von historischen und erzählerischen Elementen hin (vgl. Kap. 5.1.3.2).

Mit ihrer narrativen Präsentation von Zeitgeschichte unter Bezugnahme auf literarische Texte in einem lehrerzentrierten Unterrichtsgespräch kontextualisiert die Warschauer Geschichtslehrerin literarische Gespräche über den im Deutschunterricht gelesenen zeitgeschichtlichen Jugendroman. Dabei wirft sie eine literarische Per-

---

83 Nur ein Mal zuvor gibt es in diesem Gesprächsausschnitt eine Pause von zwei Sekunden, allerdings nicht zwischen einem Sprecherwechsel, sondern während des Gesprächsbeitrags der Lehrerin, in dem sie sich an den Titel des Buches zu erinnern versucht. Die Geschwindigkeit des Gesprächs, die nahtlosen Übergänge und Parallelhandlungen sind insgesamt kennzeichnend für diese Art von erzählendem Unterrichtsgespräch.

84 An dieser Stelle muss bedacht werden, dass auch die Besonderheit der Beobachtungssituation dazu beigetragen haben kann, dass die Lehrerin in der Gesellschaft tabuisierte Themen nicht in der Unterrichtsöffentlichkeit aushandeln lässt.

spektive auf Zeitgeschichte und nutzt wiederholt literarische Texte zwischen Fiktion und Wirklichkeit als Erzählanlass. In dem analysierten Unterrichtsgespräch geht es nicht primär um den Text an sich bzw. um dessen *literarästhetische* Interpretation, sondern vielmehr um seine anthropologische Deutung vor einem bestimmten historisch-politischen Kontext, sowie um die Geltung einer kollektiv geteilten anthropologischen Deutung im Rahmen des kulturellen Gedächtnisses, die antisemitische Deutungsmuster nicht zulässt. Wichtig ist, dass die Erinnerungen an das Leid der jüdischen Bevölkerung Polens zur Zeit der Okkupation durch Deutschland in narrativen Tradierungen aufrechterhalten und zum kulturellen Funktionsgedächtnis werden (vgl. Kap. 1.2).

5.2.3 Bezüge zu persönlichen Geschichten und Erfahrungen

Neben literarischen Geschichten finden ebenfalls persönliche Erfahrungen der Lehrerinnen in Form erzählter Geschichte(n) – ob didaktisch geplant oder eher beiläufig – Eingang in die Unterrichtsgespräche.[85] Sie werden von den Lehrerinnen an ihre eigene Familiengeschichte geknüpft oder mit anderen Lebensgeschichten aus den rezipierten Medien verbunden. Welche persönlichen Erfahrungen wie in das Unterrichtsgespräch eingebunden werden und wie sich diese auf den Roman *Malka Mai* beziehen, wird in den folgenden Analysen rekonstruiert.

5.2.3.1   Einbeziehung der eigenen Familiengeschichte in Berlin

Unmittelbar im Anschluss an die zuvor analysierte Transkriptpassage zieht die Lehrerin eine weitere Textstelle aus dem Roman *Malka Mai* heran und bettet sie ebenfalls in ihren zeithistorischen Kontext ein. Dabei wird im Gespräch der politische Kontext des Antisemitismus der nationalsozialistischen Rassenideologie mit der Lebenssituation der Romanfiguren verbunden. Ausgangspunkt ist eine Schlüsselsituation des Romans, in der sich die Mutter Hanna – bereits von Malka getrennt – von Familienfotos und persönlichen Dokumenten zur Übernahme einer anderen (christlichen) Identität trennen muss.

> „Sie nahm die Geburtsurkunden ihrer Kinder heraus, ihren Pass, den Brief ihres Vaters mit den Fotos. ‚Hier, schau dir deinen Großvater noch einmal an', sagte sie zu Minna, bevor sie

---

85 Wie die SchülerInnen ausgehend von dem Roman *Malka Mai* Bezüge zu ihrem eigenen Erfahrungshorizont herstellen, wird in Kap. 6.1 anhand der Interviewgespräche gezeigt. In den Analysen der beobachteten Unterrichtsgespräche stehen primär der literarische Text und dessen historischer Kontext im Vordergrund. Die Lese- und Lebenserfahrungen der SchülerInnen werden hier kaum sichtbar – es sei denn, sie werden durch das didaktische Arrangement der Lehrerinnen explizit zum Thema des Unterrichtsgesprächs gemacht. Dies ist etwa der Fall im Berliner Gymnasium: Beim Einstieg in die Unterrichtseinheit werden die SchülerInnen von der Lehrerin dazu aufgefordert, Fotos von sich als Siebenjährige mitzubringen und von ihren Erinnerungen an diese Lebensphase zu erzählen. Insofern bringen lediglich die LehrerInnen unaufgefordert persönliche Geschichten zur Deutung des literarischen Texts mit ein.

die Bilder zerriss, erst das des fremden Mannes mit dem nackten Gesicht, dann das ihres Vaters, mit Bart und Pejes. Dabei fiel ihr auf, wie rau und rissig ihre Hände waren, mit abgebrochenen, schmutzigen Fingernägeln. [...] Ruben hielt Frau Wajs ein Foto hin. ‚Meine Mutter', sagte er. ‚Sie sieht doch nicht aus wie eine Jüdin, oder? Meinst du nicht, dass ich das Bild behalten kann?'" (Pressler 2001, 130f.)

Anknüpfend an diese Textstelle projiziert die Lehrerin ein altes schwarzweißes Familienfoto an die Wand, auf dem ein Mann mit einer Frau und zwei Kindern zu sehen ist. Zuvor hatte sie mit den SchülerInnen über eine Karikatur von Juden in einem Kinderbuch aus der NS-Zeit gesprochen (s.o.).

„ich könnt euch noch mehr familienfotos zeigen"

```
 1   L        so und nun könnt ihr mal hier fotos begucken, (          )
 2            so wenn ihr das familienfoto seht-
 3   Malvin   so sah meine oma aus
 4   Schüler  ((lachen))
 5   L        <<lachend> ja wen könnt ihr da erkennen> (-)
 6   Lewis    ((meldet sich))
 7   L        findet ihr da jemanden [der den vorstellungen entspricht oder
 8   Vera                            [((meldet sich))
 9   L        nicht; (5.0) vera
10   Vera     also (-) äh den mann und die kinder hätte man glaub ich nicht
11            als juden bezeichnen weil das mädchen ist blond der
12            junge auch so (-) der mann hat kurze haare, (-) aber die frau
13            die hat (-) dunkle haare, (-) und- (-)
14   L        die nase, (-)
15   Vera     ja die nase ist auch ( )
16   L        eben
17   Vera     (    ) als jüdin dann bezeichnen,
18   L        das würde man und hier sieht man auch die größenverhältnisse
19            nicht so die frau ist sehr klein gewesen das bild stammt aus
20            dem september neunzehnhundertZWEIundvierzig, (---) ist also ein
21            jahr noch vorher aufgenommen bevor die handlung hier spielt (-)
22            und da diese bilder eben dann wirklich gefährlich gewesen sind
23            mussten die das hier auch vernichten ist also völlig klar dass
24            das notwendig war ((...))
25            ((Die Lehrerin teilt ein Schaubild über die NS-Rassenideologie
26            aus. Währenddessen murmeln die SchülerInnen untereinander.
27            Lewis fragt die Lehrerin im inoffiziellen Nebengespräch etwas,
28            auf das sie ausführlich eingeht. Es vergehen insgesamt 8
29            Minuten, bis Lehrerin und SchülerInnen miteinander über das
30            Schaubild sprechen.))
31   L        so jetzt nehmen mal alle dieses bild vor ihre nase (--)
32   Nazan    frau schorfheide
33   L        ja
34   Nazan    kann das sein dass sie das mädchen auf dem
35   L        ich habe nichts verstanden (-) sag nochmal
36   Nazan    waren sie das mädchen auf dem foto
37            ja ich hab mal gedacht (-) mal sehen ob sie erkennen dass ich
38            das mädchen auf dem foto bin [aber (-) gut wie seid ihr denn
39   Schüler                              [(((lachendes Murmeln))
40   L        dadrauf gekommen
41            (3.0)
42   Laura?   sie haben mal erzählt dass ihre mutter jüdin war und ihr vater
43            ganz groß und blond und total arisch und sie auch ganz blond
44            waren als kleines mädchen (-) und (--) das passt ja auch so von
45            der zeit her
46   L        ja ja das ist schon richtig also da war ich ( ) völlig richtig
47            hab ich gedacht ich nehm doch ( ) mal ja ich könnt euch noch
48            mehr familienfotos zeigen aber es sind eben bloß aus der zeit
49            ist noch eines ist noch ein kleineres vorhanden die andern sind
50            alle später das ist dann sechsundvierzig siebenundvierzig ja
51            (-) das ist dann das ja nicht mehr relevant also deshalb musst
```

```
52        ich dieses eine und deshalb hab ich=s auch fotokopieren lassen
53        und sonst zuhause gelassen damit das eine kostbare stück was
54        noch im besitz der gesamten familie ist nicht etwa abhanden
55        kommt nicht das hatten verwandte aus amerika gehabt und dadurch
56        ist hat dieses foto ist es eben erhalten geblieben (-) so und
57        nun könnt ihr gleich mal hierher gucken (--) denn mein vater
58        war ein Arier (---) so und nun guckt mal bitte links oben die
59        spalte an was ist danach ein Arier
```

Das Familienfoto der Lehrerin wird zum Gesprächsanlass, ohne dass es als persönliches Dokument von der Lehrerin eingeführt wird. Vielmehr sollen die SchülerInnen die Familienmitglieder vor dem Hintergrund zuvor erarbeiteter rassenideologischer Vorstellungen des Nationalsozialismus betrachten. Wie bereits im vorherigen *key incident* aus dieser Stunde fordert die Lehrerin zur genauen Betrachtung auf. Vera beschreibt die einzelnen Familienmitglieder, indem sie auf die Haarfarben hinweist und deren Bedeutung vor dem ideologischen Hintergrund. Dabei wird sie von der Lehrerin unterstützt, die nachdrücklich auf die Form der Nase aufmerksam macht. Losgelöst vom Kontext der Unterrichtsstunde und der bis hierhin geleisteten Erarbeitung des ideologischen Konstruktcharakters des Antisemitismus und seiner Funktionalisierung im Nationalsozialismus wäre fraglich, warum Lehrerin und SchülerInnen ausgerechnet mit den Begriffen und Kriterien der Rassenideologie selbst arbeiten und dies auf sprachlicher Ebene nicht expliziter zu markieren. Im Anschluss an die Erläuterungen Veras gibt die Lehrerin die Erklärung dafür selbst: Das offensichtliche Erkanntwerden als ‚Juden' im Sinne der NS-Rassenideologie und vor dem Hintergrund der Vernichtungspolitik bedeutete für die Juden in der damaligen Zeit eine große Gefahr. Erst diese Gefahr begründet bzw. erklärt die aus der heutigen Perspektive für die SchülerInnen vermutlich nicht leicht nachvollziehbaren Handlungen der Hauptfigur Hanna, ihre persönlichen Erinnerungen an ihren eigenen Vater zu zerstören und zurückzulassen. Im Zerreißen der Familienfotos und -dokumente sich selbst und die eigene Herkunft, den Namen, die Familie sowie die Religionszugehörigkeit zu verleugnen und eine andere Identität anzunehmen, antizipiert die Lehrerin als Verstehensschwierigkeiten der SchülerInnen, die im Unterrichtsgespräch aufgegriffen werden. Der Leseprozess wird an dieser Stelle verlangsamt, die Situation Hannas auf der Flucht quasi ausgedehnt und durch andere historische Quellen wie zuvor die historischen Fotos frommer Juden, das Gemälde Chagalls, die Karikatur aus dem NS-Kinderbuch und hier das Familienfoto ergänzt.

Die SchülerInnen selbst problematisieren in diesem Unterrichtsgespräch Hannas Handeln nicht. Auch in den Interviews stellen die SchülerInnen zwar Malkas abweisende Reaktion ihrer Mutter gegenüber wiederholt in Frage, nicht jedoch Hannas Trennung von den letzten Erinnerungsstücken an ihren Vater (vgl. Kap. 6.1). Im vorliegenden Unterrichtsgespräch scheinen sie ein bedeutendes Interesse daran zu haben, die Herkunft des Fotos zu ergründen, wie an dem starken, ununterbrochenen Nebengesprächen zu erkennen ist und schließlich in der Nachfrage Nazans in der Unterrichtsöffentlichkeit formuliert wird. Wie sehr die SchülerInnen an dem Foto interessiert sind, wird offensichtlich daran, dass die Gesprächsinitiative nicht – wie in dem vorherigen *key incident* aus dieser Stunde – von der Lehrerin ausgeht und dass sie erst mit einer zeitlichen Verzögerung, der die Verständigung unter den SchülerInnen vorausgegangen ist, eingebracht wird – thematisch bereits in einer anderen Phase. Die Lehrerin jedoch zeigt sich über die Nachfrage nicht erstaunt, scheint sie vielmehr erwartet zu haben, da sie nicht mit dem Gespräch über das Schaubild fortfährt, sondern direkt nachfragt und sofort ausführlicher hierauf eingeht. Ungefragt erzählt sie nun Näheres zur Entstehungszeit des Bildes und seiner ‚Überlebensgeschichte' – die eigene Familiengeschichte, die sich dahinter verbirgt, bleibt dabei in weiten Teilen im Verborgenen. So wird das Foto, ähnlich wie literarische Texte, zum Gesprächsanlass über menschliche Erfahrungen in historischen Zeiten, ohne die Privatsphäre von Einzelnen zu verletzten. An dieser Stelle werden im Gespräch kommunikatives und kulturelles Gedächtnis in ihrer wechselseitigen Erhellung füreinander fruchtbar gemacht. Die wenngleich eigeninitiativ, so doch zunächst sehr zaghaft und leise formulierte Frage „kann das sein dass sie das mädchen auf dem" verdeutlicht, dass es im Rahmen des kulturellen Gedächtnisses im schulischen Unterricht nicht selbstverständlich ist, Geschichten aus dem kommunikativen Gedächtnis zu erzählen, für die SchülerInnen jedoch von großem Interesse.

Durch das Foto wird die literarisch tradierte historische Erfahrung der existentiellen Bedrohung mit der Person der Lehrerin in die Gegenwart geholt. An dieser Stelle – das zeigt die hohe Aufmerksamkeit der SchülerInnen –, rückt ihnen die im Roman dargestellte historische Welt in der Person der Lehrerin als Zeitzeugin näher. Die Ausbildung des historischen Bewusstseins bei den SchülerInnen wird im Berliner Unterrichtsgespräch durch eine Verbindung zwischen symbolisch überlieferten Erfahrungen (durch Text und Bild) und persönlichen Erzählungen (durch die Person der Lehrerin) praktiziert. Diese Verbindung spielt auch in dem Warschauer Unterrichtsgespräch eine Rolle.

5.2.3.2 Einbeziehung eigener Medienerfahrungen in Warschau

Am Ende der zweiten Unterrichtsstunde zur historischen Kontextualisierung kommt die Geschichtslehrerin in Warschau kurz vor dem Pausenzeichen auf eine aktuelle Sendung im Fernsehen über ein Kinderheim zu sprechen, die bei ihr bleibende Eindrücke hinterlassen und weitere Fragen aufgeworfen hat.

„takie niewinne czekające ((...)) na słowa miłości"

```
1    Lucjan    ((klopft mit dem Stift auf Heft und Tisch))
2    Michał    (   )
3    L         ((...)) ja wam tu coś powiem ja się czasami zastanawiam
4              (wczoraj oglądałam taki program z domu dziecka) ile małych
5              dzieci niczemu niewinne przepraszam że tak odbiegłam. (---)
6              <<zu Lucjan gewandt> nie stukaj.>
7    Lucjan    ((legt den Stift weg))
8    L         e e i takie niewinne czekające jak ktoś tam powiedział na słowa
9              miłości- (-) ja nie wiem czy tu też nie można powiedzieć o
10             pewnej znieczulicy społecznej. (2.0) co? (-) naprawdę ja się
11             zaczęłam sam zastanawiać przepraszam odbiegłam od tematu ale
12             wracamy już do tej czy czy czy (  ) właśnie czy nie udać się
13             <<lachend> do jakiegoś domu dziecka> i i na zasadzie no no
```

```
14          właśnie nie wiem wizyt wizyt weekendowych czy no nie wiem coś-
15          (-) naprawdę to jest- (-) ale no bo to jest na zasadzie takiej
16          właśnie odpieramy od siebie tak nie to u nich tak samo było,
17          (-) odpierali od siebie nie chcieli o tym słyszeć. (-) ale
18          przecież te małe niewinne dzieci bo ja rozumie że ktoś jest
19          pijak z własnego wyboru że ( ) z własnego. <<emotional> ale te
20          dzieci są niczemu niewinne,> (-) że zostały przez los tak
21          potraktowane. odbiegamy. ((...))
```

„solch unschuldige die ((...)) auf worte der liebe warten"

```
1    Lucjan    ((klopft mit dem Stift auf Heft und Tisch))
2    Michał    ( )
3    L         ((...)) ich sage euch hier etwas ich überlege manchmal (gestern
4              habe ich so eine sendung aus einem kinderheim gesehen) und
5              viele kleine unschuldige kinder- entschuldigung dass ich so vom
6              thema abgekommen bin. (---) <<zu Lucjan gewandt> klopf nicht.>
7    Lucjan    ((legt den Stift weg))
8    L         äh äh und solch unschuldige wie dort jemand gesagt hat die auf
9              worte der liebe warten- (-) ich weiß nicht ob man hier nicht
10             auch von einer gewissen gesellschaftlichen gleichgültigkeit
11             sprechen kann (2.0) was? (-) ich fing wirklich selbst zu
12             überlegen an ob- entschuldigung ich bin vom thema abgekommen
13             aber wir kommen schon zu dieser zurück ob ob ob ( ) genau ob
14             ich nicht <<lachend> irgendein kinderheim> besuchen soll und
15             und grundsätzlich na na genau weiß ich nicht vielleicht als
16             wochenendbesuche besuche oder so etwas na ich weiß nicht
17             irgendwas- (-) wirklich es ist- (-) aber na weil das nach dem
18             motto funktioniert diese genau wir weisen von uns zurück so ist
19             das nicht bei ihnen war es das gleiche; (-) sie wiesen von sich
20             zurück sie wollten nicht davon hören. (-) aber dennoch diese
21             kleinen unschuldigen kinder weil ich verstehe dass jemand
22             alkoholiker ist aus eigener wahl dass ( ) aus eigener.
23             <<emotional> aber diese kinder sind unschuldig daran,> (-) dass
24             sie durch das schicksal so behandelt wurden. wir kommen vom
25             thema ab. ((...))
```

Ohne von den SchülerInnen gefragt zu werden, bringt sich die Lehrerin mit einer aktuellen Medienerfahrung persönlich ins Gespräch. Thematischer Bezugspunkt zum Roman *Malka Mai* ist die Lebenssituation ‚verlassener' Kinder, in diesem Falle von Kindern eines Kinderheims. Die Lehrerin stellt sich selbst als durch die Sendung nachdenklich geworden dar, zitiert einen Satz, der eine Schlüsselstellung einnimmt: „unschuldige die wie dort jemand gesagt hat auf worte der liebe warten" (8f.). Die Einsamkeit, die sich in ihrer metaphorischen Aussage über die Lebenssituation von Heimkindern ausdrückt, zum einen und die explizit benannte „unschuld" dieser Kinder an ihrer Situation zum anderen bilden die zwei zentralen Aussagen in dem Gesprächsbeitrag der Lehrerin.

Einen auf sprachlicher Ebene expliziten Bezug zum Roman stellt die Lehrerin nur indirekt her, indem sie die historische Zeit der Romanhandlung mit der heutigen Zeit in Beziehung setzt und auf ähnliche Strukturen hinweist: „bei ihnen war es das gleiche; (-) sie wiesen von sich zurück sie wollten nicht davon hören" (18f.). In ihrer emotionalen Ergriffenheit durch die Fernsehsendung sieht sie sich dazu aufgefordert, aktiv zu werden. Inwieweit die Medienerfahrung die Lehrerin wirklich zu Anschlusshandlungen führt, ist ungewiss, soll aber nicht Gegenstand dieser Analyse sein.

Offen bleibt ebenfalls, inwiefern diese erzählte Medienerfahrung für die SchülerInnen bedeutsam wird – im Unterrichtsgespräch jedenfalls gehen sie nicht darauf ein.

Festgehalten jedoch werden kann, dass persönliche Erfahrungen der Lehrerinnen Teil von Unterrichtsgesprächen werden, dass Medien eine bedeutende Rolle für persönliche Erfahrungen spielen und dass mit persönlichen Erfahrungen aus der gegenwärtigen Zeit im Unterrichtsgespräch Bezüge zu historischen Erfahrungen hergestellt werden, sozusagen eine Verbindung zwischen den Zeiten geknüpft wird.

5.2.4 Zusammenfassung: sprachliche, literarische und narrative Strukturierung

Literatur fordert zum einen historische Kontextualisierungen heraus und trägt zum anderen wiederum zur historischen Sinnbildung bei. Literatur im schulischen Unterricht wird sowohl in der deutschen als auch in der polnischen Unterrichtspraxis in einen historisch-politischen Zusammenhang gestellt. Die jeweiligen Unterrichtspraxen in Deutschland und in Polen weisen – neben Unterschieden auf der Ebene der Unterrichtsformen, der Gesprächsstrukturierungen und der herangezogenen Literatur – grundlegende Gemeinsamkeiten im Hinblick auf ihre Verknüpfungsfunktion unterschiedlicher Gedächtnisrahmen auf: In beiden geht es um die *sprachliche*, *literarische* und *narrative* Strukturierung historischen Bewusstseins.

In den politisch-historischen Kontextualisierungen in beiden kulturellen Kontexten werden jeweils ausgehend von Fragen des ausgewählten zeitgeschichtlichen Jugendromans Bezüge zum kulturellen und zum kommunikativen Gedächtnis hergestellt. Hierbei geht es jeweils darum, historische Vorstellungen im gemeinsamen Gespräch zu ordnen. Dies wird praktiziert durch sprachliche, literarische und narrative Strukturierung: Das kulturelle (Speicher-)Gedächtnis wird in Form von Begriffen und literarischen Geschichten bemüht, die im Unterrichtsgespräch interaktiv angeeignet und in das sinnstiftende Funktionsgedächtnis integriert werden; das kommunikative Gedächtnis wird in Form von Geschichten aus der eigenen Familie oder eigenen Medienerfahrungen herangezogen, die wiederum im Unterrichtsgespräch mit dem kulturellen Gedächtnis in Bezug gesetzt werden. Für die jugendlichen SchülerInnen stellt die Vergegenwärtigung einer historisch fernen Lebenswelt mit ihren Handlungsspielräumen und -zwängen sowie ihre Verbindung mit der eigenen gegenwärtigen Lebenswelt mit ihrem veränderten historischen Bewusstseinshorizont eine Herausforderung dar. Diese Verbindung wird in Unterrichtsgesprächen insbesondere dort geleistet, wo Geschichte(n) aus den unterschiedlichen Gedächtnisrahmen aufeinander bezogen werden, wie hier etwa die Erfahrungen der Romanfiguren mit Ausgrenzung und Verfolgung auf lebensgeschichtliche Erfahrungen der Lehrerin, die in diesem Moment zur Zeitzeugin wird. In diesem Prozess der historischen Sinnbildung in historisch-politischen Kontextualisierungen von Romanlektüren im Unterrichtsgespräch wird ein kulturelles Funktionsgedächtnis gebildet, ein gemeinschaftsstiftendes Bild von Vergangenheit erzeugt. Ziel ist dabei die Tradierung von Geschichte im Sinne eines gesellschaftlichen Konsenses in historischen Vorstellungen und Deutungsmustern. Es geht hier nicht um den Umgang mit der Vielstimmigkeit der Literatur und das Aushandeln von Deutungen. Vielmehr wird im gemeinsamen Gespräch eine kulturelle Tradierung von (literarischer) Geschichte zwischen den Generationen praktiziert, in der der Literaturkanon und geteilte Deutungen eine zentrale Stellung einnehmen.

Hinsichtlich der Unterrichtsformen, der Gesprächsstrukturen sowie der Auswahl der herangezogenen Literatur unterscheiden sich die Unterrichtsgespräche in Deutschland und in Polen voneinander. Während sich in Berlin das fragend-entwickelnde Unterrichtsgespräch mit Gruppenarbeit und Schülerpräsentationen abwechselt, dominiert in Warschau – neben eingeschobenen Phasen der Partnerarbeit mit Schülervortrag – der Lehrervortrag mit verteilten Rollen. Dieser gleicht einer Geschichte, die erzählt wird („ich mache die geschichte weiter"), und sich in viele kleine Unterkapitel aufteilen lässt. Dabei sind der Lehrerin und den SchülerInnen feste Rollen – die der Erzählenden und die der Zuhörenden – zugewiesen. In didaktisch-methodischer Hinsicht werden in Berlin vermehrt Bilder (Fotografien, Gemälde, Kartenmaterial) für die historische Vorstellungsbildung herangezogen und als Gesprächsanlässe für dahinter verborgene Geschichten genutzt. In Warschau dagegen stehen die Erzählungen selbst – seien es literarische Texte oder Alltagsgeschichten – im Vordergrund. Die Auswahl der literarischen Texte ist abhängig vom jeweiligen kulturellen Kontext, wobei in beiden eine kulturelle Perspektivenvielfalt zu beobachten ist.

Insgesamt scheinen historische Sinnbildungsprozesse im polnischen Schulunterricht ausgeprägter narrativ und biographisch orientiert zu sein. Diese Beobachtung bestätigt die Bedeutung des Erzählens, die die SchülerInnen im Unterricht in Polen wahrnehmen, auf interaktiver Ebene. Literarische Gespräche finden in Warschau nicht nur erzählend in den Unterricht, sie werden auch als Lektüreempfehlung den SchülerInnen für die Freizeit vorgeschlagen. Diese Beobachtung scheint umso bemerkenswerter, als dass es sich bei der Lehrkraft um eine Geschichtslehrerin ohne sprach- bzw. literaturdidaktischen Hintergrund handelt. In der Unterrichtspraxis in Berlin ist besonders auf die Zusammenführung von unterschiedlichen Geschichten ausgehend von der gemeinsamen Betrachtung von Bildern hinzuweisen, die eine vielschichtige Perspektive auf Geschichte in ihrer jeweiligen Darstellungs- und Rezeptionspraxis eröffnen.

In der in den Analysen der Unterrichtsgespräche aufgezeigten Verknüpfung und Strukturierung unterschiedlicher Gedächtnisrahmen ist die besondere Herausforderung zeitgeschichtlicher Jugendromane im interkulturellen schulischen Kontext zu sehen. Sie erfordern von den Lesenden, sich anhand von fiktiven Figuren und einer fiktiven Handlung ein historisches Bild einer vergangenen Zeit aufzubauen, das auch Einblicke in die psychische Situation der dort lebenden Menschen gibt. Gleichzeitig aber muss historische und perspektivische Distanz gewahrt werden, das strukturelle Allgemeine hinter dem konkreten Beispiel muss aus dem symbolischen Angebot rekonstruiert werden.

6 Analyse der literarisch-anthropologischen Gespräche über *Malka Mai*

Zeitgeschichtliche Jugendliteratur ist für die Ausbildung eines historischen Bewusstseins bei Heranwachsenden und eine interkulturelle Verständigung von großer Bedeutung, da sie wechselseitige Übergänge zwischen verschiedenen Gedächtnisrahmen ermöglicht: durch die literarische Gestaltung von erzählten Lebensgeschichten vom kommunikativen zum kulturellen und in der Anschlusskommunikation vom kulturellen wieder zum kommunikativen Gedächtnis (vgl. Kap. 1). Durch die Rezeption und kommunikative Einbindung zeitgeschichtlicher Jugendliteratur im schulischen Kontext kann auch im internationalen Kontext ein gemeinsames Geschichtenrepertoire entstehen, von dem aus die in europäischen Ländern gleichsam bedeutsamen Geschehnisse zur Zeit des Zweiten Weltkriegs aus verschiedenen interkulturellen Perspektiven betrachtet werden und zur Auseinandersetzung mit politisch-historischen und anthropologischen Fragen anregen können (vgl. Kap. 2). Gerade Literatur mit ihrer Mehrdeutigkeit und ‚Vielstimmigkeit‘ ermöglicht vielfältige und differenzierte Perspektiven, die jenseits von eindeutigen Täter- und Opferzuschreibungen liegen. Das Besondere an fiktionalen Geschichten im Vergleich zu expositorischen ist, dass sie Einblicke ermöglichen in die ‚Landschaft des Bewusstseins‘ und dazu herausfordern, diese mit denen der ‚Landschaft der Handlung‘ zu verbinden. Die Anschlusskommunikation mit anderen RezipientInnen eröffnet Gesprächsräume, in denen erfundene und reale Geschichte(n) zusammengebracht werden können zur Ausbildung eines komplexen historischen Bewusstseins.

Wie diese Prozesse der subjektiven Rezeption und der interaktiven Anschlusskommunikation im schulischen Kontext des Literaturunterrichts inhaltlich und strukturell gestaltet sind, soll im folgenden Kapitel exemplarisch anhand der Analysen der literarisch-anthropologischen Gespräche über *Malka Mai* erarbeitet werden. Zunächst wird die subjektive Rezeption der 14- bis 17jährigen SchülerInnen aus *key incidents* der Interviews über ihre individuellen Aneignungen des ausgewählten Jugendromans rekonstruiert (Kap. 6.1). Im Anschluss daran wird die interaktive Anschlusskommunikation anhand von *key incidents* aus den unterrichtlichen Gesprächen über den Roman aus der deutschen Schule in Warschau und des deutschen Gymnasiums in Berlin untersucht (Kap. 6.2). Ziel ist es, Praxen literarisch-anthropologischer Sinnbildungen von jugendlichen SchülerInnen im Rahmen der primär durch das kommunikative Gedächtnis geprägten subjektiven Rezeption und der durch das kulturelle Gedächtnisses geformten (und gleichzeitig dieses formenden) schulischen Anschlusskommunikation zu rekonstruieren und auszudifferenzieren.

6.1 Subjektive Rezeption der SchülerInnen

In diesem Kapitel werden die individuellen Aneignungen des Romans von den SchülerInnen in deren subjektiver Rezeption untersucht.[86] Dazu sind vergleichende Analysen der Eingangssequenzen aus den ersten Gruppeninterviews erstellt worden, in denen die SchülerInnen über ihre Erwartungen an den Roman sprechen. Zu dem Zeitpunkt der Gespräche haben sie den Roman bereits gelesen, die Besprechung im Unterricht steht unmittelbar bevor oder hat gerade begonnen. In den folgenden Analysen geht es darum, aus den Interviews zu rekonstruieren, was im Einzelnen die subjektiven Rezeptionsprozesse bestimmt. Die Analysen werden daher von folgenden Fragen geleitet:

- Wie eignen sich die Jugendlichen den Roman *Malka Mai* individuell an?
- Welche allgemeinen Strukturen liegen ihren Aneignungsprozessen zugrunde?

Im Unterschied zu Kapitel 6.2, in dem die *interaktiven Deutungsaushandlungen* im Rahmen der literarischen Anschlusskommunikation im schulischen Unterrichtsgespräch im Mittelpunkt stehen werden, wird in diesem Kapitel der Fokus auf die *subjektiven Bedeutungskonstruktionsprozesse* während der Rezeption (zu Hause) gelegt. Diese lassen sich aus ethnographischer Sicht jedoch wiederum nur indirekt über die literarische Anschlusskommunikation in den Interviews rekonstruieren, da andere Datenerhebungsverfahren wie beispielsweise die Methode des lauten Denkens zwar zeitlich näher am Rezeptionsprozess lägen, diesen jedoch in eine quasiexperimentelle Situation verwandelten und dadurch verfremdeten. Vor diesem Hintergrund wurden Paar- bzw. Gruppeninterviews durchgeführt, weil davon ausgegangen wird, dass insbesondere im Gespräch über literarische Rezeptionsprozesse die Besonderheiten der eigenen Herangehens- und Deutungsweise, der eigenen Irritationen oder Positionen zum Gelesenen in der Abgrenzung zu denen Anderer konturiert werden können. Bei den Analysen der Interviews stehen nicht die Interaktion zwischen den SchülerInnen und der Gesprächsprozess im Vordergrund; vielmehr liegt der Fokus auf den einzelnen SchülerInnen und deren erinnernder Rekonstruktion ihres je subjektiven Rezeptionsprozesses. Dass es sich hierbei um eine (Neu-)Rahmung der eigenen Lektüre während des Gesprächs handelt, ist ebenso selbstverständlich wie die theoretische Annahme, dass Erfahrungen erst in zeitlicher Distanz und mit ihrer Versprachlichung und narrativen Strukturierung entstehen bzw. ins Bewusstsein gelangen (vgl. Kap.1.1.3):

> „Die Erzählung zwingt zum Umdenken und Umorganisieren von Erfahrungs- und Erwartungsstrukturen. Sie reorganisiert bestehende, symbolische Ordnungen. [...] *Erzählen stiftet Einsicht*, indem es Verbindungen und Zusammenhänge schafft, auf unterschiedliche und insgesamt einzigartige Art und Weise, und all dies in einer einheitlichen Gestalt zur Sprache bringt, die plausibilisiert, was als Gang der Dinge zur Darstellung gebracht wurde. [...] Diese Leistungen sind unweigerlich an die Retrospektive gekoppelt, also erst möglich, wenn bereits eingetreten ist, was beschrieben und erklärt und einsichtig gemacht werden soll." (Straub 1998, 148f.)

---

86 Ausgewählte Ergebnisse dieses Kapitels sind zusammengestellt in Hoffmann (2011, i.Dr.).

Die *key incidents* setzen sich zusammen aus Gesprächssequenzen vom Anfang (oder dem Ende) der Einstiegsinterviews, in denen rückblickend nach den Erwartungen an den Roman vor Beginn der Lektüre bzw. nach dem Leseprozess gefragt wurde und die SchülerInnen insbesondere von ihren Erwartungsbrüchen, von ‚Stolperstellen' während der Lektüre, erzählen. Diese Auswahl wurde getroffen, weil die Eingangsfrage (und die abschließende Frage) offen sind und somit die in der subjektiven Rezeption zentralen Themen der Jugendlichen und deren Rahmungen während der individuellen Aneignungsprozesse rekonstruiert werden können. Da die Unterrichtsgespräche noch nicht oder gerade erst begonnen haben, ist eine unmittelbare Nähe zu den jeweiligen subjektiven Rezeptionsprozessen vorhanden. Aus methodologischer Perspektive spricht für die Analyse von Eingangs- und Abschlusssequenzen, dass in ihnen Rahmensetzungen vorgenommen werden und sie deshalb besonders aufschlussreich für die interessierenden Forschungsfragen sind (vgl. Deppermann 1999, 37).

Bei der Auswahl der Passagen wurden in erster Linie die Interviews aus den Klassen der deutschen Schule und des polnischen Lyzeums in Warschau berücksichtigt, in denen die SchülerInnen die Romanrezeption zu Beginn der Besprechung im Unterricht bereits abgeschlossen hatten. Am Berliner Gymnasium wurde der Roman hingegen sukzessive und zeitlich parallel zur Unterrichtseinheit gelesen, sodass subjektive Rezeption und interaktive Anschlusskommunikation eng miteinander verzahnt waren. Hier hatten die SchülerInnen zum Zeitpunkt der Interviews zu Beginn der Unterrichtsbesprechung den Roman noch nicht gelesen. Da sie folglich noch nicht von ihrem tatsächlichen Rezeptionsprozess erzählen konnten, verblieben ihre an die Lektüre gerichteten Erwartungen eher auf einer theoretischen und allgemeinen Ebene. Wie aus dem Vergleich mit den Interviews aus den anderen Klassen hervorgeht, können die SchülerInnen ihre primären Rahmungen und Erwartungshaltungen an den Roman erst aus der Retrospektive auf den Rezeptionsprozess benennen und umfassend elaborieren, insbesondere dann, wenn es Erwartungsbrüche gegeben hat. Häufig zeigen erst diese auf, wie die Rezeption eines Romans (unbewusst) gerahmt wird.

Entsprechend der zwei zentralen Fragestellungen dieses Kapitels, wie sich die Jugendlichen den Roman *Malka Mai* individuell aneignen und welche allgemeinen Strukturen ihren Aneignungsprozessen zugrunde liegen, werden zunächst die Analysen zu den *individuellen Aneignungen des Romans im Interview* dargestellt (Kap. 5.1.1), anschließend werden diese zusammengeführt und aus ihnen allgemeine *Dimensionen literarischer Rezeption* abgeleitet, die sich als *Spannungsfelder* beschreiben lassen (Kap. 6.1.2).

6.1.1 Darstellung der individuellen Aneignungen des Romans im Interview

Nach Sichtung der insgesamt 13 Gruppeninterviews zu Beginn der Lektüre von *Malka Mai* wurden vier Passagen mit jeweils zwei bzw. drei SchülerInnen ausgewählt, in denen die Themen, die in verschiedenen Interviews immer wieder von Bedeutung waren, dicht behandelt werden und die die Diversität der individuellen Aneignungen am deutlichsten hervortreten lassen. Diese *key incidents* verdeutlichen einmal mehr, dass trotz unterschiedlichster individueller Aneignungen es doch immer wieder bestimmte Momente des literarischen Textes sind, die alle Jugendlichen in ähnlicher Weise herausfordern. Methodisch wurde in den rekonstruktiven Analysen der einzelnen Gesprächssequenzen zunächst nach dem verbindenden Moment, den gemeinsamen Themen der jeweiligen Schülergruppen geschaut, die sich in unterschiedlichen ,Stolperstellen' oder ,Springpunkten' während der Lektüre dokumentieren. Diese Themen der vier ausgewählten SchülerInnengruppen bilden die Kapitelstruktur:

- Unerwartete Btalität im Erleben des Kriegs aus der Innenperspektive,
- Spannung und Langeweile während des Lektüreprozesses,
- (Un)vorstellbare Überlebensstrategien eines Kindes allein im Krieg,
- (Un)antastbare Grausamkeit im Kinderbuch.

Ziel der Analysen ist es, innerhalb der gemeinsam im Interview bearbeiteten Themen der SchülerInnen individuelle Aneignungen des Romans und darin grundlegende Strukturen aufzudecken, um vor diesem Hintergrund die Leseerfahrungen der SchülerInnen in verschiedenen Dimensionen rekonstruieren zu können. Dazu werden am Beispiel der einzelnen Gesprächssequenzen mit ihren unterschiedlichen thematischen Schwerpunktsetzungen die individuellen Aneignungen zunächst rekonstruktiv erarbeitet und in der abschließenden Zusammenfassung unter komparativer Perspektive hinsichtlich ihrer allgemeinen Strukturen in verschiedene Dimensionen ausdifferenziert, die durch Spannungsfelder gekennzeichnet sind.

Die ersten beiden *key incidents* (Kap. 6.1.1.1 und 6.1.1.2) stammen aus Interviews mit SchülerInnen der deutschen Schule in Warschau, die in gemischtgeschlechtlichen Gruppen zueinander gefunden haben. Die letzten beiden (Kap. 6.1.1.3 und 6.1.1.4) sind Interviews mit SchülerInnen des polnischen Lyzeums in Warschau entnommen, die sich in gleichgeschlechtlichen Freundespaaren zusammengetan haben. In allen vier Gruppen sind SchülerInnen unterschiedlicher und zum Teil multikultureller Sozialisation in Schule und Familie vertreten. Über ihre jeweiligen sprachlich-kulturellen und sozialen Hintergründe sowie über ihre Lese-, Schul- und Migrationserfahrungen wird jeweils vor Beginn der Analysen ein kurzer Einblick gegeben, der einmal mehr die Heterogenität von Klassengemeinschaften aufzeigt. Diese Kontextinformationen fungieren aber nicht im Vorfeld als Deutungsfolie für die Analysen der Gesprächsauszüge. Sie werden – zumindest in den ausgewählten Passagen – auch nicht im Gespräch von den SchülerInnen als bedeutsam markiert oder verhandelt. Infolge dessen werden die sozial-kulturellen Kontextinformationen lediglich an den Stellen für die Interpretationen herangezogen, wenn ausgehend vom Datenmaterial Fragen entstehen, die nach einer Hinzuziehung weiterer Daten zur Plausibilisierung von Deutungen verlangen.

Zu einem umfassenderen Verständnis der Transkriptauszüge sei an dieser Stelle kurz auf den jeweiligen Unterrichtskontext verwiesen, vor dessen Hintergrund die vier Gespräche stattfanden. In der deutschen Schule in Warschau, aus deren Kontext die ersten beiden Gruppengespräche stammen, hatte die Lehrerin drei Wochen vor Beginn der eigentlichen Unterrichtseinheit in einer Einzelstunde den Roman *Malka Mai* eingeführt und u.a. ausgehend von dem Textzitat

> „Die Deutschen hatten den Stern gebracht, als die Russen weggezogen waren, aber ansonsten war alles nicht so schlimm geworden, wie es die Leute damals gesagt hatten." (Pressler 2001, 8f.)

die perspektivisch erzählte Geschichte im Gespräch mit den SchülerInnen historisch kontextualisiert und mit verschiedenen Materialien einzelner Motive visualisiert. Im Anschluss an diese Einführung hatten die SchülerInnen drei Wochen Zeit, den Roman zu lesen und ein Lesetagebuch zu führen, in dem sie u.a. ihren „ersten Leseeindruck unmittelbar nach der Beendigung der Lektüre in einem tagebuchartigen Text" (Leseauftrag 1) festhalten sollten. Diese Leseeindrücke waren Gesprächsthema in der ersten Unterrichtsstunde drei Wochen später, zu dem Zeitpunkt, als auch die Interviews geführt wurden. Im polnischen Lyzeum in Warschau, aus dessen Kontext die letzten beiden Gesprächsausschnitte herangezogen werden, hatten die SchülerInnen den Roman bereits vor Beginn der Unterrichtseinheit gelesen. In der ersten in die Romanbesprechung einführenden Unterrichtsstunde, die im Anschluss an die beiden hier zitierten Interviews stattfand, erarbeitete die Lehrerin im Gespräch mit den SchülerInnen anhand deren erster Leseeindrücke die Arbeitsthese „Ein zu oft besprochenes Thema, aber eine interessante Lebensgeschichte" (Tafelanschrieb), die in der folgenden Unterrichtseinheit überprüft werden sollte.

6.1.1.1 Unerwartete Brutalität im Erleben des Kriegs aus der Innenperspektive

Karolina (15; 11 J.), Kamil (15 J.) und Korinna (17 J.) besuchen die 9. Klasse der deutschen Schule in Warschau. Karolina ist in Polen geboren, hat acht Jahre in Österreich gelebt und dort die österreichische Grundschule und das Gymnasium besucht und wohnt seit anderthalb Jahren wieder mit ihren Eltern und jüngeren Geschwistern in Warschau, wo sie die deutsche Schule besucht. Ihre Mutter ist Anwältin, ihr Vater Profi-Fußballer. Wie Karolina im Interview berichtet, liest sie gerne und viel – gleichzeitig in der polnischen oder in der deutschen Sprache – schaut gezielt oder aus Zeitvertreib Fernsehen und liebt Musik. Kamil hat ebenfalls Migrationserfahrungen. Er ist in Polen geboren, hat im Kindergartenalter in Deutschland gelebt und seine Schulzeit in Warschau an der deutschen Schule verbracht. Kamils Mutter leitet einen Friseursalon, sein Vater – er ist Ingenieur – eine mittlere Firma, Geschwister hat er keine. Kamil liest nicht gerne. Seine Lesepraxis beschränkt sich auf den schulischen Kontext. Nur selten liest er zu Hause und wenn, dann in der polnischen Sprache. Neben einer ausgewählten Fernsehnutzung verbringt er viel Zeit mit Musik und seinem Computer. Korinna ist in Estland geboren und aufgrund der Berufstätigkeit des Vaters in Finnland, Deutschland und Polen aufgewachsen. Ihre beiden älteren Brüder leben in Finnland, Korinna und ihre jüngere Schwester mit den Eltern in Warschau. Schulerfahrungen hat Korinna in allen Ländern gesammelt. Im Interview stellt sich Korinna als Leserin von Liebes- und Kriminalromanen, primär in der finnischen Sprache, dar.

6.1.1.1.1 Transkript

Das Interview findet vor der zweiten Unterrichtsstunde zu *Malka Mai* statt. Da der Roman in der ersten, drei Wochen zurückliegenden, Stunde nur eingeführt wurde und ihn die SchülerInnen erst im Anschluss gelesen haben, ist es für sie das erste ‚offizielle' Gespräch über den Roman nach ihrer Rezeption; für Karolina, die in der ersten Stunde gefehlt hat, das erste ‚offizielle' Gespräch über *Malka Mai* überhaupt. Ausgewählt wurde die Eingangspassage des Interviews. Das besondere dieser Passage im Vergleich zu den Eingangssequenzen anderer Interviews ist, dass im Anschluss an die offene Ausgangsfrage der Interviewerin die drei SchülerInnen nacheinander antworten und nicht miteinander über ihre Erwartungen oder die Erwartungsbrüche ins Gespräch kommen. Aus diesem Grund sind auch die Analysen der subjektiven Rezeptionen hier nacheinander angeordnet. Trotz der Unverbundenheit auf sprachlicher und interaktiver Ebene sind jedoch Gemeinsamkeiten in den Rahmungen der SchülerInnen bezüglich ihrer Rezeption rekonstruierbar, für sie ist die Brutalität im Erleben der kindlichen Romanfigur und der Umgang damit im Rezeptionsprozess ein zentrales Thema.

```
1    I          was habt ihr VOR der lektüre [erwartet. (-) oder was und was
2    Karolina                                [hm=hm-
3    I          erwartet ihr jetzt auch von der beSPRECHung- (-) [ihr habt ja
4    Karolina                                                    [hm=hm-
5    I          noch nicht darüber gesprochen. (1)
6    Karolina   also em- (2) ich hab mir gedacht dass es vielleicht em dass diese
7               malka=also ich hab auf gar keinen fall geglaubt dass es so- (-)
8               wie soll ich ausdrücken so=so- (-) bruTAL, (-) war also für
9               dieses kind, (--) wobei es sich ja um eine- (-) ziemlich em- (-)
10              reelle geschichte gehandelt hat manche sachen waren fiktiv weil
11              sich dieses diese frau ja nich mehr an alles erinnern konnte weil
12              sie klein war,(-) aber ich hab nich ge ich hab nich erwartet dass
13              dieses mädchen wirklich diese brutale realität so äh- (-) dass
14              ihr das so NAHEgehen würde, (-) und dass sie em; (-) so viele
15              schlimme sachen em; (-) erleben würde. (--) ja und em- (-) ich
16              hätt mir schon geglaub also gedacht dass es em um ein überleben
17              eines kindes geht, (--) aber wenn ich vorher zum beispiel die
18              umstände kennen gelernt hätte dass sie ins ghetto komm kommt dass
19              em ihre familie sie zurücklässt oder so [was, (-) könnt ich mir
20   I                                                  [hm=hm.
21   Karolina   nich vorstellen, (-) d weil es war eine re ä:h wirkliche
22              geschichte, (-) dass dieses kind überleben könnte; (-) also ob
23              (-) wie es geschafft hätte.
24   I          =hm=hm jetzt eher aus psychischen gründen oder wirklich aus- (-)
25   Karolina   nein weil ich hätte mir jetzt gedacht wenn wir in unseren
26              vielleicht heutigen zeiten obwohl es ja wahrscheinlich würde
27              dieses kind ja nich so abgestoßen werden sondern ins kinderheim
28              oder so was- (-) aber wenn wir ein- (-) kind in unseren ä:h
29              heutigen zeiten ein siebenjähriges kind irgendwo aussetzen
30              würden, (--) ich weiß nicht ob es überleben könnte [also wenn es
31   I                                                            [hm=hm-
32   Karolina   nich aufgenommen worden wäre, (-)[und dieses mädchen hat=s ja
33   I                                            [hm=hm-
34   Karolina   geschafft ohne essen ohne haus- (-) im krieg im winter und hat
35              überLEBT, (-) [alLEIne. (-) dass es so solche strategien
36   I                        [hm=hm-
37   Karolina   entwickelt hat in seinem alter find ich schon- (2.0) gut. (-)
38   I          okay- (-)
39   Kamil      also ich hab halt nicht erwartet dass es so bruTAL so- (-) äh
40              ( ) genau so vielleicht manchmal ZU genau beschrieben wird, (--)
41              em- (-) und ich hab auch nich erwartet dass das so genau malkas
```

```
42          LEben beschreiben wird ich dachte dass das mehr so über
43          judenverfolgung wär- (-) und auch über die ganze faMIlie; (-) mai
44          und nicht nur über die eine [hauptperson. (2.0) em ja an manchen
45   I                                 [hm=hm;
46   Kamil  stellen war es mir wirklich übel zum zum beispiel beim toten
47          jungen auf der straße wo sie da um ihn stehen und reden, (2.0)
48          muss nich unbedingt sein glaub [ich.
49   I                                     [hm=hm, (-) em fandst=e dass war
50          für=n für=n jugendbuch zuviel oder (wie wär das wenn-)
51   Kamil  =nee vielleicht so aus psych psychischen gründen zuviel. (-) em
52          hatte halt wirklich mitleid so [mit diesem jungen. (-) e=em
53   I                                     [hm=hm-
54   Kamil  mädchen. (-)
55   I      das hat dich als leser- (-) [(stark berührt,) (-) geschockt okay.
56   Kamil                              [geschockt.
57   I      wie war das bei dir als du das buch gelesen hast oder beVOR du
58          das buch gelesen hast-
59   Korinna äh- (-) ich hätte auch nicht gedacht dass das so wäre- (-) dass
60          diese dass die mutter das kind alleine lässt- (-)
61   I      hm=hm,
62   Korinna und- (---) dass em- (-) weil- (-) ihr ist soviel passiert,
63   I      hm=hm,
64   Korinna und das ENde fand ich voll traurig, (-) dass hätt ich auch nich
65          gedacht dass das so wäre- (---)
66   I      was fandest du am ende traurig,
67   Korinna ja dass die mutter eigentlich, (-) das kind ja so verloren hat,
68          (-) weil die nichts mehr mit ihr zu tun haben wollte, (2.0)
69   I      das- (-) war für dich unerwartet [oder hast du schon n=bisschen
70   Korinna                                 [ja,
71   I      damit gerechnet oder wie-
72   Korinna nein;
73   I      hm=hm,
74   Korinna ich hätte gedacht dass das- (-) em- (---) dass die wieder
75          glückliche ( ) familie [werden;
76   I                             [hm=hm, (-) ((...))
```

Die drei SchülerInnen haben den Roman insgesamt auf sehr unterschiedliche Weise rezipiert. Und doch lassen sich Gemeinsamkeiten insbesondere in den Rahmungen von Karolina und Kamil aufzeigen, deren Rezeption in einem deutlich distanzierteren, da historisch bzw. literarisch gebrochenen, Modus als die von Korinna stattfindet. Das Thema der beiden ist die Brutalität der erzählten Geschichte, wie sie sich in der Bewusstseinsebene Malkas darstellt, die sie in dieser Form und an dieser Stelle nicht erwartet hatten, von der sie sich überwältigt sehen und an der sie sich, wie im Gespräch deutlich wird, abarbeiten. Hierbei lassen sich unterschiedliche individuelle Aneignungen rekonstruieren. Während Karolina die unerwartete Brutalität an der Beziehung zwischen *fiktionaler Romangeschichte* und ihrem *historischen Wirklichkeitsbezug* festzumachen versucht, bezieht Kamil sie primär auf die Überwältigung durch die *literarische Gestaltung*. Korinnas Rezeption verläuft dagegen unmittelbarer an der Lebensgeschichte selbst und ist stärker auf die Perspektive der Mutterfigur ausgerichtet. Bei allen SchülerInnen steht jedoch insgesamt das Erleben der Brutalität in den Innenwelten der Figuren im Zentrum ihrer Auseinandersetzung mit dem zeitgeschichtlichen Jugendroman, was im Folgenden anhand der rekonstruktiven Analysen ausdifferenziert wird.

6.1.1.1.2 „erleben" versus „überleben" – unerwartete Innenwelt

Karolina hat „auf gar keinen fall geglaubt dass es so- (-) [...] bruTAL' (-) war also für dieses kind'" (7ff.). Bereits in diesen einleitenden Worten wird Verschiedenes über Karolinas subjektiven Rezeptionsprozess deutlich: Ihre Erwartungen an den Roman wurden grundlegend erschüttert („auf gar keinen fall" (7)), das Unerwartete lag in der „bruTAL[ität]" (8) und diese bezog sich nicht auf die geschilderten historischen Ereignisse, sondern auf die Wahrnehmung der kindlichen Protagonistin („für dieses kind'" (8f.)). Worin genau Karolinas Erwartungsbruch vor dem Hintergrund welcher Erwartungen besteht, lässt sich anhand ihrer weiteren Ausführungen ausdifferenzieren. Sie hat „nich erwartet dass dieses mädchen wirklich diese brutale realität so äh- (-) dass ihr das so NAHEgehen würde' (-) und dass sie em, (-) so viele schlimme sachen em, (-) *erleben* würde." (12ff.) Vielmehr hätte sie erwartet, „dass es em um ein *über-leben* eines kindes geht'"(16f.) [Hervorhebungen JH]. In dem Begriffspaar „erleben" versus „überleben" scheint der zentrale Erwartungsbruch in Karolinas Lektüre auf, der durch die Innenperspektive der Romanfigur, die literarisch in der ‚Landschaft des Bewusstseins' (vgl. Bruner 1986, vgl. Kap. 0) ihren Ausdruck findet, ausgelöst wird. Die Außenperspektive auf das *Über*leben eines Kindes in der „brutale[n] realität" (13) der Kriegszeit scheint für Karolina die Normalform einer Erzählung über diese Zeit zu sein. Dass es um das subjektive *Er*leben dieser Zeit geht, stellt für sie eine Herausforderung in der Rezeption dar, der sie mit Rahmungen in verschiedenen Dimensionen begegnet: zum einen in der modalen Dimension des Zusammenspiels von Fiktion und Realität (9-15, 19-23) und eng damit verbunden in der zeitlichen Dimension der Verbindung von Vergangenheit und Gegenwart (25-37).

6.1.1.1.3 „es war eine re ä:h wirkliche geschichte" – Fiktion als Entwurf von Realität

An die unerwartete Brutalität im Erleben der kindlichen Protagonistin knüpft Karolina unmittelbar und wiederholt den Bezug der Geschichte zur (historischen) Realität, einmal als einschränkende Ergänzung zu ihrem Erwartungsbruch („*wobei* es sich ja um eine- (-) ziemlich em- (-) reelle geschichte gehandelt hat" (9f.)), einmal als Begründung für ihre nicht ausreichende Vorstellungskraft („*weil* es war eine re ä:h wirkliche geschichte" (21f.) [Hervorhebungen JH]. Erst der reale Hintergrund, der Ausgangspunkt für die fiktive Gestaltung der Erzählung war, macht diese in Karolinas Rezeption zu einer ‚brutalen' Geschichte, deren Verlauf ihr Imaginationsvermögen übersteigt: „könnt ich mir nich vorstellen'" (19f.). Für sie bleibt – trotz ihrer vorhergehenden Erwartung, dass es „um ein überleben eines kindes" (16f.) geht – unfassbar, wie ein Kind eine solche Situation bewältigen kann. Sie betrachtet also den Roman (in oder trotz seiner fiktionalen Gestaltung) als narrative Konstruktion historischer Wirklichkeit und rahmt dadurch ihre Lektüre als mit der Realität verbundene. Gleichzeitig ist Karolina sich über die Fiktionalität und Konstruktivität der erzählten Lebensgeschichte im Roman durchgehend bewusst. Das zeigt sich beispielsweise darin, dass sie auf die fiktive Ergänzung der Erinnerungen der realen Person Malka Mai durch die

Autorin in der literarischen Geschichte verweist: „manche sachen waren fiktiv weil sich dieses diese frau ja nich mehr an alles erinnern konnte weil sie klein war," (9ff.) – dies in enger Anlehnung an den Wortlaut in der Nachbemerkung:

> „Malka ist also eine reale Person, trotzdem ist die Geschichte, die in diesem Buch erzählt wird, weitestgehend fiktiv. Ich musste mir eine eigene Geschichte ausdenken, weil Malka Mai sich nur an wenige Eckpunkte erinnert, sie war zu jung, sie hat diese für sie sehr schwere Zeit verdrängt." (Pressler 2001, 223)

Karolinas Rezeption des Romans wird also gerahmt durch ihre Rezeption der Informationen über dessen Realitätsbezug im Paratext. Erst das Zusammenspiel von fiktionaler Geschichte und ihrer realhistorischen Grundlage löst den Erwartungsbruch bei Karolina aus. Ihre bisherigen Vorstellungen über die historische Wirklichkeit der Zeit des Zweiten Weltkriegs werden durch die literarischen Erfahrungen bei der Rezeption des Romans erschüttert bzw. um die Innenperspektive ergänzt und haben sich dadurch verändert und erweitert.

6.1.1.1.4   „in unseren vielleicht heutigen Zeiten" – Vergegenwärtigung von Geschichte

Karolina exemplifiziert ihre Vorstellungsschwierigkeiten mit einer Übertragung der Lebenssituation Malkas in die heutige Zeit. Um sich die historische Situation der *literarischen Figur* Malka, die zu Kriegszeiten ausgesetzt wird, vor dem Hintergrund der *historischen Person* Malka, deren Lebensgeschichte Anlass und Grundlage für den Roman war, vorstellen zu können, muss Karolina sich „ein siebenjähriges kind" (29) in unseren „heutigen zeiten" (26) vergegenwärtigen. Diese zeitliche Übertragung stößt an Grenzen, da der politische und soziale Kontext ein anderer und mit der historischen Situation nicht vergleichbar ist. Trotzdem hilft Karolina diese zeitliche Übertragung, um sich des Ausmaßes dieser existentiellen Erfahrung eines jungen Kindes und seiner Hilfsbedürftigkeit klar zu werden, so dass sie – ihre hypothetischen Gedanken resümierend – Zweifel an dessen Überlebenschancen hätte („ich weiß nicht ob es überleben könnte" (30)). Diesen realistischen Zweifeln setzt Karolina wieder die literarische Geschichte mit dem ihr eigenen historischen Kontext („ohne essen ohne haus" (34), „im krieg im winter" (34), „alLEIne" (35)) und der Stärke der Protagonistin trotz dieses Kontextes („dieses mädchen hat=s ja geschafft" (32ff.)) entgegen. Hier bewegt sie sich wieder auf der Erzählebene des Textes, die für sie eine Herausforderung birgt. Karolinas Übertragung einer literarisch gestalteten, historischen Lebensgeschichte in die heutige Zeit stellt einen Versuch dar, eine in jeglicher Hinsicht fremde Lebenssituation näher zu rücken, um sie begreifbar zu machen. Mit der Rückübertragung in den historischen Kontext jedoch potenziert sich die Unvorstellbarkeit ein weiteres Mal. Unentschieden bleibt bei der Analyse von Karolinas Vergegenwärtigungsversuch, inwieweit sie sich ihre in der Unvorstellbarkeit liegenden Verstehensschwierigkeiten mit der historischen Veränderung der Gesellschaft oder einer veränderten Kindheit erklärt. Unabhängig davon bleibt festzuhalten, dass Karolina die für sie unerwartete Brutalität in dem Erleben des siebenjährigen Mädchens und die Unvorstellbarkeit

seines Umgangs damit als Herausforderung rahmt: „dass es solche strategien entwickelt hat in seinem alter find ich schon – (2.0) gut." (35ff.). Die unverfängliche Beurteilung mit „gut", nach deren Formulierung Karolina, wie die lange Pause anzeigt,
hat suchen müssen, deutet dabei die ambivalente Wahrnehmung der „strategien" des
Mädchens an, die zwar ein physisches Überleben ermöglichen, jedoch einhergehen mit
einer psychischen Entfremdung.

6.1.1.1.5 „manchmal ZU genau beschrieben" – unerwartete Innenwelt

Kamil führt die Rahmung der Rezeption der Geschichte von Karolina fort. Er hat
ebenfalls nicht erwartet, dass es so „bruTAL" (39) würde. Damit benutzt er nicht nur
das gleiche Antwortmuster (auf das Nicht-Erwartete einzugehen) wie Karolina, sondern auch den von ihr eingeführten Begriff der Brutalität. Auch ihn hat – aufgrund
seiner eher gesellschaftspolitisch ausgerichteten Erwartung („mehr so über judenverfolgung" (42f.)) – die personengebundene Darstellung einer Lebensgeschichte,
„dass das so genau malkas LEben beschreiben wird" (41f.), überrascht. Er setzt jedoch
einen anderen Schwerpunkt in seiner Argumentation, indem er nicht den Realitätsgehalt der fiktiven Geschichte als Bezugsmoment anführt, sondern die literarische
Gestaltung des Romans: Zum einen die detaillierten Schilderungen aus Malkas (Innen-
)Perspektive („dass=s manchmal ZU genau beschrieben wird'" (40)), zum anderen die
Konzentration auf eine Hauptfigur entgegen einer allgemeineren Darstellung der
Judenverfolgung auf gesellschaftspolitischer Ebene, die sich zumindest auf „die ganze
familie" (43) bezieht. Dies gibt einen Einblick in seine individuelle Aneignung der
Geschichte im Rezeptionsprozess und macht vor allem Kamils Fokus deutlich. Denn
in dem Roman wird sehr wohl eine Familiengeschichte erzählt – allerdings gebrochen
aus den jeweiligen Innenperspektiven einer Tochter und ihrer Mutter und nicht aus
einer einzelnen, übergeordneten Außenperspektive, wie sie etwa durch einen
auktorialen Erzählstil gegeben wäre. Während Karolina diesen unerwarteten Einblick
in das Innenleben der Figuren als Herausforderung rahmt, der sie aus einer gewissen
Distanz heraus – sie bezeichnet Malka als „diese malka" (6f.), „dieses kind'" (9, 22)
oder „dieses mädchen" (13, 32) – mit Imaginationsversuchen auf verschiedenen
Ebenen begegnet, wirkt Kamil in seiner Rezeption emotional überfordert, wie im
Folgenden am Beispiel seiner perspektivischen Lesart, die sich nah an den literarischen Figuren bewegt – er spricht von „malkas leben" (41f.) oder der „ganzen
familie, (-) mai" (43) – rekonstruiert wird.

6.1.1.1.6 „an manchen stellen war es mir wirklich übel" – Leiblichkeit der Rezeption

Die Erzählperspektive der Mutterfigur im Roman wird – zumindest in der sprachlichen
Rekonstruktion ihres Rezeptionsprozesses – weder von Kamil noch von Karolina eingenommen und auch nicht explizit von außen wahrgenommen. Eine plausible Erklärung wäre die fehlende Identifikationsmöglichkeit mit einer Figur, die in jeglicher Hin-

sicht in Distanz zur eigenen Lebenswelt steht: Sie ist eine erwachsene Frau und Mutter, eine polnische Jüdin und Ärztin, ihre Lebensthemen sind Sorge um ihre Kinder, Infragestellung beruflicher Entscheidungen, Auseinandersetzung mit ihrer jüdischen Identität sowie die Reflexion vergangener Beziehungen. Hinzu kommt die zeitliche, geographische und gesellschaftspolitische Distanz, die durch den Kontext der Lebenssituation gegeben ist. Während die Mutterfigur in der Erinnerung des Rezeptionsprozesses bei beiden SchülerInnen keine besondere Bedeutung zu haben scheint, ist die Kinderfigur umso präsenter. Die kindliche Perspektive wird – wie für Karolina, die nicht erwartet hatte, dass Malkas Erlebnisse ihr so „NAHEgehen" (14) würden – ebenso für Kamil zur zentralen Herausforderung in der subjektiven Rezeption des Romans, die er an einer konkreten Textstelle exemplifiziert: der Szene des toten Jungen im Ghetto (s.o.) „auf der straße wo sie da um ihn stehen und reden'" (47).[87] Die Erzählperspektive des siebenjährigen Kindes, das die Ereignisse um sich herum detailliert und symbolhaft verdichtet schildert und eher konkret als abstrakt reflektiert, geht Kamil ziemlich nahe, löst bei ihm an dieser Stelle sogar physische Reaktionen in Form von Übelkeit aus: „an manchen stellen war es mir wirklich übel" (44ff.). Dass Kamil in seiner erinnernden Reflexion in dieser Form auf diese Szene reagiert, lässt eine Verbindung zwischen der literarischen Gestaltung des Textes und der Form seiner Rezeption vermuten: Die Leiblichkeit der Erzählung (vgl. Mattenklott 2007) erzeugt ein leibliches Unwohlsein bei dem Rezipienten.

6.1.1.1.7 „hatte halt wirklich mitleid" – empathisches Mitleiden

Wie Kamil auf eine Nachfrage der Interviewerin anführt, geht ihm die Szene zu weit, was die psychische Verfassung der LeserInnen anbetrifft, wobei er die etwas ungenaue bzw. mehrdeutige Formulierung „aus [...] psychischen gründen" (51) aus einer vorhergehenden Frage der Interviewerin (24) gebraucht. Durch die Verwendung des „vielleicht so" (51) wird der hypothetische Charakter seiner Äußerung deutlich. Als Begründung seiner Vermutung berichtet Kamil von seinem Rezeptionsprozess: Er „hatte halt wirklich mitleid so mit diesem jungen." (52) Interessant ist Kamils Rahmung dieser Leseerfahrung (Mitleid mit einer Figur zu empfinden) als psychisch unzumutbar und überfordernd insofern, als dass sie aus literaturdidaktischer Perspektive ja gerade erstrebenswert wäre und als Möglichkeit des Erwerbs anthropologischer Erfahrungen

---

87 Es handelt sich um die Szene, in der Malka im Ghetto einen toten Jungen, den sie flüchtig kannte, am Straßenrand liegen sieht, die Arme ausgebreitet, die Augen zum Himmel gerichtet und den Mund wie zu einem Schrei geöffnet. Um ihn herum stehen Menschen und reden über ihn. Malka hat zwar zuvor schon Tote gesehen, aber noch kein Kind, möchte ihn eigentlich nicht sehen, fühlt sich aber von ihm angezogen, um vorbereitet zu sein. Der Junge trägt viel zu große Kleider, die er anderen (Toten) abgenommen haben muss. Während Malkas Gedanken anfangs noch um den Jungen und die Frage danach, was er gedacht hat, was er schreien wollte, als er starb, kreisen, sieht sie schließlich nur noch den warmen Schal, den er trägt. In Gedanken macht sie ihm Vorwürfe, dass er vor seinem Tod den Knoten nicht gelockert hat, damit sie ihn nehmen kann. Als ein anderer schneller ist als sie, macht sie sich selbst Vorwürfe. Der imaginierte Schrei des Jungen verfolgt sie in ihren Gedanken auf der weiteren Flucht (vgl. Kap. 4.1.2.1.4).

erachtet würde (vgl. Kap. 2.2.1). Für Kamil hingegen stellt sie jedoch eine besondere und unangenehme Erfahrung dar, sonst würde er ihr nicht so viel Raum in seiner Darstellung widmen. Außerdem steht in der Szene, die Kamil berührt, ein Junge im Mittelpunkt (im Gegensatz zu den sonst dominierenden weiblichen Protagonistinnen), was möglicherweise eine verstärkte Identifikation vermuten lassen kann. In seiner Selbstkorrektur („hatte halt wirklich mitleid so mit diesem jungen. (-) e=em mädchen" (52ff.)) wird in jedem Fall deutlich, dass die literarisch gestaltete Verschränkung der Perspektiven, die eine doppelte Innenperspektive eröffnet, Kamil das Mitleid mit dem Jungen über das Mitleiden mit dem Mädchen erfahren lässt und sein eigenes Leiden bei der Rezeption potenziert. Kamil rahmt diese intensive Leseerfahrung allerdings – anders als Karolina – weniger als Herausforderung, denn als unnötige Zumutung: Die Lebensgeschichte Malkas war für ihn „ZU genau beschrieben" (40), die Szene mit dem toten Jungen „muss nicht unbedingt sein" (47f.) und hat ihn als Leser „geschockt" (56). ‚Geschockt sein' ist anders als ‚Mitleid haben' stärker negativ konnotiert. Nicht mehr das Subjekt empfindet etwas aktiv für ein anderes Subjekt, sondern es wird durch etwas Schockierendes eher zu einem passiv Reagierenden gemacht, der sich nicht dagegen wehren kann. Diese Passivität könnte ein Ausdruck der empfundenen Ohnmacht während des Rezeptionsprozesses sein angesichts der existentiellen Bedrohung, die in der literarischen Vorlage aufscheint.

6.1.1.1.8 „dass die mutter eigentlich' (-) das kind ja so verloren hat'" – Perspektive der Mutter

Ähnlich wie für Karolina und Kamil ist die vom Kind erlebte Brutalität eine ‚Stolperstelle' auch in Korinnas Rezeptionsprozess, allerdings eher implizit: „weil- (-) ihr ist soviel passiert," (62). Anders als bei den beiden SchülerInnen zuvor, die in ihren Rekonstruktionen ihrer Rezeptionsprozesse insgesamt eine Distanz zu der literarisch erzählten Geschichte aufzubauen suchen – Karolina auf historischer Ebene, Kamil auf der Ebene der literarischen Gestaltung – wirkt Korinnas Rezeption näher an den literarischen Figuren und ihrer Lebensgeschichte. Wenn sie vom „ENde" (64) spricht, wird zwar auch deutlich, dass es sich um eine (literarische) Geschichte handelt, trotzdem verschmelzen in Korinnas Darstellung insgesamt die Ebenen der fiktionalen Figuren und die der dahinter stehenden realen Personen. Das Ende, die Wiederbegegnung zwischen Mutter und Tochter, ist der größte Erwartungsbruch, wiederum ausgelöst durch die ‚Landschaft des Bewusstseins', da die Figuren zwar räumlich zueinander finden, innerlich aber weit voneinander entfernt sind. Wie Karolina und Kamil ist auch Korinna emotional berührt: „fand ich voll traurig" (64), sie empfindet aber die Traurigkeit nicht selbst, sondern schreibt sie der Situation der Protagonistinnen am Ende des Romans zu. Bei ihrer Schilderung von Schlüsselsituationen des Romans (der Trennung und Wiederbegegnung der Protagonistinnen) fokussiert Korinna als einzige über die Perspektive Malkas hinaus auch die Perspektive der Mutter, und zwar sowohl auf der Ebene der Handlung („dass die mutter das kind alleine lässt-" (60) als auch der des Bewusstseins („dass die mutter eigentlich' (-) das kind ja so verloren hat'" (67)). Als Gegenhorizont stellt sie den Erwartungsbrüchen ihre Erwartungen an diese Geschichte entgegen: „ich hätte gedacht dass das- (-) em- (---) dass die wieder glückliche ( ) familie werden," (74f.)). Ob sie diesen Gegenhorizont als Normalverlauf von historischen Geschichten betrachtet oder eher als Hoffnung auf ein glückliches Ende in der Erzählung und inwieweit ihre Erwartungen durch den Klappentext des Romans „Nur selten fanden solche Geschichten ein gutes Ende. Einmal zum Glück war es so." und die Einführung des Romans durch die Lehrerin – allerdings in kritischer Fragehaltung bezüglich des Klappentextes – hervorgerufen wurden, mag aufgrund dieses Transkripts nicht entschieden werden. Deutlich wird jedoch in jedem Fall, dass dieses für Korinna unerwartete „voll traurig[e]" (64) Ende des Romans, in dem eine Mutter ihr Kind innerlich „verloren" (67) hat, eine Leseerfahrung für sie darstellt.

6.1.1.1.9 Zusammenfassung

Zusammenfassend kann festgehalten werden, dass in der erinnernden Rekonstruktion ihres subjektiven Rezeptionsprozesses bei allen drei SchülerInnen – wenn auch in unterschiedlichem Maße und in verschiedenen Dimensionen – die Brutalität im Erleben der Kinderfigur eine ‚Stolperstelle' war, die eine Herausforderung für die heranwachsenden LeserInnen bedeutet hat und im Interview als gemeinsames Thema – jedoch in unterschiedlicher Weise – bearbeitet wurde. Karolina nimmt die für sie in der fiktionalen Repräsentation einer realen Lebensgeschichte bestehende Herausforderung an und versucht sich der Geschichte durch eine historische Vergegenwärtigung bei Einbehaltung einer gewissen Distanz zu nähern. Kamil sieht sich in seiner – durch die verschränkten Innenperspektiven potenzierten – empathischen Rezeption emotional überfordert und weist die Herausforderung eher zurück. Korinna nimmt in der Passage als einzige beide Figurenperspektiven wahr und bewegt sich sehr stark auf der Ebene der Erzählung. Wie unterschiedlich die individuellen Aneignungen des Romans aber auch gestaltet sind, es geht dabei immer um das ‚Mitleiden' mit den literarischen Figuren.

6.1.1.2 Spannung und Langeweile während des Lektüreprozesses

Im folgenden *key incident* eines Interviews aus der gleichen Klasse rahmen die SchülerInnen ihre Rezeption deutlich distanzierter und führen einen literarästhetischen Bewertungsdiskurs, in dem die Involviertheit im Rezeptionsprozess im Vordergrund steht. Jessica (17; 5 J.) und Jacek (14; 4 J.) besuchen wie Karolina, Kamil und Korinna die 9. Klasse der deutschen Schule in Warschau. Beide haben Migrationserfahrungen. Jessica hat bereits in Kanada, China, den USA und in Deutschland gelebt (entweder zusammen mit ihrer aus Deutschland stammenden Mutter oder ihrem in den USA lebenden Vater) und dort jeweils deutsche bzw. in den USA amerikanische Schulen besucht. Seit zwei Jahren lebt sie mit ihrer Mutter und ihrer jüngeren Schwester in

Warschau und besucht dort die deutsche Schule. Jessica bezeichnet sich als „fanatische" Leserin, vor allem von Fantasy-Romanen. Ihre Lieblingsautorinnen der Kinder- und Jugendliteratur sind Astrid Lindgren, Enid Blyton und Mirjam Pressler. Den Schullektüren in deutschen Schulen steht sie eher kritisch gegenüber, während die Schullektüren aus der amerikanischen Schule, wie etwa *The Catcher in the Rye* (Salinger 1951), sie sehr interessiert haben. Jaceks Familie kommt aus Polen und hat einige Jahre in Deutschland gelebt, wo Jacek auch geboren wurde und zur Grundschule gegangen ist. Zurück in Warschau hat Jacek sowohl Unterrichtserfahrungen in einer polnischen als aber auch vor allem in der deutschen Schule gesammelt. Jaceks Eltern sind Architekten. Die Familie seines Vaters migrierte aus Russland in die Masuren und entstammt dem polnischen Adel, wie er im Interview ausführlich darstellt. Seine ältere Schwester lebt in Deutschland. Jacek liest gerne Fantasy-Romane, zu seinen Lieblingsbüchern zählen die Romanreihe von *Harry Potter* von Joanne K. Rowling und *Herr der Ringe* von John Ronald Reuel Tolkien sowie Detektivgeschichten.

6.1.1.2.1   Transkript

Das Interview fand erst nach der vierten Unterrichtsstunde zu *Malka Mai* statt. Aufgrund häufiger Fehlzeiten haben beide SchülerInnen aber nur an je zwei Stunden teilgenommen: Jacek an der ersten, einen Monat zurückliegenden, in der der Roman von der Lehrerin eingeführt wurde, Jessica an der dritten, in der die SchülerInnen mit der Gruppenarbeit zu ihren je spezifischen Leseaufträgen begonnen haben – zu diesem Zeitpunkt hatte sie den Roman jedoch noch nicht ganz gelesen. In der vierten Stunde, die unmittelbar vor dem Interview stattfand und an der beide SchülerInnen teilgenommen haben, wurde die Gruppenarbeit fortgeführt: Jessica hat zusammen mit Korinna zur Frage „Wie wird Hanna Mai charakterisiert? Wie sehen sie die anderen, wie sie sich selbst?" (Leseauftrag 2, grüne Gruppe) gearbeitet, Jacek zusammen mit Kamil und Sybilla zur Frage: „Beobachte, wie sich Malka ihrer Umwelt, Menschen, Tiere etc. gegenüber verhält? Welche Entwicklung kannst du feststellen?" (Leseauftrag 2, gelbe Gruppe). In der zweiten Unterrichtsstunde, in der die Leseeindrücke unmittelbar nach der Lektüre besprochen wurden, waren sowohl Jessica als auch Jacek nicht anwesend. Als *key incident* wurde die Endpassage des Interviews ausgewählt, in der die Erwartungsbrüche während des Leseprozesses ausführlicher und interaktiv und metaphorisch dichter zur Sprache kamen als bei der Eingangsfrage.

```
1    I         als ihr dann das buch gelesen habt was hat euch am meisten daran
2              interessiert worauf seit ihr- (-) neugierig gewesen; (3.0)
3    Jessica   mir war ehrlich gesagt langweilig. (-)
4    I         hm=hm,
5    Jessica   =also den anfang fand ich eher- (1.5) langweilig und em ich
6              dachte mir- (-) ja noch so ein buch, (1.5) ich meine da haben wir
7              jetzt auch genug in der schule darüber gelesen;
8    I         =hm-
9    Jessica   und em- (1.5) ich war auch etwas enttäuscht weil meine
10             erwartungen schon sehr hoch geschraubt waren also von mirjam
11             pressler [wie gesagt aber- (-) em- (1) was ich interesSANT an
```

```
12   I                    [hm=hm;
13   Jessica    diesem buch fand, (-) war der versuch das durch die sicht eines
14              siebenjährigen mädchens- (--) darzustellen was passiert war.
15   I          =hm=hm,
16   Jessica    weil das hatt ich bis jetzt noch nich gelesen, (-) em so das hab
17              ich noch nich geSEHEN und- (-) da- (-) denkt man selber dann auch
18              wirklich NACH und denkt sich wie erlebt ein KIND das eigent[lich.
19   I                                                              [hm=hm,
20   Jessica    (--) und- (1) ich glaube das- (-) das war etwas was- (-) mich
21              sehr interessiert hat obwohl ich fand dass es in diesem buch eher
22              weniger gelungen war am en- (-) das ende fand ich SEHR spannend.
23              (-) ich fand das war- (-) em super und- (-) wie das kind dann
24              reagiert hat und wie=s weggelaufen [ist das fand ich war- (-) wie
25   I                                            [hm=hm,
26   Jessica    ein richtiges- (-) siebenjähriges kind [auch reagieren würde. (-)
27   I                                                [hm=hm,
28   Jessica    und das war auch sehr spannend- (-) geschrieben und erzählt und
29              das hat einen richtig emotional auch mitge[rissen; (-) und die
30   I                                                    [hm=hm;
31   Jessica    enttäuschung am ende war genau DA:, (1) wie- (-) die mutter sich
32              auch wie das kind und die mutter sich verhalten [haben, (-) man
33   I                                                          [hm=hm,
34   Jessica    hat richtig mitgefühlt. (-) doch während des buches fand ich hat
35              es zu sehr gewechselt weil- (-) das- (--) die sicht des mädchens
36              war- (1.0) für mich also aus meiner sicht jetzt, (1.5) em war,(-)
37              zu ALT das das [hat das kam mir vor als wär=s aus der sicht eines
38   I                        [hm=hm;
39   Jessica    zehnjährigen oder elf oder zwölfjährigen mädchens geschrieben
40              worden beziehungsweise als geSEHEN worden, (-) em einige male hat
41              sie=s sehr gut- (-) hinbekommen find ich mit der- (-) sicht also
42              der siebenjährigen aber es hat so sehr gewechselt und das hat
43              mich beim lesen eher gestört; (-)
44   I          hm=hm, (-)
45   Jessica    aber sonst fand ich em wie gesagt dann das fand ich sehr spannend
46              und emotional am ende auch- (-) nur- (--) wie gesagt meine
47              erwartungen wurden dann eigentlich nicht so- (1.5) bestätigt;
48   Jacek      =ja also am anfang- (-) em- (--) hab ich=s eigentlich gar nicht
49              angefasst, (1.5) dann hab ich=s versucht im zug zu lesen, (--)
50              ging auch nich also der anfang den fand ich wirklich langweilig
51              und dann am donnerstag, (--) nachmittag einmal hingesetzt und
52              ganz durchgelesen und; (1.5) ja, (1.5) und- (-) hm- (-) war- (-)
53              an manchen stellen bisschen ekelhaft, (1) äh- (-) ja aber- (1)
54              also ich hab=s an einem stück durchgelesen und- (-) ich hab=s
55              auch gar nicht hingelegt (also) das lesen (     )- (-) weil=s
56              eigentlich recht spannend war- (-) wär=s nich so spannend hätte
57              ich=s- (-) irgendwie äh länger gebraucht und PAUsen eingelegt
58              [und- (-) dann vielleicht noch morgens=n bisschen gelesen (     )
59   I          [hm=hm,
60   Jacek      (-) an einem stück durchgelesen also- (-) war=s recht spannend
61              also- (-)
62   I          was hat dich da am meisten interessiert? (-) was fandste NICHT so
63              gut, (-)
64   Jacek      interessiert, (1.0) hat mich- (1.5) eigentlich nich so viel weil
65              ich diese richtung von büchern so mag also diese- (-)
66              judensicht, (-) kenn ich schon bisschen zuviel, (-) äh zu viele
67              gelesen und- (-) äh- (-) abge(-)neigt hat mich dieses dieses
68              Ekelhafte dieses detaillierte;
69   I          =hm=hm-
70   Jacek      =also seite zweihundertvierundfünfzig und fünfundfünfzig- (-) das
71              war wirklich schlimm, (-) und ja- ((lacht)) (1.5)
72   Jessica    das fand ich sogar gut wie gesagt aus der sicht von dem kleinen
73              mädchen. (-) aber am anfang hab ich mich einfach gefragt was SOLL
74              denn das hier; (-) [em was hat das damit zu tun und wo genau
75   I                            [hm=hm,
76   Jessica    worauf genau läuft das hinaus; (-)
77   I          hm=hm;
78   Jessica    und em das fand ich eigentlich eher schlecht so;
79   Jacek      =ja ich dachte (mir dann) dass wenn das ein siebenjähriges
80              mädchen daran daran nur denkt <<lachend <also (--) <pischen und
```

```
81            kacken>> ((lacht))
82  Jessica   =für mich hat das kind einfach zuviel nachgedacht. (-) ich fand
83            das gut wo es- (-) wo es beschrieben wurde was es geSEhen hat und
84            und wie es sich dabei gefühlt hat, (-) aber em- (-) denn diese-
85            (--) sachen wo sie NACHgedacht hat mit der mutter und und- (-)
86            sonst so ich könnte jetzt ich könnte jetzt nicht irgendwas
87            zitieren ich hab es selbst vergessen aber- (-) diese stellen fand
88            ich einfach für ein siebenjähriges mädchen das das war dann das
89            was mich dann immer so mehr oder weniger durcheinandergebracht
90            hat ich dachte mir dann, (-) was soll das so=n siebenjähriges
91            MÄDchen das hat dann- (-) das hat mich beim lesen dann [immer so
92  I                                                               [hm=hm,
93  Jessica   hin und her, (-) hab ich immer geschwankt; (-)
```

Im Vergleich zu Karolina, Kamil und Korinna, deren Erwartungsbrüche vor allem in der literarisch dargestellten Brutalität im Erleben Malkas lagen und die ihre subjektiven Rezeptionsprozesse primär unter dem Aspekt des ‚Mitleidens' mit den literarischen Figuren rahmen, erzählen Jessica und Jacek von ihrer subjektiven Rezeption des Romans in einem deutlich distanzierteren Modus: In ihrer über weite Teile narrativen Darstellung steht die eigene Involviertheit während des Lektüreprozesses und ihre Veränderung von der empfundenen Langeweile am Anfang hin zur Spannung am Ende im Vordergrund. Innerhalb dieses gemeinsamen Themas, das das Gespräch zu einem literarästhetischen Bewertungsdiskurs werden lässt, können dabei unterschiedliche individuelle Aneignungen anhand verschiedener ‚Stolperstellen' rekonstruiert werden: Schullektüre und ihre Rezeption, Anfang und Ende des Romans, die Leiblichkeit des Textes, die Perspektive einer Siebenjährigen und das Zusammenspiel von Realität und Fiktion.

6.1.1.2.2 „noch so ein buch" – Erwartungen an und Erfahrungen mit Schullektüren

Jessica und Jacek ordnen ihre subjektive Rezeption von *Malka Mai* in den Kontext der schulischen Literaturrezeption ein. In Jessicas Augen ist die schulische Lesepraxis gekennzeichnet durch eine gewisse Redundanz in der thematischen Lektüreauswahl. Vor diesem Hintergrund ruft auch der ausgewählte zeitgeschichtliche Jugendroman bei ihr Überdruss und Langeweile im Leseprozess hervor: „ich dachte mir- (-) ja noch so ein buch' (1.5) ich meine da haben wir jetzt auch genug in der schule darüber gelesen," (5ff.). Was sie genau unter „so ein buch" versteht, spezifiziert sie allerdings explizit nicht – implizit deutet sie aber mit „drüber gelesen" auf das Thema hin. Anders als das aus dem schulischen Kontext bekannte Thema der erzählten Geschichte, das bei Jessica Langeweile auslöst, hat der Name der Autorin, den sie in erster Linie mit ihrer Freizeitlektüre verbindet, bei Jessica hohe Erwartungen an den Roman geweckt. Im Vorlauf der hier ausgewählten Passage des Interviews erzählt Jessica ausführlich über ihre bisherigen Leseerfahrungen mit Büchern von Mirjam Pressler, die sie als ihre Lieblingsschriftstellerin bezeichnet. Ihre hierdurch aufgebauten hohen Erwartungen wurden allerdings bei der Lektüre dieses zeitgeschichtlichen Romans der Schriftstellerin im schulischen Kontext „dann eigentlich nicht so- (1.5) bestätigt," (47).

Bei Jacek erzeugt die Lektüreauswahl ebenfalls Desinteresse. Das begründet er ähnlich wie Jessica zuvor damit, bereits zu viele „diese[r] richtung von büchern" (65) gelesen zu haben. Anders als sie rahmt Jacek die Lektüre nicht explizit schulisch. Doch ist nach seinen im vorherigen Verlauf des Interviews ausführlich dargestellten privaten Leseinteressen und Lektürevorlieben zu vermuten, dass das Lesen problemorientierter und zeitgeschichtlicher Jugendliteratur nicht Teil seiner privaten Lesepraxis ist, sondern sich seine Leseerfahrungen in diesem Bereich auf den schulischen Kontext beziehen. Anders als Jessica konkretisiert Jacek sein Desinteresse bei der Lektüre: Das, was er an den Büchern nicht mag, ist „diese- (-) judensicht'" (65f.), die er „bisschen zuviel" (66) kennt, von denen er „zu viele gelesen" (66f.) hat.

Trotz leicht unterschiedlich akzentuierter Argumentationen lässt sich bei den beiden SchülerInnen ein gemeinsamer Orientierungsrahmen bezüglich der schulischen Lesepraxis rekonstruieren: Eine thematisch an der Zeitgeschichte orientierte Lektürewahl erzeugt bei ihnen Desinteresse, da das Thema bzw. die Perspektive bekannt seien, woraus Langeweile – zumindest zu Beginn des Leseprozesses – resultiere. Es zeigt sich aber auch, dass die SchülerInnen trotz des eher mühsamen Einstiegs aufgrund des Themas und der bei Jessica enttäuschten Erwartungen an die Autorin einen Zugang zu dem zeitgeschichtlichen Roman gefunden haben, verschiedene Aspekte zwar „langweilig" (3, 5), „weniger gelungen" (22), „ekelhaft" (53), „wirklich schlimm'" (71) oder „eher schlecht" (78) fanden, andere dafür aber „interesSANT" (11), „super" (23), „sehr spannend" (21, 28, 45), „sehr gut- (-) hinbekommen", „emotional" (46), „recht spannend" (56, 60) und „gut" (72, 83). Auf diesen äußerst ambivalenten Rezeptionsprozess – der durchaus zu Leseerfahrungen geführt hat – hätten diese beiden SchülerInnen sich in ihrer privaten Lesepraxis aufgrund ihres thematischen Desinteresses vermutlich erst gar nicht eingelassen bzw. ihn wegen des als langweilig empfundenen Anfangs höchstwahrscheinlich vorzeitig abgebrochen.

6.1.1.2.3 „worauf genau läuft das hinaus" – narrativer Wandel im Roman und im Rezeptionsprozess

Insgesamt nimmt der eigene Rezeptionsprozess einen bedeutenden Stellenwert in der Interviewpassage ein. An ihm wird von den SchülerInnen nicht nur die Qualität des Romans gemessen. In seinem teils unerwarteten Verlauf stellen sie auch ihre (narrativen) Leseerfahrungen dar. Der eher langweilig empfundene Anfang und das dagegen als spannend beschriebene Ende bilden dabei die Gegenpole. Während Jessica zu Beginn ihres Redebeitrags ihr Interesse an dem Roman eher auf theoretischer Ebene anführt, konkretisiert sie dieses im zweiten Teil anhand einer Szene des Romans: dem Ende, in der die Wiederbegegnung von Mutter und Tochter geschildert wird. Dabei geht Jessica auf unterschiedliche Ebenen ein: die Ebene der Beurteilung („fand ich SEHR spannend" (22), „das war- (-) em super" (23)), die Handlungsebene des Romans („wie das kind dann reagiert hat und wie=s weggelaufen ist" (23f.), „wie die mutter sich auch wie das kind und die mutter sich verhalten haben'" (32)), die Ebene der literarischen Darstellung („sehr spannend- (-) geschrieben und erzählt" (28)), die Ebene der Rezeption („das hat einen richtig emotional auch mitgerissen" (29), „die Enttäuschung am Ende war genau DA:'" (29ff.), „man hat richtig mitgefühlt" (32ff.)), und die Ebene des Realitäts-Fiktionsverhältnisses („wie ein richtiges- (-) sieben-jähriges kind auch reagieren würde" (24ff.)). Anhand dieser Dichte der Beschreibung lässt sich schlussfolgern, dass das Ende des Romans und somit auch die Beziehung zwischen Mutter und Tochter einen besonderen Stellenwert in Jessicas Rezeptions-prozess eingenommen haben. Allerdings bleibt sie, was ihre in erster Linie geäußerten emotionalen Rezeptionserfahrungen betrifft, erstaunlich distanziert, sie spricht von „man" (32) und „einen" (29) – nicht von sich persönlich. Und auch die Bewusstseins-ebene der Protagonistinnen bleibt von Jessica hier unerwähnt. Zu diesem in ihrem Rezeptionsprozess zentralen Ende des Romans baut Jessica im Anschluss an Jaceks Erzählung über seine Lektüre (s.u.) einen negativen Vergleichshorizont auf, der sich auf den Anfang des Romans bezieht. Anders als zu Beginn der ausgewählten Passage, in der sie den Anfang sehr allgemein mit der empfundenen Langeweile in Verbindung bringt („den anfang fand ich eher- (1.5) langweilig" (5)) beschreibt sie nun szenisch ihre Gedanken und Fragen beim Lesen „am anfang" (73): „was soll das denn hier," (73f.), „was hat das damit zu tun" (74) und „worauf genau läuft das hinaus;" (76). Diese Fragen beziehen sich direkt auf die Textkohärenz und zweifeln die Begründung der Gestaltung der Anfangsszenen innerhalb des Textes, die Verknüpfung und die Ziel-dimension an. Da Jessica ihren Beitrag nicht inhaltlich elaboriert, lässt er sich nur aus-reichend vor dem Hintergrund des Romans interpretieren.[88] Von hier aus werden Jessicas Fragen verständlich: Sie fragt nach der Bedeutung (und Legitimation) der dominierenden Bewusstseinsströme am Anfang, nach der Verbindung von Bewusst-seins- und Handlungsebene und nach dem Ziel der ausschweifenden Reflexionen. Diese Fragen sind für Jessica aber weniger Ausgangspunkt für eine neue Lese-erfahrung, in der sie durch eine Neurahmung (etwa durch den Versuch der Übernahme zweier für sie fremder Perspektiven) zu einer kohärenzstiftenden Deutung des Textes gelangen könnte. Vielmehr stellen die im Rezeptionsprozess aufkommenden Fragen eine abschließende Beurteilung dar (durch sie scheint für Jessica die Sinn- und Ziellosigkeit der Erzählung auf), bzw. dienen als Begründung für die Beurteilung, die darauf folgt: „das fand ich eigentlich eher schlecht so" (78).

Ähnlich wie Jessicas Rezeptionsprozess verlief auch Jaceks nicht geradlinig und genauso wie sie misst er diesen Erwartungsbrüchen Bedeutung zu, indem er ihnen viel Raum im Gespräch gibt. So beginnt Jacek in direktem Anschluss an Jessicas ersten Redebeitrag über seinen Lektüreprozess in Form einer Geschichte zu erzählen („am anfang" (48), „dann" (49), „und dann am donnerstag'" (51)). Es scheint sich also um eine für ihn erzählenswerte (weil ungewöhnliche) Geschichte zu handeln (vgl. Bruner 1998, vgl. Kap. 1.1.3). Dabei setzt er zu Beginn bewusst Pausen und reiht die einzel-nen Stationen versatzstückartig aneinander, immer wieder versehen mit kommen-

---

88 Der Anfang zeichnet sich aus durch einen abrupten Einstieg in die fiktive Welt, sowie durch sehr lange Erzählpassagen sowohl aus der Perspektive der Mutter als auch der der Tochter mit einem hohen Reflexionsgrad, dargestellt in Form von erlebter Rede (Bewusstseinsströme, die nicht nur die Erzählgegenwart betreffen, sondern auch eine erzählte Vergangenheit aufbauen). Durch die breit ausgestaltete Ebene des Bewusstseins kommt die Geschichte auf der Ebene der Handlung zu Beginn des Romans nur zögernd voran. Im Gegensatz dazu ist der Schluss durch eine rasche Handlungsabfolge, einen häufigen Wechsel der Erzählperspektiven und durch sehr kurze Erzähl-passagen der Mutter gekennzeichnet.

tierenden Wertungen. Jaceks Lektüreprozess umspannt drei Stationen: die erste Abneigung und Distanzierung von dem Buch („am anfang- (-) em- (--) hab ich=s eigentlich gar nicht angefasst'" (48f.)), anschließende gescheiterte Versuche, es nebenbei zu lesen („dann hab ich=s versucht im zug zu lesen' (--) ging auch nich" (49f.)) und schließlich die Lektüre ohne Unterbrechung an einem einzigen Nachmittag („einmal hingesetzt und ganz durchgelesen" (51)). Dass ihn dieser Verlauf selbst überrascht hat, ist nicht nur in der erzählerischen Darstellung zu erkennen, sondern auch in seinem anschließend sehr aufwendigen und umständlichen Versuch, dies zu erklären. Während Jacek nämlich zuvor noch eher nebenbei den Anfang als „wirklich langweilig" (50) bezeichnet, benötigt er anschließend mehrere Ansätze, Wiederholungen und Exemplifizierungen (53-60), die fast einen Rechtfertigungscharakter haben, um der Interviewerin (und vielleicht auch sich selbst) sein während der Lektüre aufgekommenes Interesse zu erklären, das ihn dazu bewegt hat, den Roman an einem einzigen Nachmittag zu lesen. Und auch nur vor diesem Hintergrund räumt Jacek ein, dass das Buch „eigentlich recht spannend" (56) gewesen sei. In der narrativen Darstellung seines Leseprozesses erscheint Jacek weniger als ein bewertendes Subjekt, sondern eher als ein überwältigtes Objekt. Es wirkt, als mache er diese Erfahrung mit Schullektüren nicht sehr häufig, denn er grenzt seinen Umgang mit diesem Roman („einmal hingesetzt und ganz durchgelesen" (51f.), „gar nicht hingelegt" (55), „an einem stück durchgelesen" (60)) von einer hypothetisch formulierten, aber ihm nicht ungewöhnlich scheinenden Alltagspraxis mit Schullektüren ab („länger gebraucht und PAUsen eingelegt" (57), „vielleicht noch morgens=n bisschen gelesen" (58)). Inhaltlich-thematisch oder formal-ästhetisch begründet Jacek sein Interesse an dem Roman allerdings nicht. Er verbleibt auf der affektiven Ebene der Involviertheit während des Rezeptionsprozesses, die sich jedoch vermutlich ähnlich wie bei Jessica an der sich wandelnden Erzählweise orientiert.

6.1.1.2.4 „dieses Ekelhafte dieses detaillierte" – unerwartete Leiblichkeit im Text

Ebenso wie für Kamil im vorherigen Interview, so wird auch für Jacek die im Text geschilderte Leiblichkeit zum Problem im Rezeptionsprozess. Mit diesem Problem setzen sich die beiden Jungen weniger aktiv auseinander, sondern suchen es durch unterschiedliche Strategien auf Distanz zu halten. Während Kamil diese emotionale Überforderung in einer ernsten Form von sich weist, begegnet Jacek ihr aus dem Abstand des „Lächerlichmachens" heraus.

Bereits zwischen der Schilderung seines Rezeptionsprozesses und dessen rechtfertigender Begründung wirft Jacek (von Pausen und Füllstottern umrankt) ein, das das Buch „an manchen stellen bisschen ekelhaft'" (53) gewesen sei. Welche Textstellen er damit meint, was er daran ekelhaft findet und wie das auf ihn bei der Lektüre gewirkt hat, sagt er an dieser Stelle nicht. Die Struktur des Redebeitrages deutet aber darauf hin, dass hier ein Tabu berührt sein muss, über das sich schwer reden lässt. Erst im Anschluss an eine Nachfrage der Interviewerin differenziert Jacek seine vorherige Andeutung weiter aus: „abge(-)neigt hat mich dieses dieses Ekelhafte dieses detaillierte" (67f.). An dieser Stelle sucht er nach Formulierungen sowohl für den Roman als auch für seine Empfindung. Die deiktischen Verweise werden auch durch die Nominaladjektive nicht genau bestimmt, verweisen somit auf einen geteilten Erfahrungsraum mit den Interviewpartnerinnen, der in der gemeinsamen Lektüre des Buches liegt, und unterstellen auch eine gemeinsam geteilte Deutung. Inhaltlich füllt Jacek diese Leerstellen nicht, er hält sich vielmehr durch eine formale Benennung durch die Angabe der (exakten) Seitenzahlen[89] auf Distanz, will „dieses Ekelhafte" (68) anscheinend nicht weiter benennen, hält es vielleicht auch nicht für angebracht in dieser offiziellen Gesprächssituation. Die genaue Seitenangabe deutet zugleich darauf hin, dass diese Passage für ihn sehr einprägsam war und dass er offensichtlich bereits mit anderen über sie gesprochen hat.[90] Jacek bewertet diese Textstelle anschließend mit „wirklich schlimm" (71), will sich aber inhaltlich nicht weiter darauf einlassen.

Hier ergreift Jessica das Rederecht, bricht also aus der Interviewsituation aus und bezieht sich direkt und oppositionell auf Jaceks Redebeitrag. Sie hat „das" (72) „sogar gut" (72) gefunden. Mit ihrem deiktischen Verweis tabuisiert sie zum einen ebenso wie Jacek, was „das" ist. Zum anderen gibt sie damit zu erkennen, dass sie genau weiß, um welche Szene es sich handelt, da sie nicht danach fragt, was auf den Seiten 254-255 im Roman erzählt wird. Dieser Gesprächsausschnitt dokumentiert in seiner Kontextgebundenheit und der sprachlichen Implizität, dass die SchülerInnen sich bereits ausführlich untereinander über ihre jeweiligen Rezeptionen des Romans ausgetauscht haben und diese Szene zum Gesprächsgegenstand geworden ist. Jessica führt ihre Akzeptanz dieser Textstelle auf deren Kohärenz innerhalb der literarischen Gestaltung des Romans zurück (s.u.): die Darstellung der Perspektive eines Kindes. Ausscheidungen zu beschreiben und umgangsprachlich zu bezeichnen hält Jessica in der (Erzähl-)Perspektive einer Siebenjährigen für angemessen.

Jacek schließt zwar mit einem „ja" an, kehrt aber wieder zu seiner Anfangsdeutung zurück und nimmt nicht etwa auf Jessicas eingebrachte Deutungsalternativen Bezug. Er beginnt eine „wenn-dann"-Konstruktion, führt aber die Konsequenz nicht aus. Von daher bleibt unklar, was „wenn das ein siebenjähriges mädchen daran daran nur denkt <<lachend <also (--) <pischen und kacken>>" (79ff.) für Folgen haben könnte. Gerade der Abbruch an dieser Stelle verdeutlicht einmal mehr die empfundene Tabuverletzung. Über Leiblichkeit kann Jacek nur schwer (hier in der Distanz des Lachens) sprechen. Dieses Tabu scheint für ihn aus der Perspektive eines *Mädchens* und noch dazu eines siebenjährigen noch stärker zu sein und eine Tabuverletzung, wie sie in der literarischen Vorlage aufscheint, in der Realität schier unvorstellbar.

---

89 In dieser Textstelle versteckt sich Malka auf einem Bahnhof vor deutschen Uniformierten in einem Abfallbehälter. Sie ist an Typhus erkrankt und bekommt Durchfall, kann diesen nicht zurückhalten, aber auch nicht aus ihrem Versteck hinaus und wird schließlich ohnmächtig: „Sie kackte und kackte und hatte das Gefühl, dass das Leben aus ihr herauslief und nichts mehr von ihr übrig blieb, sie spürte den Brei an ihrer Hand, auf ihrer Haut, weich und warm, sie sank tiefer und immer tiefer und dann war nichts mehr." (Pressler 2001, 255)

90 In dem abschließenden Interview erzählt er schließlich auch davon, dass er diese Passage seiner Mutter vorgelesen hat.

6.1.1.2.5 „wie erlebt ein KIND das eigentlich" – distanzierte Perspektivenübernahme

An die Schilderungen ihrer negativen Leseerlebnisse, des durch das Thema hervorgerufenen Desinteresses an der literarischen Geschichte und ihrer Enttäuschung über die ihr bekannte Autorin schließt Jessica ein positives Erlebnis ihres Rezeptionsprozesses an: Die Wahl der Erzählperspektive hat ihr Interesse hervorgerufen. Damit begibt sie sich auf die Ebene der literarischen Gestaltung des Romans. Allerdings kritisiert sie die Darstellung der Figurenperspektive des Mädchens Malka – auf die Mutterperspektive geht sie hier nicht ein – gleich in zweifacher Hinsicht, indem sie sie als „versuch" (13) bezeichnet, der noch dazu „in diesem buch eher weniger gelungen war" (21f.) – inwiefern, bleibt an dieser Stelle offen. Diese literarische Gestaltung der Erzählperspektive prägt Jessicas Rezeptionsprozess laut ihren Ausführungen maßgeblich: Diese Perspektive stellt etwas Neues für sie dar, was sie „noch nicht gelesen'" (16) hat (im Gegensatz zu der bereits bekannten Thematik); für Jessica bedeutet lesen dabei, das, „was passiert war" (14) (und ihr bekannt ist), aus dieser neuen Perspektive zu sehen („das hab ich noch" nicht geSEHEN" (17)); ihr zufolge regt diese neue Wahrnehmungsperspektive die Reflexion an („denkt man selber dann auch richtig NACH" (17f.) und ermöglicht, im Leseprozess das Erleben von (historischen) Ereignissen aus einer fremden Perspektive nachzuvollziehen („wie erlebt ein KIND das eigentlich" (18)) und damit die Erprobung von Fremdverstehen. Inwieweit diese nur auf der theoretischen Ebene – und zunehmend distanzierter (die Figur Malka nennt Jessica nicht beim Namen, sondern bezeichnet sie als „das Kind" (23, 32, 82) oder als „mädchen" (14, 35, 73), von sich selbst spricht sie in abstrakter Form: „denkt man" (17), „denkt sich" (18) – beschriebenen, vom Text ausgehenden Rezeptionsanforderungen sich auch in der Handlungspraxis Jessicas dokumentieren, ist anhand dieser Passage allerdings nicht zu erkennen. Erst an späterer Stelle im Gespräch, in der interaktiven Passage mit Jacek, deren Ausgangspunkt die Leiblichkeit des literarischen Texts ist, erzählt Jessica detaillierter über ihren Rezeptionsprozess. Aus Jaceks Empörung signalisierendem Redebeitrag „wenn das ein siebenjähriges mädchen daran daran nur denkt" (79f.) greift Jessica das Stichwort ‚denken' auf, und entwickelt daran ihren Gedankengang weiter, indem sie es von der konkreten Situation löst und in einen übergeordneten Zusammenhang stellt. Jessica kann die literarische Reflexionsebene des Kindes („wo sie NACHgedacht hat" (85)) im Vergleich zur Erlebnisebene („was es geSEhen hat und wie es sich dabei gefühlt hat" (83f.)) nicht nachvollziehen. Sie exemplifiziert ihre Aussage mit einem anderen Textbeispiel: „diese- (--) sachen wo sie NACHgedacht hat mit der mutter und und- (-) sonst so" (85). Auf diese „sachen" geht sie aber inhaltlich nicht näher ein, was für Jessica „zitieren" (87) heißen würde – die Alternative, mit eigenen Worten das Erzählte darzustellen, zieht sie hier nicht in Betracht. Vom literarischen Text ausgehend muss Jessica sich hier u.a. auf das Motiv ‚Frau Doktor' (vgl. Kap. 4.1.2.2.2) beziehen, in dem die Distanz zwischen Tochter und Mutter in Malkas Bewusstseinsebene zum Ausdruck gebracht wird und die gleichzeitig eine mentale Überlebensstrategie des Kindes darstellt. In ihrer Symbolhaftigkeit und literarischen Vielschichtigkeit jedoch nimmt Jessica diese Gedanken in der Erzählperspektive der kindlichen Figur nicht wahr, sondern betrachtet sie vielmehr kritisch vor dem Vergleichshorizont ihrer Alltagserfahrungen. Die Inkohärenz, die Jessica dem literarischen Text zuschreibt, scheint ihren Rezeptionsprozess durchgängig begleitet und sie irritiert zu haben („was mich dann immer so mehr oder weniger durcheinandergebracht hat" (89f.), „hin und her' (-) hab ich immer geschwankt" (93)). Durch diese Irritationen lässt sie sich jedoch nicht zu einer intensiveren Auseinandersetzung mit dem Text anregen. Ihre sehr klaren Normalitätsvorstellungen bezüglich der Perspektive eines siebenjährigen Mädchens stellt sie nicht in Frage.

6.1.1.2.6 „wie ein richtiges- (-) siebenjähriges kind" – Fiktion als Abbild von Realität

Die perspektivische Erzählweise des Romans wird in der Rezeption von Jessica eng an das Zusammenspiel von Fiktion und Realität geknüpft. Die Szene, in der sich Mutter und Tochter am Ende des Romans wiederbegegnen und sich die literarische Figur Malka Jessicas vergleichender Deutung zufolge „wie ein richtiges- (-) siebenjähriges kind" (25f.) verhält, gibt Aufschluss auf Jessicas Rahmung der Geschichte: Sie liest den Roman weniger als einen Möglichkeitsentwurf, sondern eher als Darstellung einer ihr bereits bekannten Wirklichkeit. Jessica kann das auf der Handlungs- und Bewusstseinsebene symbolisch verdichtet dargestellte schnelle Erwachsenwerden des siebenjährigen Kindes nicht verstehen, das am Anfang verträumt, verspielt, verwöhnt und tierliebend ist, im Laufe der Zeit immer schreckhafter, berechnender, vorsichtiger, argwöhnischer und unmoralischer handelt. Anders als Karolina zuvor, die versucht, sich dem Unvorstellbaren in der Entwicklung des Kindes durch eine zeitliche Vergegenwärtigung der historischen Geschichte zu nähern und sich auf neue und für sie fremde Perspektiven einzulassen, nimmt Jessica den Erwartungsbruch nicht zum Anlass, ihre bisherigen Vorstellungen von Kindheit zu überdenken und eventuell neu zu rahmen, sondern verwendet diese vielmehr als Vergleichshorizont für die (gelungene oder missglückte) Gestaltung des Romans.

6.1.1.2.7 Zusammenfassung

Zusammenfassend lässt sich festhalten, dass bei beiden Schülern ihr subjektiver Rezeptions*prozess* im Vordergrund steht, in dem Erwartungsbrüche in positiver und negativer Richtung lagen. Während der Anfang aufgrund des aus Schullektüren (allzu) bekannten Themas und der weitläufigen reflektierenden Erzählpassagen auf der Bewusstseinsebene Langeweile hervorgerufen hat, wurde der Roman zum Ende hin als zunehmend spannend rezipiert. Den erzählerischen Herausforderungen des Romans begegnen Jessica und Jacek in distanzierterer Weise als ihre MitschülerInnen in der vorherigen Passage. Die (Erzähl-)Perspektive der Mutterfigur erlangt keine Bedeutung in ihrer erinnernden Rekonstruktion ihrer Rezeptionsprozesse, die Kinderperspektive hingegen fordert sie in unterschiedlicher Weise heraus: Für Jacek stellt die Leiblichkeit in der Bewusstseinsebene des siebenjährigen Mädchens eine Überforderung dar, die er durch „Lächerlichmachen" auf Abstand zu halten sucht. Jessica baut sich durch ihre literaturwissenschaftliche Bewertungshaltung eine Distanz zu der erzählten Geschichte auf. Sie setzt sich zwar mit der vor ihrem eigenen Wirklichkeitshorizont unverständlichen Bewusstseinsebene der siebenjährigen Protagonistin auseinander, schafft es jedoch insgesamt nicht, sich auf „das Spiel mit den Möglichkeiten" (Ulich/Ulich 1994) und eine für sie „fremde", weil ungewöhnliche Kinderperspektive einzulassen.

6.1.1.3 (Un)vorstellbare Überlebensstrategien eines Kindes allein im Krieg

Die folgenden zwei Interviews wurden mit SchülerInnen der 1. Klasse des polnischen Lyzeums in Warschau geführt. Die SchülerInnen sind im Durchschnitt ungefähr ein Jahr älter als die SchülerInnen der 9. Klasse der deutschen Schule in Warschau und haben sich in gleichgeschlechtlichen Freundespaaren zusammengefunden. In den ausgewählten Gesprächspassagen sind die Redebeiträge der SchülerInnen deutlich stärker ineinander verzahnt als in denen zuvor. Ela (17; 2 J.) und Kasia (16; 10 J.) haben sich zu Beginn dieses Schuljahres kennen gelernt und sind seitdem eng miteinander befreundet. Beide haben Migrationserfahrungen. Elas Mutter stammt aus Ägypten und ihr Vater aus Polen. Ela selbst ist in Ägypten geboren, hat ihre Kindheit in Polen verbracht und dort polnische Grundschulen besucht. Als Jugendliche hat sie fünf Jahre mit ihrer Mutter und ihrem jüngeren Bruder in Deutschland gelebt. Dort besuchte sie deutsche Gymnasien und musste sich nach der Rückkehr nach Polen zu ihrem Vater in diesem Schuljahr erst wieder an das polnische Schulsystem gewöhnen, was ihr nicht leicht gefallen sei. Elas Mutter ist Sprachwissenschaftlerin, ihr Vater Arzt. Ela stellt sich als Leserin dar, die sehr gerne und sehr viel in der deutschen, aber vor allem in der polnischen Sprache liest, darunter auch verschiedene Titel zeitgeschichtlicher Literatur. Kasia, deren Eltern beide aus Polen stammen, ist in Polen geboren, hat als Kind in Deutschland gelebt und dort die ersten zwei Jahre der Grundschule besucht. Danach hat sie die gesamte Schulzeit an polnischen Schulen verbracht. Kasias Vater hat eine eigene Firma, ihre Mutter arbeitet als Buchhalterin und ihr älterer Bruder studiert in Warschau. Ähnlich wie Ela gibt Kasia an, viel zu lesen, ihre Leseerfahrungen mit zeitgeschichtlicher Literatur schreibt sie vor allem dem schulischen Kontext zu.

6.1.1.3.1 Transkript

Das Gespräch findet am ersten Tag der Unterrichtseinheit statt, noch vor der einführenden Unterrichtsstunde zu dem Roman. Auch wenn es die erste Begegnung mit der Interviewerin und das erste offizielle Gespräch über den Roman ist, wirken die SchülerInnen offen und erzählen ausführlich von ihrer Rezeption.

```
1    I        ((...)) zuerst em- (-) würd ich euch gern mal fragen als ihr das
2             buch in der hand hattet; (-) noch bevor ihr=s gelesen [habt; (-)
3    Ela                                                            [hm=hm-
4    I        was habt ihr da von dem buch erwartet von malka mai- (-)
5    Ela      hm-(3.0) na ja also ich hab ich hab ich hab gedacht das wird halt
```

```
 6        über- (1.0) na ja über über ereignisse oder über halt ein MÄDchen
 7        im KRIEG oder in der kriegsZEIT und und was halt mit ihr passiert
 8        und ein- (1.0) einfach ein bisschen so- (--) geSCHICHte wie es
 9        damals halt war oder- (-) und vor allem wo ich das gelesen hab
10        dass das ein bisschen WAHRheit ähnlich ist also dass da- (-)
11        wirklich so eine person existiert und und gelebt hat also- (-)
12        dass das buch zwar em noch also mehr ausgedacht ist und nicht so-
13        (--) also nicht geNAU die ereignisse der FRAU widerspiegelt aber
14        trotzdem also ist war interessiert dran- (-) das zu lesen und zu
15        erfahren- (-) wie=es einem KIND weil es ja um ein kind ging wie-
16        (--) wie=s halt (-) aussieht und [was mit ihr passiert und so
17   I                                     [hm=hm;
18   Ela      weiter und wie sie das erlebt vor allem für ein kind also von
19            (   ) das weiß man ja nicht;
20   I        hm=hm ja was hat dich da besonders dran interessiert an diesem
21            kind, (-) als hauptfigur, (-)
22   Ela      na ja weil- (-) man liest solche bücher und es sind meistens
23            erwachsene die darüber schreiben; also die schreiben halt em-
24            (-) wie es ihnen im krieg ergangen ist oder wie sie halt geflohen
25            sind oder- (-) hm halt von der perspektive eines erwachsenen das
26            is ja immer anders; und das kind halt das was nicht richtig weiß
27            was mit ihm passiert und und das ist alles so ganz neu für das
28            kind und- (--) hm es versteht nicht ja was passiert; und das ist
29            interessant [dass- (-) dass es trotzdem versucht zu überLEBen
30   I                    [hm-
31   Ela      und wie das geht halt- (-) weil (1.5) ein kind is halt na ja,
32            (---) gar nicht vorbereitet drauf ein erwachsener vielleicht AUCH
33            nicht aber der der versteht schon eher was passiert ja und ein
34            kind nich und das ist interessant-
35   I        hm=hm;
36   Ela      also wie malka es geschafft hat doch zu überleben so- (--) zu
37            flüchten und na ja ein kind geht ja immer irgendwo mit das ist ja
38            auch interessant dieses [((lacht)) dieses dass sie da irgendwie
39   Kasia                            [((lacht))
40   Ela      immer so untergetaucht ist ja [das ist das ist ziemlich
41   I                                       [hm=hm;
42   Ela      interessant (eben auch;) (--) das hat mich interessiert.
43   I        hm=hm, zu büchern frag ich dich gleich direkt noch (      )
44   Ela      hm-
45   Kasia    ja also ich hab- (-) als ich das buch jetzt so von außen gesehen
46            habe und und diesen roten mantel, (---) em da gab=s doch mal
47            so=ne geschichte also das das beruht auch auf fakten dass- (---)
48            es gab irgendso ein mädchen das- (-) also ein GANZ bekanntes foto
49            von einem JÜdischen mädchen AUCH in einem roten [mantel. (-) also
50   I                                                         [hm=hm,
51   Kasia    ich [weiß nicht mehr ganz worum es geht; (-) ja das hab ich das
52   I            [das kenn ich gar nicht-
53   Kasia    hab ich- (--) schon vor langer zeit irgendwie gelesen in einer
54            zeitung oder so; (-) ja und dann hab ich auch auch- (-) daran
55            gedacht wie es- (-) wie es einem KIND, (---) em- (1.0) einem
56            JÜdischen kind in der KRIEGSzeit ging; (-) und weil eben wie Ela-
57            (-) auch hab das hab ich auch von erwachsenen immer gelesen also
58            bücher über erwachsene-
59   I        hm=hm,
60   Kasia    während des kriegs und- (-) wie ein kind alLEIne (-) das das
61            alLEIne schafft;
62            ((...))
63   Ela      mich hat zum beispiel das- (-) das bild jetzt- (---) gar nicht
64            weiter so ja vielleicht der ausdruck der augen des mädchens so
65            (--) so der ist der ist der ist gut also der DER hat was aber,
66            (-) sonst das bild gar nicht auch die puppe nicht; (-) ich hab
67            auch im im buch so- (-) so gar nicht richtig auch auf das- (--)
68            auf die puppe jetzt geachtet also- (--) manchmal so während- (-)
69            der springpunkte [wo ich- (-) gedacht hab also wo ich darüber
70   I                         [hm=hm-
71   Ela      nachgedacht hätte also
72   I        hm=hm; (-)
73   Ela      da;
74   I        ja em was waren denn da so springe, (-) springende punkte; (-)
```

```
75              für dich; (--)
76    Ela       also- (1.0) vor allem (1.0) zum beispiel dieser HUNger; (--) den
77              sie hatte ja, (--) h::m wie sie das- (-) wie sie den jetzt
78              beKÄMPFT hat hatte wie sie immer- (-) wie sie gelernt hatte so
79              ABzuschalten;
80    I         hm=hm-
81    Ela       also dann hab ich zum beispiel überlegt ob ein KIND das so
82              geLERNT hat so GUT abzuschalten von- (-) von der wirklichkeit von
83              den anderen menschen von von ALlem was um ein kind herum ist; sie
84              hat einfach- (-) gelernt so in sich zu gehen und und NICHTS sehen
85              nichts zu hören und ob man zum beispiel SPÄter wenn sie schon bei
86              der faMIlie ist ob ob man das schafft, (-) WEGzuschalten also
87              dass sie wieder so kommunikativ ist das war [für mich SEHR
88    I                                                     [hm=hm;
89    Ela       interessant also wie das dann- (-) eben das ende ist für mich
90              nicht so- (-) ich würde gerne WEIter wissen wie das also wie sie
91              das schafft also wieder zu normalem leben zurückzukommen [das das
92    I                                                                  [hm=hm,
93    Ela       war für mich wirklich- (-)
94    Kasia     ob sie=s überhaupt schafft;
95    Ela       ja ob sie=s überhaupt schafft weil ich meine ein kind- (1.0) das
96              auch ein erwachsener ob er es schaffen würde weil ein mensch-
97              (1.5) das der geht ja SO kaputt sie is ja irgendwie [SO kaputt
98    I                                                             [hm-
99    Ela       ob ob sie das schafft wieder aufzubauen ja und die beziehung zu
100             ANderen menschen keine ANGST zu haben und so weiter- (1.0) h:m ja
101             das ist- (-) das ist für mich der der [springpunkt der der der
102   I                                               [hm=hm,
103   Ela       mich also das das- (--) verfolgt mich so die ganze zeit halt; (-)
104             dieses auch zu LERnen so abzuschalten das ist unglaublich (    )
105             also ich kann [mir- (-) ich [kann mir das [VORstellen (aber)(   )
106   Kasia                   [ja;          [ja; (-) oder wie sie
107             also für mich war das immer immer so interessant- (1.0) ich kann
108             das gefühl jetzt nicht nicht beschreiben wie das war also als ich
109             das gelesen habe dass sie zum beispiel- (-) em über ihre mutter
110             nicht nicht MAma oder MUTter sagen wollte [sondern frau frau
111   Ela                                                [hm-
112   Kasia     DOKtor; (-) und wenn sie jemand fragte wer sie ist, (-) die
113             tochter von frau doktor mai; (-) also wie sie mit- (1.0)
114             irgendwie ihre gedanken manipuliert hatte, (-) damit es ihr- (-)
115             besser geht [also damit sie nicht so viel an ihre mutter denkt
116   Ela                   [hm;
117   I         hm=hm;
118   Kasia     und an das- (-) ganze was da passiert ist; (--) also das und- (-)
119             als sie die puppe verloren hat war ich schon traurig. (--)
120   Ela       hm;
121   Kasia     (ja) das war furchtbar.
122   Ela       hm;
123   Kasia     also- (--) das ich glaub immer- (-) als es ihr irgendwie
124             schlechter ging hat sie hat sie irgendwie die die PUPpe angefasst
125             oder so oder an sich em gekuschelt, (-) und das war- (--) als sie
126             ihre mutter, (---) verloren hatte- (-) war das auch- (-)
127             irgendwie-
128   Ela       ein verlust;
129   Kasia     ja und die die puppe war das EINzige was sie hatte [eigentlich
130   I                                                            [hm=hm-
131   Kasia     und das einzige was sie mit ihrer mit ihrer HEImat verbunden
132             hatte; (-)
```

Ela und Kasia sprechen sehr engagiert und ausführlich über ihre Rezeption des Romans – es ist das längste Einstiegsinterview in dieser Klasse. Im Vergleich zu den bisher vorgestellten *key incidents* fällt auf, dass Ela und Kasia ihre Rezeptionsprozesse nicht anhand von ‚Stolperstellen' rekonstruieren, sondern vielmehr von ‚Springpunkten', Stellen im Text, die sie herausgefordert haben, erzählen. Sie thematisieren ihr Interesse an dem Roman, die Fiktionalität der Geschichte und Geschichtsromane aus der Erwachsenenperspektive. Insbesondere gehen sie – wie zuvor auch Karolina und Jessica – auf die Figur der Malka, ihre Überlebensstrategien und ansatzweise auch auf die Beziehung zu ihrer Mutter ein.

6.1.1.3.2 „ein bisschen WAHRheit ähnlich" – historische und mediale Rahmung der Fiktion

Kasia und Ela stellen beide jeweils zu Beginn ihren Lektüreprozess in einen sowohl literarisch-fiktionalen als auch real-historischen Kontext. Elas Interesse an dem Roman wird vornehmlich durch die reale Grundlage der fiktionalen Geschichte geweckt: „vor allem wo ich das gelesen hab dass das ein bisschen WAHRheit ähnlich ist also dass da- (-) wirklich so eine person existiert und und gelebt hat also-" (9f.). Bereits der Klappentext des Bucheinbandes informiert über den Realitätsbezug[91]. Da Ela von dem Wahrheitsgehalt der literarischen Geschichte „gelesen" (9) (und nicht gehört) hat, ist zu vermuten, dass sie ihre Romanlektüre in einen umfassenden textuellen Zusammenhang stellt, indem sie auch Paratexte (Genette 2001) mit einbezieht. Dass Ela darüber hinaus auch die Nachbemerkung rezipiert hat, wird deutlich in der durch diese geprägten Fortführung ihres Redebeitrags – ähnlich wie bei Karolina im ersten *key incident* –: „dass das buch zwar em noch also mehr ausgedacht ist und nicht so- (--) also nicht geNAU die ereignisse der FRAU widerspiegelt aber trotzdem" (12ff.). Die Paratexte prägen demzufolge den Rahmen, vor dessen Hintergrund Ela den Roman rezipiert und sind damit von nicht zu unterschätzender Bedeutung für ihren Leseprozess. Die enge Anbindung der fiktionalen an eine reale Lebensgeschichte motiviert Ela zur Lektüre: „also ich war interessiert dran- (-) das zu lesen" (14).

Kasia nimmt zwar ebenfalls Referenznahmen in ihrem Rezeptionsprozess vor, allerdings in erster Linie auf fiktionaler und erst in zweiter Linie auf realhistorischer Ebene: „als ich das buch jetzt so von außen gesehen habe und und diesen roten mantel' (---) em da gab=s doch mal so=ne geschichte also das das beruht auch auf fakten dass- (---) es gab irgendso ein mädchen das- (-) also ein GANZ bekanntes foto von einem JÜdischen mädchen AUCH in einem roten mantel." (45ff.). Ebenso wie Ela stellt auch sie den Wirklichkeitsbezug („beruht auch auf fakten" (47) heraus, ihre spontane Reaktion auf den Roman bzw. das Coverbild war jedoch geprägt von einer anderen *fiktionalen* Gestaltung einer (realen) Lebensgeschichte. Kasia stellt demzufolge den Roman in einen (inter)textuellen Zusammenhang, indem sie direkt zu Beginn ihrer Rezeption das Motiv von einem „JÜdischen mädchen [...] in einem roten mantel" (49) wiederentdeckt.[92] Während also Ela ihre Lektüre vornehmlich vor dem Hintergrund

---

91 Hier heißt es: „Der neue Roman von Mirjam Pressler beruht auf einer wahren Geschichte."

92 Um welche „geschichte" (47) bzw. welches „foto" (48) genau es sich hierbei handelt, kann aus der Textpassage nicht eindeutig bestimmt werden, da sich Kasia an die näheren Einzelheiten nicht mehr erinnern kann. Eine (intermediale) Möglichkeit wäre der Film *Schindlers Liste* (1993), in dem das Motiv des Mädchens im roten Mantel filmisch umgesetzt ist, eine andere (intertextuelle) wäre der autobiographische Roman *Dziewczynka w czerwonym płaszczyku* (2001) (*Das Mädchen im roten Mantel* (2000)) von Roma Ligocka und Iris von Finckenstein, der durch den Film angeregt wurde und auf dessen Coverbild ebenfalls ein Mädchen in rotem Mantel dargestellt ist. Für

deren historisch-gesellschaftlichen Bedeutung rahmt, stellt Kasia die ihre primär in einen (inter)textuell-literarischen Zusammenhang.

6.1.1.3.3 „wie es einem [...] JÜdischen kind in der KRIEGSzeit ging" – Perspektivische Darstellung von Zeitgeschichte in der Literatur

Beide Mädchen haben klare Vorstellungen von zeitgeschichtlicher Literatur, die ihre Erwartungen an den Roman *Malka Mai* beeinflussen. Im Gegensatz zu Karolina und Kamil im ersten *key incident* konkretisieren sie diese aber nicht anhand ihrer Erwartungsbrüche bei der Lektüre, sondern theoretisieren sie auf einer allgemeinen Ebene. Ela hat gedacht, „das wird halt über- (1.0) na ja über über ereignisse oder halt über ein MÄDchen im KRIEG oder in der kriegsZEIT und und was halt mit ihr passiert" (5ff.). Die wiederholte Verwendung des Partikels „halt" (5, 6, 7) weist darauf hin, dass es sich um eine alltagstheoretische Vorstellung handelt, die nur leicht modifiziert wird: Während in historischer Literatur „ereignisse" (6) aus der Kriegszeit geschildert werden, geht es hier um ein „MÄDchen im KRIEG" (6f.). Unverändert bleibt jedoch der historische Realitätsbezug: „einfach ein bisschen so (--) geSCHICHte wie es damals halt war" (8f.). An anderer Stelle wertet Ela „solche bücher" (22) als aus der Erwachsenenperspektive geschriebene und über deren (Flucht-)Erfahrungen erzählende auf (22-26). Vor diesem Hintergrund wird nun die Kinderfigur und ihre (perspektivisch eingeschränkte) kindliche Sicht, aus der die fremde (Kriegs-)Welt gedeutet wird, zu einem innovativen Element des zeitgeschichtlichen Jugendromans, das Interesse beim Lesen erzeugt. Kasia schließt sich Ela explizit an, auch sie hat bisher „von erwachsenen immer gelesen also bücher über erwachsene-„ (57f.) und stellt die (jüdische) Kinderperspektive dem gegenüber: „dann hab ich auch auch- (-) daran gedacht wie es- (-) wie es einem KIND, (---) em- (1.0) einem JÜdischen kind in der KRIEGSzeit ging;" (54ff.). Sowohl Ela als auch Kasia nehmen literarische Darstellungen von vergangenen Zeiten als perspektivische Sichtweisen auf diese Zeiten wahr, wobei lediglich Kasia auf die Besonderheit der jüdischen Perspektive im (Zweiten Welt-)Krieg verweist. Beide SchülerInnen stellen sich also insgesamt als vertraut dar im Umgang mit zeitgeschichtlicher Literatur und deren Funktion, von historischen Ereignissen und dem Erleben dieser aus verschiedenen Perspektiven zu erzählen. Dabei fokussieren beide die Kinderfigur und deren Perspektive als innovatives und für sie neues Moment, ohne auf die Mutterfigur und deren Perspektive einzugehen.

Letzteres spräche das „GANZ bekannte foto" (48), auf das Kasia verweist, sowie ihre Erinnerung, dass sie darüber „vor langer zeit" (53) in einer Zeitung gelesen habe.

6.1.1.3.4   „was mit ihr passiert" – „wie sie das erlebt" – ineinandergreifen von Handlungs- und Bewusstseinsebene

Während Jessica im zuvor vorgestellten Interview Lesen als Sehen bezeichnet, setzt Ela in dieser Passage Lesen sowohl mit Erfahren in Verbindung: „ich war interessiert dran- (-) das zu lesen und zu erfahren-" (14f.) als auch mit Wissen „das weiß man ja nicht" (19) und bekundet ihr Interesse an diesen (Lese-)Erfahrungen und dem durch sie erhofften Wissenserwerb. Diese auf die Figur Malka gerichteten Erwartungen beziehen sich sowohl auf die Ebene der Handlung („was mit ihr passiert" (16)) als auch auf die des Bewusstseins („wie sie das erlebt" (18)). Die Perspektive eines Kindes sei insofern das Besondere an dem Roman im Vergleich zu anderen ihr bekannten zeitgeschichtlichen Romanen mit erwachsenen Hauptfiguren, als dass ein Kind aufgrund seines geringeren Erfahrungsschatzes und seiner begrenzteren Verstehensmöglichkeiten „gar nicht vorbereitet" (32) sei und nicht wisse „was mit ihm passiert" (27). Elas antithetische Argumentation zwischen Erwachsenen- und Kinderperspektiven, zwischen Erleben und Handeln, mündet schließlich in der resümierenden Verwendung eines Leitmotivs des literarischen Textes: „und na ja ein kind geht ja immer irgendwo mit" (37).[93] Dieses Leitmotiv greift Ela im Interview jedoch nicht in seiner symbolischen Vielschichtigkeit auf, sondern verwendet es eher auf der Ebene der Textoberfläche, die sich auf die ‚Landschaft der Handlung' bezieht: „das ist ja auch interessant dieses ((lacht)) dieses dass sie da irgendwie immer so untergetaucht ist" (37ff.). Kasia rahmt ihre Romanrezeption in ähnlicher Weise wie Ela (und mit explizitem Bezug auf diese), indem ihre Erwartungen ebenfalls auf die Kinderfigur und dessen Innen- und Außenperspektive konzentriert sind. Bei der Lektüre hat sie zum einen – wie bereits zuvor erwähnt – daran gedacht, „wie es einem [...] jÜdischen kind in der KRIEGSzeit ging," (54ff.) und zum anderen „wie ein kind [...] das alleine schafft" (60f.). Anders als Ela hebt sie dabei nicht nur die Perspektive des Kindes (im Vergleich zum Erwachsenen) hervor, sondern auch – durch Unterbrechungen, Reformulierungen und Betonungen markiert – die Besonderheit der Situation eines *jüdischen* Kindes, des historisch-politischen Kontextes des *Kriegs* und des *Alleinseins* ohne die Geborgenheit und Unterstützung der Familie.

---

93   Im Roman verwendet die Mutter die Worte „Ein Kind fällt nicht auf, ein Kind läuft immer irgendwie mit." (Pressler 2001, 95) in der Schlüsselstelle, in der sie entscheidet, ihre jüngere Tochter zurückzulassen (vgl. Kap. 4.1). Auf eine erfahrene Leserin wirken sie eher wie eine Beruhigung (der älteren Tochter und auch von sich selbst), weniger als zwingendes Argument für ihre Entscheidung, was sich in Hannas zunehmenden Selbstzweifeln im Fortgang des Romans bestätigt. Dieser leitmotivische Satz wird im Text an zwei Stellen – jeweils in den Bewusstseinsströmen der Kinderfigur – wieder aufgegriffen: in dem Moment, in dem Malka von Herrn Kopoliwici ausgesetzt wird und sich zum ersten Mal allein fühlt sowie in der Situation, in der sie im Zug vor einer Aktion im Ghetto flüchtet. Hier weiß sie schon nicht mehr, wo sie diesen Satz zum ersten Mal gehört hat. Er wirkt wie eine Beschwörungsformel für Malka, die sich an dieser Formel festzuhalten scheint, als sichere sie ihr das Überleben.

6.1.1.3.5 „manchmal so während der springpunkte" – imaginierende Erfahrungsbildung

Während die beiden Mädchen den Lektüregegenstand gleichermaßen rahmen, setzen sie doch in der Darstellung ihres Rezeptionsprozesses im Interview – bei demselben für sie wichtigen Thema der Überlebensstrategien eines siebenjährigen Kindes – spezifische Akzente: Ela geht imaginierend über das Erzählte hinaus, Kasia (s.u.) geht deutend auf die Symbolik ein.

Ela beeindruckt die eingeschränkte Perspektive eines siebenjährigen Mädchens, das es trotz seines altersbedingten Unverständnisses der Ausnahmesituation schafft, sich in dieser zurechtzufinden und zu überleben. Dass Ela aber nicht nur das äußere Geschehen, „also wie malka es geschafft hat doch zu überleben so- (--) zu flüchten" (36f.) „interessant" (38) fand, sondern darüber hinaus auch über die psychische Entwicklung des Kindes „nachgedacht" (71) hat, wird deutlich in der Passage, in der sie die Bedeutung springender Punkte – hier „springpunkte" (69) – des Romans in ihrer Rezeption erläutert (76-105). Hier geht Ela nicht nur auf beide Erzählebenen und deren Verschränkung ein, sondern verweist auf ihren subjektiven Rezeptionsprozess und die Fragen, die ,Springpunkte' des Romans bei ihr ausgelöst haben. Bei diesen ,Springpunkten' handelt es sich nicht um ,Stolperstellen', also Verstehensschwierigkeiten, über die sie bei der Rezeption „stolpert". Es sind vielmehr – um in der Metaphorik zu bleiben – Punkte, die sie zum gedanklichen Sprung herausfordern. Einer ist der Hunger, der im Roman zunehmend Malkas (Über-)Leben bestimmt hat und ihr Umgang mit dieser existentiellen Bedrohung, ein anderer die psychische Isolation des Mädchens. Diese ,Springpunkte' haben Fragen bei Ela ausgelöst, die sich sowohl auf das Leben der fiktionalen Figur beziehen, als auch gleichzeitig von anthropologischer Allgemeinheit sind, wie in den folgenden Zitaten deutlich wird: „ob *ein KIND* das so geLERNT hat so GUT abzuschalten" (81f.), „ob *man* zum beispiel SPÄter wenn *sie* schon bei der faMIlie ist ob ob *man* das schafft' (-) WEGzuschalten also dass *sie* wieder so kommunikativ ist" (85ff.), „wie *sie* das schafft also wieder zu normalem leben zurückzukommen" (90f.), „*ein kind-* (1.0) das auch *ein erwachsener* ob *er* es schaffen würde weil *ein mensch-* (1.5) (das) *der* geht ja SO kaputt *sie* is ja irgendwie SO kaputt ob ob *sie* das schafft wieder aufzubauen ja und die beziehung zu ANderen menschen keine ANGST zu haben" (95ff.) (Hervorhebungen JH). In den zum Teil fließenden und reziproken Übergängen zwischen Fragen zum möglichen Fortgang der einzelnen erzählten Lebensgeschichte Malkas und ihrer darüber hinausgehenden anthropologischen Verallgemeinerung lässt sich die erfahrungsbildende Bedeutung, die der literarische Text in Elas Rezeption erhält, rekonstruieren. Der hypothetische Charakter von Elas Fragen, der von Kasia noch einmal gesteigert wird: „ob sie=s überhaupt schafft" (94), zeigt das Spiel mit den (Un-)Möglichkeiten, das literarische Geschichten eröffnen und auf das sich insbesondere Ela einlässt – auch wenn es ihre Imaginationskraft herausfordert: „das ist unglaublich" (104), „ich kann mir das VORstellen (aber)" (105).

6.1.1.3.6 „als sie die puppe verloren hat war ich schon traurig" –
empathisches Mitleiden

Die von Ela generierten, über das Erzählte hinausgehenden anthropologischen Fragen
zeigen an, dass sie sich in ihrer Rezeption auf einer analytisch allgemeinen und somit
distanzierten Ebene mit der literarischen Geschichte auseinandersetzt. Kasias Rezeptionsprozess hingegen verläuft eher auf einer empathischen Ebene. Sie konkretisiert
ihr Lektüreinteresse in der narrativen Vergegenwärtigung symbolisch verdichteter
Textstellen: dem Motiv ‚Frau Doktor' (109-118) und dem Motiv der ‚Puppe Liesel'
(118-132) (vgl. Kap. 4.1). Dass es Kasia bei der erinnernden Rekonstruktion der
literarischen Geschichte anhand einzelner Motive um die Rekonstruktion ihres eigenen
empathischen Umgangs damit geht, wird deutlich in den emotionalen Rahmungen, die
sie ihrer Rezeption dieser beiden Motive gibt: „ich kann das gefühl jetzt nicht
beschreiben wie das war also als ich das gelesen habe" (107ff.) und „als sie die puppe
verloren hat war ich schon traurig" (119), „das war furchtbar" (121). Während der Verlust der Puppe Kasia die Möglichkeit zum Mitleiden eröffnet, kann sie ihre Gefühle
bei der Rezeption von Malkas innerer Entfernung von ihrer Mutter nicht rekonstruieren, hält diese Bewusstseinsströme dennoch für erzählenswert, was auf deren
Bedeutsamkeit in Kasias Rezeptionsprozess schließen lässt. Denkbar wäre eine
Rahmung mit der zuvor von Ela resümierten (Un-)Vorstellbarkeit, an die sich Kasias
Redebeitrag überlappend und mehrfach bestätigend anschließt (105-106). Die Entfremdung von der eigenen Mutter durch gedankliche Manipulation (vgl. 114) lässt sich
zwar – so könnte Kasias Rezeption gedeutet werden – anhand des literarischen Motivs
nacherzählen, übersteigt jedoch die Möglichkeiten der emotionalen Anteilnahme. Eine
andere Erklärung für die Nicht-Erinnerbarkeit der ursprünglichen Empfindung während der Lektüre dieser Passagen wäre die Ambivalenz, die in der inneren Entfernung
von der Mutter im Romankontext liegt: die Gedankenmanipulation, wie Kasia Malkas
Entfremdung bezeichnet, wirkt negativ konnotiert, während Kasia ihr gleichzeitig eine
positive Funktion zuschreibt: „damit es ihr- (-) besser geht also damit sie nicht so viel
an ihre mutter denkt und an das- (-) ganze was da passiert ist," (114ff.). Diese ambivalente Deutung von Malkas Überlebensstrategien wurde in den vorherigen Interviews
bereits offenbar in Karolinas Rezeption, bei deren Suche nach einem adäquaten Wort
zur Beurteilung dieser Strategien, die schließlich in dem unverfänglichen Adverb „gut"
(37) mündete.

6.1.1.3.7 Zusammenfassung

Zusammenfassend lässt sich festhalten, dass die Rezeption des Romans von Kasia und
Ela durch Erfahrungen mit zeitgeschichtlicher Literatur, erzählt aus der Perspektive
Erwachsener, geprägt ist und vor diesem Hintergrund die Perspektive der kindlichen
Hauptfigur in *Malka Mai* zum herausfordernden Moment im Rezeptionsprozess wird.
Beide eignen sich den Roman sowohl auf der Handlungs- als auch auf der
Bewusstseinsebene an. Während Ela ausgehend von der Rezeption der Paratexte die

Realitätsnähe der erzählten Geschichte betont und durch ‚Springpunkte' im Text zu anthropologischen Fragen herausgefordert wird, die sie auf analytischer Ebene eine fremde Perspektive einnehmen lassen, stellt Kasia die Geschichte in einen intertextuellen bzw. intermedialen Zusammenhang und deutet ihr wichtige symbolisch verdichtete Textstellen in narrativen Vergegenwärtigungen ihres eigenen, deutlich empathischeren, Rezeptionsprozesses.

6.1.1.4 (Un)antastbare Grausamkeit im Kinderbuch

Hugo (16; 4 J.) und Michał (16; 8 J.) sind zwei Jungen des polnischen Lyzeums aus derselben Klasse wie Ela und Kasia. Hugos Eltern kommen aus Polen, sein Vater „repräsentiert" eine Firma und seine Mutter arbeitet als Englischlehrerin. Er hat einen jüngeren Bruder. Hugo ist in Polen geboren und hat dort polnische Schulen besucht. Zwischenzeitlich hat er vier Jahre in Österreich gelebt und dort Schulerfahrungen an der österreichischen Grundschule und dem österreichischen Gymnasium gesammelt. Michałs Eltern stammen ebenfalls aus Polen, sein Vater arbeitet im diplomatischen Dienst und hat eine eigene Firma, seine Mutter ist Hausfrau. Er hat einen älteren Bruder und eine ältere Schwester. Im Vergleich zu Hugo hat Michał kaum bzw. keine bewussten Migrationserfahrungen: Er ist in Deutschland geboren und als Kleinkind mit seiner Familie nach Polen zurückgekehrt. Seine bisherige Schullaufbahn hat Michał ausschließlich an polnischen Schulen verbracht. Im Interview stellen sich beide Jungen als eher verhaltene Leser dar: Hugos Lesepraxis konzentriert sich auf Schullektüren und auch seine bisherige Begegnung mit nur einem Jugendbuch ordnet er dem (österreichischen) schulischen Kontext zu. Lesen ist für ihn eng verbunden mit „Wissenserweiterung". In seiner Freizeit interessiert er sich eher für Fernsehen, Sport und für den Computer. Michał bezieht sich ebenfalls auf Schullektüren und macht für seine aktuelle Buchabstinenz in der Freizeit die zunehmenden Anforderungen der Schule verantwortlich, während er in einer früheren Zeit viel gelesen und sich mit Fantasy-Literatur beschäftigt habe. Lesen ist für ihn eng verbunden mit „Phantasie", „Denken" und „Freude". Michałs Hobby, das er intensiv betreibt, ist klassischer Tanz.

6.1.1.4.1 Transkript

Das Gespräch findet ebenfalls am ersten Tag der Unterrichtseinheit noch vor der einführenden Stunde statt. Im Vergleich zu den Mädchen sind die Jungen während des gesamten Gesprächs etwas zurückhaltender.

```
1   I       ((...)) meine allererste frage- (-) als ihr das buch zum ersten
2           mal in der hand hattet; (-) von frau fuchs bekommen und ihr
3           solltet das lesen- (-) WAS habt ihr da von dem buch erwartet; (-)
4   Hugo    em was ich eigentlich davon erwarte dass es ein kin also so- (-)
5           dass es ein buch e::m; (-) in dem es äh- (-) das über KRIEG ist-
6           (-) und nicht über JUden überhaupt nicht; (-)
7   I       hm=hm,
8   Hugo    ja und ich hab eher gedacht nach dem- (-) BILD auf dem BUCH dass
```

```
 9              es halt ein KINderbuch ist; (---) ich weiß jetzt nich ob es ein
10              kinderbuch ist? (--) e:m- (-) ja; (1.0) und- (2.0) also eben das
11              buch hat mir- (-) ziemlich gefallen; (-) also manchen hat es nicht
12              gefallen glaub ich aber mir hat=s gefallen und weil es halt so
13              e:m- (---) ECHT war also alles war beschrieben und ja die ganze
14              grausamke' (-) äh grausamkeit war da; (1.5) ja; (2.5)
15   I          hm=hm, (-) erst mal- (-) soweit ich frag gleich [noch (          )
16   Michał                                                     [ja von dem titel::
17              und dem buch WEIß ich nicht was ich erwartet habe aber, (-) als
18              ich die ersten paar Seiten geblättert habe, (-) äh da sah ich dass
19              es:: groß gedruckt ist und so weiter dass es- (-) dass man es
20              leicht lesen kann und so weiter, (-) und erst nachher waren die
21              ersten ja erLEBnisse ja weiß ich nicht mit dem buch- (-) ja auch
22              wie schon Hugo gesagt hat äh sehr es ist sehr leicht
23              geschrieben [man kann sagen dass es- (-) ein kinderbuch vielleicht
24   I                      [hm=hm,
25   Michał     ist NICH für kinder aber- (-) ä::h die sprache ist ja so EINfach,
26              (1.0) ja; (-) mir hat=s auch gefallen aber- (--) h::m- (-) ä::h es
27              ist so:- (1.0) h:m- (1.0) ja; (3.5) so wie wasser wegge[laufen (   )
28   I                                                                 [(((lacht))
29   Hugo       ((lacht))
30   Michał     man hat es so schnell gelesen [und so weiter und- (-) für mich war
31   I                                        [hm=hm;
32   Michał     die grausamkeit nicht antastbar; es war zu wenig ä::h über das
33              geschrieben (1.0) und man kann sagen dass es auch ein happy END
34              hatte aber- (1.0) na ich weiß nicht ob die leute dort- (-) in:
35              diesen jahren soviel glück äh glück hä, ha, hatten ja; ((lacht))
36   I          ((...)) du sagtest grad die grausamkeit ist da nicht so angetastet
37              worden-
38   Michał     ah nein sie IST ange, äh angetastet worden; aber- (-) nja- (-) dank
39              der leichtigkeit mit der man das buch liest mit der [sprache
40   I                                                              [a:h hm,
41   Michał     den sätzen und so weiter- (-) mit dem ganzen aufbau des [buches
42   I                                                                  [hm=hm,
43   Michał     ja ist es so- (1.0) SCHLICHT und [EINfach alles hm::: ja wie schon
44   I                                           [hm=hm;
45   Michał     gesagt so wie wasser; [(((lacht))
46   I                                [hm=hm; (-) wie hättest du dir denn jetzt das
47              vorstellen können oder wie KÖNNtest du dir das vorstellen wie ein
48              autor oder eine autorin schreiben müsste UM diese zeit diese
49              geschehnisse diese erlebnisse in der zeit darstellen zu können; (-)
50              ((...))
51   Michał     das weiß ich nicht genau [aber vielleicht wenn:: man das ä::h- (-)
52   I                                   [hm=hm-
53   Michał     ja wenn es anders geschrieben wäre- (-) zum beispiel ä:::h- (-) hm:
54              (2.0) ja weil:: die HAUPTfigur ist die malka,
55   I          hm=hm,
56   Michał     ja und alles alles dreht sich äh sich um das kind; (-) kann man
57              sagen und auch ihre erLEBnisse und die sprache ist auch für so wie
58              für SIE [em zum beispiel da gibt=s ein fragment, (-) aber
59   I                  [hm=hm-
60   Michał     ((lacht)) nich so wichtig, (-) ä:h ja und:: ja vielleicht wenn es
61              mehr mit hm:: so einer reportage mit fakten zu tun [hätte da wär
62   I                                                             [hm=hm,
63   Michał     ich da wäre es mehr so- (-) es hätte mehr zu uns gekommen; [(     )
64   I                                                                     [hm=hm,
65   Hugo       ((lacht))
66   I          ja; (-) [hm:-
67   Michał             [ich weiß nich ob sie jetzt verstanden haben aber okay,
68              ((lacht))
69              ((...))
70   I          wie ist das bei dir?
71   Hugo       also bei mir ist es so weil- (-) mir das buch hat mir eigentlich
72              gefallen; (-) weil ich eher äh also äh dass ich mich eher für
73              krieg interessiere besonders für den zweiten weltkrieg; (---) ich
74              WEIß nicht (ob es ich-) (-) (es ist aber so schw-) ( ) (-) ich weiß
75              nich ich kann jetzt nich erzählen warum ich mich dafür faszinier
76              aber- (-) em und ja das ganze hat mir gefallen obwohl- (---) manche
77              manche sachen da so; (---) e:m- (2.0) ausgedrückt wurden, (-) dass
```

```
78            es so wie zum beispiel kacken [kacken- (-) (und lauter so stellen;)
79   Michał                                [((lacht))
80   Michał ja das ist für manche leute das lieblingsfragment in [unserer
81   Hugo                                                         [ja;
82   Michał klasse aber das [werden sie noch erfahren;
83   I                      [((lacht))
84   Hugo   ja;
```

Im Unterschied zu Ela und Kasia sprechen Hugo und Michał deutlich distanzierter über den Roman und ihre Lektüre. In ihren Ausführungen gehen sie an keiner Stelle direkt auf die Bewusstseinsebene des Romans ein, die bei den Mädchen einen zentralen Stellenwert eingenommen hat – positiv formuliert: die Jungen beziehen sich auf die Handlungsebene. Allerdings verbleiben sie auch hier in einer gewissen verallgemeinernden Distanz. Die literarische Darstellung des Romans vor dem Hintergrund der historischen Kriegsereignisse ist ihr zentrales Thema. Dabei bleiben sie insgesamt ambivalent in ihren Einstellungen. Gefragt nach ihren ursprünglichen Erwartungen an das Buch sprechen Hugo und Michał darüber, wie ihnen das Buch gefallen hat, ob es ein Kinderbuch ist, inwiefern die Grausamkeit dargestellt ist sowie über ein bestimmtes „fragment'" (58) des Textes.

6.1.1.4.2 „über KRIEG [...] und nicht über JUden" – Zweiter Weltkrieg und Holocaust

Zu Beginn stellt Hugo einen nachdrücklich betonten Gegensatz auf zwischen dem erwarteten Thema „KRIEG" (5) und dem unerwarteten Thema „JUden" (6), den er jedoch weder begründet noch elaboriert. Dieser Gegensatz erscheint vor dem Hintergrund des kulturellen Gedächtnisses in Deutschland erstaunlich, da – zumindest in der bundesrepublikanischen (literarischen) Erinnerungskultur – das Thema Zweiter Weltkrieg unmittelbar mit der Ermordung und Vertreibung der europäischen Juden verknüpft wird (vgl. Kap. 2.1.1). Inwiefern sich Hugos Erwartungsbruch mit seiner familiär polnischen Sozialisation, seinen (schulischen) Sozialisationserfahrungen in Österreich, seiner literarischen Sozialisation, in der Lesen keine bedeutende Rolle spielt und/oder mit seinem persönlichen Interesse an dem Zweiten Weltkrieg in Zusammenhang bringen lässt, muss ausgehend von diesem Gesprächsausschnitt unentschieden bleiben, zumal Hugo seinen Erwartungsbruch auch nicht weiterführender erläutert oder begründet. Festgehalten werden kann jedoch, dass das Thema Judenverfolgung von ihm nicht in einen Zusammenhang mit der Kriegsthematik gestellt wird. Dieses Thema bleibt in seiner literarischen Darstellung in einem Jugendroman für Hugo unerwartet und eröffnet ihm eine andere Perspektive auf diese historische Zeit.

6.1.1.4.3 „weil es halt so e:m- (---) ECHT war" – Möglichkeiten und Grenzen der fiktionalen Darstellung von Geschichte

Obwohl die Frage auf die Erwartungen an den Roman gerichtet war, zieht sich eine Beurteilung des Romans im Sinne einer subjektiven Einschätzung durch das Gespräch. Hugo scheint das Buch besser gefallen zu haben als Michał, jedoch bleiben beide in ihren Beurteilungen ambivalent. Hugo drückt zu Beginn und am Ende der Passage seinen Gefallen an dem Buch aus, schränkt ihn aber jeweils durch die Verwendung der Worte „ziemlich" (11) und „eigentlich" (71) ein. An beiden Stellen stellt er dem einen mit „also" (11) und „obwohl" (76) eingeführten negativen Gegenhorizont gegenüber: zum einen seine MitschülerInnen, von denen zumindest „manchen" (11) das Buch nicht gefallen habe, zum anderen einzelne Ausdrücke des Textes („manche sachen" (77)), die nicht seinen Erwartungen entsprochen zu haben scheinen. Insgesamt kann aber festgehalten werden, dass *trotz* des Missfallens einzelner MitschülerInnen und *trotz* des eigenen Missfallens an einzelnen Ausdrücken eine positive Beurteilung des Romans vorherrscht. Diese begründet Hugo zum einen literarästhetisch mit der realitätsnahen Erzählweise des Romans „weil es halt so e:m- (---) ECHT war" (12ff.), zum andern rezeptionsorientiert mit seinem generellen Interesse an der Kriegs-thematik, insbesondere am Zweiten Weltkrieg (72f.). Im Vergleich zu Hugo reagiert Michał weitaus distanzierter auf das Buch, es habe ihm „auch gefallen aber" (26). Seine anschließenden wiederholten Formulierungsanläufe und langen Pausen ver-deutlichen die Gewichtigkeit seines Einwandes, den er zuvor bereits entfaltet hat und nun anschließend metaphorisch umkleidet (s.u.). Die literarische Einfachheit und dem-entsprechend die leichte Lesbarkeit des Buches sind für sein kritisches Urteil verantwortlich – nicht die erzählte Geschichte, sondern die Erzählweise ruft seine Kritik hervor. Danach gefragt, wie er sich eine ihn ansprechende Darstellung der historischen Ereignisse und Erlebnisse vorstelle (eine direkte Aufforderung zum Auf-bau eines Gegenhorizonts), weist Michał auf ein anderes Genre, die Reportage hin: „ja vielleicht wenn es mehr mit hm:: so einer reportage mit fakten zu tun hätte" (60f.). Dies ist insofern bezeichnend, als dass er nicht den Gegensatz Kinderliteratur – Hoch-literatur aufstellt, sondern vielmehr den Gegensatz fiktionale – nonfiktionale Texte. Das bedeutet, dass für ihn historische Ereignisse an eher offizielle „fakten" (61) gebunden sind, weniger an persönliche Erlebnisse (egal, ob aus Erwachsenen- oder Kinderperspektive) und dass eine narrative Darstellung in einem fiktionalen Rahmen die „grausamkeit" (32), die er zuvor erwähnt, in seinen Augen nicht zu erfassen ver-mag. Zudem spricht Michał nicht nur von sich selbst (die Nachfrage „wie könntest du dir das vorstellen" (47) richtet sich auf seine persönliche Rezeption), sondern ver-allgemeinert: „da wäre es mehr so- (-) es hätte mehr zu uns gekommen" (63)[94]. Das zeigt, dass er sich in seiner Rezeptionshaltung seinen MitschülerInnen verbunden fühlt, da er sie als gemeinsam geteilte rahmt, was wiederum auf Anschlusskommu-nikation über den Roman unter den SchülerInnen schließen lässt. Dass er die

---

94   „Es hätte mehr zu uns gekommen", könnte mit „es hätte uns mehr erreicht/angesprochen" gedeu-tet werden.

Reportage als die angemessene narrative Repräsentation von Vergangenheit sieht, könnte möglicherweise mit der besonderen Bedeutung der literarischen Reportage in der polnischen Gesellschaft Plausibilität erfahren (vgl. Kap. 2.1.1).

6.1.1.4.4 „ein kinderbuch vielleicht ist nich für kinder aber-" – Kinderbuch oder Schullektüre

Betrachtet man den von Michał aufgestellten Gegenhorizont der nichtfiktionalen und eher journalistischen Darstellungsweise vor dem gesamten Hintergrund seiner argumentativen Beurteilung des Romans, so erscheint hier ein innerer Widerspruch. Denn nicht die fiktionale Gestaltung der Lebensgeschichte von der Person Malka Mai an sich wird von Michał kritisiert, sondern vielmehr (und das in aller Ausführlichkeit) die Einfachheit der literarischen Gestaltung. Bereits die formale Erscheinung des Buches scheint Michałs Lektürehaltung entscheidend geprägt zu haben: Der Großdruck ist für ihn kein Zeichen für eine großzügige Verlagsausstattung, sondern ein klarer Hinweis auf eine kindliche Adressatenschaft. Hinzu kommt die leichte Lesbarkeit, die ihm bereits beim ersten Blättern auffällt, und die er auf die anspruchslose Komposition des Romans (die Sprache, die Satzstruktur, den Aufbau) zurückführt: „ist es so- (1.0) SCHLICHT und EINfach" (43). Dabei kritisiert er nicht den Roman an sich, sondern stellt vielmehr seine eigene Rezeption in den Mittelpunkt: Er als jugendlicher Leser fühlt sich unterfordert: „es ist so:- (1.0) h:m- (1.0) ja, (3.5) so wie wasser weggelaufen" (26f.). Dieser Vergleich umschreibt einen unkomplizierten Leseprozess, in dem die Geschichte „wie wasser" (27) am Rezipienten vorbeizufließen scheint ohne größere Spuren zu hinterlassen. Implizit ist in dieser Umschreibung eine Erwartungshaltung an Literatur und ihre Rezeption zu vermuten: dass sie anspruchsvoll geschrieben, nur schwierig zu verstehen und der Leseprozess ein mühsamer Weg ist. Und weil der Roman *Malka Mai* all diese Anforderung nicht stellt, scheint er aus Michałs Perspektive primär an ein jüngeres Publikum adressiert zu sein: „man kann sagen dass es- (-) ein kinderbuch vielleicht ist NICH für kinder aber,, (23ff.). Auffällig ist bei dieser Kategorisierung allerdings die doppelte Einschränkung, durch die die Adressatenschaft letztendlich offen bleibt. Genau diese Ambivalenz kommt auch bei Hugo zum Ausdruck, hier allerdings in Form einer indirekten Frage, die unbeantwortet bleibt: „ja und ich hab eher gedacht nach dem- (-) BILD auf dem BUCH dass es halt ein KINderbuch ist, (---) ich weiß jetzt nich ob es ein kinderbuch ist? (--) e:m- (-) ja, (1.0) und- (2.0)" (8ff.). Für Hugo ist ebenfalls der erste Eindruck beim Betrachten des Bucheinbandes entscheidend, und führt zu der gleichen Vermutung wie bei Michał. Ähnlich wie bei Michał scheint sich dieser Eindruck während der Lektüre nicht eindeutig bestätigt zu haben, da Hugo „jetzt" (9) nicht sicher ist, ob es ein Kinderbuch sei. Die Intonation am Ende, die Pause danach sowie das anschließende durch weitere Pausen unterbrochene Füllstottern lässt die Feststellung als Frage erscheinen, auf die es aber keine Antwort gibt. An dieser Stelle könnte der turn übernommen werden, der Mitschüler oder die Interviewerin könnten hierauf eingehen, was sie aber nicht tun. So bleibt letztendlich bei beiden Jungen die Einordnung des Romans als Kinderbuch in der Schwebe, gleichzeitig aber bestimmend für den gesamten Lektüreprozess. Diese Ambivalenz in der Rahmung und die durch sie hervorgerufene Irritation zeigt sich bei den Schülern auch an anderer Stelle, wie etwa dem im Folgenden weiter ausgeführten Thema ‚Grausamkeit‘, das für Michał wichtig, aber nicht mit den literarischen Darstellungsmöglichkeiten eines Kinderbuchs vereinbar zu sein scheint.

6.1.1.4.5 „für mich war die grausamkeit nicht antastbar" – Schwierigkeiten im Zusammenbringen von Handlungs- und Bewusstseinsebene

Obwohl das Thema ‚Grausamkeit‘ in der Rezeption beider Jungen von Bedeutung war und auch von beiden ins Gespräch gebracht wird, unterscheidet sich die jeweilige Rezeption in der Beurteilung der *literarischen Darstellung* der Grausamkeit. Während Hugo gerade in der genauen Beschreibung das Ausmaß der Grausamkeit veranschaulicht sieht, „alles war beschrieben und ja die ganze grausamke’ (-) äh grausamkeit war da," (13f.), findet sie Michał in dem Roman nicht wieder, sie bleibt für ihn unerfahrbar: „für mich war die grausamkeit nicht antastbar, es war zu wenig ä::h über das geschrieben-" (30ff.). Beide Jungen thematisieren die Grausamkeit und bleiben bezüglich der Inhalte implizit, verweisen deiktisch auf „alles" (13) und „das" (32), so dass hier ein gemeinsamer Orientierungsrahmen gesehen werden kann: Die Kriegszeit ist durch eine Grausamkeit gekennzeichnet, die allgemein bekannt ist und daher nicht näher erläutert werden muss, und wenn man über Geschehnisse während der Kriegszeit schreibt, muss diese Grausamkeit dargestellt werden. Während für Hugo die detaillierte Darstellung der Geschehnisse ein Indiz für die Echtheit und somit Realitätsnähe des Romans ist, scheint für Michał gerade diese Art der Darstellung einen Realitätsverlust zu bedeuten. Ein Buch, das sich leicht liest und noch dazu ein ‚glückliches Ende‘ hat, kann gerade nicht die Realität widerspiegeln: „und man kann sagen dass es auch ein happy end hatte aber- (1.0) na ich weiß nicht ob die leute dort- (-) in: diesen jahren soviel glück äh glück hä’ ha’ hatten ja," (33ff.). Diese unterschiedliche Rezeptionsweise lässt sich nur anhand der Romananalyse näher deuten (vgl. Kap. 4.1).[95] Vor dem Hintergrund der literarischen Gestaltung von *Malka Mai* lassen sich beide Rezeptionsweisen nachvollziehen: die (empfundene) Grausamkeit auf der psychischen Ebene im mikrostrukturellen, individualpsychologischen Bereich und die (vermisste) Grausamkeit auf der Handlungsebene im makrostrukturellen, gesellschaftlichen Bereich. Dies wiederum gibt Aufschluss auf die jeweilige Rezeptionsweise. Michał scheint sich auf die Handlungsebene zu beschränken, während Hugo es – wenn auch implizit – schafft, eine Verbindung zwischen Handlungs- und Bewusstseinsebene

---

95 Das, was im Roman genau beschrieben wird, ist die Innenwelt der Protagonistinnen, ihre Gefühle, Gedanken, ihre Beziehungen zueinander – ob auf der Handlungsebene wie bei Malka oder auf der Bewusstseinsebene wie bei Hanna. Somit stehen im Roman nicht grausame Ereignisse an sich im Vordergrund, sondern vielmehr die alltägliche Grausamkeit im Erleben der einzelnen Protagonistinnen, ihre Wahrnehmung der veränderten Strukturen des menschlichen Zusammenlebens, die Verarbeitung von Isolation und die Veränderung ihrer Identitäten durch diese Erfahrungen.

herzustellen. Beiden gemeinsam ist der Vergleich des Romans mit einer bereits (durch zahlreiche Geschichten) bekannten historischen Realität, vor deren Hintergrund die Angemessenheit der literarischen Darstellung beurteilt wird. Sowohl Hugo als auch Michał rahmen den Text – ähnlich wie Jessica im zweiten *key incident* – nicht als eine eigene (fiktionale) Wirklichkeitskonstruktion, einen Entwurf einer möglichen Perspektive auf die Vergangenheit, sondern als Abbild dieser.

6.1.1.4.6 „da gibt=s ein fragment" – unsicherer Umgang mit der Leiblichkeit des Textes

Ein „fragment'" (58) des Textes erregt die Aufmerksamkeit beider Schüler: die Textstelle, auf die auch Jacek im zweiten *key incident* wiederholt angespielt hat. Und ebenso wie sie für Jacek zunächst ein Tabu war, wird sie auch hier von Michał zwar thematisiert, aber sofort und lachend wieder zurückgenommen: „zum beispiel da gibt=s ein fragment' (-) aber ((lacht)) nich so wichtig'" (58ff.). Diese Textstelle scheint für Michał in einem offiziellen Gesprächsrahmen nicht kommunizierbar zu sein. Dass sie aber bei dem inoffiziellen Austausch der MitschülerInnen untereinander ein zentrales Thema gewesen sein muss, wird an der interaktiv und metaphorisch dichten Stelle im Gespräch deutlich, an der Hugo die Proposition noch einmal aufgreift und sie dabei – wenn auch nach kurzem Zögern – exemplifiziert: „wie zum beispiel kacken kacken" (78). Hier wird der literarische Tabubruch interaktiv als gemeinsames Thema hervorgebracht, wiederholt gegenseitig ratifiziert und darüber hinaus (in ironischer Distanzierung) auf die Klassengemeinschaft ausgeweitet: „ja das ist für manche leute das lieblingsfragment in unserer klasse aber das werden sie noch erfahren." (80ff.) Lediglich die Rahmung des Themas bleibt eine unterschiedliche. Hugo rahmt den Tabubruch eher subjektiv: Trotz der Ausdrucksweise habe ihm das Buch gefallen. Michałs Rahmung hingegen findet auf einer eher gesellschaftlichen Ebene statt: Die Ausdrucksweise im Zusammenhang der gesamten literarischen Darstellungsweise – Sprache, Sätze, Aufbau – lässt den Roman als Kinderbuch erscheinen und somit implizit weniger als Schullektüre akzeptieren. Während bei Jacek die Leiblichkeit der Szene eine Grenzüberschreitung bedeutet hat, gehen Michał und Hugo zwar ebenfalls in ironisch distanzierter Form („lieblingsfragment" (80)) und lachend mit der Szene um, echauffieren sich aber eher über die Ausdrucksweise der Autorin bzw. Erzählerin als über das Dargestellte an sich. Demnach dürfte das Tabu für Hugo und Michał in geringerem Maße in der Leiblichkeit der Szene liegen als in deren sprachsymbolischer Darstellung.

6.1.1.4.7 Zusammenfassung

Zusammenfassend kann festgehalten werden, dass beide Jungen den Roman vorwiegend auf der Handlungsebene lesen. Lediglich Hugo knüpft ansatzweise eine Verbindung zwischen Handlungs- und Bewusstseinsebene, indem er die Grausamkeit in der literarischen Darstellung (der Innenperspektiven) widergespiegelt sieht. Sowohl Hugo als auch Michał lesen den Roman weniger als eigenständige Wirklichkeitskonstruktion, sondern vielmehr als Abbild einer ihnen bekannten historischen Realität. Zu diesem Zweck wäre zumindest für Michał ein anderes Genre, die Reportage, aussagekräftiger. Des Weiteren spielt der Bewertungsdiskurs für die Schüler eine besondere Rolle; beide verbleiben in ihren Urteilen ambivalent mit Tendenz zu einer positiveren (Hugo) und einer negativeren (Michał) Beurteilung. Die Zuordnung des Romans zu einem bestimmten Genre (vgl. Eggert 2002, 188f.) spielt für die Lektüre eine bedeutende Rolle und wird von beiden von äußeren Erscheinungsmerkmalen (Coverbild, Druck) und literarischen Gestaltungen (Sprache, Aufbau, Handlung) abgeleitet. Die Schüler haben Schwierigkeiten bei der adressatenbezogenen Einordnung des Romans und bleiben in ihrer diesbezüglichen Rahmung ambivalent. Die primäre Rahmung als ‚Kinderliteratur' wird für Hugo nicht entscheidend für seine Beurteilung des Romans insgesamt, während sie für Michał hingegen den Roman als herausfordernde (Schul-)Lektüre eher in Frage stellt. Beide Jungen beschäftigt eine spezifische Textstelle („fragment'" (58)). Während sie für Hugo lediglich seine subjektive Einschätzung beeinflusst, stellt sie für Michał einen (literarischen, gesellschaftlichen) Tabubruch dar. Insgesamt ist auffällig, dass Michał und Hugo zwar weitgehend die gleichen Themen ansprechen, diese jedoch tendenziell unterschiedlich rahmen.

6.1.2 Dimensionen literarischer Rezeption: Umgang mit Spannungsfeldern

In den rekonstruktiven Analysen der Gespräche mit den SchülerInnen über ihre subjektiven Rezeptionsprozesse wird deutlich, dass der ausgewählte zeitgeschichtliche Jugendroman die heranwachsenden LeserInnen durch verschiedene ‚Stolperstellen' und ‚Springpunkte' zu Rahmungen herausfordert, mit denen sie sich die Geschichte aneignen. Dabei handelt es sich im Einzelnen um ganz individuelle Herausforderungen: die historische Vergegenwärtigung als Form der Annäherung an eine unvorstellbare Geschichte (Karolina), das empathische Mitleiden durch die ineinander verschränkten Innenperspektiven im Text (Kamil), die Übernahme von – der eigenen Lebenssituation fernen – Perspektiven (Korinna), die literarästhetischen Distanzierungen und Theoretisierungen des Rezeptionsprozesses (Jessica), das Einlassen auf reflexive Erzählweisen und die Auseinandersetzung mit sprachlich dargestellter Leiblichkeit (Jacek). Des Weiteren fordert die Romanrezeption heraus zur Generierung anthropologischer Fragen, die über den Text hinausgehen (Ela), zur empathischen Deutung symbolisch verdichteter Textstellen (Kasia), zur Einbeziehung anderer kultureller Perspektiven auf die Zeit des Zweiten Weltkriegs (Hugo) sowie zum Problematisieren (kinder)literarischer Möglichkeiten der sprachlichen Darstellung von Grausamkeit (Michał). Im Folgenden sollen nun die den individuellen Aneignungen zugrunde liegenden allgemeinen Dimensionen der subjektiven Rezeption im Überblick dargestellt werden. Diese, über den jeweiligen Fall hinausweisenden, Dimensionen haben sich aus den rekonstruktiven Analysen der einzelnen Interviewgespräche herauskristallisiert und sind jeweils durch Spannungsfelder gekennzeichnet: Es geht um das Zusammenspiel von *Fiktion und Realität*, *Handlungs- und Bewusstseinsebene*, *Inhalt und Sprache*, *Perspektiven* (Mutter- und Tochterfigur), *Kinderbuch und Schullektüre*, *Vergangenheit und Gegenwart* sowie *Nähe und Distanz*.

6.1.2.1 Fiktion und Realität

Gemeinsam ist allen Jugendlichen, dass sie den Roman *Malka Mai* vor dem Hintergrund vieler ihnen vertrauter fiktionaler oder expositorischer Geschichten über die Zeit des Zweiten Weltkriegs rezipieren (vgl. Kap. 5.1). Ihre individuellen Rahmungen, mit denen sie sich diesen zeitgeschichtlichen Jugendroman aneignen, bewegen sich insgesamt – wenn auch unterschiedlich stark markiert – in dem Spannungsfeld zwischen Fiktion und Realität. Dabei beschäftigt die SchülerInnen in ihren subjektiven Rezeptionsprozessen insbesondere das Verhältnis zwischen der im Roman erzählten fiktionalen und der ihr zugrunde liegenden realen Lebensgeschichte sowie zwischen der literarischen Geschichte und den eigenen Vorstellungen über Kindheit im Krieg allgemein. Dieses doppelte Spannungsfeld zieht sich als *inhaltliches Thema* durch fast alle Interviews. Hierin bestätigt sich einmal mehr das von Appleyard (1994) für die Adoleszenz konstatierte Leseinteresse an Literatur mit Realitätsbezug (vgl. Kap. 2.2.1.3). Ausgelöst wird die explizite Thematisierung meist durch die die Romangeschichte begleitenden Paratexte, das heißt den Klappentext und/oder die Nachbemerkung der Autorin, sowie die schulische Anschlusskommunikation in Form von Einführungen des Romans durch die Lehrerinnen. Aber auch auf der *strukturellen Ebene* ist es für die Ausdifferenzierung der Rezeptionsprozesse aufschlussreich zu fragen, vor dem Hintergrund welcher Wirklichkeitsebene (Fiktion oder Realität) über die erzählte Lebensgeschichte gesprochen wird.

Auf struktureller Ebene wird in den hier ausgewählten *key incidents* deutlich, dass alle Jugendlichen die literarische Geschichte mitunter aus einer literaturwissenschaftlichen Distanzierung als fiktionale Geschichte rahmen – auch diejenigen, die sich durch eine empathische Rezeption sehr nahe an den Figuren bewegen wie etwa Korinna oder Kasia. Unterschiede bestehen vor allem in der Art und Weise, wie die fiktionalen und realen Welten auf inhaltlicher Ebene explizit miteinander in Bezug gesetzt werden. Auf der einen Seite rahmen beispielsweise Karolina oder auch Ela die fiktionale Geschichte als Überschreiten der bisherigen Vorstellungen von historischer Realität, was den LeserInnen neue Perspektiven auf Lebensgeschichten in anderen Zeiten, an fernen Orten und in fremden Situationen ermöglicht. Sie erwarten, dass die literarische Fiktion eine ihnen mitunter unbekannte Möglichkeit historischer Wirklichkeit entwirft. Auf der anderen Seite rahmen Jessica oder auch Michał die historische Realität, wie sie sich in ihrer Vorstellung repräsentiert, als Norm, an der sie die fiktionale Geschichte messen. Sie erwarten, dass die literarische Fiktion eine ihnen bereits bekannte historische Realität abbildet. In beiden Fällen dokumentieren sich Erwartungsbrüche in der Rezeption; jedoch nur in ersterem lassen sich die Jugendlichen dadurch auf neue Leseerfahrungen ein.

6.1.2.2 Handlungs- und Bewusstseinsebene

Wie sich in den Gesprächen durch die immer wiederkehrende Thematisierung der Bewusstseinsebene im Sinne eines Erwartungsbruchs erkennen lässt, ist den subjektiven Rezeptionen der SchülerInnen gemeinsam, dass sie durch die Innenperspektiven der Figuren, das psychologische Moment, herausgefordert werden. Die in der literarischen Rezeptionsforschung (vgl. z.B. Christ et al. 1995) konstatierten geschlechtsspezifischen Unterschiede in der Rezeption bzw. in Gesprächen über den Rezeptionsprozess, nach denen sich Jungen stärker auf der Handlungsebene und Mädchen stärker auf der Bewusstseinsebene mit literarischen Texten auseinandersetzen, zeigen sich auch in den hier analysierten *key incidents*, müssen aber differenziert werden. So wird beispielsweise im Interview mit Kamil deutlich, dass er die Innenperspektive der kindlichen Protagonistin und vermittelt über sie auch die imaginierte des toten Jungen nicht nur wahrnimmt, sondern dass sie ihm (auch körperlich) so nahe geht, dass er sich überfordert sieht und versucht, sich emotional zu distanzieren, wobei er eine eher passive Rolle einnimmt. Im Gegensatz zu ihm geht Karolina, die ähnlich wie er die Brutalität im Erleben des Kindes nicht erwartet hatte und sie sich auch nicht vorstellen kann, aktiver mit dieser literarischen Herausforderung um. Sie hat Strategien der distanzierten Annäherung entwickelt, indem sie durch die historische Vergegenwärtigung der Lebensgeschichte des Mädchens von der konkret geschilderten Situation abstrahiert, sich dieser jedoch gleichzeitig durch die Vergegenwärtigung nähert. Außerdem versucht sie die Bewusstseins- und die Handlungsebene und deren teils widersprüchliche Beziehung zueinander zusammen zu denken, wenn sie beispielsweise die Überlebensstrategien des Mädchens, die ihm zu einem physischen Überleben verhelfen, gleichzeitig jedoch zu einer psychischer Entfremdung führen, in ihrer Ambivalenz einzuordnen sucht. Nimmt man die Kontextinformationen aus den Interviewgesprächen über die Lesesozialisation der SchülerInnen hinzu, verwundert dieser unterschiedlich souveräne Umgang mit der Innensicht der Figuren insofern nicht, als dass sich Karolina als eine sehr engagierte und erfahrene Leserin darstellt, während Kamil seine Lesepraxis auf die Schullektüren beschränkt. So könnte sich auch die insgesamt intensivere Auseinandersetzung mit der Verbindung von Handlungs- und Bewusstseinsebene bei den weiblichen SchülerInnen mit deren ausgeprägteren Leseerfahrungen erklären lassen, die über die Schullektüren hinaus auch durch eine aktive private Lesepraxis und vereinzelte Erfahrungen mit zeitgeschichtlicher (Jugend-)Literatur angereichert sind. Daraus ließe sich verallgemeinernd schlussfolgern, dass die Möglichkeit, mit fiktionalen Geschichten literarische Erfahrungen zu machen, in besonderem Maße von der Intensität der bisherigen Erfahrungen mit Literatur (auch über den schulischen Kontext hinaus) abhängt. Diese empirische Beobachtung lässt sich gedächtnistheoretisch plausibilisieren (vgl. Assmann 2003, vgl. Kap. 1.2.1.2): Die bisher rezipierten Lektüren bilden demnach das ‚Speichergedächtnis‘, das als Reservoir für zukünftige Sinnstiftungen im ‚Funktionsgedächtnis‘ bei der Rezeption weiterer literarischer Texte fungiert – in ihrem Zusammenspiel sind Lernpotentiale enthalten.

6.1.2.3 Inhalt und Sprache

Die Leiblichkeit der erzählten Geschichte und ihre sprachsymbolische Darstellung im Text stoßen bei vielen der SchülerInnen an ihre Verstehensgrenzen, dabei zeigen sich wiederum geschlechtsspezifische Unterschiede in den Aneignungen der jugendlichen SchülerInnen: Es sind – auch über die ausgewählten *key incidents* hinaus – immer die Jungen, die die Leiblichkeit des Textes in ihrer sprachlichen Direktheit in die Interviews einbringen und zum Gesprächsthema machen. Insbesondere die Versuche, die Erfahrungen mit Körperlichkeit in der literarischen Geschichte ins Lächerliche zu ziehen und damit auf Distanz zu halten, wie etwa Jacek oder auch Michał dies tun, zeigt den unbeholfenen Umgang mit dieser Leiblichkeit und ihrer sprachsymbolischen Darstellung im Text. Auch die Mädchen nehmen die Leiblichkeit des Textes bewusst war, wie aus dem Weiterführen des Themas etwa bei Jessica oder aus dem Ansprechen des Themas im Lesetagebuch von Karolina (s.u.) hervorgeht. Für die Schüler*innen* hat die Körperlichkeit aber nicht eine ähnlich bedeutende Stellung in ihren Rezeptionsprozessen erlangt, denn sie bringen sie – zumindest in den analysierten Interviewausschnitten – nicht als Erwartungsbruch ein. In der Regel sind zwar auch sie zunächst verwundert über die unerwartete Thematik in der für ihre Vorstellung von Literatur ungewöhnlichen Sprache. Doch finden sie in der Regel plausible Erklärungen für diese Besonderheit: So sieht beispielsweise Jessica die umgangssprachliche Wortwahl für die Ausscheidung von Nahrung in der Perspektive einer Siebenjährigen begründet, oder Karolina beschreibt ihren ersten Leseeindruck zum Monat November in ihrem Lesetagebuch wie folgt:

> „Es gefällt mir die offene Art und Weise in der die Geschichte erzählt wird. ~~Es~~ Situationen und Erlebnisse werden nicht mit schönen Wörtern geschmückt und verziert, die ~~den~~ die bittere Wirklichkeit womöglich verändern würden. Alles wird (so erzählt, wie) es passiert. Eine Sache, die meiner Meinung nach, die Geschichte, wie soll ich sagen, noch lebhafter bzw. realistischer darstellt, ist die Sache mit dem Klo. In nur sehr wenigen Büchern wird diese Tatsache erwähnt, vom Beschreiben ist garnicht die Rede. Nahrungssuche, Nahrungsaufnahme, und das Ausscheiden der Nahrung ~~waren die die~~ bereiteten den Betroffenen die größten Probleme, wobei das Letztere das unangenehmste davon ~~war~~ gewesen ist. Damit hängt natürlich auch die Hygiene zusammen, Krankheiten aller Art u. andere Sachen. ~~Diese~~ Das Beschreiben von diesem Ereignis macht vielleicht man´chen das Lesen unangenehmer, auch vielleicht deswegen, weil dies etwas Ungewöhnliches für Geschichten ist, bringt uns aber den schrecklichen Umständen in denend die Menschen leben mußten, ein deutliches Stück näher."

Interessant an Karolinas symbolischer Deutung der Leiblichkeit des Textes ist die gleich zweifache empathische Perspektivenübernahme, die sie hierin leistet: zum einen mit der im Text geschilderten (auch) körperlich existentiellen Lebenssituation der fiktiven Figuren in der literarischen Geschichte und zum anderen mit den realen LeserInnen der entsprechenden Passagen im Rezeptionsprozess. Im Hinblick auf die Komplexität in der symbolischen Deutung der inhaltlichen und sprachlichen Gestaltung der literarischen Geschichte unterscheiden sich die heranwachsenden LeserInnen insgesamt nicht in erster Linie durch ihre Lesehäufigkeit allgemein, sondern insbesondere durch die *Auswahl* der in der Freizeit rezipierten Texte. Während Karolina und

Jessica sich u.a. auch für problemorientierte (Adoleszenz-)Romane oder zeitgeschichtliche Literatur interessieren, lesen Jacek und Michał vorwiegend Fantasy-Romane, die andere Verstehensansprüche an die Rezeption stellen.

6.1.2.4 Perspektiven (Mutter- und Tochterfigur)

Was die perspektivische Rahmung der Geschichte in der subjektiven Rezeption angeht, wird aus den Gesprächen offensichtlich, dass – wie bereits in der Romananalyse (vgl. Kap. 4.2) auf theoretischer Ebene antizipiert – der Roman den Jugendlichen keine Identifikationsfiguren bietet. Die perspektivisch gebrochene Erzählweise wechselweise aus der Perspektive der Tochter und der Mutter wird in den *key incidents* nicht erwähnt. Vielmehr sprechen die Jugendlichen von einer Geschichte über das Mädchen Malka Mai. Die Mutterperspektive wird in keinem Interviewausschnitt explizit zum Thema, nur in einem Interviewausschnitt werden unerwartete Stellen der Geschichte von einer Schülerin (Korinna) aus der Sicht der Mutter erzählt – neben anderen aus der Sicht der Tochter. Miteinander in Bezug setzt jedoch auch Korinna die beiden Perspektiven nicht. Andringas Studie (2000) zur Komplexität mentaler Repräsentationen von Geschichten (vgl. Kap. 2.2.1.4) zufolge bewegen sich die meisten SchülerInnen innerhalb der hier zitierten Gesprächsausschnitte auf der ersten von vier empirisch rekonstruierten Komplexitätsebenen. Allerdings müssen an dieser Stelle Differenzierungen vorgenommen werden. Die Beobachtung, dass die SchülerInnen im an ihre gesamte Rezeption anschließenden Interview, gefragt nach ihren Erwartungen an den Roman, nicht beide Perspektiven einnehmen und miteinander in Bezug setzen, heißt nicht, dass sie dazu nicht in der Lage wären oder es nicht während der Rezeption getan hätten. Dies bezeugen andere Dokumente wie beispielsweise die Lesetagebücher. Die Beobachtung weist vielmehr darauf hin, dass ihnen in der erinnernden Rekonstruktion ihrer Rezeption im Gespräch mit der Interviewerin die Perspektive der Mutterfigur nicht in gleicher Weise von Bedeutung erscheint wie die der Kinderfigur. Sie ist ihnen folglich nicht so nahegegangen wie die Kinderperspektive und hat nicht in gleichem Maße Erwartungsbrüche hervorgerufen. Daher findet sie auch nicht in ähnlicher Weise Eingang in die rekonstruierende Erinnerung der Lektüre.

Des Weiteren lassen sich Unterschiede zwischen den SchülerInnen aufzeigen, wie mit der Perspektive Malkas umgegangen wird: Entweder sie wird nicht explizit als gesprächsrelevant erachtet (z.B. durch Hugo oder Michał), von außen betrachtet (z.B. durch Jessica oder Jacek), distanziert wahrgenommen (z.B. durch Ela oder Karolina) oder empathisch eingenommen (z.B. durch Kasia oder Korinna). Die Verschränkung der Perspektiven in der Bewusstseinsebene wird an anderer Stelle als doppelte Perspektive zur Herausforderung: Kamil beispielsweise hat Mitleid mit dem toten Jungen im Ghetto über das Mitleiden mit dem Mädchen Malka. Insgesamt wirken die SchülerInnen in ihrer perspektivischen Rahmung der im Roman erzählten Geschichte aufgrund der fehlenden geeigneten Identifikationsfigur etwas verloren und gleichzeitig herausgefordert: Der kindlichen Perspektive sind sie bereits entwachsen, die erwachsene Perspektive hat für sie noch keine Bedeutung. Die jugendliche Figur

Minna bleibt in der Erzählung aus der Außenperspektive zu blass. Insbesondere für die Jungen stellen die ausschließlich weiblichen Protagonistinnen eine Herausforderung im Rezeptionsprozess dar, wenn man die Erkenntnisse der geschlechtsspezifischen Leseforschung heranzieht, nach denen Jungen es nicht in gleichem Maße gewohnt sind, sich in weibliche Figuren hineinzuversetzen, wie Mädchen in männliche. Den in der subjektiven Rezeption der 14- bis 17jährigen SchülerInnen isgesamt rekonstruierten einseitigen Fokussierungen auf die Perspektive der Kinderfigur zufolge würde eine intensive Auseinandersetzung mit einer der eigenen Lebenssituationen fernen und dem eigenen Alter vorausgreifenden Perspektive – wie hier die der Mutterfigur – im Rahmen der schulischen Anschlusskommunikation bedeuten, sich als heranwachsende LeserInnen in der ‚Zone der nächsten Entwicklung' (Wygotski 1969) zu bewegen.

6.1.2.5 Kinderbuch und Schullektüre

In den analysierten Gesprächspassagen wird deutlich, dass das Wissen um das Genre des Textes den Jugendlichen einen Orientierungsrahmen bei der Lektüre bietet. Je nach ihrer literarischen Sozialisation in der Familie, aber vor allem auch in der Schule haben sie unterschiedliche Vorstellungen von zeitgeschichtlicher Jugendliteratur, insbesondere von im schulischen Literaturunterricht rezipierten Schullektüren entwickelt, die bestimmte Erwartungen an die Thematik (Judenverfolgung, Zweiter Weltkrieg, Flucht) und die formale Gestaltung (Komplexität, hohe Verstehensanforderung, Schriftsprache, jugendliche oder erwachsene ProtagonistInnen) hervorrufen. Die unterschiedlichen Erwartungen der Jugendlichen an die inhaltliche Schwerpunktsetzung und formale Gestaltung der Geschichte und daraus resultierend auch die verschiedenen Erwartungsbrüche während des subjektiven Rezeptionsprozesses bei den einzelnen SchülerInnen erlangen insbesondere vor dem Hintergrund der unterschiedlichen literarischen Sozialisation an deutschen und an polnischen Schulen Plausibilität, da in den beiden Ländern nicht nur unterschiedliche Lektüren gelesen werden, sondern auch in unterschiedlicher Weise im Unterricht über sie gesprochen wird (vgl. Kap. 5.1). So ist etwa Michał, der ausschließlich polnische Schulen besucht hat, während des Rezeptionsprozesses irritiert, weil ein Jugendroman (oder in seinen Worten ein ‚Kinderbuch') nicht seinen bisherigen Erfahrungen von und dementsprechend Erwartungen an Unterrichtslektüren entspricht. Er sieht sich nicht als Adressaten des Textes und kann sich insgesamt nicht auf die erzählte Geschichte einlassen. Dagegen scheint z.B. Ela, deren schulische Sozialisation in der Kindheit in Polen, aber in der Jugend in Deutschland stattfand, vertraut mit zeitgeschichtlicher Jugendliteratur zu sein. Das Genre bereitet ihr keine ‚Stolperstellen' bei der Lektüre, sie lässt sich vielmehr durch die ‚Springpunkte' der Geschichte herausfordern. Eine andere Erklärungsmöglichkeit liegt in der unterschiedlichen privaten Lesepraxis der einzelnen SchülerInnen, die beispielsweise bei Ela nicht nur umfangreicher, sondern auch stärker auf problemorientierte Jugend- und Erwachsenenromane ausgerichtet ist als bei Michał, der sich eher für – der historischen Realität ferner stehende – Fantasy-Literatur interessiert und dessen Lesepraxis in der Pubertät zurückgegangen ist.

6.1.2.6 Vergangenheit und Gegenwart

Auf zeitlicher Ebene besteht eine Herausforderung an die jugendlichen RezipientInnen darin, dass der Jugendroman eine Lebensgeschichte aus einer längst vergangenen Zeit erzählt, die gerade noch im unmittelbaren kommunikativen Gedächtnis der Familie einzelner SchülerInnen präsent ist, aber überwiegend nur noch mittelbar durch verschiedene Repräsentationsformen im kulturellen Gedächtnis angeeignet werden kann. Die historischen Vorstellungen der SchülerInnen von der Zeit des Zweiten Weltkrieges beruhen auf den unterschiedlichen in der Familie gehörten, in Literatur und Medien rezipierten, in der Schule gelernten und ‚auf der Straße' erlebten Geschichten (vgl. Kap. 5.1). Eine Anforderung des ausgewählten zeitgeschichtlichen Romans an die Heranwachsenden bei der Ausbildung eines historischen Bewusstseins ist es, die (erzählte) Vergangenheit mit der (erlebten) Gegenwart zusammenzubringen. Die SchülerInnen realisieren diese Verstehensanforderung auf unterschiedliche Weise: Entweder sie bringen (wie etwa Karolina) Vergangenheit und Gegenwart zur gegenseitigen Erhellung explizit miteinander in Beziehung, oder sie sprechen (wie z.B. Ela) der erzählten Vergangenheit durch anthropologische Verallgemeinerungen und zukunftsbezogene Fragestellungen eine gegenwärtige Relevanz zu und lassen sich durch diese zeitlichen bzw. verallgemeinernden Übertragungen auf neue, durch Literatur vermittelte historische und anthropologische Erfahrungen ein. Wiederum andere rahmen den zeitgeschichtlichen Roman kritisch vor dem Hintergrund anderer (narrativer) Repräsentationen dieser vergangenen Zeit und ihrer ‚gewöhnlichen' Darstellungskonventionen und Abfolgen (z.B. Michał) oder rezipieren den Roman nicht primär unter einer historischen, sondern beispielsweise eher unter der anthropologischen Perspektive einer Mutter-Tochter-Geschichte (z.B. Korinna). Letztere Rahmungen verbleiben entweder in der vergangenen oder in der zeitlich unbestimmten Welt, belassen somit die erzählte Lebensgeschichte in einer gewissen Entfernung von der eigenen gegenwärtigen Lebenssituation und werden dadurch nicht explizit (zumindest in den hier ausgewählten Gesprächspassagen) zu neuen zeithistorischen Erfahrungen.

6.1.2.7 Nähe und Distanz

In allen hier ausgewählten *key incidents* wird offenbar, dass die SchülerInnen sich während der Rezeption in irgendeiner Form zu der erzählten Geschichte in Bezug gesetzt haben. Von der distanzierten Betrachtungsweise als LiteraturkritikerInnen (z.B. Jessica oder Michał), über die analytische Perspektivenübernahme aus einem gewissen Abstand heraus (z.B. Karolina oder Ela) bis hin zum empathischen Mitleiden mit den Figuren des Romans (z.B. Kamil oder Kasia) sind die verschiedensten Formen im Spannungsfeld von Nähe und Distanz zu erkennen. Betrachtet man die in der Literaturdidaktik an die literarische Rezeption gestellten Erwartungen der identitätsbildenden Entfaltung von Empathievermögen und Perspektivenübernahme und die in der Rezeptionsforschung angeführten Fallbeispiele in diesem Bereich (vgl. Kap.

2.2.1), so lassen sich ausgehend von den empirischen Analysen der vorliegenden Arbeit Differenzierungen vornehmen, inwiefern Empathievermögen und Perspektivenübernahme in der subjektiven Rezeption zu neuen Leseerfahrungen führen in dem Sinne, dass man einen Einblick in Welten gewinnt, die einem vorher verschlossen oder unbekannt waren. Zum einen wird beispielsweise in der Rezeption Michałs, der den Roman nicht nur aus äußerster Distanz beurteilt, sondern sich selbst auch nicht als Adressaten des Textes wahrnimmt, evident, dass eine empathische und perspektivische Auseinandersetzung mit der Geschichte notwendig ist, damit literarisch erzählte Erfahrungen überhaupt eine Bedeutung für die eigene Person erhalten und somit relevant für das autobiographische Gedächtnis werden können. Zum anderen wird ebenso offensichtlich, dass eine empathische Rezeption oder die Einnahme anderer Perspektiven nicht immer zu neuen Leseerfahrungen führen, wie beispielsweise im Falle Kamils, der sich aus unmittelbarer Nähe während des Rezeptionsprozesses von der genauen Darstellung der Innenperspektive Malkas emotional überwältigt sieht und sich dieser eher zu entziehen sucht als in der aktiven Auseinandersetzung mit ihr zu neuen Einsichten über das (alltägliche) Leben im Ghetto aus der Perspektive eines auf sich allein gestellten Kindes zu gelangen. Vielmehr scheint es entscheidend, wie souverän die verschiedenen Pole im Spannungsfeld von Nähe und Distanz ausbalanciert werden können. Im ersten Fall wird für Michał aus der Distanz heraus die dargestellte Grausamkeit nicht greifbar, im zweiten Fall führt die unerwartete Brutalität durch die unmittelbare Nähe bei Kamil zur Abgrenzung von dem Roman. Dagegen lässt sich beispielsweise Karolina zu einer Auseinandersetzung aúf einer anderen Ebene herausfordern, die durch die historische Vergegenwärtigung eine erneute Annäherung an die unvorstellbare Geschichte ermöglicht und Potentiale für neue subjektiv relevante Erfahrungen in sich birgt, indem sie sich zwischen Nähe und Distanz balancierend auf die fiktionale Geschichte einlässt. Hierin bestätigen sich empirisch die von Eggert (2002) auf theoretischer Ebene erarbeiteten textseitigen Anforderungen, nach denen kompetente LeserInnen u.a. verschiedene Modi der Textrezeption „zwischen Reflexion und Involviertheit" (ebd., 192) ausgebildet haben.

Diese verschiedenen in Spannungsfelder aufgeteilten Dimensionen der individuellen Aneignungen des Romans liegen den subjektiven Rezeptionen der SchülerInnen zugrunde und überschneiden sich gegenseitig in vielfältiger Weise. All diese Dimensionen sind ebenfalls – wenn auch wiederum in unterschiedlichem Maße – in der interaktiven schulischen Anschlusskommunikation entscheidend. Im folgenden Kapitel soll der Fokus auf die literarisch-anthropologische Rahmung der Lektüre gelegt werden, die – neben der bereits in Kap. 5.2 dargestellten historischen Kontextualisierung – in allen Klassen einen bedeutenden Raum in den Unterrichtsgesprächen einnahm. Hier spielen die Bearbeitung der Spannungsfelder zwischen der Handlungs- und der Bewusstseinsebene sowie zwischen der Perspektive der Mutter- und der Tochterfigur eine bedeutende Rolle.

6.2 Literarische Anschlusskommunikation im Unterricht

Während es bei der Analyse der *key incidents* aus den Interviews mit den SchülerInnen über ihre subjektiven Rezeptionsprozesse primär darum ging, die *individuellen* Aneignungen der literarische Geschichte in Form von Rahmungen auszudifferenzieren, sollen bei der Analyse der Unterrichtsgespräche *interaktive* Aneignungen in Form von Deutungsaushandlungen und die damit einhergehenden potentiellen Veränderungen von individuellen Rahmungen durch die interaktive Hervorbringung und Bearbeitung von Rahmungsdifferenzen rekonstruiert werden. Die Untersuchungsperspektive ist somit im Folgenden stärker struktur- und prozessorientiert ausgerichtet. Die Analysen werden geleitet von folgenden Fragestellungen:

- Wie werden im Unterricht literarische Gespräche geführt?
- Inwiefern werden in ihnen Rahmungsdifferenzen für literarische Lern-prozesse fruchtbar gemacht?

Anhand dieser Fragen werden im Folgenden *Interview- und Unterrichtsgespräche, argumentative mit narrativen Gesprächsstrukturierungen* sowie *Schüler-Schüler- und Lehrer-Schüler-Interaktionen* hinsichtlich der in den spezifischen Gesprächskontexten aufscheinenden Lernpotentiale miteinander verglichen. Insbesondere in den narrativen Gesprächssequenzen der literarischen Aushandlungsprozesse werden dabei Möglich-keiten literarischen Lernens deutlich. Thematisch-inhaltliche Schwerpunkte des sowohl durch die Lehrerinnen als auch durch die SchülerInnen gestalteten Unterrichts-geschehens bilden hierbei zwei Schlüsselszenen des Romans: die Entscheidung der Mutter, ihr Kind zurückzulassen sowie die Wiederbegegnung von Mutter und Tochter am Ende der Geschichte. Während die Jugendlichen in den Interviews diese Szenen vornehmlich aus der Perspektive des siebenjährigen Kindes deuten, werden sie in den Unterrichtsgesprächen darüber hinaus dazu herausgefordert, sich auf die (zweite Erzähl-)Perspektive der erwachsenen Frau und Mutter einzulassen. Dabei spielt das Zusammenführen von Handlungs- und Bewusstseinsebene eine entscheidende Rolle.

6.2.1 Interview- und Unterrichtsgespräch im Vergleich

In diesem Kapitel steht zunächst die Identitätsentwicklung Malkas im Mittelpunkt. Es werden Analysen von Ausschnitten eines Interview- und eines Unterrichtsgesprächs der neunten Klasse des Berliner Gymnasiums vergleichend gegenübergestellt (s.a. Hoffmann 2008a). Die Gespräche finden am Ende der Unterrichtseinheit statt und haben die Wiederbegegnung von Mutter und Tochter zum Thema. Mit der Auswahl der *key incidents* aus einem Interview- und einem Unterrichtsgespräch derselben Klassen-gemeinschaft liegt der Vergleichshorizont hier auf den institutionellen Bedingungen der Anschlusskommunikation.

6.2.1.1 „dass sie- (-) kein HERZ hat" – ein Interviewgespräch

Das erste Gesprächsbeispiel ist ein Auszug aus einem Interview mit Aneta, Lewis und Iwona. Thema war die Reflexion über den Roman und dessen Besprechung im Unterricht. Im Vergleich zu anderen Gruppeninterviews ist es insgesamt sehr lang und weist weite selbstläufige Passagen auf. Ausgewählt wurde eine Passage, in der eine intensive Diskussion über grundsätzliche Verstehensschwierigkeiten des Romans unter den SchülerInnen beginnt, die sich zyklisch fortsetzt. Kurz zuvor hat die Forscherin gefragt, inwieweit die Ausgangserwartungen an das Buch in der Besprechung erfüllt wurden, oder ob Dinge offen seien, über die die SchülerInnen gerne noch im Unterricht geredet hätten. Nachdem Aneta zunächst das ‚offene Ende' des Romans zum Gesprächsthema macht, problematisieren die Beteiligten anschließend die Reaktion Malkas bei der Wiederbegegnung mit ihrer Mutter.

„dass sie- (-) kein HERZ hat"

```
 1   Aneta    ja die hat auch gesagt <<betont gleichgültig> ach das ist ja
 2            die frau doktor die in der mühle da um sich um mich gesorgt
 3            hat,> (-) und hat nicht gesagt <<betont emotional> ach ja das
 4            ist ja meine mutter endlich seh ich meine mutter,> das fand
 5            ich irgendwie dass sie- (-) kein HERZ hat, (1.0) find- (-)
 6            find ich irgendwie für=n kleines kind ich mein die war auf der
 7            flucht okay ihre mutter hat sie alLEIN gelassen, (--) das fand
 8            ich ja auch nicht gut aber ich mein wenn- (-) trotzdem würde
 9            ich dann das alles hinter mir lassen und dann sagen <<betont
10            zuversichtlich> man- (-) ich seh meine mutter endlich und
11            jetzt wird alles wieder gut-> und sie so <<betont
12            gleichgültig> ja das ist nur me die frau doktor und-> (-)
13            [das fand ich echt-
14   Iwona    [aber ich denke mal so ein kleines kind kann das auch nicht so
15            verstehen' also mit sieben jahren' (-) das wegen der zeit
16            wegen dem krieg jetzt ihre mutter sie deswegen und deswegen da
17            zurückgelassen hat. (-) also ich denke mal so=n kind kann das
18            noch nicht so verstehen ja wegen dem krieg wegen den deutschen
19            muss ich mein kind jetzt zurücklassen'
20   Aneta    =ja aber-
21   Iwona    =ich denke mal das versteht sie nicht so und deswegen
22            hat sie da auch bisschen wut auf ihre mutter,
23   Lewis    [=ja ich
24   Aneta    [=ja gut aber trotzdem wär doch jedes kleine kind glücklich
25            [seine mutter wieder zu [sehen.
26   Iwona    [ja-                    [ja (doch)
27   Lewis                            [na eben das mein ich [auch (--) (ich
28   Iwona                                                  [is auch=n
29   Lewis    [würd) ich
30   Iwona    [bisschen doof dass [sie dann (            )
31   Lewis                        [würde mir auch nicht vorstellen können
32            dass sie den willen hat- (--) irgendwie- (---) sich
33            vorzustellen <<betont gleichgültig> das ist nicht meine mutter
34            das ist nur=ne frau doktor [bei der ich mal gelebt hab->
35   Iwona                               [nur so gemacht um [nicht (--)mehr-
36   Lewis                                                  [ja: schon aber
37            trotzdem dass sie sich das vorstellen kann also, (--) ICH ich
38            bin ja=n paar jahre älter als sie' (---) glaub ich— ((lacht))
39   Iwona    und- (--) [und ich [((lacht))
40   Lewis              [könnt es mir auch nicht vorstellen dass sie dass
41   Aneta             [glaubst du-
42   Lewis    sie irgendwann mal meine mutter die frau- (-) siebert wäre und
43            die frau siebert die macht dis und [dis (-)und-
44   Iwona                                       [ja, (---) aber- (--) guck
45            mal ich saß zu hause und hab da grad an der stelle gelesen
```

```
46              also war da grad an der stelle' (-) also abends im bett und
47              denn hab ich da grad gelesen diese stelle da wo sie da gesagt
48              hat frau doktor dann hab ich mich ma so- (--) hab ich mir das
49              mal so VORgestellt weil ich das auch so=n bisschen unlogisch
50              fand— (--) hab ich mir irgendwas schlimmes da- (-) <<lachend>
51              vorgestellt> in meinem kopf dass meine mutter nicht mehr da
52              ist und denn bin ich ganz alleine' (-) so=n kleenes baby' (-)
53              also so ganz alleine' (-) dann hab ich mir AUCH vorgestellt
54              wenn es- (-) wie das wär wenn ich- (-) wenn mir irgendjemand
55              sagt meine mutter oder so denn— (--) also ich fänd das für
56              mich persönlich auch ganz schlimm wenn jemand meine mutter
57              sagt oder so' (-) als frau doktor' also so hab ich dis
58              empfunden also fänd ich auch besser wenn- (--) also wenn
59              jemand gesagt hätte ja: die tochter von irgendjemanden und-
60              (---) ich weiß nich,
61    Lewis     ich find- (-) auch die familienverhältnisse die waren
62              eigentlich zum anfang gar nicht so schlimm ((...))
```

In dem Gesprächsausschnitt wird eine Textstelle aufgreifend eine Differenzerfahrung aus dem Leseprozess zum Thema gemacht: die unerwartete Reaktion Malkas bei der Wiederbegegnung mit ihrer Mutter (1ff.). Dabei wird konkret an der symbolischen Verdichtung der literarischen Erzählung angesetzt: der Bezeichnung ‚Frau Doktor' für die eigene Mutter.

Auch wenn Aneta, Lewis und Iwona Malkas Reaktion unterschiedlich einschätzen, so lässt sich dennoch ein gemeinsamer Rahmen rekonstruieren, vor dem sie die Textstelle deuten: Für alle drei ist äußerst schwer nachvollziehbar bzw. vorstellbar, dass ein siebenjähriges Mädchen seine Mutter zurückweist. Für die Jugendlichen ist die Mutter-Kind-Beziehung unerschütterlich. Dies wird deutlich in Anetas Deutung „trotzdem wär doch jedes kleine kind glücklich seine mutter wieder zu sehen" (24f.), die von den beiden anderen ratifiziert wird und somit als geteilter Rahmen von ‚Normalität' konstituiert wird, vor dessen Hintergrund das Handeln des Mädchens nicht nachvollziehbar ist. Dabei gehen sie ganz konkret mit der symbolischen Erzählweise des Romans um. Das literarische Motiv ‚Frau Doktor' wird von den Jugendlichen auch für Bezüge zur eigenen Lebenswelt gewählt. Alle drei bewegen sich vornehmlich auf der Ebene der Realität – nicht auf der der (historischen) Erzählung. Es werden zwar ansatzweise narrative und historische Bezüge hergestellt, „so ein kleines kind kann das auch nicht so verstehen' also mit sieben jahren' (-) das wegen der zeit wegen dem krieg jetzt ihre mutter sie deswegen und deswegen da zurückgelassen hat." (14ff.), jedoch reichen diese nicht aus, um – aus der historischen Distanz – die Abwehr des Kindes vor dem Hintergrund der geschichtlichen Ereignisse sowie sozialen und psychischen Erfahrungen neu zu rahmen. In dem Gespräch wird immer wieder Bezug auf die ‚Landschaft der Handlung' sowie auf die ‚Landschaft des Bewusstseins' genommen. Das Verstehensproblem der Jugendlichen besteht allerdings darin, diese beiden Landschaften nicht miteinander übereinbringen zu können. Ihr eigener Erfahrungshorizont, den sie immer wieder in ihre Deutungen einbringen, reicht hierfür nicht aus.

Rahmungsdifferenzen bestehen zwischen dem jeweiligen Umgang mit dem Nichtverstehen. Auf der einen Seite bleibt Aneta in ihrer Sichtweise einer ‚normalen' Mutter-Kind-Beziehung verhaftet und schlussfolgert aus dieser Perspektive, dass Malka kein Herz habe (5f.). Auf der anderen Seite versucht Iwona diese Irritation bereits während des Lektüreprozesses produktiv zu nutzen, indem sie sich versuchsweise in die Situation Malkas hineinversetzt: „ich saß zu hause und hab da grad an der stelle gelesen ((...)) wo sie da gesagt hat frau doktor dann ((...)) hab ich mir das mal so VORgestellt weil ich das auch so=n bisschen unlogisch fand- (--)" (45ff.). Durch ihre Imaginationsversuche, von denen sie ausführlich erzählt, kann sie Malkas Handeln schließlich nachvollziehen: „also ich fänd das für mich persönlich auch ganz schlimm wenn jemand meine mutter sagt" (55ff.). Mit der Geschichte von ihrer Lektüre begründet Iwona auf narrative Weise ihre Einstellungsänderung und lässt so die anderen an ihrer individuellen Leseerfahrung, die den Rahmungskontext der Gruppe überschreitet, teilhaben. Durch die erzählende Darstellung jedoch zwingt sie die beiden anderen nicht zu einer Deutungsübernahme aufgrund besserer Argumente, sondern lässt vielmehr die Möglichkeit einer alternativen Lesart aufscheinen. Dieses narrative Angebot wird von den anderen allerdings nicht aufgegriffen. Im direkten Anschluss wird vielmehr ein neues Verstehensproblem eingeführt (61f.).

Die Struktur dieses Gesprächsauschnitts setzt sich im weiteren Verlauf des Diskurses immer wieder fort: Eine Fremdheitserfahrung bei der Lektüre wird zum Ausgangspunkt des Gesprächs. Eine inhaltliche wie formale Herausforderung des Textes wird anhand eines literarischen Details als Problem in das Gespräch eingeführt. Dieses Problem wird von den anderen als solches anerkannt und interaktiv zu lösen versucht. Hierbei handelt es sich jeweils um ein bedeutendes Thema der SchülerInnen. Am Ende steht nicht ein Konsens, sondern eine individuelle Deutung in Form einer Geschichte, die keine Forderungen an die Zuhörenden stellt, die in ihr dargestellten Einstellungen und moralischen Beurteilungen anzunehmen. Erzählungen ermöglichen, sich durch die zeitliche Strukturierung im Erinnern von sich selber und der eigenen Deutung in der Vergangenheit abzugrenzen, ohne sich dabei verleugnen zu müssen; eine Kontinuität trotz Veränderung wird gewahrt. So kann Iwona gleichzeitig ihr anfängliches Unverständnis mit den anderen teilen so wie ihr nun erweitertes Verständnis begründen. Literarische Anschlusskommunikation in einem narrativen Modus eröffnet also die Möglichkeit, individuelle (Lese-)Erfahrungen zu strukturieren ohne interaktiv einen Konsens anstreben zu müssen.

6.2.1.2 „jetzt [...] hat sie ein zweites leben" – ein Unterrichtsgespräch

Einen Tag nach dem Interview findet ein Unterrichtsgespräch statt. Es ist die 20. und gleichzeitig letzte Stunde der Unterrichtseinheit. Die Hausaufgabe zu dieser Stunde bestand darin, Malkas Gefühle und Gedanken während des Lebens im Ghetto anhand vorgegebener Textstellen darzustellen, den dabei ablaufenden Entwicklungsprozess zu erklären und von daher Malkas Aussage „Früher war ich mal sieben [...] Aber das ist lange her." (Pressler 2001, 268) zu erläutern. Anschließend sollte das Wiedertreffen von Malka und ihrer Mutter zusammengefasst und eine Position dazu eingenommen werden: „Nimm Stellung, ob und gegebenenfalls inwiefern du Malkas Verhalten bzw. Reaktion verstehen kannst." Zu Beginn der Stunde lesen Tanja und Sabine ihre Texte vor, die von den anderen jeweils anschließend kommentiert werden. Dabei entspinnt sich das folgende Gespräch:

„jetzt [...] hat sie ein zweites leben"

```
 1  L          lewis.
 2  Lewis      ich fand=s eigentlich auch gut aber du hast zum schluss
 3             geschrieben dass die- (-) teresa gegenwärtiger is. (-) das is
 4             zwar aus dem buch aber sie ihre mutter ist doch trotzdem da- (-)
 5             sie [ist sogar noch
 6  Miriam          [((meldet sich))
 7  Lewis      näher an malka dran sozusagen- (-) räumlich gesehen.
 8  Miriam     (  ) würde ich aber noch sagen dass wenn malka guck mal wie
 9             lange sie gebraucht hat um ihre mutter zu verdrängen das kann sie
10             nicht von heut auf morgen wieder weg machen sie hat ja auch nicht
11             von heut auf morgen gedacht ach so ich hab jetzt keine mutter
12             mehr- (-) dann kann sie sie auch nicht von heut auf morgen wieder
13             zurückholen und ich glaube dass sie nicht in ihrem ganzen leben
14             nicht mehr so viel vertraut hat also kann ich mir vorstellen-
15  Lewis      aber sie hat sie nicht richtig verdrängt. (-) sie hat sich ja
16             eigentlich nur-
17  Miriam     aber sie konnte sie, (-) kann ja nicht verstehen warum
18             [ihre MUTter sie zurücklässt warum sie sie alleine lässt
19  Malvin     [((meldet sich))
20  Miriam     [also ich denke mal sie hat sich richtig verstoßen gefühlt so;
21  Lena       [((meldet sich))
22  Lena       ich glaub gar nicht mal dass malka so sauer auf ihre mutter war
23             dass sie sie zurückgelassen hat; (-) ich glaub das hat sie gar
24             nicht so richtig verINnerlicht ich glaub sie sagt die mutter hat
25             sie halt dagelassen und dann war sie auch bei teresa aber es war
26             ja alles super und ich glaub sie bringt das gar nicht so in
27             zusammenhang dass ihre mutter sie irgendwie allein gelassen hätte
28             oder vielleicht also ist meine meinung ich glaube eher dass sie
29             sich einfach so: entfernt hat und diese ganzen neuen erfahrungen
30             die sie gemacht hat sie ja auch ohne ihre mutter gemacht und das
31             hat sie ja VOLLkommen verändert und nicht ich denke dass es da ganz
32             schwer ist dann wieder=n draht zu finden <<p<(zu ihrer Mutter.)>
33  Malvin     [also ich denke das auch dass sie halt ihre mutter nicht so ganz
34  Rosalie    [((meldet sich))
35  Malvin     also am anfang ist sie natürlich böse auf sie weil sie sie ja
36             verlassen hat; (-) aber später wenn sie etwas älter ist dann wird
37             sie das verstehen dass sie sie- (-) halt em dagelassen hat weil
38             sie wär ja sonst umgekommen weil sie war ja krank und die beine
39             und so sie war ja das hätte sie nicht durchgestanden.
40  L          pascal du wolltest auch was dazu sagen;
41  Pascal     nee ich wollte eigentlich nur fragen wir durften doch auch
42             stichpunkte machen weil wir-
43  L          nein es war eigentlich ausformuliert aber okay. Rosalie-
44  Rosalie    also ich finde ich könnt es mir auch so gut vorstellen also so
45             wie lena das gesagt hat- (-) so dass malka vorher- (-) em bevor
46             sie allein gelassen wurde in einer ganz anderen welt gelebt hat
47             [als in der nachher und dass sie zwei leben sozusagen geführt
48  Thorsten   [((meldet sich))
49  Rosalie    hat. (-) und dass ihre mutter em in das leben vor der bevor sie
50             allein gelassen wurde also sozusagen dadrunter in so=ner
51             traumwelt- (-) da war ihre mutter jetzt dabei aber jetzt ist sie
52             ja=n ganz anderer mensch geworden hat sie ein zweites leben
53             sozusagen und da spielt ihre mutter hanna gar keine richtige
54             rolle mehr so.
55  L          das hast du ganz hervorragend erklärt denn das ist auch ganz eng
56             am text die wortwahl das stimmt so wie du=s erklärt hast; (-) so
57             wird=s auch dargestellt das ist völlig richtig. (-) ja lena
```

Im Unterrichtsgespräch wird genau das Thema verhandelt, das einen Tag zuvor von den SchülerInnen als diskussionswürdig erachtet wurde. Mit der Gestaltung der Hausaufgabe, der Nachzeichnung des Entfremdungsprozesses der siebenjährigen Malka, hat die Lehrerin also nicht nur einen zentralen Aspekt des Romans aufgegriffen, sondern auch ein bedeutendes Thema der SchülerInnen angesprochen.

Betrachtet man das Unterrichtsgespräch vor dem Hintergrund des Interviewgesprächs, so lassen sich andere Rahmenkongruenzen rekonstruieren. Im Unterricht werden keine expliziten Bezüge zur persönlichen Lebens- und Erfahrungswelt hergestellt, vielmehr werden die unterschiedlichen Deutungen an die literarische Vorlage rückgebunden. Die Lehrerin scheint hierfür die treibende Kraft zu sein. Nicht nur die Formulierung der Aufgabenstellung ist eng mit Textarbeit verknüpft, sondern auch die abrundende Bewertung der Lehrerin. Darüber hinaus spielen im Unterrichtsgespräch auch die eigenen Erfahrungen während des Lektüreprozesses keine Rolle. Es wird nicht narrativ die individuelle Deutungsentfaltung dargelegt, sondern die gegenwärtige Bedeutungskonstruktion verhandelt. Diese allerdings ist insofern viel stärker narrativ ausgeprägt, als die SchülerInnen sich in ihren Deutungen auf den unterschiedlichen Zeitebenen des Romans bewegen, über die Verknüpfung der erzählten Gegenwart mit der erzählten Vergangenheit bis zur Antizipation der Zukunft (8ff., 29ff., 35ff., 45ff.). Vielleicht mögen die Handlungsmotive der erzählten Geschichte wiederum auf die Textarbeit in der Hausaufgabe zurückzuführen sein. Insgesamt ist das Unterrichtsgespräch weniger als moralischer Bewertungsdiskurs, sondern vielmehr als literarischer Deutungsdiskurs gerahmt, indem der im Text aufscheinende Entwurfscharakter von Wirklichkeit zum Thema wird.

Ähnlich wie das Gespräch im Interview, so wird auch das Unterrichtsgespräch insbesondere durch die Rahmungsdifferenzen vorangetrieben. Erst der kritische Kommentar von Lewis zu Sabines Text, „du hast zum schluss geschrieben dass die- (-) teresa gegenwärtiger is. (-) das is zwar aus dem buch aber sie ihre mutter ist doch trotzdem da- (-) sie ist sogar noch näher an malka dran sozusagen- (-) räumlich gesehen" (2ff.), konstituiert das literarische Gespräch in einer Phase des Unterrichts, in der es eigentlich um das Vortragen der Hausaufgaben geht. Auffällig ist, dass die Jungen den literarischen Text viel stärker auf der Handlungsebene lesen und deuten, während die Mädchen nicht nur die Bewusstseinsebene miteinbeziehen, sondern diese auch mit der Handlungsebene verknüpfen. Dies wird besonders deutlich im Vergleich von Lewis Frage zu Beginn nach der räumlichen Gegenwärtigkeit und der symbolisch dichten Deutung Rosalies von einem „zweite[n] leben" (52) Malkas am Ende. Weitere Rahmungsdifferenzen liegen auf der Ebene des Zulassens, des ‚Sich-zumuten-lassens‘ der Entfremdung des siebenjährigen Mädchens. Während für Miriam und Rosalie der Identitätswandel Malkas nicht nur nachvollziehbar, sondern auch aus dem Handlungsgeschehen heraus nicht anders denkbar ist, scheinen Lewis und ansatzweise auch Lena und Malvin diese Entfremdung ‚harmonisieren‘ zu wollen: „sie hat sie nicht richtig verdrängt" (15), „das hat sie gar nicht so richtig verinnerlicht" (24), „wenn sie etwas älter ist dann wird sie das verstehen" (36f.). Auch wenn diese Relativierungen unterschiedlichen Ausmaßes sind, gemeinsam ist ihnen der Versuch, die erzählte Erfahrung mit der eigenen Vorstellung von ‚Kindsein‘ in Einklang zu bringen. Hier wird erkennbar, dass trotz des übergreifenden Rahmens – dass Fluchterfahrungen einen Menschen verändern – das Thema der Entfremdung eines Kindes von seiner Mutter eine Herausforderung für die Jugendlichen bleibt.

Zusammenfassend kann festgehalten werden: Das Thema dieser Unterrichtsphase ist zwar durch die Hausaufgabenstellung der *Lehrerin* vorgegeben: In intensiver Textarbeit haben die SchülerInnen sich den Entwicklungsprozess Malkas schriftlich vergegenwärtigt und dazu Stellung bezogen. Das Problem aber, dass es im anschließenden Unterrichtsgespräch zu lösen gilt, wird von einem *Schüler* eingebracht. Wie im Interview wird hier ein Problemlösungs- und nicht ein Aufgabelösungsmuster praktiziert (vgl. Ehlich-Rehbein 1986, vgl. Kap. 2.2.2.2). Ausgangspunkt ist allerdings nicht ein Nicht-Verstehen des symbolischen Angebots des literarischen Textes, sondern vielmehr das Nicht-Verstehen der *Deutung* einer Textstelle durch eine andere Schülerin. Die Differenzerfahrungen sind auf der Ebene der interaktiven Bedeutungsaushandlung anzusiedeln. Auch der Aushandlungsprozess unterscheidet sich von dem der SchülerInnen untereinander. Es werden zwar ebenfalls konträre Deutungen nebeneinander entfaltet und einander gegenübergestellt – jedoch gibt es hier eine abschließende legitimierende Bewertung durch die Lehrerin, so dass ein Konsens herbeigeführt wird. Inwiefern dieser Arbeitskonsens jedoch für die SchülerInnen Verbindlichkeit hat, bleibt an dieser Stelle offen. Alerdings lässt sich aus dem weiteren Datenmaterial erschließen, dass das Gespräch zumindest bei Einzelnen Spuren hinterlassen hat. Im zweiten Teil des (tags zuvor unterbrochenen) Interviews mit Lewis und Iwona im Anschluss an die Unterrichtsstunde beispielsweise verwickeln sich die beiden erneut in eine Diskussion über die Wiederbegegnung von Mutter und Tochter.[96] Am Ende bezieht sich Lewis explizit auf den Unterrichtsdiskurs:

```
 1  Lewis    ((...)) sie hat ja dann versucht ihre mutter- (-) sozusagen aus
 2           ihrem gedächtnis zu löschen;
 3  Iwona    aber das war ja nur so damit sie nich heulen musste die ganze
 4           zeit;
 5  Lewis    na ja ich weiß, aber [trotzdem
 6  Iwona                         [deswegen
 7  Lewis    hat miriam vorhin ja auch schon gesagt; man kann- (-) irgendwie
 8           nich so richtig gleich- (-) wieder einschließen- (-) [also
 9  Iwona                                                         [trotzdem.
10           (-) ich könnte das;
```

Auch wenn Lewis sich im weiteren Verlauf des Unterrichtsgespräch zu dem von ihm aufgeworfenen Verständnisproblem nicht geäußert hat, so zeigt doch sein Bezug zu diesem Gespräch im Interview, dass er es aufmerksam verfolgt hat und durch die Deutungen anderer neue Perspektiven für sich entwerfen konnte. Hier wird deutlich, dass literarische Erfahrungen auch im Verborgenen stattfinden und Lernprozesse nicht immer unmittelbar im Unterrichtsgeschehen erkennbar werden.[97] Sie werden jedoch nicht von allen SchülerInnen gleichermaßen erworben, wie etwa an Iwonas Deutung zu erkennen ist

---

96 Dieses Gespräch weist eine inhaltliche und strukturelle Ähnlichkeit zum ersten Teil des Interviews am Vortag auf.

97 Dies ist ein empirisches Beispiel für die „Grenzen der Beobachtbarkeit" (Spinner 1995, 138f.), auf die Kasper H. Spinner aus kognitionspsychologischer Perspektive bereits aufmerksam gemacht hat.

6.2.1.3 Zusammenfassung: Überschuss an literarischer Erfahrung

Die Wiederbegegnung von Mutter und Tochter am Ende des Romans wird zum Thema sowohl des Interview- als auch des Unterrichtsgesprächs. Die Vielstimmigkeit des Textes, insbesondere das offene Ende und das Motiv ‚Frau Doktor', fordern die jugendlichen LeserInnen zu Deutungsaushandlungen heraus. Die Entfremdung eines siebenjährigen Mädchens von seiner Mutter stellt hohe anthropologische Verstehensansprüche an sie. Die Jugendlichen haben Schwierigkeiten damit, dieser Entfremdung mit Empathie zu begegnen und aus einer historischen Distanz die Erfahrungen der Flucht auf der Handlungsebene mit den psychischen Veränderungen auf der Bewusstseinsebene in Beziehung zu bringen.

Im Interviewgespräch verbleiben die Beteiligten vorwiegend in ihrer eigenen Lebenswelt und deuten den literarischen Text vor ihrem eigenen Relevanzrahmen. Das Gespräch wird als moralischer Bewertungsdiskurs geführt und endet in einem Dissens. Die Jugendlichen lassen sich zwar durch den Text irritieren, überschreiten jedoch nur ansatzweise ihren Erfahrungshorizont. Hierbei hilft ihnen die narrative Strukturierung ihres Leseprozesses.

Im Unterrichtsgespräch bewegen sich die SchülerInnen durch die ‚erzählte Welt' (vgl. Martinez/Scheffel 2003). Deutungsrahmen ist dabei die erzählte Geschichte selbst in ihren unterschiedlichen Zeitdimensionen. Das Gespräch wird als literarästhetischer Diskurs geführt und durch die Lehrerin mit einem Konsens abgeschlossen. Inwiefern der ‚ausgehandelte Konsens' auch von den einzelnen SchülerInnen getragen wird, lässt sich hier jedoch nur exemplarisch nachzeichnen.

Festgehalten werden kann, dass in diesen Gesprächen eine große Vielfalt an existentiellen Fragen und anthropologischen Deutungen zur Sprache kommen, es gewissermaßen einen Überschuss an literarischer Erfahrung gibt. Was die SchülerInnen jeweils daraus machen, inwiefern sie den Faden des kommunikativen und kulturellen Gedächtnisses aufgreifen und mit anderen Lektüren in anderen Situationen mit anderen Menschen weiterspinnen, gleicht einem offenen Ende im Roman. Aus didaktischer Perspektive allerdings ist dabei die produktive Irritation durch ‚widerspenstige' Texte, die Bedeutung von schriftlichen Reflexionen sowie die Offenheit von Anschlusskommunikationen hervorzuheben. Die Einbeziehung narrativer Vergegenwärtigungen individueller Deutungsprozesse im Wandel wäre ein weiterer Schritt dahin, die literarische Erfahrung bedeutsam für das autobiographische Gedächtnis im Unterrichtsgespräch werden zu lassen. Bevor die Bedeutung von Narrativität in literarischen Gesprächen im Unterricht eingehender untersucht wird (Kap. 5.2.3), werden im Folgenden zunächst argumentative Aneignungen des Romans hinsichtlich der in ihnen aufscheinenden Lernpotentiale fokussiert.

6.2.2 Argumentationen im Schüler-Schüler- und Lehrer-Schülergespräch

In diesem Kapitel stehen argumentative Gestaltungen literarischer Anschlusskommunikation im Mittelpunkt. Dazu werden Passagen aus Unterrichtsgesprächen zu der Entscheidungsfrage Hannas unter dem Aspekt der Ambiguitätstoleranz analysiert, da die in den Unterrichtsgesprächen thematisierten Beweggründe der Mutterfigur bei vielen SchülerInnen zu einer regen Auseinandersetzung geführt haben. Es sind *key incidents* aus Gesprächen zweier Klassen ausgewählt. Kriterien für die Auswahl der einzelnen Sequenzen waren ihre ,interaktive und metaphorische Dichte' (Bohnsack 2000, vgl. Kap. 3.1.3.1). Ein Schülergespräch aus einer Gruppenarbeit der Klasse der deutschen Schule in Warschau und ein Lehrer-Schülergespräch der Klasse des Berliner Gymnasium werden zunächst zusammenfassend analysiert und anschließend vergleichend interpretiert.

6.2.2.1 „das sind viele gründe warum sie sich so verhält" – Dissens unter SchülerInnen

Zur Ausdifferenzierung von Hannas Entscheidungsgründen initiiert die Lehrerin in Warschau in der neunten Stunde der Unterrichtseinheit eine Gruppenarbeitsphase. Sie hat dazu ,Beweggründe' Hannas aus dem Text herausgesucht, die sie den SchülerInnen vorlegt. Der Arbeitsauftrag lautet, ein Ranking dieser Gründe vorzunehmen, so wie die SchülerInnen es bei Hanna für ihre Handlungsentscheidung vermuten. Zunächst sollen sie dieses Ranking zu zweit erarbeiten, anschließend zu viert ausdiskutieren und sich auf die ersten drei Gründe einigen. Aus dieser Phase ist der Gesprächsauschnitt entnommen.

Isolde und Sybilla haben mit Jessica und Korinna bereits grundlegende Differenzen bezüglich ihrer Beurteilung des wichtigsten Beweggrundes herausgearbeitet. Nachdem sie zu keiner Einigung gefunden haben, schlägt Isolde vor, bei den unbedeutenden Gründen anzufangen. Dabei entwickelt sich das folgende Gespräch.

„das sind viele gründe warum sie sich so verhält wie sie sich verhält"

```
1    Jessica    was habt denn ihr als letzte drei.
2    Isolde     e::m-
3    Sybilla    emanzipierte frau streben nach ansehen in der gruppe und rettung
4               für sich.
5    Isolde     wir fanden rettung für sich hat sie (-)
6    Sybilla    ganz am [ende.
7    Isolde             [(relativ am ende)
8    Sybilla    am ende stehen.
9    Jessica    ja? (--) [em
10   Sybilla             [ja sie denkt erst an ihre KINder (-) und dann an sich.
11   Jessica    eben eben NICH dass hab ich eben nicht den eindruck. also ich
12              hab=s in die MITte getan weil (-) sie SIcherlich nicht em nur an
13              sich denkt aber (-) sie macht das auch nicht (-) em NICHT für
14              sich. (--) in in dem buch steht zwar immer ja meine kinder
15              soundso das führt sie als begründung an (-) aber ich bin der
16              meinung dass sie genauso an sich denkt wie an ihre
17              kinder=sicherlich em die kinder sind prioriTÄT (-) aber für sich
18              hat sie AUCH angst- (--) und ich glaube das sind viele gründe
19              warum sie sich so verhält wie sie sich verhält weil warum sie
20              malka zum beispiel nicht SUCHT (-) weil sie AUCH angst hat-
21              und em (-) em ich glaube deshalb rettung für SICH ist nicht ganz
22              hinten so selbstlos ist sie nicht so selbstlos kann man in der
23              situation gar nicht SEIN glaub ich.
24   Isolde     nein- [(((lacht))
```

```
25   Sybilla      [((lacht))
26   L            macht weiter-
27   Isolde       ich glaub (doch) dass sie em (-) wenn die andern sie nicht
28                beeinflusst hätten dann (em) wär sie SCHON dageblieben.
```

Der Unterrichtsdiskurs in der Kleingruppe wird selbstständig durch die SchülerInnen organisiert, als Gespräch unter Gleichberechtigten, in Form einer symmetrischen Kommunikation, gerahmt. Die Lehrerin hält sich beobachtend im Hintergrund, wobei sie die Diskussion angeregt verfolgt. Die Problemstellung haben die SchülerInnen interaktiv erarbeitet: Sie können sich nicht auf die wichtigsten drei Beweggründe der Mutter hinsichtlich ihrer Entscheidung, ihre jüngere Tochter zurückzulassen, einigen, weil sie die Figur Hanna jeweils anders sehen. Nun versuchen sie, das Problem im Gespräch zu lösen.

Trotz ihrer konträren Positionen akzeptieren sich die Gesprächspartnerinnen untereinander. Isolde und Jessica kennzeichnen ihre Deutungen wiederholt als die eigenen („wir fanden" (5), „hab ich [...] den eindruck" (11), „ich bin der meinung" (15f.), „ich glaube" (18, 21, 23), „glaub ich" (23), „ich glaub" (27)). Somit erheben sie keinen Allgemeingültigkeitsanspruch. Sie versuchen vielmehr, die eigene Deutung für die anderen Gesprächsteilnehmerinnen nachvollziehbar darzustellen. Allerdings gehen die SchülerInnen auch kaum aufeinander ein, stellen wenige Bezüge zueinander her. Nur Jessicas infrage-stellendes „ja?" (9) evoziert Sybillas Sinnkonstruktion „ja sie denkt erst an ihre KINder (-) und dann an sich." (10). Deutlich wird der mangelnde Bezug aufeinander dadurch, dass Isolde zum Schluss Jessicas ausführlichen Redebeitrag weder inhaltlich noch strukturell aufgreift, sondern ihm ein weiteres Argument entgegensetzt (27f.).

Sybilla und auch Isolde konstruieren ein eher traditionell selbstloses und fürsorgliches Bild von der Mutterfigur Hanna: „Weibliche Emanzipation", „Streben nach gesellschaftlichem Ansehen" und „Rettung für sich" seien für Hanna nicht relevant, sie denke zuerst an ihre Kinder (3-10). Die im literarischen Text angelegte Mehrdeutigkeit der Figurendarstellung greifen sie hier nicht produktiv auf, sondern versuchen sie zu reduzieren, indem sie sich eher auf die Handlungsebene des Romans konzentrieren.

Dagegen stellt Jessica diese eindeutige Sichtweise in einer komplexen antithetischen Argumentation in Frage: „weil (-) sie *SIcherlich* nicht em nur an sich denkt *aber* (-) sie macht das auch nicht (-) em NICHT für sich", „in dem buch teht *zwar* immer ja meine kinder soundso das führt sie als Begründung an (-) *aber* ich bin der meinung dass sie genauso an sich denkt wie an ihre kinder", „*sicherlich* em die kinder sind Priorität (-) *aber* für sich hat sie AUCH angst" (12-18). Hierin versucht sie – inhaltlich und rhetorisch – traditionelle moralische Prinzipien gleichzeitig aufrechtzuerhalten und aufzubrechen und bezieht sich dabei auf den Text. In dieser kontrastiven Herausarbeitung des inneren Widerspruchs Hannas verdeutlicht Jessica handelnd die Ambivalenz deren Situation. Dabei setzt sie die Bewusstseins- mit der Handlungsebene in eine (antithetische) Beziehung und schlussfolgert daraus: „ich glaube das sind viele gründe warum sie sich so verhält wie sie sich verhält" (18f.). Schließlich verallgemeinert sie mit „so selbstlos kann man in der situation gar nicht SEIN" ihre argumentativ erarbeitete Interpretation. Dies könnte zu deuten sein entweder als moralische

Rechtfertigung (in dem Sinne: sie könnte gar nicht anders sein, sie ist mit ihrer Angst nur menschlich) oder auch als Einblick in die Kontextabhängigkeit von Handlungen und Urteilen im Sinne moralischen Lernens.

Isoldes Erläuterung: „wenn die andern sie nicht beeinflusst hätten dann (em) wär sie SCHON dageblieben" (27f.) bedient sich dem „wenn-dann"-Format einer kategorischen Formulierung. Diese ist typisch für moralische Kommunikation (neben weiteren wie z.b. ‚wer-der‘, ‚je-desto‘) und nimmt meist eine abschließende Funktion ein (vgl. Ayaß 1999). Sie stellt damit ihre Äußerung Jessicas Generalisierung kontrastiv gegenüber, ohne beide in einen Bezug zueinander zu bringen.

Zusammenfassend lässt sich sagen, dass das Infragestellen gängiger sozialer Konventionen durch den Roman zwar in der Anschlusskommunikation praktiziert wird; es findet hier aber nur auf der individuellen, nicht auf der interaktiven Ebene statt. Dagegen wird auf der interaktiven Ebene ein Spannungsverhältnis zwischen den konträren Deutungen aufgebaut.

6.2.2.2 „lass ich mein kind wirklich [...] zurück" – Konsens durch die Lehrerin

In dem Lehrer-Schüler-Gespräch des Berliner Gymnasiums werden die Ergebnisse einer Gruppenarbeit zusammengetragen. Die schriftliche Aufgabe bestand darin, „Gründe mit Spiegelstrichen untereinander auf[zulisten], die Hanna zur Änderung ihrer Meinung bei ihrer Entscheidung veranlasst haben". Im Plenargespräch wird von Benno Hannas Entscheidung grundsätzlich in Frage gestellt: „ich kann das irgendwie nich nachvollziehen also seine kinder em bei=ner wildfremden familie zurückgelassen, [...] also sie ist zwar krank sie kann nicht mitkommen aber". Daraufhin führt Kirsten das Argument ein, dass Hanna auch an Minna denken müsse. An dieser Stelle setzt die ausgewählte Sequenz ein.

„lass ich mein kind wirklich [...] zurück"

```
 1    L          also das ist ein weiteres wichtiges argument hanna muss auch an
 2               (-) MINna denken (-) das haben hoffentlich alle was du eben gesagt
 3               hast kirsten- <<f> und da heißt es im text sogar NOCH was (-) sie
 4               muss nicht nur an minna denken sondern?>
 5    Benno      auch an sich selber.
 6    L          ja und waRUM denn an sich selber.
 7    Benno      <<p> na weil sie ( )>
 8    L          ne: ich hab=s nich [verst-
 9    Benno                         [na weil sie (aufgeben) will? <<p> nein?>
10    L          na-
11    Benno      weil sie auch überleben.
12    Larissa    na weil wenn sie tot ist dann hat malka ja auch nichts davon
13               [(denk ich mal also)
14    L          [ja sie-
15    Rosalie    ((amüsierter Laut))
16    Larissa    wenn beide ihre mutter verliern dann-
17    L          ja sie ernährt die familie das ist völlig klar-
18               [sandra.
19    Sandra     [es nutzt ja nichts wenn sie sich alle in gefahr bringen.
20    L          ebent (-) das müsstet ihr also da mit aufnehmen das kann man also
21               jetzt muss man die ABwägung das ist ja geNAU hannas proBLEM. (--)
```

```
22        und da muss man sich überlegen (-) was sag ich dazu (-) lass ich
23        mein kind wirklich bei=ner wildfremden familie zurück kann ich
24        denen soweit vertrauen. so weitere argumente-
```

Das gesprächsstrukturierende Interaktionsmuster in diesem Transkriptausschnitt ist ein klassischer Dreischritt (Mehan 1979, vgl. Kap. 2.2.2.2) eines fragend-entwickelnden Unterrichtsgespräches. Diese Rahmung erzeugt eine asymmetrische Kommunikation, die den SchülerInnen wenig Handlungsspielraum lässt.

Von entscheidender Bedeutung ist sie für das Lösungsmuster der SchülerInnen. Die Lehrerin verfolgt ein bestimmtes Ziel. Sie versucht, eine von ihr bereits zuvor angedachte Deutung für alle Teilnehmenden als geteilte Deutung zu erarbeiten (20ff.). Das Problem ist zwar von einem Schüler – nicht der Lehrerin – konstituiert, aber der Lösungsweg wird von ihr fragend-entwickelnd organisiert. Die Problematik dieser Gesprächsführung wird deutlich in der kurzen Sequenz zwischen Benno und der Lehrerin. Seine zurückhaltenden, leise gesprochenen und von der Intonation zum Teil stark nach oben gehenden Antworten sind eher als Fragen formuliert: „na weil sie ( )-" (7), „na weil sie (aufgeben) will? nein?" (9), „weil sie auch überleben." (11). In ihrer Widersprüchlichkeit ist keine aktive Sinnsuche zu erkennen. Obwohl er es ist, der das Problem entwickelt hat, scheint ihm die Zieldimension im Lösungsweg unklar zu sein.

Die SchülerInnen sind zwar in die Gesprächsstruktur miteinbezogen, bringen jedoch ihre eigenen Deutungen nicht zur Entfaltung, spielen nicht mit ‚Möglichkeiten'. Teilweise reduzieren sich ihre Deutungen auf Gemeinplätze nach bestimmten Mustern, die teilweise direkt der Argumentation im Text entlehnt sind (Larissa: „na weil wenn sie tot ist dann hat malka ja auch nichts davon" (12f.), Sandra: „es nutzt ja nichts wenn sie sich alle in gefahr bringen" (19)). Somit handelt es sich eher um Perspektiven einzelner Figuren des Textes und weniger um die eigene moralische Positionierung der SchülerInnen mithilfe der unterschiedlichen Figurenperspektiven.

Durch die Begriffe „ABwägung" (21) und „proBLEM" (21) fasst die Lehrerin – im Gegensatz zu Jessica nicht nur handelnd – auch lexikalisch die Ambivalenz, die der Text aufscheinen lässt. Durch die Offenheit ihrer anschließenden Fragen lässt sie die Entscheidung als widersprüchlich stehen. Sie versucht nicht, sie wertend aufzulösen.

Die metakommunikative Äußerung der Lehrerin „und da muss man sich überlegen" (22) leitet kategorische Formulierungen mit einer moralischen Verpflichtung ein. Es scheint somit, als ergäben sich ihre Fragen notwendig aus dem Gesprächskontext. Damit positioniert die Lehrerin ihre Deutung als gemeinsam entwickelte und somit verbindliche Deutung, lässt den SchülerInnen keine Wahl (vgl. Ayaß 1999, 109). Andererseits eröffnen die Vorstellungen der Lehrerin von literarischer Rezeption, aus einem Text Fragen zu entwickeln „was sag ich dazu (-) lass ich mein kind wirklich bei=ner wildfremden familie zurück kann ich denen soweit vertrauen." (22ff.), den SchülerInnen aber auch ein Lektüremodell und fordert ein Spiel mit Möglichkeiten sowie eine eigene moralische Positionierung heraus.

In diesem Gespräch steht zwar die interaktive Erarbeitung moralischer Dilemmata im Vordergrund, aber es kommt zu keinem Aushandeln subjektiver Sinndeutungen. Dies ist an dem Lösungsmuster der SchülerInnen – den eher kategorischen Formulierungen denn eigenen Deutungsversuchen – zu erkennen.

6.2.2.3 Zusammenfassung: Umgang mit Ambivalenzen im argumentativen Gespräch

Durch die Analyse wird deutlich, dass sowohl im Schüler- als auch im Lehrer-Schüler-Gespräch die Ambivalenz Hannas' Entscheidungssituation erkannt wird. Jessica scheint dabei – mit der rhetorischen Herausarbeitung der widersprüchlichen Beziehungen zwischen Bewusstseins- und Handlungsebene – sprachlich nach einer ihren Deutungen adäquaten Ausdrucksweise zu ringen. Sie konstruiert aus der literarischen Figur mit ihrer ‚Unbestimmtheit' (Iser 1975) deskriptiv eine *Person* Hannas und ihre innere Zerrissenheit: „die kinder sind prioriTÄT (-) aber für sich hat sie AUCH angst" (17f.). Im Gegensatz dazu wirken Isoldes und Sybillas Beiträge eher normativ auf die Rolle Hannas als verantwortungsvolle und sich ihrer moralischen Verpflichtungen bewusste Mutter ausgerichtet: „sie denkt erst an ihre KINder (-) und dann an sich" (10). Die Schülerinnen erkennen in diesem Gespräch nicht den grundsätzlichen – und unlösbaren – Konflikt zwischen rationalen Vernunfturteilen und ‚moralischen Verpflichtungen'. Sie könnten ihn aber durch die Ambiguität ihrer Interaktion erahnen.

Im Lehrer-Schüler-Gespräch erarbeiten die SchülerInnen zwar unterschiedliche und gegensätzliche Gründe Hannas, aber nur die Lehrerin stellt sie in einen Zusammenhang zueinander und zeigt damit die Widersprüchlichkeit der Situation auf. Interessant ist, dass die Lehrerin – ähnlich wie Jessica – versucht, das moralische Dilemma (an sich *oder* an seine Kinder zu denken) doch zumindest teilweise aufzulösen: Während Jessica eine generalisierende Rechtfertigung artikuliert „so selbstlos kann man in der situation gar nicht SEIN" (22f.), betont die Lehrerin Hannas Integrität gerade in ihrer Verantwortungsverpflichtung gegenüber den Kindern: „ja sie ernährt die familie das ist völlig klar" (17). Sie betrachtet die Figur Hanna somit in erster Linie in ihrer Rolle als Mutter.

Das Ranking scheint als Unterricht*methode* – nicht als zu erstrebendes Endergebnis – sinnvoll. Denn durch seine Pointierung fordert es Konflikte heraus und schafft so einen produktiven Kommunikationsrahmen, in dem die SchülerInnen Verantwortung für ihre Deutungen tragen müssen. Gerade dadurch, dass sie zu keinem Konsens finden, können sie hier nicht nur thematisch-inhaltlich, sondern auch handelnd lernen, Widersprüchlichkeiten auszuhalten und Ambiguitätstoleranz zu entwickeln. Allerdings bleiben sie ohne weiterführende Fragen eines literarisch erfahrenen Gesprächspartners – eines ‚kompetenten Anderen' im Sinne Wygotskis (1969) – auf der Ebene ihrer eigenen Sinndeutungen stehen (vgl. Christ et al. 1995, vgl. Kap. 2.2.2.2).

Die Arbeitsaufgabe des Lehrer-Schüler-Gesprächs hat dagegen eher reproduzierenden Charakter. In der konkreten Textarbeit der SchülerInnen (im Gegensatz zum Ranking, bei dem die Lehrerin die Beweggründe Hannas vorgibt, sind sie es hier, die mit dem Text arbeiten) wäre eigentlich eine stärkere Ambivalenz gerade zwischen der Handlungs- und Bewusstseinsebene zu erwarten gewesen. Die Widersprüchlichkeit in der literarischen Vorlage wird aber erst und nur durch die Lehrerin erkannt und benannt.

In beiden Unterrichtsauschnitten werden anthropologische Fragestellungen und Deutungen von den SchülerInnen zwar interaktiv konstituiert, aber in keinem der beiden ko-konstruiert. Im Schüler-Schülergespräch werden ausschließlich subjektive moralische Deutungen konstruiert, im Lehrer-Schüler Gespräch wird eher nachvollziehend die Deutung der Lehrerin akzeptiert.

Diese Analysen verdeutlichen, dass zeitgeschichtliche Jugendliteratur – in diesem Fall der Roman *Malka Mai* – anthropologisch herausfordernden Charakter für SchülerInnen hat und in die Zone der nächsten Entwicklung weist. Es zeigt sich, dass die SchülerInnen Schwierigkeiten haben, bestimmte Deutungen überhaupt zuzulassen, verschiedene nebeneinander stehen zu lassen oder andere konstruktiv in ihre eigenen Überlegungen einzubeziehen. Die literarischen Lernpotentiale, die sich hingegen in *narrativen* Unterrichtgesprächen eröffnen, werden im Folgenden aufgezeigt.

6.2.3 Leseerfahrungen von SchülerInnen im narrativen Unterrichtsgespräch

Nachdem durch einen Vergleich von Interview- und Unterrichtsgespräch die Bedeutung eines Überschusses literarischer Erfahrung und dessen Sichtbarwerdung im Gespräch evident wurde und anhand der komparativen Analyse zweier *argumentativer* Gespräche im Unterricht die anthropologische Herausforderung von Literatur an einem kommunikativen Umgang mit Ambivalenzen aufgezeigt wurde, liegt der Fokus dieses Kapitels auf den *narrativen* Unterrichtsinteraktionen und insbesondere auf den Leseerfahrungen der SchülerInnen, die in ihnen deutlich werden.

6.2.3.1 „hat sich eure einstellung irgendwie verändert" – eine narrative Fragestellung

Der Gesprächsausschnitt stammt aus dem Unterricht der neunten Klasse der deutschen Schule in Warschau. Das Gespräch findet in der zehnten Stunde und damit in der Mitte der Unterrichtseinheit statt und hat die Schuldfrage Hannas zum Thema. Ausgewählt wurde diese Passage zum einen wegen der Ambivalenz von Hannas Entscheidungsfrage, zum anderen wegen der interaktiven Bezugnahme der SchülerInnen und ihrer detaillierten Erzählungen.

Im ersten Teil der Stunde wird ein Rollenspiel inszeniert: In einem Streitgespräch stellen die SchülerInnen eine Gerichtsverhandlung dar, in der Argumente zu Hannas Anklage oder Verteidigung ausgetauscht werden sollen, die sie zu Hause erarbeitet hatten. Im zweiten Teil findet ein literarisches Gespräch im Plenum statt. Zu Beginn des Gesprächs lässt die Lehrerin die SchülerInnen aufgrund ihrer persönlichen Meinung (eindeutig) abstimmen, ob Hanna schuldig oder unschuldig sei. Im Anschluss daran fragt sie nach der Entwicklung ihrer persönlichen Einschätzungen.

„hat sich eure einstellung irgendwie verändert"

```
 1   L            ((...)) meine eh frage, (-) äh ganz kurz noch an der stelle
 2                eure persönlichen einschätzungen, (-) ich will das dann nicht
 3                unbedingt weiter vertiefen, (-) äh überlegt euch mal bitte;
 4                wie eure- (-) einstellung haltung, (-) reaktion UNmittelbar
 5                beim lesen war? (2.0)
 6   Karolina?    hm=hm,
 7   L            ja? (-) also als ihr das last, (-) sie lässt sie zuRÜCK und
 8                geht jetzt weiter, (-) wie war da eure einstellung nachdem ihr
 9                mit dem buch fertig wart, was habt ihr über diese frau
10                gedacht, (-) über die mutter; über ihre entscheidung es geht
11                jetzt wirklich nur um diese eine entscheidung, (-) ihre, (-)
12                siebenjährige tochter zurückzulassen? (1.5) gut? und jetzt
13                möchte ich gern wissen- (-) hat sich- (--) eure einstellung
14                IRgendwie verÄN[dert; (--) zum beispiel jetzt- (--) darüber
15   L            noch mal [ganz intensiv nachzudenken; (-) zum beispiel in der
16   Isolde                [((meldet sich))
17   Jessica               [((meldet sich))
18   L            gruppe, (-) noch mal durchzugehen, (-) zu sagen welche
19                argumente gibts [denn eigentlich, (-) Oder, (-) bei
20   Karolina                     [((meldet sich))
21   L            den andern, (-) in [der auseinandersetzung mit verSCHIEdensten
22   Vanessa                         [((meldet sich))
23   L            motiven [hat sich da etwas geändert; das interessiert mich im
24   Vanessa              [((zieht Meldung zurück))
25   L            moment.
```

Zum einen fragt die Lehrerin nach der persönlichen Einstellung zu Hanna im Hinblick auf ihre Entscheidung unmittelbar nach der Lektüre, zum anderen nach möglichen Änderungen dieser Einstellung durch das Unterrichtsgespräch. Sie geht somit von einer subjektiven Bedeutungskonstruktion während des Rezeptionsprozesses aus, der (individuelle) Positionierungen der Lesenden einschließt. Des Weiteren sieht sie in der Anschlusskommunikation die Möglichkeit einer Veränderung subjektiver Deutungen. Mit ihrer Frage spricht die Lehrerin den Lektüre- sowie den Deutungsprozess auf der Metaebene an und macht ihn zum Gesprächsthema. Implizit vollzieht sie einen Rahmenwechsel: Anders als beim Rollenspiel und der Abstimmung zuvor geht es nun nicht mehr um die (fiktive oder persönliche) Beantwortung der Schuldfrage, sondern um die individuelle Entwicklung der Rezeptionsprozesse der SchülerInnen in Bezug auf die Entscheidung der Protagonistin.

6.2.3.2 „schuldig oder unschuldig" – die Perspektive der SchülerInnen

Die SchülerInnen scheinen dieser Frage – und damit auch ihren Implikationen – nicht mit Verständnisschwierigkeiten zu begegnen. Denn im Gegensatz zu häufig beobachteten Gesprächseinstiegen, bei denen sie zunächst mit der Lehrerin die Bedeutung der Fragestellung aushandeln, signalisieren sie hier durch ihre Meldungen noch während der Frageformulierung ihre Beitragswünsche, ohne Zwischenfragen zu stellen. Im anschließenden Gespräch jedoch werden Rahmungsdifferenzen zwischen

Lehrerin und SchülerInnen, aber auch zwischen den SchülerInnen sichtbar. Nachdem Jessica das Gespräch eröffnet hat, erteilt die Lehrerin Vanessa das Wort.[98]

„schuldig oder unschuldig"

```
 1   L          vanessa?
 2   Vanessa    ich denk dass-(-) man- (-) sie hat ja eigentlich nur versucht
 3              das richtige zu tun und ich glaub nicht dass es- (-) wirklich
 4              schuldig oder unschuldig gibt. (--) weil ich denk dass beides
 5              irgendwo RICHtig war.
 6   L          hm=hm;
 7   Vanessa    also ich persönlich hätte das wahrscheinlich nicht gemacht
 8              weil ich find als mutter hat man ne verantwortung, (-) der man
 9              auch nachgehen sollte. (---) und- (--) aber ich denk es gibt
10              nicht wirklich richtig oder falsch- (-) in dem fall.
11   Isolde     ja als ich das em- (-) das kapitel zu ende gelesen hab und
12              auch nach dem buch, (-) hab ich sie für ganz klar schuldig
13              gefunden, (-) aber em jetzt mit den argumenten da ich seh zwar
14              immer noch dass- (-) ich hätts nicht so gemacht also auch wenn
15              ich nicht in der situation (noch) war- (-) u:nd em ich find im
16              grunde genommen ist sie- (-) irgendwo schon schuldig; weil man
17              als mutter diese verantwortung hat; (-) aber nachdem wir eben
18              so diskutiert haben und diese argumente rausgearbeitet haben
19              FÜR die verteidigung, (-) bin ich jetzt doch eher auf der
20              seite dass sie- (-) unschuldig ist oder wie vanessa gesagt hat
21              wollte sie ja nur das richtige tun. (-) deswegen hab ich mich
22              jetzt auch bei- (-) <<p> unschuldig gemeldet.>
23   L          =also ne verÄNderung tatsächlich äh in der genaueren
24              auseinandersetzung?
25   Karolina   =bei mir war das umgekehrt wie bei isi also ich hab sie eher
26              als- (--) em nichtschuldig empfand, dann aber meine meinung-
27              (--) em- (-) geändert, [ich meine ich hab mich nicht mehr-
28                                     [aufnahmegerät pfeift
29              (3.0)
30   JH         entschuldigung.
31   Karolina   [auf (-) auf die:sen ei:nen punkt em fixiert so- (-) also [( )
32   Sch        [((lachen))
33   L                                                                    [ja-
34   Karolina   das ganze buch hat ja über dreihundert seiten und so,
35   L          ja-
36   Karolina   aber em- (--) wenn man das so nennen kann wär ich genauso
37              (ähnlich) wie hanna-
38   L          hm=hm-
39   Karolina   =also ich hab den- (-) die argumente der gruppe aufgenommen
40              dass sie wahrscheinlich geholt wird dass sie essen hat dass
41              sie sowieso bezahlt worden ist und sobald geld im spiel ist
42              dann ist es vielleicht sicherer und so-
43   L          hm=hm-
44   Karolina   und und und das hat mir das das war für mich so EINfach also
45              sie BLEIBT da dann wird sie zu ihnen geholt, (-) und nachdem
46              (hab ich-) (-) nach den diskusSIONen aber hat sich meine
47              meinung geändert denn em- (-) für mich sind viele punkte
48              dazugekommen wo ich nur gedacht hätte, (-) wenn man jetzt in
49              dieser situation ist [dann denkt man vielleicht intensIver
50   Kamil                           [((meldet sich))
51   Karolina   darüber nach konzentriert sich wirklich nur auf diesen punkt
52              weil das jetzt die situation ist- (-) und dann würd ich nicht
53              so handeln und (das find ich) dass hanna schuldig ist.
54   Kamil      also ich hab mir ers::t gestern so richtig überlegt ob sie
55              jetzt schuldig oder unschuldig ist, (-) und da war meine
56              entscheidung gleich klar dass sie: schuldig ist.
57              (2.0)
```

---

98 Aus Platzgründen kann hier nur ein – im Hinblick auf die Fragestellung relevanter – Ausschnitt der Gesprächsphase betrachtet werden.

```
58  L           und du kannst dich nicht mehr an deine sponTAne reaktion
59              erinnern? (-) man HAT ne spontane reaktion; [also ob man
60  Anna-Lena                                                [((meldet sich))
61  L           sympathie oder antipathie- (-) empfindet äh so so
62  Jacek       =wenn man nicht darüber nachdenkt? (--)
63  L           ja deshalb frag ich ja hinterher kann man aber seine spontane
64              reaktion noch mal- (-) abrufen in der regel- (-) weißte nicht
65              mehr;
66  Kamil       nee.
```

Die Lehrerin lässt die SchülerInnen der Reihe nach über ihre Einschätzungen bezüglich Hannas Entscheidung und ihre Leseprozesse berichten, bewertet dabei nicht, sondern lässt unterschiedliche Einstellungen und deren jeweilige Entwicklung nebeneinander stehen. Hierbei ergibt sich ein ausgesprochen heterogenes Bild: Zum einen gibt es SchülerInnen wie Vanessa, die keine eindeutige Einschätzung haben. Andere wie Isolde und Karolina erzählen von einer Veränderung ihrer Einstellung durch die Diskussion. Interessant dabei ist, dass sowohl die Einstellung bei der Lektüre selbst jeweils eine andere war, als auch die jeweilige Richtung, in der sie sich (nach demselben Unterrichtsgespräch) entwickelt hat: von schuldig zu unschuldig und von unschuldig zu schuldig. Wiederum andere Schüler wie Kamil positionieren sich erst durch die unterrichtliche Aufforderung, über diese Frage nachzudenken. Die Vielfalt der Deutungen zeigt zum einen auf, wie individuell der Roman gelesen und interpretiert wird, zum anderen, wie unterschiedlich sich auch die unterrichtliche Anschlusskommunikation in den Deutungen und Deutungsänderungen der einzelnen SchülerInnen niederschlägt.

Obwohl die Lehrerin in ihrer Gesprächsinitiierung die Schuldfrage nicht explizit anspricht, sondern allgemeiner nach der *Einstellung* Hanna gegenüber fragt, bringen die SchülerInnen den Schuldbegriff in das Gespräch ein und gestalten ihre Beiträge rund um die Frage, ob Hanna schuldig sei oder nicht. Dies könnte zum einen auf die vorherige Abstimmung zurückzuführen sein, in der sie sich eindeutig zur Schuldfrage positionieren mussten. Insofern würde nun das Gespräch über die Deutungsentwicklungen von den SchülerInnen als narrative Begründung ihrer vorherigen Positionierung gerahmt. Darauf würde auch die argumentative Einbettung der narrativen Beiträge hindeuten. Zum anderen könnte die Rahmung der SchülerInnen als Schulddiskurs aber auch auf deren Bedürfnis hinweisen, die Schuldfrage für sich zu klären. Ersichtlich wird in der Passage in jedem Fall, dass sie den Rahmungswechsel der Lehrerin nicht mitvollzogen haben – die Lehrerin dies von den SchülerInnen aber auch nicht einfordert.

In geschlechtsspezifischer Hinsicht ist auffällig, dass alle Mädchen Hannas Entscheidung in Bezug zu ihrer eigenen Person setzen. Sie tun dies aber auf unterschiedliche Weise. Vanessa stellt ihr potentielles eigenes Handeln ihrer eher abstrakten Einstellung, dass es weder richtig oder falsch gebe, antithetisch gegenüber (2ff.). Diese antithetische Struktur deutet auf einen inneren Widerspruch hin, der noch nicht aufgelöst zu sein scheint. Dahingegen führt Isolde ihre klare Aussage, dass sie selbst anders gehandelt hätte, eher als Begründung für ihre spontane und eindeutige Schuldsprechung an (11ff.). Im Gegensatz dazu imaginiert Karolina sich zunächst in die Situation Hannas. Ihre eigene Entscheidung markiert sie als Folge dieser – durch die Unterrichtsdiskussion forcierte – Perspektivenübernahme (25ff.). Lediglich Kamil – der einzige Junge, der in dem Gespräch von seiner Rezeption berichtet – spricht distanziert von der Mutterfigur (54ff.). Er begründet seine erst im Zuge der unterrichtlichen Aufgabenstellung entstandene Einstellung auch nicht. Eine Perspektivenübernahme vollzieht er nicht, sondern beurteilt vielmehr die Entscheidung der Protagonistin aus der Außenperspektive eines nicht involvierten Beobachters.

Zwei der Schülerinnen führen (abstrakte) moralische Begründungen an, um ihre Position zu verdeutlichen. Vanessa begründet mit einer allgemeingültigen Norm ihre eigene Handlungsweise und markiert sie dabei als ihre persönliche, *für sie verbindliche* Einstellung (7ff.). Isolde greift explizit Vanessas Begründung auf – allerdings für die Anschuldigung Hannas (15ff.). Dadurch verallgemeinert sie den moralischen Anspruch und setzt ihn als *für alle verbindlich* voraus. Beide sehen sich vom literarischen Text zu einer moralischen Positionierung herausgefordert, lassen sich aber in ihren Vorstellungen hierdurch nicht erschüttern.

Interessant ist die interaktive Zwischensequenz, in der die Lehrerin sich zum ersten Mal nachfragend einschaltet – damit die bisherige Struktur des Nacheinander-Erzählens durchbricht – und mit Kamil und Jacek über die (Erinnerbarkeit von) Reaktionen zum literarischen Geschehen verhandelt (58ff.). Die Selbstverständlichkeit der Lehrerin, durch Lesen zu einer Reaktion herausgefordert zu werden, teilen die Jungen nicht, wie aus Jaceks als Frage formuliertem Einwand deutlich hervorgeht: „wenn man nicht darüber nachdenkt?" (62). Dass sich Kamil nicht mehr an seine spontane Reaktion erinnert, bedeutet allerdings nicht zwingend, dass er keine unmittelbare Einstellung Hanna gegenüber hatte; es ist vielmehr ein Hinweis darauf, dass sie für ihn nicht von Bedeutung ist. Denn Erinnerungen sind Rekonstruktionen – sie können nicht einfach ‚abgerufen' werden, wie die Lehrerin es formuliert. Der Rekonstruktionsprozess vollzieht sich selektiv und vor dem Hintergrund aktueller Bedürfnisse (Vgl. Kap. 1.1.3) Die Verantwortlichkeit einer Mutter ihrer Tochter gegenüber scheint für Kamil also kein aktuelles Thema zu sein. Bezogen auf die Interaktion zwischen Kamil, Jacek und der Lehrerin bedeutet dies, dass der Lektüreprozess von Hannas Entscheidungsfrage für die Lehrerin eine (persönliche) Erfahrung ist, die erinnert werden kann. Für die Jungen dagegen wird die (einsame) Lektüre dieser Textpassage hingegen nicht zu einer erinnerbaren Erfahrung. Erst im interaktiven Unterrichtsgespräch wird die Lektüre in einen für sie sinngebenden Rahmen gestellt – den der Verhandlung der Schuldfrage der erwachsenen Protagonistin in eher unpersönlicher, distanzierter Weise.

Diese semantischen Aspekte müssen vor dem Hintergrund ihrer formalen Gestaltung betrachtet werden. Das Gespräch wird insgesamt von der Lehrerin initiiert und strukturiert und sie ist es auch, die den propositionalen Gehalt mit ihrer Frage prägt. Dennoch entspricht es nicht dem Konzept des fragend-entwickelnden Unterrichtsgesprächs mit seiner typischen Struktur des Aufgabe-Lösungsmusters. Die SchülerInnen werden nicht kleinschrittig zu einer ‚angemessenen' Deutung hingeführt. Vielmehr scheint es auf ein ‚offenes Ende' unterschiedlicher Deutungen hinauszulaufen. Dabei bleibt die Komplexität des literarischen Textes mit seinen multiperspektivischen Sinnangeboten im Gespräch nicht nur vorhanden, sondern wird weiter ausgebaut.

Die kommunikative Ordnung des Gesprächs ist eine lehrerzentrierte, die allerdings nach einem von der Lehrerin und den SchülerInnen initiierten Verfahren der turn-Vergabe – die SchülerInnen melden sich oder ergreifen eigenständig das Wort – organisiert ist (vgl. Becker-Mrotzek/Vogt 2001, 161ff.). Letztendlich entscheidet aber die Lehrerin über die Verteilung des Rederechts. Dies hat zur Folge, dass die SchülerInnen sich in ihren Beiträgen vornehmlich an die Lehrerin richten, die ja auch diejenige ist, die die Frage gestellt und ihr Interesse an den Einstellungen der SchülerInnen bekundet hat. Trotzdem gehen die SchülerInnen in ihren Beiträgen aufeinander ein: Die Mädchen greifen explizit einzelne Aspekte voneinander auf, stellen sie in einen anderen Zusammenhang oder stellen sich einander direkt gegenüber; die Jungen bringen ihre Perspektive interaktiv hervor. Es ist somit ein Interesse an den Deutungen der anderen und ihrer Entfaltung im Gespräch zu erkennen.

Allerdings geht es nicht darum, einen Konsens auszuhandeln, vielmehr können die subjektiven Deutungen in all ihrer inneren Widersprüchlichkeit und äußeren Gegensätzlichkeit nebeneinander gestellt werden. Hierfür ist maßgeblich der narrative Modus der Beitragsgestaltung verantwortlich. Bedeutung wird aus der Erinnerung konstruiert und unterliegt personalen Wahrheitsbeschränkungen. Diese Selbstreferenzialität zeichnet auch die Rekonstruktionen der jugendlichen RezipientInnen bezüglich ihres literarischen Aneignungsprozesses aus. Erzählungen stellen somit auch keine Forderungen an die Zuhörenden, die in ihnen dargestellten Einstellungen und moralischen Beurteilungen anzunehmen – ähnlich wie literarische Texte ihren RezipientInnen auch nur eine mögliche Perspektive auf die Welt anbieten. Darüber hinaus ermöglichen sie den Erzählenden, sich durch die zeitliche Strukturierung im Erinnern von sich selber und eigenen Deutungen in der Vergangenheit abzugrenzen, ohne sich dabei verleugnen zu müssen; eine „Kontinuität im Wandel" (Benrath 2005) wird gewahrt. Karolina beispielsweise stellt in ihrer ausführlichen Erzählung ihre durch die Unterrichtsgespräche reflektierte und problemorientierte Sichtweise ihrer anfänglichen ‚reibungslosen' Lesart gegenüber (44ff.). Literarische Anschlusskommunikation in einem narrativen Modus eröffnet also die Möglichkeit, Erfahrungen zu strukturieren und intersubjektiv weiterzuentwickeln, ohne einen Konsens anstreben zu müssen.

Die Geschichte wird individuell und das bedeutet auch unterschiedlich von den SchülerInnen interpretiert. Allerdings verbleiben sie dabei überwiegend auf der Ebene, mit ihren lebensweltlichen Erfahrungen den Text zu deuten – die Möglichkeit dagegen, mit dem Text eigene Erfahrungen zu machen und sich selbst imaginierend in Frage zu stellen, nutzt nur Karolina ansatzweise. Alle Mädchen stellen sich explizit in die gleiche Entscheidungssituation, stellen also einen Bezug zu ihrem eigenen Leben her, um ihre Sicht auf die Romanfiguren zu schärfen. Dahingegen verbleiben die Jungen auf einer rationalen, distanzierten Ebene – sowohl bei der unmittelbaren Lektüre selbst als auch in dem Unterrichtsgespräch. Die Aufgabenstellung der Lehrerin, den eigenen Leseprozess zu rekonstruieren, lässt die SchülerInnen ihre Deutungen sprachlich hervorbringen, sich dieser bewusst(er) werden und sie auch in ihrer Veränderbarkeit erfahren. Der narrative Modus hilft dabei der Strukturierung der eigenen Rezeption.

Insgesamt lässt sich erkennen, dass die Unterrichtsgespräche nicht spurlos an den SchülerInnen vorbei gegangen sind, sondern sie zu einer Interpretation herausgefordert, in dieser bestärkt oder aber auch irritiert haben und dass sie zu Deutungs-änderungen in unterschiedliche Richtungen geführt haben. Dabei nehmen die Mädchen gegenseitig (implizit und explizit) Bezug auf ihre Beiträge und entwickeln ihre Deutungen dadurch weiter, die Jungen entfalten sie interaktiv. Der narrative Modus ermöglicht den SchülerInnen, ihre unterschiedlichen Perspektiven nebeneinander stehen zu lassen. Sie müssen keinen Konsens aushandeln, können aber trotzdem inter-aktiv Bedeutung konstruieren.

Mit ihrer Frage nach der Einstellung gegenüber Hanna (und ihrer Entscheidung) unmittelbar nach der Lektüre sowie der Einstellungsänderung durch die unterrichtliche Auseinandersetzung initiiert die Lehrerin einen Austausch über Rezeptionsprozesse – die SchülerInnen hingegen beginnen und beenden ihre Deutungen alle mit einer Bewertung der Mutterfigur im Sinne von schuldig oder unschuldig. Dabei werden auch allgemeine moralische Begründungen angeführt, die sich auf die Verantwortungs-verpflichtungen einer Mutter gegenüber ihrem Kind beziehen. Die SchülerInnen rahmen somit das Gespräch als argumentativ geführten moralischen Bewertungs-diskurs, wobei die Erzählungen über ihre Rezeptionsprozesse als narrative Begründun-gen dienen. Den Rahmenwechsel der Lehrerin (von der argumentativen Verhandlung der Schuldfrage zum narrativen Austausch über Rezeptionsprozesse) haben sie nicht mitvollzogen.

6.2.3.3 „meine eigenen leseerfahrungen" – die Perspektive der Lehrerin

Die Differenz zu der Rahmung der Lehrerin soll nun genauer in Komparation mit dem Abschluss der Gesprächsphase herausgearbeitet werden, in dem sich die Lehrerin – nach vier weiteren SchülerInnenbeiträgen – selbst als Leserin mit ihrem eigenen Rezeptionsprozess ins Gespräch bringt:

„meine eigenen leseerfahrungen"

```
 1   L     also- ((räuspert sich)) insofern- (-) äh möchte ich mal gern
 2         meine eigenen leseerfahrungen wiedergeben weil ich ja in einer
 3         situation bin in der ihr NICHT seid ich bin mutter. äh
 4         [das heißt also äh da
 5   Sch   [(((lachen))
 6   L     hab ich zwar ich ich kann mir zwar auch DIEse situation nicht
 7         unbedingt vorstellen; (-) das sind einfach andere zwänge- (---)
 8         und em- (-) mir ist es so gegangen wie karolina; spontan
 9         verständnis, (1.0) spontan also sagen ja, (-) klar, also das kind
10         ist ja umsorgt und so weiter, (-) und im nachhinein; (-) eine
11         also ein ein NICHTFASsen einer solchen situation dass sie
12         WIRKlich ein SIEBENjähriges kind in einer solchen UNsicherheit
13         wieder- (-) zurücklässt- (---) torben hat das heute- (-)
14         eigentlich ganz ganz wundervoll ausgedrückt; dem hätt ich heut am
15         meisten zugestimmt; (-) e::m (-) ist mir wirklich aufgefallen
16         noch mal in ganzer (-) tragweite auf meine eigenen- (-) äh wie
17         soll ich sagen; (-) meine eigene beZIEHung zu meinen KINdern noch
18         mal zu prüfen- (-) ich GLAUbe; (-) was auch immer wir können das
19         (-) wir wir können nur spekulieren nicht wahr, (-) aber ich
20         glaube, (2.0) das hätte ich nicht gemacht- (1.0) weil also das
21         ist so eine situation zu sagen wirklich geht man- (-) mit EInem
22         kind weiter und lässt das andere ausgerechnet auch noch das das
23         sieben jahre alt ist zurück- also [das ist ne entscheidung- (-)
```

```
24   Vanessa                              [((meldet sich))
25   L          kann ich mir gar nicht vorstellen-
26   Vanessa    aber andererseits hätte es ja auch sein können dass MINna was
27              passiert wäre;
28   L          richtig.
29   Vanessa    also dass die gruppe sie- (-) praktisch irgendwo gelassen hat
30              oder so-
31   L          also-
32   Vanessa    =und dann hätte man ja praktisch die gleichen vorwürfe also ich
33              glaub vielleicht- (---) ist sie in jedem FALL schuldig.
34   L          ja ja wir haben wir haben ja die also wir haben ja ga haben ja
35              schon ganz viel darüber gelesen und ich glaube automatisch; (-)
36              kommt man immer an DEN punkt dass man sich SELber mit PRÜFT und
37              sagt was wäre jetzt mit dir in dieser situation. (-) [und äh für
38   Jacek                                                          [((meldet
39              sich))
40   L          MICH ist in SOLchen büchern als LEseerfahrung immer dass ich- (-)
41              dass ich immer das gefühl habe- (-) was auch IMmer geschieht; (-)
42              ich WÜRde versuchen mit denen die mir lieb sind nämlich mit
43              meiner familie zuSAMmen zu bleiben; (-) ganz egal- (-) woHIN es
44              uns treibt oder was was geschieht also ich glaube- (-) jedenfalls
45              aus dem was meine meine eigene auseinandersetzung mit diesen äh
46              texten besagt, (-) e:m ist das so meine SCHLUSSfolgerung
47              (sozusagen)- also DAS wäre das was mir ganz wichtig ist obwohl
48              man jetzt mir vorwerfen- (-) könnte- (-) dass ich jetzt <<p> ohne
49              meine kinder hier bin.>
50   Sch        [((lachen))
51   L          [aber die situation ist NICHT zu vergleichen-
52   Jacek      ja aber ich plädiere für UNschuldig weil- (-) man kann sie
53              irgendwie- (-) ich bin nicht dafür dass man sie irgendwie
54              verklagt und äh dass sie-
55   L          =klar.
56   Jacek      =irgendeine strafe bekommt-
57   L          =ja.
58   Jacek      =weil in so einer situation, (-) da schaltet sich der
59              überlebensinsin [instikt
60   Jessica                    [((meldet sich))
61   L          =klar.
62   Jacek      =ein und da handelt man halt [(                         )
63   Isolde                                  [((meldet sich))
64   L                                       [gut ich würd es [e:m ganz gern-(--)
65   Jessica                                                  [((ziehen Meldung
66   Isolde     zurück))
67   L          also ihr seht es ist wirklich ne ne UNentscheidbare frage nicht,
68              also es ist wirklich unentscheidbar ich- (1.0) stimme dir zu. (-)
69              es geht nicht darum die mutter zu VERurteilen zu sagen- (-) was
70              für eine frau; ((...))
```

Die Lehrerin schließt ihren Beitrag an die der SchülerInnen an. Dabei rahmt sie ihn – anders als diese ihre zuvor – als Leseerfahrung. Sie ordnet sich allerdings nicht übergangslos ein, sondern setzt sich explizit den SchülerInnen entgegen, indem sie ihre spezifische Situation als Leserin – nicht als Lehrerin – hervorhebt. Diese dient ihr auch als Legitimierung ihres Beitrags: Da sie die Entscheidung Hannas aus einer anderen Position – der einer erwachsenen Frau, die selbst Kinder hat und somit in einer vergleichbaren Rolle wie Hanna ist – betrachten kann, kommt nun eine neue Perspektive in das Gespräch. Interessant hierbei ist, dass sie ihre Rezeption nicht vor dem Hintergrund ihrer Fachkompetenz als Deutschlehrerin, sondern ihrer persönlichen Lebenserfahrung darstellt.

Trotz der einleitenden Kontrastierung knüpft die Lehrerin wie einige der SchülerInnen zuvor ihre eigenen Gedanken an die der SchülerInnen (Karolina und Torben) an, stellt sich also explizit in einen Zusammenhang mit der Gruppe. Allerdings nimmt ihr Redebeitrag einen weitaus größeren Umfang ein. Nach anfänglichem Einverständnis mit der Figurenhandlung kommt die Lehrerin im Laufe ihrer Lektüre zu einem „NICHTFASsen einer solchen situation" (11). Die Veränderungen, über die die SchülerInnen zwischen Lektüreabschluss und diesem Unterrichtsgespräch im Laufe der Anschlusskommunikationen erzählen, sind der Lehrerin bereits während der Lektüre bewusst geworden. In ihrem Unterrichtsarrangement hat sie die Entscheidungsfrage Hannas ausgedehnt, somit den Leseprozess der SchülerInnen insbesondere an dieser Stelle verlangsamt.

Die Lehrerin spricht fast durchgehend von sich selbst in der ersten Person. Dadurch bleiben ihre Deutungen personengebunden, werden nicht verallgemeinerbar und erhalten keine Verbindlichkeit für andere. Sie geht nicht von moralischen Leitvorstellungen aus, vor dessen Hintergrund entweder die eigene Entscheidung (wie bei Vanessa) oder die Romanfigur (wie bei Isolde) beurteilt wird. Ihre Erfahrung ist vielmehr eine narrative: Die fiktive Lebensgeschichte einer Mutter mit ihren Kindern auf der Flucht bedeutet für sie eine Möglichkeit, eigene Handlungsentwürfe zu hinterfragen, sich selbst in eine neue Möglichkeit zu setzen. Und genau diese aus dem Leseprozess resultierende Hinterfragung der eigenen Person verallgemeinert sie (34ff.) – nicht jedoch ihre persönliche Beantwortung dieser Frage.

Auch in diesem Gesprächsausschnitt sind es wieder die interaktiven Zwischensequenzen, die für die Analyse aufschlussreich sind. Trotz der explizit subjektiv markierten Erfahrung der Lehrerin ist durch die Beteiligung der SchülerInnen zu erkennen, dass diese die Position nicht unwidersprochen stehen lassen wollen. Das kann zum einen auf die institutionelle Verortung des Gesprächs zurückzuführen sein. Aufgrund der dreigliedrigen Struktur von Unterrichtsgesprächen könnte dieser Gesprächsbeitrag der Lehrerin von den SchülerInnen als – bis dahin fehlender – Schritt der Evaluation aufgefasst werden. Die vehementen Einwände von Vanessa und Jacek und der Beteiligungswunsch weiterer SchülerInnen können als Einspruch gegen eine (aus ihrer Perspektive) abschließende, allgemeingültige Deutung (der Lehrerin) verstanden werden. Zum anderen kann aber auch gerade die Offenheit des Gesprächs mit seinen Mehrdeutigkeiten die SchülerInnen irritieren. Sie könnten nach den vielfältigen Erzählungen ihrer individuellen Leseerfahrungen nun eine abschließende Deutung erwarten im Sinne einer Erklärung der Mehrdeutigkeit oder einer Konsequenz aus dieser. Es könnte aber auch sein, dass sie ihre eigenen Standpunkte (die Hervorhebung der Dilemmasituation bzw. die Nichtangemessenheit der Schuldsprechung) verteidigen, dass sie einen Konsens mit der Lehrerin aushandeln wollen. Festgehalten werden kann in jedem Fall, dass weiterer Gesprächsbedarf bei den SchülerInnen besteht.

Die Lehrerin bricht den Aushandlungsprozess schließlich ab, indem sie zunächst die Schuldfrage als unentscheidbar darstellt (sich damit Vanessas Deutung nähert) und schließlich sogar die Berechtigung der Frage bestreitet (sich hier sogar explizit auf Jaceks Einwand bezieht) (67ff.). Trotz der narrativen Anlage des Gesprächs zu Beginn und ihrer eigenen Rahmung als Austausch subjektiver Leseerfahrungen lässt sich die Lehrerin zum Schluss auf die von den SchülerInnen vollzogene Rahmung des Gesprächs als Aushandlung der Schuldfrage ein (sie spricht implizit von der ‚Frage'). Eine als gemeinsam geteilt geltende Deutung wird von der Lehrerin selbst resümierend erbracht (von den SchülerInnen aber nicht mehr ratifiziert). Der Konsens bezieht sich dabei aber nicht auf die Bewertung der Figurenentscheidung, sondern vielmehr auf die Unentscheidbarkeit der Schuldfrage und die Unangemessenheit einer Verurteilung. Zusammenfassend ergeben sich Rahmungsdifferenzen zwischen Lehrerin und SchülerInnen auf verschiedenen Ebenen: Die Lehrerin rahmt ihre *subjektive Rezeption* als persönliche Auseinandersetzung mit einer fiktiven Wirklichkeit, als eine Erfahrung, mit der sie eigene Handlungsentwürfe bilden kann – die SchülerInnen rahmen ihre Lektüre insgesamt eher als Interpretation einer Geschichte vor dem Hintergrund ihrer bisherigen lebensweltlichen Erfahrungen oder moralischen Grundsätze, ein Denken in Entwürfen findet erst ansatzweise statt. Das *literarische Gespräch* rahmen die SchülerInnen als moralischen Bewertungsdiskurs in einem argumentativen Modus – die Lehrerin rahmt das Gespräch als subjektiven Erfahrungsaustausch über potenzielle Rezeptionsveränderungen in einem narrativen Modus. Die SchülerInnen lassen sich nicht auf diese Rahmung als subjektiven Erfahrungsaustausch ein. So ist es die Lehrerin, die – innerhalb der Rahmung der SchülerInnen als Schulddiskurs – den Konflikt löst und einen Konsens herstellt, indem sie die Schuldfrage als nicht entscheidbar und unzulässig darstellt.

6.2.3.4   Zusammenfassung: Narrative Identitätskonstruktion im literarischen Gespräch

Die Analysen zeigen, dass eine erzählende Reflexion des eigenen Lektüreprozesses von besonderer Bedeutung ist, da hier Erfahrungen narrativ strukturiert und somit in sinngebende Rahmen gestellt werden können, in denen die Mehrdeutigkeit des literarischen Textes sowie die Vielfältigkeit subjektiver Bedeutungskonstruktionen aufscheinen. Auch in diesem Nebeneinander bzw. Nacheinander der Deutungen bleiben die SchülerInnen nicht in ihren eigenen Perspektiven gefangen, sondern entfalten ihre Deutungen in gegenseitiger Bezugnahme. Es wird aber gleichzeitig deutlich, dass die interaktiven Zwischensequenzen zentral sind, da hier Rahmungsdifferenzen auf der Meta-Ebene erkennbar und somit Bedeutungen ausgehandelt werden können. Die Bedeutung der Anschlusskommunikation und die dabei nicht zu unterschätzende Rolle der Lehrerin können als wichtige Faktoren für die Literaturrezeption der SchülerInnen festgehalten werden. Diese in den Analysen gewonnen Erkenntnisse sind nur möglich aufgrund der methodischen Vorgehensweise einer sequentiellen Analyse, die semantische und strukturelle Aspekte in ihrer wechselseitigen Konstituierung erfasst.

Für den schulischen Literaturunterricht lässt sich folgender Ausblick formulieren: SchülerInnen kennen narrative Begründungszusammenhänge innerhalb von Argumentationen im Unterricht (Krummheuer 1997) – diese Narrationen haben aber immer die Lösung eines Problems zum Ziel. In dem hier analysierten Gespräch wird die Geschichte der unterschiedlichen Rezeptionserfahrungen zwar gemeinsam erzählt, doch die Differenz zwischen den Erfahrungen wird nur ansatzweise aufgelöst. An dieser Stelle ist die Lehrerin in besonderem Maße gefordert, mit den SchülerInnen nicht die Widersprüchlichkeiten zwischen den Deutungen in eine gemeinsame Deutung zu überführen, sondern die Differenz der ihnen zugrunde liegenden Rahmungen aufscheinen zu lassen. Auf der anderen Seite müssen die SchülerInnen lernen, mit ‚offenen Enden' von Rezeptionsgeschichten umzugehen, die gerade nicht eine Auflösung zum Ziel haben. Für die Aushandlung eines Arbeitskonsenses können insbesondere produktiv irritierende Dissense genutzt werden. Insgesamt wird deutlich, dass nicht nur Literatur als fiktive Narration in der Rezeption für die Persönlichkeitsentwicklung von Bedeutung ist, sondern insbesondere auch die narrative Konstruktion von Identität (vgl. Lucius-Hoene/Deppermann 2002) im literarischen Gespräch.

7 Resümee und Ausblick

Ausgehend von der Frage, wie zeitgeschichtliche Jugendliteratur von SchülerInnen im interkulturellen Kontext angeeignet wird, wurde die subjektive Rezeption und interaktive Anschlusskommunikation des Romans *Malka Mai* von SchülerInnen des 9. und 10. Jahrgangs in Deutschland und in Polen vor dem Hintergrund ihrer jeweiligen kulturellen und kommunikativen Gedächtnisrahmen untersucht. Ziel war es, ausgehend von den Sinnangeboten des Textes Lernpotentiale in literarischen Gesprächen im interkulturellen Kontext zu rekonstruieren. Eine zentrale Erkenntnis der vorliegenden Studie ist die Beobachtung, dass zeitgeschichtliche Jugendliteratur im schulischen Kontext in Deutschland und in Polen sowohl auf einer historisch-politischen als auch auf einer literarisch-anthropologischen Ebene angeeignet wird, und dass sich diese beiden Zugangsweisen wechselseitig ergänzen. Durch die Triangulation verschiedener Theorien, Disziplinen und Methoden, mit denen sich die Untersuchung ihrem Forschungsgegenstand aus unterschiedlichen Perspektiven genähert hat, eröffnen sich verschiedene Vergleichshorizonte für die Interpretation der in den Analysen gewonnenen Einsichten: hinsichtlich des Zusammenspiels von kommunikativem und kulturellem Gedächtnis, in Bezug auf Fragestellungen der interkulturellen Gedächtnis- und der literarischen Rezeptionsforschung sowie in der Kombination von Interview- und Unterrichtsgesprächen.

Im Folgenden werden zunächst die einzelnen Erkenntnisse aus den Analysen der *historisch-politischen* und der *literarisch-anthropologischen Aneignungen* des ausgewählten Romans in Deutschland und in Polen unter Rückbindung an den jeweiligen Forschungskontext zusammenfassend diskutiert (Kap. 7.1).[99] Die Rekonstruktionen der unterschiedlichen Aneignungsweisen des Romans aus den verschiedenen theoretischen, disziplinären und methodischen Perspektiven werden anschließend triangulierend zueinander in Bezug gesetzt, um die *Lernpotentiale in literarischen (Unterrichts-)Gesprächen*, die insbesondere in der gegenseitig erhellenden Verbindung von fiktionalen und realen Geschichten bzw. Erfahrungen liegen, aufzuzeigen (7.2). Das Resümee mündet schließlich in einen *literaturdidaktischen Ausblick* (7.3).

7.1 Historisch-politische und literarisch-anthropologische Aneignung des Romans

7.1.1 Spannungsverhältnis zwischen Geschichte(n) in Deutschland und in Polen

Die Analysen der Interviews mit den SchülerInnen in Deutschland und Polen haben ergeben, dass Heranwachsende in ihrer familialen, schulischen und gesellschaftlichen

---

99 Für einen differenzierteren Einblick in die durch gesprächsanalytische Rekonstruktionen gewonnenen Erkenntnisse siehe die jeweiligen ausführlichen Zusammenfassungen innerhalb der Analysekapitel.

Sozialisation zeitgeschichtlichen Erfahrungen in unterschiedlichen Formen von Geschichten begegnen: Den an dieser Studie teilnehmenden SchülerInnen in Deutschland und in Polen sind *Geschichte(n)* über den Zweiten Weltkrieg *in der Familie, in der Literatur und in den Medien, in der Schule* und *‚auf der Straße'* bekannt. Aus diesen sich teils widersprechenden, teils ergänzenden Geschichten konstruieren die Heranwachsenden ihre eigenen Vorstellungen historischer Wirklichkeit. Die verschiedenen Umgangsweisen mit diesen Geschichten in den unterschiedlichen sozialen Kontexten dienen ihnen als kultureller Deutungsrahmen zur Aneignung von Selbst und Welt. Insgesamt dokumentieren die Interviews, dass in der Wahrnehmung der Jugendlichen in Polen zwar andere Geschichten über die Zeit des Zweiten Weltkriegs in den Familien, in der Literatur oder den Medien, in der Schule und ‚auf der Straße' erzählt werden als in Deutschland, aber diese Geschichten sind auch innerhalb der kulturellen Kontexte äußerst heterogen. Ferner wird deutlich, dass diese Geschichten von den Jugendlichen abhängig von ihrer kulturellen Sozialisation in Familie und Schule sowie ihren Migrationserfahrungen unterschiedlich erzählt und gedeutet werden. Einmal mehr bestätigt sich in diesen Ergebnissen, dass es nicht *die polnische* oder *die deutsche* Erinnerungspraxis gibt, sondern die einzelnen Jugendlichen in ihrer sprachlich-kulturellen Sozialisation an einer Vielzahl von Erinnerungskulturen teilhaben.

Eine zentrale Erkenntnis aus den Interviews ist, dass den Jugendlichen in Deutschland und Polen durchaus in ihren Familien – wenn auch vereinzelt – nationalsozialistische bzw. antisemitische Geschichten und Deutungsmuster der deutsch-polnisch(-jüdischen) Vergangenheit bekannt sind und diese im Widerspruch stehen zu denen des kulturellen Gedächtnisses etwa im Kontext des schulischen Unterrichts, in dem die Verurteilung nationalsozialistischer und antisemitischer Einstellungen *common sense* ist und dem Gedenken an die Opfer des Holocaust ein bedeutender Raum beigemessen wird. Der Umgang mit diesem Spannungsverhältnis ist jedoch in beiden sprachlich-kulturellen Kontexten unterschiedlich.

Die Interviewanalysen zeigen auf, dass die Jugendlichen mit deutschem Familienhintergrund den schulischen Geschichtsunterricht sehr schätzen und äußerst bemüht sind, entweder die Familiengeschichten den schulischen Deutungsmustern der nationalsozialistischen Vergangenheit anzupassen oder durch Verschweigen der Geschichten aus den Familien mit dem Hinweis, dass die Großeltern sich nicht mehr erinnern ‚können', diese nicht in Widerspruch zur unterrichtlichen Auseinandersetzung treten zu lassen. Sie haben die Perspektive des kulturellen Gedächtnisses, in dem der Nationalsozialismus verurteilt und den Opfern des Holocaust gedacht wird, für sich als – zumindest im Rahmen der (Interview-)Öffentlichkeit – gültige Perspektive auf die nationalsozialistische Vergangenheit anerkannt. Dieses Ergebnis bestätigt die Beobachtungen aus der Tradierungsforschung, dass in Deutschland bei der Enkelgeneration sozialpsychologisch motivierte Versuche bestehen, das kommunikative Familiengedächtnis anhand der Deutungsmuster des kulturellen Gedächtnisses umzuschreiben.

Wie die Interviews dokumentieren, gehen die Jugendlichen in Polen nicht in ähnlich eindeutiger Weise mit den beiden Gedächtnisrahmen um, das Zusammenspiel zwischen kommunikativem und kulturellem Gedächtnis gestaltet sich mehrdeutiger. In

den Geschichten aus der Familie stehen neben Leidensgeschichten eigener Familienmitglieder, in denen nicht selten vom Tod eines Angehörigen in einem Konzentrationslager erzählt wird und an die sich ihre Großeltern zwar nicht mehr erinnern ‚wollen‘,
die den Jugendlichen dennoch bekannt sind, übergangslos antisemitische Geschichten
etwa eines Großvaters, die zwar in ausdrücklicher Distanzierung, aber dennoch ohne
Gesichtsverlust in der SchülerInnengruppe erzählt werden. Doch werden von den
SchülerInnen auch antisemitische Geschichten aus Loyalitätsverpflichtung der eigenen
Familie gegenüber ‚auf die Straße‘ verlagert. Die Jugendlichen distanzieren sich von
diesen Deutungsmustern, dennoch sind sie ihnen aus dem Alltag bekannt. Im Unterricht sehen sich die Jugendlichen in Polen von der Grundschule an mit dem Thema des
Zweiten Weltkriegs konfrontiert, lesen literarische Texte unter anderem über das Leben
im jüdischen Ghetto in Warschau. Die einen betonen, es werde im Unterricht in Polen
über alles erzählt, „auch über die menschen auch über die die em (-) die grausamkeit“,
die anderen äußern, dass sie im Unterricht nicht alle Fragen stellen können, hingegen
in der Familie schon. Zum Teil sehen die Jugendlichen im schulischen Unterricht in
Polen eine eingeschränkte Öffentlichkeit, in der bestimmte selbstkritische Deutungen
der nationalen Vergangenheit in Abhängigkeit von der jeweiligen Lehrkraft beispielsweise mit dem Hinweis, „dass die polen so was niemals getan hätten“, nicht gelten
gelassen werden, wohingegen in den Familien öffentliche Debatten, wie etwa die um
Jedwabne, mit den Worten, „dass die polen sich nicht trauen die wahrheit zu sagen
nicht immer“, kritisch kommentiert werden. Während eine Schülerin darauf hinweist,
dass das ‚Antisemitismusproblem‘ in Polen nicht in ähnlicher Weise wie in Deutschland bearbeitet werden muss, betont eine andere die Präsenz antisemitischer Einstellungen besonders in der polnischen Gesellschaft.

Ein weiterer Unterschied zwischen den Umgangsweisen mit Geschichte(n) aus
dem kommunikativen Gedächtnis von Jugendlichen in Deutschland und in Polen ist
die Art der Verbindung von Vergangenheit und Gegenwart, die zugleich einen
zentralen Aspekt in der Ausbildung eines historischen Bewusstseins ausmacht. Die
Analysen der Interviews zeigen, dass die Jugendlichen in Deutschland überwiegend
eine klare Trennung von Vergangenheit und Gegenwart sehen („wir haben mit der zeit
(irgendwie) nichts mehr zu tun“) und sich die Spuren des Zweiten Weltkriegs im
heutigen familiären und gesellschaftlichen Alltag in Polen nicht vorstellen können. Die
Jugendlichen mit deutschem Familienhintergrund und Migrationserfahrungen in Polen
sehen sich zwar mit der Präsenz der Erfahrungen aus der Okkupationszeit in der
polnischen Gesellschaft konfrontiert, sich selbst jedoch aus dem Abstand der Generationen heraus ungerechtfertigt dem Täterkollektiv zugeordnet. Die Jugendlichen mit
polnischem Familienhintergrund in Polen hingegen können sich das erfahrene Leid der
Zeitzeugen besser vorstellen und ihre Verbitterung zum Teil verstehen. Einzelne von
ihnen erkennen darüber hinaus eine Verbindung des bei der Großelterngeneration in
Polen beobachteten ‚Hasses‘, wie sie es klar benennen, und fremdenfeindlichen Einstellungen der (Ur-)Enkelgeneration Deutschen gegenüber durch die Tradierung von
„erzählungen von generation zu generation“ im Rahmen des kommunikativen
Gedächtnisses.

Betrachtet man die Geschichten insgesamt, die den Jugendlichen in Deutschland und Polen in den Interviews bekannt sind, und ihre Umgangsweise mit ihnen, so wird die basale Bedeutung von literarischen Geschichten evident: Denn während die Familiengeschichten in beiden kulturellen Kontexten in erster Linie als Opfergeschichten erzählt werden und die Auseinandersetzung mit der Täterperspektive nur mit einem großen Distanzierungsaufwand oder einer Verlagerung der Geschichten ‚auf die Straße' praktiziert wird, bieten literarische Geschichten im Schutzraum der Fiktion und ohne Loyalitätsverpflichtungen Familienangehörigen gegenüber die Möglichkeit, sich der Vergangenheit aus unterschiedlichen Perspektiven zu nähern und deren Widersprüchlichkeiten zueinander zu erfahren. Wie in den Interviews mit den SchülerInnen deutlich wird, besteht eine Leerstelle im jeweiligen kommunikativen Familiengedächtnis in Deutschland und in Polen bezüglich der jüdischen Perspektive und dem aus ihr erfahrenen Leid im Holocaust: Diese Geschichten sind den Heranwachsenden in beiden Ländern hauptsächlich aus der Literatur bekannt, die zwar von manchen Mädchen auch in der Freizeit, jedoch insgesamt primär in der Schule rezipiert wird. Literarische Texte aus der jüdischen Erinnerungsperspektive sind im schulischen Muttersprachunterricht sowohl in Deutschland als auch in Polen kanonisch verankert und erhalten so einen institutionell gesicherten Rezeptions- und Gesprächsraum in der Gesellschaft. Dieser literarische Wissens- und Erfahrungsfundus ist in Deutschland und in Polen zwar sprachlich-kulturell unterschiedlich geprägt, aber doch gleichermaßen für die Heranwachsenden präsent und wird von ihnen als Quelle für die historische Bewusstseinsbildung herangezogen.

7.1.2 Sprachliche, literarische und narrative Strukturierung im Gespräch

Die Analysen der Unterrichtsgespräche über den zeitgeschichtlichen Jugendroman dokumentieren, dass die Lehrerinnen den politisch-historischen Kontextualisierungen der Romanrezeption einen bedeutenden Raum beimessen. Vor dem Hintergrund der Erkenntnisse aus kultur- und sozialwissenschaftlichen Untersuchungen der interkulturellen Gedächtnisforschung stellt sich die Frage, inwiefern sich kulturelle Unterschiede in der politisch-historischen Rahmung der Lektüre von *Malka Mai* im Unterricht in Deutschland und in Polen rekonstruieren lassen. Zunächst einmal sind Ähnlichkeiten in den analysierten Unterrichtsgesprächen festzustellen: Sowohl in Deutschland als auch in Polen spielen die *Klärung* von *Begriffen,* die Herstellung von *Bezügen zu literarischen Texten* sowie von *Bezügen zu persönlichen Geschichten und Erfahrungen* eine zentrale Rolle. Unterschiede sind auf den Ebenen der *Unterrichtsformen,* der *Gesprächsstrukturierungen* und der *Auswahl* der herangezogenen *Literatur* zu finden.

Auffällig ist, dass es sich bei den Gemeinsamkeiten immer um Verknüpfungen unterschiedlicher Gedächtnisrahmen bzw. Modi des Erinnerns handelt. Die Bedeutung dieser Verbindungen für eine wechselseitige Erhellung literarischen und historischen Lernens lässt sich vor dem Hintergrund einer gedächtnistheoretischen Perspektive interpretieren. In den analysierten Unterrichtsgesprächen wird deutlich, dass die

Lehrerinnen in Deutschland sowie in Polen auf ein umfangreiches Wissen auf Seiten der SchülerInnen über die Zeit des Zweiten Weltkriegs zurückgreifen. Das zentrale Anliegen der Unterrichtsgespräche liegt darin, dieses Wissen zu strukturieren. In der *Klärung von Begriffen* findet eine sprachliche Strukturierung statt, eine Umstrukturierung vom amorphen Wissensfundus des Speichergedächtnisses zu sinnstiftenden Begriffen des Funktionsgedächtnisses der SchülerInnen. Die hergestellten *Bezüge zu literarischen Texten* erlauben eine literarische Strukturierung, die die fiktionalen Texte aus dem unstrukturierten Speichergedächtnis hervorholen und im Gespräch in ein strukturiertes Funktionsgedächtnis überführen. Hierzu greifen die Lehrerinnen auf literarische Texte aus unterschiedlichen sprachlich-kulturellen Kontexten zurück, so dass in den Unterrichtsgesprächen beider Länder ein multiperspektivischer, kultureller Gedächtnisrahmen entsteht, der Opfer- und Tätergeschichten gleichermaßen, jedoch mit unterschiedlichen Schwerpunktsetzungen, umfasst. In den *Bezügen zu persönlichen Geschichten und Erfahrungen* findet eine narrative Strukturierung, eine Verbindung sowohl von Fiktion und Realität als auch von Vergangenheit und Gegenwart statt. Von den Lehrerinnen, nicht aber von den SchülerInnen werden diese Bezüge zum kommunikativen (Familien-)Gedächtnis im Rahmen des kulturellen Gedächtnisses im Unterrichtsgespräch hergestellt. Wie sich bereits in den Interviews in der Wahrnehmung der SchülerInnen zeigt, so wird in den analysierten Unterrichtsgesprächen auch auf interaktiver Ebene deutlich, dass unterschiedliche, auch konträre Deutungen der Vergangenheit nebeneinander existieren und die Lehrerinnen daran arbeiten, etwa antisemitischen Deutungsmustern im Unterrichtsgespräch Alternativen entgegenzusetzen.

Die in den historisch-politischen Kontextualisierungen aufgezeigten Unterschiede zwischen Unterrichtsgesprächen in Deutschland und in Polen liegen wie bereits erwähnt auf den Ebenen der *Unterrichtsformen, der Gesprächsstrukturierungen* sowie der *Auswahl* der herangezogenen *Literatur*. Die beobachteten Stunden am Berliner Gymnasium sind insbesondere durch das fragend-entwickelnde Unterrichtsgespräch geprägt. Textauszüge, Kartenmaterial und Bilder werden als Gesprächsanlässe genutzt und die Wahl weiterer Unterrichtsformen wie Gruppenarbeit und Schülerpräsentationen eröffnen den SchülerInnen zusätzliche Partizipationsmöglichkeiten. In der Auswahl der Literatur werden Texte vornehmlich aus dem deutschsprachigen Kontext, allerdings aus national unterschiedlichen Blickwinkeln herangezogen, die sich insbesondere mit der Täterperspektive und der Aufarbeitung der historischen Verantwortung für den Holocaust auseinandersetzen. In Polen werden die Unterrichtsgespräche zur historischen Kontextualisierung durch die Unterrichtsform ‚Lehrervortrag mit verteilten Rollen' strukturiert, in dem die Lehrerin in ausgeprägter Form Geschichten erzählt, „ich mache die geschichte weiter", wobei die SchülerInnen sich, wenngleich in der Rolle der Zuhörenden, aktiv an der Erzählung beteiligen. Die herangezogenen literarischen Bezugstexte entstammen vornehmlich der polnischen Literatur unter anderem jüdischer AutorInnen und konzentrieren sich auf das erfahrene Leid im Holocaust, werden aber um Titel aus der deutschen Täterperspektive ergänzt.

So lässt sich als zentrales Ergebnis der Analysen zur historisch-politischen Kontextualisierung des Romans im Unterrichtsgespräch in Deutschland und in Polen formulieren: Wenn auch mit unterschiedlichen Unterrichtsformen, Gesprächsstrukturierungen und literarischen Texten umgesetzt, so liegt in beiden sprachlich-kulturellen Kontexten das primäre didaktische Anliegen in der Verknüpfung von Erkenntnisperspektiven durch die *sprachlichen, literarischen* und *narrativen Strukturierungen*. Diese erfolgen in den Umformungen von unstrukturierten zu sinnstiftenden Erinnerungen sowie in den Verbindungen von kommunikativen und kulturellen Gedächtnisrahmen. Literarische Texte selbst, so zeigt sich in den Analysen, haben eine wesentliche Funktion bei der historisch-politischen Kontextualisierung anderer literarischer Texte. Darüber hinaus ermöglichen sie eine Perspektivenvielfalt über kulturelle Grenzen hinaus.

7.1.3 Umgang mit Spannungsfeldern in der literarischen Rezeption

Neben der historisch-politischen wurde eine literarisch-anthropologische Aneignung des zeitgeschichtlichen Jugendromans *Malka Mai* rekonstruiert, dies jedoch nicht primär aus einer kulturvergleichenden Perspektive. In den Interviews mit den SchülerInnen über ihren subjektiven Rezeptionsprozess dokumentieren sich gemeinsame Themenfelder der SchülerInnen: Unerwartete Brutalität im Erleben des Kriegs aus der Innenperspektive, Spannung und Langeweile während des Lektüreprozesses, (un)vorstellbare Überlebensstrategien eines Kindes allein im Krieg und (un)antastbare Grausamkeit im Kinderbuch. Innerhalb dieser Themenfelder lassen sich individuelle Aneignungen der literarischen Geschichte rekonstruieren, deren grundlegende Strukturen durch Spannungsfelder gekennzeichnet sind: Die SchülerInnen bewegen sich in ihrer Rezeption des zeitgeschichtlichen Jugendromans zwischen *Fiktion und Realität, Handlungs- und Bewusstseinsebene, Inhalt und Sprache, Perspektiven der Mutter- und der Tochterfigur, Kinderbuch und Schullektüre, Vergangenheit und Gegenwart* sowie *Nähe und Distanz*. Mit diesen Spannungsfeldern gehen die Jugendlichen abhängig von ihrer bisherigen familialen, schulischen und literarischen Sozialisation unterschiedlich um.

Die Interviewanalysen zeigen, dass der Zusammenhang von *Fiktion und Realität* bei der Rezeption von zeitgeschichtlicher Jugendliteratur bei Heranwachsenden eine zentrale Rolle spielt. Während die einen SchülerInnen sich durch die fiktionale Geschichte dazu herausfordern lassen, ihre Vorstellungen der historischen Wirklichkeit, etwa von jüdischer Kindheit im Zweiten Weltkrieg, imaginierend zu überschreiten und eventuell neu zu strukturieren, messen die anderen hingegen den literarischen Text an ihrer eigenen Vorstellung von Realität und verschließen sich damit neuen literarischen Erfahrungen.

In den Interviews dokumentiert sich, dass die SchülerInnen im Rezeptionsprozess mit der Verknüpfung von *Handlungs- und Bewusstseinsebene* der literarischen Erzählung herausgefordert werden. Die vor allem bei den weiblichen Jugendlichen rekonstruierte erkenntnisfördernde Verbindung könnte sich mit den ausgeprägteren Leseerfahrungen (u.a. mit zeitgeschichtlicher Jugendliteratur) über die Schullektüren hinaus erklären lassen.

Die Herausforderungen der Jugendlichen durch das Spannungsfeld von *Inhalt und Sprache* lassen sich exemplarisch an dem Thema der Leiblichkeit aufzeigen. Durch dessen inhaltliche Präsenz und sprachsymbolische Darstellung im literarischen Text stoßen vor allem die Jungen in der Rezeption an ihre Verstehensgrenzen und entwickeln Strategien der Distanzierung, während die Mädchen sich in stärkerem Maße zu plausiblen Deutungen herausgefordert sehen. Diese geschlechtsspezifische Differenz kann zum einen auf die insgesamt größere Leseerfahrung der Mädchen zurückgeführt werden, zum anderen auf die unterschiedliche Auswahl der in der Freizeit rezipierten Texte.

Durch die perspektivisch gebrochene Erzählweise des Romans besteht ein Spannungsfeld zwischen der *Perspektive der Mutterfigur* und der *der Tochterfigur*. Wie die Analysen offenlegen, rezipieren die 14- bis 17jährigen SchülerInnen den Roman in erster Linie als eine Geschichte *über* das Mädchen Malka Mai und schenken der Mutterperspektive in der erinnernden Rekonstruktion ihres Leseprozesses keine Beachtung. Sie ist ihnen folglich nicht von ähnlicher Bedeutung wie die Kinderperspektive und hat nicht in gleichem Maße Erwartungsbrüche hervorgerufen. Des Weiteren lassen sich unterschiedliche empathische bis distanzierte Umgangsweisen der SchülerInnen mit der Figur Malka aufzeigen. Insbesondere für die Jungen stellen die weiblichen Protagonistinnen eine Herausforderung, vor allem bei einer empathischen Lektüre dar.

Das Wissen um das Genre des Textes, das Spannungsfeld zwischen *Kinderbuch und Schullektüre*, bietet den Jugendlichen den Analysen zufolge einen Orientierungsrahmen bei der Rezeption. Je nach ihrer literarischen Sozialisation in der Familie, vor allem aber in der Schule haben sie unterschiedliche Vorstellungen von zeitgeschichtlicher Jugendliteratur, insbesondere von im Literaturunterricht rezipierten Schullektüren entwickelt, die bestimmte Erwartungen an die Thematik und die formale Gestaltung hervorrufen. Die daraus resultierenden Erwartungsbrüche während der subjektiven Rezeptionsprozesse erlangen Plausibilität vor dem Hintergrund der rekonstruierten unterschiedlichen literarischen Sozialisation an deutschen und an polnischen Schulen, in denen nicht nur unterschiedliche Lektüren gelesen werden, sondern auch in unterschiedlicher Weise im Unterricht über sie gesprochen wird.

Wie die Analysen zeigen, besteht eine Rezeptionsanforderung des ausgewählten zeitgeschichtlichen Romans an die Heranwachsenden darin, die (erzählte) *Vergangenheit* mit der (erlebten) *Gegenwart* zusammenzubringen. Die SchülerInnen realisieren diese Anforderung auf zweierlei Weise: Entweder sie lassen sich in der fruchtbaren Verknüpfung von Vergangenheit und Gegenwart durch zeitliche bzw. verallgemeinernde gegenseitige Übertragungen auf neue, durch Literatur vermittelte, historische und anthropologische Erfahrungen ein, oder sie legen ihre eigenen Vorstellungen einer historischen Realität als Deutungsfolie an den Roman an und verschließen sich neuen historischen Einsichten.

In den Analysen wird offenbar, dass die SchülerInnen sich während der Rezeption unterschiedlich zu der erzählten Geschichte in Bezug setzen: Die verschiedensten Formen im Spannungsfeld von *Nähe und Distanz* reichen von einer distanzierten literaturwissenschaftlichen Betrachtung über eine analytische Perspektivenübernahme bis zum empathischen Mitleiden mit den Romanfiguren. Es zeigt sich, dass es zur Generierung literarischer Erfahrung wesentlich darauf ankommt, wie souverän dieses Spannungsfeld von Nähe und Distanz ausbalanciert werden kann. Ausgehend von dieser Beobachtung muss die in der Rezeptionsforschung herausgearbeitete Bedeutung von Empathievermögen und Perspektivenübernahme für die identitätsbildende Funktion von Literatur dahingehend differenziert werden, dass auch ein „Zuviel" erkenntnisverschließend wirken kann.

Diese aus den Interviews rekonstruierten Dimensionen der individuellen Aneignungen des Romans mit ihren verschiedenen Spannungsfeldern überschneiden sich gegenseitig in vielfältiger Weise. Voraussetzung für eine fruchtbare Rezeption literarischer Sinnangebote ist, dass die SchülerInnen sich auf den Text einlassen und eine kommunikative Auseinandersetzung mit den jeweiligen Spannungsfeldern stattfindet. Die empirisch aufgezeigte Möglichkeit, mit Literatur Erfahrungen zu machen, ist dabei in entscheidendem Maße von den bisherigen literarischen Erfahrungen in der familialen, aber auch in der schulischen Sozialisation abhängig. Die Realisierung dieser Möglichkeit unterscheidet sich stärker in geschlechtsspezifischer als in kultureller Hinsicht. Die einseitigen Fokussierungen der SchülerInnen auf die Perspektive der Kinderfigur und die durch deren Innensicht hervorgerufenen Erwartungsbrüche während des Rezeptionsprozesses zeigen jedoch auch die Verstehensgrenzen der jugendlichen RezipientInnen auf. Es ist anzunehmen dass eine intensive Auseinandersetzung mit der historisch fernen und biographisch vorausgreifenden Perspektive der Mutterfigur sowie eine stärkere Akzentuierung der Verbindung von Handlungs- und Bewusstseinsebene des Romans im Rahmen der schulischen Anschlusskommunikation einen Schritt in die Zone der nächsten Entwicklung bedeutet.

7.1.4 Narration und Argumentation im literarischen Unterrichtsgespräch

Ausgehend von den in den Interviews rekonstruierten Erkenntnissen der subjektiven Rezeption der SchülerInnen wird in den analysierten *key incidents* der literarischanthropologischen Unterrichtsgespräche über den Roman *Malka Mai* der Fokus auf die Auseinandersetzung mit der Perspektive der Mutterfigur und die Verbindung von Handlungs- und Bewusstseinsebene gelegt: zum einen in argumentativen, zum anderen in narrativ strukturierten Gesprächen. Zuvor jedoch werden in einem Vergleich von literarischem Interview- und Unterrichtsgespräch zur Kinderperspektive die jeweiligen Möglichkeiten und Grenzen der Deutungsaushandlungen im kommunikativen und kulturellen Gedächtnisrahmen aufgezeigt.

Wie in den Interviews deutlich wird, stellen die Wiederbegegnung von Mutter und Tochter am Ende des Romans und insbesondere die distanzierte Reaktion Malkas ihrer Mutter gegenüber eine Verstehensschwierigkeit für die jugendlichen SchülerInnen dar. In einem selbstläufigen Interviewgespräch, in dem die SchülerInnen über weite Strecken von der Rezeption des Romans ausgehende Themen diskutiert und insbesondere über eine mögliche Interpretation des Endes gestritten haben, wird deutlich, dass sie zwar ein authentisches Gespräch über eigene Fragestellungen führen, jedoch

in der Aushandlung konträrer Deutungen auf ihre eigenen Verstehensgrenzen zurückgeworfen sind: Sie können sich nicht vorstellen, dass Fluchterfahrungen einen
Menschen verändern („aber trotzdem wär doch jedes kleine kind glücklich seine
mutter wieder zu sehen"). Ferner zeigt sich, dass sie zur Begründung ihrer jeweiligen
Perspektiven mitunter narrative Darstellungen ihrer subjektiven Rezeptionsprozesse
nutzen, die ihnen eine Möglichkeit bieten, unterschiedliche Versionen in ihrer Perspektivengebundenheit und Veränderbarkeit nebeneinander stehen zu lassen. In einem
darauffolgenden Unterrichtsgespräch in der gleichen Klasse eröffnet die Lehrerin den
SchülerInnen zwar durch Fragen eine symbolisch tiefgehendere Textdeutung, die die
Bedeutung von Fluchterfahrungen für die Identitätsentwicklung aufscheinen lässt
(„jetzt ist sie ja=n ganz anderer mensch geworden hat sie ein zweites leben"), jedoch
nimmt sie ihnen auch ein Stück weit die Verantwortung für die Entfaltung ihrer
Deutungen ab. Beiden Gesprächen gemeinsam ist der in ihnen generierte Überschuss
an literarischen und anthropologischen Erfahrungen, der nur durch die jeweiligen
Gesprächsräume eine sprachliche und damit sichtbare Form annimmt, und so den
SchülerInnen als Anregungspotential zur Verfügung steht.

Die vergleichenden Analysen von *argumentativen* Gesprächen, einmal unter
SchülerInnen in der Gruppenarbeit und einmal in der Klasse, zur Auseinandersetzung
mit der Entscheidung Hannas, ihre siebenjährige Tochter auf der Flucht alleine zurückzulassen, zeigen, dass in beiden Fällen eine Verbindung von Handlungs- und Bewusstseinsebene in den Gesprächen herausgefordert wird. Auch in diesen Gesprächen dokumentieren die Analysen jeweils Möglichkeiten und Grenzen des Lernens. Die Deutungen des literarischen Textes in der Gruppenarbeit werden zwar eigenverantwortlich
entfaltet, sie sind aber insgesamt den begrenzten Erfahrungswelten der SchülerInnen
verhaftet und deren Aushandlungen im Gespräch verbleiben schließlich in einem
Dissens. Im fragend-entwickelnden Unterrichtsgespräch führt die Lehrerin zwar einen
Konsens herbei, der neue Einsichten in problematische Entscheidungssituationen und
Handlungsspielräume und -zwänge im historischen Kontext ermöglicht („lass ich mein
kind wirklich bei=ner wildfremden familie zurück kann ich denen soweit vertrauen"),
inwiefern der ‚ausgehandelte Konsens' aber auch von den einzelnen SchülerInnen
getragen wird, bleibt offen. Den Gesprächen ist gemein, dass die in ihnen bearbeiteten
Problemstellungen jeweils durch Fragen und Verstehensschwierigkeiten der
SchülerInnen generiert werden – auch innerhalb des lehrerzentrierten Unterrichtsgesprächs.

Das analysierte *narrative* Unterrichtsgespräch im Plenum über die eigene
Positionierung zur Entscheidungssituation der Mutterfigur im Roman weist eine
Analogie sowohl zur narrativen Struktur als auch zur Bedeutungsoffenheit des literarischen Gegenstands auf. So werden im narrativen Unterrichtsgespräch Veränderungen
in der Rezeption der SchülerInnen im Verlauf der Unterrichtseinheit von verschiedenen Ausgangspunkten in jeweils unterschiedliche Richtungen deutlich. In den
didaktischen Zielsetzungen unterscheidet es sich somit elementar von den argumentativen Gesprächen, da es gerade nicht um eine konsensuelle Deutung des mehr-
deutigen Sinnangebots des fiktionalen Textes geht, sondern vielmehr um das Aufzeigen der Vielstimmigkeit auch in den Deutungen selbst. Die anthropologische Funktion

von Literatur, mit fiktionalen Sinnangeboten Erfahrungen zu machen, wird in der Sichtbarwerdung von Rahmungsdifferenzen zwischen den SchülerInnen, aber vor allem in der ansatzweisen Aushandlung von Rahmungsdifferenzen zwischen der Lehrerin und den SchülerInnen im intergenerationellen Unterrichtsgespräch evident, in dem die Lehrerin auch sich selbst als Leserin einbringt und, durch die SchülerInnen aufgefordert, von ihren eigenen Leseerfahrungen erzählt.

Ausgangspunkt sowohl der argumentativen als auch der narrativ strukturierten Unterrichtsgespräche sowie der selbstläufigen Gespräche unter SchülerInnen in der Interviewsituation ist jeweils die Vielstimmigkeit und Mehrdeutigkeit des literarischen Textes. Die Entfaltung der Deutungen im Gespräch wird jedoch auf eine je andere Weise realisiert.

7.2 Lernpotentiale in literarischen (Unterrichts-)Gesprächen

Trianguliert man die Erkenntnisse aus den einzelnen Analysekapiteln, die sich dem Untersuchungsgegenstand aus verschiedenen Perspektiven genähert haben, miteinander, so ergeben sich Einsichten in Lernpotentiale literarischer Gespräche sowohl in den Interviews als aber auch vor allem im Unterrichtsgespräch. Vergleicht man die historisch-politischen mit den literarisch-anthropologischen Aneignungen des zeitgeschichtlichen Jugendromans, so wird die Funktion von *literarischen Gesprächen als Korrektiv zum kommunikativen Gedächtnis* deutlich. Kombiniert man insbesondere die Rekonstruktionen aus den Interview- und den Unterrichtsgesprächen innerhalb der beiden Aneignungsformen miteinander, so lässt sich hinsichtlich der historisch-politischen Kontextualisierung auf die Bedeutung der *Reziprozität zwischen Literatur und Geschichte* im Unterricht, hinsichtlich des literarisch-anthropologischen Zugangs auf die *Perspektivenvielfalt im literarischen Unterrichtsgespräch* hinweisen.

7.2.1 Literarische Gespräche als Korrektiv zum kommunikativen Gedächtnis

Kombiniert man die Erkenntnisse aus den Interviews mit den SchülerInnen über die *erzählte(n) Geschichte(n) in Deutschland und in Polen* mit denen aus der *literarischen Anschlusskommunikation im Unterricht* über *Malka Mai*, wird die elementare Bedeutung von Literatur als Ergänzung und Korrektiv für die vor allem im kommunikativen Gedächtnis erzählte(n) Geschichte(n) deutlich. Vor dem Hintergrund der vielfältigen und heterogenen Geschichten, die den SchülerInnen aus den jeweiligen kulturellen Kontexten über die Zeit des Zweiten Weltkriegs bekannt sind – mit deren teilweise national geprägten eindimensionalen Perspektiven und mitunter antisemitischen oder nationalsozialistischen Tendenzen vor allem im kommunikativen Gedächtnis – wird die Bedeutung der literarischen Geschichten, die in der Schule gelesen und in Gespräche eingebunden werden, evident. Mit ihnen kann ein wichtiges, multiperspektivisches Gegengewicht im kulturellen Gedächtnisrahmen geschaffen werden. Die rekonstruktiven Analysen zeigen zudem, dass in beiden Ländern die ‚problematischen‘ Familiengeschichten mit dem kulturellen Gedächtnisrahmen gedeutet werden, indem sich die Jugendlichen zu ihnen distanzieren, was sich darin ausdrückt, dass sie sie der ‚älteren Generation‘ zuschreiben oder ‚auf die Straße‘ auslagern.

Im Vergleich der *erzählten Geschichte(n) in Deutschland und in Polen* in den Interviews mit der *subjektiven Rezeption* von *Malka Mai* zeigt sich, dass die Rezeption literarischer Texte einen vielschichtigen und mehrperspektivischen Zugang zu historischen Lebenssituationen und den in ihnen zentralen anthropologischen Grunderfahrungen eröffnet. Etwa über Erfahrungen des eigenen Körpers wird in den Familien nur in Ansätzen erzählt, beispielsweise in Polen, wenn es um den erlittenen Hunger während der Okkupationszeit geht. Andere Formen von Leiblichkeit sind aber aufgrund einer möglichen Identitätsbedrohung einzelner Personen im familiären Kontext vermutlich weder in der Familie noch in der Öffentlichkeit erzählbar, finden auch im Geschichtsunterricht keinen Raum und auch nicht ‚auf der Straße‘. Vor allem in der Literatur (oder in anderen medialen Präsentationen von Vergangenheit) können SchülerInnen den intimen körperlichen Erfahrungen und ihrer gedanklichen Repräsentation von Menschen in vergangenen Zeiten und verschiedenen Lebenssituationen begegnen und lesend anthropologische Erfahrungen machen.

Setzt man die *subjektive Rezeption* der SchülerInnen mit den *historisch-politischen Kontextualisierungen im Unterricht* in Bezug, so wird deutlich, dass in den Interviews von den SchülerInnen die im literarischen Text verwendeten zeithistorischen Begriffe nicht problematisiert und somit historisch und politisch unhinterfragt hingenommen werden. Im Unterricht hingegen findet eine begriffliche Thematisierung und gleichzeitige Problematisierung statt, so dass historische und politische Implikationen wahrgenommen werden können und differenzierter mit (im vorgestellten Fall nationalsozialistischen) Begriffen vor dem Hintergrund ihrer historischen Entstehung und Verwendung umgegangen werden kann. Diese Begriffsdifferenzierungen finden auch in den Familiengesprächen auf diese Weise nicht statt, hier wird gerade von Angehörigen der (Ur-)Enkelgeneration vieles (auch Widersprüchliches oder Nebulöses) in den Geschichten unhinterfragt gelassen. Deswegen ist der schulische Gesprächsraum, in dem auch an der sprachlichen Form der Tradierung gearbeitet wird, von maßgeblicher Bedeutung für die Ausbildung eines sprachlich differenzierten historischen Bewusstseins.

7.2.2 Reziprozität zwischen Literatur und Geschichte

Vergleicht man die analysierten *historisch-politisch* ausgerichteten mit den *literarisch-anthropologisch* fokussierten *Unterrichtsgesprächen,* so fallen zunächst die unterschiedlichen Zielsetzungen in den Blick: Während es in ersteren um die Klärung und Strukturierung in sprachlicher, literarischer und narrativer Hinsicht geht, sind letztere an der Eröffnung gerade der Vielstimmigkeit und Bedeutungsvielfalt des literarischen Textes interessiert. Doch so konträr die jeweilig rekonstruierten Zielsetzungen auf den ersten Blick scheinen mögen, zeigt sich dennoch ihr einander ergänzender, komplementärer Charakter, der im Zusammenspiel des Allgemeinen mit dem Besonderen deutlich wird. Je nach Perspektive der Betrachtung kann entweder der literarische Text als eine individuelle Lebensgeschichte vor dem Hintergrund eines großen historischen Zusammenhangs verstanden werden oder aber auch umgekehrt die literarisch erzählte Lebensgeschichte als allgemeine anthropologische Erfahrung, exemplarisch verortet in einer bestimmten Zeit an einem bestimmten Ort. Wie auf empirischer Basis gezeigt, liegt in der Reziprozität von Literatur und Geschichte, in ihrem gegenseitigen Verweischarakter, die erkenntnisgenerierende Funktion der Verknüpfung von Geschichten und Geschichte im Unterrichtsgespräch.

In der Kombination der Ergebnisse der *erzählten Geschichte(n)* in den Interviews und den *historisch-politischen Kontextualisierungen im Unterrichtsgespräch* zeigt sich die strukturierende Funktion von Unterricht. Während die SchülerInnen in den Interviews die Geschichten aus den jeweiligen Bereichen eher als verschiedene Quellen nebeneinander erwähnen und auch die inneren Widersprüche und Spannungsverhältnisse zwischen den Geschichten nur ansatzweise sehen und benennen können, beziehen die Lehrerinnen in den Unterrichtsgesprächen explizit literarische und historische Geschichte(n) sowie persönliche und literarische Geschichte(n) zur gegenseitigen Erhellung aufeinander. Werden von den SchülerInnen in den Interviews Deutungsrahmen aus dem kulturellen Gedächtnis zur Darstellung von Familiengeschichte(n) verwendet, beziehen die Lehrerinnen hingegen im Unterricht persönliche Erfahrungen aus ihrer eigenen Familiengeschichte oder eigene mediale Erfahrungen zur Klärung des historisch-politischen Kontextes von *Malka Mai* mit ein. Diese gegenseitigen Bezugnahmen von Geschichte und Geschichten sind von maßgeblicher Bedeutung für die historische und literarische Bewusstseinsbildung der Jugendlichen, werden doch in ihnen die Verbindungen zwischen historischer Realität und literarischer Fiktion und ihrer reziproken Erhellung auf sprachlicher Ebene evident.

7.2.3 Perspektivenvielfalt im literarischen Unterrichtsgespräch

Der Vergleich von der *subjektiven Rezeption* und den *literarischen Anschlusskommunikationen im Unterricht* über den Roman *Malka Mai* verdeutlicht die zunehmende Perspektivenvielfalt im Unterrichtsgespräch. Die SchülerInnen nehmen in den Interviews bei der Rekonstruktion ihres Leseprozesses primär die Perspektive des siebenjährigen Mädchens wahr – zur Übernahme der Perspektive der erwachsenen Frau und Mutter werden die SchülerInnen hingegen erst in der Unterrichtskommunikation herausgefordert. Zwar wird die Perspektive der Mutterfigur von den SchülerInnen vereinzelt auch in ihren im Rahmen der unterrichtlichen Auseinandersetzung angefertigten Lesetagebuchtexten fokussiert, dies scheint jedoch vornehmlich auf die Leseaufträge zurückzuführen zu sein, die die Berücksichtigung beider Perspektiven fordern. Wie aus den rekonstruierten argumentativen sowie narrativen Passagen der Unterrichtsgespräche deutlich wird, stellt die für die SchülerInnen fernliegende Perspektive Hannas eine hohe Verstehensanforderung in verschiedener Hinsicht dar. Die Auseinandersetzung mit dieser fremden Perspektive in den Unterrichtsgesprächen bedeutet für die jugendlichen RezipientInnen einen Eintritt in die Zone der nächsten Entwicklung. In der Kombination von Analysen der *erzählten Geschichte(n) in der Familie, der subjektiven Rezeption* des Romans *Malka Mai* und der *literarischen Anschlusskommunikation* im Unterrichtsgespräch lassen sich Möglichkeiten des Lernens in der Rezeption von Literatur und im literarischen Gespräch auch in ihrer biographischen Dimension empirisch aufzeigen. Beispielsweise nimmt eine Schülerin mit polnischem Familienhintergrund bei ihrer verharmlosenden Deutung der eigenen Familiengeschichte aus der Zeit der Okkupation Polens die durch Angst geprägte Innenperspektive der Beteiligten nicht in ihrem ganzen Ausmaß wahr: „es war=n ja eben (-) so letzte jahre vom krieg und deswegen (-) war es nich so schlimm". Im Gespräch über ihre subjektive Rezeption der literarischen Lebensgeschichte im Roman erläutert sie ihr Erstaunen über die von dem Mädchen erlebte Brutalität im Krieg. Sie hätte nicht gedacht, dass dem Kind die brutale Realität so nahe gehen würde, und hätte eher eine Geschichte vom ‚Überleben' (aus der Außen-) als vom ‚Erleben' (aus der Innenperspektive) erwartet. Durch eine imaginierende Vergegenwärtigung versucht die Schülerin sich der für sie unvorstellbaren historischen Lebenssituation eines jüdischen Kinds zur Zeit des Zweiten Weltkriegs zu nähern. Im literarischen Unterrichtsgespräch nun wird die Schülerin dazu herausgefordert, die Bedeutung von Fluchterfahrungen für das Innenleben der Beteiligten zu erkennen und empathisch nachzuvollziehen. Über die im subjektiven Rezeptionsprozess fokussierte Kinderperspektive hinaus lässt sie sich hier auf die Perspektive der Mutterfigur durch eine intensive Auseinandersetzung mit deren Entscheidungsprozessen und Handlungsmotiven ein. Dabei wandelt sich das Bild der Schülerin von dieser Figur und deren durch Widersprüche gekennzeichneten Innen- und Außenperspektive im Verlauf der Unterrichtsgespräche. Eine Übertragung ihrer in der subjektiven Rezeption und vor allem in der Unterrichtsinteraktion vorangetriebenen literarischen Erfahrungen auf die Deutung familialer Geschichten aus dem Alltag stellt für diese Schülerin eine (hier noch uneingelöste bzw. nicht sichtbar werdende) Herausforderung dar, in der das Potential der konstruktiven Verbindung von kommunikativen und kulturellen Gedächtnisrahmen zur Ausbildung eines komplexeren historischen und anthropologischen Bewusstseins liegt.

Die komparative und triangulierende Vorgehensweise innerhalb des empirischen Teils der Untersuchung – insbesondere die Verbindung von Interviews mit den SchülerInnen und den Unterrichtsbeobachtungen sowie deren gesprächsanalytische Auswertung aus ethnographischer Perspektive – sind für die Erlangung der oben dargestellten Erkenntnisse von elementarer Bedeutung, da diese ohne die methodische Multiperspektivität nicht sichtbar geworden wären. Ebenso erwies sich die Triangulation verschiedener theoretischer und disziplinärer Zugänge, das Zusammenführen der kulturellen und kommunikativen Gedächtnistheorien und der empirischen Erkenntnisse aus der interkulturellen Gedächtnis- und der literarischen Rezeptionsforschung als fruchtbar vor dem Hintergrund einer literaturdidaktischen Diskussion, die sich vornehmlich auf das kulturelle Gedächtnis in normativer Perspektive konzentriert und in der empirische Unterrichtsforschung weiterhin ein Desiderat darstellt.

7.3 Literaturdidaktischer Ausblick

Wie in den zusammenfassenden Darstellungen der Erkenntnisse dieser Studie ersichtlich, geht es bei der subjektiven Rezeption eines zeitgeschichtlichen Jugendromans
einerseits und in den literarischen Gesprächen in der Schule andererseits vor allem um
das Verbinden von unterschiedlichen Spannungsfeldern: ob es die aus den verschiedenen Bereichen wie Familie, Literatur und Medien, Schule und ‚Straße' bekannten
Geschichten über die Vergangenheit sind, die in ihrer Widersprüchlichkeit zusammengebracht werden müssen, oder ob es um eine Verknüpfung der unterschiedlichen kommunikativen und kulturellen Gedächtnisrahmen geht, um die sich insbesondere der
historisch-politisch kontextualisierende Unterricht bemüht; ob es sich um die
Auseinandersetzung mit Spannungsfeldern in der subjektiven Rezeption handelt oder
die narrative oder argumentative Strukturierung von Offenheiten und Vielstimmig-
keiten des Textes im literarisch-anthropologischen Unterrichtsgespräch. Innerhalb all
dieser Spannungsfelder, zwischen denen sich die Heranwachsenden in ihrer Sozialisation bewegen, nehmen literarische Geschichten und ihre Aneignung im Gespräch, so
wurde in den Analysen deutlich, einen zentralen Stellenwert ein: Literarische
Gespräche über zeitgeschichtliche Literatur in der Schule bieten die Möglichkeit, dass
einzelne literarisch erzählte Lebensgeschichten aus unterschiedlichen (sprachlich-
kulturellen und historischen) Perspektiven über nationale Grenzen hinaus mit anderen
Narrationen aus den jeweiligen kommunikativen und kulturellen Gedächtnisrahmen
zusammengebracht werden können. Sie bieten Erzählanlässe und eröffnen Gesprächsräume für die interaktive Ausbildung eines komplexen und mehrperspektivischen
historischen Bewusstseins. Das Potential fiktiver Narrationen im Vergleich zu historischen Sachtexten besteht darin, dass in der Erzählung durch die literarisch gestaltete
‚Landschaft des Bewusstseins' die Innenwelten der Figuren ausgeleuchtet werden, die
im Rezeptionsprozess mit der äußeren Welt, der ‚Landschaft der Handlung', überein
gebracht werden müssen. Hierdurch kann Perspektivenvielfalt in ihrer
Subjektgebundenheit zum Ausdruck gebracht werden. In Anbetracht der in den Rekonstruktionen gewonnenen Einsichten in die Aneignung zeitgeschichtlicher Literatur im
interkulturellen schulischen Kontext lassen sich Ausblicke auf die didaktische
Konzeption von Literaturunterricht formulieren: in Bezug auf seine *gedächtnis-
theoretische Verknüpfungsfunktion*, die *Auswahl der Literatur*, die *Lernpotentiale in
narrativen Unterrichtsgesprächen* sowie die elementare Bedeutung eines *Überschusses literarischer Erfahrung*.

7.3.1 Verbindung von kommunikativem und kulturellem Gedächtnis

Die Lektüre zeitgeschichtlicher Literatur im Unterricht hat in Folge der Erkenntnisse
dieser Studie vor dem Hintergrund der deutschdidaktischen Kanondiskussion gerade
nicht ihre primäre Funktion in einer am Gegenstand der Literatur orientierten ‚Arbeit
am kulturellen Gedächtnis', was vor dem Hintergrund der nationalen Entstehungsgeschichte und Organisationsstruktur der Schule auch immer ‚nationales Gedächtnis'

bedeutet. Ihr didaktisches Potential, wie es sich insbesondere in den rekonstruktiven Analysen des Zusammenspiels von historisch-politischen und literarisch-anthropologischen Aneignungen im Unterrichtsgespräch dokumentiert, liegt vielmehr in der Möglichkeit der verbindenden Auseinandersetzung mit den durch Spannungsfelder gekennzeichneten unterschiedlichen kommunikativen und kulturellen Gedächtnisrahmen, mit denen die SchülerInnen in einer kulturell heterogenen Gesellschaft aufwachsen, sowie in der Umstrukturierung ungeordneten Wissens aus dem Speichergedächtnis in das sinnstiftende Funktionsgedächtnis, also in einer leserbezogenen Orientierung.

7.3.2 Auswahl aktueller zeitgeschichtlicher Jugendliteratur

Für eine multiperspektivische Auseinandersetzung mit zeitgeschichtlichen Erfahrungen empfiehlt es sich, nicht nur am nationalen Literaturkanon orientierte Texte der Hochliteratur zu wählen, mit denen eine kollektive ‚nationale Identität' hergestellt werden kann. Literatur aus anderen sprachlich-kulturellen Kontexten in Form ihrer Übersetzungen in den standardsprachlichen Literaturunterricht einzubeziehen, eröffnet die Möglichkeit, verschiedene Perspektiven ins kulturelle Gedächtnis des national organisierten schulischen Unterrichts zu integrieren und zu einem interkulturellen Gedächtnis beizutragen. Hierbei empfiehlt es sich, zeitgeschichtliche Jugendliteratur zu berücksichtigen, da sie zum einen an den Verstehenshorizonten Heranwachsender ansetzt, zum anderen – und das erscheint als der zentralere Aspekt – an deren psychischer Fähigkeit zur Verkraftung der symbolisch dargestellten Erfahrungen von Grausamkeit etwa im Holocaust. Vor dem Hintergrund des in der schulischen Praxis in Deutschland etablierten ‚heimlichen jugendliterarischen Kanons', der sich zeitgeschichtlicher Texte aus jugendliterarischen Entwicklungen und gesellschaftlichen Diskursen der 1960er und 70er Jahre bedient, ist auf die ausdrückliche Notwendigkeit hinzuweisen, aktuelle Texte der zeitgeschichtlichen Jugendliteratur als Unterrichtslektüre zu wählen. Dies gilt aus verschiedenen Gründen: In der Kinder- und Jugendliteratur haben literarästhetische Innovationen und eine zunehmende Psychologisierung seit den 1980er und 90er Jahren moderne Erzählformen hervorgebracht, wie sie sich auch im ausgewählten Roman widerspiegeln, die gerade durch ihre Komplexität vielschichtige Sinnangebote machen und hohe Rezeptionsanforderungen an ihre heranwachsenden LeserInnen stellen sowie sich wandelnde gesellschaftliche Auseinandersetzungen über Zeitgeschichte aufgreifen, in denen aktuell die anthropologische Erfahrung der Kindheit im Krieg einen zentralen Stellenwert einnimmt. Zum anderen hat sich in den Analysen sowohl der historisch-politischen als auch der literarisch-anthropologischen Unterrichtsgespräche gezeigt, von welch maßgeblicher Bedeutung die Rezeptionsprozesse und die eigenen literarischen Erfahrungen der Lehrerinnen selbst sind, um den Gesprächen Authentizität zu verleihen. Hier wird empirisch evident, welche Funktion sie als ‚kompetente Andere' mit ihrer ausgeprägteren literarischen, professionellen und persönlichen Lebenserfahrung einnehmen, um intergenerationell unterschiedliche Aneignungen desselben literarischen Textes in der Aushandlung von Rahmungsdifferenzen für literarische Lernprozesse fruchtbar zu machen. (Kinder- und) Jugendliteratur zeichnet sich nicht nur durch ihre hohe Übersetzungsrate aus, sie wird auch im (deutschen) schulischen Kontext international rezipiert und stellt dadurch einen bedeutenden Beitrag auf dem Weg zu einem verschiedene, das heißt auch kulturell heterogene Perspektiven integrierenden ‚europäischen Gedächtnis‘ dar. Allerdings besteht, was die deutsch-polnischen Kinderliteraturbeziehungen anbetrifft, in dieser Hinsicht Handlungsbedarf, da insgesamt nur wenige Texte in die jeweils andere Sprache übersetzt werden, so bislang auch noch nicht der Roman *Malka Mai* ins Polnische. Ferner ist auf die zentrale Bedeutung der jüdischen Perspektive auf den Holocaust hinzuweisen, die im kulturellen Gedächtnis der (Kinder- und) Jugendliteratur verankert ist, in den kommunikativen Familiengedächtnissen in Deutschland und Polen aber fehlt. Nicht nur der Blick von außen auf das Leid der jüdischen Bevölkerung, wie er im Geschichtsunterricht geleistet werden kann, sondern gerade auch der Blick von innen auf die Erfahrungswelt einzelner Figuren – so zeigen die Analysen – eröffnet Möglichkeiten der empathischen Annäherung an Lebenssituationen in fremden historischen Kontexten. Ferner fordert er zur Perspektivenübernahme in Bezug auf die Lebensbedingungen und Handlungsspielräume bzw. -zwänge von Menschen in vergangenen Zeiten und in anderen gesellschaftspolitischen Zusammenhängen heraus. Nicht zuletzt ist auch die Berücksichtigung von Texten mit weiblichen Protagonistinnen in der (Kinder- und) Jugendliteratur von Bedeutung, um Geschichte aus einer weiblichen Perspektive zu erfahren.

7.3.3 Narrativität im Unterrichtsgespräch

Vor dem Hintergrund der Einsichten der vorliegenden Studie in Bezug auf das Zusammenbringen von Spannungsfeldern in der subjektiven und interaktiven Aneignung zeitgeschichtlicher literarischer Texte sei noch einmal auf die im Eingangszitat aufscheinende basale Bedeutung von Narrativität in verschiedener Hinsicht hingewiesen:

> „Wir nehmen eine gewisse, unabdingbare Offenheit von Geschichten hin. Das ist es, was die Erzählung in kulturellen Aushandlungsprozessen so wertvoll macht. Du erzählst mir deine Version, ich dir meine, und nur selten müssen wir uns streiten, um die Differenz beizulegen. Wir nehmen konkurrierende Versionen einer Geschichte mit einem perspektivischen Vorbehalt hin, viel leichter als Argumente oder Belege." (Bruner 1998, 73)

Wie in den Analysen deutlich wird, begegnen den Heranwachsenden vergangene Zeiten in Form von Geschichten und im gemeinsamen Erzählen im familialen und schulischen Kontext. Narrationen bieten ihnen die Möglichkeit bzw. fordern sie dazu heraus, fiktionale und reale Erfahrungen, Vergangenheit und Gegenwart zusammenzubringen. Der schulische Unterricht stellt zum einen in historisch-politischen Kontextualisierungen auf narrative Weise Bezüge zwischen den verschiedenen Geschichten aus den kommunikativen und kulturellen Gedächtnisrahmen her. Zum anderen eröffnen narrativ strukturierte literarisch-anthropologische Unterrichtsgespräche über individuelle Leseerfahrungen die Möglichkeit, literarische Erfahrungen in ihrer

Wandelbarkeit öffentlich zu machen, die Vielstimmigkeit der Texte in einer Vielstimmigkeit der Aneignungen sichtbar werden zu lassen. Diese in den rekonstruktiven Analysen empirisch evident gewordenen vielfältigen Möglichkeiten des Lernens durch narrative Aneignungen literarischer Geschichten lässt als didaktische Konsequenz formulieren, der Narrativität in ihren verschiedenen Dimensionen im Umgang mit literarischen Texten ein besonderes Gewicht bei der Gesprächsgestaltung im Unterricht einzuräumen.

7.3.4 Überschuss an literarischer Erfahrung

So wie Kinder im sozialen Kontext des Spracherwerbs im *memory talk* mit Erwachsenen lernen, sich zu erinnern und eigene Geschichten zu erzählen, so lernen auch jugendliche SchülerInnen – wie vergleichende Analysen von Interview- und Unterrichtsdokumenten demonstrieren – im literarischen Unterrichtsgespräch über zeitgeschichtliche Jugendliteratur, sich der nationalsozialistischen Vergangenheit, der Okkupation Polens durch Deutschlands sowie des Holocaust in narrativer Weise zu erinnern. Indem die Lehrerinnen durch die Auswahl der Texte Gesprächs- und Erzählanlässe und durch die inhaltliche Schwerpunktsetzung und die Strukturierung der Gespräche im Unterricht einen Gesprächs- und Erinnerungsraum schaffen, bieten sie den SchülerInnen der nachfolgenden Generationen kulturelle Deutungsrahmen literarisch strukturierter, vergangener Zeiten. Diese fordern die SchülerInnen dazu heraus, in der Zone der nächsten Entwicklung auch historisch fremde Kindheiten und unbekannte Lebensphasen und -situationen imaginierend zu erfahren. Die SchülerInnen lernen im literarischen Unterrichtsgespräch, mit Geschichte(n) umzugehen, sie interaktiv anzueignen und im sozialen Austausch an der gemeinsamen Vergegenwärtigung teilzuhaben. Wie die Analysen der Interviews zeigen, sind die bisherigen literarischen Erfahrungen (auch über den schulischen Kontext hinaus) bei den Jugendlichen von elementarer Bedeutung für einen souveränen und erkenntnisgenerierenden Umgang mit den in der Rezeption zeitgeschichtlicher Jugendliteratur aufscheinenden Spannungsfeldern. Ferner dokumentiert sich in den Analysen der Unterrichtsgespräche ein Überschuss an literarisch-anthropologischen Erfahrungen, der nicht von allen SchülerInnen im Moment des Gesprächs (zumindest auf der sprachlichen und somit sichtbaren Oberfläche) in gleicher Weise genutzt wird für eine Neustrukturierung von Selbst und Welt. Dieser Überschuss an versprachlichten literarischen Erfahrungen hat aber eine zentrale Orientierungsfunktion inne, können SchülerInnen doch zu einem späteren Zeitpunkt bei einem anderen Erzählanlass auf ihn zurückgreifen. Die elementare Bedeutung literarischer Gespräche im schulischen Kontext liegt darin, mit Literatur Erzählanlässe anzubieten und in literarischen Gesprächen einen Überschuss an literarischen Erfahrungen zu ermöglichen.

Die vorliegende Studie hat auf qualitativ-empirischer Ebene und aus ethnographischer Perspektive die basale Orientierungsfunktion von zeitgeschichtlicher (Jugend-)Literatur und literarischen Gesprächen im interkulturellen schulischen Kontext evident gemacht. Sie ist eine empirische Fundierung der These, dass Literatur

Deutungsmuster anbietet, die jenseits von familialen Loyalitätsverpflichtungen und institutionellen Ansprüchen auf nationale Identitätsbildungen liegen. Eingebunden in das literarische Gespräch eröffnet sie SchülerInnen alternative Möglichkeiten, sich historische Wirklichkeiten aus einer interkulturellen Perspektivenvielfalt anzueignen. In der Sozialisation sind daher sowohl literarische Texte als auch deren kommunikative Aneignung im Unterrichtsgespräch unverzichtbar, stellen jedoch keine Garantie für die Prägung des historischen Bewusstseins Heranwachsender dar. Die SchülerInnen müssen Konflikte zwischen unterschiedlichen Versionen von historischen Geschichten alleine austragen. Sie müssen selbst entscheiden, welchen Stellenwert die literarischen Geschichten in ihren historischen Sinnbildungen einnehmen. Aus literaturdidaktischer Perspektive bleibt zu hoffen, dass das schulische Angebot sie überzeugen wird.

Literatur

Primärliteratur

Anne Frank Tagebuch (1991). Fassung von Otto H. Frank und Mirjam Pressler. Frankfurt am Main.
Apitz, Bruno (1958): Nackt unter Wölfen. Halle/Saale.
Bergmann, Tamar (1992): Taschkent ist weit von Lodz. Frankfurt am Main.
Borchert, Wolfgang (1956): Nachts schlafen die Ratten doch. In: Borchert, Wolfgang (1956): Draußen vor der Tür und ausgewählte Erzählungen. Hamburg.
Brecht, Bertolt (1971): Wer kennt wen? In: Brecht, Bertolt (1971): Geschichten vom Herrn Keuner. Frankfurt am Main.
Brontë, Charlotte (1847): Jane Eyre. An Autobiography. London. / Brontë, Charlotte (2001): Jane Eyre. Eine Autobiographie. Zürich.
De Dageboeken van Anne Frank (1986). Amsterdam. / Die Tagebücher der Anne Frank (1988). Vollständige, textkritische und kommentierte Ausgabe. Frankfurt am Main.
Faulkner, William (1930): A rose for Emily. In: The Saturday Evening Post. Philadelphia. / Faulkner, William (1998): Eine Rose für Emily. In: Hanke, Michael (Hg.) (1998): Amerikanische Short Stories des 20. Jahrhunderts. Stuttgart. S. 109-122.
Frisch, Max (1961/1975): Andorra. Frankfurt am Main.
Fühmann, Franz (1962): Das Judenauto. Erzählungen. Berlin.
Grass, Günter (2002): Im Krebsgang. Eine Novelle. Göttingen.
Hacks, Peter (1969): Der Bär auf dem Försterball. In: Loschütz, Gerd (Hg.): Das Einhorn sagt zum Zweihorn. 42 Schriftsteller schreiben für Kinder. Köln/Middelhauve. S. 55-57.
Hahn, Ulla (2003): Unscharfe Bilder. München.
Härtling, Peter (2000): Reise gegen den Wind. Weinheim/Basel.
Hein, Christoph (1982): Der fremde Freund. Novelle. Berlin/Weimar. / Hein, Christoph (1983): Drachenblut. Darmstadt/Neuwied.
Illyés, Gyula (1955): Bartók.
Kerr, Judith (1971): When Hitler Stole Pink Rabbit. London. / Kerr, Judith (1973): Als Hitler das rosa Kaninchen stahl. Ravensburg.
Kok, Bert (1985): Aan het goede adres. / Kok, Bert (1986): Eine gute Adresse. München.
Krall, Hanna (1977): Zdążyć przed panem bogiem. Kraków. / Krall, Hanna (1993³): Dem Herrgott zuvorkommen. Frankfurt am Main.
Kunert, Günter (1972): Tagträume in Berlin und andernorts. Kleine Prosa, Erzählungen, Aufsätze. München.
Levoy, Myron (1977): Alan and Naomi. New York. / Levoy, Myron (1981): Der gelbe Vogel. Zürich/Köln.
Ligocka, Roma/Iris von Finckenstein (2000): Das Mädchen im roten Mantel. München. / Ligocka, Roma/Iris von Finckenstein (2001): Dziewczynka w czerwonym płaszczyku. Kraków.

Mickiewicz, Adam (1834): Pan Tadeusz czyli ostatni zajazd na Litwie. Kraków/ War-zawa. / Mickiewicz, Adam (1882): Herr Thaddäus oder der letzte Eintritt in Litauen. Leipzig.

Miłość, Czesław (1943): Campo di Fiori. Warschau. / Miłość, Czesław (1996): Lied vom Weltende. Zürich.

Nurowska, Maria (1991): Listy miłości. Warszawa. / Maria Nurowska (1995): Briefe der Liebe. Frankfurt am Main.

Ôrlēv, Ûrî (2001): Ruz, jeled, ruz. / Ôrlēv, Ûrî (2004): Lauf, Junge, lauf. Weinheim.

Pausewang, Gudrun (1992): Reise im August. Ravensburg.

Pressler, Mirjam (1992): Ich sehne mich so. Die Lebensgeschichte der Anne Frank. Weinheim/Basel.

Pressler, Mirjam (2001): Malka Mai. Weinheim/Basel.

Pressler, Mirjam (2009): „Grüße und Küsse an alle". Die Geschichte der Familie von Anne Frank. Frankfurt am Main.

Richarz, Monika (Hg.) (1982): Jüdisches Leben in Deutschland. Bd. 3. Selbstzeug-nisse zur Sozialgeschichte 1918-1945. Stuttgart.

Richter, Hans-Peter (1961/1969): Damals war es Friedrich. München.

Różewicz, Tadeusz (1947): Niepokój. Krakau. / Różewicz, Tadeusz (1965): Formen der Unruhe. Gedichte. München/Wien.

Salinger, Jerome David (1951): The Catcher in the Rye. Boston. / Salinger, Jerome David (1962): Der Fänger im Roggen. Köln.

Shakespeare, William (1623): The Tragedy of Hamlet, Prince of Denmark. / Shakes-peare, William (1984): Hamlet. Hg. v. H. M. Klein. Bd. 1: Text (Engl./Dtsch.). Stuttgart.

Sienkiewicz, Henryk (1886): Potop. Warszawa / Sienkiewicz, Henryk (1905): Die Sintflut. Berlin.

Sienkiewicz, Henryk (1900): Krzyżacy. / Sienkiewicz, Henryk (1901): Die Kreuzritter.

Speare, Elisabeth George (1983): The Sign of the Beaver. Boston. / Speare, Elisabeth George (1994): Im Zeichen des Bibers. München.

Speer, Albert (1969): Erinnerungen. Berlin. / Albert Speer (1990): Wspomnienia. Warszawa.

Szczypiorski, Andrzej (1986): Początek. Paris. / Szczypiorski, Andrzej (1988): Die schöne Frau Seidenman. Zürich.

Szpilman, Władysław (1998): Das wunderbare Überleben. Warschauer Erinnerungen 1939-1945. München. / Szpilman, Władysław (2000): Pianista. Kraków.

Tokarczuk, Olga (1998): Dom dzienny, dom nocny. Wałbrzych. / Tokarczuk, Olga (2001): Taghaus, Nachthaus. Stuttgart/München.

Vos, Ida (1996): De sleutel is gebroken. Amsterdam. / Vos, Ida (2000): Pausenspiel. Aarau u.a.

Winter, Kathryn (1998): Katarína. New York. / Winter, Kathryn (2000): Katarína. Ein Roman vom Überleben. Weinheim/Basel.

Wybicki, Józef (1797): Hymn narodowy. Mazurek Dąbrowskiego. In: Wawrzykowska-Wierciochowa, Dioniza (1982): Dzieje polskiego hymnu narodowego. Warszawa. S. 128.

Spielfilme/Kinofilme/Fernsehserien
Benigni, Roberto (1997): La Vita è bella (Das Leben ist schön/Życie jest piękne). Italien.

Polański, Roman (2002): The Pianist (Der Pianist/Pianista). Frankreich/Großbritannien/Deutschland/Polen.

Przymanowski, Janusz (1966, 1969 und 1970): Czterej pancerni i pies (Vier Panzersoldaten und ein Hund). Polen.

Spielberg, Steven (1993): Schindler's List (Schindlers Liste/Lista Schindlera). USA.

Vilsmaier, Joseph (2008): Die Gustloff. Deutschland.

Wajda, Andrzej (1999): Pan Tadeusz. Polen.

Wessel, Kai (2007): Die Flucht. Deutschland.

Sekundärliteratur

Abraham, Ulf/Matthis Kepser (2005): Literaturdidaktik Deutsch. Eine Einführung. Berlin.

Adorno, Theodor W. (1971): Erziehung nach Auschwitz (1966). In: Theodor W. Adorno (1971): Erziehung zur Mündigkeit. Frankfurt am Main. S. 88-104.

Alscher, Stefan (2005): Polen. In: focus Migration. Länderprofil Polen. H. 3 (2005). S. 1-6.

Anderson-Levitt, Kathryn M. (1987): Cultural Knowledge for Teaching First Grade: An Example from France. In: Spindler, George/Spindler, Louise (Hgg.) (1987): Interpretive Ethnography of Education. At Home and Abroad. Hillsdale/London. S. 171-192.

Andringa, Els (1996): Die Bedeutung von Kontextwissen für das Verstehen fremdsprachiger Literatur. In: SPIEL – Siegener Periodicum zur Internationalen Empirischen Literaturwissenschaft. H. 1 (1996). S. 138-154.

Andringa, Els (2000): „The Dialogic Imagination". Literarische Komplexität und Lesekompetenz. In: Witte, Hansjörg/Christine Garbe/Karl Holle (Hgg.) (2000): Deutschunterricht zwischen Kompetenzerwerb und Persönlichkeitsbildung. Baltmannsweiler. S. 85-97.

Appleyard, Joseph A. (1994): Becoming a reader. The experience of fiction from childhood to adulthood. Cambridge.

Assmann, Aleida (2001): Wie wahr sind Erinnerungen? In: Welzer, Harald (Hg.) (2001): Das Soziale Gedächtnis. Geschichte, Erinnerung, Tradierung. Hamburg. S. 103-122.

Assmann, Aleida (2003): Erinnerungsräume. Formen und Wandlungen des kulturellen Gedächtnisses. München.

Assmann, Aleida/Assmann, Jan (1994): Das Gestern im Heute. Medien und soziales Gedächtnis. In: Merten, Klaus/Siegfried J. Schmidt/Siegfried Weischenberg (Hgg.) (1994): Die Wirklichkeit der Medien. Eine Einführung in die Kommunikationswissenschaft. S. 114-140.

Assmann, Jan (1988): Kollektives Gedächtnis und kulturelle Identität. In: Assmann, Jan/Tonio Hölscher (Hgg.) (1988): Kultur und Gedächtnis. Frankfurt am Main. S. 9-19.

Assmann, Jan (1992): Das kulturelle Gedächtnis. Schrift, Erinnerung und politische Identität in frühen Hochkulturen. München.

Ayaß, Ruth (1999): Form und Funktion kategorischer Formulierungen. In: Bergmann, Jörg/Thomas Luckmann (Hgg.) (1999): Kommunikative Konstruktion von Moral. Bd. 1: Struktur und Dynamik der Formen moralischer Kommunikation. Opladen/Wiesbaden. S. 106-124.

Baacke, Dieter (1987): Jugend und Jugendkulturen. Weinheim.

Bachmann, Thomas/Hansjakob Schneider (2004): Elif, Tim, Adrian und Johanna –
Falldokumentationen. In: Bertschi-Kaufmann et al. (2004). S. 97-174.

Bakhtin, Mikhail (1981): The Dialogic Imagination. Four Essays. Austin/Texas.

Barthes, Roland (1980): Leçon/Lektion. Französisch und Deutsch. Antrittsvorlesung
im Collège de France. Übersetzung von Helmut Scheffel. Frankfurt am Main.

Bartlett, Frederic (1932/1997): Remembering. A study in experimental and social psy-
chology. Cambridge.

Becher, Ursula A. J./Włodzimierz Borodziej/Robert Meyer (2001): Deutschland und
Polen im zwanzigsten Jahrhundert. Analysen, Quellen, didaktische Hinweise.
Hannover.

Becker-Mrotzek, Michael/Rüdiger Vogt (2001): Unterrichtskommunikation. Linguistische Analysemethoden und Forschungsergebnisse. Tübingen.

Benrath, Ruth Johanna (2005): Kontinuität im Wandel. Eine empirisch-qualitative
Untersuchung zur Transformation des didaktischen Handelns von Geschichts-
lehrkräften aus der DDR. Idstein.

Benz, Wolfgang (2004): Was ist Antisemitismus? München.

Bertschi-Kaufmann, Andrea (2008): „ … über und über beschneit vom Gelesenen" –
Ein Plädoyer für die Vermittlung literarischer Erfahrung und dafür, dass sie mit
Forschung evident gemacht wird. Vortrag im Rahmen des Symposions Deutsch-
didaktik am 19.9.2008. Universität zu Köln. (Im Internet verfügbar)

Bertschi-Kaufmann, Andrea/Wassilis Kassis/Peter Sieber (2004): Mediennutzung und
Schriftlernen. Analysen und Ergebnisse zur literalen und medialen Sozialisation. Weinheim u.a.

Betz, Dagmar (2001): Vergegenwärtigte Geschichte. Konstruktionen des Erinnerns an
die Shoah in der zeitgenössischen Kinder- und Jugendliteratur. Baltmannsweiler.

Birkmeyer, Jens (Hg.) (2008): Holocaustliteratur und Deutschunterricht. Erinnerungskultur in schulischer Perspektive. Baltmannsweiler.

Blome, Christine (2005): Qualitative Evaluation von Elementen eines entwicklungs-
politischen Bildungsprogramms – Ein Beitrag zur dokumentarischen
Evaluationsforschung. Diplomarbeit am Fachbereich Erziehungswissenschaft
und Psychologie der Freien Universität Berlin. (Unveröffentlichtes Manuskript)

Błoński, Jan (1987): Biedni Polacy patrzą na getto. In: Tygodnik Powszechny
(2/1987). / Błoński, Jan (1995): Die armen Polen blicken aufs Ghetto. In:
Klecel, Marek (Hg.) (1995): Polen zwischen Ost und West. Polnische Essays
des 20. Jahrhunderts. Frankfurt am Main. S. 76-93.

Błoński, Jan (1992): Sarmatismus – Zur polnischen Adelskultur. In: Kobylińska et al.
(Hgg.) (1992). S. 127-133.

Blumer, Herbert (1973): Der methodologische Standort des Symbolischen
Interaktionismus. In: Arbeitsgruppe Bielefelder Soziologen (Hgg.) (1973): All-
tagswissen, Interaktion und gesellschaftliche Wirklichkeit. Bd.1: Symbolischer
Interaktionismus und Ethnomethodologie. Reinbek. S. 80-146.

Bogdal, Klaus-Michael (2002): Literaturdidaktik im Spannungsfeld von Literaturwissenschaft, Schule und Bildungs- und Lerntheorien. In: Bogdal/Korte (Hgg.)
(2002). S. 9-29.

Bogdal, Klaus-Michael (2005): Sprachen der Erinnerung: Einführung in das Themenheft. In: Der Deutschunterricht. H. 6 (2005). S. 2-5.

Bogdal, Klaus-Michael/Hermann Korte (Hgg.) (2002): Grundzüge der Literaturdidaktik. München.

Böhmann, Marc/Verena Stang (2007): Klassenlektüre Mirjam Pressler: „Malka Mai". Analysen und Unterrichtsentwürfe für die Klassen 6-10. Weinheim.

Böhmann, Marc/Bernhard Zerwann (2006): „Malka Mai" im Unterricht. Klassenstufe 7-10, alle Schularten. Weinheim.

Bohnsack, Ralf (2000[4]): Rekonstruktive Sozialforschung. Einführung in Methodologie und Praxis qualitativer Forschung. Opladen.

Bohnsack, Ralf (2003): Fokussierungsmetapher. In: Bohnsack et al. (Hgg.) (2003). S. 67f.

Bohnsack, Ralf/Winfried Marotzki/Michael Meuser (Hgg.) (2003): Hauptbegriffe Qualitativer Sozialforschung. Opladen.

Borries, Bodo von (1987): „Reifung" oder „Sozialisation" des Geschichtsbewußtseins. In: Geschichtsdidaktik. H. 12 (1987). S. 143-159.

Borries, Bodo von (1997): Geschichtsbewußtsein – Empirie. In: Bergmann, Klaus/ Klaus Fröhlich/Annette Kuhn/Jörn Rüsen/Gerhard Schneider (Hgg.) (1997[5]): Handbuch der Geschichtsdidaktik. Seelze. S. 38-41.

Bruner, Jerome S. (1986): Actual Minds, Possible Worlds. Cambridge/MA/London.

Bruner, Jerome S. (1987): Wie das Kind sprechen lernt. Bern.

Bruner, Jerome S. (1997): Sinn, Kultur und Ich-Identität. Zur Kulturpsychologie des Sinns. Heidelberg.

Bruner, Jerome S. (1998): Vergangenheit und Gegenwart als narrative Konstruktionen. Was ist gewonnen und was verloren, wenn Menschen auf narrative Weise Sinn bilden? In: Straub (1998). S. 46-80.

Bude, Heinz (1985): Der Sozialforscher als Narrationsanimateur. Kritische Anmerkungen zu einer erzähltheoretischen Fundierung der interpretativen Sozialforschung. In: Kölner Zeitschrift für Soziologie und Sozialpsychologie. Jg. 37 (1985). S. 327-336.

Buß, Angelika (2003): Kanonprobleme. In: Kämper-van den Boogaart, Michael (Hg.) (2003): Deutsch-Didaktik. Leitfaden für die Sekundarstufe I und II. Berlin. S. 142-152.

Christ, Hannelore et al. (1995): „Ja aber es kann doch sein ...". In der Schule literarische Gespräche führen. Frankfurt am Main.

Dahrendorf, Malte (1997): Das zeitgeschichtliche Jugendbuch zum Thema Faschismus/Nationalsozialismus: Überlegungen zum gesellschaftlichen Stellenwert, zur Eigenart und zur Didaktik. In: Rank, Bernhard/Cornelia Rosebrock (Hgg.) (1997): Kinderliteratur, literarische Sozialisation und Schule. Weinheim. S. 201-226.

Dahrendorf, Malte/Hans-Joachim Nauschütz (1999): Deutsch-polnische Kinderliteraturbeziehungen oder vom Eingeständnis eines Defizits. In: Beiträge Jugendliteratur und Medien. H. 1 (1999). S. 20-25.

Damasio, Antonio (1999): The feeling of what happens. Body and emotion in the making of consciousness. New York.

Dammer, Ingo/Norbert H. Weber (1999): „Grenz-Bilder". Polen aus der Sicht Berliner Schüler. In: Weber (Hg.) (1999). S. 8-55.

Davideit, Annett/Jeanette Hoffmann (2004): Was Menschen Menschen antun können. Ein Kind im Krieg ganz allein: Malka Mai von Mirjam Pressler. In: Praxis Deutsch. H. 188 (2004). S. 42-47.

Dehn, Mechthild/Thomas Hoffmann/Oliver Lüth/Maria Peters (2004): Zwischen Text und Bild. Schreiben und Gestalten mit neuen Medien. Freiburg im Breisgau.

Denzin, Norman K. (1970): The Research Act. Chicago.

Deppermann, Arnulf (1999): Gespräche analysieren. Eine Einführung in konversationsanalytische Methoden. Opladen.

Deppermann, Arnulf/Thomas Spranz-Fogasy (Hgg.) (2002): be-deuten. Wie Bedeutung im Gespräch entsteht. Tübingen.

Diner, Dan (1992): Antisemitismus in Deutschland. In: Kobylińska et al. (Hgg.) (1992). S. 313-317.

Dressel, Gert (1996): Historische Anthropologie. Eine Einführung. Wien.

Eckhardt, Juliane (2003): Das Polenbild der westdeutschen Kinder- und Jugendliteratur seit Ende des Zweiten Weltkriegs. In: Keim (Hg.) (2003). S. 343-364.

Eggert, Hartmut (2002): Literarische Texte und ihre Anforderungen an die Lesekompetenz. In: Groeben/Hurrelmann (Hgg.) (2002a). S. 186-194.

Eggert, Hartmut/Christine Garbe (2003²): Literarische Sozialisation. Stuttgart.

Eggert, Hartmut/Christine Garbe/Irmela Marei Krüger-Fürhoff/Michael Kumpfmüller (2000): Literarische Intellektualität in der Mediengesellschaft. Empirische Vergewisserungen über Veränderungen kultureller Praktiken. Weinheim/München.

Ehlich, Konrad/Jochen Rehbein (1986): Muster und Institution. Untersuchungen zur schulischen Kommunikation. Tübingen.

Eickelpasch, Rolf/Claudia Rademacher (2004): Identität. Bielefeld.

Engel, Susan (1986): Learning to reminisce. A development study of how young children talk about the past. Unpublished Ph.D. Dissertation. City University of New York Graduate Center. New York.

Erickson, Frederick (1977): Some approaches to inquiry in school-community ethnography. In: Anthropologie and Education Quarterly. H. 8 (1977). S. 58-69.

Erikson, Erik H. (1973): Identität und Lebenszyklus. Frankfurt am Main.

Erlinger, Hans-Dieter (1999): Medienerziehung im Deutschunterricht und hochschulcurriculare Konsequenzen. In: Erlinger, Hans-Dieter/Gudrun Marci-Boehncke (Hgg.) (1999): Deutschdidaktik und Medienerziehung. Kulturtechnik Medienkompetenz in Unterricht und Studium. München. S. 155-166.

Fechler, Bernd/Gottfried Kößler/Till Lieberz-Groß (Hgg.) (2000): „Erziehung nach Auschwitz" in der multikulturellen Gesellschaft. Pädagogische und soziologische Annäherungen. Weinheim/München.

Fielding, Nigel G./Jane L. Fielding (1986): Linking Data. Beverly Hills.

Fischer, Eva (1995): „...also der Mann will glaub ich den Jungen ablenken". In: Christ et al. (1995). S. 178-201.

Flick, Uwe (2000⁵): Qualitative Forschung. Theorie, Methoden, Anwendung in Psychologie und Sozialwissenschaften. Reinbek.

Flick, Uwe (2003): Konstruktivismus. In: Flick et al. (Hgg.) (2003). S. 150-164.

Flick, Uwe (2004): Triangulation. Eine Einführung. Wiesbaden.

Flick, Uwe/Ernst von Kardorff/Ines Steinke (Hgg.) (2003²): Qualitative Forschung. Ein Handbuch. Reinbek.

Flügel, Alexandra (2008): Die Kommunikation von Kindern über den Holocaust: Umgangsweisen und Verarbeitungsstrategien. In: Birkmeyer (2008). S. 179-190.

Fry, Donald (1990²): Children talk about books: seeing themselves as readers. Suffolk.

Gadamer, Hans-Georg (1990[6]): Wahrheit und Methode. Grundzüge einer philosophischen Hermeneutik. Tübingen.

Geertz, Clifford (1983): Dichte Beschreibung. Beiträge zum Verstehen kultureller Systeme. Frankfurt am Main.

Gelberg, Barbara (2001): Wenn das Glück kommt. Vorwort. In: Werkstattbuch Mirjam Pressler (2001). Hg. v. Beltz-Verlag. Weinheim/Basel. S. 8-10.

Genette, Gèrard (2001): Paratexte. Das Buch vom Beiwerk des Buches. Frankfurt am Main.

Georgi, Viola (2003): Entliehene Erinnerung. Geschichtsbilder junger Migranten in Deutschland. Hamburg.

Gergen, Kenneth J. (1998): Erzählung, morlaische Identität und historisches Bewußtsein. Eine sozialkonstruktionistische Darstellung. In: Straub (1998). S. 170-202.

Geschichte lernen. Themenheft „Polen". H. 102 (2004).

Glasenapp, Gabriele von (1999): Ansichten und Kontroversen über Kinder- und Jugendliteratur zum Thema Nationalsozialismus und Holocaust. Ein forschungsgeschichtlicher Überblick. In: Hans-Heino Ewers et al. (1999): Kinder- und Jugendliteraturforschung 1998/99. Stuttgart/Weimar. S. 141-181.

Glaser, Barney G./Strauss, Anselm L. (1967): The discovery of grounded theory. Strategies for qualitative research. Chicago.

Goffman, Erving (1974a): Frame Analysis. An Essay on the Organization of Experience. New York u.a.

Goffman, Erving (1974b): Stigma. Über Techniken bewältigter Identität. Frankfurt am Main.

Goffman, Erving (1981): Strategische Interaktion. München.

Gogolin, Ingrid/Sjaak Kroon (2000): „Man schreibt, wie man spricht". Ergebnisse einer international vergleichenden Fallstudie über Unterricht in vielsprachigen Klassen. Münster u.a.

Gogolin, Ingrid/Marianne Krüger-Potratz (2006): Einführung in die Interkulturelle Pädagogik. Opladen/Farmington Hills.

Graf, Werner (1997): Lesen und Biographie. Eine empirische Fallstudie zur Lektüre der Hitlerjugendgeneration. Tübingen/Basel.

Grenz, Dagmar (1999): Kinder- und Jugendliteratur und Holocaust. Theoretische und didaktische Überlegungen im Anschluß an die Analyse von zwei erfolgreichen Jugendbüchern. In: Beiträge Jugendliteratur und Medien. 10. Beiheft (1999). S. 111-123.

Groeben, Norbert/Bettina Hurrelmann (Hgg.) (2002a): Lesekompetenz. Bedingungen, Dimensionen, Funktionen. Weinheim/München.

Groeben, Norbert/Bettina Hurrelmann (Hgg.) (2002b): Medienkompetenz. Voraussetzungen, Dimensionen, Funktionen. Weinheim/München.

Gross, Jan Tomasz (2000): Sąsiedzi. Historia zagłady żydowskiego miasteczka. Sejny. / Gross, Jan Tomasz (2001): Nachbarn. Der Mord an den Juden von Jedwabne. München.

Grucza, Franciszek (2001): Tausend Jahre polnisch-deutsche Beziehungen. Sprache – Literatur – Kultur – Politik. Warszawa.

Hahn, Hans Henning/Wolfgang Jacobmeyer/Adam Krzemiński/Mieczysław Tomala/ Hubert Orłowski et al. (1995): Polen und Deutschland. Nachbarn in Europa. Hannover.

Halbwachs, Maurice (1974): Die individuelle Erinnerung als Grenze der kollektiven Interferenzen. In: Dehn, Wilhelm (Hg.) (1974): Ästhetische Erfahrung und literarisches Lernen. Frankfurt am Main. S. 116-121.

Halbwachs, Maurice (1985): Das Gedächtnis und seine sozialen Bedingungen. Frankfurt am Main.

Harding, Dennis W. (1968): Psychological Processes in the Reading of Fiction. In: Osborne, Harold (Hg.) (1968): Aesthetics in the Modern World. London.

Härle, Gerhard (2004): Lenken – Steuern – Leiten. Theorie und Praxis der Leitung literarischer Gespräche in Hochschule und Schule. In: Härle/Steinbrenner (2004). S. 107-139.

Härle, Gerhard/Marcus Steinbrenner (Hgg.) (2004): Kein endgültiges Wort. Die Wiederentdeckung des Gesprächs im Deutschunterricht. Baltmannsweiler.

Haueis, Eduard (1994): Muttersprachlicher Unterricht in Europas Schulen. Editorial. In: Haueis, Eduard (Hg.) (1994): OBST – Osnabrücker Beiträge zur Sprachtheorie. Oldenburg. S. 5-12.

Helsper, Werner/Jeanette Böhme (2002): Jugend und Schule. In: Krüger, Heinz-Hermann/Cathlen Grunert (Hgg.) (2002): Handbuch Kindheits- und Jugendforschung. Opladen. S. 567-596.

Herrlitz, Wolfgang (1987): Muttersprachunterricht im europäischen Vergleich. Ein Bericht von der 2. Konferenz des „International Mothertongue Education Network". In: Der Deutschunterricht. H. 2 (1987). S. 94-103.

Herrlitz, Wolfgang (1994): Spitzen der Eisberge. Vorbemerkung zu einer vergleichenden Analyse metonymischer Strukturen im Unterricht der Standardsprache. In: Haueis, Eduard (Hg.) (1994): OBST – Osnabrücker Beiträge zur Sprachtheorie. Oldenburg. S. 13-51.

Herrlitz, Wolfgang/Jan Sturm (1991): International Triangulation. A Contribution to the development of a Procedure. Frascati/Nijmegen.

Historie – Jahrbuch des Zentrums für Historische Forschung Berlin der Polnischen Akademie der Wissenschaften (2008): Folge 1 2007/2008: Krieg und seine Folgen. Leverkusen/Opladen.

Hitzler, Ronald (2003): Ethnographie. In: Bohnsack et al. (Hgg.) (2003). S. 48-51.

Hitzler, Ronald/Anne Honer (1994): Bastelexistenz. Über subjektive Konsequenzen der Individualisierung. In: Beck, Ulrich/Elisabeth Beck-Gernsheim (Hgg.) (1994): Riskante Freiheiten. Individualisierung in modernen Gesellschaften. Frankfurt am Main. S. 307-325.

Hoffmann, Jeanette (2008a): „sie kann ja nicht verstehen warum ihre mutter sie zurücklässt" – Zeitgeschichtliche Jugendliteratur und kommunikatives Gedächtnis in literarischen Gesprächen. In: Birkmeyer (Hg.) (2008). S. 161-178.

Hoffmann, Jeanette (2008b): Mediensozialisation in zwei Sprachen – Portrait einer polnischen Familie in Berlin. In: Wieler, Petra (Hg.): Medien als Erzählanlass. Wie lernen Kinder im Umgang mit alten und neuen Medien. Freiburg im Breisgau. S. 163-181.

Hoffmann, Jeanette (2011): Mirjam Presslers zeitgeschichtlicher Jugendroman *Malka Mai* in der subjektiven Rezeption von Schülerinnen und Schülern in Deutschland und in Polen. In: Kinder- und Jugendliteraturforschung 2010/2011 (2011). Hrsg. v. Institut für Jugendbuchforschung der Johann Wolfgang Goethe-Universität (Frankfurt/M.) und der Staatsbibliothek Preußischer Kulturbesitz (Berlin), Kinder- und Jugendbuchabteilung unter der Verantwortung von Bernd

Dolle-Weinkauff, Hans-Heino Ewers und Carola Pohlmann. Frankfurt am Main u.a. (im Druck)

Hoffmann, Jeanette (demn. a): Literarische und historische Unterrichtsgespräche über den zeitgeschichtlichen Jugendroman *Malka Mai* von Mirjam Pressler im deutsch-polnischen Kontext. In: Rathenow, Hanns-Fred/Birgit Wenzel/Norbert H. Weber (Hgg.) (demn.): Lernfeld Nationalsozialismus und Holocaust. Ein Handbuch für Schule, außerschulisches Lernen und Lehrerbildung. Schalbach/Ts.

Hoffmann, Jeanette (demn. b): Mirjam Pressler. Malka Mai. In: Vogt, Jochen/Marion Bönninghausen (Hgg.) (demn.): Literatur für die Schule. Ein Handbuch. München.

Hoffmann, Jeanette (demn. c): Narrated (hi)stories in an intercultural context: how young people in Germany and Poland deal with tensions between communicative and cultural memory. In: Boesen, Elisabeth/Fabienne Lentz/Michel Margue/Denis Scuto/Renée Wagener (Hgg.) (demn.): Grand narratives & peripheral memories – On the connection between cultural memory and familial remembering. (Arbeitstitel)

Honer, Anne (2003): Lebensweltanalyse in der Ethnographie. In: Flick et al. (Hgg.) (2003). S. 194-204.

Hopf, Christel (1996): Hypothesenprüfung und qualitative Sozialforschung. In: Strobel, Rainer/Böttger, Andreas (Hgg.) (1996): Wahre Geschichten? Zu Theorie und Praxis qualitativer Interviews. Baden-Baden. S. 9-21.

Hopf, Christel (2003): Qualitative Interviews – ein Überblick. In: Flick et al. (Hgg.) (2003). S. 349-360.

Hopster, Norbert (1994): Umgang mit der Literatur über den Nationalsozialismus im Deutschunterricht. In: Beiträge Jugendliteratur und Medien. H. 3 (1994). S. 140-150.

Hörner, Wolfgang/Mirosław S. Szymański/Kirsti Dubeck (Hgg.) (2004): Zehn Jahre danach. Bildungswesen und Erziehungswissenschaft in Deutschland und Polen in vergleichender Perspektive. Münster.

Hurrelmann, Bettina (2002): Kinder- und Jugendliteratur im Unterricht. In: Bogdal, Klaus-Michael/Hermann Korte (Hgg.) (2002): Grundzüge der Literaturdidaktik. München. S. 134-146.

Iser, Wolfgang (1975): Die Appellstruktur der Texte. In: Warning, Rainer (Hg.) (1975): Rezeptionsästhetik. München. S. 228-252.

Ivo, Hubert (1994): Muttersprache, Identität, Nation. Sprachliche Bildung im Spannungsfeld zwischen einheimisch und fremd. Opladen.

Ivo, Hubert (1996): Über den Tag hinaus. Begriff einer allgemeinen Sprachdidaktik. In: Didaktik Deutsch. H. 1 (1996). S. 8-29.

Jacobmeyer, Wolfgang (1995): Die deutsch-polnischen Beziehungen in der Neuzeit als Konfliktgeschichte. In: Hahn et al. (Hgg.) (1995). S. 17-33.

Jeismann, Karl-Ernst (1985): Geschichte als Horizont der Gegenwart. Über den Zusammenhang von Vergangenheitsdeutung, Gegenwartsverständnis und Zukunftsperspektive. Paderborn.

Jensen, Olaf/Harald Welzer (2003): Ein Wort gibt das andere, oder: Selbstreflexivität als Methode. In: Qualitative Sozialforschung / Forum: Qualitative Social Research [Online Journal], 4(2). Verfügbar über http://www.qualitative-research.net/fqs-texte/2-03/2-03jensenwelzer-d.htm [Zugriff: 13.07.2006].

Jensen, Olaf/Sabine Moller (2007): Streifzüge durch ein europäisches Generationen-
gedächtnis. Gruppendiskussionen zum Thema Zweiter Weltkrieg im interkulturellen und intergenerationellen Vergleich. In: Welzer (Hg.) (2007). S. 229-
259.

Jonda, Bernadette (1991): Die Deutschen und die beiden deutschen Staaten in der
Sicht der Jugendlichen in Polen. In: Melzer et al. (Hgg.) (1991). S. 101-108.

Jonda, Bernadette (1999): Deutsche und Deutschland aus der Sicht polnischer Schüler
im vergangenen Jahrzehnt. Ergebnisse empirischer Forschung. In: Weber (Hg.)
(1999). S. 198-217.

Kamińska, Ewelina (2000): Polnische Motive in der gegenwärtigen deutschen Kinder-
und Jugendliteratur im Überblick. In: Honsza, Norbert (Hg.): Zeitbewußtsein
und Zeitkonzeption. Wrocław. S. 103-126.

Kammler, Clemens (2006): Literarische Kompetenzen – Standards im Literaturunterricht. Anmerkungen zum Diskussionsstand. In: Kammler, Clemens (Hg.)
(2006): Literarische Kompetenzen – Standards im Literaturunterricht. Modelle
für die Primar- und Sekundarstufe. S. 7-22.

Kammler, Clemens/Werner Knapp (Hgg.) (2002): Empirische Unterrichtsforschung
und Deutschdidaktik. Baltmannsweiler.

Kämper-van den Boogart, Michael (1997): Schönes schweres Lesen. Legitimität
literarischer Lektüre aus kultursoziologischer Sicht. Wiesbaden.

Kegan, Robert (1986): Die Entwicklungsstufen des Selbst. München.

Keim, Wolfgang (Hg.) (2003): Vom Erinnern zum Verstehen. Pädagogische Perspektiven deutsch-polnischer Verständigung. Frankfurt am Main.

Keppler, Angela (1994): Tischgespräche. Über Formen kommunikativer Vergemein-
schaftung am Beispiel der Konversation in Familien. Frankfurt am Main.

Keupp, Heiner (1989): Auf der Suche nach der verlorenen Identität. Göttingen.

Kirchhöfer, Dieter/Hans Merkens (Hgg.) (2004): Das Prinzip Hoffnung. Jugend in
Polen und Deutschland. Baltmannsweiler.

Klüger, Ruth (1997): Katastrophen. Über deutsche Literatur. München.

Kneip, Matthias/Manfred Mack (2003): Polnische Literatur und deutsch-polnische
Literaturbeziehungen. Materialien und Kopiervorlagen für den Deutschunterricht 10.-13. Schuljahr. Berlin.

Kneip, Matthias/Manfred Mack (2007): Polnische Geschichte und deutsch-polnische
Beziehungen. Darstellungen und Materialien für den Geschichtsunterricht.
Berlin.

Kobylińska, Ewa (1998): Polens Gedächtnis und seine Symbole. In. Kobylińska,
Ewa/Andreas Lawaty (Hgg.) (1998): Erinnern, vergessen, verdrängen: polnische und deutsche Erfahrungen. Wiesbaden. S. 120-132.

Kobylińska, Ewa/Andreas Lawaty/Rüdiger Stephan (Hgg.) (1992): Deutsche und
Polen. 100 Schlüsselbegriffe. München.

Koch, Peter/Wulf Oesterreicher (1994): Schriftlichkeit und Sprache. In: Günther, Hart-
mut/Otto Ludwig (Hgg.) (1994). Schrift und Schriftlichkeit. Ein interdiszipli-
näres Handbuch internationaler Forschung. Berlin/New York. S. 587-604.

Kohlberg, Lawrence (1974): Zur kognitiven Entwicklung des Kindes. Frankfurt am
Main.

Köster, Juliane (2001): Archive der Zukunft. Der Beitrag des Literaturunterrichts zur
Auseinandersetzung mit Auschwitz. Augsburg.

Kotthoff, Helga (Hg.) (2002): Kultur(en) im Gespräch. Tübingen.

Kranz, Tomasz (2003): Erinnern und Gedenken an die Geschichte des Zweiten Weltkrieges und die deutsch-polnische Verständigung. In: Keim (Hg.) (2003). S. 303-316.

Krappmann, Lothar (1971): Soziologische Dimensionen der Identität. Strukturelle Bedingungen für die Teilnahme an Interaktionsprozessen. Stuttgart.

Krappmann, Lothar (1997): Die Identitätsproblematik nach Erikson aus einer interaktionistischen Sicht. In: Keupp, Heiner (Hg.) (1997): Identitätsarbeit heute. Klassische und aktuelle Perspektiven der Identitätsforschung. Frankfurt am Main. S. 66-92.

Kroon, Sjaak/Jan Sturm (2002): „Key Incident Analyse" und „internationale Triangulierung" als Verfahren in der empirischen Unterrichtsforschung. In: Kammler/Knapp (Hgg.) (2002). S. 96-114.

Krüger-Potratz, Marianne (2005): Interkulturelle Bildung. Eine Einführung. Münster.

Krummheuer, Götz (1992): Lernen mit „Format". Elemente einer interaktionistischen Lerntheorie. Diskutiert an Beispielen mathematischen Unterrichts. Weinheim.

Krummheuer, Götz (1997): Narrativität und Lernen. Mikrosoziologische Studien zur sozialen Konstitution schulischen Lernens. Weinheim.

Krummheuer, Götz/Natalie Naujok (1999): Grundlagen und Beispiele Interpretativer Unterrichtsforschung. Opladen.

Krzemiński, Adam (1995): Deutsch-polnische Nachbarschaft als Gewinn und gegenseitige Befruchtung. In: Hahn et al. (Hgg.) (1995). S. 34-44.

Kügler, Hans (1990): Verständigen über Verstehen. Rezension über: Wieler, Petra (1989): Sprachliches Handeln im Literaturunterricht als didaktisches Problem. New York u.a. In: Praxis Deutsch (1990). S. 12-15.

Lamnek, Siegfried (1988): Qualitative Sozialforschung (Bd. 1): Methodologie. München.

Lange, Günter (2002): Zeitgeschichtliche Kinder- und Jugendliteratur. In: Lange, Günter (Hg.) (2002³): Taschenbuch der Kinder- und Jugendliteratur. Baltmannsweiler. S. 462-494.

Lipski, Jan Józef (1996): Powiedzieć sobie wszystko … Eseje i sąsiedztwie polskoniemieckim / Wir müssen uns alles sagen … Essays zur deutsch-polnischen Nachbarschaft. Warschau. (zweisprachige Ausgabe)

Loew, Roswitha/Anke Pfeifer (1999): Bilder von Polen und Deutschen in der deutschen Presse. Ein diskursanalytischer Versuch. In: Orbis Linguarum. H. 12 (1999). S. 1-18.

Lompscher, Joachim/Horst Nickel (1997): Entwicklung und Erziehung. In: Lompscher, Joachim/Gudrun Schulz/Gerhild Ries/Horst Nickel (Hgg.): Leben, Lernen und Lehren in der Grundschule. Berlin. S. 7-32.

Lucius-Hoene, Gabriele/Arnulf Deppermann (2002): Rekonstruktion narrativer Identität. Ein Arbeitsbuch zur Analyse narrativer Interviews. Opladen.

Maanen, John van (1988): Tales of the field: On writing ethnography. Chicago.

Mack, Manfred (1992): Schulbuchgespräche. In: Kobylińska et al. (Hgg.) (1992). S. 528-534.

Madajczyk, Czesław (1998): Die NS-Besatzung im historischen, politischen und allgemeinen Bewußtsein der Polen in der Nachkriegszeit. In: Kranz, Tomasz (Hg.) (1998): Die Verbrechen des Nationalsozialismus im Geschichtsbewußtsein und in der historischen Bildung in Deutschland und Polen. Lublin. S. 31-42.

Maier, Robert (2003): Deutsch-polnische Verständigung über Geschichte. Von den Schulbuchempfehlungen zur aktuellen Lehrerhandreichung – Die deutsch-polnische Schulbuchkommission vor neuen Herausforderungen. In: Keim (Hg.) (2003). S. 403-417.

Maier, Robert (2004): Polen – zwischen alten Stereotypen und neuer Wahrnehmung. In: Geschichte lernen. H. 102 (2004). S. 10-17.

Malmgren, Lars-Göran (1996): A sign from the beaver – A sign from thematic literature teaching. In: SPIEL – Siegener Periodicum zur Internationalen Empirischen Literaturwissenschaft. H. 1 (1996). S. 68-82.

Marburger, Helga/Silke Riesner (1996): Jugend und deutsch-polnische Nachbarschaft. Bilder von den anderen, Austausch- und Migrationserfahrungen, grenzüberschreitende Projekte und Kooperationen. Frankfurt am Main.

Markowitsch, Hans J. (2002): Autobiographisches Gedächtnis aus neurowissenschaftlicher Sicht. In: BIOS – Zeitschrift für Biographieforschung und Oral History. H. 2 (2002). S. 187-201.

Markowitsch Hans J./Harald Welzer (2005): Das autobiographische Gedächtnis. Hirnorganische Grundlagen und biosoziale Entwicklung. Stuttgart.

Martinez, Matias/Michael Scheffel (2003[4]): Einführung in die Erzähltheorie. München.

Matt, Eduard (2003): Darstellung qualitativer Forschung. In: Flick et al. (Hgg.) (2003). S. 578-587.

Mattenklott, Gundel (2007[2]): Grundschule der Künste. Vorschläge zur Musisch-Ästhetischen Erziehung. Baltmannweiler.

Mayer, Johannes (2004): Literarische Gespräche: Strukturen – Verstehenslinien – Phasen. In: Härle/Steinbrenner (2004). S. 141-174.

Mead, George Herbert (1968): Geist, Identität, Gesellschaft. Frankfurt am Main. / Mead, George Herbert (1934): *Mind, Self, and Society*. Chicago.

Mehan, Hugh (1979): Learning Lessons. Social Organization in the Classroom. Cambridge.

Meinefeld, Werner (2003): Hypothesen und Vorwissen in der qualitativen Sozialforschung. In: Flick et al. (Hgg.) (2003). S. 265-275.

Melzer, Wolfgang/Wilhelm Heitmeyer/Ludwig Liege/Jürgen Zinnecker (Hgg.) (1991): Osteuropäische Jugend im Wandel. Ergebnisse vergleichender Jugendforschung in der Sowjetunion, Polen, Ungarn und der ehemaligen DDR. Weinheim/München.

Merkel, Johannes (2000): Spielen, Erzählen, Phantasieren. Die Sprache der inneren Welt. München.

Merkelbach, Valentin (1995): Zur Theorie und Didaktik des literarischen Gesprächs. In: Christ et al. (1995). S. 12-52.

Merkelbach, Valentin (1998): Über literarische Texte sprechen. Mündliche Kommunikation im Literaturunterricht. In: Der Deutschunterricht. H. 1 (1998). S. 74-82.

Meyer, Marita (2008): Das Thema „Holocaust" im Deutschunterricht: eine Kluft zwischen Literaturwissenschaft und schulischer Praxis? Ergebnisse einer Umfrage. In: Der Deutschunterricht. H. 1 (2008). S. 74-80.

Middleton, David/Derek Edwards (1990): Conversational remembering: a social psychological approach. In: Middleton, David/Derek Edwards (Hgg.) (1990): Collective Remembering. London u.a. S. 23-45.

Miller, Max (1986): Kollektive Lernprozesse. Studien zur Grundlegung einer soziologischen Lerntheorie. Frankfurt am Main.

Müller-Michaels, Harro (1997): Kanon. Denkbilder für das Gespräch zwischen Generationen und Kulturen. In: Ivo, Hubert/Kristin Wardetzky (Hgg.) (1997): „aber spätere Tage sind als Zeugen am weisesten". Zur literarisch-ästhetischen Bildung im politischen Wandel. Berlin. S.117-123.

Müller-Michaels, Harro (1999): Literarische Anthropologie in didaktischer Absicht. Begründung der Denkbilder aus Elementarerfahrungen. In: Deutschunterricht. H. 3 (1999). S. 164-174.

Nasalska, Ewa (1998): Polen und Deutsche. Zur Haltung Jugendlicher und zu Schulbuchinhalten. In: UTOPIE kreativ. H. 88 (1998). S. 45-54.

Naujok, Natascha (2004): Methodologische Überlegungen zur Kombination von Interaktions- und Interviewdaten. In: Carle, Ursula/Anne Unckel (Hgg.) (2004): Entwicklungszeiten – Forschungsperspektiven für die Grundschule. Jahrbuch Grundschulforschung 8. Opladen. S. 75-80.

Nauwerck, Patricia (Hg.) (2009): Kultur der Mehrsprachigkeit in Schule und Kindergarten. Festschrift für Ingelore Oomen-Welke. Freiburg im Breisgau.

Nelson, Kathrine (Hg.) (1989): Narratives from the crib. Cambridge, MA.

Nelson, Katherine (1993): Ereignisse, Narrationen, Gedächtnis: Was entwickelt sich? In: Petzold, Hilarion G. (Hg.) (1993): Frühe Schädigungen – späte Folgen? Psychotherapie und Babyforschung. Bd. 1. Paderborn. S. 195-233.

Nelson, Katherine (1995): Erinnern und Erzählen: eine Entwicklungsgeschichte. In: Petzold, Hilarian (Hg.) (1995): Die Kraft liebevoller Blicke. Psychotherapie und Babyforschung. Bd. 2. Säuglingsbeobachtungen revolutionieren die Psychotherapie. Paderborn. S. 167-191.

Nelson, Katherine (1996a): Language in Cognitive Development. Emergence of the Mediated Mind. Cambridge.

Nelson, Katherine (1996b): Memory Development from 4 to 7 years. In: Sameroff, Arnold J./Marshall M. Haith (Hgg.) (1996): The five to seven years shift. Chicago. S. 141-160.

Nöth, Dorothea (2001): Interkulturelles Lernen und Nachbarspracherwerb. Im Projekt *Spotkanie heißt Begegnung*. Baltmannsweiler.

Nowicka, Ewa (1992): Elementy tożsamości społecznej polskiej młodzieży (Bestandteile der sozialen Identität bei polnischen Jugendlichen). In: Kultura i Społeczeństwo. H. 4 (1992).

O'Sullivan, Emer (2000): Kinderliterarische Komparatistik. Heidelberg.

Opitz, Peter J. (1999): Das Jahrhundert der Flüchtlinge. In: Franz-Josef Hutter/Anja Mihr/Carsten Tessmer (Hgg.) (1999): Menschen auf der Flucht. Opladen. S. 43-55.

Orłowski, Hubert (1992): „Polnische Wirtschaft". In: Kobylińska et al. (Hgg.) (1992). S. 515-522.

Orłowski, Hubert (1995): Das Bild des Deutschen in der polnischen Literatur. In: Hahn et al. (1995). S. 118-129.

Orłowski, Hubert (2000): Polen in deutschen Lesebüchern für Sprache und Literatur, unter Berücksichtigung deutscher Literatur im polnischen Literaturunterricht. Rückschlüsse auf nationalstaatliches Denken in Deutschland. In: Orbis Linguarum. H. 16 (2000). S. 1-14.

Osberghaus, Monika (2001): „Ein Kind läuft immer irgendwie mit". Ein Interview mit Mirjam Pressler über ihr neues Buch ‚Malka Mai'. In: Werkstattbuch Mirjam Pressler (2001). Hg. v. Beltz-Verlag. Weinheim/Basel. S. 33-40.

Osteroth, Reinhard (2001): LUCHS 170. Die Jury von ZEIT und Radio Bremen 2 stellt vor: Mirjam Pressler: Malka Mai. In: DIE ZEIT (13/2001).

Paefgen, Elisabeth (1996): Reicher Materialfundus. Rezension über: Christ, Hannelore et al. (1995): „Ja aber es kann doch sein...". In der Schule literarische Gespräche führen. Frankfurt am Main u.a. In: Praxis Deutsch. H. 135 (1996). S. 13-15.

Paefgen, Elisbeth K. (1999): Einführung in die Literaturdidaktik. Stuttgart/Weimar.

Pandel, Hans-Jürgen (1987): Dimensionen des Geschichtsbewußtseins. Ein Versuch, seine Struktur für Empirie und Pragmatik diskutierbar zu machen. In: Geschichtsdidaktik. H. 2 (1987). S. 130-142.

Payrhuber, Franz-Josef (1996): Das Thema ‚Nationalsozialismus' im Werk Mirjam Presslers. In: Kurt Franz/Franz-Josef Payrhuber (Hgg.) (1996): Blickpunkt: Autor. Baltmannsweiler. S. 154-165.

Pette, Corinna/Michael Charlton (1999): Die Dialoganalyse als eine Methode zur literarischen Lese(r)forschung. In: SPIEL – Siegener Periodicum zur Internationalen Empirischen Literaturwissenschaft. H. 1 (1999). S. 121-137.

Pieper, Irene/Cornelia Rosebrock/Heike Wirthwein/Steffen Volz (2004): Lesesozialisation in schriftfernen Lebenswelten. Lektüre und Mediengebrauch von HauptschülerInnen. Weinheim u.a.

Pollack, Martin (Hg.) (2006): Von Minsk nach Manhattan. Polnische Reportagen. Wien.

Prawda, Marek (1992): Polnische Neurosen und die Deutschen. In: Kobylińska et al. (Hgg.) (1992). S. 464-472.

Prawda, Marek (1997): Der Umgang mit dem Fremden. Das Beispiel Polen – eine Gesellschaft im Wandel. In: Bizeul, Yves et al. (Hgg.) (1997): Vom Umgang mit dem Fremden. Hintergrund – Definitionen – Vorschläge. Weinheim/Basel. S. 167-186.

Pressler, Mirjam (1993): „Die Scheißdeutschen sollen ihre Scheißpfoten von unseren Scheißjuden lassen." In: Eselsohr. H. 9 (1993). S. 28-29.

Pressler, Mirjam (1996): Nachwort. In: Eva Erben (1996): Mich hat man vergessen. Erinnerungen eines jüdischen Mädchens. Weinheim/Basel. S. 81-90.

Priester, Karin (1997): Rassismus und kulturelle Differenz. Münster u.a.

Proske, Matthias (2005): Kommunikation im Unterricht, ethnische Herkunft und die moralische Bewertung von Alltagsverhalten im NS-Staat – Eine Fallinterpretation eines Schülerinnenkonflikts. In: Schlag, Thomas/Michael Scherrmann (Hgg.) (2005): Bevor Vergangenheit vergeht. Für einen zeitgemäßen Politik- und Geschichtsunterricht über Nationalsozialismus und Rechtsextremismus. Schwalbach. S. 114-131.

Rathenow, Hanns-Fred/Norbert H. Weber (Hgg.) (2005): Nationalsozialismus und Holocaust. Historisch-politisches Lernen in der Lehrerbildung. Hamburg.

Reuschling, Gisela (1995): Textauswahl und Gesprächsverhalten. In: Christ et al. (1995). S. 233-240.

Richter, Karin/Susanne Willuhn-Wolff (1996): Mirjam Pressler. Gedanken zum literarischen Werk und dessen Behandlung in der Schule. In: Deutschunterricht. H. 6 (1996). S. 282-294.

Rosebrock, Cornelia (1998): Kinderliteratur im Kanonisierungsprozeß. Eine Problemskizze. In: Richter, Karin/Bettina Hurrelmann (Hgg.) (1998): Kinderliteratur im

Unterricht. Theorien und Modelle zur Kinder- und Jugendliteratur im pädagogisch-didaktischen Kontext. S. 89-108.

Rosebrock, Cornelia (2000): Literaturdidaktik und Lesekultur. In: Information zur Deutschdidaktik. H. 2 (2000). S. 35-46.

Ruchniewicz, Krzysztof (2005): Die Darstellung des Holocaust in polnischen Geschichtsbüchern. In: Rathenow/Weber (Hgg.) (2005). S. 243-256.

Runge, Gabriele (1997a): Lesesozialisation in der Schule. Untersuchungen zum Einsatz von Kinder- und Jugendliteratur im Unterricht. Würzburg.

Runge, Gabriele (1997b): Nur keine Experimente! Was und wie häufig lassen Lehrer lesen? – Ergebnisse einer empirischen Untersuchung. In: Praxis Deutsch. H. 143 (1997). S. 4-10.

Schiffauer, Werner (1999): Verhandelbare Diskursfelder. Beschwörungen eines Phantoms. Die Angst vor kultureller Desintegration. In: Frankfurter Rundschau vom 27.04.1999. S. 18.

Schikorsky, Isa (2001): Der Weg ins Ungewisse. Über Flucht, Vertreibung und Auswanderung in der Kinder- und Jugendliteratur. In: JuLit – Fachzeitschrift zur Kinder- und Jugendliteratur. H. 1 (2001). S. 42-52.

Schmidt-Häuer, Christian (2005): Der Ort, der nicht bereuen will. In: DIE ZEIT (6/2005).

Schmitt, Reinhold (1997): „Ich werde Sie sehen lassen" oder: Über Möglichkeiten und Grenzen interaktiver Kulturvermittlung. In: Schmitt/Stickel (Hgg.) (1997). S. 26-71.

Schmitt, Reinhold/Gerhard Stickel (Hgg.) (1997): Polen und Deutsche im Gespräch. Tübingen.

Schnell, Ralf (1994): Die Literatur der Bundesrepublik. In: Beutin, Wolfgang et al. (1994[5]): Deutsche Literaturgeschichte. Von den Anfängen bis zur Gegenwart. Stuttgart/Weimar. S. 526-605.

Schön, Erich (1990): Die Entwicklung literarischer Rezeptionskompetenz. Ergebnisse einer Untersuchung zum Lesen bei Kindern und Jugendlichen. In: SPIEL – Siegener Periodicum zur Internationalen Empirischen Literaturwissenschaft. H. 2 (1990). S. 229-276.

Selting, Margret/Peter Auer/Birgit Barden/Jörg Bergmann/Elizabeth Couper-Kuhlen/ Susanne Günther/Christoph Meier et al. (1998): Gesprächsanalytisches Transkriptionssystem (GAT). In: Linguistische Berichte. H. 173 (1998). S. 91-122.

Sharpe, Keith (1992): Catechistic Teaching Style in French Primary Education: analysis of a grammar lesson with seven-year olds. In: Comparative Education. H. 3 (1992). S. 249-268.

Śpiewak, Paweł (1992): Antisemitismus in Polen. In: Kobylińska et al. (Hgg.) (1992). S. 308-313.

Spinner, Kaspar H. (1989a): Fremdverstehen und historisches Verstehen als Ergebnis kognitiver Entwicklung. In: Der Deutschunterricht. H. 4 (1989). S. 19-23.

Spinner, Kaspar H. (1989b): Literaturunterricht und moralische Entwicklung. In: Praxis Deutsch. H. 95 (1989). S. 13-19.

Spinner, Kaspar H. (1995): Neue und alte Bilder von Lernenden – Deutschdidaktik im Zeichen der kognitiven Wende. In: Müller-Michaels, Harro/Gerhard Rupp (Hgg.) (1995): Jahrbuch der Deutschdidaktik 1994. Tübingen. S. 127-144.

Spinner, Kaspar H. (2006): Literarisches Lernen. In: Praxis Deutsch. H. 200 (2006). S. 6-16.

Spradley, James (1980): Participant Observation. New York.

Steinlein, Rüdiger (1996): Holocaust-Literatur zwischen Pädagogik und Innovation. Gudrun Pausewangs Erzählung Reise im August. In: Deutschunterricht. H. 2 (1996). S. 295-304.

Straub, Jürgen (1998): Geschichten erzählen, Geschichte bilden. Grundzüge einer narrativen Psychologie historischer Sinnbildung. In: Straub (Hg.) (1998). S. 81-169.

Straub, Jürgen (Hg.) (1998): Erzählung, Identität und historisches Bewußtsein. Die psychologische Konstruktion von Zeit und Geschichte. Frankfurt am Main.

Streeck, Jürgen (1983): Lernerwelten. Kinderwelten. Zur vergleichenden Ethnographie von Lernkommunikation innerhalb und außerhalb der Schule. In: Ehlich, Konrad/Jochen Rehbein (Hgg.) (1983): Kommunikation in Schule und Hochschule. Tübingen.

Sutter, Tilmann (2002): Anschlusskommunikation und die kommunikative Verarbeitung von Medienangeboten. Ein Aufriss im Rahmen einer konstruktivistischen Theorie der Mediensozialisation. In: Groeben/Hurrelmann (Hgg.) (2002a). S. 80-105.

Szymański, Mirosław S. (2004): Das Bildungssystem in Polen. Tradition und Gegenwart. In: Korte, Petra (Hg.) (2004): Kontinuität, Krise und Zukunft der Bildung. Analysen und Perspektiven. Münster. S. 169-177.

Tazbir, Janusz (1992): Die „Kreuzritter" – kurze Geschichte und lange Legende. In: Kobylińska et al. (Hgg.) (1992). S. 28-34.

Tessler, Minda (1986): Mother-child talk in a museum. The socialisation of a memory. Unpublished manuscript. City University of New York Graduate Center. New York.

Tokarczuk, Olga (2006): Grüße aus Niederschlesien. Nach Jahrzehnten der Aufarbeitung ihrer Geschichte steht den Deutschen Trauer zu, die unversöhnliche Haltung der polnischen Regierung ist kindisch. In: Frankfurter Rundschau vom 2.11.2006, S. 24-25.

Tschuggnall, Karoline (2004): Sprachspiele des Erinnerns. Lebensgeschichte, Gedächtnis und Kultur. Gießen.

Uhlig, Christa (1995): Verordneter Antifaschismus oder antifaschistischer Konsens? In: Pädagogik und Schulalltag. H. 2 (1995). S. 164-174.

Ulich, Michaela/Dieter Ulich (1994): Literarische Sozialisation: Wie kann das Lesen von Geschichten zur Persönlichkeitsentwicklung beitragen? In: Zeitschrift für Pädagogik. 40. Jg. (1994) S. 821-834.

Ven, Piet-Hein van de/Lars-Göran Malmgren (1996): Kalle and Lena. A portrait of two readers. In: SPIEL – Siegener Periodicum zur Internationalen Empirischen Literaturwissenschaft. H. 1 (1996). S. 83-96.

Verbeek, Max (2003): Mirjam Pressler – Malka Mai. In: Jeugdliteratuur in de basisvorming. H. 4 (2003). S. 10-12.

Vogt, Rüdiger (2002): Im Deutschunterricht diskutieren. Zur Linguistik und Didaktik einer kommunikativen Praktik. Tübingen.

Vogt, Rüdiger (2004): Symbolische Textdeutungen entwickeln: Lehrer und Schüler interpretieren Peter Hacks' Geschichte Der Bär auf dem Försterball im Unterrichtsgespräch. In: Härle/Steinbrenner (2004). S. 241-264.

Wagener, Matthea (2008): Gegenseitiges Helfen in jahrgangsgemischten Klassen – ein (wieder)entdeckter Forschungsgegenstand. Vortrag im Rahmen der DGfE-Tagung am 26.09.2008. Universität Wuppertal. (Unveröffentlichtes Manuskript)

Weber, Norbert H. (2003): 30 Jahre deutsch-polnische Verständigung. Erfahrungen aus pädagogischer Sicht. In: Keim (Hgg.) (2003). S. 367-401.

Weber, Norbert H. (Hg.) (1999): Die Oder überqueren. Deutsch-polnische Begegnungen in Geschichte, Kultur und Lebensalltag. Frankfurt am Main.

Wells, Gordon (1982): Story Reading and the development of symbolic skills. Manuscript. University of Bristol.

Welzer, Harald (1998): Albert Speers Erinnerungen an die Zukunft. Über das Geschichtsbewußtsein einer Führungsfigur des „Dritten Reiches". In: Straub (Hg.) (1998). S. 389-403.

Welzer, Harald (2005): Das kommunikative Gedächtnis. Eine Theorie der Erinnerung. München.

Welzer, Harald (Hg.) (2007): Der Krieg der Erinnerung. Holocaust, Kollaboration und Widerstand im europäischen Gedächtnis. Frankfurt am Main.

Welzer, Harald/Claudia Lenz (2007): Opa in Europa. Erste Befunde einer vergleichenden Tradierungsforschung. In: Welzer (Hg.) (2007). S. 7-40.

Welzer, Harald/Sabine Moller/Karoline Tschuggnall (2002²): „Opa war kein Nazi". Nationalsozialismus und Holocaust im Familiengedächtnis. Frankfurt am Main.

Werner, Johannes (1996): Literatur im Unterrichtsgespräch. Die Struktur des literaturrezipierenden Diskurses. München.

Wieler, Petra (1989): Sprachliches Handeln im Literaturunterricht als didaktisches Problem. Bern u.a.

Wieler, Petra (1997): Vorlesen in der Familie. Fallstudien zur literarisch-kulturellen Sozialisation von Vierjährigen. Weinheim/München.

Wieler, Petra (1998): Gespräche über Literatur im Unterricht. Aktuelle Studien und ihre Perspektiven für eine verständigungsorientierte Unterrichtspraxis. In: Der Deutschunterricht. H. 1 (1998). S. 26-37.

Wieler, Petra (2002): Das Literatur-Gespräch in der Schule: Ansatzpunkt für eine sprachlerntheoretisch fundierte didaktische Konzeption. In: Kammler/Knapp (Hgg.) (2002). S. 128-140.

Wieler, Petra/Birgit Brandt/Natascha Naujok/Janina Petzold/Jeanette Hoffmann (2008): Medienrezeption und Narration. Gespräch und Erzählung als Verarbeitung der Medienrezeption im Grundschulalter. Freiburg im Breisgau.

Wilcox, Kathleen (1980): The Ethnography of Schooling. Implications for Educational Policy Making. Stanford CA.

Wilska-Duszynska, Barbara (1993): „My" i „Oni" – młodzież wobec etnicznie obcych („Wir" und „Die" – Jugendliche gegenüber enthnisch „Fremden"). In: Tolerancja i uprzedzenia młodzieży. Raport z badan (Toleranz und Vorurteile unter Jugendlichen. Forschungsbericht). Warszawa. S. 11-85.

Wilson, Thomas. P. (1973): Theorien der Interaktion und Modelle soziologischer Erklärung. In: Arbeitsgruppe Bielefelder Soziologen (Hgg.) (1973): Alltagswissen, Interaktion und gesellschaftliche Wirklichkeit. Bd.1: Symbolischer Interaktionismus und Ethnomethodologie. Reinbek. S. 54-79.

Wineburg, Sam (2001): Sinn machen: Wie Erinnerung zwischen den Generationen gebildet wird. In: Welzer, Harald (Hg.) (2001): Das soziale Gedächtnis. Geschichte, Erinnerung, Tradierung. Hamburg. S. 179-204.

Wintersteiner, Werner (2006): Transkulturelle literarische Bildung. Die „Poetik der Verschiedenheit" in der literaturdidaktischen Praxis. Innsbruck.

Wulf, Christoph (2006): Anthropologie kultureller Vielfalt. Interkulturelle Bildung in Zeiten der Globalisierung. Bielefeld.

Wygotski, Lew S. (1969): Denken und Sprechen. Frankfurt am Main.

Young, James E. (1997): Beschreiben des Holocaust. Darstellung und Folgen der Interpretation. Frankfurt am Main.

Ziesing, Hartmut (2002): Polnische Erinnerungskultur und die Herausforderungen für die Gedenkstättenarbeit in der IJBS Oświęcim/Auschwitz. In: Lenz, Claudia/ Jens Schmidt/Oliver von Wrochem (Hgg.) (2002): Erinnerungskulturen im Dialog. Europäische Perspektiven auf die NS-Vergangenheit. Hamburg/ Münster. S. 71-79.

Zimmer, Hasko (2003): Zwischen nationalen Gedächtnissen und veränderten Vergangenheitsverhältnissen. Zur Situation deutsch-polnischer Erinnerungsarbeit nach 1989. In: Keim (Hg.) (2003). S. 275-301.

Anhang

Interviewleitfäden

Gruppeninterview: Literarische Sozialisation und historisches Bewusstsein (I1)

Offene Einstiegsfrage
Was erwartet ihr von dem Buch *Malka Mai*?

Fragen zur literarischen Sozialisation
Welche Begegnungen habt ihr schon mit Jugendbüchern gemacht? Welche habt ihr schon gelesen?
Lest ihr gerne Bücher oder beschäftigt ihr euch lieber mit anderen Medien? Mit welchen? Was findet ihr an ihnen toll?
Lest ihr lieber in der Schule oder zu Hause? Warum?

Fragen zu deutsch-polnischen Beziehungen früher und heute
Was wisst ihr schon über die deutsch-polnische Geschichte zur Zeit des Nationalsozialismus?
- Und woher wisst ihr das? *(Eltern, Schule, Geschichtsunterricht, Literatur, Zeitung)*
- Unterscheiden sich diese Geschichten voneinander? Wie?
Wie wichtig findet ihr persönlich dieses Thema für ein aktuelles Jugendbuch?
- Es ist ein historisches Thema – wie muss es gestaltet sein, damit es euch anspricht? Worauf sollte die Autorin achten?
- Was fändet ihr spannend zu erfahren?
Meint ihr, dass der Krieg noch heute das Verhältnis von Deutschen und Polen beeinflusst?
- Ist das ein Thema, das euch öfter im Alltag begegnet? In welchen Situationen?
- Wie schätzt ihr die Rolle der Literatur ein, wechselseitiges Verständnis zu fördern?

Abschließende Frage
Wenn ihr jetzt das Buch lest, was interessiert euch am meisten daran?
- Worauf seid ihr neugierig?
- Welchen Erkenntnisgewinn erhofft ihr euch?

Einzelinterview: Biographie, Identität und Schule (I2)

Offene Ausgangsfrage
Zunächst möchte ich dich bitten, dich vorzustellen – quasi mit eigenen Worten ein Bild
von dir zu zeichnen.

Familiärer Kontext und Migrationserfahrungen
Kannst du ein bisschen mehr über deine Familie erzählen?
(Vater, Mutter / Berufe, Nationalität, Geschwister / Alter, Wohnort, -situation)
Wo hast du schon überall gelebt und welche Bilder hast du vorher vom anderen Land
gehabt? Wie haben sich diese verändert,?
*(geboren, aufgewachsen, zum Kindergarten / zur Schule gegangen, Gründe für Migra-
tion)*
Wo fühlst du dich zu Hause? *(Orte, Menschen, Systeme, Sprache)*

Sprache und Identität
Welche Sprachen sprichst du und was bedeuten diese für dich?
*(Mutter-, Zweit-, Fremdsprachen, Kompetenzen, Anwendungsbereiche, Denken/
Träumen)*
Welche Identitätsvorstellung hast du? Als „wer" fühlst du dich?
(Zugehörigkeit zu einer Gruppe, Sprache, Nation, Kultur, Religion, Menschen ...)
Was bedeutet für dich Kultur?
(allgemein nationale, sprachliche, soziale Kultur, Kriterien der Zugehörigkeit)

Schule und Freundeskreis
Welche Freundschaften hast du geschlossen und was ist dir wichtig an ihnen?
(kultureller / sprachlicher Hintergrund, Bedeutung, Freizeitgestaltung, Konflikte)
Wie gestaltest du deine Freizeit? *(Freunde, Medien, Bücher, Aktivitäten)*
Wie unterscheidet sich deiner Meinung nach der Unterricht an deutschen Schulen von
dem an polnischen Schulen?
*(Schulischer Kontext, muttersprachlicher Unterricht, Geschichtsunterricht, Beurtei-
lung)*

Stereotype Bilder
Was begegnet dir in deiner Umgebung an Stereotypen von Deutschen und Polen?
(bewusstes Übertreiben, Karikieren)
Wie, denkst du, kann man diese aufbrechen? *(Perspektivenwechsel, Austausch, Literatur ...)*

Gruppeninterview: Evaluation und Erkenntnisgewinn (I3)

Feedback
Als erstes möchte ich euch um ein Feedback bitten. Was mich interessiert, ist euer Lob und eure Kritik an dem Projekt *Malka Mai*.

Reflexion der Erwartungshaltung
Wurden eure Ausgangserwartungen erfüllt, oder im Gegenteil, ihnen sogar widersprochen?
 – in Bezug auf das Buch
 – bezüglich der Besprechung im Unterricht
 – Wie habt ihr die Besprechung empfunden, war sie für euch fruchtbar?
 – Welche Aspekte hättet ihr gerne vertieft?
 – Wurden auch noch andere Bereiche eröffnet, an die ihr vorher nicht gedacht habt?
Verglichen mit eurer anfänglichen Lesehaltung, wie betrachtet ihr das Buch jetzt?
 – Würdet ihr es in die Kategorie Kinder-, Jugend- oder Erwachsenenbuch einordnen? Was sind eure Kriterien?
 – War euer Leseinteresse oder eure Gesprächshaltung eher informationsorientiert oder emotional geprägt? Warum?
 – Hat sich eure Einstellung zu Literatur durch diese Lektüre geändert? Inwiefern?

Erkenntnisgewinn
Welchen Erkenntnisgewinn hattet ihr nach der Lektüre des Buches, welchen nach der Besprechung?
 – Bedeutete *Malka Mai* für euch eine persönliche Bereicherung? Inwiefern?
 – Wie hat sich euer Bild der deutsch-polnischen Vergangenheit dadurch verändert?
Wie hättet ihr das Buch empfunden, wenn es ein anderes Ende gehabt hätte, ein „glückliches" Wiedersehen zwischen Hanna und Malka?
 – Was ist das Besondere an dieser Begegnung?
 – Was hat sie bei euch ausgelöst?

Anschlusskommunikation
Würdet ihr das Buch weiterempfehlen? An wen?
 – Habt ihr euch mit FreundInnen oder mit eurer Familie darüber unterhalten?
 – Seid ihr neugierig auf andere Bücher dieser Autorin geworden? (Freunde, Medien, Bücher, Aktivitäten)

Transkriptionskonventionen

Die Transkriptionskonventionen orientieren sich an dem Gesprächsanalytischen Transkriptionssystem GAT (Selting et al. 1998, S. 31f.).

[	Überlappungen
=	schnelle Anschlüsse
(-) / (--) / (---)	kürzere Pausen bis zu einer Sekunde
(1.0)	Pausen in Sekunden
so=n	Verschleifungen
: / :: / :::	Dehnungen
,	Abbruch durch Glottalverschluss
MUTter	Akzentsetzungen
? / , / - / ; / .	Tonhöhe hoch steigend, steigend, gleichbleibend, fallend, stark fallend
((meldet sich))	(außersprachliche) Handlungen
<<lachend> >	sprachbegleitende Handlungen, interpretierende Kommentare
(doch)	vermuteter Wortlaut
( )	Unverständliches
((...))	Auslassungen
umsiedlung	ursprünglich deutsch Gesprochenes bei der Übersetzung ins Deutsche
<<p> >	(piano) leiser sprechen
<<f> >	(forte) lauter sprechend